書き込み　　　　欄付き

名づけ　　　　ール

赤ちゃんの名前を考えるの　　　　これ考えるうちにあっという間に時が過　　きます。出生届には提出期限があるので、スケジュールに余裕をもって名づけを行いましょう。

START 妊娠がわかる

おめでとうございます！

名づけの計画を立てましょう

おなかに赤ちゃんがいることがわかったら、名づけをスタートしましょう。早すぎることはありません。まずは本紙の空欄に日付を書き込んで、名づけスケジュールを立てます。

妊娠がわかった日
年　月　日

出産予定日
年　月　日

STEP 1 妊娠2～3か月

年　月　日ごろ

名前のイメージづくりをしましょう

どんな名前をつけたいか、ざっくりと考えてみましょう。この段階では、名づけの方向性が決まればOK。名づけタイプ発見チャートも活用してください。→P9

STEP1 こんなことを考えてみます

- [ ] どんな響きの名前にしたいか
- [ ] どんな漢字を使いたいか
- [ ] どんな子に育ってほしいか
- [ ] 名づけで優先させたいことは何か
  - ・響き・漢字・イメージや願い
  - ・姓名判断 など

STEP 2 妊娠5～7か月

年　月　日ごろ

名前の候補を考えましょう

最初に名づけの基本ルールをチェック。その後、気になる切り口から名前を考えてみます。まずはたくさん候補を挙げてみるのがおすすめ。その中から、パパ・ママが二人とも気に入る名前を見つけましょう。

STEP2 こんなことをします

- [ ] 名づけの基本ルールをチェック →P17
- [ ] 好きな切り口から名前を考える
  - ・エピソード →P33 ・響き →P65
  - ・イメージや願い →P161
  - ・漢字 →P217
  - ・姓名判断 →P329
- [ ] 男女両方の名前を考えておく
- [ ] 信頼できる周囲の人の意見も聞いてみる

名前の候補を比較するときに使ってください。名前の読み、字の画数を記入します。各チェック項目は、本書の参照ページを参考に検討し、○△×を記入しましょう。

主運		初運		主運		初運		主運		初運		主運		初運		主運		初運	
助運		総運		助運		総運		助運		総運		助運		総運		助運		総運	
祖運	主運	初運	調和	祖運	主運	初運	調和	祖運	主運	初運	調和	祖運	主運	初運	調和	祖運	主運	初運	調和

書き込み式 **名前候補チェックシート**

項目		例	候補	候補
漢字の画数、姓名、読み		佐藤 有馬（7 18 6 10） さとう ゆうま		
姓名判断 →P334	四運：主運	24 ○		
	四運：初運	16 ○		
	四運：助運	16 ○		
	四運：総運	41 ○		
	五行：祖運	土		
	五行：主運	火		
	五行：初運	土		
	五行：調和	○		
ローマ字（姓 名 イニシャル） →P159		SATO YUMA（Y.S.）		
表記のチェック →P25	❶名前に使える文字か	○		
	❷書きやすいか	○		
	❸パソコンで変換しやすいか	○		
	❹混同されやすい字でないか	○		
	❺姓名のバランスがよいか	○		
音のチェック →P27	❻読みやすいか	○		
	❼発音しやすいか	○		
意味のチェック →P28	❽変な意味の音ではないか	○		
	❾変な意味の熟語ではないか	○		
	❿名前の表記を説明しやすいか	○		
	⓫変なイニシャルにならないか	○		
ニックネーム		ゆうくん		
候補順位		1		

STEP3 妊娠8～9か月

年　月　日ごろ

名前の候補をしぼります

名前の候補を男の子と女の子それぞれ2～3個ずつにしぼっていきます。1つに決めてもよいですが、生まれた赤ちゃんの顔を見たらしっくりこないということも。焦らずじっくり検討してください。

STEP3 こんなことを考えてみます

- [ ] 紙に書いたり、声に出したりしてみる
- [ ] 表記・意味を確認する ➡P24
- [ ] 姓名判断など総合的にチェックする（本紙裏のチェックシート）

STEP4 出産

おめでとうございます！

赤ちゃん誕生！

赤ちゃんの顔を見て、名前の候補のうちいちばんしっくりくるものはどれか、もう一度考えてみましょう。病院や産院から、出生証明書と出生届の用紙をもらうのも忘れずに。

赤ちゃんの誕生日

年　月　日

STEP5 生まれて7日目

名前決定。お七夜と命名式を行います

お七夜とは、赤ちゃんの誕生7日目を祝うしきたり。そこで命名式を行い、決まった名前を親族におひろめします。➡P430
この日までに名前を決めるのがベストです。

STEP5 こんなことをします

- [ ] 名前を決め、命名書を作成する
- [ ] お七夜のお祝いと並行して、出生届の提出準備をする

お七夜・命名式

年　月　日

出生届の提出期限

年　月　日

GOAL 生まれて14日目

出生届を提出。名づけ完了です！

赤ちゃんが生まれて14日目までに、出生届を提出します。➡P426
赤ちゃんの名前は正式に戸籍に登録され、名づけは完了です。

「最高の名前」が必ず見つかる！

令和最新版 男の子 女の子

赤ちゃんのしあわせ名前大事典

田口二州 著

Gakken

みんなの名づけ傾向がわかる！

人気の名前ランキング

全国のパパ・ママは、赤ちゃんにどんな名前をつけているのでしょうか。人気の名前ランキングから、最近の傾向を見てみましょう。

人気の名前トップ50

人気の名前の「表記」を紹介します。

男の子編

1位	碧	あおい、あお
2位	陽翔	はると、ひなと、ひなた
	暖	はると、だん、はる
4位	律	りつ
5位	蒼	あおい、そう、あお、そら
6位	颯真	そうま、ふうま
7位	蓮	れん
8位	凪	なぎ、なぎさ
	湊	みなと、そう、かなた
	湊斗	みなと

※P2 〜 8参考資料：明治安田生命保険相互会社発表「生まれ年別の名前調査」（2023年）
※名前の「読み」は記載の限りではありません。

女の子編

1位	陽葵	ひまり、はるき、ひなた
2位	凛	りん
3位	紬	つむぎ
4位	結愛	ゆい、ゆな、ゆあ
5位	結菜	ゆな、ゆいな、ゆうな
	澪	みお、れい
	芽依	めい
	心春	こはる、ここは
9位	陽菜	はな、ひな、はるな
	咲茉	えま
	翠	すい、みどり

男の子編

21位	颯太《そうた、はやた》
28位	大和《やまと、なごみ》
	楓《かえで》
	琉生《るい、りゅう》
31位	岳《がく、たける》
	蒼大《あおと、そうた》
	悠真《ゆうま、はるま》
34位	伊吹《いぶき》
	結斗《ゆいと、ゆうと》

11位	蒼空《そら、あおい》
	颯《はやて、そう》
13位	結翔《ゆいと、ゆうと》
	想《そう》
15位	朝陽《あさひ》
16位	伊織《いおり》
	翠《すい、みどり》
	陽向《ひなた、ひゅうが》
19位	碧斗《あおと》
20位	新《あらた、しん》
21位	朔《さく、はじめ》
	樹《いつき、たつき》
	晴《はると》
	大翔《はると、ひろと》
	陽大《はると、ひなた》
	陽斗《はると、ゆうと》

女の子編

26位	心陽《はると》
29位	さくら
	一華《いちか》
	結衣《ゆい》
	心結《ゆい、みゆ》
	心咲《みさき、みさ》
	紬希《つむぎ》
	乃愛《のあ、なな》
	蘭《らん》
	和花《のどか、ののか》
	莉緒《りお》

9位	結月《ゆづき、ゆずき》
	愛《めい、あい》
	彩葉《いろは、あやは》
15位	咲良《さくら、さら》
	莉子《りこ》
17位	杏《あん、あんず》
	琴葉《ことは、こはる》
	紬葵《つむぎ》
	凪《なぎ、なぎさ》
	美月《みつき、みづき》
	美桜《みお、みおう》
	風花《ふうか》
	柚葉《ゆずは》
25位	紗菜《さな》
26位	芽生《めい》
	心晴《こはる、みはる》

輝く舞台で活躍する人の名前が複数ランクイン

人気の名前ランキング（表記編）では、活躍するスポーツ選手や俳優の名前がランクインしています。

たとえば、男の子では、「碧」「律」などワールドカップに出場したサッカー選手の名前が上位に複数入っています。また、人気野球選手の名前の漢字の「翔」が使われている名前も50位以内に多く入りました。女の子では、ドラマや映画の主演をつとめる俳優と同じ名前の「結菜」「美桜」「風花」が50位以内に入っています。

子どもに〝自身の才能を活かしていきいきと活躍してほしい〟という願いを込めて名づけるパパ・ママが増えているのかもしれません。

男の子編

36位	一颯	いぶき、かずと
	蒼生	あおい
	碧人	あおと
	湊音	みなと
	陽	あかり
	陽太	はると、ようた
42位	奏	そう、かなた
	楓真	ふうま
	湊大	みなと、そうた
	悠翔	はると、ゆうと
42位	颯汰	そうた
47位	奏翔	かなと、みなと
	歩	あゆみ、あゆむ
	悠	はると、ゆうと
50位	葵	あおい、めい

女の子編

39位	愛茉	えま
	叶愛	とあ、かんな
	柚月	ゆづき、ゆずき
	鈴	りん
43位	依茉	えま
	花音	かのん、はなね
	雫	しずく
	柚乃	ゆの、ゆずの
	陽咲	ひさき、ひなた
	莉愛	りあ、りお
43位	莉央	りお
50位	葵	あおい、めい

根強い人気の名前

男の子 陽翔、蒼、蓮、湊

女の子 陽葵、凛、紬、結愛

男の子の「陽翔」は2011年から上位に入り続けています。ほか漢字1字の名前が人気。女の子の「陽葵」は去年に続き3回目の1位です。どの名前も近年上位を保っています。

人気上昇の名前

男の子 碧、暖、律、凪

女の子 心春、翠、彩葉

男の子の「碧」ははじめて1位を獲得。「暖」も順位を大きく上げました。女の子の「心春」は2012年以来の上位に返り咲き。「翠」は2021年から人気が急上昇しています。

上位の名前はここ数年人気が続く

男女ともに、ランキングの10位前後の名前は数年にわたり変わらず人気が続いています。

女の子の「陽葵」「凛」は、2019年から3位以内をキープ。「紬」「結愛」「結菜」も10位以内によく入っています。男の子は「碧」「蒼」「蓮」「湊」など漢字1字の名前が上位の常連です。

2019年頃から徐々に人気を集めている「凪」は男女ともに順位が上昇傾向。〝風が止まり穏やかな状態〟という意味の漢字を使った名前は、感染症や紛争で不穏な時代に生まれた子どもに、平和で穏やかな日々を過ごしてほしいという思いがあらわれているのでしょう。

ランクインした名前の特徴から見る

人気名前の傾向

ランキングの上位に入っている名前には、入っている音や使っている漢字に共通した特徴があります。ランクインしている名前とともに見てみましょう。

1 男女ともに漢字1字の印象的な名前が人気

人気名前ランキングの50位前後まで見ると、漢字1字の名前が、男の子では21、女の子では11入っています。漢字1字に込められた意味や、その漢字から想起させるイメージが印象的な名前が多くなっています。

男の子編

碧	1位
暖	2位
律	4位
蒼	5位
蓮	7位
凪	8位
湊	8位
颯	11位
想	13位

女の子編

凛	2位
紬	3位
澪	5位
翠	9位
愛	9位
杏	17位
凪	17位
蘭	29位
鈴	39位

2 男の子は、さわやかさ・あたたかさを感じさせる名前が多い

碧 蒼 陽 湊

「碧」はあお色の石、「蒼」は生い茂る草木、「湊」は港の意味があり、さわやかなイメージが広がります。太陽のあたたかさを感じる「暖」「晴」「陽」が入った名前も人気です。

男の子編

碧	1位
陽翔	2位
暖	2位
蒼	5位
颯真	6位
湊	8位
湊斗	8位
蒼空	11位
颯	11位
朝陽	15位
陽向	16位
翠	16位
碧斗	19位
晴	21位
陽大	21位
陽斗	21位
陽	36位
陽太	36位

3 女の子は、人とのつながりや希望を連想させる名前が多い

「紬」「結」「愛」などを使った人と人とのつながりを連想させる名前がランクイン。太陽に向かって花を咲かせる「葵」や「芽」「咲」などを使った将来への希望を感じる名前も。

紬 結 愛 葵

女の子編

陽葵	1位
紬	3位
結愛	4位
芽依	5位
結菜	5位
心春	5位
陽菜	9位
咲茉	9位
愛	9位
咲良	15位
芽生	26位
心晴	26位
結衣	29位
心結	29位
乃愛	29位
叶愛	39位
陽咲	43位
葵	50位

人気名前の「読み」トップ50

男の子編

1位	ハルト
2位	ミナト
3位	ユイト
4位	アオト
	リク
6位	ソウタ
7位	ソラ
8位	アオイ
9位	ソウ
10位	ハルキ
11位	ハル
12位	アオ
13位	ヒナタ
14位	サク
15位	リツ
16位	ソウスケ
16位	ソウマ
18位	アサヒ
	カイト
20位	カナタ
21位	ユウト
	ルイ
	レン
24位	カナト
25位	セナ
26位	イツキ
	リト
28位	コウキ
	ナギ
28位	ハヤト
31位	アヤト
	トア

女の子編

1位	エマ
2位	ツムギ
3位	ミオ
4位	サナ
5位	メイ
6位	コハル
7位	リオ
8位	イチカ
9位	ヒマリ
10位	リン
11位	フウカ
12位	スイ
	ユイ
14位	イト
15位	イロハ
	ユア
17位	アオイ
	ヒナ
19位	アカリ
20位	ノア
21位	ナギサ
22位	ホノカ
23位	ユノ
24位	ヒナタ
25位	サクラ
	サラ
	ユナ
28位	ハナ
29位	オト
	オトハ
31位	エナ
	ヒヨリ

ジェンダーレスな響きが男女両方にランクイン

人気の名前の読み、つまり音の傾向を見ると、男女ともに、ジェンダーレスな響きの名前が入っています。

以前から人気の「アオイ」は男の子で8位、女の子で17位と比較的上位に。ほかにも、「ヒナタ」「ハル」「リオ」「スイ」「セナ」「オト」が、男女とも50位以内に入りました。「は行」や「さ行」など優しくやわらかい音で始まる名前が多いのが印象的です。

同じ読みでもさまざまな表記が考えられ、使う漢字によって名前の雰囲気ががらりと変わります。表記で個性を出しやすい響きの名前が多いのも特徴でしょう。

男の子編

33位	イオリ
34位	イブキ
35位	リオ
36位	カイリ
37位	アキト
	レオ
39位	ガク
	スイ
41位	カイ
42位	サクト

42位	タイガ
	リクト
45位	エイト
	トワ
47位	オト
	ヒロト
49位	リツキ
50位	ダン
	トウマ

女の子編

31位	リコ
34位	ルナ
35位	ユヅキ
36位	ヒカリ
37位	セナ
38位	カノン
39位	リア
40位	コトハ
	ユズキ
42位	ハル

43位	スズ
	ユズハ
	リノ
46位	ミツキ
	ユイナ
48位	ウタ
	シズク
	ミユ
	モモカ

ランクインした名前の特徴から見る

人気名前の「読み」の傾向

名前の「読み」は印象を左右する重要なポイント。男女それぞれの人気の読みの傾向を見ていきましょう。

1 男の子は「〜と」の音で終わる名前が多い

男の子の人気の名前の読みトップ50のうち、「〜と」の音で終わる名前が16あり、3分の1を占めました。「と」の音を使った名前のバリエーションは豊富にあり、多くランクインしています。

2 女の子はグローバルな雰囲気の名前が多い

「エマ」「サナ」「ユナ」「サラ」など外国にもある名前や、「メイ」「ルナ」といった外国の地名や言葉をヒントにした名前が多く入っています。国内・海外問わず呼びやすく、親しみやすい名前の人気がうかがえます。

人気の読みの名前

●「〜と」で終わる名前

男の子編

ハルト	1位
ミナト	2位
ユイト	3位
アオト	4位
カイト	18位
ユウト	21位
カナト	24位
リト	26位

ハヤト	28位
アヤト	31位
アキト	37位
サクト	42位
リクト	42位
エイト	45位
オト	47位
ヒロト	47位

●グローバルな雰囲気の名前

女の子編

エマ	1位
ミオ	3位
サナ	4位
メイ	5位
リオ	7位
ノア	20位
ユノ	23位

サラ	25位
ユナ	25位
エナ	31位
ルナ	34位
セナ	37位
カノン	38位
リア	39位

昔から愛される漢字や止め字が上位に

漢字の傾向を見てみると、男の子では、止め字としてよく使われる漢字が上位にランクイン。1位の「翔」と2位の「斗」は去年に続き不動の人気を誇ります。「人」も含め「と」と読む使い方が好まれ、「と」で終わる名前の表記の種類を豊かにしています。

女の子では、「愛」「花」「美」といった昔から名前に用いられてきた漢字が上位に入り、根強く愛されています。そのほか、近年では「結」「心」など人と人とのつながりを連想させる漢字が、好んで名前に使われる傾向があります。

名づけに人気の漢字 トップ25

男の子編

順位	漢字	順位	漢字
1位	翔	13位	生
2位	斗	14位	晴
3位	陽	15位	一
4位	大		琉
5位	太	17位	湊
6位	真	18位	奏
7位	蒼	19位	希
8位	人	20位	結
	悠	21位	郎
10位	颯	22位	叶
11位	空	23位	仁
12位	碧	24位	樹
		25位	和

女の子編

順位	漢字	順位	漢字
1位	愛	13位	彩
2位	花	14位	桜
3位	結	15位	葵
	心	16位	葉
5位	乃	17位	羽
6位	美	18位	華
7位	莉	19位	月
8位	菜	20位	茉
9位	咲	21位	依
10位	奈		凪
11位	陽	23位	希
12位	音	24位	優
		25位	紗

男女両方に人気の漢字

●男女両方にランクイン

陽　男の子 3位　女の子 11位

結　男の子 20位　女の子 3位

希　男の子 19位　女の子 23位

「陽（日の光）」、「結（むすぶ）」、「希（のぞみ）」など、よい意味がある漢字は男女両方にランクイン。音に関する漢字と、人気の読み「アオ」「アオイ」にあてられる漢字も、男女それぞれに入っています。

●音に関する漢字

奏　男の子 18位

音　女の子 12位

●「アオ」「アオイ」と読む漢字

碧　男の子 12位

蒼　男の子 7位

葵　女の子 15位

あなたに合った名づけ方法がわかる

名づけタイプ発見チャート

名づけの考え方はたくさんあります。本書では5つの方法を紹介しています。あなたにいちばん合う名づけ方法をチャートで診断してみましょう。

YES ➡
NO ⇨

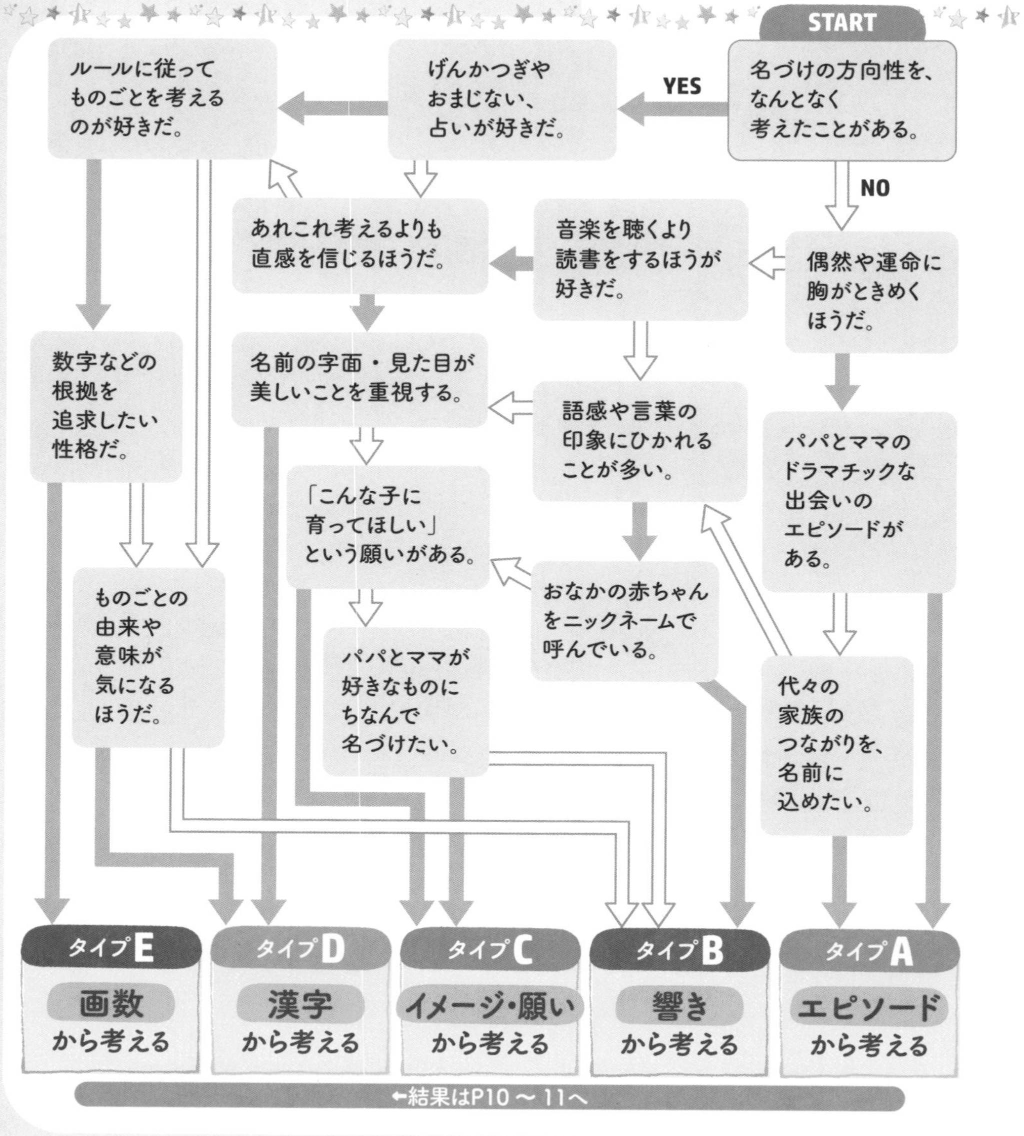

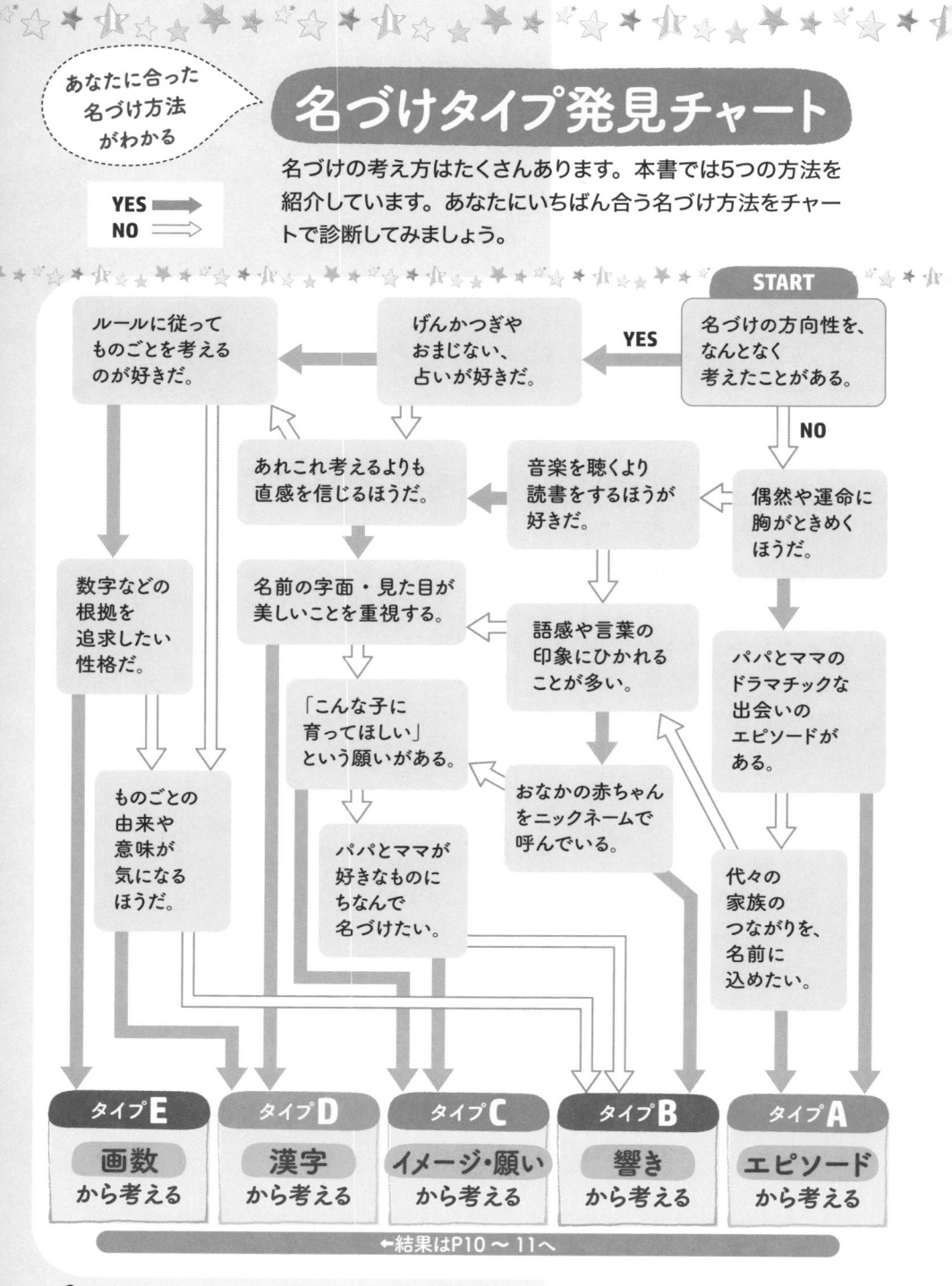

名づけタイプ発見チャート
診断結果

タイプA

エピソード から考える

こんなパパ・ママにおすすめ

☺パパ・ママの思い出にちなんだ名前をつけたい

☺家族のつながりが感じられる名前にしたい

パパ・ママの出会いのエピソードや思い出の場所などにちなんで名づける方法。ロマンチックなことが好きなパパ・ママにぴったり。

この章から見る！ Part 2

生まれ月やエピソードにちなんだ名前にする →P33へ

- 12カ月の生まれ月にちなんだ名前（→P34）
- エピソードにちなんだ名前（→P58）ほか

そのあとは

Part5（→P217）で漢字を決める。

Part6（→P329）で画数をチェックする。

タイプB

響き から考える

こんなパパ・ママにおすすめ

☺多くの人に親しまれる名前をつけたい

☺呼びたい愛称がすでにある

響きのよさから名づける方法。理屈より感覚を大事にするパパ・ママ、まだ名づけのイメージがわかないパパ・ママにぴったり。

この章から見る！ Part 3

みんなに愛される響きの名前にする →P65へ

- 響きから考える名前リスト
  男の子（→P78）／女の子（→P112）
- 人気の最後の音から考える名前リスト
  男の子（→P100）／女の子（→P134）
- 呼びたいニックネームから考える名前
  男の子（→P109）／女の子（→P143）ほか

そのあとは

Part7で漢字を決める。

- 読み方で引ける名前におすすめの漢字リスト（→P386）

Part6（→P329）で画数をチェックする。

タイプC

イメージ・願い から考える

こんなパパ・ママにおすすめ

☺こんな子に育ってほしい

☺好きなもの・ことをヒントに名づけたい

パパ・ママの好きなものや「こんな子に育ってほしい」という願いを込めて名づける方法。名前の由来にこだわりたいパパ・ママにぴったり。素敵な子に育つことを願って。

この章から見る! Part4

イメージ・願いを名前に込める ➡P161へ

・イメージをヒントに名づける（➡P164）

・子どもへの願いから名づける（➡P194）ほか

そのあとは

Part5（➡P217）で漢字を決める。

Part6（➡P329）で画数をチェックする。

タイプD

漢字 から考える

こんなパパ・ママにおすすめ

☺美しい字面の名前にしたい

☺よい意味をもつ漢字を名前に使いたい

漢字の意味や字面がよいものを選んで名づける方法。名前に使いたい漢字がすでにあるパパ・ママにもぴったり。将来、名前の由来や意味を子どもに語るときが楽しみになる。

この章から見る! Part5

使いたい漢字から名前を考える ➡P217へ

・名づけに人気のしあわせ漢字ベスト473（➡P220）

・漢字1字のラッキー名前（➡P306）

・漢字3字のラッキー名前（➡P308）

・人気の止め字を使ったラッキー名前（➡P310）ほか

そのあとは

Part6（➡P329）で画数をチェックする。

タイプE

画数 から考える

こんなパパ・ママにおすすめ

☺運勢のよい名前をつけたい

☺子どもにしあわせになってほしい

田口流姓名判断で、幸運とされる吉画数の名前をつける方法。子どもの幸せを願うパパ・ママにぴったり。過去のデータを裏付けとした姓名判断術で、よい運勢を味方につけて。

この章から見る! Part6

画数のよい名前でしあわせをプレゼント ➡P329へ

・姓の画数別 名前の吉数と名前リスト（➡P360）

そのあとは

Part5、7で吉画数に合う漢字を見つける。

・名づけに人気のしあわせ漢字ベスト473（➡P220）

・画数で引ける名前におすすめの漢字リスト（➡P414）

contents

Part 6 画数のよい名前でしあわせをプレゼント 329

contents

本書を利用するにあたって

名前例はすべて吉画数のしあわせ名前です

名づけに関する見解は1つではありません。本書の見解と、名づけの決まりに関する注意点を紹介します。

＊漢字の画数について

この本に載っている、名前に使用できる漢字は、『漢字源』（学研）と著者の見解をもとに掲載しています。お持ちの漢和辞典や、姓名判断の流派によっては、画数の数え方が異なる場合があります。名づけをされる際は、必ずご自身で確認されるようお願いします。なお、この本に収録されている名前例は、すべて田口二州先生の流派の吉画数の名前です。

＊漢字の読みについて

漢字の読みは、『漢字源』に載っている音訓・和訓から、主なものをピックアップして紹介しています。また、名前に使用できる漢字ならば、読み方（名のり）は自由です。この本に収録している名前例には、漢和辞典などにない読み方をしているものもあるので、ご了承ください。

＊字体について

この本に載っている漢字の字形は、基本的に法務省発表の字形にもとづいていますが、小さな相違点がある場合があります。それらは、字形のデザインの相違で、字体の違いではないと考えられるものです。

＊その他

名前の届出が受理されるかどうかは、各自治体によって判断が異なる場合があります。本書に収録された名前例が必ず受理されるとは限りません。また、本書は令和6年3月現在の情報にもとづいて製作しています。名前に使用できる漢字や、名前に関する法的なルール、また書類に関する記載内容や提出方法などは、今後変わる可能性もありますので、ご留意ください。

※Part2、4で紹介している著名人の名前は、吉画数でない場合があります。

Part 1

名づけの基本ルールを知る

よい名前とは？

みんなに愛される よい名前を贈ろう

愛する子どもには、一生しあわせに過ごせるよい名前をつけてあげたいものです。
よい名前にはいくつかの条件があります。
まずはその条件を知っておきましょう。

よい名前とは、本人にも周りにも愛される名前

名前は、パパ・ママが子どもに贈る最初の贈り物です。人と、社会とつながる中で子どもに寄り添い、これからの人生を左右する大切なもの。一生ものの「よい名前」を贈りたいものです。

よい名前とは、子ども本人・両親・周囲の人に愛される名前です。まず、子どもが愛着をもてる名前であることがいちばんです。パパ・ママの愛情が感じられるような由来がある名前は、子どもも愛着と誇りをもてるでしょう。

おじいちゃんやおばあちゃんなど、周囲の人がさまざまな名づけのアドバイスをくれるかもしれません。でも最終的には、パパ・ママが納得して決めた名前であることが大切です。また、社会生活で不便がないように、平凡すぎず個性的すぎないことも、よい名前の重要な条件です。

名前は一生付き合う宝物。じっくり考えて決めよう

名前は、出生届によって戸籍に登録されます(→P426)。

一度登録されると、「社会生活で不便がある」などの理由がない限り、改名は認められません。名づけの重要さを理解し、計画的に名前を考えていきましょう。

わが子の誕生を心待ちにしているパパ・ママにとって、赤ちゃんの名づけは、悩ましくも楽しい作業です。じっくり考えて、素敵な名前をつけてあげましょう。

こんな名前がよい名前

条件1

子どもに愛されること

子どもが由来を聞いてうれしくなる名前

名前の由来を知ったときに、子ども本人がうれしくなるような名前がよいでしょう。子どもが自分の名前に愛着をもち、自信をもって人生を歩んでいく助けになります。反対に、安易に流行に乗ったあやかり名前などは、時代が流れるにつれ、古びたりすることも。後々のこともよく考えてつけるべきです。

条件2

両親が納得すること

パパ・ママが考え抜いて納得した名前

パパ・ママの意見が分かれてしまったり、祖父母や親戚が名づけにさまざまな意見やアドバイスをくれたりして、なかなか名前が決まらないことも。パパ・ママが考え抜いて納得できる名前をつけましょう。親であるパパ・ママが愛着をもてる名前なら、子どもへの愛情も深まるはずです。

条件3

社会生活で不便しないこと

読みやすく、わかりやすく、ほどほどに個性的な名前

奇抜すぎる名前でいじめられてしまったり、社会で不便なことがあったりしたときに困るのは子どもです。また反対に、平凡すぎる名前だと、同じ名前の人が何人もいるかもしれず、個人を区別するという名前の本来の役割を果たせません。奇抜すぎず平凡すぎない名前にしましょう。

名づけのきまり

基本ルールを知って名づけをスタートしよう

正式に戸籍に登録して社会で使える名前には、
基本的なルールがあります。名前を考える前に、
まず基本ルールを知っておきましょう。

基本ルール1 名づけに使える文字は決まっている

使える文字

ひらがな、カタカナ

濁点・半濁点を含め、すべてのひらがな・カタカナは名前に使えます。さらに、「ゐ・ヰ」「ゑ・ヱ」などの旧かなづかいも使用可。なお、毛筆のくずし字である変体がなは使えません。

ひらがな・カタカナ一覧➡P333

常用漢字

新聞や教科書、文書などで日常的に使われる漢字は「常用漢字」として内閣によって定められており、名前に使うことができます。合計2,136字(2024年3月時点)。また、常用漢字の中でも名前に向かない字もあるので注意しましょう。

人名用漢字

常用漢字ではないが名前には使うことができる漢字が「人名用漢字」として戸籍法によって定められています。863字あります(2024年3月時点)。常用漢字とあわせて合計2,999字の漢字が名前に使えます。

名づけに人気のしあわせ漢字ベスト473➡P220
名づけに使える漢字リスト➡P385

名づけの流れと基本ルールを押さえよう

まず、名づけの流れを確認しましょう。名前の届出には期限があるので、余裕があると安心です。

ママのおなかに赤ちゃんがいることがわかる妊娠3か月ごろから名前を考え始めます。赤ちゃんが生まれる前に、名前の候補をしぼりましょう。赤ちゃんが生まれてから14日後までに、名前を決めます。詳しくは、巻頭別紙「名づけスケジュール」を参照してください。

また、名前に使える文字が法律で定められています。名前に使えない文字が含まれていると、出生届は受理されません。そのほか、漢字の特性も知っておくと、名づけの視点が広がります。

使えない文字

数字

漢数字(一、二、三……)は名前に使えますが、算用数字(1、2、3……)やローマ数字(Ⅰ、Ⅱ、Ⅲ……)などは使えません。「Ⅱ世」なども認められません。

横文字

外国人風の名前を日本語でつけることはできますが、A、B…… (a、b……)などのローマ字や、α、β……などのギリシャ文字は使えません。

ふさわしくない漢字

常用漢字の中には、名前にふさわしくない意味や字面の漢字もあります。法律にのっとっていても窓口で受理されない場合もあるので注意しましょう。

名づけに向かない漢字➡P324

ものによっては使える文字

旧字

漢字・ひらがなには新字体と旧字体があります。たとえば「恵(新字体)」と「惠(旧字体)」などです。つけたい漢字があるものの、姓名判断の画数に合わない、という場合などに検討してみるのもおすすめ。ただし、難しい字になりがちなので注意します。

名前に使える旧字・異体字➡P322

符号

くり返しを表す「々」「ゝ」「ゞ」、伸ばす音を表す「ー」が使えます。たとえば、主に女の子の名前で「奈々子」「みすゞ」のように使われます。姓が伊奈で名が奈央子さんの場合、「伊奈々央子」のように姓と名をまたぐように使うことはできません。

基本ルール2 名前の漢字の特性を知っておこう

名前にだけ使える読み方「名のり」がある

名前に使える漢字には、音読み・訓読みのほかに「名のり」という名前だけに認められた読み方があります。たとえば、「文」には「ブン・モン・ふみ」という音訓の読みと「あや」という名のりがあります。「文香」という名前なら、「ふみか」とも「あやか」とも読ませることができます。

例

紀
【音訓】キ、コ
【名のり】おさむ、すみ、ただ、とし、のり、もと　など

昌紀（まさき／まさのり）
紀江（きえ／のりえ）

名前の漢字の読みは自由。どう読んでもOK

戸籍には名前の表記のみが登録されます。そのため、読み方に法的な制限はありません。極端にいえば、「一郎」という漢字で「さぶろう」と読ませることもできるのです。しかし、正しく読んでもらえない名前は不便が多くなります。意味や音から連想できる読み方など、常識の範囲で名前の読みを決めましょう。

例

意味・音から連想できる

大空（そら）、希望（のぞみ）

読まれにくい

愛（らぶ）、星（すたー）

“第一子”“第二子”の意味を含む漢字に気をつけて

漢字の中には、順番や数字の意味が含まれているものもあります。生まれた順番に関わる名前をつけるなら、その子の生まれた順番に合う漢字を使えるように、意味を確認しましょう。

例

第一子に向く漢字	一、初、元、長
第二子に向く漢字	二、次、亜
末っ子に向く漢字	末、季、留

“男”“女”の意味を含む漢字も考慮しよう

漢字にはさまざまな意味が込められています。中には「男の」「女の」という意味が含まれている漢字もあるので、男女逆の名前につけてしまわないよう、漢字辞典などで確認しましょう。

例

「男」の意味を含む漢字

男、夫、彦 など

「女」の意味を含む漢字

女、妻、媛 など

名前の長さは無制限。漢字は3字、読みは7音くらいまでが理想的

名前の文字数には制限がありません。極端にいえば、落語の「寿限無」のような長い名前も戸籍に登録可能。ただし漢字で1～3字、読みで2～7音くらいまでが理想的でしょう。あまり短いと呼びにくく不便になることがありますし、長いと、呼ぶのも書くのも大変です。

長い名前の例

OK！

良一郎 3文字
（りょういちろう） 7文字

長すぎる……

太郎左衛門之助 7文字
（たろうざえもんのすけ） 10文字

漢字の意味は必ず辞書でチェック

一般的に使われている漢字の意味とは別に、昔使われていた意味や、漢字の由来に関わるあまり知られていない意味が含まれることもあります。よい意味だと思って名前に使った漢字でも、実は意外な意味が含まれることがあるので注意。漢字の候補をしぼるときに、意味を必ず辞書で確認しましょう。

意外な意味がある漢字の例

雅……風流だ。カラス。
空……そら。むなしい。
希……きぼう。願い。まれ。薄い。
颯……風が吹く。衰える。

名前に使える文字や意味のチェックには、行政のホームページや漢字辞典も活用して

使える文字かどうか

法務省のホームページ内に「子の名に使える漢字」（常用漢字、人名用漢字）の一覧表があります（常用漢字は文化庁のホームページへリンク）。また、「戸籍統一文字情報」のページで、名前に使いたい漢字を検索して調べることができます。

●法務省ホームページ
https://www.moj.go.jp/MINJI/minji86.html

●文化庁ホームページ
https://www.bunka.go.jp/kokugo_nihongo/sisaku/joho/joho/kijun/naikaku/kanji/joyokanjisakuin/index.html

漢字の意味や名のりなど

本書では、Part5「使いたい漢字から名前を考える」（P217）で、名前に人気のおすすめ漢字の読みや意味を紹介しています。本書で紹介しきれない漢字の読みや意味は、漢字辞典を使って調べてみましょう。

辞書でわかること ※『漢字源』（学研）の例

【音訓】中国古来の音読みと、一般に定着している訓読み
【和訓】上記以外の代表的な訓読み
【名付】名前をつけるときに用いる代表的な読み
【意味】漢字の原義、派生してできた意味

気をつけるポイント

表記・音・意味をチェックしてベストな名前をつける

名前を考えたり、候補の中から最終的に選ぶときには、さまざまなポイントから名前をチェックします。検討するべきポイントを知っておきましょう。

さまざまな角度から名前を検討する

法律で定められた基本ルールをクリアするのはもちろん、不便な名前は避けたいものです。ベストな名前にするためには、表記・音・意味の3点をチェックします。

名前は、社会生活のさまざまな場面で使われます。そのため、誰にとっても読み書きしやすく、発音しやすい名前が理想的なのです。たとえば、名前がおかしな意味の言葉になっているとからかいの対象になることもあるので、辞書を引いたりして確認しましょう。

必ず姓と名前をセットで考える

名前のよしあしをチェックするときには、必ず姓と名前をセットで検討しましょう。フルネームで書くと印象が悪くなったり、姓と名前をつなげて読むとおかしな意味の言葉になることも。紙に書いて、声に出して検討しましょう。

また、姓名判断では、姓と名前の画数の組み合わせによって運勢が変わります。姓と名前のバランスがよい名前を考えましょう。

知っておきたい

名前の個性を生かすには姓とのバランスを考える

日本人に多い姓の人が人気の名前をつけると、同姓同名の人と出会う確率が高くなります。逆に、めずらしい姓に凝った名前をつけると、読みにくかったり、覚えてもらいにくかったりします。

姓か名前のどちらかで個性を際立たせるようにして、バランスをとりましょう。

表記のチェックポイント

✓ ❶名前に使える文字かどうか

名前への使用が認められている漢字以外は、出生届が受理されません。そのため、あらかじめ名前に使える文字かどうかをチェックしておきましょう。たとえば「薔《ば》薇《ら》」「檸檬《れもん》」「棗《なつめ》」などは、愛らしい意味や響きをもちますが、名前には使えません。

使えない漢字の例

✕薔薇 ⇒ ○侶寿(ろーず)

✕ 棗 ⇒ ○夏芽(なつめ)

✕檸檬 ⇒ ○礼門(れもん)

✓ ❷書きやすい漢字を使う

画数が多すぎる名前は書くのに時間がかかります。また、書きにくい複雑なつくりの漢字があると、本人も周りも間違えやすくなってきます。できるだけ、画数は少なすぎず多すぎず、書きやすい漢字にしましょう。

書きにくい漢字の例

飛　系　淵　臼　埜　彌
繍　凹　凸　など

✓ ❸パソコンで変換しやすいか

一般的にあまり使われない漢字や難しい漢字、旧字体などはパソコンで入力した際に変換されにくく、将来仕事をするときなどに不便を感じることがあります。変換しやすさが、一般的な漢字かどうかを知る一つの目安になります。

変換されにくい漢字

旧字、異体字、
変わった読みの漢字

✓ ❹混同されやすい漢字がないか

同じへんの漢字がたくさんあったり、同じ読みで一般的によく使われる漢字があると、よく書き間違いが起こります。似ている漢字が多いけれどどうしても使いたい漢字があるときは、口頭で漢字の違いを説明できるようにしましょう。

混同されやすい漢字の例

裕／祐／佑　己／巳
紗／沙　彗／慧

⑤姓と名前がアンバランスになっていないか

姓と名前の字面が悪いと、見た目の印象が悪くなります。アンバランスな名前の例を見てみましょう。ただし、感じ方は好みによります。参考程度に見てください。

例
垣村裕輔 → ○垣村勇輔
相沢沙耶 → ○相沢早耶

△縦割れ

漢字のへんとつくりが左右に分かれています。左右が離れがちで安定感に欠けた印象に。1字を左右に分かれていない漢字に置き換えると安定感が増します。

例
林奏太 → ○林奏多
山田里央 → ○山田理央

△左右対称すぎる

すべての漢字が左右対称だと、単調な印象を与えることも。1字を左右に分かれた漢字にすると、バランスがよくなります。

例
田口正 → ○田口忠
正岡里華 → ○正岡李夏

△直線が多い

姓名の漢字に直線が多いと、堅苦しい印象。曲線がありやわらかい印象の漢字を用いることで、優しい印象になります。

例
齋藤優輔 → ○齋藤有佑
二川一己 → ○二川千未

△画数に偏りがある

姓も名も画数が多いと重苦しい印象に。逆に、姓も名も画数が少ないと軽くて寂しい印象になります。画数は多すぎず少なすぎないのがよいのです。

例
谷江里子（たに・えりこ／たにえ・りこ） → ○谷英里子（たに・えりこ）

△姓名の境目がわかりにくい

姓と名が複数の場所で区切れるように見えます。明らかに境目がわかる名前をつけましょう。

例
麻生佑麻 → ○麻生夕暉
花田優花 → ○花田侑霞

△姓と名に同じ漢字が入る

姓と名に同じ漢字や「草」「花」など同じイメージの漢字が入ると、しつこい印象に。別の漢字に置き換えましょう。

例
森村槙太 → ○森村晋多
細田紗紀 → ○細田小暉

△同じへんやつくりが入る

姓名の漢字に同じへんやつくりの漢字が複数入ると、これもしつこい印象になります。違和感がない漢字に置き換えて。

例
小野寺一 → ○小野寺正晃

△文字数に偏りがある

姓と名のどちらかが重すぎず、軽すぎない名前がベスト。偏りのないようにします。

音のチェックポイント

⑥目で見て読みやすいか

名前は読まれたり呼ばれたりして、個人の識別に使われます。まずは目で見て正しく読まれやすい名前かどうかチェックしてみましょう。

例
熊谷有真
くまがい・ゆうま
・ありまさ
・ゆうしん
・ゆま

△何通りにも読める

読み方が複数ある名前は、ほかの人と間違われたり、性別を間違われたりすることもあり、不便な場合も。使用する漢字を工夫し、読み間違えられないようにします。

例
山中宏美
（やまなか・ひろみ）
中山美宏
（なかやま・みひろ）

△反転させても読める

姓や名前が、上下逆にしても読める名前は、読み間違えられやすいのです。姓がそのような場合、名前には読み間違えられないものをつけます。

⑦声に出して発音しやすいか

発音しにくい名前は、聞き間違いなども起こり、コミュニケーションを妨げてしまうことも。発音しにくい名前の例を見ておきましょう。

例
剛田丈
（ごうだ・じょう）
↓
○（ごうだ・たけし）
岡嶋純子
（おかじま・じゅんこ）
↓
○（おかじま・すみこ）

△濁音が多い

名前の読みに濁音が多いと、発音しにくい上に濁った印象を与えます。漢字を変えないなら、濁音でない読みに変えるとすっきりした印象になっておすすめです。

例
高松孝行
（たかまつ・たかゆき）
三浦藍
（みうら・らん）

△姓と名に同じ音が入る

姓と名に同じ音が入ると、言いにくい上に滑稽な印象になることがあります。また、姓の最後の音と名の最初の音が同じだと、発音しにくいので注意して。

意味のチェックポイント

❽読んだときに、思いがけない意味になっていないか

名前の音訓を読みかえたり、フルネームを続けて読んだときに、思いがけない意味になってしまうことがあります。あだ名をつけられたり、いじめにつながったりすることも。別の意味にもとれてしまう名前の一例を見てみましょう。

読みかえると変な意味になる名前

〈男の子〉

名前	読みかえ
礼典（あきのり）	0点
公太（こうた）	ハムスター
真人（まさと）	魔人
正友（まさとも）	しょうゆ
智寛（ともひろ）	ちかん

〈女の子〉

名前	読みかえ
志音（しおん）	死ね
寿子（としこ）	寿司
久里（くり）	きゅうり
夕子（ゆうこ）	タコ
美里（みさと）	ビリ

つなげて読むと変な意味になる名前

〈男の子〉

名前	読みかえ
原達雄（はらたつお）	腹立つ
大場嘉門（おおばよしと）	大馬鹿もん
千田龍馬（せんだりゅうま）	血だるま
越智琢磨（おちたくま）	堕ちたクマ
伴健太（ばんけんた）	番犬だ
八田竜也（はったりゅうや）	ハッタリ屋

〈女の子〉

名前	読みかえ
原真希（はらまき）	腹巻き
花田玲（はなだれい）	鼻たれ
千田茉莉（せんだまり）	血だまり
水田真理（みずたまり）	水たまり
沖照香（おきてるか）	起きてるか？
中田留美（なかだるみ）	中だるみ

⑨名前自体が別の意味の言葉になっていないか

かわいらしい組み合わせの漢字に見えても、実は熟語として別の意味があることがあります。必ず国語辞典や漢字辞典を引いて、確認しましょう。

名前	読み	意味
海月	みづき	クラゲ。
海星	かいせい	ヒトデ。
花菜	かな	かさい。花の部分を食べる野菜のこと。
沙弥	さや	しゃみ。出家したばかりの少年僧。
真平	しんぺい	まっぴら。拒否する気持ちを表す口語。
心太	しんた	ところてん。寒天でできた食べ物。
里子	りこ	さとご。よそに預けて育ててもらう子。

別の意味の言葉になる名前➡P327

⑩漢字を口頭で説明しやすいか

電話で連絡をとっている相手に、口頭で名前の表記を説明することがあります。特徴的なへんやつくりがない漢字や、その漢字が含まれる熟語があまりない漢字は、伝えるのに一苦労することも。

例

特徴的なへんやつくりがない漢字

乃　允　之　也　など

熟語があまりない漢字

亨　椋　紘　尭　など

⑪イニシャルに別の意味がないか

あまり日常生活で使うことはありませんが、イニシャルが思いがけない意味になってしまい、からかわれたりすることがあります。イニシャルを書いてみてチェックしましょう。

例

W.C.…… water closet
（水洗便所）

N.O.…… no
（いいえ、ダメなど）

N.G.…… no good
（よくない）

E.T.…… extra terrestrial
（地球外生命体）

戸籍って？ 国際結婚の場合は？ 名前の手続きQ&A

赤ちゃんの名前が決まったら、
出生届を出して名前を戸籍に登録します。
名前や戸籍に関する手続きについて知っておきましょう。

名前は戸籍に登録されます

赤ちゃんの名前が決まると、出生届を提出し、戸籍に登録されます。戸籍は世帯ごとに設けられ、家族のつながりを表すものです。

戸籍への登録は、赤ちゃんが社会の一員になった証です。本人だということの証明になり、行政のサービスを受けられるようになります。戸籍のルールは、子どもの名づけや出生届の提出に関わるので、知っておきましょう。

国際結婚は特に手続きを忘れずに

国際結婚をしたパパ・ママの場合、日本人同士の場合とは届出のしかたが変わってきます。

パパ・ママの国籍のある国にそれぞれ、出生届を提出することになります。その上で、パパ・ママそれぞれの国籍のある国のルールにもとづいて、子どもの国籍が決まります。

また、生まれた国も、子どもの国籍決定に関わります。子どもが将来困らないように、しくみと流れを確認しておきましょう。

知っておきたい

結婚などで姓名判断の結果が悪くなるのが心配なら？

結婚などで、将来赤ちゃんの姓が変わり、姓名判断の結果が悪くなるのが心配かもしれません。でも、生まれたときの姓に合う名前をつけてあげればOKです。結果が悪くなっても、姓名判断は普段使う名前に影響を受けるので、通称や旧姓を使う方法もあります。

戸籍と名前について知っておきたいこと

Q1 ミドルネームはつけられますか？

A 名前と一体化してつけることになります。

ミドルネームとは、主に欧米の人の名前と姓の間に入る名のことです。日本にはミドルネームの概念はなく、出生届にも記入欄がありません。そのため、ミドルネームをつけるときは、名前の一部として扱われます。たとえば、出生届の名前の欄に「クリスティーン美里」のように、ミドルネームと名前を一緒に書きます。

Q2 同じ名前を継がせることはできますか？

A 同じ表記はNG。同じ読みはOK。

基本的に戸籍は、一組の夫婦と、姓を同じくする未婚の子どもを単位としてつくられます。同じ戸籍の中に、同じ表記の名前を登録することはできないことになっています。ただし、表記が異なれば、両親と同じ読みの名前をつけることができます。また、祖父母の名前とは、表記も読みも同じにすることができます。

Q3 未婚の母です。子どもの戸籍はどうなりますか？

A 母の名前で手続きし、母の戸籍に入ります。

子どもの出生届によって、婚姻していない母は実家の戸籍から除籍され、新たに自分を筆頭者とする戸籍がつくられます。子どもは、母親の戸籍に入ります。父親が認知*していれば、出生届の父親の欄に記入し、そうでなければ母親の名前のみを書いて提出します。父母との続き柄は「嫡出でない子」となります。

＊認知……結婚していない男女の子どもを、父親が自分の子と認めること。父親であるという意思表示をすることで、法律上の親子関係が発生する。

Q4 同姓同名の人と結婚したらどうなる？

A そのままでもOKです。改名も認められます。

「光（ひかる）」「薫（かおる）」など、男女両方に適した名前の人が同じ名前の人と結婚した場合、同姓同名になります。同一戸籍では同姓同名が認められませんが、結婚の場合は例外として認められます。しかし、社会生活で不便な場合、家庭裁判所で改名が認められることがあります。

国際結婚のパパ・ママが知っておきたいこと

Q1 海外で出産したとき、気をつけることは？

A 3か月以内に出生届を提出。国籍の留保も忘れずに。

海外で子どもを産んだ場合は、3か月以内に、その国に駐在する日本大使・公使・領事へ出生届を提出します。同時に「国籍留保の届出」を行います。子どもが外国人の親の国籍を取得したり、子どもが生まれた場所が、その国で生まれた子ども全員にその国の国籍を与える制度（出生地主義）をとっている場合は、子どもは2つ以上の国籍をもつ重国籍者となります。日本では、重国籍者は22歳になるまでに1つの国籍を選択しなければなりません。「国籍留保の届出」をしておかないと、子どもは生まれたときにさかのぼって日本国籍を失うことになります。出生地主義をとっているアメリカ・ブラジルなどは、特に忘れず手続きをしましょう。

Q2 両親どちらの国に出生届を出したらよいですか？

A 両親それぞれの国に提出します。

パパ・ママのどちらかが日本人であれば、子どもは日本国籍を取得することができます。国際結婚の夫婦の子どもの場合、パパ・ママそれぞれの母国に出生届を出します。日本で子どもを産んだ場合には14日以内に市区町村へ、海外で子どもを産んだ場合はQ1のとおり3か月以内にその国に駐在する日本大使・公使・領事へ届け出ます。

Q3 子どもの国籍はどうなるのですか？

A 国籍の考え方は国によって異なります。

国籍の考え方には、親のどちらかの国籍を子どもが取得する「血統主義」と、子どもが生まれた国の国籍を取得する「出生地主義」があります。さらに血統主義には、父と母の国籍が異なる場合に子どもがいずれかを選択できる「父母両系血統主義」と、父の国籍を取得する「父系優先血統主義」があります。血統主義でも出生地主義でも、母親が父系優先血統主義である場合を除き、子どもは生まれたときに2つ以上の国籍をもつ重国籍者となります。日本では重国籍は認められていないので、22歳までに本人が国籍を選択します。

国籍の考え方

●**父母両系血統主義の国**
日本、イタリア、スペイン、タイ、中国、韓国、トルコ、スウェーデン、フィリピンなど

●**父系優先血統主義の国**
イラク、イラン、インドネシア、エジプトなど

●**出生地主義の国**
アメリカ、カナダ、ブラジルなど

●**永住権を得ているなど一定条件のもとで出生地主義を採用している国**
イギリス、ドイツ、フランス、オーストラリアなど

※詳しくは、法務省のホームページなどでご確認ください。https://www.moj.go.jp/MINJI/kokuseki.html

Part 2

生まれ月やエピソードにちなんだ名前にする

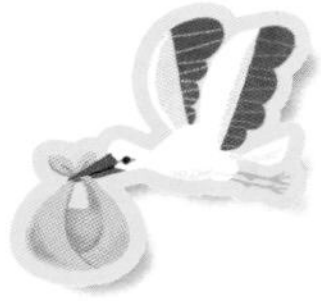

1月

睦月（むつき）

新年を迎え、親族や知人が集い仲睦まじく宴を開く月。稲の実を初めて水に浸す月「実月《むつき》」が転じたとする説もあります。

■ 1月生まれの子は…

何でもやり通す芯の強さをもつ

まじめで責任感の強い頑張り屋。自分で困難を乗り越える強さをもつ反面、頑固なところがあり、友達とぶつかることも。短気を起こさず、地道に努力し続けることが幸運の鍵。

1月の暮らし

初日の出・初詣《はつもうで》・初夢・書き初め

一年の最初の月として「初」となる事柄が多い。その字の意味するとおり、清らかで新たな気持ちで臨みたい。

初《はじめ》・初日《はつひ》・初弥《もとや》・初春《もとはる》・

初音《はつね》・初美《はつみ》・初香《ういか》・初季《はづき》

1月の別名

太郎月《たろうづき》・早緑月《さみどりづき》・建寅月《けんいんげつ》・泰月《たいげつ》・霞初月《かすみそめづき》・初空月《はつそらづき》・新春《しんしゅん》・開歳《かいさい》

【1月の外国語名】
英語：January（ジャニュアリー）
フランス語：janvier（ジャンヴィエ）
ドイツ語：Januar（ヤヌアー）
イタリア語：gennaio（ジェンナァイオ）
スペイン語：enero（エネロ）
ロシア語：январь（インヴァーリ）
ハワイ語：Lanuali（ラヌアリ）
中国語：一月（イーユエ）
韓国語：일월（イロォル）

建寅月の名は、旧暦での1月が「寅の月」であることから。

睦《あつし》・睦己《むつき》・小太郎《こたろう》・新《あらた》・新太《しんた》・

開心《かいしん》・泰寛《たいかん》・泰志《たいし》・高寅《たかとら》・

睦水《むつみ》・睦稀《むつき》・睦布《むつほ》・泰奈《やすな》・新《さら》・

新乃《にいの》・新菜《にいな》・開早《はるさ》・開日《はるひ》

1月の花

誕生花：水仙
見頃の草花：
椿・千両・葉牡丹・福寿草

花言葉
気高さ・自尊心

水仙は「雪中花」の別名をもつ。冬の花の代表格である椿が見頃を迎え、春を告げる福寿草なども開花する。

仙人《せんと》・仙太郎《せんたろう》・一寿《かずとし》・幸寿《ゆきとし》・

雪花《ゆきか》・仙《せん》・椿《つばき》・一千花《いちか》・牡丹《ぼたん》

今日は何の日？

1日	元日
2日	月ロケットの日
3日	瞳の日
4日	石の日
5日	囲碁の日
6日	ケーキの日
7日	爪切りの日
8日	ロックの日
9日	とんちの日
10日	110番の日
11日	鏡開き
12日	スキーの日
13日	咸臨丸出航記念日
14日	タロ・ジロの日
15日	半襟の日
16日	禁酒の日／囲炉裏の日
17日	今月今夜の月の日
18日	都バス記念日
19日	のど自慢・カラオケの日
20日	玉の輿の日
21日	ライバルが手を結ぶ日
22日	ジャズの日
23日	電子メールの日
24日	ゴールドラッシュデー
25日	主婦休みの日
26日	文化財防火デー
27日	国旗制定記念日
28日	コピーライターの日
29日	人口調査記念日
30日	3分間電話の日
31日	愛妻の日

※青色で男の子、赤色で女の子の名前例を紹介しています。※誕生日は、誕生時の暦（ユリウス暦、旧暦、新暦）で掲載しています。

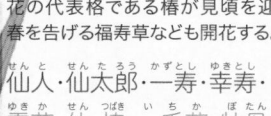

1月の行事・節句

●人日《じんじつ》（7日）

七草（芹《せり》、薺《なずな》、御形《ごぎょう》、繁縷《はこべら》、仏の座、菘《すずな》、清白《すずしろ》）の入った粥《かゆ》を食べ、無病息災を願う。

●小正月《こしょうがつ》（15日）

餅花を飾り、五穀豊穣を願う小豆粥《あずきがゆ》を食べるのが習わし。「望《もち》正月」の別名も。

人史《ひとし》・人世《じんせい》・芹《せり》・芹治朗《きんじろう》・芹弥《きんや》・望《のぞむ》・巧望《たくみ》・望人《もちひと》・望貴《もちたか》・
人代《ひとよ》・七菜《なな》・芹香《せりか》・芹佳《せりか》・芹菜《せりな》・望《まどか》・天望《あまね》・希望《のぞみ》・来望《くるみ》

1月の季語

元旦《がんたん》・年賀《ねんが》・初茜《はつあかね》・初凪《はつなぎ》・雪見《ゆきみ》・門松《かどまつ》・寒椿《かんつばき》・冴《さ》ゆる

初茜や初凪は、元日の空や海の様子を表す言葉。「寒」や「冴」など厳しい冬を連想させる漢字を含む言葉も。

元也《もとや》・一元《かずもと》・元太郎《げんたろう》・大賀《たいが》・
雪晴《ゆきはる》・雪正《ゆきまさ》・松汰《しょうた》・松之介《まつのすけ》・
冴羽《こう》・冴樹《さえき》・明日賀《あすか》・一賀《いちか》・
雪見《ゆきみ》・冴雪《さゆき》・雪乃《ゆきの》・雪寧《ゆきね》・雪巴《ゆきは》

1月の誕生石

石言葉
真実・忠実

●ガーネット（ざくろ石）

努力や繁栄の象徴。「燃える石炭」と称され、ノアの箱船では明かりとして使われた。

一真《かずま》・忠真《ただまさ》・努《つとむ》・一繁《かずしげ》・
真実《まみ》・真乃叶《まのか》・真李《まり》

二十四節気

●小寒《しょうかん》（5日頃）

●大寒《だいかん》（20日頃）

冬本番、凛とした冷気に包まれる季節。耐寒行事が行われ、酒や味噌など寒気を利用した食料を仕込む時季でもある。

凛哉《りんや》・凛多朗《りんたろう》・冬真《とうま》・
冬樹《ふゆき》・凛《りん》・凛子《りんこ》・凛華《りんか》

1月の12星座

●山羊座（12/22～1/19）

●水瓶座（1/20～2/18）

[山羊座]完璧主義で誠実。何事にも真剣に取り組み責任を果たす。

完介《かんすけ》・完春《さだはる》・誠心《せいしん》・誠真《せいしん》・誠悟《せいご》・
完凪《かんな》・誠子《せいこ》・誠禾《せいか》・誠菜《せいな》・誠月《みづき》

1月生まれの有名人

豊臣秀吉（1日）
低い身分の出でありながら天下をとった戦国一の出世頭。

夏目漱石（5日）
『坊っちゃん』などで知られる明治を代表する文豪の一人。

伊能忠敬（11日）
江戸時代に、日本史上初の実測による日本全図を作り上げた。

マーティン・ルーサー・キング（15日）
アフリカ系アメリカ人公民権運動の指導者として活躍した。

上杉謙信（21日）
毘沙門天を信仰し、軍神と称された戦国武将。

勝 海舟（30日）
幕末、江戸城無血開城の立役者となった幕臣。

2月

如月（きさらぎ）

寒さで衣を重ねるため「衣更着《きさらぎ》」とする説や、寒さがぶり返し（旧暦では現在の3月）、脱いだ衣を更に着る月という説があります。

■ 2月生まれの子は…

仲間を引っ張るリーダー気質

思いやりにあふれ、面倒見がよい。行動的でみんなを引っ張る力があるため、リーダーとして慕われることも。謙虚さと人の気持ちを察する心配りを忘れないことで、より人望を集める。

2月の暮らし

春一番・バレンタインデー

雨水の頃に吹く南風「春一番」が春の近づきを告げる。バレンタインデーでは、家族や友人に感謝を込めてチョコレートを贈る人も増えている。

春壱《はるいち》・愛斗《まなと》・愛貴《よしき》・和愛《かずよし》・愛惟《あい》・
乃愛《のあ》・仁愛《にいな》・佳恋《かれん》・恋央乃《れおの》

2月の別名

麗月《れいげつ》・令月《れいげつ》・小草生月《おくさおいづき》・木《こ》の芽月《めづき》・花朝《かちょう》・仲春《ちゅうしゅん》・美景《びけい》・恵風《けいふう》

【2月の外国語名】
英語：February（フェブラリー）
フランス語：février（フェヴリエ）
ドイツ語：Februar（フェブルアー）
イタリア語：febbraio（フェッブライオ）
スペイン語：febrero（フェブレロ）
ロシア語：февраль（フェヴラーリ）
ハワイ語：Pepeluali（ペペルアリ）
中国語：二月（アルユエ）
韓国語：이월（イウォル）

小草生月や木の芽月は、草木の芽吹きからついた名。

麗人《よしひと》・麗史《れいじ》・令《りょう》・令真《りょうま》・冬芽《とうが》・
美景《よしかげ》・一恵《いっけい》・愛麗《あいら》・麗禾《れいか》・
令奈《れな》・初芽《はつめ》・叶芽《かなめ》・佑芽子《ゆめこ》・
一恵《かずえ》・千恵《ちえ》・恵光《えみ》・恵凜《えりん》

2月の花

花言葉
純潔・あどけなさ

誕生花：フリージア
見頃の草花：梅・蕗《ふき》の薹《とう》・満作・クロッカス・雪割草

フリージアには「浅黄水仙」「香雪蘭」などの別名も。梅が美しく、早春の風物詩である蕗の薹も顔を出す。

梅太郎《うめたろう》・梅之《うめゆき》・蕗人《ふきと》・一蕗《いぶき》・
純也《じゅんや》・純一《じゅんいち》・良純《よしずみ》・小梅《こうめ》・梅花《うめか》・
梅芳《うめか》・由梅《ゆめ》・美蕗《みぶき》・蕗乃《ふきの》・純子《じゅんこ》

今日は何の日？

1日	テレビ放送の日
2日	夫婦の日
3日	大豆の日
4日	世界対がんデー
5日	プロ野球の日
6日	海苔の日
7日	オリンピックメモリアルデー
8日	ロカビリーの日
9日	漫画の日
10日	左利きグッズの日
11日	建国記念の日
12日	ペニシリンの日
13日	苗字制定記念日
14日	バレンタインデー
15日	春一番名付けの日
16日	天気図記念日
17日	天使のささやきの日
18日	エアメールの日
19日	プロレスの日
20日	歌舞伎の日
21日	国際母語デー
22日	世界友情の日
23日	富士山の日
24日	月光仮面登場の日
25日	夕刊紙の日
26日	ラッピングの日
27日	冬の恋人の日
28日	ビスケットの日
29日	閏日

2月の行事・節句

●節分（3日頃）

立春の前日。魔除けとして柊と鰯を飾り、豆まきで災いを祓い、福を呼び込む。

●初午《はつうま》（最初の午の日）

一年でもっとも運気の高まる日といわれる。各地の稲荷神社で初午大祭が行われる。

節《さとる》・節《おさむ》・清節《きよさだ》・柊斗《しゅうと》・柊介《しゅうすけ》・柊吾《しゅうご》・柊哉《しゅうや》・福《ふく》・節《みさお》・節加《せつか》・福《さち》・福菜《ふくな》・未福《みさき》・福乃《ふくの》・心福《みさち》・福世《ふくよ》・春柊《はるひ》・映柊《あきひ》・幸柊《ゆきひ》

2月の季語

春寒《しゅんかん》・早春《そうしゅん》・雪解《ゆきどけ》・冴返る《さえかえる》・薄氷《うすらひ》・猫柳《ねこやなぎ》・雛菊《ひなぎく》・鶯《うぐいす》・下萌《したもえ》

実際は冬真っ盛りの月だが、俳句の上では春の季語が多い。下萌は、早春の大地から芽が出始めること。

氷智《きよとも》・氷伍《ひょうご》・柳哉《りゅうや》・柳汰《りゅうた》・柳之介《りゅうのすけ》・柳斗《りゅうと》・萌生《ほうせい》・十萌也《ともや》・萌《もえ》・萌《めぐむ》・冬萌《ともえ》・百萌《ももえ》・萌々乃《ももの》・鈴萌《すずほ》・佑萌《ゆうほ》

2月の誕生石

●アメシスト（紫水晶）

愛や勇気を与える。日本では古来より紫が高貴な色とされ、高位の人のみ所有できた。

一紫《かずし》・紫央《しおん》・晶大《あきひろ》・晶彦《てるひこ》・紫万《しま》・紫乃子《しのこ》・晶帆《あきほ》

二十四節気

●立春《りっしゅん》（4日頃）

●雨水《うすい》（19日頃）

雨水は「雪から雨に変わり、氷が水になる」の意。本格的に暖かくなるのはまだ先だが、暦の上では春が始まる。

春汰《しゅんた》・春信《はるのぶ》・春樹《はるき》・春斗《はると》・光春《みはる》・春香《はるか》・心春《こはる》・春乃《はるの》

2月の12星座

●水瓶座（1/20～2/18）

●魚座（2/19～3/20）

［水瓶座］直感的かつ独創的。つねに自由を求め、反逆精神をもつ。

水人《みなと》・勇水《ゆうすい》・琢水《たくみ》・水月《みづき》・一水《かずみ》・水希《みずき》・水玲《みれい》・泉水《いずみ》・彩水《あやみ》・寿水《すずみ》

2月生まれの有名人

ベーブ・ルース（6日）
メジャーリーグで数々の伝説をつくった野球の神様。

トーマス・アルバ・エジソン（11日）
白熱電球から蓄音機までさまざまな電化製品を生んだ発明家。

エイブラハム・リンカーン（12日）
奴隷解放に尽力した第16代アメリカ合衆国大統領。

ガリレオ・ガリレイ（15日）
近代科学の礎を築き、「天文学の父」と称された学者。

島崎藤村（17日）
詩集「若菜集」や小説「夜明け前」で知られる明治の文豪。

志賀直哉（20日）
明治から昭和にかけて活躍した、白樺派を代表する小説家。

3月

弥生（やよい）

「弥」には「いよいよ・ますます」という意味があります。寒さが和らぎ、春めいてきて、草木がいよいよ生い茂る月です。

■ 3月生まれの子は…

みんなに愛されるムードメーカー

社交的で友達づくりが上手。感受性が豊かでユーモアセンスがあり、誰からもかわいがられるアイドル的存在。将来は、人当たりのよさや美的センスを生かした仕事での活躍に期待。

3月の暮らし

卒業・山菜採り

卒園・卒業など修了の行事が行われる月。たらの芽やウドなど、早春の香りを楽しめる山菜が旬を迎える。

修治《しゅうじ》・修都《しゅうと》・光修《みつのぶ》・修一朗《しゅういちろう》・
晃芽《こうが》・大芽《たいが》・侑芽《ゆめ》・由芽乃《ゆめの》・
はる菜《な》・ひい菜《な》・世菜《せいな》・菜帆《なほ》

3月の別名

桜月《さくらづき》・花月《かげつ》・嘉月《かげつ》・
桃月《とうげつ》・花見月《はなみづき》・季春《きしゅん》・
夢見月《ゆめみづき》・建辰月《けんしんげつ》

【3月の外国語名】
英語：March（マーチ）
フランス語：mars（マルス）
ドイツ語：März（メルツ）
イタリア語：marzo（マルツォ）
スペイン語：marzo（マルソ）
ロシア語：март（マールト）
ハワイ語：Malaki（マラキ）
中国語：三月（サンユエ）
韓国語：삼월（サムォル）

夢見月は、陰暦3月が夢見草（桜）の咲く月であるためついた名。

弥《わたる》・弥彦《やひこ》・和弥《かずや》・春弥《はるや》・嘉月《かづき》・
嘉人《ひろと》・健辰《けんしん》・辰樹《たつき》・弥《あまね》・弥生《やよい》・
弥桜花《みおか》・千嘉《ちか》・嘉寿子《かずこ》・嘉乃《よしの》

二十四節気

●啓蟄《けいちつ》（5日頃）
●春分《しゅんぶん》（21日頃）

寒さが和らいで暖かくなり、虫たちが冬眠から覚めて地上に現れる。春分には昼と夜の長さがほぼ同じになる。

啓《はじめ》・啓吾《けいご》・光啓《みつひろ》・暖司《あつし》・
暖也《あつや》・来春《こはる》・心春《こはる》・三暖《みはる》

今日は何の日？

1日	行進曲の日
2日	遠山の金さんの日
3日	耳の日
4日	ミシンの日
5日	珊瑚の日
6日	世界一周記念日
7日	消防記念日
8日	国際女性デー
9日	記念切手記念日
10日	ミントの日
11日	パンダ発見の日
12日	スイーツの日
13日	サンドイッチデー
14日	ホワイトデー
15日	靴の記念日
16日	国立公園指定記念日
17日	漫画週刊誌の日
18日	精霊の日
19日	ミュージックの日
20日	サブレの日
21日	国際人種差別撤廃デー
22日	放送記念日
23日	世界気象デー
24日	マネキン記念日
25日	電気記念日
26日	カチューシャの歌の日
27日	さくらの日
28日	シルクロードの日
29日	マリモの日
30日	国立競技場落成記念日
31日	エッフェル塔の日

※青色で男の子、赤色で女の子の名前例を紹介しています。※誕生日は、誕生時の暦（ユリウス暦、旧暦、新暦）で掲載しています。

3月の行事・節句

●桃の節句（3日）

女の子の健やかな成長を願う。雛人形を飾り、白酒や菱餅、桃の花などを供える。

●お水取り

東大寺で行われる法会《ほうえ》。十一面観音に練行衆《れんぎょうしゅう》が懺悔《ざんげ》し、国家安泰と豊楽を祈る。

桃吾《とうご》・桃李《とうり》・桃也《とうや》・桃季《とうき》・桃太郎《ももたろう》・小桃太《こもた》・桃史郎《とうしろう》・

小桃《こもも》・桃花《ももか》・桃歌《ももか》・桃衣《ももえ》・桃子《とうこ》・ひな・姫奈《ひな》・緋菜《ひな》・雛《ひな》

3月の誕生石

●アクアマリン（藍玉）

石言葉　勇敢・聡明

海水のような青色が名前の由来。幸福や永遠の若さ、歓喜を象徴する石でもある。

藍《あい》・藍也《あいや》・亜藍《あらん》・藍之介《あいのすけ》・

藍《らん》・藍花《あいか》・藍嘉《あいか》・真凛《まりん》

3月の季語

水温《みずぬく》む・霞《かすみ》・若鮎《わかあゆ》・春の野・山笑う・雲雀《ひばり》・ものの芽・茅花《つばな》

暖かくなるにつれ、次第ににぎやかになる自然や植物を表す季語が多い。茅花はチガヤの花のこと。

充温《みつはる》・清温《きよはる》・史温《しおん》・温士《あつし》・野吹《のぶき》・

笑汰《しょうた》・笑一《しょういち》・温子《はるこ》・千温《ちはる》・未温《みはる》・

野々子《ののこ》・多笑《たえ》・嘉笑《かえ》・茅花《ちか》・茅奈《ちな》

3月の花

花言葉　博愛・思いやり

誕生花：チューリップ

見頃の草花：桃・タンポポ・土筆《つくし》・菫《すみれ》・雪柳・こぶし

チューリップは春の象徴として童謡などでも馴染み深い。土筆など生命力を感じさせる野の草花も見られる。

拳士《けんし》・拳太郎《けんたろう》・一博《かずひろ》・博斗《ひろと》・

つくし・菫《すみれ》・菫花《すみか》・菫加《すみか》・万博《まひろ》

3月の12星座

●魚座（2/19～3/20）

●牡羊座（3/21～4/19）

[魚座]夢見がちで感受性が豊か。優しく、神秘的なものを好む。

都夢《とむ》・歩夢《あゆむ》・久夢《ひさむ》・優斗《ゆうと》・一優《かずまさ》・

万夢《まゆ》・夢子《ゆめこ》・夢乃《ゆめの》・夢菜《ゆめな》・夢禾《ゆめか》

3月生まれの有名人

芥川龍之介（1日）

古典から題材をとった作品で知られる新理知派の文豪。

ミケランジェロ（6日）

彫刻から建築まで、多岐にわたり活躍したルネサンス期の芸術家。

アルベルト・アインシュタイン（14日）

相対性理論を提唱した、20世紀最大の物理学者。

ヨハン・セバスチャン・バッハ（21日）

西洋音楽の基礎を築き、18世紀に国際的名声を得た作曲家。

樋口一葉（25日）

「たけくらべ」や「にごりえ」などの秀作で知られる女流作家。

ビンセント・ヴァン・ゴッホ（30日）

後期印象派を代表する画家。作品群「ひまわり」が有名。

■ 4月生まれの子は…

ものごとに深く打ち込める性格

明るく朗らか。活動的で何事にも積極的に取り組むタイプ。ただし、熱しやすく冷めやすい面があるので、気まぐれを起こさず、これと決めた道を邁進できるようサポートを。

4月

卯月（うづき）

白くて可憐な「卯の花」（ウツギの別名）が咲く月。「う」は「産」の意で、一年の循環の最初の月を意味するという説もあります。

4月の誕生石

石言葉
純潔・不屈

●ダイヤモンド
（金剛石）

魔除けの力をもつ。光を色彩別に分解する性質から、独特な虹色の輝きが生じる。

剛志《たけし》・剛琉《たける》・光剛《みつたけ》・剛基《ごうき》・
七虹《ななこ》・美虹《みこ》・光虹《みつこ》・虹羽《こう》

4月の別名

卯花月《うのはなづき》・鳥来月《とりくづき》・鳥待月《とりまちづき》・木葉採月《このはとりづき》・清和月《せいわづき》・純陽《じゅんよう》・正陽《せいよう》・花残月《はなのこりづき》

【4月の外国語名】
英語：April（エイプリル）
フランス語：avril（アヴリル）
ドイツ語：April（アプリル）
イタリア語：aprile（アプリーレ）
スペイン語：abril（アブリィル）
ロシア語：апрель（アプリェーリ）
ハワイ語：'Apelila（アペリラ）
中国語：四月（スーユエ）
韓国語：사월（サウォル）

清和は、空気が澄みわたり、なごやかなことを指す。

卯太雄《うたお》・鳥吉《ちょうきち》・鳥司《ちょうじ》・清陽《きよはる》・清純《きよすみ》・正陽《まさはる》・和青《わせい》・卯乃《うの》・
卯乃香《うのか》・卯紗子《うさこ》・望卯《みう》・優卯子《ゆうこ》・木葉《このは》・清《さや》・清花《せいか》

4月の花

花言葉
無邪気・夢見心地

誕生花：かすみ草
見頃の草花：桜・木蓮・やまぶき・花水木・菜の花

かすみ草は「赤ちゃんの吐息」というかわいい英名をもつ。日本の国花である桜も、4月を代表する花。

桜汰《おうた》・桜丞《おうすけ》・周桜《すおう》・一桜里《いおり》・怜桜《れお》・桜史朗《おうじろう》・木蓮《もくれん》・蓮央《れお》・
伽純《かすみ》・香澄《かすみ》・凛桜《りお》・桜佳《おうか》・桜子《さくらこ》・菜花《なのか》

今日は何の日？

1日	エイプリルフール
2日	図書館開設記念日
3日	シーサーの日
4日	あんぱんの日
5日	長嶋茂雄デビューの日
6日	城の日
7日	世界保健デー
8日	忠犬ハチ公の日
9日	大仏の日
10日	駅弁の日
11日	ガッツポーズの日
12日	世界宇宙飛行の日
13日	喫茶店の日
14日	オレンジデー
15日	ヘリコプターの日
16日	ボーイズビーアンビシャスデー
17日	恐竜の日
18日	発明の日
19日	最初の一歩の日（地図の日）
20日	郵政記念日
21日	民放の日
22日	アースデー
23日	子ども読書の日
24日	植物学の日
25日	DNAの日
26日	よい風呂の日
27日	哲学の日
28日	象の日
29日	畳の日
30日	図書館記念日

※青色で男の子、赤色で女の子の名前例を紹介しています。※誕生日は、誕生時の暦（ユリウス暦、旧暦、新暦）で掲載しています。

4月の暮らし

入学式・種まき・花見

新生活や新しい生命の始まりを連想する行事が多い。満開の桜の下で春を愛でる花見もこの月の一大イベント。

正始《まさし》・始季《はるき》・蒔斗《まきと》・蒔生《まきお》・耕佑《こうすけ》・始花《はるか》・始保《しほ》・蒔乃《まきの》・万桜《まお》・花歩《かほ》

4月の行事・節句

●花祭（8日）

釈迦の誕生を祝う行事。正式には「灌仏会《かんぶつえ》」。誕生仏の像に甘茶をかけて祝う。

釈斗《しゃくと》・迦佑《かすけ》・花崇《はなたか》・花将《はなまさ》・迦音《かのん》・咲迦《えみか》・花迦《はなか》・円迦《まどか》・さや花《か》・ほの花《か》・心花《こはな》

二十四節気

●清明《せいめい》（5日頃）
●穀雨《こくう》（20日頃）

清明は春先の様子を表す「清浄明潔」、穀雨は田畑を潤す雨の意味。万物が瑞々しさにあふれ、種まきに適した時季。

明潔《あきよし》・穀人《こくと》・洸潤《こうじゅん》・潤之輔《じゅんのすけ》・真潤《まひろ》・潤香《ひろか》・瑞乃《みずの》・瑞樹子《みきこ》・水瑞《みずき》

4月の12星座

●牡羊座（3/21～4/19）
●牡牛座（4/20～5/20）

［牡羊座］自信に満ち信頼される。「羊」の字には「よい・めでたい」の意味も。

信頼《のぶより》・信満《のぶみつ》・羊司《ようじ》・羊平《ようへい》・泰羊《たいよう》・羊花《ようか》・羊華《ようか》・羊禾《ようか》

4月の季語

日永《ひなが》・長閑《のどか》・花・若草・春風・青麦《あおむぎ》・苗代《なえしろ》・緑摘《みどりつ》む

4月は季語が豊富。穏やかな春の陽気を思わせるものが多い。花は、桃や杏、林檎、李《すもも》、苺《いちご》など多種類ある。

陽永《あきなが》・一陽《かずはる》・史陽《ふみはる》・侑李《ゆうり》・優李《ゆうり》・庵李《あんり》・春風《はるかぜ》・春香《はるか》・のどか・うらら・李《すもも》・麦《むぎ》・花苗《かなえ》・茉苗《まなえ》

4月生まれの有名人

ハンス・クリスチャン・アンデルセン（2日）
150以上もの美しい物語を書き上げたデンマークの童話作家。

釈迦（8日）
王子として生まれながら、出家し悟りを得た仏教の開祖。

レオナルド・ダ・ヴィンチ（15日）
絵画から解剖学までさまざまな分野で活躍した、多才な芸術家。

チャールズ・スペンサー・チャップリン（16日）
映画の黎明期にコメディ映画の傑作を生み出した喜劇王。

イマヌエル・カント（22日）
ドイツの哲学者、大学教授。ドイツ観念論哲学の祖とされる。

カール・フリードリヒ・ガウス（30日）
数学者。3歳にして父の計算間違いを指摘した逸話がある。

■ 5月生まれの子は…

慎重で忍耐力のある頭脳派

豊かな感受性に恵まれ、細かいところまで注意深く考えられる性格のもち主。大変なことも乗り越える粘り強さがある。将来は、知力を生かした仕事につくと才能が発揮される。

5月

皐月（さつき）

早苗を植える月「早苗月」を略した名。「皐」には神に捧げる稲という意味があります。若葉の緑がまぶしく、爽やかな月です。

二十四節気

●立夏《りっか》（6日頃）　●小満《しょうまん》（21日頃）

暦の上では夏の始まりだが、爽やかで気候のよい時期。小満の頃には暑さも加わり、穀物や山野の草木がいよいよ育つ。

爽介《そうすけ》・爽馬《そうま》・爽一郎《そういちろう》・緑也《ろくや》・立夏《りっか》・爽葉乃《さわの》・光爽《みさ》・爽世《そよ》・緑夏《りっか》

5月の別名

橘月《たちばなづき》・菖蒲月《あやめづき》・五色月《いついろづき》・稲苗月《いななえづき》・鶉月《うずらづき》・星花《せいか》・吹喜月《ふききづき》・茂林《ぼりん》

【5月の外国語名】
英語：May（メイ）
フランス語：mai（メ）
ドイツ語：Mai（マイ）
イタリア語：maggio（マッジョ）
スペイン語：mayo（マヨ）
ロシア語：май（マイ）
ハワイ語：Mei（メイ）
中国語：五月（ウゥユエ）
韓国語：오월（オウォル）

橘や菖蒲など、この月の見頃の花にちなんだ別名をもつ。

皐《こう》・皐志《こうし》・皐輔《こうすけ》・橘平《きっぺい》・偉吹喜《いぶき》・吹喜斗《ふきと》・茂樹《しげき》・皐月《さつき》・皐《さつき》・佑皐《ゆうき》・愛皐《あいさ》・橘香《きつか》・星花《ほしか》・茂恵《もえ》・茂奈《もな》

5月の誕生石

●エメラルド（翠玉）

石言葉
幸福・希望

予知能力を授けるといわれ、ユダヤ教では「聖なる宝石」と称されている。

翠斗《すいと》・志翠《しすい》・翠臣《あきおみ》・飛翠《ひすい》・千翠《ちあき》・翠乃《あきの》・翠子《みどりこ》・翠恋《すいれん》・翠理《みどり》・翠珠《すず》

花言葉
無垢で深い愛・卓越

5月の花

誕生花：カーネーション
見頃の草花：菖蒲《しょうぶ》・鈴蘭・藤・ライラック・牡丹・水芭蕉

一年で花の種類がもっとも多い月。藤やライラックなど、豊かな芳香を誇る花々が多く見頃を迎える。

鈴也《すずや》・鈴真《すずま》・藤央《ふじお》・藤吾《とうご》・藤矢《とうや》・知芭《ともは》・和芭《かずは》・鈴蘭《すずか》・りら・藤《かつら》・彩芭《いろは》・牡丹《ぼたん》

今日は何の日？

1日	メーデー
2日	エンピツ記念日
3日	憲法記念日
4日	みどりの日
5日	わかめの日
6日	ゴムの日
7日	博士の日
8日	世界赤十字デー
9日	アイスクリームの日
10日	コットンの日
11日	長良川鵜飼開きの日
12日	看護の日
13日	愛犬の日
14日	温度計の日
15日	ヨーグルトの日
16日	旅の日
17日	世界電気通信記念日
18日	ことばの日
19日	ボクシング記念日
20日	森林の日
21日	小学校開校の日
22日	サイクリングの日
23日	キスの日
24日	ゴルフ場記念日
25日	広辞苑記念日
26日	ラッキーゾーンの日
27日	百人一首の日
28日	花火の日
29日	こんにゃくの日
30日	ごみゼロの日
31日	世界禁煙デー

※青色で男の子、赤色で女の子の名前例を紹介しています。※誕生日は、誕生時の暦（ユリウス暦、旧暦、新暦）で掲載しています。

5月の行事・節句

●端午《たんご》の節句（5日）

古くは「菖蒲の節句」と呼ばれていたが、菖蒲を「尚武」とかけて男子の節句となった。

菖《しょう》・菖壱《しょういち》・菖佑《しょうすけ》・希菖《きしょう》・尚武《なおたけ》・尚也《なおや》・尚暉《なおき》・武士《たけし》・厳武《げんぶ》・則武《のりたけ》・あやめ・菖乃《あやの》・尚子《なおこ》・尚香《なおか》・尚南《ひさな》・尚音《ひさね》・尚依《ひさえ》

5月の季語

新樹《しんじゅ》・若葉・新緑・繭・夏霞《なつがすみ》・麦秋《ばくしゅう》・桐の花

初夏の自然の瑞々しさや、草木の生気あふれる様子を表す季語が多い。

樹生《たつき》・乃樹《だいき》・繁樹《しげき》・葉介《ようすけ》・蒼葉《あおば》・桐矢《きりや》・桐杜《きりと》・桐一朗《とういちろう》・桐之進《とうのしん》・美樹《みき》・繭《まゆ》・わか葉《ば》・桐佳《きりか》・桐羽《きりは》

5月の暮らし

田植え・八十八夜

田植えの最盛期で農家は繁忙を極める。八十八夜は、立春から88日目。夏に変わる節目で五穀豊穣を願う日。

稲里《いなり》・米満《よねみつ》・米佑《よねすけ》・米呂《まいろ》・久米汰《くめた》・稲乃《いなの》・稲子《いねこ》・米夏《まいか》・米花《まいか》・米伽《よねか》

5月の12星座

●牡牛座
（4/20～5/20）

●双子座
（5/21～6/21）

［牡牛座］穏やかで寛大。辛抱強く、マイペース。愛する人に囲まれることを好む。

穏汰《とした》・信穏《のぶやす》・寛大《ともひろ》・大寛《たいかん》・凛穏《りのん》・穏《しずか》・穏香《しずか》・穏音《しずね》

5月生まれの有名人

オードリー・ヘプバーン（4日）
ハリウッド黄金時代に人気を博した、銀幕の妖精。

小林一茶（5日）
江戸時代後期を代表する俳人。明治時代になり評価された。

フローレンス・ナイチンゲール（12日）
イギリスの看護師。病院や医療衛生の改革者としても知られる。

斎藤茂吉（14日）
歌人。万葉語を駆使した歌風や、母を詠った歌が人気。

アンリ・ルソー（21日）
独学で絵画を学び、死後に認められた素朴派の画家。

ジョン・フィッツジェラルド・ケネディ（29日）
43歳の若さで就任した、第35代アメリカ合衆国大統領。

6月

水無月（みなづき）

「水無月」は「水の月」という意味。稲を植えた田に水を張ることからつきました。梅雨入りし、夏へと移り変わる季節です。

■ 6月生まれの子は…

面倒見がよくチャレンジ精神旺盛

陽気で物怖じせず、友達の面倒をみるのが大好き。負けず嫌いでチャレンジ精神旺盛だが、飽きっぽいところがある。何事も根気強く取り組むことが成功への近道になる。

6月の行事・節句

●入梅《にゅうばい》

芒種《ぼうしゅ》から6日後頃。梅の実が色づき、暦の上で梅雨に入る。この後、約30日間が梅雨。

優雨《ゆう》・樹雨《きさめ》・祥雨《しょう》・雨竜《うりゅう》・奏潤《そうじゅん》・
美雨《みう》・雨音《あまね》・雨深加《うみか》・雨李《あめり》・潤香《うるか》

6月の別名

風待月《かぜまちづき》・常夏月《とこなつづき》・葵月《あおいづき》・鳴神月《なるかみづき》・涼暮月《すずくれづき》・松風月《まつかぜづき》・積夏《せきか》・小暑《しょうしょ》

【6月の外国語名】
英語：June（ジューン）
フランス語：juin（ジュアン）
ドイツ語：Juni（ユニ）
イタリア語：giugno（ジューニョ）
スペイン語：junio（フニオ）
ロシア語：июнь（イユーニ）
ハワイ語：Lune（ルネ）
中国語：六月（リウユエ）
韓国語：유월（ユウォル）

「鳴神月」は雷鳴が多いことからついた名。

風太《ふうた》・風芽《ふうが》・風斗《かざと》・一葵《かずき》・
伍葵《いつき》・雷《あずま》・雷牙《らいが》・雷斗《らいと》・
光風《みつか》・風香《ふうか》・風和《ふうな》・風音《かざね》・
充葵《みつき》・夕葵《ゆうき》・咲葵子《さきこ》

6月の花

花言葉
愛情・輝かしい

誕生花：バラ
見頃の草花：紫陽花《あじさい》・シロツメクサ・サツキ・露草・クチナシ・ラベンダー

バラは古より美と愛の象徴とされた花。紫陽花は「あづ（集まる）さあい（真の藍）」から生まれた名といわれる。

輝《ひかる》・一輝《いっき》・輝彦《てるひこ》・紫陽《しよう》・藍杜《あいと》・
藍太郎《らんたろう》・露《あきら》・夕露《ゆうろ》・真輝《まき》・輝美《てるみ》・
美輝《みき》・紫真子《しまこ》・愛藍《えらん》・露子《つゆこ》

今日は何の日？

1日	スーパーマンの日
2日	横浜開港記念日
3日	測量の日
4日	虫の日
5日	熱気球記念日
6日	楽器の日
7日	母親大会記念日
8日	世界海洋デー
9日	ネッシーの日
10日	路面電車の日
11日	傘の日
12日	日記の日
13日	小さな親切運動スタートの日
14日	フラッグデー
15日	暑中見舞いの日
16日	ケーブルテレビの日
17日	おまわりさんの日
18日	海外移住の日
19日	ベースボール記念日
20日	ペパーミントの日
21日	世界音楽の日
22日	ボウリングの日
23日	オリンピックデー
24日	UFOの日
25日	住宅デー
26日	国連憲章調印記念日
27日	奇跡の人の日
28日	貿易記念日
29日	星の王子さまの日
30日	アインシュタイン記念日

※青色で男の子、赤色で女の子の名前例を紹介しています。※誕生日は、誕生時の暦（ユリウス暦、旧暦、新暦）で掲載しています。

二十四節気

●芒種《ぼうしゅ》(6日頃)
●夏至《げし》(21日頃)

昔は芒《のぎ》のある穀物をまく季節だったことから芒種の名がついた。暦の上では夏だが、次第に雨が増え梅雨に入る。

蒔也《まきや》・文種《ふみたね》・種里《しゅり》・小蒔《こまき》・
蒔子《まきこ》・蒔加《まきか》・蒔乃《まきの》・千種《ちぐさ》

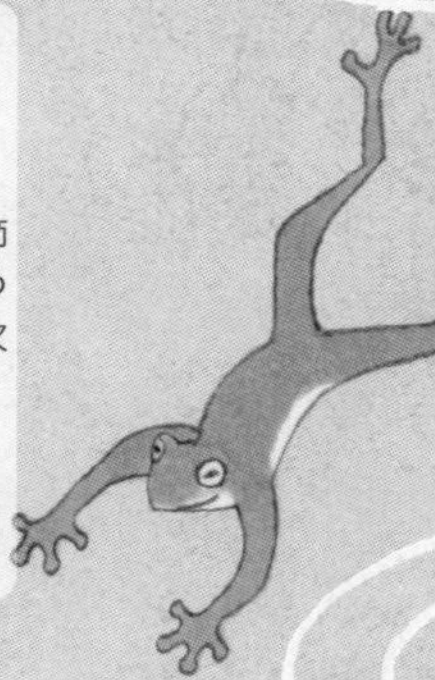

6月の暮らし

雨・衣替え

大地を潤して万物を育む長雨は、日本の四季には欠かせない存在。来る夏に備え、衣替えが行われる。

優衣人《ゆいと》・世衣太《せいた》・涼衣斗《りえと》・
佳衣里《かいり》・更衣《さらい》・乙衣《おとえ》・衣佐《きぬさ》・
衣花《きぬか》・加衣《かえ》・侑衣子《ゆいこ》・万衣伽《まいか》

6月の誕生石

●パール(真珠)

石言葉
円満・富

加工不要で希少性が高い。海でとれる美しい石を「珠」と呼ぶことからついた名。

珠壱《じゅいち》・大珠《たいじゅ》・珠和《たまかず》・美珠加《みみか》・
希珠《きみ》・珠々加《すずか》・珠也子《みやこ》

6月の12星座

●双子座(5/21～6/21)
●蟹座(6/22～7/22)

[双子座]好奇心旺盛で頭の回転が速い。話術に長け、社交性も抜群。

双星《そうせい》・双汰《そうた》・双介《そうすけ》・双雲《そううん》・双志《そうし》・
双葉《ふたば》・双海《ふたみ》・双羽子《そわこ》・双美子《ふみこ》

6月の季語

**梅桃《ゆすらうめ》・早苗・蛍・柚《ゆず》の花・
紫蘇《しそ》・若竹《わかたけ》・青葉・南風**

梅桃は、サクランボに似た実をつける果樹。夏が迫り、「夏草」や「夏の蝶」など夏のつく季語も多い。

蛍吾《けいご》・蛍佑《けいすけ》・蛍汰《けいた》・蛍壱《けいいち》・柚人《ゆずと》・斗紫《とし》・竹琉《たける》・
さなえ・蛍《ほたる》・花蛍《かほ》・蛍乃《ほとの》・美柚花《みゆか》・あおば

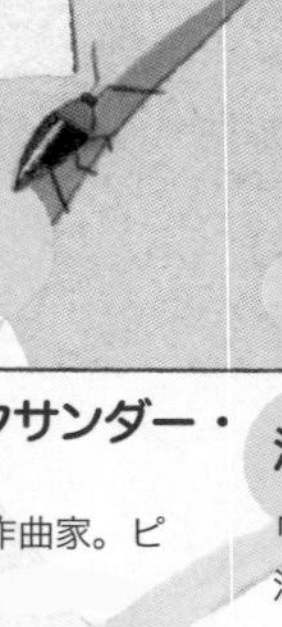

6月生まれの有名人

ロベルト・アレクサンダー・シューマン(8日)
ドイツ・ロマン派の作曲家。ピアノ曲や歌曲が有名。

滝沢馬琴(9日)
「南総里見八犬伝」で知られる、江戸時代後期の戯作者。

徳川光圀(10日)
数々の文化事業を行い、「水戸黄門」の名前で知られた。

ブレーズ・パスカル(19日)
パスカルの定理などで知られる。哲学や数学など多分野で活躍。

加藤清正(24日)
豊臣秀吉に仕えて武功を立てた戦国時代の武将。

ヘレン・ケラー(27日)
三重苦を負いながらも社会福祉活動家として奔走した奇跡の人。

7月

文月（ふづき、ふみづき）

七夕で短冊を書くことにちなむ「文披月（ふみひらきづき）」が転じたとされる。夏を迎え、海へ山へと活動的に楽しみたい月。

■ 7月生まれの子は…

回り道してもチャンスをつかむ

落ち着きがあり、優しく穏やか。慎重派ゆえに回り道することもあるが、持ち前の頑張りを発揮し、やがてチャンスをつかむ。センスがよく器用で、芸術的な分野に進む子が多い。

7月の別名

相月《あいづき》・親月《ふづき》・七夕月《たなばたづき》・秋初月《あきそめづき》・女郎花月《おみなえしづき》・涼月《りょうげつ》・愛逢月《めであいづき》・七夜月《ななよづき》

【7月の外国語名】
英語：July（ジュライ）
フランス語：juillet（ジュイイェ）
ドイツ語：Juli（ユリ）
イタリア語：luglio（ルリョ）
スペイン語：julio（フリオ）
ロシア語：июль（イユーリ）
ハワイ語：Lunai（ルナイ）
中国語：七月（チィユエ）
韓国語：칠월（チルォルル）

「愛逢月」は、織姫と彦星が逢って愛し合う月の意。

文斗《ふみと》・文彦《ふみひこ》・文哉《ふみや》・嘉文《かもん》・相太《そうた》・涼月《りょうげつ》・七哉《ななや》・七央斗《なおと》・文月《ふみづき》・文乃《ふみの》・文歌《ふみか》・文美《あやみ》・伶文《れもん》・七星《ななせ》・七々子《ななこ》・七乃香《なのか》・風七《かな》

7月の季語

雲の峰・虹・日向水《ひなたみず》・清水・涼し・泉・夕凪《ゆうなぎ》・麻

いよいよ増す暑さや盛夏を表す言葉はもちろん、「清水」「涼し」など涼を求める言葉も多い。

隆雲《りゅううん》・出雲《いずも》・虹亮《こうすけ》・日向汰《ひなた》・和泉《いずみ》・刀麻《とうま》・佑麻《ゆうま》・充雲《みくも》・文虹《ふみこ》・虹乃花《このか》・日向子《ひなこ》・泉花《せんか》・奏泉《かなみ》・亜砂泉《あさみ》・江麻《えま》・麻衣《まい》・妃麻里《ひまり》

7月の暮らし

海水浴・土用干し・夏バテ対策

7月は「海の月間」。土用の時期には、虫干しやスタミナのつく食事など暑さを乗り切る工夫が必要に。

七海人《なみと》・海吏《かいり》・波留《はる》・渚斗《なぎと》・湊士《みなと》・七海《ななみ》・海香《うみか》・夢渚《ゆめな》・光波留《みはる》・夏波《なつは》

今日は何の日？

1日	国民安全の日
2日	たわしの日
3日	波の日
4日	梨の日
5日	穴子の日
6日	サラダ記念日
7日	七夕
8日	なはの日
9日	ジェットコースター記念日
10日	納豆の日
11日	世界人口デー
12日	ラジオ本放送の日
13日	ナイスの日
14日	ペリー上陸記念日
15日	内航船の日
16日	国土交通デー
17日	漫画の日
18日	ネルソン・マンデラ・デー
19日	女性大臣の日
20日	ハンバーガーの日
21日	自然公園の日
22日	ナッツの日
23日	カシスの日
24日	劇画の日
25日	かき氷の日
26日	日光の日
27日	スイカの日
28日	菜っ葉の日
29日	アマチュア無線の日
30日	梅干しの日
31日	パラグライダー記念日

※青色で男の子、赤色で女の子の名前例を紹介しています。※誕生日は、誕生時の暦（ユリウス暦、旧暦、新暦）で掲載しています。

7月の行事・節句

●七夕（7日）

牽牛星と織女星の伝説から生まれた節句で、星祭りの別名も。短冊を書き笹竹に吊るす。

●夏の土用

立秋前の約18日間が夏の土用。丑の日に「う」のつくものを食べると病気を退けるとされる。

七樹《ななき》・星哉《せいや》・瑠星《りゅうせい》・幸星《こうせい》・星夜《せいや》・星彦《ほしひこ》・天星《てんせい》・天斗《ひろと》・
妃星《きせ》・星來《せいら》・星佳《ほしか》・天乃《あまの》・天音《あまね》・天南《あまな》・織衣《おりえ》

7月の12星座

●蟹座（6/22～7/22）
●獅子座（7/23～8/22）

［蟹座］感受性が豊か。家族や親しい人には寛容でよく尽くす。

万寛《まひろ》・和寛《かずひろ》・尚寛《なおひろ》・寛斗《ひろと》・
容子《ようこ》・千容《ちよ》・容理子《よりこ》・芙容《まよ》

7月の誕生石

石言葉
情熱・仁愛

●ルビー（紅玉）

毒薬や病から身を守るお守りとされてきた石。太陽のシンボルカラーともいわれる。

紅季《こうき》・紅惺《こうせい》・李紅《りく》・愛仁《あいと》・
紅美《くみ》・紅満子《くみこ》・紅奈《あかな》・仁愛《にいな》

7月の花

花言葉
威厳・高貴な品性

誕生花：ユリ
見頃の草花：蓮・百日紅《さるすべり》・桔梗・トルコギキョウ・朝顔

ユリは、大きな花が風に揺れることから「揺り」が変化した名とされる。朝顔など、夏を代表する花々も開花する。

蓮《れん》・蓮都《れんと》・蓮介《れんすけ》・粋蓮《すいれん》・桔生《きっせい》・
梗吾《きょうご》・梗太郎《こうたろう》・小百合《さゆり》・百合愛《ゆりあ》・
加蓮《かれん》・絵蓮《えれん》・蓮乃《はすの》・桔子《きっこ》・桔花《きっか》

二十四節気

●小暑《しょうしょ》（7日頃）
●大暑《たいしょ》（23日頃）

梅雨が明け、本格的な夏が訪れる。日ごとに暑さが増し、暑中見舞いを出したり、打ち水をしたりする頃。

暑士《あつし》・暑彦《あつひこ》・大夏《たいが》・
真夏斗《まなと》・大夏《はるか》・一夏《いちか》・
夏乃子《かのこ》・夏來《なつき》・呼夏《こなつ》

7月生まれの有名人

フランツ・カフカ（3日）
20世紀の文学界を代表する作家。『変身』が有名。

陸奥宗光（7日）
第二次伊藤内閣の外相として不平等条約改正に努力した。

アーネスト・ミラー・ヘミングウェイ（21日）
ハードボイルド文学の原型をつくり上げたノーベル文学賞作家。

二宮尊徳（23日）
江戸時代後期に農政復興政策を指導した農政家。

谷崎潤一郎（24日）
『細雪』などで知られる小説家。明治末期から昭和中期に活躍。

ウィリアム・S・クラーク（31日）
明治時代にアメリカより来日。札幌農学校初代教頭となった。

■ 8月生まれの子は…

人をひきつけるカリスマタイプ

機転がきいて話も上手。進んで新しいことに取り組もうとするところがあり、みんなの注目を集めるカリスマ性をもつ。自分を過信して思い上がることなく、堅実に行動することが大切。

8月

葉月（はづき）

旧暦では秋を指し、葉が落ちる「葉落月（はおちづき）」が転じたもの。新暦の8月は残暑が厳しく、花火や祭りでにぎわいます。

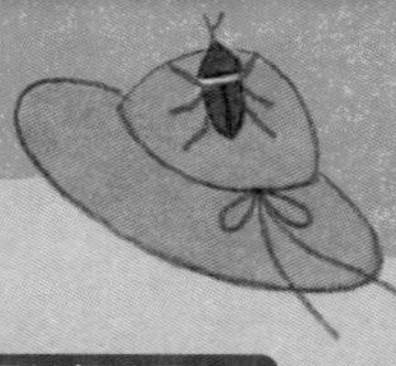

8月の季語

初秋・桐一葉・カンナ・初嵐・梶《かじ》の葉・鳳仙花《ほうせんか》・新涼《しんりょう》

気候は夏のようでも、秋の始まりを連想させる言葉が多い。新涼とは初秋の涼しさのことで、秋涼ともいう。

嵐丸《らんまる》・嵐音《らんと》・嵐麻《らんま》・星嵐《せいらん》・嵐太郎《らんたろう》・太鳳《たお》・鳳斗《ほうと》・嵐子《らんこ》・一葉《かずは》・カンナ・梶《こずえ》・珠鳳《みほ》

8月の別名

秋風月《あきかぜづき》・木染月《こぞめづき》・紅染月《べにぞめづき》・月見月《つきみづき》・桂月《けいげつ》・雁来月《かりくづき》・壮月《そうげつ》

【8月の外国語名】

英語：August（オーガスト）
フランス語：août（ウ）
ドイツ語：August（アウグスト）
イタリア語：agosto（アゴスト）
スペイン語：agosto（アゴスト）
ロシア語：август（アーブグスト）
ハワイ語：Aukake（アウカケ）
中国語：八月（バァユエ）
韓国語：팔월（パルォル）

「木染め」や「紅染め」は、木々の紅葉を指す言葉。

桂輔《けいすけ》・桂吾《けいご》・桂汰《けいた》・桂士朗《けいしろう》・雁亮《がんすけ》・壮《たける》・壮佑《そうすけ》・壮真《そうま》・染花《そめか》・染乃《そめの》・染香《せんか》・夕雁《ゆかり》・桂子《けいこ》・桂里奈《かりな》

8月の花

花言葉
敬慕・あこがれ

誕生花：ひまわり

見頃の草花：朝顔・芙蓉・白粉花《おしろいばな》・玉簾《たますだれ》・葛《くず》・ハイビスカス

前月から咲き始めたひまわりが最盛期を迎える。朝顔や芙蓉など、朝咲き夕方にしぼむ「一日花」も見頃に。

朝斗《あさと》・芙羽斗《ふうと》・簾介《れんすけ》・清葛《きよかつ》・葛哉《かつや》・葛崇《かつたか》・ひまわり・朝禾《ともか》・朝代《ともよ》・芙夏《ふうか》・芙珠《はすみ》・芙咲《ふぶき》・芙美《ふみ》・美芙祐《みふゆ》・葛葉《くずは》・葛子《かつこ》

今日は何の日？

1日	水の日
2日	カレーうどんの日
3日	はちみつの日
4日	箸の日
5日	タクシーの日
6日	太陽熱発電の日
7日	花の日
8日	笑いの日
9日	世界の先住民の国際デー
10日	道の日
11日	山の日
12日	国際青少年デー
13日	左利きの日
14日	専売特許の日
15日	終戦記念日
16日	五山送り日
17日	パイナップルの日
18日	高校野球記念日
19日	バイクの日
20日	交通信号設置記念日
21日	噴水の日
22日	チンチン電車の日
23日	白虎隊の日
24日	ラグビーの日
25日	即席ラーメン記念日
26日	人権宣言記念日
27日	「男はつらいよ」の日
28日	バイオリンの日
29日	焼肉の日
30日	冒険家の日
31日	野菜の日

※青色で男の子、赤色で女の子の名前例を紹介しています。※誕生日は、誕生時の暦（ユリウス暦、旧暦、新暦）で掲載しています。

8月の12星座

●**獅子座**（7/23～8/22）
●**乙女座**（8/23～9/22）

［獅子座］公正で前向き。強いカリスマ性をもち、輝きや称賛を好む。

大獅《たいし》・獅王《しおう》・獅童《しどう》・獅乃《しの》・獅月《しづき》

8月の行事・節句

●**お盆**

13日に提灯を灯したり、迎え火を焚いたりして先祖の霊を家に迎え、16日に送る。盆棚には、精進料理や季節の野菜などの供え物、萩やほおずきなどの盆花を飾る。

灯《ともし》・灯哉《ともや》・灯麻《とうま》・萩平《しゅうへい》・萩翔《はぎと》・萩矢《しゅうや》・萩一《しゅういち》・灯《あかり》・麻灯《あさひ》・灯加《ともか》・ひかり・小萩《こはぎ》・萩加《しゅうか》・萩代《はぎよ》

二十四節気

●**立秋**《りっしゅう》（8日頃）
●**処暑**（23日頃）

残暑は厳しいが、朝夕の涼風などに少しずつ秋の気配を感じ始める時期。処暑は暑さが落ち着き静まるという意味。

秋来《あきら》・秋侍《しゅうじ》・涼壱《りょういち》・涼斗《りょうと》・静夏《しずか》・未夏《みか》・涼日《すずひ》・涼伽《すずか》・秋音《あきね》・秋心《あきこ》

8月の誕生石

●**ペリドット**
（橄欖石《かんらんせき》）

石言葉
平和・豊穣

「太陽のパワーを秘めた石」とされ、災いをはらって活力をもたらすといわれる。

太陽《ひろあき》・光陽《みつはる》・勇陽《ゆうひ》・利陽斗《りひと》・充陽《みちひ》・千陽《ちあき》・心陽《こはる》・陽世《はるよ》・夏陽子《かよこ》

8月の暮らし

夏祭り・花火

夏祭りは、疫病や災厄をはらうことから発生したものが多い。夕空に咲く花火もこの月の風物詩。

祭人《さいと》・珠也《たまや》・玉大《たまひろ》・夕輝《ゆうき》・まつり・祭李《まつり》・祭帆《さいほ》・花美《はなび》・玉夜《たまよ》・玉実《たまみ》・玉依《たまえ》・珠也子《みやこ》

8月生まれの有名人

吉田松陰（4日）
武士、思想家。明治維新で活躍した若者たちに影響を与えた。

司馬遼太郎（7日）
新聞記者を経て小説家に。歴史小説の第一人者として知られる。

ナポレオン・ボナパルト（15日）
類まれな行動力と指導力で皇帝まで上りつめたフランスの軍人。

ガブリエル・シャネル（19日）
20世紀を代表する女性ファッションデザイナー。

宮沢賢治（27日）
東北地方の自然や農民生活を題材とした詩人・童話作家。

ヨハン・ヴォルフガング・フォン・ゲーテ（28日）
小説から詩劇まで、幅広い分野で活躍したドイツの文豪。

■ 9月生まれの子は…

束縛を嫌い、自由に羽ばたくタイプ

人当たりがよく、頭の回転が速い。几帳面で、自分のすべきことはきちんとやりとげようと頑張る反面、ルールに縛られるのを嫌って、自由に行動したがるところもある。

9月

長月（ながつき）

日毎に夜が長くなることからくる「夜長月」が転じた名。季節は秋へと移ろい、名月や虫の声など風流な自然を感じる月です。

9月の暮らし

台風・秋の七草

晩夏は日本を覆う太平洋高気圧が弱まり、台風が上陸しやすくなる。秋の七草は、萩《はぎ》、桔梗《ききょう》、葛《くず》、撫子《なでしこ》、尾《お》花《ばな》、女郎花《おみなえし》、藤袴《ふじばかま》。観賞して楽しむ。

風翔《ふうと》・風牙《ふうが》・風磨《ふうま》・風太朗《ふうたろう》・
風弥《かざみ》・風呼《ふうこ》・風澄《かすみ》・風穂里《かほり》・
乃風《のかぜ》・撫子《なでしこ》・七々華《ななか》・秋七《あきな》

9月の花

誕生花：竜胆《りんどう》

見頃の草花：彼岸花・金木犀《きんもくせい》・花虎ノ尾・薄《すすき》・萩・コスモス

群れずに咲く潔いたたずまいが愛される竜胆。「曼珠沙華《まんじゅしゃげ》」の別名をもつ彼岸花も、この月が見頃。

竜暉《たつき》・竜汰《りゅうた》・竜也《たつや》・一犀《いっせい》・犀也《せいや》・
虎央《とらお》・虎鉄《こてつ》・虎次朗《とらじろう》・亜沙華《あさか》・
有犀《うせい》・犀子《せいこ》・萩子《しゅうこ》・萩楓《しゅうか》・小萩《こはぎ》

9月の別名

菊月《きくづき》・紅葉月《もみじづき》・玄月・季秋《きしゅう》・色取月《いろどりづき》・梢秋《こずえのあき》・高秋《こうしゅう》・小田刈月《おだかりづき》

【9月の外国語名】
英語：September（セプテンバー）
フランス語：septembre（セプタンブル）
ドイツ語：September（セプテンバー）
イタリア語：settembre（セッテンブレ）
スペイン語：septiembre（セプティエンブレ）
ロシア語：сентябрь（シンチャーブリ）
ハワイ語：Kepakemapa（ケパケマパ）
中国語：九月（ジウユエ）
韓国語：구월（グウォル）

「梢の秋」は、こずえの「すえ」に「秋の末」をかけた言葉。

玄季《げんき》・玄馬《げんま》・隆玄《たかはる》・玄将《はるまさ》・季秋《きしゅう》・
梢平《しょうへい》・梢暢《たかのぶ》・梢真《しょうま》・梢一郎《しょういちろう》・
玄華《はるか》・充玄《みはる》・玄妃《はるひ》・色葉《いろは》・梢《こずえ》

今日は何の日？

1日	防災の日
2日	宝くじの日
3日	ホームラン記念日
4日	くしの日
5日	国民栄誉賞の日
6日	妹の日
7日	CMソングの日
8日	聖母マリア誕生の祝日
9日	菊の節句
10日	カラーテレビ放送記念日
11日	公衆電話の日
12日	宇宙の日
13日	世界の法の日
14日	コスモスの日
15日	ひじきの日
16日	国際オゾン層保護デー
17日	モノレール開業記念日
18日	かいわれ大根の日
19日	苗字の日
20日	空の日
21日	国際平和デー
22日	国際ビーチクリーンアップデー
23日	海王星の日
24日	清掃の日
25日	藤ノ木古墳記念日
26日	ワープロの日
27日	世界観光の日
28日	パソコン記念日
29日	招き猫の日
30日	クレーンの日

※青色で男の子、赤色で女の子の名前例を紹介しています。※誕生日は、誕生時の暦（ユリウス暦、旧暦、新暦）で掲載しています。

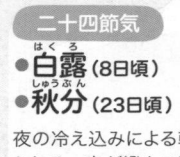

二十四節気

● 白露《はくろ》(8日頃)
● 秋分《しゅうぶん》(23日頃)

夜の冷え込みによる朝露が見られる。空が澄んで野山が色づき、本格的に秋らしくなる。秋分以降は寒さが増していく。

露士《ろし》・秋澄《あきずみ》・旺秋《おうしゅう》・昌秋《まさあき》・露子《つゆこ》・露水《つゆみ》・秋夜《あきよ》・秋歩《あきほ》

9月の12星座

● 乙女座
(8/23 ～9/22)

● 天秤座
(9/23 ～ 10/23)

[乙女座]慎重で勤勉。独立心が強く、自然の中で過ごすことを好む。

乙晴《おとはる》・乙斗《たかと》・乙樹《いつき》・雄乙《ゆうき》・おとめ・乙葉《おとは》・乙寧《おとね》

9月の行事・節句

● 重陽《ちょうよう》の節句(9日)

陽の数とされる九が重なることから。中国から伝わり、宮中では観菊の宴が催された。

● 十五夜

陰暦8月15日(9月7日～10月8日)の夜に月を愛でる習わし。中秋の名月とも呼ばれる。

菊矢《きくや》・菊乎《きくや》・菊生《きくお》・菊之心《きくのしん》・満月《みつき》・月杜《つきと》・勇月《ゆづき》・月彦《つきひこ》・菊衣《きくえ》・菊禾《きっか》・菊乃《きくの》・佑月《ゆづき》・冴月《さつき》・月嘉《つきか》・巴月《はづき》・夢月《ゆづき》

9月の誕生石

石言葉
慈愛・徳望

● サファイア
(青玉)

ラテン語の「青色」が語源。青空の色として、古代ペルシャでは、神に近い石とされた。

優青《ゆうせい》・洸青《こうせい》・青輝《あおき》・青竜《せいりゅう》・青良《せいら》・青花《あおか》・青佳《きよか》・青奏《はるか》

9月の季語

仲秋《ちゅうしゅう》・爽やか・初月《しょげつ》・八朔《はっさく》・霧・紫苑《しおん》・木犀《もくせい》

涼しく気持ちのよい気候を表す言葉や、秋の草花など。初月は、仲秋(陰暦8月)のはじめの三日月を指す。

爽悟《そうご》・爽馬《そうま》・爽仁《あきと》・爽二朗《そうじろう》・朔也《さくや》・朔汰《さくた》・朔太朗《さくたろう》・霧人《きりと》・爽月《さつき》・爽帆《あきほ》・爽乃子《そのこ》・朔子《さくこ》・朔良《さくら》・霧葉《きりは》・霧衣《きりえ》・しおん

9月生まれの有名人

伊藤博文(2日)
大日本帝国憲法起草の中心人物。初代内閣総理大臣。

エリザベス1世(7日)
宗教改革を完成させるなどし、大英帝国の礎を築いた女王。

アントニン・ドヴォルザーク(8日)
オペラから協奏曲まで多数の作品を発表したチェコの作曲家。

杉田玄白(13日)
医学に情熱を注ぎ、江戸時代に蘭学医として活躍した。

アガサ・クリスティ(15日)
推理作家。数々の名探偵を生み出したミステリーの女王。

葛飾北斎(23日)
海外の芸術家たちをも魅了した、江戸時代後期の浮世絵師。

10月

神無月（かんなづき）

国中の神様が出雲大社で集うため、各地からいなくなることからついた名。涼しくなり、過ごしやすくなる月です。

■10月生まれの子は…

いつも真剣で頼もしい性格

まじめで正直者。多少、融通のきかないところはあるが、責任感が強くて努力家なので、周りの信用を集めるタイプ。プライドが高くなりすぎないよう気をつけることで、運気もアップ。

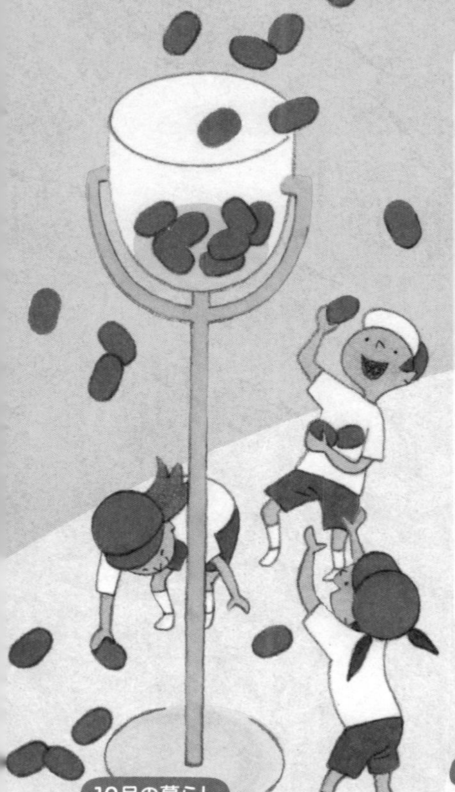

10月の別名

陽月《ようげつ》・吉月《きつげつ》・時雨月《しぐれづき》・神去月《かみさりづき》・初霜月《はつしもづき》・良月《りょうげつ》・小春《こはる》・大月《たいげつ》

【10月の外国語名】

英語：October（オクトーバー）
フランス語：octobre（オクトブル）
ドイツ語：Oktober（オクトーバー）
イタリア語：ottobre（オットーブレ）
スペイン語：octubre（オクトゥブレ）
ロシア語：октябрь（アクチャーブリ）
ハワイ語：ʻOkakopa（オカコパ）
中国語：十月（シーユエ）
韓国語：시월（シウォル）

「小春」は、春のような暖かい日和が続くことからついた。

十也《とおや》・十吏《とおり》・吉陽《よしはる》・一吉《かずよし》・永吉《えいきち》・兼良《かねよし》・勇良《ゆうら》・壮良《そら》・十和《とわ》・十夢乃《とむの》・美穂《よしほ》・吉香《きっか》・季良《きら》・侑良《ゆら》・倖良《さら》・小春子《こはるこ》

今日は何の日？

1日	国際音楽の日
2日	望遠鏡の日
3日	登山の日
4日	宇宙開発記念日
5日	時刻表記念日
6日	国際協力の日
7日	ミステリー記念日
8日	国立公園制定記念日
9日	トラックの日
10日	まぐろの日
11日	ウィンクの日
12日	大陸発見記念日
13日	引っ越しの日
14日	鉄道の日
15日	きのこの日
16日	世界食料デー
17日	貯蓄の日
18日	フラフープ記念日
19日	バーゲンの日
20日	リサイクルの日
21日	あかりの日
22日	パラシュートの日
23日	電信電話記念日
24日	国連デー
25日	リクエストの日
26日	サーカスの日
27日	テディベアの日
28日	速記記念日
29日	ホームビデオ記念日
30日	初恋の日
31日	ハロウィン

10月の暮らし

運動会・読書・味覚狩り

健やかな心身を育む運動会や読書など、何をするにもしやすい時期。秋の実りを堪能する味覚狩りも盛んに。

健壱《けんいち》・健翔《けんと》・健児《けんじ》・本光《もとみつ》・本成《もとなり》・実果《みか》・千果《せんか》・美果《みか》・果耶《かや》・みのり

10月の誕生石

●トルマリン（電気石）

石言葉
健康・芸術的センス

温めることで静電気を帯び、心身を浄化する石とされる。なかでもピンクは恋愛のパワーストーンとして人気。

電介《でんすけ》・電一朗《でんいちろう》・光浄《みつきよ》・浄尚《きよなお》・浄乃《きよの》・浄音《きよね》

※青色で男の子、赤色で女の子の名前例を紹介しています。※誕生日は、誕生時の暦（ユリウス暦、旧暦、新暦）で掲載しています。

10月の季語

秋晴・秋空・木の実・林檎・梨・胡桃・稲刈・秋惜しむ

穀物や果物などの実りを表す言葉が多い。秋惜しむとは、爽快な季節が過ぎ去るのを惜しむ気持ちのこと。

秋晴《しゅうせい》・秋翔《あきと》・結梨《ゆうり》・輝梨都《きりと》・稔也《としや》・常稔《つねとし》・稔士《ねんじ》・希乃実《きのみ》・秋乃《あきの》・林檎《りんご》・梨禾《りか》・梨加《りか》・来実《くるみ》

二十四節気

● **寒露《かんろ》**（8日頃）

● **霜降《そうこう》**（23日頃）

長雨が終わると秋晴れの日が増え、穀物の収穫が盛んに。朝晩の空気が冷たくなり、やがて初霜が降りる。

露久《ろく》・比露《ひろ》・霜介《そうすけ》・霜太朗《そうたろう》・露華《つゆか》・露嘉《つゆか》・心露《こころ》・雫《しずく》・霜奈《そうな》

10月の行事・節句

● **十三夜**

十五夜の約1か月後の夜に行われ、十五夜に次ぐ名月を楽しむ。「豆名月」「栗名月」の別名も。

十三《じゅうぞう》・栗也《りつや》・栗杜《りつと》・偉月《いつき》・悠月《ゆづき》・月斗《つきと》・栗子《りつこ》・実栗《みくり》・偲月《しづき》・月望《つきみ》

10月の花

誕生花：コスモス
見頃の草花：茶の木・マリーゴールド・菊・鶏頭・金木犀《きんもくせい》

コスモスの和名は「秋桜（あきざくら）」。茶の木には、葉に隠れるようにして楚々とした白い花が咲く。

花言葉
平和・美麗

平和《ひでかず》・壱茶《いっさ》・和茶《かずさ》・茶太朗《ちゃたろう》・寿美麗《すみれ》・美茶《みさ》・茶斗子《さとこ》・茶也子《さやこ》

10月の12星座

● **天秤座**
（9/23～10/23）

● **蠍座**
（10/24～11/22）

［天秤座］礼儀を大切にし、社交的。争いを嫌い、穏やかな環境を好む。

礼《あきら》・健礼《たけのり》・智礼《ともあき》・礼也《らいや》・礼夢《らいむ》・礼《あや》・実礼《みれい》・深礼《みれい》・星礼華《せれか》・礼乙《れお》

10月生まれの有名人

モーハンダース・カラムチャンド・ガーンディー（2日）
イギリスからの独立運動を指揮した、インド独立の父。

ジャン・フランソワ・ミレー（4日）
フランスの画家。農民の日常を描いた「落穂拾い」が有名。

フリードリヒ・ニーチェ（15日）
実存主義の思想家として知られる、ドイツの哲学者。

江戸川乱歩（21日）
大正から昭和にかけて活躍した人気推理作家。探偵の経歴も。

フランツ・リスト（22日）
作曲家、ピアニスト。超絶的な技巧でピアノの魔術師と呼ばれた。

パブロ・ピカソ（25日）
絵画から彫刻まで旺盛な創作を続けた、20世紀最大の芸術家。

11月

霜月（しもつき）

「霜が降りる頃」が名前の由来。秋が深まり、紅葉が見頃になるほか、寒さが増し、冬の訪れを身近に感じるようになります。

■ 11月生まれの子は…

飾らない姿が信頼を集める

さっぱりとした気性の持ち主。誰に対しても飾らず、真心をもって付き合おうとする。ひとたび集中すると、周りが見えなくなるほど一直線に突き進むことがある。

11月の暮らし

紅葉狩り・酉の市

紅葉や銀杏《いちょう》が鮮やかに色づく。酉の市は、鷲《おおとり》神社などの鷲や鳥にちなむ寺社で酉の日に立つ市。

楓《かえで》・楓太《ふうた》・楓都《ふうと》・楓弥《ふうや》・千楓《せんか》・悠楓《はるか》・美紅《みく》・紅乃《こうの》・紅凛《あかり》・楓子《ふうこ》・千楓《ちか》・夕楓《ゆうか》・琉楓《るか》・くれは

11月の別名

神楽月《かぐらづき》・雪待月《ゆきまちづき》・雪見月《ゆきみづき》・達月《たつげつ》・暢月《ちょうげつ》・神帰月《かみきづき》・霜降月《しもふりづき》

【11月の外国語名】
英語：November（ノーベンバー）
フランス語：novembre（ノヴァンブル）
ドイツ語：November（ノーベンバー）
イタリア語：novembre（ノヴェンブレ）
スペイン語：noviembre（ノビエンブレ）
ロシア語：ноябрь（ナヤーブリ）
ハワイ語：Nowemapa（ノウェマパ）
中国語：十一月（シーイーユエ）
韓国語：십일월（シビルォル）

「神帰月」は出雲大社に集まった神々が帰ってくる月という意味。

霜輔《そうすけ》・霜一《そういち》・達基《たつき》・達史《たつし》・達斗《たつと》・晃暢《あきのぶ》・暢悠《のぶはる》・剛暢《たけのぶ》・暢利《のぶとし》・達代《たつよ》・達子《たつこ》・偲暢《しのぶ》・暢子《みちこ》・暢乃香《ののか》

11月の12星座

● **蠍座**（10/24～11/22）
● **射手座**（11/23～12/21）

[蠍座]パワフルで一途。蠍座は、中国では強力で慈悲深い想像上の生き物「青龍」に見立てられた。

龍正《りゅうせい》・輝龍《きりゅう》・星龍《せいりゅう》・厳龍《げんりゅう》・龍臣《たつおみ》・秀龍《ひでたつ》・龍ノ介《りゅうのすけ》・龍《りょう》・龍乃《たつの》・美龍《みりゅう》

11月の行事・節句

● **七五三**（15日）

男子は3歳と5歳、女子は3歳と7歳に参拝。成長に感謝し、健康・長寿を祈願する。

千歳《ちとせ》・亀寿《かめとし》・暢寿《のぶとし》・佳寿真《かずま》・健寿《たけひさ》・ちとせ・千代美《ちよみ》・珠千代《みちよ》・千寿子《ちずこ》

今日は何の日？

1日	紅茶の日
2日	阪神タイガース記念日
3日	レコードの日
4日	ユネスコ憲章記念日
5日	縁結びの日
6日	お見合い記念日
7日	知恵の日
8日	レントゲンの日
9日	119番の日
10日	技能の日
11日	世界平和記念日
12日	洋服記念日
13日	うるしの日
14日	いい石の日
15日	きものの日
16日	幼稚園記念日
17日	将棋の日
18日	もりとふるさとの日
19日	鉄道電化の日
20日	世界こどもの日
21日	インターネット記念日
22日	いい夫婦の日
23日	手袋の日
24日	オペラ記念日
25日	金型の日
26日	ペンの日
27日	ノーベル賞制定記念日
28日	太平洋記念日
29日	いい服の日
30日	鏡の日

※青色で男の子、赤色で女の子の名前例を紹介しています。※誕生日は、誕生時の暦（ユリウス暦、旧暦、新暦）で掲載しています。

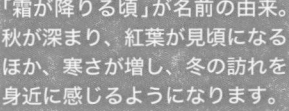

11月の季語

神渡《かみわたし》・初霜・麦蒔《むぎまき》・鷲《わし》・鷹《たか》・亥の子・冬日和・木の葉

冬の足音を感じさせる言葉が多い。神渡は、この月の西風。神々を出雲大社に送る風の伝説からついた。

鷲《しゅう》・鷲悟《しゅうご》・鷲翔《しゅうと》・嶺鷹《みねたか》・悠鷹《ゆたか》・鷹志《たかし》・鷹佑《おうすけ》・洋鷹《ひろたか》・鷲果《しゅうか》・鷹実《たかみ》・木葉《このは》・ひより

11月の花

花言葉：高尚・清浄

誕生花：菊
見頃の草花：山茶花《さざんか》・柊・シクラメン・南天

桜と並び国花とされている菊は、大輪から小菊まで多種多様。晩秋の風物詩である山茶花も満開。

菊人《きくと》・菊登《きくと》・菊慈《きくじ》・菊二朗《きくじろう》・菊花《きっか》・菊愛《きくえ》・菊世《きくよ》・乃菊《のぎく》・柊代莉《ひより》

二十四節気

●立冬《りっとう》（7日頃）
●小雪《しょうせつ》（22日頃）

冬の始まり。朝夕の寒さが増し、北方では初雪の知らせも。木枯らしが吹き、木々が紅葉し始め、銀杏が見頃に。

冬季《ふゆき》・冬基《とうき》・冬一《とういち》・冬侍《とうじ》・小冬《こふゆ》・来雪《こゆき》・冬佳《ふゆか》・冬彩《かずさ》・冬乃《ふゆの》・冬和《ふゆな》

11月の誕生石

石言葉：知性・直感

●トパーズ（黄玉）

東洋では美と健康の象徴。夜に光る神秘的な性質から、悪魔払いの石ともいわれる。

黄汰《おうた》・黄牙《こうが》・黄乃《きの》・瑞黄《みずき》・黄代《きよ》・玉黄《たまき》

11月生まれの有名人

手塚治虫（3日）
日本の現代漫画表現の基礎をつくったといわれる「漫画の神様」。

マリー・キュリー（7日）
放射線の研究でノーベル物理学賞・化学賞を受賞した。

野口英世（9日）
生涯をかけた黄熱病などの研究で知られる細菌学者。

クロード・モネ（14日）
「光の画家」の異名をもつ、印象派を代表する巨匠のひとり。

坂本龍馬（15日）
薩長同盟や大政奉還の成立に力を尽くした幕末の志士。

松下幸之助（27日）
発明家、実業家、著述家。「経営の神様」の異名をもつ。

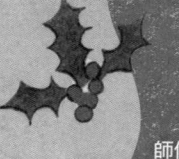

12月

師走（しわす）

師僧がお経をあげるために東西を走ることからついたともいわれる別称。クリスマスなど、イベントの多い月です。

■12月生まれの子は…

頭の回転が速く、しなやかな性格

頭脳明晰で、どんな環境にも適応できるしなやかさをもつ。協調性があるので、さまざまな友達と上手に付き合うことができる。何事においても変化を好むタイプでもある。

12月の暮らし

クリスマス

イエス・キリストの誕生を祝う日。もみなどの木に飾りつけをし、大切な人と過ごしたりする。

聖《きよし》・大聖《たいせい》・聖夜《せいや》・聖人《きよと》・千聖《ちさと》・周聖《しゅうせい》・
聖《ひじり》・未聖《みさと》・聖心《きよみ》・聖加《きよか》・聖子《たかこ》

12月の12星座

● **射手座**（11/23～12/21）
● **山羊座**（12/22～1/19）

［射手座］エネルギッシュな冒険家。楽天的でさまざまな変化を楽しむ。

一矢《かずや》・聖矢《せいや》・拓矢《たくや》・凌矢《りょうや》・
愛射香《あいか》・亜矢子《あやこ》・彩矢《さや》・華矢《かや》

12月の別名

建丑月《けんちゅうげつ》・暮来月《くれこづき》・年積月《としつみつき》・極月《ごくげつ》・三冬月《さんとうづき》・厳月《げんげつ》・氷月《ひょうげつ》・嘉平《かへい》

【12月の外国語名】
英語：December（ディセンバー）
フランス語：décembre（デサンブル）
ドイツ語：Dezember（ディツェンバー）
イタリア語：dicembre（ディチェンブレ）
スペイン語：diciembre（ディシエンブレ）
ロシア語：декабрь（ジェカーブリ）
ハワイ語：Kekemapa（ケケマパ）
中国語：十二月（シーアルユエ）
韓国語：십이월（シビウォル）

「三冬月」は、陰暦の冬の3か月（10～12月）の3番目であることから。

俊積《としつみ》・極彦《むねひこ》・厳《いつき》・厳季《げんき》・厳太朗《げんたろう》・
氷聖《ひさと》・氷悟《ひょうご》・氷一郎《ひょういちろう》・暮乃《くれの》・
極子《きわこ》・三冬《みふゆ》・氷乃《ひの》・氷愛《ひめ》・氷真《ひさね》

今日は何の日？

1日	映画の日
2日	日本人宇宙飛行記念日
3日	カレンダーの日
4日	E.T.の日
5日	国際ボランティアデー
6日	音の日
7日	神戸開港記念日
8日	針供養
9日	地球感謝の日
10日	世界人権デー
11日	タンゴの日
12日	漢字の日
13日	ビタミンの日
14日	南極の日
15日	観光バス記念日
16日	電話創業の日
17日	飛行機の日
18日	国連加盟記念日
19日	日本人初飛行の日
20日	シーラカンスの日
21日	クロスワードの日
22日	改正民法公布記念日
23日	東京タワー完成の日
24日	クリスマス・イブ
25日	昭和改元の日
26日	プロ野球誕生の日
27日	ピーターパンの日
28日	ディスクジョッキーの日
29日	シャンソンの日
30日	地下鉄記念日
31日	大晦日

12月の花

花言葉
品格と美・成熟した魅力

誕生花：カトレア
見頃の草花：ポインセチア・シクラメン・千両・寒椿・枇杷《びわ》

カトレアは、洋蘭の女王と呼ばれ、美しさを日の出に見立てた「ヒノデラン」という和名をもつ種がある。

蘭斗《らんと》・蘭士朗《らんしろう》・蘭太郎《らんたろう》・知杷《ともは》・
杷瑠真《はるま》・杷也斗《はやと》・愛蘭《あいか》・結蘭《ゆいか》・
美杷《みわ》・咲杷《さわ》・杷音《はのん》・杷子《わこ》

※青色で男の子、赤色で女の子の名前例を紹介しています。※誕生日は、誕生時の暦（ユリウス暦、旧暦、新暦）で掲載しています。

12月の誕生石

●ターコイズ
（トルコ石）

石言葉
安全・繁栄

旅のお守りとされてきた石。邪気をはらい、決断力を高めて繁栄へと導く力をもつ。

安史《やすし》・安尋《やすひろ》・昭安《あきやす》・信安《のぶやす》・
安莉《あんり》・安南《あんな》・安寿《あんじゅ》・乃安《のあ》・
安希《あき》・安寿子《あすこ》・安那《やすな》

12月の行事・節句

●正月事始め（13日）

煤《すす》払いや餅つきなど、正月を迎える準備を始める。昔は、門松用の松を取りに行く、「松迎え」も行われた。主に東日本の風習。

始之《もとゆき》・始央《はるお》・始輝《はるき》・始郎《しろう》・松也《まつや》・松照《まつてる》・
松寿《しょうじゅ》・松一郎《しょういちろう》・始華《はるか》・始香《もとか》・始乃子《しのこ》・
松歩《まつほ》・松映《まつえ》・松奈《まつな》・松里《まつり》

12月の季語

冬霞・山眠る・鶴・息白し・
柚《ゆず》湯《ゆ》・春支度・神楽

凍てつき静まり返った冬を表す言葉が多い。春支度は、正月を迎える準備のこと。

静哉《しずや》・静悟《せいご》・悠鶴《ゆづる》・鶴斗《かくと》・鶴之進《つるのしん》・
柚夜《ゆずや》・柚太《ゆうた》・白都《はくと》・静乃《しずの》・静子《しずこ》・千鶴《ちづる》・
珠鶴《みつる》・鶴子《つるこ》・柚香《ゆずか》・柚希《ゆずき》・ましろ

二十四節気

●大雪《たいせつ》（7日頃）
●冬至《とうじ》（21日頃）

積雪が増え、九州地方でも氷が張り列島が冬に覆われる。冬至を境に日が長くなり、弱かった太陽の光が復活する。

冬真《とうま》・冬夜《とうや》・冬弥《とうや》・陽次《ようじ》・
雪月《せつき》・冴冬加《さとか》・深冬《みふゆ》

12月生まれの有名人

ウォルト・ディズニー（5日）
世界的人気を誇るミッキー・マウスの生みの親。

西郷隆盛（7日）
「敬天愛人」を座右の銘として生きた薩摩藩士、政治家。

福沢諭吉（12日）
「学問のすゝめ」の著者として知られる思想家・教育者。

北里柴三郎（20日）
医学者、細菌学者。伝染病予防や細菌学の発展に貢献した。

アンリ・ファーブル（21日）
フランスの博物学者。昆虫の研究をまとめた『昆虫記』が有名。

徳川家康（26日）
戦国時代を制して天下をとり、江戸幕府を築いた英傑。

エピソードにちなんだ名前

家族の名前から字を連想して名づける

両親や祖父母など、家族の名前をヒントにした名づけの方法です。子どもが大きくなったとき、名前を通して、自分のルーツや家族との絆を感じることができます。

1字を贈る

両親から

自らの大切な名前から、字をプレゼントしましょう。ママから男の子へというふうに異性間で字を贈る場合、読み方を変えると使いやすいこともあります。

case 1 パパ：彬人《あきひと》
彬暢《あきのぶ》
パパの名前の1字目「彬」を、同じ位置、同じ読みで使う。

case 2 パパ：祐輔《ゆうすけ》
亮祐《りょうすけ》
「祐」の読みを変えつつ、名前全体の音の響きをそろえる。

case 3 パパ：孝一《こういち》
孝斗《あつと》
「孝」の読みを変え1字目に。男の子らしい止め字を合わせて。

case 4 パパ：巧也《たくや》
巧翔《たくと》
パパの「巧」に「翔」を合わせ、父を超え羽ばたくようにと。

case 5 パパ：貴央《たかお》
貴仁《たかひと》
気品あふれるイメージの「貴」を息子の名前に受け継いで。

case 6 パパ：憲央《のりお》
昭憲《あきのり》
パパの「憲」を止め字に。みんなの手本となるよう願って。

case 7 パパ：嘉浩《よしひろ》
倫嘉《りんか》
パパの「嘉」を「か」の読みで使い、可憐な響きをもつ名前に。

case 8 パパ：叶多《かなた》
叶愛《かなめ》
「叶」は同じ読みでも、「愛」を合わせ、女の子らしさを出す。

case 9 パパ：季《みのる》
亜季《あき》
パパの名前を「き」の読みで止め字にし、女の子の名前にする。

case 10 ママ：万智子《まちこ》
咲智子《さちこ》
ママの「智」と「子」を使い、名前全体の響きもおそろいにする。

case 11 ママ：百萌《ももえ》
冬萌《ふゆほ》
ママの「萌」に、生まれた季節を表す「冬」を合わせる。

case 12 ママ：麻衣《まい》
灯麻《とうま》
ママの「麻」を止め字として使って、男の子らしい名前にする。

case 13 ママ：晴加《はるか》
晴水《はるみ》
「水」を合わせることで、透明感のある爽やかな名前になる。

case 14 ママ：桂子《けいこ》
桂杜《けいと》
男女ともに使いやすい字「桂」を、ママから男の子へと。

case 15 ママ：桜子《さくらこ》
凛桜《りお》
「桜」を「お」と読ませることで、新鮮な響きの名前になる。

case 16 ママ：里紗《りさ》
小紗《こすず》
ママの「紗」を「すず」と読ませて、かわいらしい印象を出す。

case 17 ママ：樹麗《じゅり》
勇樹《ゆうき》
ママの「樹」の読みを変えて「勇」を合わせ、活発な名前になる。

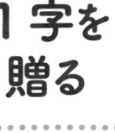

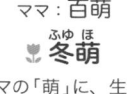

祖父母・曾祖父母から

祖父母、曾祖父母の名前から連想してみましょう。漢字や成り立ちが古風な名前を手がかりにすることで、伝統や和の心を大切にした名づけができます。

case 1 祖父：茂《しげる》

茂輝《しげき》

祖父の「茂」を使って「輝」を合わせ、2文字の名前にする。

case 2 祖父：稔《みのる》

稔生《じんせい》

「稔」を「じん」と読ませることで、全体の印象が変わる。

case 3 祖母：恵子《けいこ》

千恵子《ちえこ》

あたまに「千」をつけることで落ち着いた雰囲気になる。

case 4 祖母：京子《きょうこ》

京香《きょうか》

「京」に「香」を合わせることで、美しく雅な印象の名前になる。

case 5 曾祖父：正《ただし》

一正《いっせい》

人気の読み「いっせい」にすることで、現代的な名前になる。

case 6 曾祖母：千代子《ちよこ》

弥千代《やちよ》

曾祖母の「千代」を、ますます発展させるようなイメージで。

case 7 祖母：佳栄《よしえ》

光栄《みつはる》

「栄」を「はる」と読み、やわらかい響きの男の子の名前にする。

case 8 祖父：悦治《えつじ》

悦花《えつか》

「悦」に「花」を合わせて、美しく可憐な印象を持たせる。

連想される字を使う

同じ字を使わなくても、たとえば「海」から「波」や、「蒼」から「碧」など、つながりのある字を連想して使うことで、絆を意識した名づけができます。

case 1 パパ：海斗《かいと》

波流《はる》

パパの「海」から連想される「波」と「流」の字を組み合わせて。

case 2 パパ：嶺兵《りょうへい》

岳徒《がくと》

厳かで立派な山々を表す「嶺」から、「岳」の字を連想。

case 3 ママ：美雨《みう》

雫《しずく》

ママの「美しい雨」から、美しく滴る「雫」をイメージ。

case 4 パパ：一樹《いつき》

木乃香《このか》

パパの「樹」をもとに、清々しい木の香りを思わせる名を。

case 5 ママ：ひなた

太陽《たいよう》

ママの名前のもつ、暖かな陽光のイメージを受け継いで。

case 6 パパ：克天《かつたか》

光翔《ひろと》

パパの「天」から、大空にはばたく「翔」の字を連想する。

case 7 パパ：冬一朗《とういちろう》

倫冴《りさ》

「冬」から、澄んだ空気を思わせる「冴」の字をイメージ。

case 8 ママ：夏代《かよ》

涼介《りょうすけ》

ママの名前の「夏」の字をきっかけに、「涼」の字を連想。

case 9 ママ：春乃《はるの》

一花《いちか》

ママの「春」と「花」で、季節感やのどかな雰囲気を共有。

case 10 パパ：旭《あさひ》

昇吾《しょうご》

パパの「旭」から「昇」を連想し、勢いのある男の子の名前に。

case 11 パパ：則武《のりたけ》

刀也《とうや》

「武」から「刀」を連想。男の子らしい勇ましい印象になる。

case 12 ママ：光音《みつね》

乃音歌《ののか》

「音」から連想される「歌」を加えて、リズムを感じさせる。

エピソードにちなんだ名前

きょうだいでそろえる

兄弟姉妹で、同じ字を使ったり部首をそろえたりして、名前につながりをもたせる名づけ方です。いつも仲よく助け合う、絆の深いきょうだいになるようにと願いを込めて。

漢字をそろえる

同じ漢字を使う

メインの漢字や止め字をそろえます。ただし1字目をそろえると愛称が同じになり紛らわしい場合もあります（例：あつひろ→あっくん、あつし→あっくん）。

case 1
恵汰《けいた》
一恵《いっけい》
「恵」をそろえる。読みは同じでも響きが変わって新鮮。

case 2
亮祐《りょうすけ》
友之祐《ゆうのすけ》
止め字を「祐」でそろえる。名前全体の印象も似てくる。

case 3
和紘《かずひろ》
紘杜《ひろと》
「紘」を1字目に。3字の読みで、全体の雰囲気が変わる。

case 4
心結《みゆ》
結衣《ゆい》
「結」の字をそろえ、さらに、漢字も読みも2文字で統一。

case 5
彩羽《いろは》
冴羽《さわ》
「羽」をそろえる。読み方と文字数の変化でイメージが変わる。

case 6
一心《いっしん》
心音《ここね》
男の子には爽やかな「しん」、女の子にはかわいい「ここ」を。

case 7
絢斗《けんと》
絢加《あやか》
読みと止め字を変えることで、印象もがらりと変わる。

case 8
悠莉《ゆうり》
万莉《まり》
同じ字、同じ読みでも、合わせる漢字や響きで性別を分ける。

同じ部首を意識する

漢字のへんやつくりを合わせます。一見して「おそろいの名前」という印象はなくても、名前全体の意味合いや雰囲気で緩やかにつながりをもたせる名づけです。

case 1
蒼介《そうすけ》
萌々子《ももこ》
「くさかんむり」を使って、瑞々しい自然をイメージ。

case 2
篤志《あつし》
伽恋《かれん》
「こころ」の入る字から、男性的、女性的な字を選ぶ。

case 3
信人《のぶひと》
優弥《ゆうや》
「にんべん」を意識。人との関わりを重んじ助け合う兄弟にと。

case 4
柊斗《しゅうと》
柚香《ゆずか》
寒い時期にちなむ樹木の名を、冬生まれの兄妹に。

case 5
浩一《こういち》
洋二《ようじ》
ひろびろとした豊かな人生を願い、「さんずい」で統一。

case 6
更紗《さらさ》
紋女《あやめ》
「いとへん」の字の、しなやかで美しいイメージを姉妹の名に。

case 7
清珠《きよみ》
澄夏《すみか》
「さんずい」の入る字から、澄んだ美しさを表す字を選ぶ。

印象や意味をそろえる

イメージを合わせる

「植物」「海」など、共通の事柄にちなんで名づける方法です。まずは大きなテーマを決め、自由に発想を広げていきましょう。

case 1
昊汰《こうた》
美空《みそら》
「昊」は夏の大空の意味。明るく爽やかなイメージでそろえる。

case 2
亮星《りょうせい》
昴輝《こうき》
力強く輝き続け、夜空を照らす星々のイメージ。

case 3
宙哉《ひろや》
天音《あまね》
壮大な宇宙のように、スケールの大きな人になるよう願って。

case 4
海里《かいり》
渚《なぎさ》
海にちなんで。広い海と、美しい浜を連想する名を。

case 5
涼凪《すずな》
千波《ちなみ》
海のイメージでも対極の状態を表す「凪」と「波」を使う。

case 6
開斗《かいと》
咲依《さより》
開花のイメージ。男女ともに優しくやわらかい印象。

case 7
一陽《かずはる》
小晴《こはる》
穏やかで暖かい日の光を連想させる「陽」と「晴」を使う。

case 8
杏《あん》
小桃《こもも》
果実の名前でそろえて。かわいい響きが姉妹の名前にぴったり。

文字数や音を合わせる

同じ文字数にしたり、韻を踏むように名前の最後の母音を同じにしたりすることで、おそろいの印象になります。

case 1
快《かい》
藍《あい》
1文字で母音が「a+i」になる名前。響きが潔く呼びやすい。

case 2
新《あらた》
和《のどか》
1文字で、母音が「a」で終わる名前。おおらかで優しい響き。

case 3
一《はじめ》
菫《すみれ》
1文字で、母音が「e」で終わる名前。広がりのある響きになる。

case 4
奏斗《かなと》
勇人《はやと》
最後の母音を「o」でそろえる。呼んだときおそろいの印象に。

case 5
実日子《みかこ》
実羽子《みわこ》
真ん中の1文字だけを変え、母音を「i+a+o」でそろえる。

case 6
比呂人《ひろと》
未央子《みおこ》
最後の母音を「o」で統一。呼んだときおそろいの印象になる。

意味を補い合う

四字熟語や故事成句をもとに名づけたい場合、きょうだいの名前に分けて入れ、ふたりの名がそろったときにひとつの意味をなすようにする方法もあります。

case 1
一期《いちご》
一会《いちえ》
「一期一会」より。出会いを大切にする子になるようにと。

case 2
雪月《ゆづき》
風花《ふうか》
四季折々の風流な自然の景色を表す「雪月風花」から。

case 3
柳太《りゅうた》
桃禾《ももか》
美しい春の風景を表す「桃紅柳緑」より「桃」と「柳」を。

case 4
悠天《はるたか》
蒼天《そうた》
詩経の一文「悠悠蒼天」より。「はるかなる大空」の意。

エピソードにちなんだ名前

パパとママのエピソードから名づける

パパとママの思い出や一緒に楽しんでいる趣味など、ふたりに共通する事柄をヒントにして名前を考えましょう。夫婦の確かな絆を感じさせる名づけ方です。

ふたりの思い出をヒントにする

新婚旅行・記念日の思い出

新婚旅行をはじめ、出会った日やはじめてのデートなど、ふたりにとって大切な日の思い出を、子どもへの愛情とともに名前に込めてみましょう。

地名や場所から

case 1 紅汰《くれた》
新婚旅行で訪れた地中海のクレタ島にちなんだ名前。

case 2 穂高《ほだか》
登山中に出会った両親の思い出の山の名前から。

case 3 美英《みえい》
夫婦の初旅行の地、北海道の美瑛（びえい）から。

case 4 愛羅《あねら》
新婚旅行先のハワイの言葉である「アネラ（天使）」より。

印象的だった自然や風景から

case 1 鏡湖《きょうこ》
新婚旅行で訪れた、「天空の鏡」と呼ばれるウユニ塩湖から。

case 2 杉弥《すぎや》
初旅行先の屋久島で見た力強い縄文杉に着想を得た。

case 3 咲南《えみな》
新婚旅行先のバリ島で、咲き誇る南国の花々に感動したので。

case 4 光波留《みつはる》
出会った頃から一緒によく出かけた海の美しさをイメージ。

妊娠・出産にまつわる思い出

妊娠がわかったときや出産時など、子どもの誕生前後の輝かしいひとときの思い出をヒントにしてみましょう。

妊娠時のこと

case 1 燕《つばめ》
6月にママのおなかに宿った女の子に、初夏の渡り鳥の名を。

case 2 叶望《かなみ》
待望の女の子。両親の望みをかなえてくれたと感じたため。

case 3 優喜人《ゆきと》
妊娠中、周りの優しさに感動し、それを忘れないようにと。

case 4 望生《みう》
切迫早産になりながらも生きようと頑張る姿に励まされたので。

出産時のこと

case 1 道照《みちてる》
生まれた日の朝日が美しく、人生を照らす光をイメージした。

case 2 雷人《らいと》
雷が轟くなか、元気いっぱいに生まれてきてくれたことから。

case 3 史夏《ふみか》
夏生まれの女の子に。幸せな誕生の日を記憶に留めようと。

case 4 澄《きよ》
出産後、病室から見た梅雨の合間の澄んだ青空に感動して。

共通の趣味をヒントに

芸術

芸術をイメージする漢字を使うほか、ふたりの好きな作品や、芸術家・作家の名前などに着想を得る方法もあります。

・絵画 ・ミュージカル ・演劇 ・歌舞伎
・音楽 ・文学 ・落語 ・映画 など

case 1 賢治《のりはる》
夫婦の好きな作家が宮沢賢治。同じ字で、読みを変える。

case 2 花音《かのん》
両親ともにギター奏者。音楽の素晴らしさを名前に込めて。

case 3 匠汰《しょうた》
絵画や工作が趣味の両親。美しいものを生み出す人にと。

case 4 映良《あきら》
趣味は映画鑑賞。よい映画のように感動をもたらす存在に。

case 5 七伎《ななき》
歌舞伎が好きな両親。一芸に秀でた人を願って「伎」の字を。

case 6 光琴《みこと》
和楽器をたしなむことから、「琴」の字を取り入れた。

case 7 文詠《あやえ》
和歌など古典文学を愛する両親。「詠」で知的な印象の名前に。

case 8 卓士《たくと》
オーケストラで出会った両親。優れたリーダーをイメージ。

スポーツ

スポーツそのものや選手の名前を参考に。また、「ダイビングなら"海"」というふうに、スポーツのフィールドから字を連想してもいいでしょう。

・球技
・マリンスポーツ
・武道
・ジョギング
・ヨガ など

case 1 南瑚子《なここ》
スキューバダイビングが好きで、南海の珊瑚礁をイメージ。

case 2 蒼波《あおば》
夫婦の趣味がサーフィン。人生によい波が訪れるようにと。

case 3 一帆《かずほ》
ヨット部出身の両親。荒波をしなやかに渡る帆船をイメージ。

case 4 光雪《みつゆき》
夫婦ともにスノーボーダー。輝くゲレンデを思わせる。

case 5 勇武《いさむ》
柔道部に所属していた両親。勇ましい武道家を連想。

case 6 秀斗《しゅうと》
サッカーが趣味の両親。「シュート」の響きにこだわった。

case 7 迅《しゅん》
趣味はマラソン。風のごとく駆ける勢いのある人生を願って。

case 8 氷咲乃《ひさの》
フィギュアスケートにちなみ、銀盤に咲く花をイメージ。

case 9 悠馬《ゆうま》
出会いは乗馬クラブ。馬のように愛情深く優しい人にと。

レジャー

これまでふたりで楽しんできたレジャーにも、新しいメンバーが加わることになります。家族みんなで楽しむ未来に想いを馳せて。

・登山 ・旅行
・自転車 ・キャンプ
・ドライブ など

case 1 秀峰《しゅうほう》
登山が趣味。美しい姿の山を表す言葉を使った。

case 2 渓汰《けいた》
大好きな山を潤す沢や渓流の、清らかな印象から。

case 3 朝陽《あさひ》
趣味のキャンプで見る、静謐な日の出のイメージを名前に。

case 4 千歩《ちほ》
旅行好きの両親。広い世界を自分の足で歩くようにと。

case 5 路《みち》
自転車が趣味の両親。どこまでも永遠に続く道のイメージ。

case 6 百重《ももえ》
アウトドア好きの両親。連なる山という意の「百重山」から。

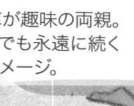

エピソードにちなんだ名前

赤ちゃんの印象から名づける

子どもは、ママのおなかの中にいるときから、のびのびと個性を発揮するものです。妊娠中に親として感じた赤ちゃんの最初の印象を大切にし、名づけに生かしましょう。

胎動の様子から

おなかの赤ちゃんの様子をもっとも直接的に感じられるのが、胎動です。胎動の力強さや始まった時期、よく動くタイミングなどをヒントに考えてみましょう。

case 1 逞《ゆき》斗《と》
とても胎動が激しく、「逞」の字がぴったりだと思ったことから。

case 2 充《み》音《おん》
リズムをきざむようにテンポよくおなかを蹴る子だったので。

case 3 一《かず》響《なり》
ロックミュージックを聞かせると元気に反応したので。

case 4 和《のどか》
胎動の始まりが遅く、のんびりとマイペースな印象から。

case 5 哲《てつ》也《や》
祖父の声にいちばん反応したので、祖父の名前「哲」から。

case 6 優《ゆ》々《ゆ》心《こ》
胎動が穏やかでママを気遣っているように感じたので。

case 7 海《かい》歩《ほ》
妊娠中、海辺を散歩するといつも胎動が感じられたので。

case 8 郁《あや》音《ね》
候補の中で、この名で呼びかけるといちばん反応したため。

エコー写真の印象から

おもしろいポーズをしていたり、手足や口を盛んに動かしたり、微笑みのような表情を見せてくれたり……。定期健診のエコー写真の姿から連想しましょう。

case 1 育《いく》也《や》
妊娠後期にみるみる成長する姿を見て「育」の字を入れた。

case 2 律《り》歌《か》乃《の》
いつも歌うように口を動かしているのがかわいかったので。

case 3 晴《はる》葵《き》
小さく儚《はかな》げだったので向日葵のようにすくすく育つようにと。

case 4 笑《えみ》花《か》
エコー写真の微笑んでいるような表情が印象的だったため。

case 5 笑《しょう》吾《ご》
いつもひょうきんなポーズで、両親を笑わせてくれたため。

case 6 瑛《えい》大《た》
平均より小柄だったので、大きく育つよう願いを込めた。

case 7 喜《き》鼓《こ》
はじめてのエコーで心臓の鼓動に感動して「鼓」の字を使った。

case 8 舞《まい》華《か》
いつも派手なポーズで写っていたので躍動感のある名前に。

Part 3

みんなに愛される響きの名前にする

響きのよい名前をつける

音のもつ力で 運と“愛され力”がある子に

名前の響きは、その人の印象を左右する大事なポイント。
よい響きの名前は、周りの人から親しんで呼んでもらえます。
音のもつ印象やパワーを味方につけて、
一生しあわせに過ごせる名前をつけましょう。

声に出したり耳にしたりすると親しみがわく

名前は、読み書きするよりも、呼ばれたり名乗ったりする機会のほうが多いものです。それだけ名前の響きが与える印象は大切です。

実際、赤ちゃんの名前を考えるときに多くのパパ・ママが重視し、好みが大きく反映されるのは、名前の響きです。まだつけたい名前のイメージが具体的になくても、たくさんの名前例を見て、声に出し、好みの響きの名前を探してみましょう。

また、かっこいい響き、かわいい響き、優しい響きなど、成長してほしいイメージに合う響きから名前を考える方法もあります。

赤ちゃんがママのおなかにいる間、親しみを込めてニックネームで呼んでいる場合は、そこから派生させて考えるのもよいでしょう。

名前の最初の音には「音霊《おんれい》」という力が宿る

もう一つ見ておきたいポイントは、音がもつ力です。音には「音霊」と呼ばれるパワーが宿っていて、それが人生を左右することもあります。50音それぞれの音がもつパワーは異なります。

しかし、姓名判断で、主運、初運、助運、総運という4つの数字が吉数で(→P334)、祖運、主運、初運という3つの数字の調和がとれていれば(→P336)、姓名判断の吉運に導かれます。その場合、音霊による運勢の悪影響は関係ありません。

響きから名づけるとき

【STEP1】名前の音を決める

音のもつ力が気になる人は……

音のもつパワーを知っておこう

50音のもつパワーをチェックし、よい音で始まる名前をつけましょう。50音別に、その音で始まる名前の人の特徴やアドバイスも参考に。

50音のもつラッキーパワー➡P69

イメージがわかない人は……

気に入った響きの名前を探す

50音順に並んだたくさんの名前例を見て、気に入った名前の響きを探しましょう。思いがけない新鮮な響きに出会えることも。

響きから考える吉名リスト➡P78、112

あっちゃんと呼びたい

ひらがなが似合う名前にしたい

響きのもつ印象にこだわる人は……

ニックネームや響きの特徴から考える

呼びたい愛称がある、育ってほしいイメージを名前の響きに込めたい、特徴のある響きの名前をつけたいというときは、テーマ別の名前例を見てみましょう。

男の子らしい響きの名前をつけるには➡P104
女の子らしい響きの名前をつけるには➡P138
特徴的な響きの名前➡P146

名前の音が決まったら……

【STEP2】響きに合う漢字を考える

Part5 使いたい漢字から名前を考える➡P217
Part7 名づけに使える漢字リスト➡P385

⬇

【STEP3】姓名判断や字面をチェック！

Part6 画数のよい名前でしあわせをプレゼント➡P329
Part1 名づけの基本ルールを知る➡P17

⬇

名前決定！

音に宿る運勢

名前の音がもつ力が、性格や運勢を左右する

音には運勢を左右するパワーが宿っています。
音がもつ音霊のパワーを知っておくと、
最初の音から名前を考えるときのヒントになります。

「音霊《おんれい》」によって音の運勢を判断する

名前は、日々の生活の中で何度も呼ばれたり、名乗ったりします。

名前を声に出して言うときに発せられる音には、それぞれ意味があり、パワーが宿っていると考えられています。この音がもつパワーを「音霊」といいます。

音霊は、名前の最初の音で判断します。最初の音はもっとも強く発音されるため、音霊の力が影響しやすく、性格や運勢の傾向がわかると考えられています。

音霊を参考にしながらP78からの吉名リストを見て、イメージをふくらませてみてください。

名前の音の運勢の見方

見方のポイント①

最初の音を見る

名前の最初の音を見ます。名前の漢字に複数の読み方がある場合、その子がふだん使っている読み方の音の運勢が反映されます。

鈴木 悠人《ゆうと》《はると》

「ゆうと」なら「ゆ」の運勢を見る

「はると」なら「は」の運勢を見る

見方のポイント②

濁音ならその音の清音で見る

名前の最初の音が濁音の場合は、その音の濁音でない音（清音）の運勢を見ます。たとえば、ザ行の音ならサ行の音で見ます。

佐藤 樹里奈《じゅりな》

「し」の運勢を見る

50音のもつラッキーパワー

50音それぞれの音の運勢を紹介します。名前の最初の音を決めるときの参考にしてください。

あ 進展型

はじまりを象徴。未来をひらくリーダー

「あ」は50音の最初の音。積極性と行動力がある性格です。先見力もあり、リーダーとして活躍が期待できます。少し自己中心的になりやすいところもありますが、他人の目を気にせず物事をやり通す革新的な一面があります。

い 静寂型

発展に期待。人柄のよい人気者

「い」は穏やかで静かなことを表します。明るく温和な性格で、誰からも好かれます。徐々によい方向に発展していく運勢をもちます。成功を収める暗示。一方、頼まれると断れない性分で、人柄のよさが裏目に出ることもあります。

う 保身型

サポート上手。思いやりのある人情派

「う」は几帳面さや義理堅さを表します。優しく思いやりがある性格で、目上の人を尊重します。責任感が強く確実に仕事をやりとげます。少し頭が固く、かたくななところも。人と協力するよりも物事には一人で打ち込みます。

え 明朗型

ポジティブでよく笑う。積極的に行動

「え」は育てる、伸びることを表します。明るく朗らかな性格です。困難に直面しても積極的に取り組み、乗り越える才能をもっています。消極的になると運勢が悪くなりますが、持ち前のエネルギッシュさで乗り切れるでしょう。

お 頑健型

少し用心深い。失敗を防ぐ慎重派

「お」は苦悩や困難の暗示があります。不平不満を抱きがちな傾向がありますが、心配性で用心深い性格です。頑固な一面があり、それがトラブルを招くことも。しかし、慎重に行動するので大きな失敗はしにくいといえます。

か が 敏腕型

気配り上手で器用。信念を内に秘めている

「か」は光輝、躍進を表します。周囲の変化によく気づき、順応力があります。穏やかな印象を与えますが、実は芯の強い性格。仕事もそつなく行い財産に恵まれます。ただし、周囲への気配りを忘れると信頼を失うこともあります。

き ぎ 急進型

独走するタイプ。対人関係にトラブルも

「き」は無限を暗示します。頭脳明晰で体力もあり、勢いに乗って自分自身の力で物事を進めます。ただ、他人の意見に耳を貸さなくなって突き進んでしまうことが。独走せず、周りと調和することが成功につながります。

く ぐ 俊英型

コミュニケーション上手な愛されキャラ

「く」は定着、安定を表します。社交的で話好きな性格。うるさがられるときもありますが、それもご愛嬌。愛情深く、周囲からの助けも得られます。周りの人への感謝を忘れなければ、大きな成功を収めます。

け げ 活発型

盛衰が激しい人生に。油断は禁物

「け」はアップダウンの激しい運勢を暗示します。快活な性格で、友人や知人から信用され、目標を達成することができます。ただし、成功も失敗も本人が気づかないうちにやってきます。ドラマチックな人生になるでしょう。

こ ご 温順型

繊細でもの静か。幸運は逃さずつかんで

「こ」は微細、浮動、温順を表します。繊細で注意深く、穏やかな性格です。社交的で周りに愛されますが、臆病なところがあり、巡ってきたチャンスを逃してしまうおそれも。繊細さは魅力でもあり、たまにあだになることもあります。

あ行、か行からはじまる人気名前例

男の子	女の子
あおい	あおい
あさひ	あかり
いつき	いちか
かなた	かのん
こうせい	ことね

その他の名前は P78～へ

その他の名前は P112～へ

さ ざ 向上型

前向きで社交的。上を目指して行動する

「さ」は向上心、活動性を表します。明るく社交的な性格で、にぎやかなことを好みます。出世のために行動することをいとわず、名誉や財産を築いて幸せな人生を歩む暗示があります。高みを目指して努力し、活躍します。

し じ 内剛型

内面はクール。人望を得て力を発揮

「し」は頑固、強情なことを表します。少し意固地で怒りっぽい性格です。光る才能と集中力があるので、力を発揮できると大成します。内面はクールですが、頑固さや強情さを表には出さず、周りには温厚な印象を与えます。

す ず 漸進型

世話好きで、見かけよりナイーブな心

「す」は、むなしいことを表します。面倒見がよいですが、世話を焼きすぎて迷惑をこうむることもあります。財産に恵まれますが、浪費癖があります。「す」から始まる名前をつけるなら、必ず吉画数の名前をつけて。

せ ぜ 快活型

情熱的で一途。冷静さがあれば活躍

「せ」は情熱、快活を表します。エネルギッシュで頭脳明晰で、周囲の憧れの的。プライドが高く周りが見えなくなることが、思わぬ失敗のもとになることも。吉画数の名前ならば、活動的な性格が成功へと導くでしょう。

そ ぞ 慶福型

平和を好む慎重派。周りとの調和で幸福に

「そ」は慎重、慶福、温順、善良を表します。穏やかで協調性がある性格です。慎重に行動するので、出世やしあわせが舞い込んできます。一人で物事を進めると失敗する暗示も。周りの人と協調することでしあわせになれます。

さ行からはじまる人気名前例

男の子	女の子
しょうた	さえ
しん	さき
そう	さくら
そうすけ	さな
そうた	さら
そら	しおり
その他の名前は P85 ～へ	その他の名前は P118 ～へ

た だ 繁栄型

正義感が強い。地道な努力で大成

「た」は戦い、繁栄を表します。温厚な性格ですが、内面は負けず嫌いで勝気です。仕事では地道な努力を積み重ねて成功します。正義感が強く、曲がったことには真っ向から立ち向かいます。思わぬしっぺ返しをくらうことも。

ち ぢ 堅忍型

意志の強い努力家。財産に恵まれる

「ち」は細密、満悦を表し、内面の充実を暗示します。意志が強くまじめな性格で、忠実に課題や仕事に取り組み、財産を築きます。技能にも恵まれ、周囲に認められて大成します。働き者なので、がんばりすぎてしまうところも。

つ づ 俊敏型

一本気な秀才。逆境に弱いところも

「つ」は才知、自我を表します。少し頑固な性格ですが、自分を信じてまっすぐ行動する力をもっています。逆境に見舞われると、感情的になって失敗を招く暗示が。順調なときは、何も問題なく日々を過ごせるでしょう。

て で 進取型

全力投球の正直者。焦らず幸運を待とう

「て」は活動、新しいことに取り組む姿勢を表します。正直で努力家な性格です。困難を乗り越えて目的を成し遂げます。成功を焦るとつまずくことが。長い目で見ることも大切です。虚栄心が強く、見栄をはってしまうところがあります。

と ど 静穏型

控えめで慎重。積極性が成功のカギ

「と」は慎重、消極的なことを表します。感受性豊かで物静かな性格です。控えめで臆病な一面があるため、やる気がなく見えてしまい、周りの協力が得られにくくなることもあります。積極的に自分の長所をアピールすると、成功するでしょう。

た行からはじまる人気名前例

男の子	女の子
たいが	たまき
だいち	ちか
たくみ	ちさ
たける	ちひろ
つばさ	つむぎ
その他の名前は P88 ～へ	その他の名前は P120 ～へ

な　前進型

負けず嫌い。サポート役で実力を発揮

「な」は前進、推進を表します。負けず嫌いな性格で、精力的に物事に取り組みます。強情・短気な一面が出ると信頼を失って成功は遠のきます。良好な人間関係で人望を得て、補佐役になると実力を発揮できます。

に　奮闘型

万人から好感度抜群。人柄を生かして成功

「に」は忍耐、忠実を表します。温和で誠実な性格なので、好感をもたれて周囲の協力を得られます。先頭に立ったり、一人で物事を進めたりするよりも、人と協力して脇役に徹することでよい結果を得ることができます。

ぬ　消極型

放浪の人生。吉名なら運勢は好転

「ぬ」は終局、消滅を表します。努力家ですが報われにくく、才能が発揮されにくい暗示があります。放浪の生活を好みがちなので、意志を固めて物事に取り組むことが大切。ただ、姓名判断で吉ならば安定した人生になります。

ね　鎮静型

人に好かれるタイプ。やる気を出して努力を

「ね」は不遇、深沈を表します。穏やかで人に好かれ、ややお人よしの傾向があります。物事に対して無気力になりがちなので、仕事や学校などで居場所を失い転々とすることも。意欲的に行動すれば、大成するチャンスに近づきます。

の　知謀型

視野が広く冷静。クールなリーダータイプ

「の」は伸展、永続を表します。情に厚く、包容力がある性格です。他者の世話を焼きすぎて災難をこうむることもあるので注意しましょう。広い視野をもってじっくり状況を判断し、冷静に行動する力を生かして成功します。

な行からはじまる人気名前例

男の子	女の子
なおき	なつき
なおと	ななみ
なごむ	のあ
のぞむ	のぞみ
のぼる	のどか

その他の名前は P91 ～へ

その他の名前は P123 ～へ

は ば ぱ　興隆型

外向的な性格。活発な世渡り上手

「は」は積極性や活気を表します。外向的で活発な性格です。意志が強く、目標に向かってひたむきに努力します。自分自身で道を切り開いて成功します。世渡り上手で人に好かれる魅力をもっています。女性の場合は家庭運に注意。

ひ び ぴ　貫徹型

感受性豊かなラッキーパーソン

「ひ」は発展、頑固、貫徹、明らかな意志を表します。豊かな心をもち思慮深い性格です。人徳があり、困難に直面しても乗り越えていける力を自然と身につけています。努力を怠らなければしあわせな人生を送れるでしょう。

ふ ぶ ぷ　明澄型

才知に恵まれ、目標に向かって突き進む

「ふ」は決断、統一、よどみない進行を表します。頭脳明晰で決断力がある人が多いです。目標を決めたらぶれずに一直線に突き進みます。交渉やかけひきもうまく、難題も解決に導き、成功をつかむことができます。

へ べ ぺ　堅実型

おだやかな性格。心優しい慎重派

「へ」は進もうとして退く、堅実なことを表します。まじめで堅苦しい印象がある人もいますが、実は心優しい性格。仕事熱心で慎重に行動するので、商売がうまくいきます。苦労があっても晩年は繁栄します。

ほ ぼ ぽ　福禄型

運にも恵まれ、技能をもった実力者

「ほ」は現れる、余りあることを表します。才能豊かで卓越した技能をもっています。政治力もありますが、人を信用しないところがあり、それが成功の妨げになることも。義理人情を大切にするとさらに成功します。

は行からはじまる人気名前例

男の子	女の子
はると	はな
はるま	はるな
ひろと	ひな
ひなた	ふうか
ひゅうが	ほのか

その他の名前は P92 ～へ

その他の名前は P124 ～へ

ま 大成型

人の心をつかむ、ユーモアのある人気者

「ま」は成功、周囲をまとめるということを表します。人を和ませる人気者です。かけひき上手で周囲の心を動かし、人望もあります。生まれもっての人気者の素質と、熱心に努力する姿勢から協力者も多く、成功を収めます。

み 静止型

華やかなオーラがある。要領もよい人気者

「み」は華美、静止を表します。嫉妬や軽率な行動によって災難にあいやすい傾向がありますが、明るくて華やかな人が多く、人を魅了して実力を発揮します。どんな場所でも、才知と魅力を糧に活躍するでしょう。

む 温和型

素直で穏やか。縁の下の力持ちタイプ

「む」は温和、従順を表します。素直で控えめな性格です。人の上に立つよりも、陰ながら支えることが得意。縁の下の力持ちとして実力を発揮します。目標に向かってコツコツと努力し、時間をかけてじっくりと達成していきます。

め 不安型

考えすぎの癖を抑えて実力を発揮

「め」は始動、はじめ、不安を表し、発展と停滞が入りまじっています。穏やかそうな人柄に見えますが、内心には不安や悩み、欲望を抱えていることも。自分の能力を的確に把握して発揮すれば、大成するでしょう。

も 精力型

体も心もパワー全開。社交的な成功者に

「も」は精力、集まる、栄達を表します。人望があり、健康で活動的。まじめに仕事に取り組み、成功します。持ち前の魅力で異性の注目も集めますが、恋におぼれてしまう傾向も。感情に流されなければ、魅力は増していくでしょう。

ま行からはじまる人気名前例

男の子	女の子
まこと	まほ
まさと	みお
みなと	みさき
みらい	みゆ
もとや	ももか

その他の名前は P94 ～へ

その他の名前は P127 ～へ

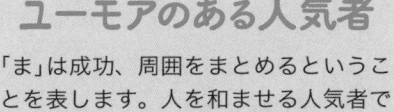

や 行動型

一歩先を行く行動派。自己主張はほどほどに

「や」は飛躍、行動、一徹を表します。能力が高く、意欲的に物事に取り組むので、成功するタイプです。自信過剰で張り切りすぎたり、わがままになったりする一面も。自己主張を控えめにすると、チャンスをつかめます。

ゆ 和順型

先見力を武器に、順風満帆な人生に

「ゆ」は勝利、智謀を表します。頭がよくて先見力があり、つねに先回りの行動で順調な人生を送れるでしょう。困難に直面しても、周囲の人の協力を得て打ち勝つことができます。何事にも進んで挑戦するチャレンジャータイプです。

よ 振興型

人徳と愛されキャラで、リーダーシップを発揮

「よ」は信頼、円満、振興を表します。親切で思いやり深い性格で、人から好かれます。誘惑に流されやすい性格がチャンスを遠ざけることもありますが、生まれもった人徳でリーダーシップを発揮し、出世する素質があります。

ら 不定型

裏表のある性格。誠実を心がけて

「ら」は不定、不安、離反を表します。移り気で裏表のある性格で、特に異性に対して誠実ではない一面があります。正直で誠実でいることを心がけましょう。かけひきや交渉事が得意で、仕事では信頼され、財産を築きます。

り 強引型

陽気でマイペース。豪快な自信家タイプ

「り」は孤独、別離、悲哀、強引を表します。明るく陽気で細かいことを気にしない性格です。自信があるため、やや強引になりがちで、周囲から反発されることも。持ち前の大胆さを生かし、一人でたくましく生きていく傾向があります。

や行、ら行からはじまる人気名前例

男の子	女の子
やまと	ゆい
ゆうと	ゆうな
ゆうま	りお
りく	りん
れん	れいな

男の子 その他の名前は P96～へ
女の子 その他の名前は P130～へ

ろ　幸慶型

地位と名声を得て、尊敬と憧れの的に

「ろ」は大成、多幸を表します。知識欲が強い性格で、深い教養と見識をもっています。責任感も強いので、リーダーに向いています。周囲から尊敬され、憧れの的に。地位と名誉を手に入れて豊かな人生になります。

る　平安型

物事を器用に行う。つつましやかなしっかり者

「る」はありのまま、温和、平安を表します。肩ひじ張らず、つねに自然体の穏やかな性格です。華やかさはありませんが、物事を器用に行い、着実に幸せを手に入れます。よき協力者に恵まれるとより力を発揮して成功します。

わ　健全型

才知を生かして、人やお金を上手に操る

「わ」は独立、健全を表します。行動力があり、人をまとめる力をもっています。金銭感覚にたけているため、優秀な経営者になる素質もあります。独特の才能を生かして、そつなく人生を歩んでいけるでしょう。

れ　通達型

まっすぐで熱心な賢い人

「れ」は論理、賢いことなどを表します。頭脳明晰で見識が広く、熱心に物事に取り組みます。細やかで気が小さい一面があり、友人や仕事仲間と疎遠になることも。人の気持ちに寄り添うことで、栄光を手にします。

気に入った音で始まる名前を考えるときは……

●響きから考える吉名リスト 男の子編 …P78 女の子編 …P112

50音順に名前例を紹介しています。気に入った音で始まる名前を探してみてください。

●音に漢字をあてるコツ…P158

気に入った音が見つかったら、それにあてる漢字を考えます。音に漢字をあてるコツを紹介します。

●名づけに使える漢字リスト…P385

「読み方で引ける名前におすすめの漢字リスト」で気に入った音の読みがある漢字を探してください。

男の子編

響きから考える吉名リスト

男の子の名前例を50音順に紹介します。たくさんの名前を見て、名づけのイメージをふくらませましょう。その名前の響きに合った漢字例も紹介しているので、参考にしてみてください。

リストの見方

- **名前の読み** 名前を声に出して読んで、響きを確認しましょう。
- **名前の漢字例** すべて吉画数の名前です。総画数が少ない順に紹介します。
- **総画数**
- **漢字の画数**

あ		
Aiga あいが		
愛河	13 8	21
藍吾	18 7	25
藍雅	18 13	31

あ

Aiga あいが

漢字	画数	総画数
愛河	13 8	21
藍我	18 7	25
藍雅	18 13	31

Aito あいと

漢字	画数	総画数
愛斗	13 4	17
愛翔	13 12	25
藍杜	18 7	25

Ainosuke あいのすけ

漢字	画数	総画数
愛之助	13 3 7	23
愛乃祐	13 2 9	24
藍之介	18 3 4	25

Aoi あおい

漢字	画数	総画数
蒼	13	13
葵生	12 5	17
蒼生	13 5	18
蒼唯	13 11	24
碧唯	14 11	25
碧惟	14 11	25

Aogu あおぐ

漢字	画数	総画数
仰	6	6
蒼久	13 3	16
碧玖	14 7	21

Aota あおた

漢字	画数	総画数
蒼太	13 4	17
葵多	12 6	18

Aoto あおと

漢字	画数	総画数
蒼人	13 2	15
葵斗	12 4	16
碧人	14 2	16
蒼仁	13 4	17
碧斗	14 4	18

Aoma あおま

漢字	画数	総画数
蒼真	13 10	23
葵満	12 12	24
碧馬	14 10	24

Akashi あかし

漢字	画数	総画数
明士	8 3	11
明史	8 5	13
証士	12 3	15

Akio あきお

漢字	画数	総画数
明男	8 7	15
晃央	10 5	15
暁生	12 5	17

Akito あきと

漢字	画数	総画数
壮人	6 2	8
章仁	11 4	15
明音	8 9	17
陽翔	12 12	24

Akitoshi あきとし

漢字	画数	総画数
明俊	8 9	17
晃利	10 7	17
昭俊	9 9	18

Akinari あきなり

漢字	画数	総画数
暁成	12 6	18
晶哉	12 9	21

Akinori あきのり

漢字	画数	総画数
昭則	9 9	18
晃典	10 8	18
明憲	8 16	24

Akihito あきひと

漢字	画数	総画数
秋人	9 2	11
彬人	11 2	13
暁仁	12 4	16

Akihiro あきひろ

漢字	画数	総画数
明弘	8 5	13
晃宏	10 7	17
彰浩	14 10	24

Akimasa あきまさ

漢字	画数	総画数
昭征	9 8	17
章匡	11 6	17
明雅	8 13	21

Akira あきら

漢字	画数	総画数
明	8	8
彬	11	11
輝	15	15

Asaki あさき

漢字	画数	総画数
麻希	11 7	18
旭輝	6 15	21
朝貴	12 12	24

Asato あさと

漢字	画数	総画数
麻人	11 2	13
朝斗	12 4	16
旭翔	6 12	18

Asahi あさひ

漢字	画数	総画数
旭	6	6
旭飛	6 9	15
朝日	12 4	16

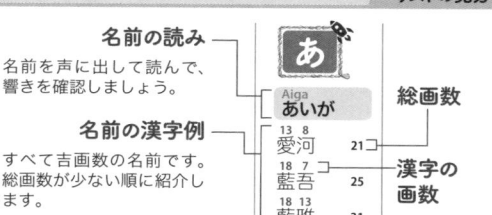

育央	8 5	13
郁夫	9 4	13
Ikuma いくま		
育真	8 10	18
幾麻	12 11	23
Isao いさお		
功	5	5
庸	11	11
勲	15	15
Isato いさと		
功人	5 2	7
勇斗	9 4	13
勲人	15 2	17
Isamu いさむ		
武	8	8
功武	5 8	13
勇武	9 8	17
Ishin いしん		
伊秦	6 10	16
衣真	6 10	16
維信	14 9	23
Izumi いずみ		
出実	5 8	13
和泉	8 9	17
泉美	9 9	18
在朝	6 12	18
有智	6 12	18
Arima ありま		
有真	6 10	16
在馬	6 10	16
有摩	6 15	21
Aruto あると		
有人	6 2	8
有杜	6 7	13
有翔	6 12	18
Aren あれん		
有連	6 10	16
明廉	8 13	21
彩蓮	11 13	24
Ango あんご		
安吾	6 7	13
安悟	6 10	16
い		
Iori いおり		
庵	11	11
衣織	6 18	24
伊織	6 18	24
Ikuo いくお		
育生	8 5	13
綾人	14 2	16
亜弥人	7 8 2	17
Ayafumi あやふみ		
彩文	11 4	15
彩史	11 5	16
絢文	12 4	16
Ayumu あゆむ		
歩	8	8
歩武	8 8	16
歩夢	8 13	21
歩舞	8 15	23
Arata あらた		
更	7	7
新	13	13
新大	13 3	16
新太	13 4	17
Aran あらん		
有蘭	6 19	25
亜藍	7 18	25
阿覧	8 17	25
Ariga ありが		
有我	6 7	13
惟牙	11 4	15
Aritomo ありとも		
有伴	6 7	13
Atsuhiko あつひこ		
充彦	6 9	15
敦彦	12 9	21
篤彦	16 9	25
Atsuro あつろう		
敦郎	12 9	21
篤郎	16 9	25
Atomu あとむ		
亜冨	7 11	18
亜斗夢	7 4 13	24
吾斗夢	7 4 13	24
Amane あまね		
周	8	8
天音	4 9	13
雨音	8 9	17
Amon あもん		
亜文	7 4	11
亜門	7 8	15
明紋	8 10	18
Ayaki あやき		
文希	4 7	11
絢生	12 5	17
Ayato あやと		
文斗	4 4	8
絢斗	12 4	16
旭陽	6 12	18
朝陽	12 12	24
Asuto あすと		
明日斗	8 4 4	16
明日仁	8 4 4	16
亜須斗	7 12 4	23
Azuma あずま		
東	8	8
有寿真	6 7 10	23
亜寿馬	7 7 10	24
Ataru あたる		
与留	3 10	13
与瑠	3 14	17
能琉	10 11	21
Atsushi あつし		
惇	11	11
淳	11	11
篤史	16 5	21
Atsuto あつと		
淳人	11 2	13
敦斗	12 4	16
温翔	12 12	24
Atsunori あつのり		
厚則	9 9	18
敦紀	12 9	21

5 10	市朗	15
7 9	壱郎	16

Izumo
いずも

5 11	出萌	16
6 7 11	伊豆萌	24

Itaru
いたる

6	至	6
8	周	8
10 14	致瑠	24

Ichigo
いちご

1 6	一伍	7
1 7	一吾	8
5 10	市悟	15

Ichita
いちた

1 4	一太	5
1 6	一多	7
1 7	一汰	8

Ichitaro
いちたろう

1 7 9	一汰郎	17
5 4 9	市太郎	18
7 4 10	壱太朗	21

Ichito
いちと

1 4	一斗	5
1 7	一杜	8
1 12	一翔	13

Ichiro
いちろう

1 10	一朗	11

Ikki
いっき

1 7	一希	8
1 15	一輝	16
1 16	一樹	17

Itsuki
いつき

1 7	一希	8
1 12	一貴	13
1 15	一輝	16
16	樹	16
17	厳	17

Ikkei
いっけい

1 6	一圭	7
1 12	一敬	13
7 8	壱京	15
1 15	一慧	16

Issa
いっさ

1 7	一佐	8
1 10	一紗	11
1 14	一瑳	15

Issei
いっせい

1 5	一正	6
1 5	一生	6
1 6	一成	7

Itta
いった

1 4	一太	5
1 6	一多	7
1 7	一汰	8

Ittetsu
いってつ

1 10	一哲	11
1 15	一徹	16

Ippei
いっぺい

1 5	一平	6
1 7	一兵	8

Ibuki
いぶき

6 7	伊吹	13
8 7	依吹	15
11 7	唯吹	18
14 7	維吹	21

う

Umito
うみと

9 2	海人	11
9 4	海斗	13
9 12	海翔	21

え

Eiichi
えいいち

12 1	瑛一	13
12 1	詠一	13

Eigo
えいご

9 7	栄吾	16
8 10	英悟	18
12 6	瑛伍	18

Eiji
えいじ

8 5	英司	13
9 6	栄次	15
12 3	瑛士	15

Eijiro
えいじろう

5 2 9	永二郎	16
8 6 9	英次郎	23
9 6 9	栄次郎	24

Eisuke
えいすけ

9 4	映介	13
12 4	詠介	16
9 14	栄輔	23

Eita
えいた

9 4	栄太	13
12 4	瑛太	16
12 6	瑛多	18

Eitaro
えいたろう

5 4 9	永太郎	18
8 4 9	英太郎	21
12 4 9	瑛太郎	25

Eito
えいと

5 2	永人	7
8 7	英杜	15
12 4	瑛斗	16

Etsushi
えつし

10 5	悦史	15
10 5	悦司	15
10 7	悦志	17

お

Osuke
おうすけ

8 7	旺佑	15
11 4	凰介	15
7 14	応輔	21

Ota
おうた

5 6	央多	11
8 7	旺汰	15
10 6	桜多	16

Oma
おうま

5 10	央馬	15
7 11	応麻	18
8 10	旺真	18

Osamu
おさむ

8	治	8
11	理	11

Kazunori かずのり

一範	1 15	16
和典	8 8	16
和紀	8 9	17

Kazuhiko かずひこ

寿彦	7 9	16
知彦	8 9	17
和彦	8 9	17

Kazuhito かずひと

一仁	1 4	5
数人	13 2	15
数仁	13 4	17

Kazuhiro かずひろ

一博	1 12	13
和宏	8 7	15
和洋	8 9	17

Kazuma かずま

一馬	1 10	11
一真	1 10	11
和真	8 10	18
和磨	8 16	24

Kazuya かずや

和也	8 3	11
寿哉	7 9	16
和哉	8 9	17

Kazushi かずし

一志	1 7	8
和史	8 5	13
和志	8 7	15

Kazuteru かずてる

一晃	1 10	11
知照	8 13	21
和輝	8 15	23

Kazuto かずと

一翔	1 12	13
和杜	8 7	15
教斗	11 4	15
数斗	13 4	17

Kazutoshi かずとし

一利	1 7	8
和寿	8 7	15
和俊	8 9	17

Kazunari かずなり

一成	1 6	7
和也	8 3	11
数就	13 12	25

Kazunobu かずのぶ

一伸	1 7	8
和伸	8 7	15
和信	8 9	17

Gakuma がくま

岳馬	8 10	18
学真	8 10	18
楽麻	13 11	24

Kakeru かける

駈	15	15
翔琉	12 11	23
掛瑠	11 14	25

Kashiwa かしわ

可士和	5 3 8	16
柏和	9 8	17

Kazuaki かずあき

一彰	1 14	15
和明	8 8	16
和晃	8 10	18

Kazuichi かずいち

寿一	7 1	8
和市	8 5	13

Kazuomi かずおみ

一臣	1 7	8
和臣	8 7	15
教臣	11 7	18

Kazuki かずき

和希	8 7	15
一輝	1 15	16

Kaito かいと

快斗	7 4	11
海斗	9 4	13
海仁	9 4	13
海音	9 9	18
海翔	9 12	21

Gaiya がいや

凱也	12 3	15
凱矢	12 5	17
街哉	12 9	21

Kaede かえで

楓	13	13

Kaoru かおる

芳	7	7
薫	16	16
香瑠	9 14	23

Gaku がく

学	8	8
岳	8	8
楽	13	13
芽玖	8 7	15

Gakuto がくと

学杜	8 7	15
岳音	8 9	17
楽斗	13 4	17

脩	11	11

Otoya おとや

乙矢	1 5	6
音弥	9 8	17
音耶	9 9	18

Orito おりと

織杜	18 7	25
織豊	18 13	31

か

Kai かい

快	7	7
楷	13	13
櫂	18	18

Gaia がいあ

凱有	12 6	18
街彩	12 11	23

Kaiji かいじ

魁二	14 2	16
海詞	9 12	21
櫂士	18 3	21

Kaisei かいせい

海成	9 6	15
快星	7 9	16
櫂世	18 5	23

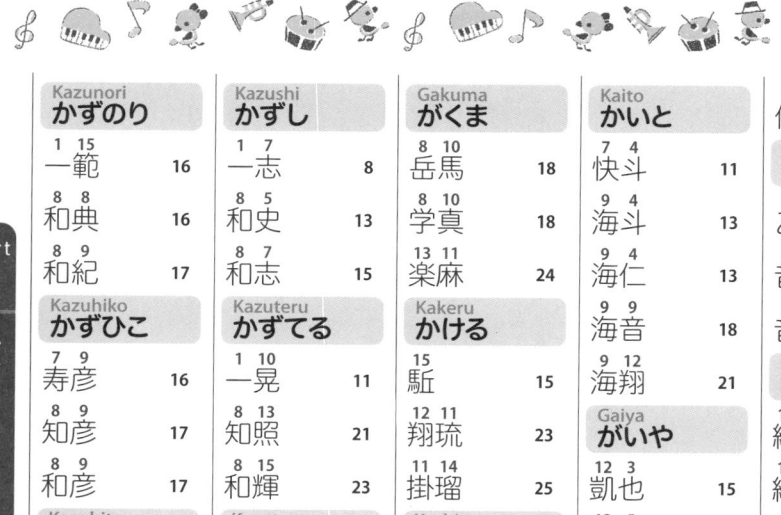

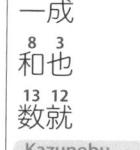

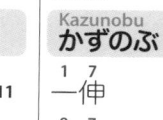

Kimiteru きみてる

7 6 君光 13
4 13 公照 17
7 10 君晃 17

Kimito きみと

4 4 公仁 8
7 4 君斗 11
4 12 公翔 16

Kimiharu きみはる

4 9 公春 13
4 12 公晴 16
7 11 君悠 18

Kimihito きみひと

4 1 公一 5
4 4 公仁 8
7 4 君仁 11

Kyusuke きゅうすけ

7 4 究介 11
3 14 久輔 17

Kyoichi きょういち

10 1 恭一 11
12 1 敬一 13
11 5 教市 16

Kyoga きょうが

10 7 恭我 17
15 6 10 輝伊悟 31

Kiichi きいち

7 1 希一 8
12 1 貴一 13
15 1 輝一 16

Kikuto きくと

11 2 掬人 13
11 4 菊斗 15
17 4 鞠斗 21

Kikuya きくや

11 5 菊矢 16
12 3 3 喜久也 18
17 8 鞠弥 25

Kisuke きすけ

9 7 紀佑 16
7 14 希輔 21
15 9 輝亮 24

Kippei きっぺい

6 5 吉平 11
10 5 桔平 15
10 7 桔兵 17

Kimitaka きみたか

4 7 公孝 11
7 10 君高 17
7 10 君恭 17

Kaname かなめ

9 8 要芽 17
9 8 奏明 17
9 8 奏芽 17

Kanon かのん

8 9 佳音 17
9 9 風音 18
12 9 翔音 21

Kanichi かんいち

7 1 完一 8
13 5 寛市 18

Kanji かんじ

7 6 完次 13
11 5 貫司 16
13 8 寛治 21

Kanta かんた

7 4 完太 11
7 6 完多 13
11 4 貫太 15
13 4 寛太 17

き

Kiigo きいご

7 11 7 希唯吾 25
12 6 7 貴衣吾 25

Katsuhiko かつひこ

7 9 克彦 16
9 9 亮彦 18
12 9 勝彦 21

Katsuhito かつひと

7 4 克仁 11
5 9 2 加津人 16
12 5 勝史 17

Katsuya かつや

7 8 克弥 15
12 3 勝也 15
7 9 克哉 16

Kanata かなた

5 6 叶多 11
9 4 奏太 13
9 4 哉太 13
9 6 奏多 15
9 7 奏汰 16

Kanade かなで

6 9 圭奏 15
9 9 香奏 18

Kanato かなと

9 2 奏人 11
9 4 奏斗 13
9 12 奏翔 21

Kazuyuki かずゆき

8 3 和之 11
8 8 和幸 16
11 6 教行 17

Kazuyoshi かずよし

8 7 知良 15
8 7 和芳 15
11 5 教由 16

Katsuki かつき

12 9 勝紀 21
7 16 克樹 23
12 12 勝貴 24

Katsuto かつと

7 4 克斗 11
12 4 勝仁 16
12 4 勝斗 16

Katsutoshi かつとし

7 10 克敏 17
9 8 活英 17
12 9 勝俊 21
7 17 克駿 24

Katsunori かつのり

7 8 克典 15
7 9 克紀 16
12 9 勝則 21

Keiichi けいいち
10 1 恵一 11
12 1 景一 13
12 1 敬一 13

Keiichiro けいいちろう
6 1 9 圭一郎 16
10 1 10 恵一朗 21
11 1 9 啓一郎 21

Keigo けいご
6 7 圭吾 13
10 11 恵梧 21
15 10 慧悟 25

Keishi けいし
8 5 佳史 13
13 3 継士 16
11 7 啓志 18

Keiji けいじ
8 5 佳司 13
11 2 啓二 13
12 6 景次 18

Keisuke けいすけ
6 9 圭祐 15
8 8 佳典 16
10 7 恵佑 17
11 12 啓補 23

Kunitaka くにたか
7 8 邦尚 15
8 10 国剛 18
8 13 国嵩 21

Kunihiro くにひろ
8 7 国宏 15
7 9 邦洋 16

Kuranosuke くらのすけ
10 3 4 倉之介 17
15 3 7 蔵之佑 25
15 3 14 蔵之輔 32

Kureo くれお
3 5 5 久礼央 13
7 14 呉緒 21

Kuroto くろと
5 10 玄留 15
5 12 玄登 17
5 12 玄翔 17

け

Kei けい
8 佳 8
11 啓 11
15 慧 15
15 慶 15

Ginto ぎんと
7 9 吟音 16
14 4 銀斗 18
14 9 銀音 23

Ginnojo ぎんのじょう
14 1 6 銀ノ丞 21
14 1 9 銀ノ城 24

く

Kugo くうご
8 7 空吾 15
8 10 空悟 18
8 13 空瑚 21

Kuto くうと
8 7 空杜 15
8 9 空飛 17
8 9 空音 17

Kuya くうや
8 3 空也 11
8 5 空矢 13
8 9 空哉 17

Kuniaki くにあき
7 8 邦明 15
8 9 国昭 17
8 9 国秋 17

15 潔 15

Kiyotaka きよたか
11 7 清孝 18
11 12 清貴 23
13 11 聖隆 24

Kiyoteru きよてる
11 13 清照 24
13 12 聖瑛 25
15 10 潔晃 25

Kiyoharu きよはる
11 12 清晴 23
11 12 清遥 23
13 12 聖陽 25

Kiyohito きよひと
11 2 清人 13
11 4 清仁 15
15 2 潔人 17

Kiyomasa きよまさ
11 5 清正 16
11 10 清将 21
13 8 聖昌 21

Ginga ぎんが
7 8 吟河 15
14 7 銀我 21
14 7 銀伽 21

11 13 教雅 24
20 4 響牙 24

Kyogo きょうご
8 7 京吾 15
5 11 叶梧 16
10 7 恭吾 17

Kyosuke きょうすけ
8 9 京祐 17
10 14 恭輔 24
20 4 響介 24

Kyohei きょうへい
8 5 京平 13
10 5 恭平 15
10 7 恭兵 17

Kyoma きょうま
10 8 恭実 18
11 10 教真 21
8 16 京磨 24

Kyoya きょうや
5 3 叶也 8
10 8 恭弥 18
12 9 喬哉 21

Kiyoshi きよし
11 清 11
13 聖 13

Keita けいた

啓太	11 4	15
彗太	11 4	15
恵多	10 6	16
慶多	15 6	21

Keitaro けいたろう

桂太郎	10 4 9	23
恵太郎	10 4 9	23
啓太郎	11 4 9	24

Keito けいと

圭人	6 2	8
渓人	11 2	13
啓人	11 2	13
敬斗	12 4	16

Ken けん

健	11	11
賢	16	16
謙	17	17

Gen げん

玄	5	5
源	13	13

Kenichi けんいち

憲一	16 1	17
賢一	16 1	17
謙一	17 1	18

Genki げんき

元希	4 7	11
元貴	4 12	16
源己	13 3	16

Kengo けんご

研吾	9 7	16
健吾	11 7	18
謙吾	17 7	24

Kenji けんじ

健二	11 2	13
憲二	16 2	18
謙治	17 8	25

Kensuke けんすけ

謙介	17 4	21
賢佑	16 7	23
健輔	11 14	25

Kenzo けんぞう

絢三	12 3	15
健造	11 10	21

Kenta けんた

健太	11 4	15
兼多	10 6	16
謙太	17 4	21

Kentaro けんたろう

兼太郎	10 4 9	23
健太郎	11 4 9	24
謙太朗	17 4 10	31

Kento けんと

健人	11 2	13
健斗	11 4	15
謙斗	17 4	21
健翔	11 12	23

Kenya けんや

剣也	10 3	13
賢哉	16 9	25
謙弥	17 8	25

こ

Ko こう

功	5	5
康	11	11
煌	13	13

Go ごう

江	6	6
郷	11	11
強	11	11

Koichi こういち

浩一	10 1	11
紘一	10 1	11
航一	10 1	11

Koichiro こういちろう

光一郎	6 1 9	16
宏一郎	7 1 9	17
幸一郎	8 1 9	18

Koki こうき

幸希	8 7	15
光稀	6 12	18
康貴	11 12	23
航輝	10 15	25
晃毅	10 15	25

Koji こうじ

光司	6 5	11
広治	5 8	13
耕司	10 5	15

Kosuke こうすけ

康介	11 4	15
幸祐	8 9	17
浩輔	10 14	24

Kosei こうせい

航世	10 5	15
公聖	4 13	17
康成	11 6	17
恒晴	9 12	21

Kota こうた

孝太	7 4	11
宏太	7 4	11
航大	10 3	13
幸汰	8 7	15
康太	11 4	15
晃多	10 6	16

Gota ごうた

剛大	10 3	13
郷多	11 6	17
豪太	14 4	18

Kodai こうだい

弘大	5 3	8
航大	10 3	13
晃大	10 3	13

Kotaro こうたろう

公太郎	4 4 9	17
広太郎	5 4 9	18
幸太郎	8 4 9	21
航太郎	10 4 9	23

Kohei こうへい

幸平	8 5	13
航平	10 5	15
康平	11 5	16

Kokomu ここむ

心陸	4 11	15
心夢	4 13	17

木々夢	4 4 13	21

Kokoro こころ

心呂	4 7	11
心良	4 7	11
意	13	13

Kotaro こたろう

小太郎	3 4 9	16
虎太郎	8 4 9	21
琥太郎	12 4 9	25

Goro ごろう

伍郎	6 9	15
吾郎	7 9	16
梧朗	11 10	21

さ

Saima さいま

斉馬	8 10	18
幸真	8 10	18
彩満	11 12	23

Saimon さいもん

才門	3 8	11
幸門	8 8	16
彩紋	11 10	21

Sakito さきと

咲人	9 2	11
咲斗	9 4	13
咲翔	9 12	21

Sakutaro さくたろう

作太朗	7 4 10	21
咲太朗	9 4 10	23
朔太郎	10 4 9	23

Sakuto さくと

咲斗	9 4	13
朔杜	10 7	17
咲音	9 9	18

Sakuma さくま

作真	7 10	17
咲満	9 12	21
咲磨	9 16	25

Sakuya さくや

朔也	10 3	13
咲弥	9 8	17
咲哉	9 9	18

Sadashi さだし

定司	8 5	13
定史	8 5	13
定志	8 7	15

Sadaharu さだはる

定治	8 8	16
貞治	9 8	17
貞晴	9 12	21

Sachito さちと

幸杜	8 7	15
幸飛	8 9	17
祥都	10 11	21

Satsuki さつき

冴月	7 4	11
皐	11	11
皐月	11 4	15

Satoshi さとし

知史	8 5	13
哲司	10 5	15
賢	16	16

Satoyuki さとゆき

里行	7 6	13
悟之	10 3	13
智之	12 3	15

Satoru さとる

聖	13	13
慧	15	15
賢	16	16

Samon さもん

左門	5 8	13
紗門	10 8	18
爽紋	11 10	21

し

Shion しおん

士恩	3 10	13
志音	7 9	16
史温	5 12	17

Shigeaki しげあき

重明	9 8	17
成暁	6 12	18
茂晃	8 10	18

Shigeto しげと

成音	6 9	15
繁杜	16 7	23

Shigenobu しげのぶ

茂伸	8 7	15
成展	6 10	16
重信	9 9	18

Shigeyuki しげゆき

茂之	8 3	11
重行	9 6	15
茂幸	8 8	16

Shigeru しげる

成	6	6
茂	8	8
繁	16	16

Shido しどう

志堂	7 11	18
紫道	12 12	24
獅童	13 12	25

Shinobu しのぶ

忍	7	7
偲	11	11
志信	7 9	16

Shimon しもん

思文	9 4	13
史紋	5 10	15
志門	7 8	15

Shu しゅう

秀	7	7
宗	8	8
脩	11	11

Shuichi しゅういち

秀一	7 1	8
修一	10 1	11
就一	12 1	13

Shugo しゅうご

柊吾	9 7	16
秀悟	7 10	17
修吾	10 7	17
脩吾	11 7	18

Jotaro じょうたろう

3 4 9 丈太郎 16

8 4 9 定太郎 21

11 4 9 常太郎 24

Shohei しょうへい

8 5 昌平 13

10 5 祥平 15

12 5 翔平 17

14 7 彰兵 21

Shoma しょうま

8 10 尚真 18

12 11 翔麻 23

8 16 昌磨 24

Shoya しょうや

10 5 祥矢 15

12 3 翔也 15

8 9 尚哉 17

Shori しょうり

12 6 翔吏 18

12 6 勝吏 18

14 11 彰理 25

Shin しん

11 進 11

13 新 13

13 慎 13

Shoei しょうえい

13 8 照英 21

12 12 翔瑛 24

Shoki しょうき

11 7 渉希 18

8 16 尚樹 24

12 12 翔貴 24

Shogo しょうご

5 10 正悟 15

9 7 省吾 16

10 7 将吾 17

11 6 章伍 17

Shosuke しょうすけ

6 7 庄助 13

11 4 章介 15

10 14 祥輔 24

Shota しょうた

10 3 将大 13

11 4 渉太 15

10 6 祥多 16

12 4 翔太 16

Shotaro しょうたろう

5 4 9 正太郎 18

8 4 9 尚太郎 21

11 4 9 章太郎 24

15 3 14 潤之輔 32

Shumpei しゅんぺい

6 5 旬平 11

10 5 峻平 15

18 5 瞬平 23

Jumpei じゅんぺい

10 5 純平 15

10 5 准平 15

11 5 淳平 16

Shunya しゅんや

10 3 峻也 13

9 9 俊哉 18

9 9 俊耶 18

Junya じゅんや

10 3 純也 13

10 5 准矢 15

15 9 潤哉 24

Sho しょう

11 渉 11

11 章 11

11 笙 11

Shoichi しょういち

10 1 祥一 11

12 1 翔一 13

14 1 彰一 15

17 駿 17

18 瞬 18

Jun じゅん

11 淳 11

13 準 13

15 潤 15

Shunichi しゅんいち

6 1 旬一 7

10 1 峻一 11

17 1 駿一 18

Junichi じゅんいち

10 1 純一 11

10 1 准一 11

10 1 隼一 11

Shungo しゅんご

9 7 俊吾 16

13 10 舜悟 23

17 7 駿吾 24

Shunsuke しゅんすけ

9 8 俊典 17

17 4 駿介 21

9 14 俊輔 23

Junnosuke じゅんのすけ

11 3 4 淳之介 18

12 3 8 順之典 23

Shuji しゅうじ

9 2 柊二 11

7 6 秀次 13

11 5 脩司 16

Shusuke しゅうすけ

8 7 宗佑 15

11 4 脩介 15

7 14 秀輔 21

Shuta しゅうた

7 4 秀太 11

9 4 洲太 13

10 6 修多 16

Shuto しゅうと

7 4 秀斗 11

11 2 脩人 13

9 7 柊杜 16

Shuhei しゅうへい

10 5 修平 15

11 5 脩平 16

11 5 習平 16

Shuma しゅうま

7 10 秀真 17

11 10 脩馬 21

Shun しゅん

6 旬 6

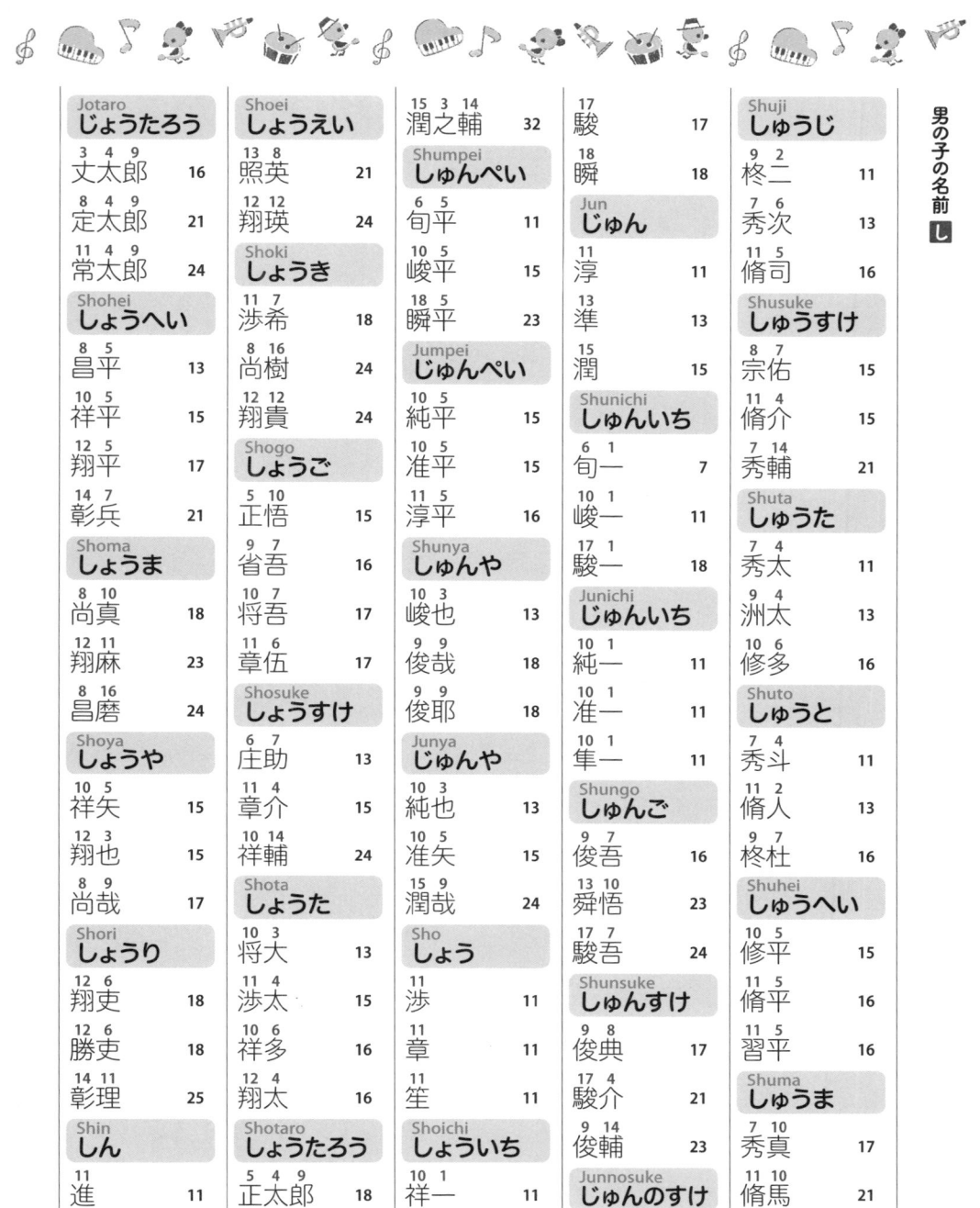

Jin
じん

名前	画数	総画
辰	7	7
忍	7	7
臣	7	7

Shinichi
しんいち

名前	画数	総画
伸一	7 1	8
真一	10 1	11
秦一	10 1	11

Shinichiro
しんいちろう

名前	画数	総画
進一郎	11 1 9	21
新一郎	13 1 9	23
慎一郎	13 1 9	23

Shingo
しんご

名前	画数	総画
信吾	9 7	16
進伍	11 6	17
慎悟	13 10	23

Shinji
しんじ

名前	画数	総画
信二	9 2	11
真司	10 5	15
晋司	10 5	15
慎治	13 8	21

Shinta
しんた

名前	画数	総画
進太	11 4	15
新太	13 4	17
慎太	13 4	17

Shintaro
しんたろう

名前	画数	総画
真太郎	10 4 9	23
秦太郎	10 4 9	23
進太郎	11 4 9	24

Shinnosuke
しんのすけ

名前	画数	総画
真之介	10 3 4	17
進之介	11 3 4	18
槙之介	14 3 4	21

Shimpei
しんぺい

名前	画数	総画
真平	10 5	15
新平	13 5	18
慎平	13 5	18

Shinya
しんや

名前	画数	総画
心也	4 3	7
伸哉	7 9	16
慎也	13 3	16

す

Suguru
すぐる

名前	画数	総画
卓	8	8
賢	16	16
優	17	17

Susumu
すすむ

名前	画数	総画
侑	8	8
進	11	11
勧	13	13

Subaru
すばる

名前	画数	総画
朱晴	6 12	18

Sumiaki
すみあき

名前	画数	総画
純明	10 8	18
澄昭	15 9	24

Sumitaka
すみたか

名前	画数	総画
純孝	10 7	17
純隆	10 11	21
清貴	11 12	23

Sumito
すみと

名前	画数	総画
純杜	10 7	17
清翔	11 12	23
澄音	15 9	24

Sumiharu
すみはる

名前	画数	総画
純悠	10 11	21
清陽	11 12	23

せ

Seiichi
せいいち

名前	画数	総画
成一	6 1	7
晴一	12 1	13
静一	14 1	15

Seigo
せいご

名前	画数	総画
征吾	8 7	15
清伍	11 6	17
誠悟	13 10	23

Seiji
せいじ

名前	画数	総画
清二	11 2	13
誠二	13 2	15
聖司	13 5	18

Seisuke
せいすけ

名前	画数	総画
成佑	6 7	13
清介	11 4	15
靖介	13 4	17

Seita
せいた

名前	画数	総画
盛太	11 4	15
晴太	12 4	16
誠太	13 4	17

Seito
せいと

名前	画数	総画
聖斗	13 4	17
成翔	6 12	18
晴飛	12 9	21

Seinosuke
せいのすけ

名前	画数	総画
征乃佑	8 2 7	17
清之助	11 3 7	21
誠乃典	13 2 8	23

Seima
せいま

名前	画数	総画
聖馬	13 10	23
誠真	13 10	23

Seiya
せいや

名前	画数	総画
成哉	6 9	15
静也	14 3	17
聖矢	13 5	18

Zen
ぜん

名前	画数	総画
全	6	6
禅	13	13

Senichi
せんいち

名前	画数	総画
仙一	5 1	6
千市	3 5	8
宣壱	9 7	16

Zenta
ぜんた

名前	画数	総画
善太	12 4	16
禅太	13 4	17
善多	12 6	18

そ

So
そう

名前	画数	総画
壮	6	6
爽	11	11
蒼	13	13

Soichi
そういち

名前	画数	総画
壮一	6 1	7
湊一	12 1	13
颯一	14 1	15

3 5 大矢 8
3 8 大弥 11

Taiyo たいよう
4 9 太洋 13
3 12 大瑛 15
4 12 太陽 16

Takaaki たかあき
7 8 孝明 15
10 8 恭明 18
11 10 崇晃 21

Takashi たかし
11 崇 11
11 隆 11
12 3 貴士 15

Takato たかと
4 4 天斗 8
1 12 一翔 13
6 11 宇都 17

Takanari たかなり
12 3 敬也 15
11 6 隆成 17
12 6 貴成 18

Takanori たかのり
7 8 孝法 15
10 8 恭典 18
3 8 大典 11
3 14 大輔 17

Taisei たいせい
3 12 大晴 15
10 5 泰正 15
10 5 泰世 15
3 13 大誠 16

Taizo たいぞう
3 10 大造 13
10 3 泰三 13
3 15 大蔵 18

Taichi たいち
4 1 太一 5
3 8 大知 11
10 1 泰一 11

Daichi だいち
3 8 大知 11
3 8 大直 11
3 12 大智 15

Daito だいと
3 4 大斗 7
3 12 大翔 15
3 12 大登 15

Daiya だいや
3 3 大也 6

Taiga たいが
3 8 大河 11
4 7 太我 11
3 10 大峨 13
3 13 大雅 16
10 13 泰雅 23

Taiki たいき
3 12 大喜 15
10 5 泰生 15
3 15 大輝 18

Daiki だいき
3 12 大貴 15
3 13 大暉 16
3 15 大輝 18
3 15 大毅 18

Daigo だいご
4 7 太吾 11
3 10 大悟 13
3 13 大瑚 16

Taishi たいし
3 5 大史 8
4 7 太志 11
10 3 泰士 13

Daisuke だいすけ
3 4 大介 7
14 4 聡太 18

Sohei そうへい
11 5 爽平 16
12 5 惣平 17
12 5 湊平 17

Soma そうま
12 3 湊万 15
8 10 宗馬 18
11 10 爽真 21
14 10 颯真 24
9 16 奏磨 25

Soya そうや
8 5 宗矢 13
14 3 颯也 17
12 9 創哉 21

Sora そら
8 空 8
8 宙 8
8 昊 8
9 7 奏良 16

た

Dai だい
3 大 3
16 醍 16

Soichiro そういちろう
12 1 10 惣一朗 23
14 1 9 総一郎 24
14 1 9 聡一郎 24

Soji そうじ
4 3 双士 7
6 2 壮二 8
13 2 蒼二 15

Sojiro そうじろう
9 3 9 奏士郎 21
8 6 9 宗次郎 23
12 2 9 創二郎 23

Sosuke そうすけ
6 9 壮亮 15
9 7 奏佑 16
12 4 湊介 16
14 4 颯介 18
13 8 蒼典 21
11 14 爽輔 25

Sota そうた
9 4 奏太 13
12 4 湊太 16
12 4 創太 16
13 4 蒼太 17
14 4 颯太 18

Tadafumi ただふみ
- 9 4 貞文 13
- 11 4 唯文 15

Tatsuki たつき
- 16 樹 16
- 16 5 龍生 21
- 12 12 達貴 24

Tatsunori たつのり
- 10 8 竜典 18
- 7 14 辰徳 21
- 16 9 龍紀 25

Tatsuhiko たつひこ
- 7 9 辰彦 16
- 12 9 達彦 21
- 16 9 龍彦 25

Tatsuya たつや
- 10 3 竜也 13
- 12 3 達也 15
- 12 9 達哉 21

Tatsuru たつる
- 5 立 5
- 12 11 達琉 23
- 10 14 竜瑠 24

Tatsuro たつろう
- 7 9 辰郎 16
- 12 3 雄大 15

Takeru たける
- 8 武 8
- 11 健 11
- 11 猛 11
- 8 10 武流 18

Tasuku たすく
- 6 匡 6
- 7 佑 7
- 17 翼 17

Tadashi ただし
- 5 正 5
- 6 匡 6
- 8 忠 8

Tadato ただと
- 8 7 忠杜 15
- 5 12 正翔 17

Tadanobu ただのぶ
- 5 8 正延 13
- 8 7 直伸 15
- 8 9 忠信 17

Tadahiro ただひろ
- 8 3 忠大 11
- 5 12 正裕 17
- 8 10 直浩 18
- 8 8 拓実 16
- 8 9 拓海 17

Takuya たくや
- 8 3 拓也 11
- 8 5 卓矢 13
- 8 9 拓哉 17

Takuro たくろう
- 6 9 宅郎 15
- 8 9 拓郎 17
- 11 10 琢朗 21

Takeshi たけし
- 6 壮 6
- 8 武 8
- 11 健 11

Taketo たけと
- 11 2 猛人 13
- 3 12 丈登 15
- 11 4 健斗 15

Taketoshi たけとし
- 8 9 武俊 17
- 10 7 剛利 17
- 11 7 健寿 18

Takehiro たけひろ
- 8 3 岳大 11
- 10 5 剛広 15

Takayuki たかゆき
- 8 3 岳之 11
- 7 6 孝行 13
- 10 3 高之 13

Taku たく
- 5 巧 5
- 8 卓 8
- 8 拓 8

Takushi たくし
- 5 3 巧士 8
- 8 5 卓司 13
- 8 7 拓志 15

Takuto たくと
- 6 9 匠音 15
- 8 8 拓門 16
- 6 11 托都 17

Takuma たくま
- 8 10 拓真 18
- 8 10 拓馬 18
- 8 15 拓摩 23

Takumi たくみ
- 3 工 3
- 5 巧 5
- 6 匠 6
- 8 3 卓巳 11
- 12 9 敬則 21

Takahiko たかひこ
- 7 9 孝彦 16
- 12 9 貴彦 21
- 12 9 敬彦 21

Takahito たかひと
- 7 4 孝仁 11
- 11 2 隆人 13
- 11 4 崇仁 15

Takahiro たかひろ
- 12 3 貴大 15
- 6 10 宇紘 16
- 11 5 隆広 16
- 12 5 貴広 17

Takafumi たかふみ
- 7 4 孝文 11
- 11 4 隆文 15
- 12 5 貴史 17

Takamu たかむ
- 10 8 剛武 18
- 12 13 貴夢 25

Takaya たかや
- 10 3 恭也 13
- 7 8 孝弥 15
- 12 9 貴哉 21

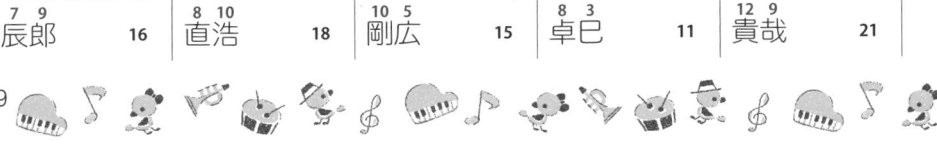

9 9
建郎 18

12 9
達郎 21

Tamaki たまき

10 7
珠希 17

17
環 17

9 12
玲貴 21

Tamotsu たもつ

6
有 6

7
完 7

11
惟 11

Taro たろう

4 9
太郎 13

6 9
多郎 15

7 9
汰郎 16

ち

Chiaki ちあき

3 12
千晶 15

3 12
千暁 15

8 9
知秋 17

Chikara ちから

3 8 7
千佳良 18

Chisato ちさと

3 12
千智 15

3 13
千聖 16

8 10
知悟 18

Chihiro ちひろ

3 10
千紘 13

3 12
千尋 15

12 5
智広 17

つ

Tsukasa つかさ

5
司 5

6
吏 6

9 5 7
津加佐 21

Tsukihito つきひと

4 4
月仁 8

12 4
筑仁 16

15 2
槻人 17

Tsuguteru つぐてる

6 15
次輝 21

13 8
継明 21

10 13
貢照 23

Tsuguharu つぐはる

6 9
次春 15

13 8
嗣治 21

13 12
継陽 25

Tsutomu つとむ

7
努 7

11
務 11

15
勲 15

Tsuneaki つねあき

9 8
恒明 17

11 10
常晃 21

11 14
常彰 25

Tsuneharu つねはる

9 12
恒陽 21

11 12
常晴 23

Tsubasa つばさ

17
翼 17

Tsuyoshi つよし

11
猛 11

10 3
剛士 13

15
毅 15

て

Teiji ていじ

13 2
禎二 15

9 8
貞治 17

Tetta てった

10 6
哲多 16

10 7
哲汰 17

Teppei てっぺい

10 5
哲平 15

10 7
哲兵 17

13 5
鉄平 18

Tetsuya てつや

10 3
哲也 13

13 3
鉄也 16

15 3
徹也 18

Tetsuro てつろう

13 10
鉄朗 23

15 9
徹郎 24

15 10
徹朗 25

Teruaki てるあき

10 11
晃彬 21

13 10
照朗 23

15 8
輝明 23

Teruomi てるおみ

6 7
光臣 13

6 7
旭臣 13

10 7
晃臣 17

Teruki てるき

10 7
晃希 17

13 12
暉貴 25

15 10
輝記 25

Terutaka てるたか

10 11
晃隆 21

15 6
輝宇 21

13 10
照高 23

Teruhisa てるひさ

13 3
照久 16

15 3
輝久 18

Tenshin てんしん

4 4
天心 8

8 13
典新 21

10 13
展慎 23

と

Tota とうた

12 4
統太 16

12 4
登太 16

15 6
澄多 21

Toma とうま

4 11
斗麻 15

5 10
冬馬 15

8 10
東真 18

16 16
橙磨 32

Toya とうや

5 3
冬也 8

12 5
登矢 17

10 8
桃夜 18

Tori とうり

5 6
冬吏 11

9 8	南朋	17

Naoki なおき

8 7	直希	15
8 15	尚輝	23
8 16	直樹	24

Naotaka なおたか

8 7	直孝	15
8 10	尚恭	18
8 10	直剛	18

Naotaro なおたろう

8 3 10	直大朗	21
8 4 9	直太郎	21
8 4 9	尚太郎	21

Naoto なおと

8 5	尚叶	13
11 2	脩人	13
8 9	直飛	17

Naoharu なおはる

8 8	直治	16
8 8	尚治	16
8 9	直春	17

Naohisa なおひさ

8 3	直久	11
8 3	尚久	11
8 8	直尚	16

Tomohiro ともひろ

8 5	朋広	13
12 3	智大	15
8 10	知浩	18

Tomoya ともや

4 3	友也	7
4 9	友哉	13
12 3	智也	15

Tomoyuki ともゆき

4 3	友之	7
8 8	朋幸	16
12 6	智行	18

Toranosuke とらのすけ

8 2 7	虎乃佑	17
11 3 4	寅之介	18
8 3 14	虎之輔	25

Towa とわ

9 8	飛和	17
5 13	永遠	18
12 6	翔羽	18

な

Nao なお

8	直	8
8	尚	8

Tomoaki ともあき

4 11	友章	15
8 8	知明	16
12 12	智暁	24

Tomokazu ともかず

4 7	友寿	11
12 1	智一	13
8 8	朋和	16

Tomoki ともき

4 7	友希	11
8 7	朋希	15
12 5	智生	17
8 16	知樹	24

Tomotaka ともたか

8 7	知孝	15
4 12	友貴	16
12 11	智崇	23

Tomoharu ともはる

4 12	友陽	16
8 8	知治	16
12 9	智春	21

Tomohisa ともひさ

4 11	友悠	15
12 3	智久	15
8 8	知尚	16

Toshiharu としはる

3 12	才晴	15
7 11	利悠	18
9 12	俊陽	21

Toshihiko としひこ

7 9	寿彦	16
7 9	利彦	16
9 9	俊彦	18

Toshihiro としひろ

10 5	敏弘	15
7 10	寿紘	17
9 12	俊裕	21
11 12	理裕	23

Toshiya としや

10 3	敏也	13
7 8	寿弥	15
9 9	俊哉	18

Tomu とむ

9 8	飛武	17
12 13	登夢	25
12 13	翔睦	25

Tomo とも

2 3	トモ	5
8	知	8
8	朋	8

10 7	桃李	17
10 11	透理	21

Toru とおる

6	亘	6
7	亨	7
15	徹	15

Tokiya ときや

10 3	時也	13
10 5	時矢	15
5 16 3	冬樹也	24

Tokuma とくま

14 10	徳馬	24
16 16	篤磨	32

Toshiaki としあき

7 10	寿朗	17
9 8	俊明	17
7 11	利章	18

Toshikazu としかず

7 1	寿一	8
7 8	利和	15
9 8	俊和	17

Toshiki としき

10 5	敏生	15
7 9	利紀	16
9 16	俊樹	25

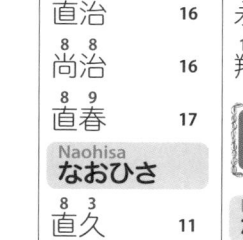

Naohiro なおひろ

直弘 8 5 13
尚宏 8 7 15
直洋 8 9 17

Naofumi なおふみ

尚史 8 5 13
直史 8 5 13
奈央文 8 5 4 17

Naomasa なおまさ

直政 8 9 17
直将 8 10 18
尚雅 8 13 21

Naoya なおや

尚也 8 3 11
直弥 8 8 16
直哉 8 9 17

Naoyuki なおゆき

直之 8 3 11
直幸 8 8 16
尚征 8 8 16

Nagamasa ながまさ

長政 8 9 17
永雅 5 13 18

Nagito なぎと

凪人 6 2 8
凪杜 6 7 13
凪翔 6 12 18

Nagomu なごむ

和 8 8
和夢 8 13 21

Natsuhito なつひと

夏士 10 3 13
夏史 10 5 15

Nayuta なゆた

凪裕 6 12 18
奈豊 8 13 21

Nayuto なゆと

那友斗 7 4 4 15
奈由斗 8 5 4 17
直有斗 8 6 4 18

Nariaki なりあき

成晃 6 10 16
斉明 8 8 16
就瑛 12 12 24

Narihisa なりひさ

成寿 6 7 13
斉尚 8 8 16
成悠 6 11 17

Narimasa なりまさ

斉正 8 5 13
成政 6 9 15
成理 6 11 17

Naruki なるき

成希 6 7 13
匠起 6 10 16

Naruhito なるひと

成史 6 5 11
誠人 13 2 15
徳仁 14 4 18

に

Nijiro にじろう

虹郎 9 9 18

ね

Neita ねいた

寧太 14 4 18
音依太 9 8 4 21

Nenji ねんじ

念司 8 5 13
稔治 13 8 21

の

Nozomu のぞむ

希 7 7
望 11 11
臨 18 18

Nobuhiko のぶひこ

延彦 8 9 17
信彦 9 9 18
宣彦 9 9 18

Nobuhisa のぶひさ

延久 8 3 11
信尚 9 8 17
伸悠 7 11 18

Nobuhiro のぶひろ

信宏 9 7 16
宣裕 9 12 21

Noboru のぼる

伸 7 7
昇 8 8
昂 8 8

Noriaki のりあき

則明 9 8 17
典朗 8 10 18
徳晃 14 10 24

Norikazu のりかず

典和 8 8 16
紀寿 9 7 16
哲数 10 13 23

Norihisa のりひさ

典久 8 3 11
紀尚 9 8 17

は

Hajime はじめ

一 1 1
初 7 7
基 11 11

Hayato はやと

勇人 9 2 11
隼士 10 3 13
敏杜 10 7 17
早翔 6 12 18
隼都 10 11 21

Haru はる

悠 11 11
脩 11 11
暖 13 13
遼 15 15
覇瑠 19 14 33

Haruichi はるいち

晴一 12 1 13
遥一 12 1 13
陽一 12 1 13

名前	画数	総画
宏秋	7 9	16
浩明	10 8	18

Hiroki ひろき

名前	画数	総画
宙希	8 7	15
宏紀	7 9	16
弘貴	5 12	17
大輝	3 15	18

Hiroshi ひろし

名前	画数	総画
広	5	5
弘	5	5
宏	7	7

Hirotaka ひろたか

名前	画数	総画
大貴	3 12	15
広隆	5 11	16
紘孝	10 7	17

Hiroto ひろと

名前	画数	総画
洋人	9 2	11
大翔	3 12	15
裕斗	12 4	16
裕翔	12 12	24
陽呂翔	12 7 12	31

Hironobu ひろのぶ

名前	画数	総画
宏信	7 9	16
洋宣	9 9	18
浩延	10 8	18

Hideyuki ひでゆき

名前	画数	総画
英之	8 3	11
秀行	7 6	13
秀幸	7 8	15

Hitoshi ひとし

名前	画数	総画
一史	1 5	6
均	7	7
斉	8	8

Hinata ひなた

名前	画数	総画
日向汰	4 6 7	17
陽向	12 6	18
陽奈大	12 8 3	23
陽奈太	12 8 4	24
陽七多	12 7 6	25

Hinato ひなと

名前	画数	総画
日奈斗	4 8 4	16
陽奈斗	12 8 4	24
陽奈翔	12 8 12	32

Hibiki ひびき

名前	画数	総画
響喜	20 12	32
響輝	20 15	35

Hyuga ひゅうが

名前	画数	総画
彪雅	11 13	24

Hiroaki ひろあき

名前	画数	総画
広晃	5 10	15

名前	画数	総画
尚	8	8
比左志	4 5 7	16

Hisato ひさと

名前	画数	総画
久斗	3 4	7
悠人	11 2	13
久登	3 12	15

Hisahito ひさひと

名前	画数	総画
久人	3 2	5
悠仁	11 4	15

Hideaki ひであき

名前	画数	総画
秀明	7 8	15
英明	8 8	16
英晃	8 10	18

Hidekazu ひでかず

名前	画数	総画
秀一	7 1	8
秀和	7 8	15
英和	8 8	16

Hideki ひでき

名前	画数	総画
秀樹	7 16	23
英輝	8 15	23
英樹	8 16	24

Hideto ひでと

名前	画数	総画
秀斗	7 4	11
秀仁	7 4	11
英飛	8 9	17

Haruhi はるひ

名前	画数	総画
悠日	11 4	15
春陽	9 12	21
遥飛	12 9	21

Haruhiko はるひこ

名前	画数	総画
治彦	8 9	17
春彦	9 9	18
晴彦	12 9	21

Haruhito はるひと

名前	画数	総画
春人	9 2	11
悠仁	11 4	15
陽史	12 5	17

Haruma はるま

名前	画数	総画
遥万	12 3	15
悠真	11 10	21
啓真	11 10	21
春磨	9 16	25

ひ

Hikaru ひかる

名前	画数	総画
光	6	6
輝	15	15
光琉	6 11	17

Hisashi ひさし

名前	画数	総画
久史	3 5	8

Haruomi はるおみ

名前	画数	総画
治臣	8 7	15
春臣	9 7	16
悠臣	11 7	18

Haruki はるき

名前	画数	総画
春希	9 7	16
悠生	11 5	16
悠希	11 7	18
陽紀	12 9	21
春輝	9 15	24
晴稀	12 12	24

Haruta はるた

名前	画数	総画
悠太	11 4	15
陽太	12 4	16

Haruto はると

名前	画数	総画
悠人	11 2	13
大翔	3 12	15
陽斗	12 4	16
春翔	9 12	21
晴翔	12 12	24
陽翔	12 12	24

Harunobu はるのぶ

名前	画数	総画
治展	8 10	18
晴信	12 9	21
陽宣	12 9	21

Heima へいま

平馬	5 10	15
平真	5 10	15
平磨	5 16	21

ほ

Hoichi ほいち

布一	5 1	6
帆一	6 1	7
穂一	15 1	16

Hosei ほうせい

宝生	8 5	13
邦星	7 9	16

Hokuto ほくと

北都	5 11	16
北翔	5 12	17
北登	5 12	17

Hotaka ほたか

帆高	6 10	16
穂岳	15 8	23
穂高	15 10	25

ま

Maito まいと

舞人	15 2	17

Fuyuki ふゆき

冬規	5 11	16
冬貴	5 12	17
風由希	9 5 7	21

Fuyuto ふゆと

冬人	5 2	7
冬登	5 12	17
冬翔	5 12	17

Bunta ぶんた

文太	4 4	8
文汰	4 7	11

へ

Heigo へいご

平悟	5 10	15
併吾	8 7	15
兵梧	7 11	18

Heisuke へいすけ

柄介	9 4	13
並助	8 7	15
兵輔	7 14	21

Heita へいた

平大	5 3	8
平多	5 6	11
兵太	7 4	11

史教	5 11	16

Fumitaka ふみたか

文孝	4 7	11
史隆	5 11	16
史貴	5 12	17

Fumiteru ふみてる

史晄	5 10	15
文照	4 13	17
史瑛	5 12	17

Fumito ふみと

史人	5 2	7
文斗	4 4	8
史翔	5 12	17

Fuminori ふみのり

文宣	4 9	13
史詞	5 12	17

Fumihiko ふみひこ

文彦	4 9	13
文比古	4 4 5	13
詞彦	12 9	21

Fumiya ふみや

史也	5 3	8
文哉	4 9	13
史弥	5 8	13
郁哉	9 9	18

ふ

Fuga ふうが

風伽	9 7	16
風我	9 7	16
風河	9 8	17

Futa ふうた

風太	9 4	13
風汰	9 7	16
楓太	13 4	17

Futo ふうと

風人	9 2	11
楓斗	13 4	17
風音	9 9	18

Fuma ふうま

風満	9 12	21
楓真	13 10	23
風磨	9 16	25

Fumiaki ふみあき

文昭	4 9	13
史明	5 8	13
史晃	5 10	15

Fumikazu ふみかず

文寿	4 7	11
史和	5 8	13

Hironori ひろのり

大典	3 8	11
宏紀	7 9	16
裕則	12 9	21

Hirofumi ひろふみ

浩史	10 5	15
博文	12 4	16
裕史	12 5	17

Hiromasa ひろまさ

弘将	5 10	15
浩正	10 5	15
宏政	7 9	16
博正	12 5	17

Hiromu ひろむ

大夢	3 13	16
広夢	5 13	18
裕夢	12 13	25

Hiroya ひろや

広弥	5 8	13
博也	12 3	15
裕哉	12 9	21

Hiroyoshi ひろよし

宏好	7 6	13
浩義	10 13	23
啓善	11 12	23

Mikiya
みきや
13 3 幹也 16
13 8 幹弥 21
16 5 樹矢 21

Miku
みく
8 7 実玖 15
9 7 海来 16
11 7 望来 18
11 7 深来 18

Mizuki
みずき
13 5 瑞生 18
13 11 瑞基 24
13 12 瑞貴 25

Michitaka
みちたか
11 12 理敬 23
11 12 進貴 23
12 11 道隆 23

Michiharu
みちはる
6 12 充陽 18
10 11 通悠 21
12 11 道脩 23

Mitsuaki
みつあき
6 10 充晃 16
6 12 光暁 18
12 12 満瑛 24

3 15 万澄 18
10 15 真澄 25

Manato
まなと
8 9 学音 17
13 4 愛斗 17
13 12 愛翔 25

Manabu
まなぶ
8 学 8

Mahiro
まひろ
3 12 万尋 15
12 5 満央 17
10 8 真宙 18

Mamoru
まもる
6 守 6
16 衛 16

Mayo
まよ
10 5 真世 15
11 5 麻世 16
16 5 磨世 21

み

Mikito
みきと
13 2 幹人 15
13 4 幹斗 17
16 9 樹音 25

Masahiro
まさひろ
10 3 将大 13
5 10 正浩 15
10 7 真宏 17

Masafumi
まさふみ
10 5 真史 15
10 5 将史 15
13 4 雅文 17

Masaya
まさや
5 3 正也 8
10 3 将也 13
8 9 征哉 17

Masayuki
まさゆき
5 8 正幸 13
8 8 昌征 16
13 3 雅之 16

Masayoshi
まさよし
5 13 正義 18
10 15 将慶 25

Masaru
まさる
3 大 3
8 卓 8
17 優 17

Masumi
ますみ
3 10 万純 13

13 5 雅司 18

Masaki
まさき
3 12 大貴 15
5 11 正基 16
13 5 雅生 18

Masashi
まさし
5 正 5
13 3 雅士 16
13 5 雅史 18

Masataka
まさたか
5 11 正隆 16
9 7 政孝 16
10 6 真宇 16

Masato
まさと
9 4 政斗 13
13 2 雅人 15
5 12 正翔 17

Masanori
まさのり
8 9 征紀 17
9 8 政典 17
5 16 正憲 21

Masahito
まさひと
10 3 将士 13
11 2 理人 13
13 4 雅仁 17

6 12 毎翔 18
15 9 舞飛 24

Mao
まお
10 5 真央 15
12 9 満音 21
16 9 磨音 25

Makito
まきと
14 2 槙人 16
14 4 槙斗 18
14 4 槙仁 18

Makoto
まこと
8 実 8
13 誠 13
13 慎 13

Masaaki
まさあき
5 8 正明 13
13 11 雅章 24
13 12 聖陽 25

Masao
まさお
8 5 征生 13
9 7 政男 16
13 4 雅夫 17

Masakazu
まさかず
5 8 正和 13
10 8 将知 18

Mitsuki みつき

漢字	画数	総画
光希	6 7	13
晄季	10 8	18
光輝	6 15	21

Mitsuhiro みつひろ

漢字	画数	総画
光洋	6 9	15
満大	12 3	15
充紘	6 10	16

Mitsuya みつや

漢字	画数	総画
光哉	6 9	15
満矢	12 5	17
晄弥	10 8	18

Mitsuru みつる

漢字	画数	総画
充	6	6
望	11	11
光流	6 10	16

Minato みなと

漢字	画数	総画
湊斗	12 4	16
湊仁	12 4	16
湊飛	12 9	21
湊音	12 9	21
湊翔	12 12	24

Minoru みのる

漢字	画数	総画
成	6	6
実	8	8
稔	13	13

Mirai みらい

漢字	画数	総画
心来	4 7	11
充礼	6 5	11
実頼	8 16	24

む

Musashi むさし

漢字	画数	総画
武蔵	8 15	23
夢左志	13 5 7	25

Mutsuki むつき

漢字	画数	総画
睦月	13 4	17
睦生	13 5	18
睦貴	13 12	25

Munehisa むねひさ

漢字	画数	総画
宗久	8 3	11
能久	10 3	13
宗尚	8 8	16

め

Megumu めぐむ

漢字	画数	総画
愛	13	13
恵夢	10 13	23

Meguru めぐる

漢字	画数	総画
巡琉	6 11	17
恵琉	10 11	21
恵瑠	10 14	24

も

Mochiteru もちてる

漢字	画数	総画
茂晃	8 10	18
望晄	11 10	21
保輝	9 15	24

Mochihiko もちひこ

漢字	画数	総画
茂彦	8 9	17
保彦	9 9	18

Motoaki もとあき

漢字	画数	総画
基朗	11 10	21
基晃	11 10	21
基晶	11 12	23

Motoki もとき

漢字	画数	総画
元希	4 7	11
元紀	4 9	13
基貴	11 12	23

Motoharu もとはる

漢字	画数	総画
元春	4 9	13
元晴	4 12	16
元陽	4 12	16

Motohiro もとひろ

漢字	画数	総画
元大	4 3	7
素弘	10 5	15
基広	11 5	16

Motofumi もとふみ

漢字	画数	総画
元文	4 4	8
基文	11 4	15
基史	11 5	16

Motomu もとむ

漢字	画数	総画
亘	6	6
求	7	7
元陸	4 11	15

Motoya もとや

漢字	画数	総画
元也	4 3	7
元哉	4 9	13
統也	12 3	15
基矢	11 5	16

Morihito もりひと

漢字	画数	総画
守人	6 2	8
守史	6 5	11
盛仁	11 4	15

や

Yasushi やすし

漢字	画数	総画
康	11	11
泰士	10 3	13
靖	13	13

Yasuto やすと

漢字	画数	総画
康斗	11 4	15
靖仁	13 4	17
泰都	10 11	21

Yasunori やすのり

漢字	画数	総画
泰典	10 8	18
靖法	13 8	21
康徳	11 14	25

Yamato やまと

漢字	画数	総画
和	8	8
大和	3 8	11
矢真人	5 10 2	17

ゆ

Yuito ゆいと

漢字	画数	総画
唯斗	11 4	15
唯仁	11 4	15
結斗	12 4	16
結仁	12 4	16
結音	12 9	21
結翔	12 12	24

Yu ゆう

漢字	画数	総画
佑	7	7
侑	8	8
由羽	5 6	11

6 9 行洋 15
8 10 征浩 18

Yukiya **ゆきや**
8 5 幸矢 13
8 9 征哉 17

Yuzuru **ゆずる**
17 謙 17
9 14 柚瑠 23
20 11 譲琉 31

Yutaka **ゆたか**
13 豊 13
13 寛 13
13 稔 13

Yuzuru **ゆづる**
3 8 弓弦 11
5 8 由弦 13
9 8 祐弦 17

よ

Yoichi **よういち**
12 1 陽一 13
12 1 遥一 13
14 1 暢一 15

Yoji **ようじ**
9 2 洋二 11

11 5 悠平 16

Yuma **ゆうま**
7 10 佑真 17
8 10 侑馬 18
11 10 悠真 21
11 10 悠馬 21
9 16 勇磨 25
17 16 優磨 33

Yuya **ゆうや**
8 3 侑也 11
8 8 侑弥 16
17 8 優弥 25

Yuri **ゆうり**
9 6 勇吏 15
6 11 有理 17
7 11 佑理 18

Yukito **ゆきと**
8 7 幸杜 15
8 7 征杜 15
8 9 幸飛 17

Yukinori **ゆきのり**
8 9 幸則 17
6 15 行範 21

Yukihiro **ゆきひろ**
8 5 幸弘 13

9 12 祐晴 21

Yuta **ゆうた**
9 4 勇太 13
11 4 悠太 15
12 3 雄大 15
12 4 裕太 16
17 4 優太 21

Yudai **ゆうだい**
4 3 友大 7
8 3 侑大 11
12 3 雄大 15

Yutaro **ゆうたろう**
8 4 9 侑太郎 21
11 4 9 悠太郎 24
12 4 9 裕太郎 25

Yuto **ゆうと**
7 4 佑斗 11
11 2 悠人 13
11 4 悠斗 15
11 4 悠仁 15
17 4 優斗 21
11 12 悠翔 23

Yuhei **ゆうへい**
6 5 有平 11
8 5 侑平 13

Yusaku **ゆうさく**
9 7 祐作 16
11 7 悠作 18
17 7 優作 24

Yuji **ゆうじ**
9 2 祐二 11
11 5 悠司 16
17 6 優次 23

Yujiro **ゆうじろう**
12 2 9 雄二郎 23
12 2 9 裕二郎 23
9 6 9 祐次郎 24

Yushin **ゆうしん**
6 10 有真 16
8 13 侑慎 21
11 10 悠秦 21

Yusuke **ゆうすけ**
9 4 祐介 13
4 14 友輔 18
11 7 悠佑 18

Yusei **ゆうせい**
8 5 侑正 13
11 5 悠世 16
11 5 悠生 16
12 6 裕成 18

11 悠 11
17 優 17

Yuichi **ゆういち**
6 1 有一 7
7 1 佑一 8
12 1 湧一 13
17 1 優一 18

Yuichiro **ゆういちろう**
6 1 9 有一郎 16
8 1 9 侑一郎 18
11 1 9 悠一郎 21

Yuga **ゆうが**
11 13 悠雅 24
12 13 結雅 25
12 13 裕雅 25

Yuki **ゆうき**
4 12 友貴 16
7 9 佑紀 16
11 5 悠生 16
11 7 悠希 18
9 15 勇輝 24

Yugo **ゆうご**
9 4 勇午 13
4 11 友梧 15
17 7 優吾 24

Ryu りゅう
- 琉（11）11
- 隆（11）11
- 龍（16）16

Ryuichi りゅういち
- 流一（10 1）11
- 竜一（10 1）11
- 龍一（16 1）17

Ryuga りゅうが
- 立賀（5 12）17
- 琉雅（11 13）24
- 龍河（16 8）24

Ryugo りゅうご
- 立梧（5 11）16
- 琉悟（11 10）21
- 龍吾（16 7）23

Ryuji りゅうじ
- 竜司（10 5）15
- 立路（5 13）18
- 龍児（16 7）23
- 琉慈（11 13）24

Ryusei りゅうせい
- 琉生（11 5）16
- 龍生（16 5）21
- 龍星（16 9）25

Rikito りきと
- 力斗（2 4）6
- 力豊（2 13）15
- 梨季人（11 8 2）21

Rikiya りきや
- 力也（2 3）5
- 力矢（2 5）7
- 力哉（2 9）11

Riku りく
- 李公（7 4）11
- 陸（11）11
- 利空（7 8）15
- 理玖（11 7）18
- 璃空（15 8）23
- 凜空（15 8）23

Rikuto りくと
- 陸人（11 2）13
- 陸仁（11 4）15
- 陸斗（11 4）15
- 陸翔（11 12）23
- 陸登（11 12）23

Rihito りひと
- 吏人（6 2）8
- 利仁（7 4）11
- 理史（11 5）16

Raita らいた
- 礼多（5 6）11
- 雷太（13 4）17
- 頼汰（16 7）23

Raimu らいむ
- 礼夢（5 13）18
- 雷武（13 8）21
- 頼武（16 8）24

Rakutaro らくたろう
- 洛太朗（9 4 10）23
- 楽大郎（13 3 9）25

り

Riichi りいち
- 李一（7 1）8
- 里一（7 1）8
- 利一（7 1）8

Rion りおん
- 李苑（7 8）15
- 里音（7 9）16
- 梨温（11 12）23

Riki りき
- 里城（7 9）16
- 李樹（7 16）23
- 理貴（11 12）23

Yoshito よしと
- 好人（6 2）8
- 良斗（7 4）11
- 慶人（15 2）17

Yoshinobu よしのぶ
- 好伸（6 7）13
- 吉信（6 9）15
- 良延（7 8）15

Yoshihiko よしひこ
- 吉彦（6 9）15
- 好彦（6 9）15
- 良彦（7 9）16

Yoshihito よしひと
- 由人（5 2）7
- 芳仁（7 4）11
- 佳史（8 5）13

Yoshiya よしや
- 芳弥（7 8）15
- 良哉（7 9）16

ら

Raigo らいご
- 礼梧（5 11）16
- 雷悟（13 10）23
- 頼吾（16 7）23

- 陽士（12 3）15
- 瑛司（12 5）17

Yosuke ようすけ
- 要甫（9 7）16
- 陽介（12 4）16
- 洋亮（9 9）18

Yota ようた
- 洋太（9 4）13
- 陽太（12 4）16
- 耀太（20 4）24

Yohei ようへい
- 陽平（12 5）17
- 遥平（12 5）17

Yoshiaki よしあき
- 由朗（5 10）15
- 好晃（6 10）16
- 慶明（15 8）23

Yoshiki よしき
- 吉紀（6 9）15
- 芳紀（7 9）16
- 由貴（5 12）17

Yoshizumi よしずみ
- 好住（6 7）13
- 良純（7 10）17
- 佳澄（8 15）23

Ryuta
りゅうた
11 4 琉太 15
11 4 隆太 15
16 7 龍汰 23

Ryutaro
りゅうたろう
5 4 9 立太郎 18
10 4 9 竜太郎 23
11 4 9 琉太郎 24

Ryunosuke
りゅうのすけ
11 3 7 琉之佑 21
11 3 9 隆之祐 23
16 3 4 龍之介 23

Ryuhei
りゅうへい
11 5 隆平 16
11 5 琉平 16
16 5 龍平 21

Ryuma
りゅうま
5 11 立麻 16
11 10 琉真 21
11 10 隆馬 21

Ryo
りょう
11 涼 11
11 陵 11
13 稜 13
15 諒 15
15 遼 15

Ryoichi
りょういち
2 1 了一 3
6 1 両一 7
7 1 伶一 8

Ryoga
りょうが
15 8 遼河 23
11 13 菱雅 24
12 12 量賀 24

Ryoji
りょうじ
12 3 量士 15
11 13 菱路 24
15 10 遼時 25

Ryosuke
りょうすけ
9 4 亮介 13
11 4 涼介 15
7 14 良輔 21

Ryota
りょうた
7 4 良太 11
9 4 亮太 13
11 4 涼太 15

Ryotaro
りょうたろう
10 4 9 竜太郎 23
11 4 9 涼太郎 24
11 4 9 菱太郎 24

Ryohei
りょうへい
10 5 凌平 15
11 5 涼平 16
13 5 稜平 18

Ryoma
りょうま
5 10 令真 15
7 10 良真 17
11 10 涼馬 21

Rinta
りんた
10 6 倫多 16
14 4 綸太 18
15 6 凜多 21

Rintaro
りんたろう
8 4 9 林太郎 21
10 4 9 倫太郎 23
24 4 9 麟太郎 37

る

Rui
るい
11 累 11
11 5 琉生 16
18 類 18
14 11 瑠唯 25

Ruka
るか
10 8 流佳 18
11 10 琉夏 21
14 9 瑠哉 23

Rukiya
るきや
11 7 5 琉希矢 23
14 9 9 瑠紀哉 32

れ

Rei
れい
5 礼 5
11 羚 11
13 鈴 13

Reiga
れいが
5 12 礼賀 17
9 8 玲河 17
19 13 麗雅 32

Reiji
れいじ
9 7 玲児 16
13 3 鈴士 16
5 13 礼路 18

Reito
れいと
7 4 伶斗 11
8 13 怜豊 21
19 2 麗人 21

Reo
れお
5 6 令百 11
5 12 礼陽 17
9 12 玲雄 21

Reon
れおん
5 12 令温 17
5 12 礼温 17
9 9 玲音 18

Ren
れん
8 怜 8
13 廉 13
13 蓮 13

Rento
れんと
14 4 練斗 18
10 13 連豊 23
13 12 蓮登 25

ろ

Roji
ろうじ
10 3 朗士 13
21 3 露士 24

わ

Wataru
わたる
6 亘 6
8 和 8
11 渉 11

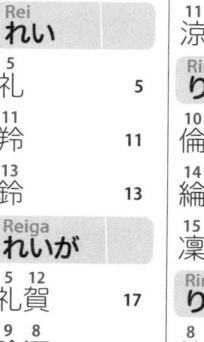

男の子編

人気の最後の音から考える名前リスト

名前の最後の音から引ける男の子の名前リストを紹介します。気に入った音で終わる名前のバリエーションを見て、発想を広げましょう。

リストの見方

- **あ** ― 名前の最後の音
- **亜 阿 吾** ― 最後の音に使える漢字例
- あくあ ★がいあ きみあ ― その音で終わる名前例（50音順、文字数が少ない順に紹介します。）
- ★ ― 「響きから考える吉名リスト」でも紹介している名前

名前の漢字例、アルファベット表記はP78～99の「響きから考える吉名リスト」を参照してください。

あ 亜 吾 阿

あくあ
★がいあ
きみあ
けいあ
しょうあ
せいあ
だいあ
ちゅうあ
とうあ
はるあ
ひろあ
ゆうあ
ようあ
らいあ
りゅうあ
りょうあ
れいあ

あき 明 亮 彰

★かずあき
きみあき
きよあき
★くにあき
★しげあき
★たかあき
★ちあき
★てるあき
★としあき
★ともあき
★なりあき
のぶあき
★のりあき
はるあき
★ひであき
★ひろあき
★ふみあき
★まさあき
★もとあき
★よしあき

あつ 厚 篤 敦

しげあつ
たかあつ
てるあつ
としあつ
ともあつ
なりあつ
のぶあつ
のりあつ
はるあつ
ひろあつ
ゆきあつ

あん 安 庵 杏

いあん
こうあん
しょうあん
じゅあん
せいあん
そうあん
たいあん
のあん
ゆうあん
りあん
りゅうあん
りょうあん

いち 一 市 壱

★えいいち
★かんいち
★きいち
きゅういち
★きょういち
★けいいち
★けんいち
★こういち
★しゅういち
★しゅんいち
★じゅんいち
★しょういち
じょういち
★しんいち
★せいいち
★せんいち
★そういち
★たいち
てるいち
なおいち
のぶいち
★はるいち
ひろいち
へいいち
ほういち
まさいち
もいち
やすいち
★ゆういち
★よういち
★りいち
★りゅういち
★りょういち
れいいち

えい 永 英 栄

かいえい
きょうえい
こうえい
しゅうえい
しゅんえい
★しょうえい
しんえい
そうえい
たいえい
だいえい
ちゅうえい
りゅうえい
りょうえい

お 夫 男 雄

★あきお
あさお
あつお
いお
★いくお
かじお
かずお
★くれお
さちお
しげお
たかお
たみお
てつお
てるお
とみお
★なお
なつお
のぶお
はるお
ひでお
ひろお
ふみお
★まお
★まさお
まりお
みきお
みつお
ゆきお
よしお
りお
★れお
ろめお

おう 王 央 旺

かいおう
しゅうおう
しゅんおう
せいおう
りゅうおう

おみ 臣

あきおみ
あつおみ
かつおみ
すずおみ
たかおみ
たつおみ
★てるおみ
としおみ
なりおみ

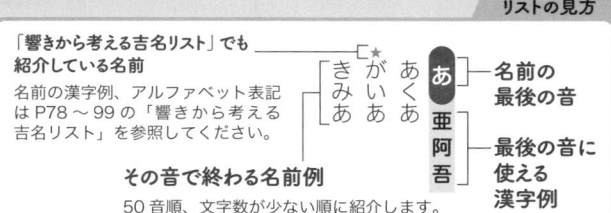

のりおみ
★はるおみ
ひろおみ
まさおみ
やすおみ
よしおみ
りくおみ
わくおみ

が 牙 我 賀

★あいが
えいが
しゅうが
★ひゅうが
★ふうが
ほうが
★ゆうが
らいが
★りゅうが
★りょうが
★れいが

かず 一 和 寿

あきかず
あさかず
あつかず
あやかず
きみかず
きよかず
くにかず
さだかず
さとかず
しげかず
ただかず
てるかず
★としかず
★ともかず
とよかず
なおかず
なりかず
のぶかず
★のりかず
はるかず
ひろかず
★ふみかず
★まさかず
みちかず
もとかず
やすかず
ゆきかず
よしかず

き 紀 貴 輝

あいき
あつき
★あやき
★いつき
★いぶき
えいき
★かずき
★かつき
★げんき
★こうき
ごうき
さとき
しゅうき
しゅんき
じゅんき
★しょうき
じょうき
そうき
★たいき
★だいき
ただき
★たつき
★たまき
ちゅうき
つぐき
つねき
★てるき
★としき
★ともき
とわき
★なおき
なつき
ななき
★なるき
のぶき
はづき
★はるき
★ひでき
★ひびき
★ひろき
★ふゆき
へいき
★まさき
まつき
まなき
★みずき
★みつき
みづき
★むつき
やすき
★ゆうき
ゆずき
ゆづき
ようき
★よしき
らいき
★りき
りゅうき
りょうき
るき
れいき
ろうき
わき

きち 吉

えいきち
おうきち
けいきち
けんきち
こうきち
しゅうきち
しゅんきち
しょうきち
しんきち
せいきち
そうきち
だいきち
たつきち
てるきち
なおきち
まさきち
ゆうきち
ようきち
りゅうきち
りょうきち
れいきち

く 久 来 玖

あいく
あれく
いく
えいく
★がく
きずく
けいく
こうく
しゅうく
しょうく
せいく
そうく
★たすく
ともく
なおく
はるく
ひろく
ふく
まいく
まなく
★みく
ゆうく
ようく
らいく
★りく
りゅうく
りょうく
るうく
れいく

ご 吾 悟 瑚

あつご
★あんご
★いちご
★えいご
かつご
きゅうご
★けいご
★しゅうご
★しゅんご
★しょうご
★しんご
★せいご
そうご
★だいご
たつご
ちゅうご
てるご
とうご
はるご
ひゅうご
★へいご
まさご
まなご
★ゆうご
ようご
★らいご
★りゅうご
りょうご
れいご

さく 作 策 朔

えいさく
きょうさく
けいさく
けんさく
こうさく
しゅうさく
しゅんさく
しょうさく
しんさく
だいさく
★ゆうさく
りゅうさく
りょうさく
れいさく

し 士 史 志

★あかし
★あつし
あらし
えいし
★えつし

★かずし
かつし
★きよし
★けいし
けんし
げんし
こうし
ごうし
★さとし
せいし
そうし
★たいし
だいし
★たかし
★たくし
★たけし
★ただし
たつし
★つよし
てつし
とうし
なおし
のぶし
はるし
★ひさし
★ひとし
★ひろし
★まさし
★むさし
★やすし
ようし
りゅうし
れいし

じ 二司治

★えいじ
★かいじ
きょうじ
ぎんじ
★けいじ
★けんじ
★こうじ
★しゅうじ
しゅんじ
しょうじ
★しんじ
★せいじ
★そうじ
たいじ
たくじ
★ゆうじ
ゆめじ
★ようじ
★りゅうじ
★りょうじ
★れいじ

しげ 茂重繁

あつしげ
かずしげ
ただしげ
なおしげ
はるしげ
ひろしげ
まさしげ

しん 伸信真

えいしん
かくのしん
けんしん
こうしん
だいしん
★ゆうしん
ようしん
りゅうしん

すけ 介祐輔

★えいすけ
★おうすけ
★きすけ
きみすけ
★きょうすけ
★けいすけ
★けんすけ
★こうすけ
さすけ
★しゅうすけ
★しゅんすけ
★しょうすけ
しんすけ
★しんのすけ
★せいすけ
★そうすけ
たいすけ
★だいすけ
なおすけ
のりすけ
★ゆうすけ
★ようすけ
★りゅうのすけ
★りょうすけ

ずみ 純澄清

きよずみ
なおずみ
なりずみ
ひろずみ
ほずみ

せい 生成誠

★いっせい
★かいせい
★こうせい
しゅうせい
しょうせい
★ほうせい
★ゆうせい
★りゅうせい
りょうせい

た 太多汰

★あおた
あきた
★あらた
★いちた
★えいた
★おうた
★かなた
きょうた
くうた
★けいた
★けんた
★こうた
★ごうた
★しゅうた
しゅんた
★しょうた
★しんた
じんた
★そうた
★てった
★とうた
なおた
のぶた
はやた
★はるた
★ひなた
ひろた
★ふうた
★ぶんた
★へいた
まさた
★ゆうた
★ようた
★りゅうた
★りょうた
れいた

だい 大代第

えいだい
★こうだい
しゅうだい
しょうだい
★ゆうだい
ようだい
りゅうだい
りょうだい

たか 高崇貴

あきたか
かずたか
★きよたか
しげたか
★てるたか
としたか
なりたか
はるたか
★ひろたか
★ふみたか
★まさたか
★みちたか
やすたか
ゆきたか
よしたか

と 人斗都

★あいと
★あやと
いくと
★いちと
★えいと
★かいと
★がくと
★きみと
★けいと
★けんと
★しゅうと
しゅんと
★せいと
たいと
★だいと
★たかと
★たけと
ないと
★なおと
★はやと
★はると
★ひろと
★ほくと
★まさと
★みなと
もりと
★やまと
★ゆいと
★ゆうと
★よしと
らいと
★りくと
りゅうと
★れいと

とし 利俊敏

★あきとし
あつとし
★かずとし
★かつとし
たかとし

★たけとし
のぶとし
のりとし
はるとし
ひろとし
ふみとし
まさとし
みつとし
やすとし
よりとし

なり 也 生 成

★あきなり
★かずなり
★たかなり
はるなり
やすなり
ゆきなり
よしなり

ひこ 彦

あきひこ
★あつひこ
★かずひこ
★かつひこ
きよひこ
★たかひこ
たけひこ
★としひこ
★のぶひこ
★はるひこ
★ふみひこ
まさひこ
ゆきひこ
★よしひこ

ひと 人 仁

★あきひと
★かずひと
★たかひと
てるひと
★なるひと
のぶひと
のりひと
★はるひと
ふみひと
★まさひと
みきひと
★もりひと
やすひと
★よしひと
★りひと

ひろ 広 弘 博

★あきひろ
★かずひろ
★くにひろ
★たかひろ
★ちひろ
★としひろ
★なおひろ
なりひろ
ふみひろ
★まさひろ
★みつひろ
★もとひろ
もりひろ
やすひろ
★ゆきひろ
よしひろ

へい・ぺい 平 兵

★いっぺい
★きっぺい
★きょうへい
★こうへい
★しゅうへい
★しゅんぺい
★しょうへい
★しんぺい
★そうへい
たいへい
★ゆうへい
★ようへい
★りゅうへい
★りょうへい

ま 麻 真 馬

★あずま
★いくま
★かずま
こうま
こだま
★しゅうま
★しょうま
★そうま
★たくま
★とうま
★はるま
★ゆうま
ようま
★りゅうま
★りょうま
れいま

まさ 正 政 勝

★あきまさ
かずまさ
★きよまさ
これまさ
たかまさ
たけまさ
てるまさ
★なおまさ
のりまさ
はるまさ
★ひろまさ
ゆきまさ
よしまさ

む 武 夢 務

★あとむ
★あゆむ
★いさむ
★おさむ
★すすむ
★とむ
★なごむ
★のぞむ
★ひろむ
★もとむ
★らいむ

や 也 哉 耶

あつや
★がいや
★かずや
★きょうや
★けんや
こうや
しゅうや
★しゅんや
★しょうや
★しんや
★せいや
★たかや
★たくや
★てつや
★ともや
★なおや
★ふみや
★まさや
★もとや
★ゆうや
★ゆきや
★よしや
★りきや
りゅうや
りょうや
れいや

ゆき 之 行 幸

あきゆき
★かずゆき
★しげゆき
★たかゆき
てるゆき
★ともゆき
★なおゆき
はるゆき
ひろゆき
★まさゆき
もとゆき
やすゆき
よしゆき

よし 由 吉 義

あきよし
★かずよし
たかよし
たけよし
なりよし
のぶよし
のりよし
はるよし
★ひろよし
ふみよし
★まさよし

る 留 琉 瑠

★あたる
★いたる
★かおる
★かける
★さとる
★しげる
★すぐる
★すばる
★たける
★とおる
★のぼる
★ひかる
★まさる
みのる
★ゆずる
★ゆづる
★わたる

ろう 郎 朗

★あつろう
えいいちろう
★けいたろう
けんいちろう
★けんたろう
★こういちろう
★こうたろう
しゅんたろう
★しょうたろう
★しんたろう
せいたろう
★たつろう
としろう
★にじろう
ふうたろう
★ゆうたろう
★りゅうたろう
★りょうたろう
★りんたろう
れんたろう

男の子らしい響きの名前をつけるには

特定の音の響きを使うと、男の子らしい印象の名前になります。特定の音の響きがもたらす印象を知って、子どものイメージに合う名前をつけましょう。「こう育ってほしい」というイメージ別に、男の子らしい響きの名前を紹介します。

★がついている名前は、P78～99「響きから考える吉名リスト」でも紹介している名前です。漢字例、アルファベット表記など参考にしてください。

力強くたくましい男の子を思わせる名前にするには？

濁音の音が含まれる名前に

濁音が含まれる名前は、重厚感があり、男の子ならではの力強い印象になります。名前のどこかに濁音を入れましょう。

音の例	漢字の例	画数
★あんご	杏7悟10	17
★えいご	永5悟10	15
がくた	岳8汰7	15
★がくと	楽13都11	24
★がくま	岳8真10	18
ぎんじ	銀14二2	16
くうが	空8我7	15
ぐんじ	郡10司5	15
★げん	弦8	8
★けんぞう	兼10三3	13
げんた	弦8汰7	15
ごいち	悟10一1	11
★ごう	劫7	7
★ごうた	郷11太4	15
★えいじ	瑛12次6	18
★じゅん	惇11	11
じん	尽6	6
★だいご	大3五5	8
★だいすけ	代5典8	13
★だいち	大3茅8	11
★だいと	大3斗4	7
★つばさ	翼17	17
★いぶき	惟11吹7	18
★ぶんた	分4太4	8

おおらかでどっしりかまえた男の子を思わせる名前にするには？

「ア」や「ハ」など、開放的な音が含まれる名前に

ア段の音は、口を大きく開けて発音する明るい音。特に「ア」や「ハ」の開放的な響きの音を入れると、おおらかな印象の名前になります。

音の例	漢字の例	画数
★あおい	青8生5	13
★あおと	葵12都11	23
★あきら	滉13	13
★あさと	麻11斗4	15
★あさひ	朝12比4	16
★あつし	敦12次6	18
★あつひこ	温12彦9	21
★あやと	彩11斗4	15
★あゆむ	亜7有6武8	21
★あらた	新13	13
ありまさ	有6政9	15
★はやと	羽6矢5人2	13
はやま	早6馬10	16
★はる	治8	8
はるあき	治8明8	16
★はるいち	温12一1	13
はるお	陽12夫4	16
★はるおみ	栄9臣7	16
はるかず	春9和8	17
★はるき	陽12紀9	21
★はるた	春9太4	13
★はると	陽12音9	21
★はるま	遥12麻11	23
はるみち	晴12道12	24

賢くてシャープな 男の子を思わせる名前にするには?

カ行・タ行の硬い音が含まれる名前に

カ行・タ行の音はいずれも、はっきりと響く硬い音です。発音するとシャープな印象を与えます。きびきびとした男の子をイメージして。

音の例	漢字の例	画数
かい	甲5 斐12	17
かいと	楷13 斗4	17
かえで	楓13	13
かける	駈15	15
かずき	和8 季8	16
かずと	一1 翔12	13
かなた	哉9 多6	15
かんた	貫11 多6	17
きいち	喜12 一1	13
きょうた	恭10 多6	16
くうと	空8 土3	11
けい	慧15	15
けいた	圭6 汰7	13
けいと	慶15 人2	17
けんた	絢12 太4	16
けんと	賢16 人2	18
こういち	宏7 一1	8
こうせい	康11 生5	16
こうた	耕10 汰7	17
たいが	大3 河8	11
たいき	大3 貴12	15
たいと	大3 斗4	7
たく	琢11	11
たくと	琢11 人2	13
たくみ	匠6 海9	15
たけと	武8 杜7	15
ちさと	知8 里7	15
てった	徹15 多6	21
とうた	桃10 多6	16
とうま	冬5 真10	15
としき	利7 樹16	23
ともき	朋8 季8	16

今どきのかっこいい 男の子を思わせる名前にするには?

サ行・ラ行を使って新鮮な響きの名前に

サ行は爽やかな印象、ラ行はみずみずしい印象でかっこいい雰囲気の名前に。「ン」と組み合わせると、さらに新鮮な印象になります。

音の例	漢字の例	画数
しおん	紫12 音9	21
しゅう	周8	8
しゅん	舜13	13
しゅんご	峻10 吾7	17
しゅんた	駿17 太4	21
しょう	菖11	11
しょうた	章11 太4	15
しょおん	緒14 音9	23
しん	伸7	7
しんご	晋10 吾7	17
しんじ	新13 司5	18
せいや	誠13 也3	16
せら	世5 羅19	24
そう	想13	13
そうき	宗8 樹16	24
そうすけ	奏9 介4	13
そうた	湊12 多6	18
そうま	颯14 馬10	24
そら	素10 良7	17
つばさ	翼17	17
らんた	嵐12 太4	16
りおん	璃15 音9	24
りく	理11 来7	18
りくと	陸11 豊13	24
りゅうた	竜10 多6	16
りょう	稜13	13
りょうた	亮9 多6	15
るい	類18	18
るうく	瑠14 宇6 久3	23
れいと	玲9 斗4	13
れおん	礼5 苑8	13
れん	蓮13	13

まじめで頼もしい 男の子を思わせる名前にするには？

4文字の名前がおすすめ。サ行・タ行を使って

「○○まさ」「○○たか」など、４文字の名前はまじめな印象に。サ行・タ行の落ち着いた音を入れると頼もしいイメージがアップします。

音の例	漢字の例	画数
あきたか	彰14 隆11	25
かずたか	一1 貴12	13
★きよたか	潔15 高10	25
しげたか	成6 隆11	17
★てるたか	輝15 高10	25
としたか	敏10 嵩13	23
はるたか	晴12 崇11	23
★ひろたか	博12 隆11	23
ふみたか	文4 孝7	11
まさたか	正5 隆11	16
みちたか	道12 崇11	23
やすたか	泰10 隆11	21
よしたか	佳8 孝7	15
★かずとし	一1 寿7	8
★かつとし	勝12 才3	15
たかとし	隆11 敏10	21
★たけとし	武8 敏10	18
はるとし	悠11 年6	17
ひろとし	弘5 敏10	15
まさとし	正5 敏10	15
やすとし	靖13 敏10	23
★あきまさ	晃10 正5	15
かずまさ	和8 昌8	16
たかまさ	隆11 正5	16
たけまさ	武8 征8	16
てるまさ	輝15 昌8	23
★なおまさ	尚8 政9	17
のりまさ	典8 正5	13
はるまさ	晴12 正5	17
★ひろまさ	宏7 昌8	15
ゆきまさ	行6 正5	11
よしまさ	佳8 昌8	16

心優しい 男の子を思わせる名前にするには？

ナ行・ヤ行・ワの音が含まれる名前に

ナ行・ワの音はやわらかく温かみがあります。「ゆう」「よう」など、ヤ行の音を伸ばす音にすると、より優しい印象になります。

音の例	漢字の例	画数
★なお	那7 緒14	21
★なおき	直8 季8	16
なおた	尚8 汰7	15
★なおと	南9 朋8 斗4	21
★なおや	直8 也3	11
★のぞむ	望11 夢13	24
やすお	康11 夫4	15
★やすし	泰10 史5	15
やすひろ	保9 宏7	16
★やまと	大3 和8	11
★ゆいと	結12 豊13	25
★ゆう	有6	6
★ゆういち	裕12 一1	13
★ゆうき	勇9 紀9	18
★ゆうさく	有6 作7	13
★ゆうしん	悠11 真10	21
★ゆうせい	裕12 生5	17
★ゆうた	祐9 太4	13
★ゆうだい	裕12 大3	15
★ゆうと	佑7 音9	16
★ゆうま	佑7 磨16	23
★ゆうや	裕12 也3	15
★ゆきや	有6 起10 矢5	21
★ゆづる	夕3 弦8	11
よう	燿18	18
★ようた	蓉13 太4	17
★ようへい	瑶13 平5	18
ようま	洋9 磨16	25
よしかず	芳7 和8	15
★よしき	吉6 識19	25
よしみ	義13 実8	21
★わたる	渉11	11

安定感のある 男の子を思わせる名前にするには?

マ行・ワの音が含まれる名前に

マ行・ワは包み込むような安定感のある音。特に、最後の音にこれらの音をもってくると、落ち着いた印象の名前になります。

音の例	漢字の例	画数
★まいと	毎6人2	8
まきや	槙14耶9	23
★まこと	信9人2	11
★まさお	匡6央5	11
★まさと	正5登12	17
まさとし	正5敏10	15
★まさや	雅13也3	16
★ますみ	真10澄15	25
まなき	愛13喜12	25
まなご	真10名6吾7	23
★まなと	愛13門8	21
★まなぶ	学8	8
★あずま	梓11真10	21
★かずま	一1磨16	17
こだま	小3珠10	13
★しょうま	昌8万3	11
★そうま	壮6馬10	16
★たくま	拓8磨16	24
★とうま	澄15真10	25
★はるま	治8馬10	18
★ゆうま	佑7磨16	23
★りゅうま	隆11真10	21
★りょうま	涼11真10	21
わお	和8央5	13
わかお	若8生5	13
★わたる	渉11	11
あきわ	秋9和8	17
★かしわ	可5士3和8	16
とわ	十10和8	18
みつわ	満12羽6	18
ゆうわ	優17和8	25
りゅうわ	琉11羽6	17

元気でやんちゃな 男の子を思わせる名前にするには?

カ行やタ行の音を。「ン」や「ッ」を組み合わせて

カ行やタ行のはっきりした響きの音を使います。リズムがよくなる「ン」や「ッ」を組み合わせるとさらに、元気な印象の名前になります。

音の例	漢字の例	画数
★かいと	界9斗4	13
かんくろう	寛13九9郎9	31
★かんた	幹13太4	17
かんと	環17斗4	21
★きっぺい	橘16平5	21
きょうた	恭10汰7	17
★けいた	啓11多6	17
★けいと	慧15人2	17
★けんいち	絢12一1	13
★けんご	健11五5	16
★けんた	絢12太4	16
★けんと	建9人2	11
★こういち	皓12一1	13
★こうた	宏7多6	13
★こうたろう	恒9太4朗10	23
★たいき	大3生5	8
たいと	大3斗4	7
★たかと	孝7斗4	11
★たくと	巧5人2	7
★たけと	武8豊13	21
たっぺい	達12平5	17
★てった	鉄13太4	17
てんご	天4吾7	11
てんた	展10汰7	17
とうき	東8城9	17
★とうた	透10汰7	17
ともた	智12太4	16
うてん	羽6展10	16
ごてん	瑚13天4	17
まてん	麻11天4	15
むてん	夢13天4	17
やてん	野11天4	15

ちょっと古風な 男の子を思わせる名前にするには？

「〜すけ」「〜まる」などで終わる名前に

侍を思わせる音で終わる名前は、古風で粋な印象を与えます。組み合わせる前半の音を、あえて今風の音にすれば新鮮な名前にも。

音の例	漢字の例	総画
★あいのすけ	相9之3介4	16
★えいすけ	映9輔14	23
★おうすけ	旺8典8	16
★きょうすけ	教11介4	15
★くらのすけ	蔵15乃2介4	21
★けいすけ	啓11介4	15
★けんすけ	賢16典8	24
★こうすけ	康11輔14	25
★しゅうすけ	秀7介4	11
★しゅんすけ	俊9介4	13
★じゅんのすけ	准10之3介4	17
★しょうすけ	彰14佑7	21
しんすけ	真10輔14	24
★しんのすけ	晋10之3介4	17
★せいすけ	誠13介4	17
★そうすけ	壮6祐9	15
たいすけ	大3介4	7
★だいすけ	大3輔14	17
★とらのすけ	寅11之3佑7	21
なおすけ	直8助7	15
のりすけ	典8助7	15
はるのすけ	春9之3介4	16
ひろすけ	宏7典8	15
★ようすけ	洋9介4	13
★りゅうのすけ	竜10之3介4	17
★りょうすけ	良7介4	11
きみまる	公4丸3	7
ごろうまる	五5郎9丸3	17
ししまる	志7々7丸3	17
たけまる	武8丸3	11
らんまる	嵐12丸3	15
りきまる	力2丸3	5

のびやかな 男の子を思わせる名前にするには？

「〜へい」「〜ろう」など伸ばす音で終わる名前に

伸ばす音が入る名前は、のびのびとした印象になります。組み合わせる前半の音によってできる名前も豊富なので、兄弟で合わせても。

音の例	漢字の例	総画
★きょうへい	京8兵7	15
★こうへい	光6平5	11
★しゅうへい	周8平5	13
★じゅんぺい	準13平5	18
★しょうへい	渉11平5	16
★そうへい	壮6平5	11
★ゆうへい	裕12平5	17
★ようへい	瑶13平5	18
★りょうへい	梁11平5	16
★あつろう	温12郎9	21
★いちろう	一1朗10	11
★こたろう	湖12太4郎9	25
★ごろう	五5朗10	15
★たくろう	卓8郎9	17
★たつろう	龍16郎9	25
★たろう	太4郎9	13
★にじろう	虹9郎9	18
★ゆうたろう	侑8太4郎9	21
らんたろう	蘭19太4郎9	32
★いっせい	一1世5	6
★かいせい	海9晴12	21
★こうせい	航10生5	15
じんせい	仁4聖13	17
★たいせい	大3征8	11
★ほうせい	邦7成6	13
★ゆうせい	優17成6	23
けいぞう	恵10三3	13
★けんぞう	兼10三3	13
こうぞう	幸8三3	11
★たいぞう	泰10蔵15	25
ていぞう	禎13三3	16
ゆうぞう	雄12三3	15

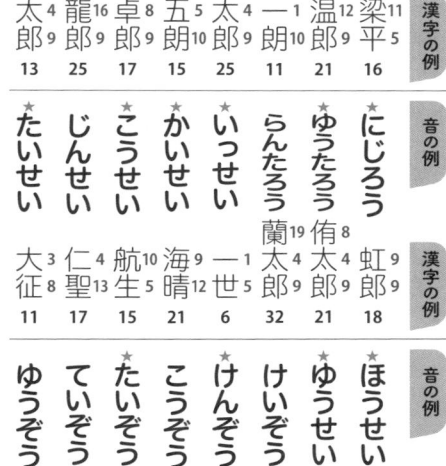

呼びたいニックネームから考える名前

男の子編

ニックネームから引ける男の子の名前リストを紹介します。呼びたいニックネームに合う名前を探してみてください。

★がついている名前は、P78～99「響きから考える吉名リスト」でも紹介している名前です。漢字例、アルファベット表記など参考にしてください。

50音順

あきちゃん
★あきお
★あきと
★あきひと
★あきひろ
★あきまさ
★あきら

あっくん
★あずま
★あつし
★あつと
★あつひこ
あつや
★あとむ

いっくん
★いくお
★いくま
★いちご
★いちろう
★いつき
★いっせい

えいちゃん
★えいいち
★えいご
★えいじ
★えいすけ
★えいた
★えいと

おーちゃん
おうじろう
★おうすけ
★おうた
おうたろう
おうま
おおき

おとくん
おと
おとき
おとたろう
おとひこ
★おとや
おとわ

かいくん
★かい
かいあ
★かいじ
かいた
★かいと
かいや

かずくん
★かずき
★かずとし
★かずのぶ
★かずひこ
★かずま
★かずや

かっちゃん
★かずや
★かつき
★かつとし
★かつひこ
かつみ
★かつや

かんちゃん
★かんいち
かんくろう
かんご
★かんじ
かんすけ
★かんた

きっくん
きくお
きくたろう
きくまる
きくろう
きちろう
きっぺい

きみちゃん
★きみたか
きみただ
★きみと
きみひこ
★きみひと
きみまさ

きょうちゃん
★きょういち
★きょうすけ
きょうた
きょうたろう
★きょうへい
★きょうや

きよちゃん
★きよし
★きよたか
きよと
★きよはる
きよひこ
★きよまさ

けいちゃん
★けい
★けいいち
★けいご
★けいすけ
★けいた
★けいたろう

けんちゃん
★けん
★けんいち
★けんご
★けんすけ
★けんた
★けんたろう

げんちゃん
★げん
げんいち
げんいちろう
★げんき
げんぞう
げんた

ごうくん
★ごう
ごういち
ごうし
ごうじ
★ごうた
ごうたろう

こうちゃん
★こういち
★こういちろう
★こうじ
★こうすけ
★こうた
★こうたろう

しゅうちゃん
★しゅう
★しゅういち
しゅうえい
★しゅうご
★しゅうすけ
★しゅうへい

しゅんくん
★しゅん
★しゅんいち
★しゅんご
しゅんじ
★しゅんすけ
★しゅんぺい

じゅんちゃん
★じゅん
★じゅんいち
じゅんた
★じゅんのすけ
★じゅんぺい
★じゅんや

しょうちゃん
★しょう
★しょういち
★しょうご
★しょうた
★しょうへい
★しょうま

しんちゃん
★しんいち
★しんご
★しんじ
★しんたろう
★しんのすけ
★しんや

すーくん
すうた
★すぐる
★すすむ
★すばる
すみお
★すみはる

せいちゃん
★せいいち
★せいご
★せいじ
★せいすけ
せいたろう
★せいや

そーちゃん
★そういち
★そうじ
★そうじろう
★そうた
★そうま
そなた

たいくん
★たいが
★たいき
たいじ
たいすけ
たいと
たいへい

だいちゃん
★だい
★だいご
★だいすけ
★だいち
★だいと
★だいや

たかちゃん
★たかし
★たかと
★たかなり
★たかひろ
★たかや
★たかゆき

たくちゃん
★たく
★たくと
★たくま
★たくみ
★たくや
★たくろう

たけちゃん
たけおみ
★たけし
★たけと
★たけとし
たけまさ
★たける

ただくん
★ただし
ただたか
★ただと
★ただひろ
ただまさ
ただゆき

たっちゃん
たつと
★たつひこ
たつみ
★たつや
★たつる
★たつろう

ちーちゃん
★ちあき
ちかまさ
ちぐさ
★ちさと
ちはる
★ちひろ

つーくん
★つかさ
つきひこ
つぐのり
つぐまさ
つねひこ
★つばさ

てんちゃん
てんご
てんしん
てんすけ
てんた
てんま
てんむ

てっちゃん
てつ
てつお
★てった
★てっぺい
★てつや
★てつろう

てるくん
★てるあき
てるお
★てるたか
てるひこ
てるゆき
てるよし

としちゃん
★としあき
★としき
としのぶ
★としひこ
★としひろ
★としや

ともくん
★ともあき
★ともき
★ともたか
★ともひろ
★ともや
★ともゆき

なおくん
★なおき
★なおと
★なおふみ
★なおまさ
なおみち
★なおや

のぶくん
のぶあき
のぶお
のぶとし
のぶなり
★のぶひこ
のぶや

のりくん
のりと
のりひろ
のりまさ
のりやす
みのり
やすのり

はっちゃん
★はじめ
はづき
はつと
はつなり
はつのり
★はやと

はるくん
★はるき
★はると
★はるのぶ
★はるひ
★はるひこ
★はるひと

ひーくん
★ひかる
★ひさし
★ひとし
★ひなた
★ひびき
ひまり

ひでちゃん
★ひであき
★ひでき
★ひでと
ひでとし
ひでみ
★ひでゆき

ひろくん
★ひろあき
★ひろし
★ひろと
ひろみ
★ひろむ
★ひろよし

ふうちゃん
★ふうが
ふうじ
★ふうた
ふうたろう
★ふうと
★ふうま

ふみちゃん
ふみお
★ふみかず
ふみた
★ふみたか
★ふみと
★ふみや

ぶんちゃん
ぶんご
ぶんじ
ぶんしろう
ぶんじろう
★ぶんた
ぶんや

ほっくん
★ほうせい
★ほくと
ほしや
ほずみ
ほだか
ほづみ

まーくん
★まいと
★まお
まきお
★まなぶ
★まひろ
★まもる

まさくん
まさおみ
★まさし
★まさたか
★まさと
★まさひろ
★まさや

みっくん
★みきと
★みきや
★みく
みつき
★みつや
★みなと

むーくん
むうあ
むかさ
★むさし
むつみ
むねのり
むねひこ

めーくん
めいご
めいじ
めいた
めいと
★めぐむ
★めぐる

もっくん
もちたか
もちてる
★もちひこ
もりと
★もりひと
もりまさ

もとくん
★もとき
もとなり
★もとはる
もとひこ
★もとむ
★もとや

やすくん
★やすし
★やすと
★やすのり
やすひと
やすひろ
やすま

ゆうくん
★ゆうき
★ゆうすけ
★ゆうた
★ゆうだい
★ゆうと
★ゆうま

ゆきちゃん
★ゆきと
ゆきなり
★ゆきのり
★ゆきひろ
ゆきまさ
★ゆきや

ようくん
よう
★ようじ
★ようすけ
★ようた
★ようへい
ようま

よしくん
よしたか
よしたけ
★よしと
★よしひと
よしまさ
★よしや

らいくん
みらい
らいが
★らいご
★らいた
らいち
らいと

りーくん
りお
★りおん
★りき
★りきや
★りく
★りくと

りゅうくん
★りゅう
★りゅうじ
★りゅうた
★りゅうたろう
★りゅうのすけ
★りゅうま

りょうくん
★りょう
★りょうじ
★りょうすけ
★りょうた
★りょうたろう
★りょうま

響きから考える吉名リスト

女の子編

女の子の名前例を50音順に紹介します。たくさんの名前を見て、名づけのイメージをふくらませましょう。その名前の響きに合った漢字例も紹介しているので、参考にしてみてください。

リストの見方

名前の読み 名前を声に出して読んで響きを確認しましょう。	Ai あい
名前の漢字例 すべて吉画数の名前です。総画数が少ない順に紹介します。	亜衣（7 6）13 / 愛（13）13 / 藍（18）18
総画数	13
漢字の画数	13

あ

名前	漢字の画数	総画数
Ai あい		
亜衣	7 6	13
愛	13	13
藍	18	18
Aina あいな		
愛菜	13 11	24
愛梛	13 11	24
藍那	18 7	25
Airi あいり		
愛梨	13 11	24
愛理	13 11	24
藍李	18 7	25
藍里	18 7	25
愛麗	13 19	32
Aoi あおい		
蒼	13	13
葵生	12 5	17
葵衣	12 6	18
蒼生	13 5	18
蒼唯	13 11	24
碧唯	14 11	25
Akane あかね		
朱音	6 9	15
茜音	9 9	18
紅音	9 9	18
Akari あかり		
灯	6	6
明里	8 7	15
明李	8 7	15
朱莉	6 10	16
灯梨	6 11	17
明莉	8 10	18
Aki あき		
亜季	7 8	15
亜紀	7 9	16
亜姫	7 10	17
Akina あきな		
明奈	8 8	16
秋那	9 7	16
秋奈	9 8	17
Akiho あきほ		
秋帆	9 6	15
明保	8 9	17
秋穂	9 15	24
Akua あくあ		
空亜	8 7	15
有久亜	6 3 7	16
愛来彩	13 7 11	31
Akemi あけみ		
朱美	6 9	15
明美	8 9	17
明海	8 9	17
Asahi あさひ		
朝日	12 4	16
麻妃	11 6	17
朝陽	12 12	24
Asami あさみ		
麻未	11 5	16
朝心	12 4	16
浅美	9 9	18
Asuka あすか		
明日加	8 4 5	17
明日禾	8 4 5	17
明日圭	8 4 6	18
Azusa あずさ		
梓	11	11
梓沙	11 7	18
梓冴	11 7	18
Asumi あすみ		
明日心	8 4 4	16
明日未	8 4 5	17
明純	8 10	18
Azumi あずみ		
安純	6 10	16
亜純	7 10	17
明泉	8 9	17
Atsuko あつこ		
温子	12 3	15
敦子	12 3	15
敬子	12 3	15
Amane あまね		
周	8	8
天音	4 9	13
雨音	8 9	17
Ami あみ		
亜美	7 9	16
明実	8 8	16
愛未	13 5	18

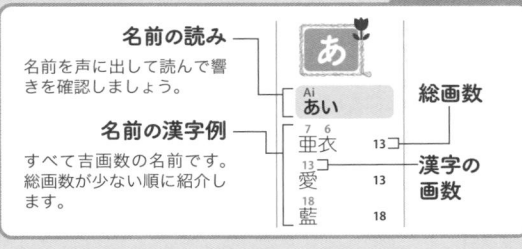

Ameri あめり

天梨 (4 11) 15
雨里 (8 7) 15
雨莉 (8 10) 18

Aya あや

彩 (11) 11
亜弥 (7 8) 15
亜耶 (7 9) 16

Ayaka あやか

文香 (4 9) 13
礼佳 (5 8) 13
絢加 (12 5) 17
彩花 (11 7) 18
綾華 (14 10) 24

Ayana あやな

文菜 (4 11) 15
彩那 (11 7) 18
綾菜 (14 11) 25

Ayane あやね

文音 (4 9) 13
郁音 (9 9) 18

Ayano あやの

文乃 (4 2) 6
彩乃 (11 2) 13
綾乃 (14 2) 16

Ayaha あやは

彩羽 (11 6) 17

Ayami あやみ

文美 (4 9) 13
礼実 (5 8) 13
彩未 (11 5) 16

Ayame あやめ

菖 (11) 11
礼芽 (5 8) 13
文萌 (4 11) 15

Ayumi あゆみ

歩 (8) 8
歩実 (8 8) 16
歩美 (8 9) 17

Arika ありか

有華 (6 10) 16
安梨花 (6 11 7) 24
亜莉果 (7 10 8) 25

Arisa ありさ

有沙 (6 7) 13
有紗 (6 10) 16
亜里紗 (7 7 10) 24
亜莉沙 (7 10 7) 24

Arisu ありす

有栖 (6 10) 16
有須 (6 12) 18
亜里珠 (7 7 10) 24

Anju あんじゅ

安寿 (6 7) 13
有寿 (6 7) 13

Anzu あんず

杏 (7) 7

Anna あんな

安那 (6 7) 13
杏奈 (7 8) 15
安梛 (6 11) 17
杏菜 (7 11) 18

い

Iori いおり

衣織 (6 18) 24
依桜里 (8 10 7) 25
維織 (14 18) 32

Ikumi いくみ

育美 (8 9) 17
郁実 (9 8) 17
郁美 (9 9) 18

Izumi いずみ

泉心 (9 4) 13
泉実 (9 8) 17
泉美 (9 9) 18

Ichika いちか

一花 (1 7) 8
一華 (1 10) 11
一夏 (1 10) 11
壱佳 (7 8) 15
壱香 (7 9) 16
壱華 (7 10) 17

Ichiha いちは

一羽 (1 6) 7
一葉 (1 12) 13
市葉 (5 12) 17

Itsumi いつみ

壱美 (7 9) 16
壱望 (7 11) 18

Ito いと

糸 (6) 6
伊都 (6 11) 17
衣都 (6 11) 17

Itoha いとは

糸芭 (6 7) 13
絃羽 (11 6) 17
糸葉 (6 12) 18

Inori いのり

祈里 (8 7) 15
伊之里 (6 3 7) 16

Ihori いほり

伊歩莉 (6 8 10) 24
依保利 (8 9 7) 24
伊穂莉 (6 15 10) 31

Imari いまり

伊万里 (6 3 7) 16
伊万利 (6 3 7) 16
衣麻里 (6 11 7) 24

Iria いりあ

伊里彩 (6 7 11) 24
依莉亜 (8 10 7) 25
泉梨彩 (9 11 11) 31

Iruha いるは

入巴 (2 4) 6
入生 (2 5) 7
入羽 (2 6) 8

Iroha いろは

紅芭 (9 7) 16
彩羽 (11 6) 17
彩芭 (11 7) 18

う

Uika ういか

初香 (7 9) 16

初夏 (7 10) 17
初華 (7 10) 17

Uta うた

唱 (11) 11
詩 (13) 13
謡 (16) 16

Utami うたみ

詠心 (12 4) 16
詩心 (13 4) 17
唄実 (10 8) 18

Uno うの

宇乃 (6 2) 8
羽野 (6 11) 17
有野 (6 11) 17

Umi うみ

羽未 (6 5) 11
雨美 (8 9) 17
海美 (9 9) 18

Umika うみか

海果 (9 8) 17
海香 (9 9) 18
海架 (9 9) 18

Umino うみの

海乃 (9 2) 11
雨実 (8 8) 16

宇美乃 (6 9 2) 17

Umena うめな

梅那 (10 7) 17
梅奈 (10 8) 18
梅和 (10 8) 18

Urara うらら

心良 (4 7) 11
心来 (4 7) 11
麗楽 (19 13) 32

え

Eari えあり

笑有 (10 6) 16
恵有 (10 6) 16
依亜莉 (8 7 10) 25

Eimi えいみ

英実 (8 8) 16
詠心 (12 4) 16
映美 (9 9) 18

Ena えな

英南 (8 9) 17
笑那 (10 7) 17
恵奈 (10 8) 18

Enon えのん

依音 (8 9) 17

枝音 (8 9) 17
映音 (9 9) 18

Ema えま

江麻 (6 11) 17
映茉 (9 8) 17
依真 (8 10) 18
恵茉 (10 8) 18
愛麻 (13 11) 24

Emi えみ

絵三 (12 3) 15
映見 (9 7) 16
恵実 (10 8) 18
慧美 (15 9) 24

Emika えみか

咲花 (9 7) 16
笑果 (10 8) 18
絵美華 (12 9 10) 31

Emiho えみほ

咲帆 (9 6) 15
笑歩 (10 8) 18
咲穂 (9 15) 24

Emiri えみり

咲利 (9 7) 16
笑里 (10 7) 17
恵実李 (10 8 7) 25

Eri えり

江利 (6 7) 13
永莉 (5 10) 15
恵里 (10 7) 17

Erika えりか

絵里加 (12 7 5) 24
恵里佳 (10 7 8) 25
絵莉香 (12 10 9) 31

Eriko えりこ

江里子 (6 7 3) 16
衿来 (9 7) 16
恵理子 (10 11 3) 24
絵莉子 (12 10 3) 25

Erisa えりさ

衿咲 (9 9) 18
英莉沙 (8 10 7) 25
絵理紗 (12 11 10) 31

Erina えりな

永莉南 (5 10 9) 24
恵里奈 (10 7 8) 25
絵梨奈 (12 11 8) 31

Erin えりん

映凜 (9 15) 24
恵凜 (10 15) 25
絵鈴 (12 13) 25

Eren えれん

英恋 (8 10) 18
瑛蓮 (12 13) 25
絵蓮 (12 13) 25

お

Osami おさみ

理未 (11 5) 16
修実 (10 8) 18
理見 (11 7) 18

Oto おと

乙 (1) 1
桜乙 (10 1) 11
緒都 (14 11) 25

Otone おとね

乙寧 (1 14) 15
音祢 (9 9) 18
律音 (9 9) 18

Otoha おとは

乙羽 (1 6) 7
乙葉 (1 12) 13
音芭 (9 7) 16

Otomi おとみ

音実 (9 8) 17
音海 (9 9) 18

奏美	9 9	18
佳奈美	8 8 9	25
Kanoko かのこ		
叶子	5 3	8
華乃子	10 2 3	15
Kanon かのん		
花音	7 9	16
佳音	8 9	17
香音	9 9	18
風音	9 9	18
Kaho かほ		
花保	7 9	16
佳歩	8 8	16
夏帆	10 6	16
香穂	9 15	24
華穂	10 15	25
Kaya かや		
花弥	7 8	15
香夜	9 8	17
Kayako かやこ		
花也子	7 3 3	13
華也子	10 3 3	16
香矢子	9 5 3	17
Kayano かやの		
加夜乃	5 8 2	15
Kazusa かづさ		
佳津沙	8 9 7	24
加津彩	5 9 11	25
花津咲	7 9 9	25
Kazumi かづみ		
花津美	7 9 9	25
佳津実	8 9 8	25
Kana かな		
佳奈	8 8	16
香那	9 7	16
花菜	7 11	18
Kanae かなえ		
奏江	9 6	15
叶絵	5 12	17
奏映	9 9	18
Kanako かなこ		
加奈子	5 8 3	16
可南子	5 9 3	17
花那子	7 7 3	17
Kanata かなた		
奏多	9 6	15
愛大	13 3	16
愛唯	13 11	24
Kanami かなみ		
叶実	5 8	13
風美	9 9	18
Kazusa かずさ		
一紗	1 10	11
和沙	8 7	15
和咲	8 9	17
Kazuna かずな		
和那	8 7	15
和奈	8 8	16
数菜	13 11	24
Kazune かずね		
和音	8 9	17
和祢	8 9	17
知音	8 9	17
Kazuha かずは		
一羽	1 6	7
一葉	1 12	13
和波	8 8	16
Kasumi かすみ		
花純	7 10	17
佳純	8 10	18
香澄	9 15	24
Kazumi かずみ		
和己	8 3	11
和美	8 9	17
和海	8 9	17
佳恵	8 10	18
Kaede かえで		
楓	13	13
Kaera かえら		
加絵良	5 12 7	24
果恵良	8 10 7	25
香恵羅	9 10 19	38
Kaori かおり		
芳	7	7
香里	9 7	16
郁利	9 7	16
Kaoru かおる		
芳	7	7
薫	16	16
芳留	7 10	17
Kaguya かぐや		
加具矢	5 8 5	18
華紅矢	10 9 5	24
香具夜	9 8 8	25
Kazane かざね		
花真	7 10	17
風音	9 9	18
Kazami かざみ		
風心	9 4	13
風実	9 8	17
音美	9 9	18
Orie おりえ		
織江	18 6	24
織衣	18 6	24
織愛	18 13	31
Oriko おりこ		
央莉子	5 10 3	18
織来	18 7	25
織瑚	18 13	31
Oriho おりほ		
宅保	6 9	15
織帆	18 6	24

か

Kai かい		
楷	13	13
華依	10 8	18
櫂	18	18
Kaira かいら		
海良	9 7	16
海来	9 7	16
皆良	9 7	16
Kae かえ		
花衣	7 6	13
加絵	5 12	17

9 5 2
香矢乃 16

7 8 2
花夜乃 17

Kayo
かよ

5 8
加夜 13

8 5
佳世 13

10 5
華代 15

Kayoko
かよこ

5 5 3
加代子 13

8 5 3
佳代子 16

9 5 3
香世子 17

Karina
かりな

9 7 8
香里奈 24

7 10 8
花莉奈 25

10 11 11
夏梨菜 32

Kariho
かりほ

7 11 6
花梨帆 24

9 7 15
香里穂 31

Karin
かりん

5 13
可鈴 18

7 11
花梨 18

9 15
香凜 24

Kanna
かんな

10 7
栞那 17

10 8
栞奈 18

13 11
寛菜 24

17 7
環那 24

17 8
環奈 25

き

Kia
きあ

8 7
季亜 15

7 11
希彩 18

7 11
来彩 18

Kii
きい

7 8
希依 15

8 8
季依 16

9 9
紀泉 18

Kiira
きいら

7 11 7
希唯良 25

10 6 19
姫伊羅 35

Kie
きえ

8 8
季依 16

7 10
希恵 17

12 12
貴絵 24

Kikuno
きくの

11 2
菊乃 13

7 7 2
希来乃 16

12 3 2
喜久乃 17

Kiko
きこ

8 3
季子 11

10 3
姫子 13

7 9
希虹 16

Kikka
きっか

10 5
桔加 15

6 10
吉華 16

10 7
桔花 17

Kinue
きぬえ

6 10
衣恵 16

6 12
衣絵 18

13 12
絹絵 25

Kinomi
きのみ

7 2 9
希乃美 18

12 11 9
喜野美 32

Kiho
きほ

7 9
希保 16

8 8
季歩 16

10 15
姫穂 25

Kimi
きみ

7 9
希海 16

8 9
季美 17

10 8
姫実 18

Kimika
きみか

4 9
公香 13

7 8
君佳 15

7 9
君香 16

Kyoka
きょうか

4 4 7
今日花 15

7 8
杏果 15

8 9
京香 17

11 7
梗花 18

Kiyoe
きよえ

11 6
清江 17

13 12
聖瑛 25

13 12
聖絵 25

Kiyoka
きよか

11 5
清加 16

11 7
清花 18

13 5
聖加 18

Kiyora
きよら

11 7
清来 18

11 7
清良 18

13 19
聖羅 32

Kirara
きらら

10 7
晄良 17

10 7 7
姫良々 24

13 19
煌羅 32

Kiwa
きわ

7 6
希羽 13

7 8
希和 15

10 6
姫羽 16

く

Kunika
くにか

7 8
邦果 15

7 8
邦佳 15

7 9
邦香 16

Kumi
くみ

3 5
久未 8

3 8
久実 11

7 8
来実 15

Kumiko
くみこ

3 5 3
久未子 11

3 9 3
久美子 15

7 8 3
来実子 18

7 8 3
玖実子 18

Kuyura
くゆら

7 11 7
来唯良 25

7 11 7
玖唯良 25

Kuraho
くらほ

10 6
倉帆 16

10 8
倉歩 18

10 15
倉穂 25

Kurara
くらら

3 7 7
久良々 17

9 13 13
紅楽々 35

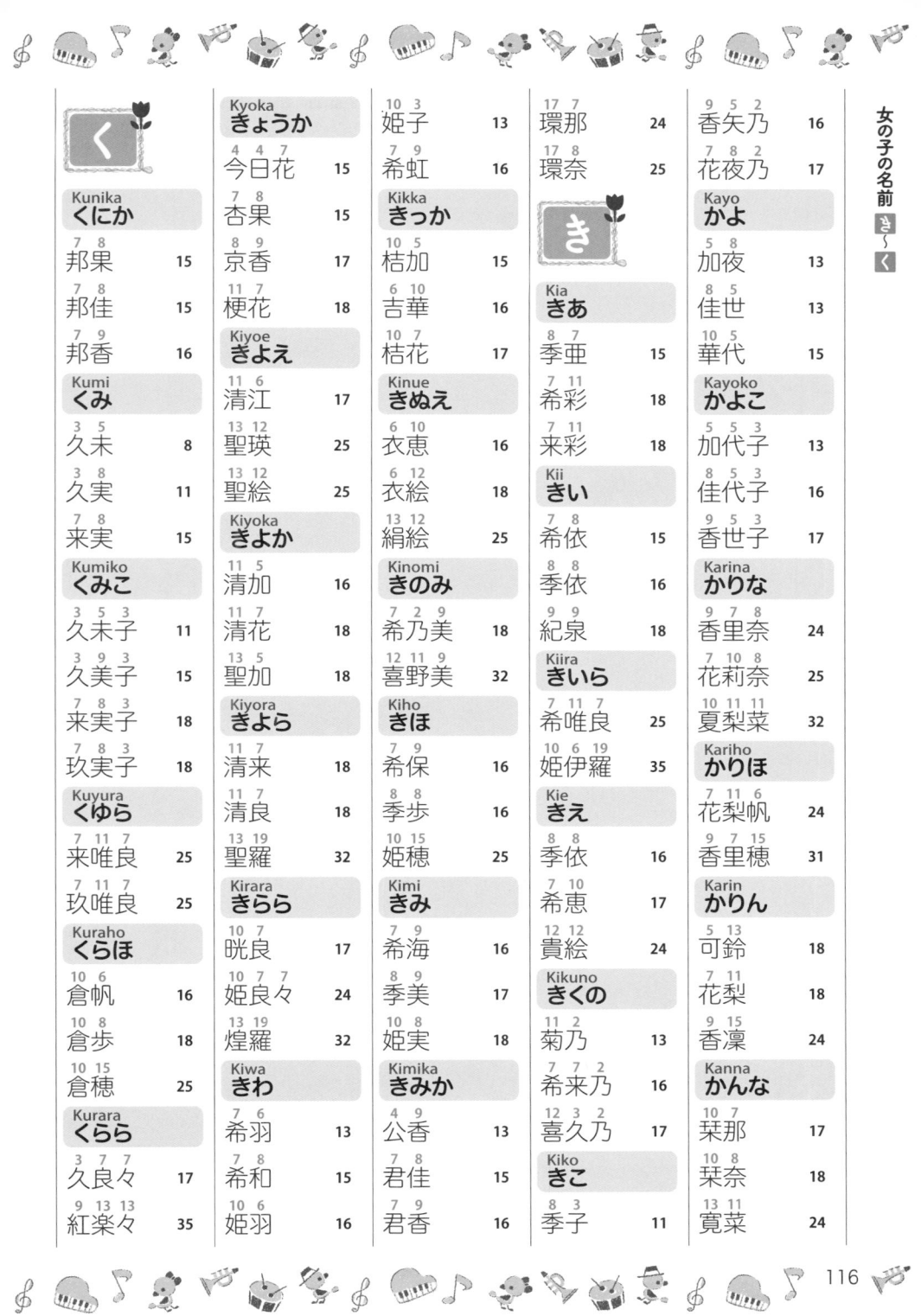

7 9 来珀 16

Kohana こはな

4 7 木花 11
9 7 虹花 16
7 10 来華 17

Koharu こはる

4 9 心春 13
4 12 心陽 16
4 12 心晴 16
7 9 来春 16
9 9 虹春 18
13 12 瑚陽 25

Komari こまり

4 11 木毬 15
7 17 来鞠 24
13 11 7 瑚麻里 31

Komugi こむぎ

4 7 木麦 11
10 7 恋麦 17

Koyuki こゆき

4 11 木雪 15
7 8 来幸 15
3 5 9 小由紀 17

Koyomi こよみ

14 4 暦心 18

9 9 紀祢 18

Kotoha ことは

12 12 琴葉 24

Kotomi ことみ

12 4 琴心 16
12 5 琴未 17
12 5 琴生 17

Konatsu こなつ

3 10 小夏 13
7 10 来夏 17
7 8 9 来奈津 24

Konami こなみ

7 8 来波 15
3 8 5 小奈未 16
9 8 虹波 17

Konoha このは

4 9 木映 13
4 12 木葉 16
6 12 好葉 18

Konomi このみ

6 5 好未 11
6 9 好美 15
6 9 好海 15

Kohaku こはく

4 9 心珀 13

4 11 心彩 15
4 4 7 木々亜 15
4 13 心愛 17

Kokona ここな

4 7 心那 11
4 9 心南 13
4 11 心菜 15
4 4 8 木々奈 16

Kokomi ここみ

4 9 心美 13
4 9 心海 13
4 9 心泉 13

Kokoyu ここゆ

4 12 心結 16

Kokoro こころ

4 7 心良 11
4 7 心芦 11
4 13 心路 17

Kozue こずえ

11 梢 11
11 6 梢江 17
11 6 梢衣 17

Kotone ことね

12 3 琴子 15
9 9 信音 18

15 慧 15
15 慶 15

Keika けいか

8 7 佳花 15
12 5 景加 17
10 8 恵果 18

Keiko けいこ

10 3 恵子 13
12 3 景子 15
15 3 慶子 18

Keito けいと

6 11 圭都 17
8 9 佳音 17
15 9 慶音 24

こ

Koumi こうみ

7 9 来海 16
8 9 幸美 17
9 9 香美 18

Koume こうめ

3 10 小梅 13
9 8 香芽 17

Kokoa ここあ

4 7 心亜 11

Kuriko くりこ

3 7 3 久里子 13
3 10 3 久莉子 16

Kurine くりね

3 6 9 久吏音 18
9 7 9 紅利祢 25

Kurumi くるみ

7 8 来実 15
7 9 来美 16
16 9 薫美 25

Kurea くれあ

9 6 紅有 15
9 7 紅亜 16
7 5 6 玖礼安 18

Kureha くれは

9 6 紅羽 15
9 7 紅芭 16
9 9 紅映 18

Kuroe くろえ

5 8 玄依 13
3 7 6 久呂江 16

け

Kei けい

8 佳 8

暦望	14 11	25

さ

Saaya さあや

咲文	9 4	13
紗礼	10 5	15
沙彩	7 11	18

Saika さいか

才加	3 5	8
彩加	11 5	16
彩花	11 7	18

Sae さえ

佐枝	7 8	15
沙依	7 8	15
紗江	10 6	16
早絵	6 12	18

Saeka さえか

冴佳	7 8	15
冴香	7 9	16
冴華	7 10	17

Saori さおり

早央里	6 5 7	18
沙織	7 18	25
佐織	7 18	25
紗央莉	10 5 10	25

Saki さき

早紀	6 9	15
沙季	7 8	15
咲希	9 7	16
咲来	9 7	16
早貴	6 12	18

Sakina さきな

咲那	9 7	16
咲奈	9 8	17
咲南	9 9	18

Sakiho さきほ

咲歩	9 8	17
咲穂	9 15	24

Sagiri さぎり

左霧	5 19	24
沙季莉	7 8 10	25
鷺里	24 7	31

Sakura さくら

咲来	9 7	16
咲良	9 7	16
沙久良	7 3 7	17
桜良	10 7	17
朔良	10 7	17

Sachie さちえ

幸枝	8 8	16
幸恵	8 10	18

Sachiho さちほ

幸歩	8 8	16
祥帆	10 6	16
祥穂	10 15	25

Satsuki さつき

沙月	7 4	11
咲月	9 4	13
皐月	11 4	15

Satomi さとみ

里美	7 9	16
郷未	11 5	16
慧美	15 9	24
聡望	14 11	25

Sana さな

小称	3 10	13
早那	6 7	13
沙奈	7 8	15
紗那	10 7	17
冴菜	7 11	18
紗奈	10 8	18

Sanae さなえ

沙苗	7 8	15
紗苗	10 8	18
早奈恵	6 8 10	24

Sanami さなみ

真実	10 8	18
紗波	10 8	18
佐奈美	7 8 9	24

Saho さほ

紗帆	10 6	16
咲保	9 9	18
紗穂	10 15	25

Sahoko さほこ

沙歩子	7 8 3	18
紗布子	10 5 3	18
早穂子	6 15 3	24

Saya さや

清	11	11
紗也	10 3	13
沙弥	7 8	15

Sayaka さやか

沙也加	7 3 5	15
爽加	11 5	16
紗也可	10 3 5	18
清花	11 7	18

Sayane さやね

沙耶音	7 9 9	25
清寧	11 14	25
爽寧	11 14	25

Sayami さやみ

爽心	11 4	15
清未	11 5	16
沙也実	7 3 8	18

Sayumi さゆみ

紗弓	10 3	13
早友実	6 4 8	18
紗由美	10 5 9	24

Sayuri さゆり

小百合	3 6 6	15
早百合	6 6 6	18
紗由莉	10 5 10	25

Sayo さよ

沙夜	7 8	15
紗世	10 5	15
彩代	11 5	16

Sara さら

咲良	9 7	16
咲来	9 7	16
紗良	10 7	17
紗来	10 7	17
早羅	6 19	25

Sarina さりな

沙莉那	7 10 7	24
咲里奈	9 7 8	24

紗里奈 10 7 8 25

Sawa さわ

佐和 7 8 15
紗羽 10 6 16
彩羽 11 6 17

し

Shiika しいか

椎加 12 5 17
椎圭 12 6 18
詩衣加 13 6 5 24

Shiina しいな

史依菜 5 8 11 24
紫衣那 12 6 7 25

Shie しえ

史枝 5 8 13
志恵 7 10 17
詩絵 13 12 25

Shiena しえな

史映菜 5 9 11 25
詩恵奈 13 10 8 31
詩絵那 13 12 7 32

Shione しおね

汐音 6 9 15
潮音 15 9 24
潮祢 15 9 24

Shiori しおり

栞里 10 7 17
栞利 10 7 17
栞李 10 7 17
志織 7 18 25
詩織 13 18 31

Shion しおん

志音 7 9 16
枝音 8 9 17
詩温 13 12 25

Shigemi しげみ

成美 6 9 15
茂美 8 9 17
重美 9 9 18

Shizuka しずか

志寿華 7 7 10 24
静華 14 10 24
静夏 14 10 24

Shizuku しずく

雫 11 11
静久 14 3 17

Shizuna しずな

静称 14 10 24
静梛 14 11 25
静菜 14 11 25

Shino しの

詩乃 13 2 15
志野 7 11 18
詩野 13 11 24

Shinoa しのあ

信安 9 6 15
信亜 9 7 16
志野亜 7 11 7 25

Shinobu しのぶ

忍 7 7
偲 11 11
志信 7 9 16

Shinon しのん

志音 7 9 16
枝音 8 9 17
思音 9 9 18

Shiho しほ

史帆 5 6 11
志保 7 9 16
思穂 9 15 24

Shuka しゅうか

修加 10 5 15
秀香 7 9 16
脩花 11 7 18

Shuko しゅうこ

周子 8 3 11
萩子 12 3 15
柊来 9 7 16

Juri じゅり

珠利 10 7 17
珠里 10 7 17
樹璃 16 15 31

Juria じゅりあ

樹利和 16 7 8 31
樹里和 16 7 8 31
樹李阿 16 7 8 31

Jurina じゅりな

寿梨那 7 11 7 25
珠里奈 10 7 8 25
樹里南 16 7 9 32

Jun じゅん

淳 11 11
潤 15 15

Junko じゅんこ

純子 10 3 13
順子 12 3 15
絢子 12 3 15

Shoko しょうこ

尚子 8 3 11
祥子 10 3 13
翔子 12 3 15

す

Suomi すおみ

珠央美 10 5 9 24
澄音実 15 9 8 32

Suzu すず

涼 11 11
朱寿 6 7 13
鈴 13 13

Suzuka すずか

涼加 11 5 16
涼花 11 7 18
鈴加 13 5 18

Suzuna すずな

涼名 11 6 17
紗奈 10 8 18
鈴菜 13 11 24

Subaru すばる

朱晴 6 12 18

Sumika すみか

純佳 10 8 18
澄香 15 9 24
澄華 15 10 25

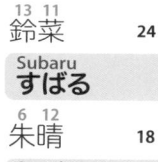

Sumire すみれ

菫	11	11
純伶	10 7	17
澄玲	15 9	24

Sumomo すもも

李	7	7
寿桃	7 10	17

せ

Seika せいか

星花	9 7	16
清花	11 7	18
聖加	13 5	18

Seina せいな

星奈	9 8	17
清那	11 7	18
聖菜	13 11	24

Seira せいら

星良	9 7	16
星来	9 7	16
聖羅	13 19	32

Seon せおん

星苑	9 8	17
星音	9 9	18
瀬温	19 12	31

Seshiru せしる

星知	9 8	17
聖史瑠	13 5 14	32
瀬史琉	19 5 11	35

Setsuna せつな

雪那	11 7	18
節菜	13 11	24

Setoka せとか

星斗加	9 4 5	18
星音花	9 9 7	25
星都加	9 11 5	25

Sena せな

世奈	5 8	13
星那	9 7	16
瀬名	19 6	25

Senon せのん

世暖	5 13	18
星音	9 9	18
瀬暖	19 13	32

Seri せり

芹	7	7
星里	9 7	16
瀬吏	19 6	25

Serika せりか

芹佳	7 8	15
芹香	7 9	16
瀬梨佳	19 11 8	38

Serina せりな

芹名	7 6	13
芹奈	7 8	15
芹菜	7 11	18

Serea せれあ

世玲彩	5 9 11	25
瀬礼亜	19 5 7	31

そ

Soko そうこ

湊子	12 3	15
蒼子	13 3	16
聡子	14 3	17

Sona そうな

奏奈	9 8	17
爽那	11 7	18
蒼菜	13 11	24

Sonia そにあ

壮仁亜	6 4 7	17
想仁亜	13 4 7	24

Sonoko そのこ

苑子	8 3	11
園子	13 3	16

Sonomi そのみ

苑美	8 9	17
園未	13 5	18

Soyoka そよか

素代香	10 5 9	24
爽世佳	11 5 8	24
颯代加	14 5 5	24

Sora そら

空	8	8
宙	8	8
昊	8	8

Sorami そらみ

空実	8 8	16
空美	8 9	17
宙美	8 9	17

た

Tae たえ

多恵	6 10	16
多絵	6 12	18

Tao たお

多桜	6 10	16
太鳳	4 14	18

Takane たかね

宇音	6 9	15
孝音	7 9	16

Takaho たかほ

孝歩	7 8	15
崇帆	11 6	17
高穂	10 15	25

Takumi たくみ

匠美	6 9	15
拓美	8 9	17
多久美	6 3 9	18

Tatsumi たつみ

立実	5 8	13
樹美	16 9	25

Tamaki たまき

珠希	10 7	17
環	17	17
珠季	10 8	18

Tamane たまね

玲音	9 9	18
多真音	6 10 9	25

Tamari たまり

多万里	6 3 7	16
珠利	10 7	17

Tamie たみえ

民枝	5 8	13
民恵	5 10	15

Tsugumi つぐみ
13 3 継巳 16
13 4 継心 17
13 11 継深 24

Tsubaki つばき
13 椿 13

Tsubasa つばさ
17 翼 17

Tsubomi つぼみ
16 蕾 16

Tsumugi つむぎ
11 紬 11
9 7 津麦 16
11 7 都麦 18

Tsuyane つやね
11 5 9 都矢音 25
11 5 9 都矢祢 25
11 11 9 都野音 31

て

Tetsuko てつこ
10 3 哲子 13
15 3 徹子 18

Tetsumi てつみ
10 5 哲未 15

Chiharu ちはる
3 12 千晴 15
3 12 千陽 15
8 9 知春 17

Chihiro ちひろ
8 5 知広 13
3 12 千尋 15
3 12 千裕 15

Chiri ちり
8 7 知里 15
8 7 知利 15
8 10 知莉 18

Chiriko ちりこ
3 7 3 千里子 13
8 7 3 知里子 18
8 7 3 知利子 18

つ

Tsukimi つきみ
4 9 月美 13
4 9 月海 13
4 9 月泉 13

Tsukushi つくし
9 3 12 津久詞 24
9 3 13 津久詩 25

3 6 9 千早紀 18
12 6 7 智早希 25

Chizuno ちずの
8 7 2 知寿乃 17
8 7 2 茅寿乃 17

Chise ちせ
3 5 千世 8
8 5 知世 13
12 5 智世 17

Chizuru ちづる
3 8 千弦 11
8 8 知弦 16
3 21 千鶴 24

Chitose ちとせ
3 13 千歳 16
3 10 5 千十世 18
12 13 智歳 25

Chinatsu ちなつ
3 10 千夏 13
8 10 知夏 18
8 8 9 知奈津 25

Chinami ちなみ
3 8 千波 11
8 8 知波 16
8 8 9 知奈美 25

12 10 9 智恵美 31

Chieri ちえり
3 12 10 千絵莉 25
12 12 7 智絵里 31
12 10 10 智恵莉 32

Chika ちか
3 5 千加 8
3 8 千佳 11
3 10 千夏 13

Chikako ちかこ
3 5 3 千加子 11
12 9 3 智香子 24
12 10 3 智華子 25

Chikane ちかね
3 5 9 千加音 17
8 8 9 知佳音 25
12 10 9 智華音 31

Chigusa ちぐさ
3 14 千種 17
8 9 知草 17

Chisa ちさ
3 10 千紗 13
8 7 知佐 15

Chisaki ちさき
8 9 知咲 17

6 9 10 多美恵 25

Tamira たみら
5 19 民羅 24
6 11 7 多望良 24

ち

Chiaki ちあき
3 8 千明 11
3 12 千晶 15
8 9 知秋 17

Chiari ちあり
3 7 7 千亜里 17
3 7 7 千亜利 17
12 6 7 智有里 25

Chiune ちうね
3 8 千采 11
3 6 9 千有音 18
8 10 知畝 18

Chie ちえ
3 10 千恵 13
3 12 千絵 15
12 12 智絵 24

Chiemi ちえみ
3 12 9 千絵美 24
8 8 9 知枝美 25

哲実	10 8	18
徹美	15 9	24

Temari てまり

手毬	4 11	15
手万莉	4 3 10	17
手真梨	4 10 11	25

Teruka てるか

映花	9 7	16
映佳	9 8	17
輝香	15 9	24

Teruna てるな

映奈	9 8	17
照菜	13 11	24
輝南	15 9	24

Teruno てるの

映乃	9 2	11
照乃	13 2	15
輝乃	15 2	17

Teruha てるは

映波	9 8	17
照葉	13 12	25

Terumi てるみ

瑛心	12 4	16
輝美	15 9	24
輝海	15 9	24

Terea てれあ

照礼亜	13 5 7	25
輝礼彩	15 5 11	31
輝玲亜	15 9 7	31

と

Toko とうこ

透子	10 3	13
桐子	10 3	13
菫子	12 3	15
塔子	12 3	15

Tori とうり

冬莉	5 10	15
桃李	10 7	17
桃里	10 7	17

Tokia ときあ

時亜	10 7	17
時明	10 8	18
十季愛	10 8 13	31

Tokina ときな

季奈	8 8	16
時奈	10 8	18
十季那	10 8 7	25

Tokiha ときは

季映	8 9	17
旬葉	6 12	18
都希芭	11 7 7	25

Tokumi とくみ

篤実	16 8	24
徳望	14 11	25
篤美	16 9	25

Toshie としえ

利江	7 6	13
寿恵	7 10	17
淑衣	11 6	17

Toshimi としみ

才実	3 8	11
寿実	7 8	15
利美	7 9	16

Totoka ととか

杜音香	7 9 9	25
杜都花	7 11 7	25
豊都花	13 11 7	31

Totona ととな

杜音奈	7 9 8	24
豊都奈	13 11 8	32

Tonami となみ

杜波	7 8	15
音南	9 9	18
杜奈美	7 8 9	24

Tonomi とのみ

杜之実	7 3 8	18
都野美	11 11 9	31

Tomika とみか

富加	12 5	17
登実加	12 8 5	25
豊美香	13 9 9	31

Tomina とみな

登美称	12 9 10	31
豊実菜	13 8 11	32

Tomino とみの

豊美乃	13 9 2	24
登実野	12 8 11	31
登美野	12 9 11	32

Tomo とも

朋	8	8
知	8	8

Tomoe ともえ

友絵	4 12	16
朋枝	8 8	16
知恵	8 10	18

Tomoka ともか

友香	4 9	13
知佳	8 8	16
智加	12 5	17

Tomoko ともこ

友子	4 3	7
朋子	8 3	11
知子	8 3	11
智子	12 3	15

Tomona ともな

友菜	4 11	15
朋那	8 7	15
知奈	8 8	16

Tomone ともね

友音	4 9	13
友祢	4 9	13
朋音	8 9	17

Tomono ともの

友乃	4 2	6
友埜	4 11	15
友野	4 11	15

Tomomi ともみ

友美	4 9	13
朋実	8 8	16
知美	8 9	17

Tomoyo ともよ

知世	8 5	13
朋代	8 5	13
智世	12 5	17

Nanoha
なのは

6 2 8
凪乃波 16

7 2 7
那乃芭 16

11 2 12
菜乃葉 25

Nabana
なばな

6 7
凪花 13

8 7
奈花 15

11 7
菜花 18

Nami
なみ

6 9
凪海 15

7 9
那美 16

8 9
奈美 17

Namie
なみえ

8 10
波恵 18

8 9 8
奈美枝 25

Nayuka
なゆか

7 5 5
那由加 17

8 4 5
奈友加 17

11 12 8
菜結果 31

Nayumi
なゆみ

8 3
奈弓 11

7 9 9
那柚美 25

11 5 9
菜由美 25

Narumi
なるみ

6 9
成美 15

Nana
なな

8 8
奈々 16

9 8
南奈 17

7 11
那菜 18

Nanae
ななえ

7 10
七恵 17

8 11 6
奈菜江 25

11 11 10
菜々恵 32

Nanao
ななお

7 10
七桜 17

8 11 5
奈菜央 24

11 7 14
菜那緒 32

Nanako
ななこ

7 4
七心 11

6 7 3
名那子 16

6 8 3
名奈子 17

Nanase
ななせ

7 6 5
那名世 18

8 11 5
奈菜世 24

8 8 19
奈和瀬 35

Nanami
ななみ

7 8
七実 15

7 9
七海 16

7 9
七美 16

7 11
七深 18

10 7
夏希 17

8 9 7
奈津希 24

Natsuko
なつこ

10 3
夏子 13

6 9 3
名津子 18

6 9 3
凪津子 18

Natsuna
なつな

10 6
夏凪 16

10 7
夏那 17

10 8
夏奈 18

Natsuha
なつは

10 6
夏羽 16

10 8
夏波 18

11 9 12
菜津葉 32

Natsuho
なつほ

10 6
夏帆 16

10 8
夏歩 18

10 15
夏穂 25

Natsumi
なつみ

10 8
夏実 18

8 9 8
奈津実 25

11 14
菜摘 25

Natsume
なつめ

10 8
夏芽 18

8 9 8
奈津芽 25

Naomi
なおみ

8 9
直美 17

8 14 9
奈緒美 31

Nagisa
なぎさ

11
渚 11

6 7
凪沙 13

6 10
凪紗 16

Nagomi
なごみ

7 4 5
七心未 16

8 8
和実 16

8 9
和美 17

Natsu
なつ

7 9
那津 16

6 11
名都 17

8 9
奈津 17

Natsue
なつえ

10 6
夏江 16

10 8
夏枝 18

8 9 8
奈津依 25

Natsuka
なつか

10 5
夏加 15

10 7
夏花 17

10 8
夏果 18

Natsuki
なつき

11 4
菜月 15

Toyomi
とよみ

13 4
豊心 17

10 5 9
十世美 24

13 11
豊深 24

Towa
とわ

5 13
永遠 18

10 8
十和 18

Towako
とわこ

7 6 3
杜羽子 16

10 8 13
十和瑚 31

Naemi
なえみ

7 9
七咲 16

8 9
苗美 17

8 6 4
奈江心 18

Nao
なお

8
直 8

8 5
奈央 13

11 5
菜央 16

11 14
菜緒 25

Naoko
なおこ

8 3
直子 11

8 3
尚子 11

8 5 3
奈央子 16

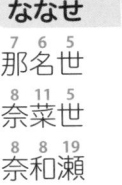

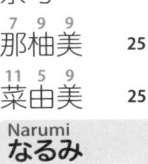

に

Niina にいな

仁衣奈	4 6 8	18
新菜	13 11	24
新梛	13 11	24

Nikoa にこあ

仁来愛	4 7 13	24
仁瑚亜	4 13 7	24

Nikora にこら

仁心良	4 4 7	15

Nichika にちか

日花	4 7	11
日香	4 9	13
二千佳	2 3 8	13

Nichiha にちは

日映	4 9	13
日葉	4 12	16

Nichiho にちほ

二千帆	2 3 6	11
日保	4 9	13
仁智穂	4 12 15	31

Ninae になえ

仁那江	4 7 6	17
仁奈絵	4 8 12	24
仁菜恵	4 11 10	25

Ninoka にのか

仁乃加	4 2 5	11
仁乃花	4 2 7	13
仁乃香	4 2 9	15

ぬ

Nuiko ぬいこ

縫呼	16 8	24
野唯子	11 11 3	25
縫衣子	16 6 3	25

Nunoe ぬのえ

布枝	5 8	13
布恵	5 10	15
布絵	5 12	17

ね

Neiho ねいほ

音衣保	9 6 9	24
音依歩	9 8 8	25

Neo ねお

音旺	9 8	17
福央	13 5	18
音穂	9 15	24
寧桜	14 10	24

Nemi ねみ

音実	9 8	17
音美	9 9	18
音泉	9 9	18

の

Noa のあ

乃愛	2 13	15
野亜	11 7	18
埜亜	11 7	18

Noe のえ

乃衣	2 6	8
乃映	2 9	11
野江	11 6	17

Noemi のえみ

野衣実	11 6 8	25
野絵美	11 12 9	32

Noeru のえる

乃江留	2 6 10	18
乃絵留	2 12 10	24
乃映瑠	2 9 14	25

Nozomi のぞみ

希	7	7
望	11	11
希美	7 9	16

Nodoka のどか

和	8	8
和花	8 7	15
和香	8 9	17

Nonoka ののか

野乃加	11 2 5	18
野之華	11 3 10	24

Nobara のばら

野芭良	11 7 7	25

Noyumi のゆみ

乃友美	2 4 9	15
乃由美	2 5 9	16
野由美	11 5 9	25

Noyuri のゆり

野有里	11 6 7	24
野友莉	11 4 10	25
野柚梨	11 9 11	31

Nori のり

典	8	8
乃梨	2 11	13
乃理	2 11	13

Norie のりえ

紀江	9 6	15
典依	8 8	16
法恵	8 10	18

Norika のりか

典佳	8 8	16
紀花	9 7	16
紀香	9 9	18

Norina のりな

法奈	8 8	16
紀那	9 7	16
乃里奈	2 7 8	17

Norine のりね

紀音	9 9	18
則音	9 9	18
慶音	15 9	24

Noriho のりほ

乃利帆	2 7 6	15
紀歩	9 8	17
則穂	9 15	24

Nowa のわ

乃羽	2 6	8
野羽	11 6	17
埜把	11 7	18

は

Hazuki はづき

芭月	7 4	11
映月	9 4	13

陽依菜	12 8 11	31

Hikari ひかり

光	6	6
明	8	8
光里	6 7	13
光莉	6 10	16
光梨	6 11	17

Hikaru ひかる

光	6	6
輝	15	15
光琉	6 11	17

Hisane ひさね

玖音	7 9	16
尚音	8 9	17
尚祢	8 9	17

Hisami ひさみ

久未	3 5	8
久実	3 8	11
久弥	3 8	11

Hidemi ひでみ

秀美	7 9	16
英美	8 9	17
日出美	4 5 9	18

Hitoha ひとは

一羽	1 6	7
春奈	9 8	17
陽名	12 6	18

Haruno はるの

春乃	9 2	11
悠乃	11 2	13
陽暖	12 13	25

Harumi はるみ

陽心	12 4	16
治美	8 9	17
春美	9 9	18

Harena はれな

晴名	12 6	18
晴凪	12 6	18

Hareno はれの

羽令乃	6 5 2	13
波礼乃	8 5 2	15
晴暖	12 13	25

Haremi はれみ

晴心	12 4	16
晴未	12 5	17

ひ

Hiina ひいな

妃依菜	6 8 11	25
陽衣那	12 6 7	25

Hayaka はやか

早花	6 7	13
早香	6 9	15

Hayane はやね

早音	6 9	15
早祢	6 9	15
映椰音	9 13 9	31

Hayami はやみ

早美	6 9	15
隼実	10 8	18
隼弥	10 8	18

Haru はる

花	7	7
羽琉	6 11	17
芭留	7 10	17
波留	8 10	18

Haruka はるか

悠	11	11
春花	9 7	16
春佳	9 8	17
晴加	12 5	17
陽加	12 5	17
春香	9 9	18

Haruna はるな

治奈	8 8	16
葉菜乃	12 11 2	25

Hanii はにい

羽仁衣	6 4 6	16
映仁唯	9 4 11	24
葉仁依	12 4 8	24

Haniko はにこ

羽仁子	6 4 3	13
波仁子	8 4 3	15
映仁子	9 4 3	16

Hanemi はねみ

羽未	6 5	11
羽美	6 9	15
羽泉	6 9	15

Hanoe はのえ

映乃江	9 2 6	17
羽乃恵	6 2 10	18
葉之恵	12 3 10	25

Hanoka はのか

羽乃佳	6 2 8	16
映乃花	9 2 7	18
葉乃華	12 2 10	24

Hanon はのん

芭音	7 9	16
波音	8 9	17
映音	9 9	18
葉月	12 4	16

Hatsune はつね

初音	7 9	16
初祢	7 9	16
八音	8 9	17

Hatsumi はつみ

初実	7 8	15
初美	7 9	16
初海	7 9	16

Hana はな

花	7	7
羽那	6 7	13
芭奈	7 8	15
羽菜	6 11	17

Hanae はなえ

花枝	7 8	15
花恵	7 10	17
英恵	8 10	18

Hanako はなこ

英子	8 3	11
華子	10 3	13
花呼	7 8	15

Hanano はなの

花野	7 11	18
花埜	7 11	18

Fumina ふみな

5 8
史奈 13

4 11
文菜 15

5 11
史菜 16

Fumino ふみの

4 2
文乃 6

5 2
史乃 7

7 9 2
芙美乃 18

Fuyumi ふゆみ

5 8
冬実 13

5 5 8
布由実 18

7 3 8
芙夕実 18

ほ

Hoshika ほしか

9 7
星花 16

9 8
星佳 17

9 9
星香 18

Hotaru ほたる

11
蛍 11

Botan ぼたん

7 4
牡丹 11

Honami ほなみ

8 8 9
歩奈美 25

9 7 9
保那美 25

ふ

Fuka ふうか

9 7
風花 16

9 8
風佳 17

9 8
風和 17

9 9
風香 18

Fuko ふうこ

12 3
富子 15

7 6 3
芙宇子 16

13 3
楓子 16

Funa ふうな

9 7
風那 16

9 8
風奈 17

13 11
楓菜 24

Fumi ふみ

5
史 5

2 9
二美 11

7 9
芙美 16

Fumika ふみか

4 9
文香 13

5 8
史佳 13

5 10
史華 15

7 9 8
芙美佳 24

12 8 5
富実加 25

6 5 7
妃代里 18

14 8 10
緋依莉 32

Hirari ひらり

5 10
平莉 15

8 7
拓里 15

Hiroka ひろか

5 8
広佳 13

7 9
宏香 16

12 5
裕加 17

Hirona ひろな

7 8
宏奈 15

5 11
広菜 16

5 11
弘菜 16

Hiroha ひろは

5 12
広葉 17

12 12
尋葉 24

12 12
裕葉 24

Hiromi ひろみ

5 8
広実 13

5 8
弘実 13

7 9
宏美 16

Hiwako ひわこ

4 8 3
日和子 15

6 8 3
妃和子 17

12 8 4
陽和心 24

Hibari ひばり

4 7 7
日芭里 18

10 7 7
姫芭里 24

12 12 7
陽葉里 31

Himawari ひまわり

12 12
陽葵 24

Himari ひまり

4 11
日毬 15

6 11
妃毬 17

4 10 11
日真梨 25

8 17
枇鞠 25

14 11
緋毬 25

Himika ひみか

4 9 5
日美加 18

6 9 9
妃美香 24

12 9 10
陽美夏 31

Himeka ひめか

10 5
姫加 15

10 7
姫花 17

10 8
姫佳 18

Himeno ひめの

6 8 2
妃芽乃 16

14 8 2
緋芽乃 24

Hiyori ひより

12 5
陽由 17

1 12
一葉 13

4 12
仁葉 16

Hitomi ひとみ

4 9
仁美 13

4 9
仁海 13

17
瞳 17

Hina ひな

6 7
妃那 13

9 8
飛奈 17

12 6
陽名 18

12 6
陽凪 18

12 12
陽葵 24

14 11
緋菜 25

Hinako ひなこ

4 6 3
日名子 13

4 8 3
比奈子 15

4 11 3
日菜子 18

Hinata ひなた

4 4
日方 8

4 8 6
比奈多 18

12 6
陽向 18

Hinano ひなの

6 7 2
妃那乃 15

4 11 2
日菜乃 17

12 11 2
陽菜乃 25

万尋	3 12	15
麻宏	11 7	18

Maho まほ

茉歩	8 8	16
真帆	10 6	16
真穂	10 15	25

Mami まみ

麻未	11 5	16
茉美	8 9	17
真実	10 8	18

Maya まや

真矢	10 5	15
麻矢	11 5	16
摩耶	15 9	24

Mayu まゆ

真由	10 5	15
茉柚	8 9	17
繭	18	18

Mayuko まゆこ

万由子	3 5 3	11
真由子	10 5 3	18
真結子	10 12 3	25

Mayumi まゆみ

真弓	10 3	13
万由美	3 5 9	17

Madoka まどか

円花	4 7	11
円香	4 9	13
まど香	4 4 9	17

Mana まな

愛	13	13
茉那	8 7	15
真奈	10 8	18

Manae まなえ

真枝	10 8	18
愛永	13 5	18
愛絵	13 12	25

Manami まなみ

真波	10 8	18
愛未	13 5	18
茉奈美	8 8 9	25

Manon まのん

茉音	8 9	17
麻暖	11 13	24

Mahiru まひる

真日留	10 4 10	24
茉陽琉	8 12 11	31
真陽留	10 12 10	32

Mahiro まひろ

茉広	8 5	13
真希	10 7	17
麻希	11 7	18

Mako まこ

茉子	8 3	11
真子	10 3	13

Masako まさこ

正子	5 3	8
雅子	13 3	16
茉沙子	8 7 3	18

Masami まさみ

昌美	8 9	17
政美	9 9	18
真沙実	10 7 8	25

Mashiro ましろ

茉白	8 5	13
真白	10 5	15
麻白	11 5	16

Masumi ますみ

茉純	8 10	18
真澄	10 15	25
真須美	10 12 9	31

Machi まち

万智	3 12	15
真知	10 8	18
満智	12 12	24
麻綾	11 14	25

Mai まい

舞	15	15
真衣	10 6	16
麻衣	11 6	17

Maika まいか

苺花	8 7	15
舞香	15 9	24
舞夏	15 10	25

Maiko まいこ

茉衣子	8 6 3	17
舞子	15 3	18
真唯子	10 11 3	24

Mao まお

茉央	8 5	13
真央	10 5	15
麻央	11 5	16
茉桜	8 10	18
真緒	10 14	24

Maomi まおみ

真央美	10 5 9	24
麻央美	11 5 9	25
茉緒美	8 14 9	31

Maki まき

茉紀	8 9	17
保奈実	9 8 8	25

Honoka ほのか

帆乃加	6 2 5	13
帆花	6 7	13
帆乃佳	6 2 8	16
穂乃花	15 2 7	24
穂香	15 9	24
穂乃佳	15 2 8	25

Homare ほまれ

誉	13	13
保希	9 7	16
帆稀	6 12	18

ま

Maako まあこ

万亜子	3 7 3	13
茉安子	8 6 3	17
茉亜子	8 7 3	18

Maasa まあさ

茉亜紗	8 7 10	25
真有咲	10 6 9	25
麻亜沙	11 7 7	25

Maaya まあや

万絢	3 12	15
真綾	10 14	24

9 16 6	美樹帆	31
	Miku みく	
4 7	心来	11
8 3	実久	11
9 9	美紅	18
	Mikuri みくり	
8 3 7	実久利	18
8 7 10	弥来莉	25
9 9 7	美紅里	25
	Mikoto みこと	
4 12	心琴	16
5 12	未琴	17
9 5 11	美古都	25
	Misa みさ	
5 10	未紗	15
9 7	美沙	16
9 7	美佐	16
	Misaki みさき	
4 9	心咲	13
8 9	実咲	17
9 9	美咲	18
9 7 9	美沙紀	25
	Misato みさと	
8 7	実里	15
9 7	美里	16

	Miona みおな	
5 5 8	未央奈	18
16 8	澪奈	24
9 5 11	美央菜	25
	Miori みおり	
6 18	光織	24
9 9 7	美音里	25
	Mion みおん	
8 9	実音	17
9 8	美苑	17
9 9	美音	18
	Mika みか	
8 5	実加	13
9 7	美花	16
9 9	美香	18
	Miki みき	
9 7	美希	16
9 9	美紀	18
9 16	美樹	25
	Mikina みきな	
9 7 8	美希奈	24
9 16 7	美樹那	32
	Mikiho みきほ	
9 7 9	美希保	25
9 7 15	美来穂	31

9 7	美亜	16
9 7	泉亜	16
	Miiko みいこ	
8 6 3	実衣子	17
9 6 3	美衣子	18
11 11 3	望唯子	25
	Miina みいな	
5 11 8	未唯奈	24
9 8 7	美依那	24
9 11 11	美唯菜	31
	Miu みう	
9 6	美羽	15
9 6	美宇	15
11 6	望有	17
	Mie みえ	
9 6	美衣	15
4 13	心愛	17
11 6	望江	17
8 10	実恵	18
	Mio みお	
8 5	実央	13
11 5	深央	16
11 5	望央	16
16	澪	16
8 10	実桜	18

11 11 9	麻理香	31
	Mariko まりこ	
3 7 3	万里子	13
8 7 3	茉里子	18
10 11 3	真理子	24
	Marina まりな	
3 7 8	万里奈	18
8 10 7	茉莉那	25
11 7 7	麻里那	25
10 11 11	真理菜	32
	Marimo まりも	
11 4	毬文	15
10 11 11	真理萌	32
	Mariya まりや	
3 7 8	万里弥	18
8 7 9	茉里耶	24
10 10 5	真莉矢	25
	Marin まりん	
8 10	茉倫	18
11 13	麻鈴	24
10 15	真凜	25
	Mia みあ	
8 7	実亜	15

10 5 9	真由美	24
	Mayuri まゆり	
3 5 7	万由里	15
3 6 6	万百合	15
10 5 10	真由莉	25
	Mayo まよ	
10 5	真世	15
10 5	真代	15
11 5	麻世	16
	Mari まり	
10 7	真利	17
8 10	茉莉	18
11 7	麻里	18
	Maria まりあ	
3 7 7	万利亜	17
10 7 7	真里亜	24
8 10 7	茉莉亜	25
	Marie まりえ	
11 6	毬江	17
17 8	鞠枝	25
11 11 10	麻理恵	32
12 10 10	満莉恵	32
	Marika まりか	
11 7	毬花	18
10 7 8	真里佳	25

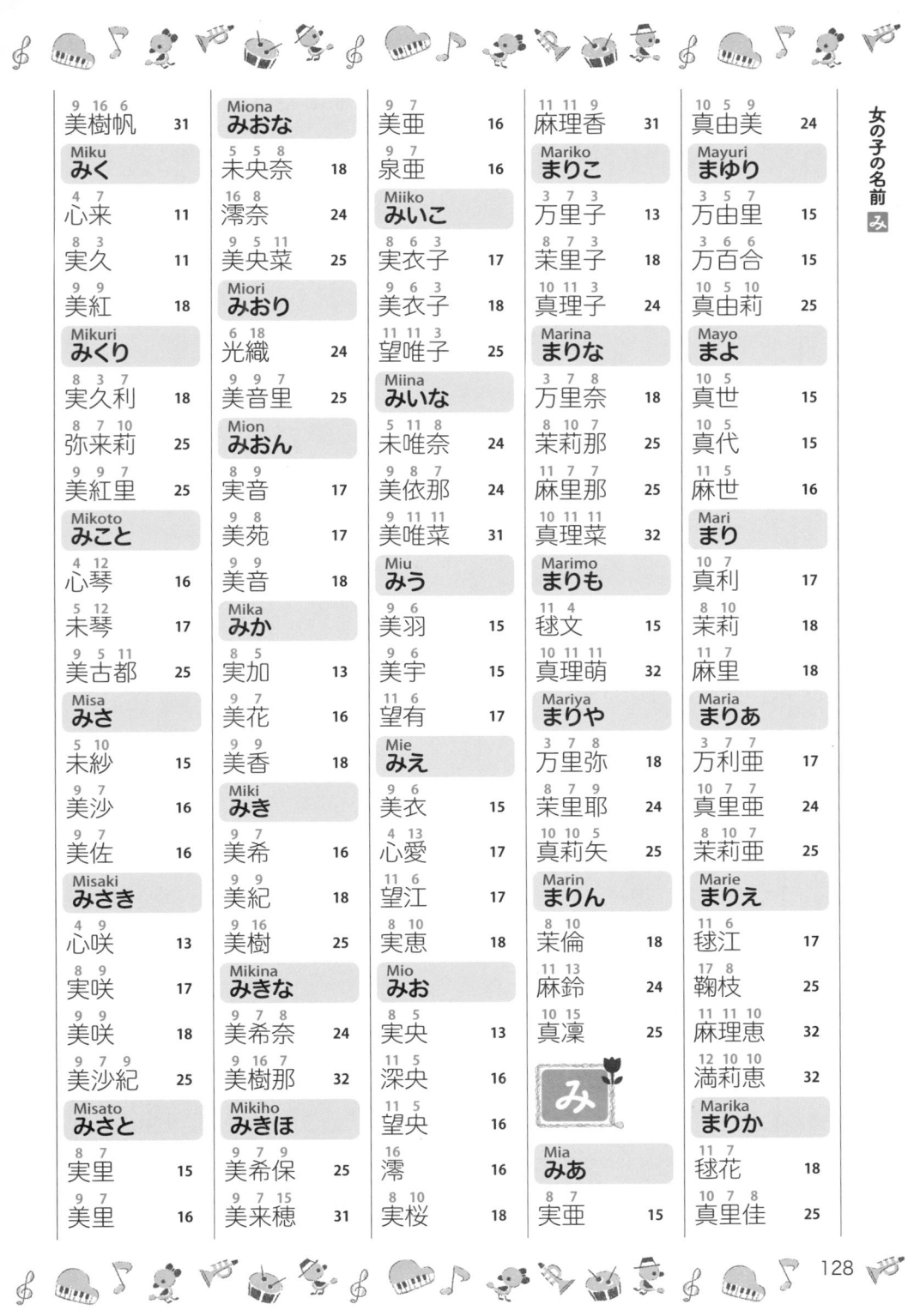

美優紀 (9 17 9) 35

Miyo みよ

実代 (8 5) 13
弥世 (8 5) 13
美洋 (9 9) 18

Mira みら

美来 (9 7) 16
望良 (11 7) 18
未羅 (5 19) 24

Mirai みらい

美来 (9 7) 16
望礼 (11 5) 16
深来 (11 7) 18

Miria みりあ

実莉亜 (8 10 7) 25
深里亜 (11 7 7) 25
望李亜 (11 7 7) 25

Mirina みりな

充莉奈 (6 10 8) 24
美利奈 (9 7 8) 24
望里那 (11 7 7) 25

Mirei みれい

心玲 (4 9) 13
実伶 (8 7) 15
美玲 (9 9) 18

Mimari みまり

美茉里 (9 8 7) 24
実鞠 (8 17) 25
美麻理 (9 11 11) 31

Mimi みみ

心美 (4 9) 13
実美 (8 9) 17
美海 (9 9) 18

Miyako みやこ

都 (11) 11
美也子 (9 3 3) 15
美矢子 (9 5 3) 17

Miyabi みやび

雅 (13) 13
望矢美 (11 5 9) 25
深矢美 (11 5 9) 25

Miyu みゆ

心結 (4 12) 16
望由 (11 5) 16
深有 (11 6) 17
美柚 (9 9) 18
実優 (8 17) 25

Miyuki みゆき

幸 (8) 8
美幸 (9 8) 17

美那音 (9 7 9) 25

Minami みなみ

美波 (9 8) 17
南実 (9 8) 17
南美 (9 9) 18

Minori みのり

実里 (8 7) 15
実莉 (8 10) 18
美乃里 (9 2 7) 18

Miharu みはる

心晴 (4 12) 16
心陽 (4 12) 16
美春 (9 9) 18

Mihiro みひろ

深広 (11 5) 16
望広 (11 5) 16
美洋 (9 9) 18

Mifuyu みふゆ

実冬 (8 5) 13
深冬 (11 5) 16
美芙柚 (9 7 9) 25

Miho みほ

美帆 (9 6) 15
実保 (8 9) 17
美穂 (9 15) 24

Michika みちか

三千香 (3 3 9) 15
実知佳 (8 8 8) 24
美知花 (9 8 7) 24

Michiru みちる

充留 (6 10) 16
充琉 (6 11) 17
理瑠 (11 14) 25

Mitsuki みつき

充希 (6 7) 13
光希 (6 7) 13
充紀 (6 9) 15

Mizuki みづき

美月 (9 4) 13

Midori みどり

実登梨 (8 12 11) 31
美登莉 (9 12 10) 31
美登理 (9 12 11) 32

Mina みな

心菜 (4 11) 15
美奈 (9 8) 17
美南 (9 9) 18

Minato みなと

南杜 (9 7) 16
南音 (9 9) 18

深里 (11 7) 18

Mizuki みずき

泉紀 (9 9) 18
瑞生 (13 5) 18
瑞貴 (13 12) 25

Misuzu みすず

実紗 (8 10) 18
深鈴 (11 13) 24
望鈴 (11 13) 24

Mizuho みずほ

泉帆 (9 6) 15
泉歩 (9 8) 17
泉穂 (9 15) 24

Misono みその

実苑 (8 8) 16
美苑 (9 8) 17
望園 (11 13) 24

Misora みそら

実空 (8 8) 16
美空 (9 8) 17
美宙 (9 8) 17

Michi みち

未知 (5 8) 13
心智 (4 12) 16
美知 (9 8) 17

Miwa みわ

9 6 美羽 15
8 8 実和 16
9 8 美和 17

む

Mugi むぎ

7 麦 7

Mutsumi むつみ

13 睦 13
13 3 睦三 16
13 11 睦深 24

め

Meari めあり

8 6 10 芽有莉 24
11 7 7 萌亜里 25
11 7 7 萌亜利 25

Mei めい

8 5 芽生 13
8 5 芽以 13
8 8 芽依 16
11 5 萌生 16
11 6 萌衣 17
11 6 萌伊 17

Meisa めいさ

8 7 芽沙 15
8 9 明咲 17
8 10 芽紗 18

Megumi めぐみ

11 萌 11
13 愛 13
10 8 恵実 18

も

Moa もあ

6 7 百亜 13
6 11 百彩 17
11 7 萌亜 18

Moe もえ

11 萌 11
11 6 萌衣 17
6 12 百絵 18

Moemi もえみ

11 5 萌未 16
6 9 9 百映美 24
6 10 9 百恵美 25

Moka もか

6 7 百花 13
6 9 百珈 15

Motoha もとは

4 9 心映 13
4 12 元葉 16
11 6 基羽 17

Mona もな

6 7 百那 13
6 11 百菜 17
11 7 萌那 18

Monami もなみ

8 8 茂波 16
8 8 9 茂奈美 25

Mone もね

6 9 百音 15
6 9 百祢 15
8 9 茂音 17

Momiji もみじ

11 椛 11

Momo もも

6 百 6
7 李 7
8 8 苺々 16

Momoe ももえ

6 10 百恵 16
10 6 桃江 16

11 5 萌加 16

Momoka ももか

6 7 百花 13
6 9 百香 15
10 5 桃加 15
10 7 桃花 17
10 8 桃佳 18

Momoko ももこ

6 7 百来 13
10 3 桃子 13

Momose ももせ

6 5 百世 11
10 5 桃世 15
6 19 百瀬 25

Momoyo ももよ

6 5 百代 11
10 5 桃代 15
10 5 桃世 15

Moyu もゆ

11 5 萌由 16
6 12 百結 18

や

Yae やえ

5 12 矢絵 17

10 8 桃枝 18

8 9 八重 17
8 10 弥恵 18

Yasuna やすな

10 7 泰那 17
10 8 泰奈 18
13 11 靖菜 24

Yasuha やすは

10 6 泰羽 16
10 7 泰芭 17
13 12 靖葉 25

Yachiyo やちよ

8 3 5 八千代 16
5 8 5 矢知世 18

Yayoi やよい

8 5 弥生 13
8 5 11 弥代唯 24
9 5 11 耶世唯 25

ゆ

Yua ゆあ

4 7 友亜 11
9 7 柚亜 16
11 13 唯愛 24
12 13 結愛 25
17 8 優空 25

Yui ゆい

由衣	5 6	11
唯	11	11
由依	5 8	13
柚衣	9 6	15
結衣	12 6	18
優依	17 8	25

Yuika ゆいか

由華	5 10	15
結加	12 5	17
唯花	11 7	18
結圭	12 6	18

Yuina ゆいな

由奈	5 8	13
由菜	5 11	16
唯那	11 7	18
結名	12 6	18
結愛	12 13	25

Yu ゆう

由宇	5 6	11
悠	11	11
優	17	17

Yua ゆうあ

悠亜	11 7	18
結愛	12 13	25

Yuka ゆうか

結加	12 5	17
祐香	9 9	18
悠花	11 7	18
優花	17 7	24

Yuki ゆうき

有希	6 7	13
悠希	11 7	18
優希	17 7	24

Yuna ゆうな

由菜	5 11	16
悠那	11 7	18
結凪	12 6	18
優那	17 7	24
優奈	17 8	25

Yumi ゆうみ

有美	6 9	15
祐美	9 9	18
優実	17 8	25

Yuri ゆうり

友里	4 7	11
悠里	11 7	18
優里	17 7	24

Yuka ゆか

由佳	5 8	13
有香	6 9	15
優花	17 7	24

Yukari ゆかり

由加里	5 5 7	17
由香莉	5 9 10	24
優花利	17 7 7	31

Yuki ゆき

友希	4 7	11
有紀	6 9	15
由貴	5 12	17

Yukie ゆきえ

幸恵	8 10	18
由紀恵	5 9 10	24
有希絵	6 7 12	25

Yukina ゆきな

幸奈	8 8	16
友貴奈	4 12 8	24
優樹奈	17 16 8	41

Yukino ゆきの

友希乃	4 7 2	13
雪乃	11 2	13
有紀乃	6 9 2	17

Yuzuka ゆずか

柚花	9 7	16
柚佳	9 8	17
柚香	9 9	18

Yuzuki ゆずき

柚木	9 4	13
柚希	9 7	16
柚季	9 8	17

Yuzuki ゆづき

友月	4 4	8
柚月	9 4	13
悠月	11 4	15
結月	12 4	16

Yuna ゆな

友菜	4 11	15
柚奈	9 8	17
悠那	11 7	18
結愛	12 13	25

Yuma ゆま

友麻	4 11	15
侑真	8 10	18
優茉	17 8	25

Yumi ゆみ

有未	6 5	11
由実	5 8	13
優実	17 8	25

Yumika ゆみか

由美華	5 9 10	24
有美香	6 9 9	24
優美加	17 9 5	31

Yumina ゆみな

弓奈	3 8	11
由美称	5 9 10	24
結美菜	12 9 11	32

Yumeka ゆめか

夢也	13 3	16
夢日	13 4	17
夢加	13 5	18

Yuri ゆり

友梨	4 11	15
由莉	5 10	15
優里	17 7	24

Yuria ゆりあ

友里亜	4 7 7	18
有莉明	6 10 8	24
優里亜	17 7 7	31

Yurie ゆりえ

百合絵	6 6 12	24
友梨恵	4 11 10	25
優里枝	17 7 8	32

Yurika ゆりか

百合加	6 6 5	17
友里花	4 7 7	18

りつこ Ritsuko

莉都子	10 11 3	24
梨都子	11 11 3	25

りな Rina

理名	11 6	17
里菜	7 11	18
莉奈	10 8	18
梨那	11 7	18

りの Rino

理乃	11 2	13
梨乃	11 2	13
璃乃	15 2	17
里野	7 11	18

りほ Riho

里帆	7 6	13
李歩	7 8	15
莉穂	10 15	25

りみ Rimi

莉未	10 5	15
里美	7 9	16
梨未	11 5	16

りゅうこ Ryuko

竜子	10 3	13
留子	10 3	13
瑠子	14 3	17

里佳子	7 8 3	18
梨華子	11 10 3	24

りく Riku

莉久	10 3	13
梨来	11 7	18
璃久	15 3	18

りこ Riko

李心	7 4	11
莉子	10 3	13
梨心	11 4	15
里虹	7 9	16
璃子	15 3	18
梨瑚	11 13	24

りさ Risa

莉佐	10 7	17
理沙	11 7	18
梨沙	11 7	18

りさこ Risako

里沙子	7 7 3	17
理紗子	11 10 3	24
梨彩子	11 11 3	25

りせ Rise

莉世	10 5	15
梨世	11 5	16
理世	11 5	16

りえこ Rieko

梨恵子	11 10 3	24
理恵子	11 10 3	24
莉詠子	10 12 3	25

りお Rio

莉央	10 5	15
梨央	11 5	16
理生	11 5	16
里桜	7 10	17
李桜	7 10	17
莉緒	10 14	24

りおこ Rioko

莉央子	10 5 3	18
梨桜子	11 10 3	24
李緒子	7 14 3	24

りおな Riona

理央奈	11 5 8	24
里桜奈	7 10 8	25
里緒菜	7 14 11	32

りか Rika

理加	11 5	16
莉佳	10 8	18
梨花	11 7	18

りかこ Rikako

利加子	7 5 3	15

よしの Yoshino

由乃	5 2	7
好乃	6 2	8
美乃	9 2	11

よつば Yotsuba

四葉	4 12	16

ら

らん Ran

覧	17	17
藍	18	18

り

りいさ Riisa

里依紗	7 8 10	25
莉衣咲	10 6 9	25
梨唯咲	11 11 9	31

りいな Riina

里衣菜	7 6 11	24
莉依那	10 8 7	25
梨衣奈	11 6 8	25

りえ Rie

利恵	7 10	17
梨江	11 6	17
莉依	10 8	18

有梨花	6 11 7	24
友梨華	4 11 10	25

ゆりこ Yuriko

百合子	6 6 3	15
友梨子	4 11 3	18
悠莉子	11 10 3	24

ゆりな Yurina

友梨称	4 11 10	25
百合愛	6 6 13	25
佑里菜	7 7 11	25
優里奈	17 7 8	32

ゆりの Yurino

有里乃	6 7 2	15
友梨乃	4 11 2	17
由莉乃	5 10 2	17

よ

よう Yo

羊	6	6
蓉	13	13
謡	16	16

ようか Yoka

洋佳	9 8	17
陽加	12 5	17
遥加	12 5	17

Ren れん

怜	8	8
蓮	13	13
廉	13	13

ろ

Rosa ろうさ

良彩	7 11	18
良爽	7 11	18

Rora ろうら

良羽羅	7 6 19	32
良有羅	7 6 19	32

わ

Waka わか

和花	8 7	15
羽華	6 10	16

Wakana わかな

若奈	8 8	16
和奏	8 9	17
新菜	13 11	24

Wakaba わかば

若芭	8 7	15
若波	8 8	16
新葉	13 12	25

Reina れいな

礼菜	5 11	16
怜奈	8 8	16
玲奈	9 8	17

Reira れいら

玲良	9 7	16
澪羅	16 19	35

Reo れお

礼桜	5 10	15
玲音	9 9	18
麗央	19 5	24

Reona れおな

礼央奈	5 5 8	18
玲央菜	9 5 11	25
麗央那	19 5 7	31

Rena れな

礼奈	5 8	13
礼菜	5 11	16
玲那	9 7	16
玲奈	9 8	17

Remi れみ

礼実	5 8	13
伶美	7 9	16
玲美	9 9	18
麗未	19 5	24

Rumiko るみこ

留未子	10 5 3	18
琉心子	11 4 3	18
瑠実子	14 8 3	25

Ruri るり

留里	10 7	17
琉利	11 7	18
瑠梨	14 11	25

Rurika るりか

留里花	10 7 7	24
琉梨香	11 11 9	31
瑠莉佳	14 10 8	32

Ruruna るるな

留々菜	10 10 11	31
瑠流那	14 10 7	31

れ

Rei れい

礼	5	5
怜	8	8
澪	16	16

Reika れいか

礼華	5 10	15
玲香	9 9	18
麗加	19 5	24

Rinko りんこ

倫子	10 3	13
鈴子	13 3	16
凜子	15 3	18

る

Rui るい

琉衣	11 6	17
留依	10 8	18

Ruka るか

留佳	10 8	18
琉花	11 7	18
瑠華	14 10	24

Ruki るき

留季	10 8	18
琉希	11 7	18
瑠姫	14 10	24

Runa るな

留奈	10 8	18
琉那	11 7	18
瑠菜	14 11	25

Rumi るみ

琉未	11 5	16
留実	10 8	18
瑠望	14 11	25

Ryoko りょうこ

怜子	8 3	11
稜子	13 3	16
遼子	15 3	18

Riria りりあ

莉里亜	10 7 7	24
梨里亜	11 7 7	25
理利亜	11 7 7	25

Ririka りりか

吏利加	6 7 5	18
莉里佳	10 7 8	25
璃里香	15 7 9	31

Ririna りりな

李里菜	7 7 11	25
莉里奈	10 7 8	25
梨里那	11 7 7	25

Rin りん

梨	11	11
鈴	13	13
凜	15	15

Rinka りんか

倫果	10 8	18
梨花	11 7	18
鈴加	13 5	18
凜香	15 9	24

女の子編

人気の最後の音から考える名前リスト

名前の最後の音から引ける女の子の名前リストを紹介します。気に入った音で終わる名前のバリエーションを見て、発想を広げましょう。

リストの見方

「響きから考える吉名リスト」でも紹介している名前 → ★
名前の漢字例、アルファベット表記はP112～133の「響きから考える吉名リスト」を参照してください。

あ ← 名前の最後の音
★ここあ
★くれあ
かいあ
その音で終わる名前例 ← 50音順、文字数が少ない順に紹介します。
亜 阿 吾 ← 最後の音に使える漢字例

あ　亜 安 阿

かいあ
★きあ
★くれあ
★ここあ
しいあ
せりあ
★せれあ
だりあ
★ときあ
★のあ
ひろあ
ふみあ
まきあ
まみあ
★まりあ
みこあ
★みりあ
むうあ
★ゆあ
★ゆうあ
ゆきあ
★ゆりあ
りあ
★りりあ
るるあ
れいあ

い　衣 依 維

★あい
★あおい
あれい
うい
えりい
★きい
★けい
さりい
★まい
★ゆい
★るい
★れい

え　江 恵 絵

あきえ
★かえ
★かなえ
★きえ
★きよえ
★さえ
さきえ
★しえ
しずえ
すずえ
★ちえ
ちずえ
ときえ
★ななえ
なるえ
★のえ
ののえ
★のりえ
はつえ
★はなえ
はるえ
ひろえ
ふみえ
まきえ
まみえ
★まりえ
★もえ
★ももえ
★やえ
★ゆきえ
★ゆりえ
よしえ
★りえ

お　生 央 緒

あお
いお
かお
きお
さお
しお
たまお
★なお
ななお
★まお
★みお
★りお
★れお

おり　織

★いおり
★かおり
きおり
★さおり
★しおり
せおり
ちおり
とおり
はおり
ひおり
まおり
★みおり

か　花 香 佳

あいか
あきか
あみか
★あやか
あゆか
★ありか
いくか
★いちか
いりか
★ういか
★うみか
えいか
★えみか
★えりか
おりか
★きみか
★きょうか
★きよか
★けいか
★さいか
★さえか
さとか
★さやか
さゆか
★しいか
しえか
★しずか
しづか
しのか
しほか
★しゅうか
じゅんか
★すずか
★すみか
★せいか
★せりか
せれか
そうか
★ちか
ちりか
なおか
ななか
なのか
にいか
★にちか
ぬいか
ねいか
★のどか
★ののか
はなか
★はのか
★ふうか
ふきか
★ふみか
ふゆか
★ほのか
★まいか
★まどか
まなか
★まりか

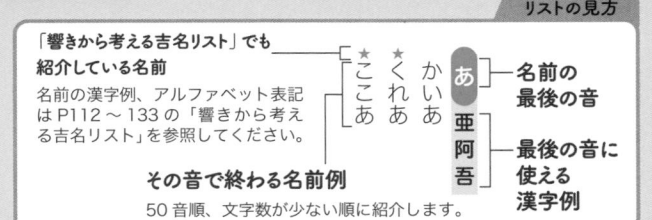

みいか
★みか
みきか
★みちか
みとか
めいか
★もか
もみか
★ももか
やえか
★ゆいか
★ゆうか
★ゆか
ゆきか
★ゆずか
ゆづか
★ゆみか
★ゆめか
★ゆりか
★ようか
よしか
らいか
りいか
★りか
りほか
りみか
りゅうか
りょうか
★りんか
★れいか
れみか
れんか
ろか
★わか

き 紀 希 綺

あいき
★あき
うき
えいき
かずき
★さき
★さつき
しき
★たまき
★ちあき
★なつき
なみき
ひびき
★まき
まゆき
★みき
★みさき
★みずき
★みつき
★みづき
★みゆき
みるき
★ゆうき
★ゆき
★ゆずき
★ゆづき
らいき
りさき
★るき
れいき
ろき
わき

く 久 玖 来

あいく
あすく
いく
えいく
きく
★しずく
のりく
はるく
ひろく
まりく
★みく
ゆうく
らいく
★りく
りりく
れいく
わく

こ 子 来 瑚

あいこ
あきこ
あさこ
あみこ
あやこ
あゆこ
いくこ
ういこ
うみこ
うめこ
えいこ
えみこ
★えりこ
★おりこ
かずこ
★かよこ
★きこ
★くみこ
★くりこ
★けいこ
さきこ
さちこ
さとこ
しずこ
★しゅうこ
★じゅんこ
すずこ
せいこ
★そうこ
たかこ
★ちかこ
ちさこ
ちずこ
ちづこ
★とうこ
★なおこ
★ななこ
ののこ
のぶこ
のりこ
★はなこ
はるこ
★ひなこ
ひみこ
ひろこ
★ふうこ
ふきこ
ふみこ
ふゆこ
ほしこ
ほのこ
★まいこ
まきこ
★まこ
★まさこ
まちこ
まみこ
★まゆこ
★まりこ
★みいこ
みきこ
みさこ
みなこ
めいこ
★ももこ
もよこ
やえこ
ゆいこ
ゆうこ
ゆかこ
ゆきこ
ゆずこ
ゆづこ
ようこ
よりこ
りいこ
★りかこ
★りこ
★りさこ
★りんこ
れいこ
わこ

さ 沙 紗 佐

あいさ
★あずさ
★ありさ
えいさ
★かずさ
きいさ
きさ
たばさ
★ちさ
てれさ
はるさ
ふみさ
★まあさ
まみさ
まりさ
みいさ
★みさ
★めいさ
めりさ
めるさ
ももさ
ゆうさ
ゆきさ
ゆみさ
ゆりさ
ようさ
★りいさ
りりさ
れいさ
★ろうさ

さと 里 郷 聡

ちさと
★みさと
りさと

せ 世 瀬

あいせ
あきせ
かずせ
きせ
ことせ
しずせ
ちずせ
とみせ
なつせ
★ななせ
なみせ
ののせ

はなせ
はるせ
ひろせ
ふゆせ
まいせ
みつせ
★りせ

その 園 薗 苑

きその
ちその
まその
★みその
りその

と 都 翔 音

あいと
えいと
★おと
きいと
★けいと
すずと
せいと
ななと
はなと
はると
まりと
みいと
みと
めいと
ゆりと
りいと
りりと

な 奈 菜 那

★あいな
★あきな
あさな
★あんな
いおな
ういな
えいな
えみな
★えりな
おりな
★かな
★かずな
★かりな
★かんな
きいな
けいな
★ここな
さえな
★さな
★しいな
★しえな
しおな
★しずな
★じゅりな
★すずな
★せいな
せおな
★せりな
★そうな
ちな
なずな
★なな
★はな
★はるな
★ひな
★ふうな
まさな
★まな
まゆな
★まりな
★みいな
★みきな
★みな
★みりな
みれな
めいな
めりな
★もな
★やすな
★ゆいな
★ゆうな
★ゆきな
★ゆな
★ゆりな
ような
★わかな

なみ 波 南

★かなみ
★こなみ
★さなみ
せなみ
★ちなみ
★ななみ
のなみ
はなみ
ひなみ
★ほなみ
★まなみ
★みなみ
★もなみ
ゆなみ
りなみ
るなみ

の 乃 野 埜

あいの
あきの
あすの
あみの
★あやの
いずの
★うの
★うみの
えいの
おとの
かずの
かの
★きくの
くりの
ここの
さきの
さとの
★しの
せの
その
ちさの
なみの
のの
★はるの
★ひなの
ひろの
★ふみの
ほの
まいの
まさの
まゆの
まりの
みかの
みきの
みさの
みの
みわの
やすの
ゆいの
ゆうの
ゆかの
★ゆきの
ゆずの
ゆづの
ゆみの
★ゆりの
★りの
れいの

は 羽 波 葉

あいは
あおば
あきは
★いるは
うみは
えいは
★おとは
けいは
★ことは
★このは
★てるは
★なのは
★ひろは
まいは
まりは
ゆいは
ゆうは
ゆきは
ゆずは
ゆみは
りいは
れいは

はる 春 悠 陽

★こはる
★ちはる
のはる
★みはる

ひ 日 妃 飛

★あさひ
あやひ
えいひ
かずひ
はるひ
ひろひ
まなひ
ゆうひ
れいひ

ひろ 広 紘 尋

★ちひろ
★まひろ
★みひろ
ゆひろ
りひろ

ほ 歩 帆 穂

あいほ
★あきほ
あみほ
あやほ
いくほ
いずほ
ういほ
えいほ
★えみほ
かずほ
★かほ
★きほ
くれほ
★さちほ
★さほ
★しほ
ちほ

ななほ
なほ
★のりほ
まいほ
★まほ
まみほ
★みきほ
★みずほ
みなほ
★みほ
めいほ
ゆいほ
ゆうほ
ゆみほ
★りほ
るいほ
れいほ

ま 万 麻 真

★えま
しま
★ゆま
りま
れま

み 未 美 実

あいみ
あきみ
★あさみ
★あみ
★あやみ
★いくみ
★いずみ
★いつみ
★うみ
★えいみ
★えみ
★かずみ
かつみ
★きみ
きよみ
★くみ
★くるみ
★ここみ
★ことみ
★このみ
★さとみ
★さゆみ
★ちさみ
★なおみ
★なつみ
★なみ
なりみ
★なるみ
★はるみ
★ひろみ
★ふゆみ
まいみ
★まおみ
★まさみ
★まみ
まりみ
みすみ
★みみ
★もえみ
★ゆうみ
★ゆみ
よしみ
★りみ
★るみ
★れみ

め 芽 萌

★あやめ
かなめ
★なつめ
みゆめ
ゆめ

や 矢 弥 夜

★あや
★かや
★さあや
★さや
★まや
みや

ゆ 友 由 結

あゆ
えいゆ
えみゆ
さゆ
しゆ
ちゆ
なゆ
ふゆ
★まゆ
★みゆ
りゆ

よ 世 代 夜

あきよ
いくよ
かずよ
かなよ
★かよ
きよ
★さよ
ちよ
★ともよ
★まよ
みちよ
★みよ
★ももよ
ゆきよ
りよ
れみよ
ろみよ

ら 良 来 羅

あいら
いら
★うらら
えいら
えくら
えら
★かいら
★かえら
★きいら
★きよら
★きらら
さえら
★さら
しいら
★せいら
せら
★そら
★たみら
★にこら
のえら
のら
はみら
ひよら
ふうら
ほみら
まあら
★みそら
★みら
めら
ゆら
らら
★れいら
★ろうら

らん 蘭 藍

きらん
さらん
せいらん
せらん
ひらん
ほらん
みらん
ゆらん
ららん
★らん
りらん
れいらん

り 梨 莉 李

★あいり
★あかり
あんり
★えみり
★えり
きらり
きり
くり
さり
さぎり
★じゅり
★ひかり
★ひまり
★ひらり
★まり
★みくり
★みどり
めり
ゆうり
★ゆかり
★ゆり
りり
★るり

る 留 瑠 琉

あいる
えみる
★かおる
★せしる
★はる
★ひかる
まりる
★みちる
めりる
るる

れい 玲 嶺 麗

せれい
にれい
まれい
★みれい

れん 恋 連 蓮

あれん
★えれん
かれん
せれん
まれん
みれん
りれん

わ 和 羽 杷

おとわ
★きわ
★さわ
★とわ
★のわ
★みわ
ゆわ
りわ

女の子らしい響きの名前をつけるには

特定の音の響きを使うと、女の子らしい印象の名前になります。特定の音の響きがもたらす印象を知って、子どものイメージに合う名前をつけましょう。「こう育ってほしい」というイメージ別に、女の子らしい響きの名前を紹介します。

★がついている名前は、P112～133「響きから考える吉名リスト」でも紹介している名前です。漢字例、アルファベット表記など参考にしてください。

美しい 女の子を思わせる名前にするには？

ラ行の音を使って うるわしい響きの名前に

ラ行の音は、みずみずしい印象を与えます。ラ行の音の読みがある漢字は、美しいイメージの漢字も多いので、見た目からも美しい印象に。

音の例	漢字の例	画数
★らん	藍18	18
★りあ	莉10 亜7	17
★りえ	理11 衣6	17
★りお	理11 央5	16
★りおな	莉10 緒14 菜11	35
★りこ	莉10 子3	13
★りな	李7 菜11	18
★りの	吏6 乃2	8
★りほ	里7 歩8	15
★りみ	莉10 実8	18
★りり	梨11 里7	18
★りりあ	吏6 々6 愛13	25
★りん	凛15	15
★りんか	梨11 花7	18
★るい	瑠14 唯11	25
★るな	流10 奈8	18
★るみ	留10 未5	15
★るり	留10 李7	17
★れい	玲9 衣6	15
★れいか	怜8 花7	15
★れいな	玲9 七7	16
★れいら	怜8 良7	15
★れな	伶7 菜11	18
★れみ	伶7 実8	15

優しい 女の子を思わせる名前にするには？

マ行・ヤ行の音など、やわらかい音が含まれる名前に

マ行の音はソフトな印象。ヤ行の音も、口から空気がゆっくり出ていく優しい音です。これらの音を重ねれば、より優しい雰囲気になります。

音の例	漢字の例	画数
★まい	真10 依8	18
★まお	真10 央5	15
★まな	茉8 奈8	16
★まなみ	愛13 巳3	16
★まみ	麻11 未5	16
★まや	茉8 耶9	17
★まゆ	万3 由5	8
★みう	未5 宇6	11
★みお	未5 桜10	15
★みゆ	実8 夕3	11
★もえ	萌11 江6	17
★ももか	桃10 圭6	16
★ゆあ	友4 愛13	17
★ゆい	惟11	11
★ゆいみ	結12 未5	17
★ゆう	由5 羽6	11
★ゆうな	夕3 奈8	11
★ゆうみ	有6 未5	11
★ゆづき	弓3 月4	7
★ゆな	柚9 那7	16
★ゆま	由5 麻11	16
★ゆり	友4 里7	11
★ゆりえ	由5 梨11 栄9	25
★ゆりな	優17 李7 奈8	32

癒やし系の 女の子を思わせる名前にするには?

ナ行・マ行の音を使った名前に

ナ行・マ行の音は温かみのある響きです。明るく周りを癒やす女の子のイメージにぴったり。「なな」のように同じ音を重ねるのもおすすめ。

音の例	漢字の例	
★なお	名(6)央(5)	11
★なおみ	直(8)未(5)	13
★なぎさ	渚(11)	11
★なごみ	和(8)美(9)	17
★なな	那(7)南(9)	16
★ななえ	七(7)枝(8)	15
★ななこ	名(6)那(7)子(3)	16
★ななせ	奈(8)菜(11)世(5)	24
★ななみ	七(7)海(9)	16
なのか	奈(8)乃(2)花(7)	17
★なみ	奈(8)未(5)	13
★なるみ	成(6)未(5)	11
★にいな	新(13)菜(11)	24
★のあ	野(11)愛(13)	24
★のえ	野(11)衣(6)	17
★のどか	和(8)	8
★ののか	野(11)乃(2)加(5)	18
★まあこ	茉(8)愛(13)子(3)	24
まいな	真(10)衣(6)奈(8)	24
★まお	麻(11)緒(14)	25
★まおみ	麻(11)央(5)美(9)	25
★まひろ	万(3)広(5)	8
★みいな	美(9)依(8)那(7)	24
★みお	澪(16)	16
★みおり	実(8)央(5)梨(11)	24
★みのり	実(8)乃(2)里(7)	17
★めぐみ	恵(10)未(5)	15
★もあ	萌(11)愛(13)	24
★もえ	萌(11)	11
★もな	茂(8)那(7)	15
★もも	李(7)	7
★ももか	百(6)華(10)	16

スタイリッシュな 女の子を思わせる名前にするには?

カ行・タ行の音を入れてきりっとした響きの名前に

カ行・タ行のはっきりと響く音が含まれる名前は、賢くスタイリッシュな印象になります。最後を優しい音にすると、強すぎない雰囲気に。

音の例	漢字の例	
かずき	和(8)希(7)	15
★かずさ	和(8)紗(10)	18
★かな	香(9)奈(8)	17
★かのん	加(5)暖(13)	18
★かほ	果(8)布(5)	13
★かりな	香(9)李(7)奈(8)	24
★かんな	栞(10)那(7)	17
★きい	希(7)衣(6)	13
★きえ	貴(12)衣(6)	18
★きみか	君(7)香(9)	16
★くみ	紅(9)美(9)	18
★くるみ	来(7)実(8)	15
★けいか	恵(10)加(5)	15
★けいと	圭(6)音(9)	15
ことの	琴(12)之(3)	15
★ことみ	琴(12)未(5)	17
★こはる	来(7)春(9)	16
★たかね	多(6)香(9)音(9)	24
たかみ	孝(7)美(9)	16
★たまき	珠(10)来(7)	17
★ちあき	知(8)明(8)	16
★ちか	知(8)香(9)	17
★ちかこ	千(3)花(7)子(3)	13
★ちさき	治(8)咲(9)	17
★ちとせ	千(3)歳(13)	16
つかさ	司(5)	5
つきか	月(4)花(7)	11
つきこ	月(4)子(3)	7
★つくし	筑(12)詩(13)	25
★つむぎ	紬(11)	11
★ともか	友(4)花(7)	11
★ともこ	巴(4)子(3)	7

キュートな 女の子を思わせる名前にするには？

カ行・タ行の音を中心に。2文字の名前もおすすめ

カ行・タ行の音を中心に、ラ行の音などを組み合わせるとかわいらしい印象。２文字の名前は、より呼びやすくキュートな雰囲気になります。

音の例	★かえ	★かえら	★かおり	★かな	★かなみ	★かのん	★かほ	★かりな
漢字の例	華10衣6	加5衣6良7	花7織18	加5奈8	加5奈8未5	花7音9	華10帆6	香9利7奈8
	16	18	25	13	18	16	16	24

音の例	★かりん	かれん	★きらら	きりあ	★くみ	★くらら	★くるみ	★くれあ
漢字の例	華10凜15	花7恋10	煌13羅19	希7莉10亜7	紅9美9	紅9良7羅19	来7望11	呉7娃9
	25	17	32	24	18	35	18	16

音の例	★こはる	たまこ	たみえ	★ちか	★ちさ	★ちなつ	★ちなみ	★つぐみ
漢字の例	小3陽12	珠10子3	多6美9恵10	知8香9	治8紗10	千3夏10	治8波8	継13末5
	15	13	25	17	18	13	16	18

音の例	★つむぎ	★てるみ	★てれあ	てれさ	★とうこ	★ときあ	ときえ	ととみ
漢字の例	都11麦7	晄10未5	輝15玲9亜7	照13礼5沙7	冬5子3	季8亜7	旬6瑛12	杜7音9美9
	18	15	31	25	8	15	18	25

しっかり者の 女の子を思わせる名前にするには？

「まさ」「たか」ほか、少し堅い響きを入れて

少し古風な響きの音を入れると、信頼感のある印象に。古めかしくなりすぎないように、最後の音にはかわいらしい音を選びましょう。

音の例	かずえ	★かずみ	くみか	たかこ	たかな	ちかげ	★ちづる	★てるみ
漢字の例	和8恵10	和8実8	久3美9加5	敬12子3	恭10奈8	千3景12	千3鶴21	映9美9
	18	16	17	15	18	15	24	18

音の例	★としみ	★はつみ	はるえ	ひろえ	★ひろか	★ひろは	★ふみか	★ふみな
漢字の例	俊9美9	八8美9	陽12絵12	拓8恵10	裕12圭6	広5波8	文4花7	文4那7
	18	17	24	18	18	13	11	11

音の例	★まさみ	まさよ	みちよ	★みちる	みつな	みつよ	★みどり	みねか
漢字の例	昌8実8	昌8代5	美9千3代5	美9智12瑠14	充6菜11	満12代5	美9豊13莉10	嶺17花7
	16	13	17	35	17	17	32	24

音の例	★むつみ	もとか	★やえ	やすえ	★よしの	よしみ	りょうか	★れいか
漢字の例	睦13未5	心4花7	八8依8	康11江6	淑11乃2	良7美9	涼11加5	怜8加5
	18	11	16	17	13	16	16	13

繊細な女の子を思わせる名前にするには？

優しい音で終わる名前か、4文字の名前に

強くない音で終わる名前は、繊細な印象になります。女の子にめずらしい４文字の名前にするのも、たおやかな印象でおすすめです。

音の例	漢字の例	画数
うらん	宇6 蘭19	25
★えのん	会6 音9	15
★えれん	詠12 蓮13	25
かおりこ	香9 吏6 子3	18
かおるこ	郁9 来7	16
かおん	佳8 音9	17
かぐやこ	香9 具8 矢5 子3	25
★かのん	香9 音9	18
けいらん	佳8 覧17	25
こうらん	煌13 蘭19	32
さくらこ	桜10 子3	13
しおりこ	栞10 子3	13
★しおん	詩13 媛12	25
しょう	梢11	11
すずらん	鈴13 蘭19	32
すみれこ	菫11 瑚13	24
せいらん	聖13 藍18	31
なでしこ	撫15 子3	18
★はのん	巴4 音9	13
★ひまわり	陽12 葵12	24
ひろみこ	洋9 未5 子3	17
まおりこ	真10 織18 子3	31
まゆう	茉8 優17	25
★まりん	茉8 倫10	18
★みおん	未5 苑8	13
みどりこ	翠14 子3	17
みのん	美9 音9	18
みゆう	美9 有6	15
★みれい	美9 怜8	17
ゆうらん	悠11 欄20	31
★りおこ	莉10 央5 子3	18
りゆ	梨11 佑7	18

気品のある女の子を思わせる名前にするには？

サ行・ヤ行の音を上手に使って

サ行の音は爽やかで上品な印象、ヤ行の音は優雅な印象を与えます。組み合わせると、より気品あるイメージに。

音の例	漢字の例	画数
★さえ	沙7 江6	13
さおり	紗10 央5 莉10	25
★さくら	桜10 良7	17
★さなえ	咲9 苗8	17
★さや	沙7 耶9	16
★さやか	沙7 也3 可5	15
★さゆみ	爽11 由5 美9	25
さよこ	沙7 代5 子3	15
しお	詩13 央5	18
★しおり	資13 織18	31
★しの	思9 乃2	11
しのえ	篠17 枝8	25
しゆり	志7 友4 里7	18
★すず	鈴13	13
★すずか	紗10 加5	15
すずの	鈴13 乃2	15
★すみか	純10 圭6	16
★すみれ	菫11	11
★せいか	星9 香9	18
せいこ	聖13 子3	16
★せいら	星9 良7	16
★そうこ	宗8 子3	11
★そのこ	苑8 子3	11
★やよい	弥8 生5	13
★ゆい	由5 伊6	11
★ゆうな	侑8 奈8	16
ゆうの	悠11 乃2	13
★ゆりあ	優17 李7 亜7	31
★ゆりえ	友4 莉10 恵10	24
★ゆりか	友4 李7 加5	16
★ゆりな	友4 莉10 菜11	25
ようこ	陽12 子3	15

ちょっと古風な女の子を思わせる名前にするには？

「～こ」「～え」「～よ」などで終わる名前に

「こ」で終わる名前は再び人気が出ています。前半の音を今風の響きにすると、古風ながらも新鮮な印象に。

音の例	漢字の例	総画数
あいこ	愛13 子3	16
あきえ	明8 恵10	18
あやこ	綾14 子3	17
いよ	伊6 代5	11
★かえ	夏10 衣6	16
★かよ	華10 世5	15
きよ	貴12 世5	17
★さえ	紗10 依8	18
さきえ	咲9 映9	18
さきよ	早6 希7 代5	18
さくえ	朔10 江6	16
★さちえ	幸8 依8	16
さちよ	祥10 世5	15
★さよ	彩11 世5	16
しずよ	雫11 世5	16
ちよ	千3 代5	8
なつよ	夏10 世5	15
★のえ	乃2 愛13	15
はるえ	陽12 江6	18
はるこ	遥12 子3	15
★ひなこ	比4 名6 子3	13
★まこ	摩15 子3	13
まなよ	万3 奈8 代5	16
★みえ	望11 衣6	17
みきえ	美9 貴12 恵10	31
みちよ	理11 世5	16
みなこ	未5 奈8 子3	16
★ももこ	桃10 子3	13
★ももよ	李7 夜8	15
★ゆりこ	由5 里7 子3	15
★りこ	莉10 子3	13
★りさこ	梨11 紗10 子3	24

のびやかな女の子を思わせる名前にするには？

「しょうこ」「ゆうこ」など伸ばす音が含まれる名前に

伸ばす音が入る名前は、のびやかでしなやかな印象になります。最後の音をはっきりとした音で止めると、引き締まった印象に。

音の例	漢字の例	総画数
えいか	詠12 加5	17
きいな	葵12 衣6 那7	25
★きょうか	京8 花7	15
きょうこ	恭10 子3	13
★けいこ	慧15 子3	18
★けいと	京8 音9	17
★しゅうか	秀7 香9	16
★しゅうこ	宗8 子3	11
★しょうこ	正5 子3	8
★とうこ	統12 子3	15
★ふうか	風9 圭6	15
★ふうこ	楓13 子3	16
★まあこ	茉8 有6 子3	17
★まあさ	麻11 亜7 沙7	25
★まあや	万3 綾14	17
★みいこ	美9 伊6 子3	18
★めいさ	明8 紗10	18
★ゆいか	唯11 加5	16
★ゆうあ	悠11 愛13	24
★ゆうか	有6 花7	13
ゆうこ	結12 子3	15
★ゆうな	友4 菜11	15
★ゆうみ	侑8 実8	16
★よう	蓉13	13
★ようか	遥12 圭6	18
ようこ	陽12 子3	15
ような	洋9 奈8	17
★りいさ	里7 依8 紗10	25
★りょうこ	綾14 子3	17
れいさ	玲9 咲9	18
★れいな	礼5 奈8	13
ろうず	涼11 寿7	18

呼びたいニックネームから考える名前　女の子編

ニックネームから引ける女の子の名前リストを紹介します。呼びたいニックネームに合う名前を探してみてください。

★がついている名前は、P112～133「響きから考える吉名リスト」でも紹介している名前です。漢字例、アルファベット表記など参考にしてください。

50音順

あーちゃん
★あすか　★あずさ　★あすみ　★あずみ　★あまね　★あみ

あいちゃん
★あい　あいか　あいこ　★あいな　あいみ　★あいり

あきちゃん
あきえ　あきこ　★あきほ　あきみ　あきよ　あきら

あっちゃん
★あかね　あぐり　あさこ　★あさみ　★あつこ　あつみ

あやちゃん
★あや　★あやか　★あやな　★あやね　★あやの　★あやみ

ありちゃん
★ありか　ありく　ありこ　★ありさ　★ありす　ありな

いっちゃん
★いおり　★いくみ　★いちか　いちご　★いつみ　いよ

うーちゃん
★ういか　ういな　★うた　★うの　★うみか　★うらら

えっちゃん
★えいみ　えつこ　★えま　★えみ　えみこ　★えみり

えりちゃん
★えり　★えりか　えりこ　えりさ　えりな　えりは

おとちゃん
★おと　おとか　★おとね　★おとは　★おとみ　おとめ

かずちゃん
かずえ　かずこ　かずの　かずほ　★かずみ　かずよ

かづちゃん
かづ　かづこ　かづな　かづの　★かづみ　かづよ

かなちゃん
★かな　★かなえ　かなこ　かなほ　★かなみ　かなめ

きいちゃん
★きい　きいな　★きえ　★きこ　きさ　きよ

きみちゃん
あきみ　★きみ　きみえ　★きみか　きみの　きみよ

きょうちゃん
うきょう　きょう　★きょうか　きょうこ　きょうな　きょうは

きりちゃん
きり　きりあ　きりか　きりこ　きりな　さぎり

くーちゃん
★くにか　★くみ　★くらら　★くりこ　★くるみ　★くれあ

けいちゃん
★けい　★けいか　★けいこ　★けいと　けいな　けいら

こーちゃん
こう　こうこ　★こうみ　★こうめ　★こずえ　★ことみ

さっちゃん
★さき
★さちえ
さちこ
★さちほ
★さとこ
★さとみ

さやちゃん
★さあや
★さや
★さやか
さやこ
★さやね
さやの

しいちゃん
★しいか
★しいな
★しえな
★しおね
★しおり
★しずか

しょうちゃん
しょう
しょうか
★しょうこ
しょうと
しょうな
しょうね

すーちゃん
★すばる
★すみか
すみこ
★すみれ
★すもも
すわこ

すずちゃん
いすず
★すず
すずえ
★すずか
すずこ
★みすず

せいちゃん
★せいか
せいこ
★せいな
せいの
せいみ
★せいら

たかちゃん
たかえ
たかこ
たかな
★たかね
たかみ
ゆたか

ちーちゃん
ちかげ
ちさと
★ちづる
★ちとせ
★ちはる
★ちひろ

ちかちゃん
★ちか
ちかえ
★ちかこ
ちかな
★ちかね
ちかよ

ともちゃん
★とも
★ともえ
★ともか
ともは
ともみ
★ともよ

なおちゃん
★なお
なおか
★なおこ
★なおみ
★ななお
みなお

なっちゃん
★なぎさ
なずな
★なつえ
★なつか
★なつこ
★なつみ

ななちゃん
★なな
★ななえ
★ななお
ななか
ななほ
★ななみ

なるちゃん
なる
なるえ
なるか
なるこ
★なるみ
みなる

にーちゃん
にいこ
★にいな
にこ
にじこ
★にちか
にのは

ねねちゃん
ねね
ねねか
ねねこ
ねねは
ねねみ
ねねよ

のりちゃん
★のりえ
★のりか
のりさ
★のりな
のりは
★のりほ

のんちゃん
★のあ
★のえる
のか
★のぞみ
★ののか
ののこ

はなちゃん
★はな
★はなえ
はなか
★はなこ
はなよ
みはな

はるちゃん
はるえ
★はるか
はるこ
★はるな
★はるみ
★みはる

ひーちゃん
★ひかる
★ひとみ
★ひなた
★ひまり
★ひみか
★ひわこ

ふうちゃん
★ふうか
★ふうこ
★ふうな
ふたば
★ふみか
★ふみな

まーちゃん
★まお
★まき
★まこ
★まさこ
★まさみ
★まひろ

まいちゃん
★まい
★まいか
★まいこ
★まいさ
まいな
まいみ

みーちゃん
★みえ
★みか
★みちる
★みほ
★みゆ
★みよ

みきちゃん
★みき
みきあ
みきか
みきこ
★みきな
★みきほ

みっちゃん
★みちる
みつえ
★みつき
みつな
★みつば
みつよ

みなちゃん
★みな
みなえ
みなこ
★みなと
★みなみ
みなよ

みのちゃん
★うみの
きみの
★ふみの
★みのり
みのりこ
ゆみの

めぐちゃん
めぐ
めぐな
めぐは
★めぐみ
めぐむ
めぐり

ももちゃん
★もも
★ももえ
★ももか
★ももこ
ももな
★ももよ

ゆうちゃん
★ゆうか
ゆうこ
★ゆうな
★ゆうみ
ゆずき
★ゆま

ゆきちゃん
ちゆき
★みゆき
★ゆき
ゆきあ
★ゆきえ
★ゆきな

ゆみちゃん
あゆみ
★ゆみ
ゆみえ
★ゆみか
ゆみこ
ゆみり

ゆりちゃん
★ゆり
★ゆりあ
★ゆりえ
★ゆりか
★ゆりこ
★ゆりな

ようちゃん
★よう
★ようか
ようこ
ような
ようみ
よりこ

ららちゃん
★うらら
★きらら
みらら
ゆらら
らら
ららこ

らんちゃん
うらん
ふうらん
みらん
★らん
らんか
らんこ

りーちゃん
★りえ
★りお
★りおこ
★りさ
★りほ
★りみ

りっちゃん
★りか
★りこ
★りさ
★りさこ
★りつこ
りと

りょうちゃん
りょう
りょうか
★りょうこ
りょうな
りょうの
りょうみ

りんちゃん
★えりん
★かりん
★まりん
★りん
★りんか
★りんこ

るーちゃん
★るい
★るみ
★るみこ
★るり
るりこ
★るるな

れいちゃん
★みれい
★れい
★れいか
れいこ
★れいな
★れいら

れんちゃん
★えれん
かれん
せれん
みれん
★れん
れんこ

ろうちゃん
ろうか
★ろうさ
ろうな
★ろうら
ろか
ろみ

わかちゃん
★わか
わかこ
★わかな
わかの
★わかば
わかみ

【特徴的な響きの名前❶】

濁音が入る男の子女の子の名前

濁音《だくおん》が含まれる名前は、重厚感のある響きになります。発音したときに強く響くので、印象的な名前に。強くなりすぎないように、姓とのバランスを考えて決めましょう。

★がついている名前は、P78～99、P112～133「響きから考える吉名リスト」でも紹介している名前です。漢字例、アルファベット表記など参考にしてください。

男の子の名前の例

ガ行

★あいが
★がいあ
★がく
★がくと
★たいが
★ひゅうが
★ふうが
★りゅうが
★ぎんが
★あおぐ
★ぐんじ
★すぐる
★げん
★げんき
★いちご
★えいご
★きょうご
★けんご
★ごう
★ごうた
★しょうご
★しんご
★なごむ
★ゆうご

ザ行

★えいじ
★かいじ
★けんじ
★こうじ
★じょうじ
★じゅん
★じん
★しんじ
★せいじ
★ゆうじ
★ようじ
★りょうじ
★れいじ
★れんじ
★あずま
★いずみ
★いずも
★かずき
★かずと
★みずき
★ゆずる
★ぜん
★ぜんた
★けんぞう
★たいぞう

ダ行

★こうだい
★だい
★だいき
★だいご
★だいすけ
★だいち
★だいと
★ゆうだい
★かえで
★かなで
★しどう

バ行

★すばる
★つばさ
★ひびき
★いぶき
★しのぶ
★ぶんた
★まなぶ
★のぼる

濁音の読みがある漢字例

画数	漢字	読み
7	我	が
8	学	がく
8	具	ぐ
7	吾	ご
10	座	ざ
2	二	じ
16	樹	じゅ
10	純	じゅん
10	造	ぞう
7	芭	ば
12	葉	ば
9	美	び
7	秀	ひで
15	舞	ぶ
10	恵	めぐみ

女の子なら

みずみずしい印象に

ガ行・ザ行の音が含まれる女の子の名前はみずみずしい印象に。濁音が含まれる女の子の名前は個性的な存在感をはなちます。

男の子なら

力強くたくましい印象に

男の子の名前では、ポピュラーな名前の中にも濁音が含まれるものが多くあります。強くたくましい、存在感のある男の子にぴったりです。

女の子の名前の例

ガ行

ぎんか　★こむぎ　★つむぎ　★なぎさ　のぎく　★むぎ　★かぐや　★ちぐさ　★つぐみ　★めぐみ　いちご　さんご　★なごみ

ザ行

★かざね　りいざ　ろうざ　★あんじゅ　★じゅり　★じゅりあ　★じゅりな　★じゅん　★もみじ　★あずさ　★あずみ　★かずさ　★かずね　★かずは　★こずえ　★しずか　★しずく　★しずな　★すず　★すずか　★すずな　★みずき　★みすず　★みずほ　かぜみ　★のぞみ

ダ行

★ちづる　★はづき　★ゆづき　★かえで　かなで　なでしこ　ひでか　★ひでみ　★のどか　★みどり

バ行

あおば　★すばる　★つばき　★つばさ　★なばな　のばな　★のばら　ばいら　ばにら　★ひばり　ふたば　★よつば　★わかば　びおら　★みやび　★しのぶ　べる　★つぼみ　★ぼたん

名づけのヒント

半濁音を使うと外国人風の名前に

半濁音(ぱぴぷぺぽ)が含まれる日本人の名前は、男女ともにまれです。外国人風の名前をつけたいときには、半濁音を入れるのも一つの方法です。

女の子の名前の例

ぱおら・ぱめら・ぱれす・ぴあ・ぴえら・ぽうら・ぽえむ・ぽるか

男の子の名前の例

すぴか・ぱあし・ぱおろ・ぴいた・ぷりも・ぺいた・ほうぷ・ぽうる

【特徴的な響きの名前❷】

ー 長音が入る 男の子 女の子の名前

長音《ちょうおん》とは、伸ばす音のこと。たとえば「ゆうた」という名前は、発音するときには「ユータ」となります。長音が含まれる名前は、のびやかな響きの名前になります。

★がついている名前は、P78～99、P112～133「響きから考える吉名リスト」でも紹介している名前です。漢字例、アルファベット表記など参考にしてください。

男の子の名前の例

※カッコ内のカタカナは、実際に発音するときの音を表しています。

ああさ（アーサ）
ああち（アーチ）
あある（アール）
ああろ（アーロ）
★いちろう（イチロー）
★いっせい（イッセー）
★えいじ（エージ）
★おうすけ（オースケ）
かある（カール）
★かいせい（カイセー）
★きょうへい（キョーヘー）

くうが（クーガ）
くろうど（クロード）
くんどう（クンドー）
★けいすけ（ケースケ）
★ごう（ゴー）
★こうじ（コージ）
★こうへい（コーヘー）
★こたろう（コタロー）
★しどう（シドー）
★しゅうご（シューゴ）
じょう（ジョー）

★しょうた（ショータ）
★しょうり（ショーリ）
しょおん（ショーン）
★せいじ（セージ）
★せいや（セーヤ）
★そういち（ソーイチ）
★そうや（ソーヤ）
★たろう（タロー）
どうむ（ドーム）
とみい（トミー）
★ひゅうが（ヒューガ）

ひゅうご（ヒューゴ）
★ふうが（フーガ）
★ふうた（フータ）
まあく（マーク）
まあし（マーシー）
★ゆうご（ユーゴ）
★ゆうじ（ユージ）
★ようた（ヨータ）
★ようへい（ヨーヘー）
★りゅうじ（リュージ）
★りょうた（リョータ）

長音が入る、名前に使える漢字例

（凡例）11 麻 ― 画数／あさ ― 通常の読み／（ーサ）― 長音の名前に使うときの読み

画数	漢字	読み
11	麻	あさ（ーサ）
11	彩	あや（ーヤ）
12	詠	えい（エー）
9	音	おん（ーン）
8	京	きょう（キョー）
10	桂	けい（ケー）
15	慧	けい（ケー）
12	椎	しい（シー）
10	修	しゅう（シュー）
12	翔	しょう（ショー）
5	生	せい（セー）
6	成	せい（セー）

女の子なら

優しく穏やかな印象に

長音が含まれる女の子の名前は、おっとりとして穏やかな印象を与えます。ヤ行の音を伸ばすと、より優しい響きになります。

男の子なら

おおらかで優しい印象に

名前の前半に長音が入り、最後ははっきりした音で終わる名前は、優しくすっきりした印象。長音で終わる名前はおおらかな印象になります。

女の子の名前の例

あにい（アニー）
ありい（アリー）
★えいみ（エーミ）
きいな（キーナ）
★きいら（キーラ）
★きょうか（キョーカ）
★けいか（ケーカ）
★けいこ（ケーコ）
★けいと（ケート）
★さあや（サーヤ）
★しいか（シーカ）

★しいな（シーナ）
しいら（シーラ）
★せいら（セーラ）
★そうこ（ソーコ）
★とうこ（トーコ）
★にいな（ニーナ）
★はにい（ハニー）
★ひいな（ヒーナ）
★ふうか（フーカ）
★ふうこ（フーコ）
★まあさ（マーサ）

まあしゃ（マーシャ）
★まあや（マーヤ）
まりい（マリー）
まれい（マレー）
★みいこ（ミーコ）
★みいな（ミーナ）
★みれい（ミレー）
★めいさ（メーサ）
★ゆう（ユー）
★ゆうか（ユーカ）
★ゆうき（ユーキ）

★ゆうな（ユーナ）
ようこ（ヨーコ）
★りいさ（リーサ）
★りいな（リーナ）
★りょうこ（リョーコ）
りりい（リリー）
★れいか（レーカ）
★れいな（レーナ）
★れいら（レーラ）
★ろうさ（ローサ）
★ろうら（ローラ）

※カッコ内のカタカナは、実際に発音するときの音を表しています。

画数	漢字	読み
10	朗	ろう（ロー）
9	郎	ろう（ロー）
9	玲	れい（レー）
11	涼	りょう（リョー）
11	琉	りゅう（リュー）
10	竜	りゅう（リュー）
12	遥	よう（ヨー）
12	陽	よう（ヨー）
9	洋	よう（ヨー）
17	優	ゆう（ユー）
11	悠	ゆう（ユー）
9	祐	ゆう（ユー）
8	明	めい（メー）
5	平	へい（へー）
9	風	ふう（フー）
13	新	にい（ニー）
12	童	どう（ドー）
10	透	とう（トー）
13	聖	せい（セー）

【特徴的な響きの名前❸】

ヤユヨ 拗音が入る 男の子 女の子の名前

拗音《ようおん》とは、小さい「ゃ」「ゅ」「ょ」が含まれる音のこと。拗音が含まれる名前は、ニュアンスのある響きの名前になります。現代的な雰囲気を出したいときに取り入れてみても。

★がついている名前は、P78～99、P112～133「響きから考える吉名リスト」でも紹介している名前です。漢字例、アルファベット表記など参考にしてください。

男の子の名前の例

うきょう
えいしゅん
かいじゅ
かいりゅう
がじゅ
★きゅうすけ
★きょういち
★きょうが
★きょうご
★きょうすけ
★きょうへい
★きょうま
★きょうや
けいしょう
さきょう
★しゅういち
★しゅうご

★しゅうじ
★しゅうすけ
★しゅうた
★しゅうと
★しゅうへい
★しゅうま
じゅのん
★しゅん
★じゅん
★しゅんいち
★じゅんいち
★しゅんご
★しゅんすけ
しゅんと
★じゅんのすけ
★しゅんぺい
★じゅんぺい
★しゅんや

★じゅんや
★しょう
じょう
★しょういち
しょうえい
★しょうご
じょうじ
★しょうすけ
★しょうた
★しょうたろう
★じょうたろう
★しょうへい
★しょうま
★しょうや
★しょうり
たいじゅ
ちょうじ
★ひゅうが

ひゅうま
ひょうが
ひょうご
ひょうま
みゅう
みょうた
ようしゅん
らいじゅ
★りゅう
★りゅういち
★りゅうじ
★りゅうせい
★りゅうた
★りゅうへい
★りょう
★りょういち
★りょうた
★りょうま

拗音が入る、名前に使える漢字例

画数	漢字	読み
7	伽	きゃ
3	久	きゅう
7	玖	きゅう
8	京	きょう
10	恭	きょう
20	響	きょう
7	沙	しゃ
10	紗	しゃ
6	朱	しゅ
10	珠	しゅ、じゅ
7	寿	じゅ
16	樹	じゅ
8	周	しゅう
11	脩	しゅう
9	俊	しゅん
17	駿	しゅん

女の子なら

おしゃれな印象に

拗音が含まれる女の子の名前は、奥行きがありおしゃれな印象になります。「しゅう」「じゅ」などが含まれる名前がおすすめです。

男の子なら

今どきらしい印象に

「しょう」「りゅう」など、人気名前の上位に入っている音も含まれます。拗音を含む男の子の名前には、今どきらしい雰囲気が出ます。

女の子の名前の例

あいしゃ
あいじゅ
あしゅり
ありしゃ
★あんじゅ
いじゅ
かじゅ
ききょう
きゃら
きゃらこ
きゃりい
きゅうか
きゅうと
きゅうな
きょう
★きょうか
きょうこ
きょうみ

けいじゅ
しゃら
★しゅうか
★しゅうこ
しゅうな
じゅうん
じゅえる
しゅか
しゅく
しゅくな
じゅじゅ
しゅな
じゅな
しゅね
じゅね
しゅみ
じゅみ
★じゅり

★じゅりあ
じゅりえ
★じゅりな
じゅれい
★じゅん
★じゅんこ
じゅんな
★しょうこ
しんじゅ
ちゃこ
ちょうか
ちょうく
ちょうこ
ちょこ
びじゅう
ひゅうこ
ひゅうみ
まあしゃ

まいしゃ
まじゅ
みいしゃ
みいしゅ
みじゅ
みゅう
みゅうか
みゅうな
みょうこ
みょうな
りいしゅ
りゅうか
★りゅうこ
りょうか
★りょうこ
りょうな
るうじゅ
るるしゅ

11	涼	りょう
9	亮	りょう
11	琉	りゅう
9	柳	りゅう
8	明	みょう
6	名	みょう
11	票	ひょう
11	彪	ひゅう
15	蝶	ちょう
8	忠	ちゅう
9	茶	ちゃ
13	照	しょう
12	勝	しょう
12	晶	しょう
12	翔	しょう
11	章	しょう
14	緒	しょ、ちょ
15	潤	じゅん
10	准	じゅん

【特徴的な響きの名前❹】ン

促音&撥音が入る男の子女の子の名前

ツ

促音《そくおん》とは小さい「っ」のことで、活発な印象に。撥音《はつおん》とは「ん」のことで、リズムがよく明るい印象を与えます。男女ともに、元気な雰囲気の名前になります。

★がついている名前は、P78～99、P112～133「響きから考える吉名リスト」でも紹介している名前です。漢字例、アルファベット表記など参考にしてください。

男の子の名前の例

★いっき ★いっけい ★いっさ ★いった ★いってつ ★いっぺい ★きっぺい ★たっぺい ★てっぺい ★あもん ★あらん ★あれん ★あんご ★いしん ★かのん ★かんいち ★かんじ ★かんた

★きしん ★ぎんが ★ぎんと ★けいん ★けん ★げん ★けんいち ★げんき ★けんご ★けんじ ★けんしん ★けんすけ ★けんぞう ★けんた ★けんたろう ★けんと ★けんや ★さいもん

★さもん ★しおん ★しもん ★しゅん ★じゅん ★しゅんいち ★じゅんいち ★しゅんご ★しゅんすけ ★じゅんのすけ ★しゅんぺい ★じゅんぺい ★しゅんや ★じゅんや ★しん ★じん ★しんいち ★しんいちろう

★しんご ★しんじ ★しんた ★しんたろう ★しんのすけ ★しんぺい ★しんや ★せいん ★ぜん ★ぜんた ★ゆうあん ★ゆうしん ★ようしゅん ★りおん ★りんた ★りんたろう ★れおん ★れん

促音・撥音の読みがある漢字例

（凡例：1＝画数／一／いち＝通常の読み／（いっ）＝促音の名前に使うときの読み）

画数	漢字	読み
1	一	いち（いっ）
6	吉	きち（きっ）
10	桔	きつ（きっ）
12	達	たつ（たっ）
10	哲	てつ（てっ）
9	律	りつ（りっ）
6	安	あん
7	杏	あん
11	庵	あん
19	韻	いん
9	音	おん
12	温	おん

女の子なら

活発でキュートな印象に

女の子の場合、促音なら「きっか」などおてんばで活発な印象に。撥音なら「りんか」などキュートな雰囲気に。今どきらしさも感じられます。

男の子なら

やんちゃで活発な印象に

元気いっぱいでやんちゃな男の子にぴったり。たとえば「けんた」で「けんちゃん」など、愛称にしても呼びやすい名前になります。

女の子の名前の例

いっか　いっこ　★きっか　きっこ　にっか　のっこ　りっか　ろっか　あん　★あんじゅ　★あんず　★あんな　あんり　うらん　★えのん　★えりん　★えれん　かおん

★かのん　★かりん　かれん　★かんな　くらん　けいらん　こうらん　さんご　★しおん　★しのん　しゅおん　★じゅん　しゅんか　★じゅんこ　じゅんな　しんか　せいらん　せいん

★せおん　★せのん　せれん　ねおん　のん　のんか　★はのん　はりん　★ぼたん　★まのん　★まりん　まれん　まろん　★みおん　みかん　みらん　みれん　みろん

むうらん　めろん　ゆうらん　★らん　らんこ　りあん　りもん　★りん　★りんか　★りんこ　りんご　れもん　★れん　れんか　れんこ　れんな　わかん　わのん

9	俊	しゅん
13	舜	しゅん
10	純	じゅん
11	淳	じゅん
15	潤	じゅん
10	晋	しん
10	真	しん
13	慎	しん
4	仁	じん
6	全	ぜん
12	善	ぜん
4	文	もん
10	紋	もん
10	倫	りん
15	凜	りん
15	凛	りん
13	廉	れん
13	蓮	れん
15	論	ろん

ひらがなが似合う名前

漢字の読みにない音もひらがなならで表現できるため、名づけの自由度が上がります。また、個性的な響きの名前もひらがなで表すとやわらかくフラットな印象になります。

男の子の名前の例

あさひ	3 3 2	8
あすなろ	3 3 5 2	13
あだむ	3 6 4	13
あつむ	3 1 4	8
あまた	3 4 4	11
あまね	3 4 4	11
あもん	3 3 2	8
いこま	2 2 4	8
いちる	2 3 3	8
えにし	3 3 1	7
える	3 3	6
えんじ	3 2 3	8
かい	3 2	5
かいどう	3 2 4 2	11
かしわ	3 1 3	7
かもめ	3 3 2	8
かんろ	3 2 2	7
きこり	4 2 2	8
げんぶ	5 2 6	13
こち	2 3	5
こるく	2 3 1	6
さよし	3 3 1	7
しうん	1 2 2	5
しえる	1 3 3	7
しおん	1 4 2	7
しじま	1 3 4	8
しすい	1 3 2	6
しとる	1 2 3	6
しのま	1 1 4	6
しのる	1 1 3	5
しゅうう	1 3 2 2	8
しゅろ	1 3 2	6
するが	3 3 5	11
せと	3 2	5
そてつ	4 2 1	7
そら	4 3	7
たすく	4 3 1	8
つげと	1 5 2	8
つらら	1 3 3	7
ていご	2 2 4	8
とかい	2 3 2	7
とねり	2 4 2	8
とんび	2 2 4	8
なつめ	5 1 2	8
にしき	3 1 4	8
ひかる	2 3 3	8
ひなた	2 5 4	11
ひのき	2 1 4	7
ぼだい	7 6 2	15
みろく	3 2 1	6
むさし	4 3 1	8
むすく	4 3 1	8
めりや	2 2 3	7
める	2 3	5
もず	3 5	8
やしゅ	3 1 3	7
やつで	3 1 4	8
やまぶき	3 4 6 4	17
ゆずる	3 5 3	11
らいら	3 2 3	8
らふ	3 4	7
りあん	2 3 2	7
りく	2 1	3
りた	2 4	6
りょうく	2 3 2 1	8
りょうぶ	2 3 2 6	13
るい	3 2	5
るうく	3 2 1	6
るか	3 3	6
れいし	3 2 1	6
ろまん	2 4 2	8
ろみ	2 3	5

名づけのヒント

1文字だけ漢字を使うのも粋な名前に

漢字とひらがなを組み合わせた名前は、風流な趣のある名前になります。字の組み合わせにこだわって、センスのよい名前をつけましょう。

女の子の名前の例

はる香・あや乃・みな実・みず希
なな子・ひろ美・すず音・こと葉

男の子の名前の例

かず希・かず馬・こう太・小てつ
そう汰・みき夫・ゆう真・ゆき斗

女の子なら

個性的な響きもやわらぐ

女の子の名前は、あえて個性的な響きの名前をひらがな表記にするのもおすすめ。新鮮な響きと落ち着いた字面で印象的な名前になります。

男の子なら

やわらかく古風な印象に

男の子の名前は、古風な響きの名前にひらがな表記が似合います。漢字で書くと難しい名前もやわらかい印象になります。

女の子の名前の例

あいら	3 2 3	8
あいり	3 2 2	7
あかり	3 3 2	8
あさひ	3 3 2	8
あざみ	3 5 3	11
あずさ	3 5 3	11
あずみ	3 5 3	11
あやめ	3 3 2	8
いろは	2 2 4	8
うた	2 4	6
うらら	2 3 3	8
えとわ	3 2 3	8
おと	4 2	6
かのこ	3 1 2	6
かやり	3 3 2	8
かりん	3 2 2	7
かんら	3 2 3	8
きびな	4 4 5	13
くいな	1 2 5	8
くるみ	1 3 3	7
こうめ	2 2 2	6
こころ	2 2 2	6
こすもす	2 3 3 3	11
ことは	2 2 4	8
このは	2 1 4	7
このみ	2 1 3	6
こはく	2 4 1	7
こまり	2 4 2	8
さくら	3 1 3	7
ざくろ	5 1 2	8
さつき	3 1 4	8
さと	3 2	5
さとみ	3 2 3	8
しおこ	1 4 2	7
しおり	1 4 2	7
しずく	1 5 1	7
しとり	1 2 2	5
しなの	1 5 1	7
しゅう	1 3 2	6
すず	3 5	8
せり	3 2	5
そら	4 3	7
ちよ	3 3	6
つくし	1 1 1	3
つぐみ	1 3 3	7
つつじ	1 1 3	5
つばき	1 6 4	11
つぼみ	1 7 3	11
てまり	2 4 2	8
とまこ	2 4 2	8
なずな	5 5 5	15
なつめ	5 1 2	8
なもみ	5 3 3	11
にれ	3 3	6
ねみ	4 3	7
ねむ	4 4	8
のどか	1 4 3	8
ののか	1 1 3	5
はっか	4 1 3	8
ひいらぎ	2 2 3 6	13
ひかり	2 3 2	7
ひかる	2 3 3	8
ひなた	2 5 4	11
ひなの	2 5 1	8
ひのき	2 1 4	7
ひまり	2 4 2	8
ひまわり	2 4 3 2	11
ひらん	2 3 2	7
びわ	4 3	7
ふみ	4 3	7
ぼたん	7 4 2	13
ぽぷり	6 5 2	13
まあしゅ	4 3 1 3	11
まい	4 2	6
まき	4 4	8
ましろ	4 1 2	7
まつば	4 1 6	11
まひろ	4 2 2	8
まろう	4 2 2	8
まろん	4 2 2	8
みかん	3 3 2	8
みくり	3 1 2	6
みずも	3 5 3	11
みなも	3 5 3	11
みのり	3 1 2	6
みもり	3 3 2	8
むく	4 1	5
めいく	2 2 1	5
めぐみ	2 3 3	8
もが	3 5	8
もなみ	3 5 3	11
もも	3 3	6
やよい	3 3 2	8
ゆかり	3 3 2	8
ゆず	3 5	8
ゆずりの	3 5 2 1	11
ゆめか	3 2 3	8
よさり	3 3 2	8
らいら	3 2 3	8
らめる	3 2 3	8
りあん	2 3 2	7
りの	2 1	3
りら	2 3	5
りる	2 3	5
るい	3 2	5
れもん	3 3 2	8
ろみ	2 3	5
わか	3 3	6

カタカナが似合う名前

カタカナも、ひらがな同様に気に入った響きに自由にあてはめられます。外国人風の名前や、斬新な印象の名前にしたいときには、カタカナを検討してみても。

男の子の名前の例

アクア	2 2 2	6
アズマ	2 4 2	8
アトム	2 2 2	6
アムル	2 2 2	6
アモレ	2 3 1	6
アラタ	2 2 3	7
アラン	2 2 2	6
アリガ	2 2 4	8
アルト	2 2 2	6
アルマ	2 2 2	6
アレン	2 1 2	5
アンゴ	2 2 4	8
イオタ	2 3 3	8
エルマ	3 2 2	7
オトヤ	3 2 2	7
ガイア	4 2 2	8
カイト	2 2 2	6
ガイム	4 2 2	8
カイヤ	2 2 2	6
ガイヤ	4 2 2	8
ガク	4 2	6
ガクト	4 2 2	8
カノン	2 1 2	5
カムリ	2 2 2	6
カンタ	2 2 3	7
ケン	3 2	5
ゲン	5 2	7
コウ	2 3	5
ゴウ	4 3	7
コスモ	2 2 3	7
コナン	2 2 2	6
サトシ	3 2 3	8
サトル	3 2 2	7
シオン	3 3 2	8
シモン	3 3 2	8
シュン	3 2 2	7
シン	3 2	5
ジン	5 2	7
スバル	2 4 2	8
スピカ	2 3 2	7
ゼン	4 2	6
ソナタ	2 2 3	7
タクマ	3 2 2	7
タクヤ	3 2 2	7
タント	3 2 2	7
テルマ	3 2 2	7
トモキ	2 3 3	8
トモヤ	2 3 2	7
ナイト	2 2 2	6
ノヴァ	1 5 2	8
ハウル	2 3 2	7
ヒカル	2 2 2	6
ベガ	3 4	7
マイア	2 2 2	6
マイト	2 2 2	6
マオ	2 3	5
マルク	2 2 2	6
ミク	3 2	5
ミラ	3 2	5
モトキ	3 2 3	8
ヤマト	2 2 2	6
ライト	2 2 2	6
ライド	2 2 4	8
ライム	2 2 2	6
ラルゴ	2 2 4	8
リイド	2 2 4	8
リオン	2 3 2	7
リョウ	2 3 3	8
ルキヤ	2 3 2	7
レオン	1 3 2	6
レン	1 2	3
レント	1 2 2	5

名づけのヒント

ひらがな・カタカナに変換して姓名判断を良好に

「気に入った響きの名前があるけれど、好きな漢字をあてはめると姓名判断の結果が悪い……」と、名づけに迷うことがあります。

このような場合、名前の一部や全部をひらがな・カタカナに変換してみましょう。画数が変わり、吉画数の名前になることがあります。響きと運勢を重視した名づけには、ひらがな・カタカナを活用してもよいでしょう。

女の子なら

華やかに輝く印象に

外国人風の名前、芸能人風の輝かしい印象の女の子の名前にぴったりです。逆に、古風な名前をカタカナにするのも新鮮さが感じられます。

男の子なら

個性的でかっこいい印象に

ヒーローを思わせるかっこいい響きの名前や、個性的な響きの男の子の名前には、カタカナが似合います。個性的すぎないように注意を。

女の子の名前の例

アイリ	2 2 2	6
アミ	2 3	5
アメリ	2 2 2	6
アリエ	2 2 3	7
アリサ	2 2 3	7
アリス	2 2 2	6
アンジュ	2 2 5 2	11
アンナ	2 2 2	6
ウララ	3 2 2	7
エアリ	3 2 2	7
エイミ	3 2 3	8
エナ	3 2	5
エノン	3 1 2	6
エマ	3 2	5
エミリ	3 3 2	8
エリカ	3 2 2	7
エリサ	3 2 3	8
エリス	3 2 2	7
エリナ	3 2 2	7
エリン	3 2 2	7
エレナ	3 1 2	6
エレン	3 1 2	6
カイヤ	2 2 2	6
カエラ	2 3 2	7
カオリ	2 3 2	7
カナコ	2 2 2	6
カノン	2 1 2	5
カリナ	2 2 2	6
カリン	2 2 2	6
カンナ	2 2 2	6
キイラ	3 2 2	7
キキ	3 3	6
クミ	2 3	5
クララ	2 2 2	6
クリス	2 2 2	6
クレア	2 1 2	5
クロエ	2 3 3	8
ケイト	3 2 2	7
サラ	3 2	5
シータ	3 1 3	7
シエナ	3 3 2	8
シエル	3 3 2	8
シオン	3 3 2	8
シトリ	3 2 2	7
シノア	3 1 2	6
ジュリア	5 2 2 2	11
シルク	3 2 2	7
ジルバ	5 2 4	11
セイラ	2 2 2	6
セシル	2 3 2	7
セレア	2 1 2	5
ティナ	3 2 2	7
トキア	2 3 2	7
ニイナ	2 2 2	6
ニコア	2 2 2	6
ニコラ	2 2 2	6
ニコル	2 2 2	6
ノア	1 2	3
ノエル	1 3 2	6
ハノン	2 1 2	5
ヒイナ	2 2 2	6
ヒカリ	2 2 2	6
ヒバリ	2 4 2	8
ベリル	3 2 2	7
マアサ	2 2 3	7
マアニ	2 2 2	6
マイカ	2 2 2	6
マイコ	2 2 2	6
マオ	2 3	5
マキ	2 3	5
マノン	2 1 2	5
マホ	2 4	6
マヤナ	2 2 2	6
マリア	2 2 2	6
マリエ	2 2 3	7
マリナ	2 2 2	6
マリヤ	2 2 2	6
マリン	2 2 2	6
ミイコ	3 2 2	7
ミイナ	3 2 2	7
ミオ	3 3	6
ミオン	3 3 2	8
ミナ	3 2	5
ミナミ	3 2 3	8
ミリア	3 2 2	7
ミリナ	3 2 2	7
ムーア	2 1 2	5
メアリ	2 2 2	6
メイサ	2 2 3	7
モア	3 2	5
モカ	3 2	5
モナ	3 2	5
モネ	3 4	7
ユイカ	2 2 2	6
ユイナ	2 2 2	6
ラズリ	2 4 2	8
リイサ	2 2 3	7
リイナ	2 2 2	6
リエ	2 3	5
リオ	2 3	5
リリカ	2 2 2	6
リリナ	2 2 2	6
リンカ	2 2 2	6
リンゴ	2 2 4	8
ルミ	2 3	5
レイナ	1 2 2	5
レイラ	1 2 2	5
レオナ	1 3 2	6

知って　おきたい　音に漢字をあてるコツ

響きから名前を考えるとき、頭文字につけたい音や、気に入った響きの名前が決まったら、次はその音に合う表記を考えます。漢字をあてはめるときには、3つの方法があります。

方法❶ 漢字の音訓、名のりからつける

その音を表す音訓、名のり(→P22)のある漢字をあてます。王道な漢字のあて方です。たとえば「はる」という音なら、音訓でその読みがある「春」、名のりでその読みがある「悠」などがあります。

例

「はる」とつけたいとき

【音訓で「はる」と読む漢字】

春　など

【名のりで「はる」と読む漢字】

治　悠　晴　など

方法❷ 音訓、名のりの一部を読ませる

漢字の音訓、名のりのうち、一部を読ませます。読みのうち最初の音だけ、もしくは最後の音だけを名前の読みに使うことがあります。比較的、女の子の名前に多い漢字のあて方です。

例

愛→「あい」を「あ」と読ませる

結愛(ゆあ)、**愛季人**(あきと)

和→「かず」を「か」と読ませる

彩和(あやか)、**和津斗**(かつと)

方法❸ 熟語の読みやあて字としてつける

その漢字単体では希望する読みがない場合も、ほかの漢字と組み合わせて熟語をつくったときの読み(熟字訓)を名前の音にあてます。また、読み方は自由なので、好きな漢字をあて字としてつけることもできます。

例

飛翔(かける)
土筆(つくし)
永遠(とわ)
大和(やまと)

響きを表す

ヘボン式ローマ字表記表

名前はひらがな・カタカナのほか、旅券やクレジットカードなどではローマ字表記を使います。名前の音と直結していて、音を文字に置き換えて表します。もっとも一般的に使われている「ヘボン式ローマ字」の表記を確認しておきましょう。

50音

わ	ら	や	ま	は	な	た	さ	か	あ
WA	RA	YA	MA	HA	NA	TA	SA	KA	A
ゐ	り		み	ひ	に	ち	し	き	い
I	RI		MI	HI	NI	CHI	SHI	KI	I
ゑ	る	ゆ	む	ふ	ぬ	つ	す	く	う
E	RU	YU	MU	FU	NU	TSU	SU	KU	U
を	れ		め	へ	ね	て	せ	け	え
O	RE		ME	HE	NE	TE	SE	KE	E
ん	ろ	よ	も	ほ	の	と	そ	こ	お
N (M)	RO	YO	MO	HO	NO	TO	SO	KO	O

拗音

ぴゃ	びゃ	じゃ	ぎゃ	りゃ	みゃ	ひゃ	にゃ	ちゃ	しゃ	きゃ
PYA	BYA	JA	GYA	RYA	MYA	HYA	NYA	CHA	SHA	KYA
ぴゅ	びゅ	じゅ	ぎゅ	りゅ	みゅ	ひゅ	にゅ	ちゅ	しゅ	きゅ
PYU	BYU	JU	GYU	RYU	MYU	HYU	NYU	CHU	SHU	KYU
ぴょ	びょ	じょ	ぎょ	りょ	みょ	ひょ	にょ	ちょ	しょ	きょ
PYO	BYO	JO	GYO	RYO	MYO	HYO	NYO	CHO	SHO	KYO

●長音（ー） 名前の末尾以外の「U」「O」の長音は表記に入れない。
（例）しょうた　SHOTA

●促音（っ） 次の音の子音を2つ重ねて表す。ただし、「CH」の前は「T」で表す。
（例）いっき　IKKI
　　　ろっか　ROKKA

●撥音（ん） 「N」で表す。ただし「B」「M」「P」の前では「M」で表す。
（例）しゅんぺい
　　　SHUMPEI

濁音、半濁音

ぱ	ば	だ	ざ	が
PA	BA	DA	ZA	GA
ぴ	び	ぢ	じ	ぎ
PI	BI	JI*	JI*	GI
ぷ	ぶ	づ	ず	ぐ
PU	BU	ZU*	ZU*	GU
ぺ	べ	で	ぜ	げ
PE	BE	DE	ZE	GE
ぽ	ぼ	ど	ぞ	ご
PO	BO	DO	ZO	GO

*……ざ行とだ行で同じ表記になります。

先輩パパ・ママの 名づけエピソード 響き編

名前の「響き」を重視して名づけるパパ・ママは多いもの。ここでは「響き」を重視して名づけたパパ・ママのエピソードを紹介します。

「ほ」で終わる古風でおしとやかな名前に

和歩《かずほ》ちゃん

「ほ」の響きが好きで、女の子なら「ほ」で終わる名前にしたいと思っていました。名前の候補を考えながら誕生を待ち、生まれてみると女の子。パパはあまりのかわいさに感動し、「悪い虫がつかないように古風な名前がいい」と言い張り、「和歩《かずほ》」に決まりました。（和歩ちゃんママ）

男の子ならではの「すけ」を使った名前に

佳典《けいすけ》くん

うちの名字は「矢口《やぐち》」と３文字。「名前は４文字がいい」とリズムにこだわるパパの意見で、４文字の名前を考えました。男の子だったら、男の子ならではの「すけ」をつけたかったのと、「形や質がよい」という意味をもつ「佳」の字を使いたかったので、「佳典《けいすけ》」と名づけました。（佳典くんママ）

Part 4

イメージ・願いを名前に込める

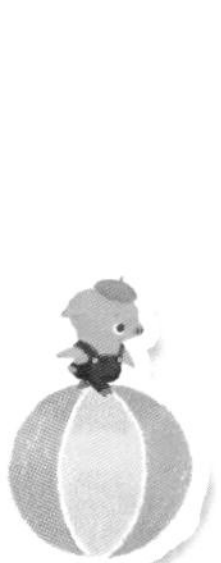

イメージや願いを込めれば

パパ・ママの愛情が刻まれた世界で1つだけの名前に

パパとママの好きなものやこと、こだわり、
生まれてくる子どもへの願いをもとにする名づけ法は、
楽しみながら考えられる人気の方法です。
思いつくキーワードをもとに、いろいろな名前を考えてみましょう。

イメージ・願いから名づけるとき

STEP1

思いつくまま、イメージや願いを書き出す

好きなものや、こう育ってほしいという子どもへの願いなど、思い浮かぶことをすべて書き出しましょう。下記のヒントを参考にしてください。

イメージ・願いのヒント

- 好きな動物、草花、季節は？
- 尊敬する人は？
- 好きなスポーツ、音楽、芸術作品は？
- パパ、ママの趣味は？
- どんな子に育ってほしい？
- 思い出のある場所、国は？

STEP2

イメージ・願いに合う漢字・言葉を連想する

書き出したイメージ・願いごとに、合う漢字や言葉を連想していきます。STEP1では漠然としていたイメージや願いが具体的になり、名前のヒントが明確になってきます。

連想のしかた①

イメージから考える

イメージ：夏
▶▶ 連想できるもの
太陽、ひまわり、晴天、七夕、陽ざし、海　など

連想のしかた②

願いから考える

願い：元気な子に
▶▶ 連想できるもの
明るい、笑顔が似合う、健康、健やか、たくましい　など

家族によって子どもへの思いはさまざま

生まれてくる子どものことを思うとき、どんなイメージや願いが浮かぶでしょうか。「ゆりの花のような子に」「文学的な雰囲気をもつ名前に」「元気で明るい子に」など、家族によって抱く思いはさまざま。この思いから発想を広げて名前を考えていくのが、「イメージ・願いを名前に込める」方法です。

まずは、思い浮かぶままに子どもに授けたいイメージや願いを書き出してみましょう。手順に沿って書き出したイメージや願いを具体的にしていくと、その家族にしかない特別な思いがこもった、世界で1つだけの名前になります。

由来がはっきりした名前は、愛情が伝わりやすい

イメージや願いから名づける方法は、名前の由来が明確になる点からもおすすめです。

子どもは成長の過程で必ず自分の名前に興味をもち、その由来を尋ねてきます。そんなとき、名づけのもとになった具体的なイメージや願いが由来であれば、しっかり説明してあげることができます。

両親の〝好き〟の気持ちや、〝こう育ってほしい〟という思いが込められた名前だとわかると、子どもは両親の深い愛情を実感するはずです。それは、生涯にわたって子どもを守り、支え、導いていく大きな力になるでしょう。

STEP3 漢字や言葉から名前を考える

具体的な漢字や言葉をもとに、名前をたくさん考えていきましょう。P164から紹介する、イメージや願い別の漢字や名前例のリストを参考にしてください。

イメージをヒントに名づける➡P164
子どもへの願いから名づける➡P194

STEP4 姓とのバランスや字面をチェックする

名前の候補が決まったら、名づけの基本ルールに沿っているかをよく確認します。使う漢字の意味や画数についても調べてみると、よりよい名前を選べます。

名づけの基本ルールを知る➡P17
画数のよい名前でしあわせをプレゼント➡P329

OKなら 名前決定!

イメージをヒントに名づける

美しい自然や日本の四季、芸術や文化を連想させる漢字を使った名前には、それぞれの印象や雰囲気が込められます。イメージに合う漢字のうち、参照ページがあるものはP217「使いたい漢字から名前を考える」でも詳しく紹介しています。

探したいイメージをチェック！

自然のイメージ

光・太陽

輝きに満ちた人生、周囲を明るく照らす人柄を思わせる。いつも前向きで元気な子のイメージ。

イメージに合う漢字

旭 P230	光 P231	旺 P239	昌 P242	映 P247
洸 P250	晃 P258	晄 P258	瑛 P275	暁 P277
晴 P280	陽 P283	煌 P286	輝 P295	麗 P304

男の子の名前の例

旭	6	6	あさひ
晃士	10 3	13	あきと
映斗	9 4	13	えいと
洸介	9 4	13	こうすけ
晃生	10 5	15	こうせい
陽大	12 3	15	ようだい
暁斗	12 4	16	あきと
瑛太	12 4	16	えいた
太陽	4 12	16	たいよう
光記	6 10	16	みつき
旺祐	8 9	17	おうすけ
晄汰	10 7	17	こうた
洸茉	9 8	17	こうま
煌生	13 5	18	こうき
大輝	3 15	18	だいき
煌明	13 8	21	こうめい
陽呂人	12 7 2	21	ひろと
清晴	11 12	23	きよはる
洸太朗	9 4 10	23	こうたろう
昌輝	8 15	23	まさき
朝陽	12 12	24	あさひ
麗登	19 12	31	らいと

女の子の名前の例

昌子	8 3	11	まさこ
千晃	3 10	13	ちあき
洸心	9 4	13	ひろこ
光希	6 7	13	みつき
旭美	6 9	15	あさみ
陽日	12 4	16	はるひ
陽勿	12 4	16	ひな
輝乃	15 2	17	てるの
美旺	9 8	17	みお
暁衣	12 6	18	あきえ
晄奈	10 8	18	あきな
映香	9 9	18	えいか
輝子	15 3	18	てるこ
陽向	12 6	18	ひなた
瑛陽	12 12	24	あきひ
煌梨	13 11	24	きらり
晴満	12 12	24	はるみ
美輝	9 15	24	みき
麗禾	19 5	24	れいか
陽愛	12 13	25	ひより
麗安	19 6	25	れいあ
晴羅	12 19	31	せいら

水

清らかに流れる水や静かに滴る雫から、しっとりと落ち着いた人柄やうるわしい印象に。

イメージに合う漢字

水 P224	透 P263	流 P264	清 P270	満 P282
湧 P282	瑞 P287	潤 P296	澪 P300	雨
雫	滝	瀧	漱	滴

男の子の名前の例

- 9 4 柊水 13 しゅうすい
- 15 1 潤一 16 じゅんいち
- 13 3 滝大 16 たきひろ
- 12 4 湧太 16 ゆうた
- 14 3 滴也 17 てきや
- 10 8 透夜 18 とうや
- 14 4 漱太 18 そうた
- 10 11 流清 21 りゅうせい
- 11 13 雫暉 24 しずき
- 13 12 瑞貴 25 みずき
- 17 8 優雨 25 ゆう
- 16 15 澪輝 31 みおき
- 12 19 満瀧 31 みちたき

女の子の名前の例

- 11 2 清乃 13 きよの
- 10 3 透子 13 とうこ
- 11 5 雫禾 16 しずか
- 9 8 美雨 17 みう
- 10 7 流良 17 るみ
- 14 4 漱水 18 そうみ
- 13 5 瑞永 18 みずえ
- 12 6 湧有 18 ゆうあ
- 14 10 滴恵 24 しずえ
- 15 9 潤泉 24 ひろみ
- 16 8 澪奈 24 みおな
- 19 5 瀧乎 24 りょうこ
- 13 12 滝満 25 たきみ

風

ときに強くたくましく、ときに穏やかに優しく周囲を包み込む人柄を思わせるイメージ。

イメージに合う漢字

飛 P254	風 P254	高 P259	隼 P260	爽 P271
涼 P275	翔 P279	颯 P292	舞 P297	翼 P301
瞬 P302	迅	凪	吹	嵐

男の子の名前の例

- 6 迅 6 じん
- 6 凪 6 なぎ
- 11 4 爽太 15 そうた
- 9 7 威吹 16 いぶき
- 7 9 快飛 16 かいと
- 9 7 風吾 16 ふうご
- 12 5 嵐史 17 あらし
- 10 8 隼門 18 はやと
- 18 5 瞬矢 23 しゅんや
- 12 12 翔瑛 24 しょうえい
- 11 13 涼雅 24 りょうが
- 10 15 高舞 25 こうま
- 14 17 颯翼 31 そうすけ

女の子の名前の例

- 6 7 伊吹 13 いぶき
- 9 6 飛凪 15 ひな
- 6 10 迅夏 16 じんか
- 5 12 世嵐 17 せいらん
- 10 8 高芽 18 こうめ
- 11 7 爽花 18 さやか
- 12 6 翔安 18 とあ
- 10 8 隼奈 18 はやな
- 11 7 涼伽 18 りょうか
- 14 10 颯姫 24 さつき
- 15 9 舞風 24 まいか
- 18 7 瞬花 25 しゅんか
- 17 8 翼季 25 つばき

森林

静けさと力強さをもった、雄大な人柄を思わせる。包容力のあるしっかりした子のイメージ。

イメージに合う漢字

杜	芽	枝	実	茂
P237	P240	P241	P242	P246
萌	葉	幹	樹	彬
P272	P283	P285	P299	
閑	梢	森	緑	林

男の子の名前の例

名前	画数	総画	読み
大芽	3 8	11	たいが
一葉	1 12	13	かずは
閑大	12 3	15	かんた
茂杜	8 7	15	しげと
閑介	12 4	16	かんすけ
枝延	8 8	16	しのぶ
梢史	11 5	16	たかし
幹介	13 4	17	かんすけ
緑之	14 3	17	のりゆき
萌成	11 6	17	ほうせい
彬杜	11 7	18	あきと
実流	8 10	18	みのる
林大朗	8 3 10	21	りんたろう
森梧	12 11	23	しんご
樹季	16 8	24	いつき
茂樹	8 16	24	しげき
蒼葉	13 12	25	あおば
洸樹	9 16	25	こうき
幹陽	13 12	25	みきはる

女の子の名前の例

名前	画数	総画	読み
枝杜	8 7	15	えと
花枝	7 8	15	はなえ
実杜	8 7	15	みと
杜奈	7 8	15	もりな
閑勿	12 4	16	かんな
芽依	8 8	16	めい
葉心	12 4	16	ようこ
彬江	11 6	17	あきえ
梢衣	11 6	17	こずえ
未森	5 12	17	みもり
華林	10 8	18	かりん
幹世	13 5	18	みきよ
萌花	11 7	18	もか
林夏	8 10	18	りんか
茂々依	8 8 8	24	ももよ
按樹	9 16	25	あんじゅ
陽乙葉	12 1 12	25	ひとは
美樹	9 16	25	みき
緑理	14 11	25	みどり

山

悠々として高くそびえる、存在感のある子に。優しくも気高く毅然とした人柄を思わせる。

イメージに合う漢字

岳	峰	渓	渉	景
P240	P263	P266	P269	P278
登	道	嵩	稜	嶺
P281	P281	P287	P290	P302
岩	巌	峡	谷	路

男の子の名前の例

名前	画数	総画	読み
岩士	8 3	11	がんじ
峡介	9 4	13	きょうすけ
岳史	8 5	13	たかし
渓太	11 4	15	けいた
渉太	11 4	15	しょうた
景介	12 4	16	けいすけ
渉史	11 5	16	たかふみ
路也	13 3	16	みちや
勇谷	9 7	16	ゆうや
稜大	13 3	16	りょうた
登矢	12 5	17	とうや
道永	12 5	17	みちなが
岳徒	8 10	18	がくと
周峰	8 10	18	しゅうほう
嵩史	13 5	18	たかし

治路	8 13	21	はるみち
峰基	10 11	21	みねき
巌士	20 3	23	がんじ
嶺治	17 8	25	れいじ

女の子の名前の例

渓	11	11	けい
千景	3 12	15	ちかげ
登子	12 3	15	とうこ
峡香	9 9	18	きょうか
実峰	8 10	18	みほ
嵩密	13 11	24	たかみ
良嶺	7 17	24	みれい
岩嶺	8 17	25	いわね
伊路葉	6 13 12	31	いろは
実登梨	8 12 11	31	みどり
巌葉	20 12	32	いわは
美谷	9 7	16	みや
百峰	6 10	16	もね
稜子	13 3	16	りょうこ
渉光	11 6	17	たかみ
岳美	8 9	17	たけみ
道禾	12 5	17	みちか
峰花	10 7	17	みねか
谷々子	7 7 3	17	ややこ

大地

何事にも、広く穏やかな心をもつ人に。雄大さや力強さ、生きる強さも感じさせる。

イメージに合う漢字

大 P222	広 P227	地 P232	里 P238	拓 P243
郷 P266	野 P273	陸 P274	雄 P282	牧
育	開	耕	穣	丘

男の子の名前の例

広大	5 3	8	こうた
里一	7 1	8	りいち
育士	8 3	11	いくと
拓士	8 3	11	たくと
大其	3 8	11	だいき
牧也	8 3	11	まきや
丘治	5 8	13	きゅうじ
丘歩	5 8	13	たかほ
拓未	8 5	13	たくみ
大姫	3 10	13	はるき
広夜	5 8	13	ひろよ
郷心	11 4	15	さとこ
里香	7 9	16	さとか
地紗	6 10	16	ちさ
陸央	11 5	16	りお
育美	8 9	17	いくみ
丘絵	5 12	17	たかえ
光郷	6 11	17	みさと
野李	11 7	18	のり
悠里	11 7	18	ゆうり
野々与	11 11 3	25	ののか
開愛	12 13	25	はるな
穣里	18 7	25	みのり
雄大	12 3	15	ゆうた
陸斗	11 4	15	りくと
開斗	12 4	16	かいと
郷司	11 5	16	さとし
泰地	10 6	16	たいち
史野	5 11	16	ふみや
耕作	10 7	17	こうさく
郷吾	11 7	18	きょうご
拓馬	8 10	18	たくま
地裕	6 12	18	ちひろ
穣士	18 3	21	じょうじ
耕輔	10 14	24	こうすけ

女の子の名前の例

広乃	5 2	7	ひろの
小牧	3 8	11	こまき
耕子	10 3	13	こうこ

空

心が広く、のびのびとした子を連想させる。羽ばたいて活躍する子へ、という願いにも合う。

イメージに合う漢字

大 P222	広 P227	羽 P230	空 P241	昊 P241
昇 P242	青 P243	飛 P254	翔 P279	蒼 P288
澄 P297	翼 P301	快	穹	皓

男の子の名前の例

広也	5 3	8	ひろや
快斗	7 4	11	かいと
空大	8 3	11	こうた
由羽	5 6	11	ゆう
穹史	8 5	13	きゅうじ
昊希	8 7	15	こうき
翔也	12 3	15	しょうや
蒼大	13 3	16	そうた
青空	8 8	16	はるたか
飛呂	9 7	16	ひろ
皓司	12 5	17	こうじ
昊真	8 10	18	こうま
空雅	8 13	21	くうが
昊士朗	8 3 10	21	こうしろう
空輝	8 15	23	こうき
昇澄	8 15	23	しょうと
蒼翔	13 12	25	あおと
周翼	8 17	25	しゅうすけ
真澄	10 15	25	ますみ

女の子の名前の例

快帆	7 6	13	かいほ
昊未	8 5	13	こうみ
真広	10 5	15	まひろ
美羽	9 6	15	みう
大愛	3 13	16	はるな
青奈	8 8	16	はるな
青南	8 9	17	あおな
昇香	8 9	17	しょうか
翔禾	12 5	17	しょうか
澄乃	15 2	17	すみの
穹飛	8 9	17	そらひ
飛奈	9 8	17	ひな
広葉	5 12	17	ひろは
美空	9 8	17	みく
皓羽	12 6	18	あきは
蒼唯	13 11	24	あおい
翼沙	17 7	24	つばさ
蒼稀	13 12	25	あき
優空	17 8	25	ゆうあ

天気

日々の移ろいを思わせる趣きのある名前に。子どもが生まれたその日の天気にちなむとよい。

イメージに合う漢字

夕 P222	天 P224	虹 P250	雪 P270	晴 P280
照 P286	雨	霧	雫	候
氷	露	雷	嵐	雲

男の子の名前の例

夕大	3 3	6	ゆうた
氷丞	5 6	11	ひょうすけ
候矢	10 5	15	こうや
天麻	4 11	15	てんま
晴万	12 3	15	はるま
雪斗	11 4	15	ゆきと
李雨	7 8	15	りう
嵐太	12 4	16	あらた
虹治	9 8	17	こうじ
矢雲	5 12	17	やくも
虹祐	9 9	18	こうすけ
露	21	21	あきら
雫留	11 10	21	しずる
照真	13 10	23	しょうま
雨樹	8 16	24	うき

宇宙

未知なる宇宙を連想させる、神秘的な名前に。夢や希望をもつ子という願いも込められる。

イメージに合う漢字

月 P223	斗 P224	未 P229	宙 P243	恒 P250
星 P252	彗 P270	惺 P280	夢 P290	輝 P295
瞬 P302	宇	銀	河	昂

男の子の名前の例

万宙（3 8） 11 かずおき
力星（2 9） 11 ちかとし
由宇（5 6） 11 ゆう
恒文（9 4） 13 こうや
月哉（4 9） 13 つきや
未來（5 8） 13 みらい
彗太（11 4） 15 けいた
昂佑（8 7） 15 こうすけ
河汰（8 7） 15 こうた
星夜（9 8） 17 せいや
夢斗（13 4） 17 ゆめと
銀太（14 4） 18 ぎんた
恒星（9 9） 18 こうせい
真宙（10 8） 18 まさみち
惺哉（12 9） 21 せいや
流彗（10 11） 21 りゅうせい
瞬聖（18 13） 31 しゅんせい
輝樹（15 16） 31 てるき
瀬夢（19 13） 32 らいむ

女の子の名前の例

弓月（3 4） 7 ゆづき
宇乃（6 2） 8 うの
千宙（3 8） 11 ちひろ
星乃（9 2） 11 ほしの
未河（5 8） 13 みか
美斗（9 4） 13 みと
惺子（12 3） 15 せいこ
夢乃（13 2） 15 ゆめの
史彗（5 11） 16 しすい
星亜（9 7） 16 せいあ
銀子（14 3） 17 ぎんこ
昂美（8 9） 17 こうみ
実恒（8 9） 17 みのぶ
夢心（13 4） 17 ゆめこ
惺光（12 6） 18 さとみ
彗亜（11 7） 18 せいあ
瞬花（18 7） 25 しゅんか
輝恵（15 10） 25 てるえ
惺羅（12 19） 31 あきら

翔雲（12 12） 24 しょううん
雷霧（13 19） 32 らいむ
陽露（12 21） 33 ひろ
雪鷹（11 24） 35 きよたか

女の子の名前の例

雫（11） 11 しずく
夕奈（3 8） 11 ゆうな
天音（4 9） 13 あまね
雨未（8 5） 13 うみ
虹心（9 4） 13 にじこ
氷奈（5 8） 13 ひな
氷依（5 8） 13 ひより
七虹（7 9） 16 ななこ
晴禾（12 5） 17 せいか
照心（13 4） 17 てるみ
美雨（9 8） 17 みう
由嵐（5 12） 17 ゆら
候実（10 8） 18 こうみ
来雪（7 11） 18 こゆき
晴光（12 6） 18 はるみ
未雷（5 13） 18 みらい
満雲（12 12） 24 みくも
絵霧（12 19） 31 えむ
露野（21 11） 32 つゆの

海

青く澄んで広々とした様子から、清廉で自由な子を連想させる。力強い印象ももつ。

イメージに合う漢字

汐 P232	帆 P233	波 P244	海 P248	洋 P255
渚 P268	望 P272	湊 P280	櫂 P303	岬
砂	港	潮	湘	津

男の子の名前の例

9 4	津斗	13	しんと
5 8	史岬	13	みさき
12 3	港己	15	こうき
6 9	汐音	15	しおん
12 3	湊万	15	そうま
6 9	匠海	15	なるみ
11 4	望水	15	のぞみ
9 6	洋丞	15	ようすけ
9 7	海里	16	かいり
12 4	湘太	16	しょうた
12 4	湊斗	16	みなと
18	櫂	18	かい
9 9	砂俊	18	さとし
15 3	潮也	18	しおや
6 12	帆稀	18	ほまれ
12 9	満洋	21	みつひろ
11 12	渚登	23	なぎと
8 10 5	波流生	23	はるき
10 15	真潮	25	ましお

女の子の名前の例

4 9	友海	13	ともみ
12 1	港乙	13	みなと
6 9	汐南	15	しおな
8 8	昏波	16	くれは
9 7	砂良	16	さら
6 10	帆浪	16	ほなみ
8 8	実岬	16	みさき
12 5	湊禾	17	そうか
8 9	波津	17	なつ
6 11	名望	17	なみ
8 9	波南	17	はな
11 7	渚沙	18	なぎさ
9 9	洋海	18	ひろみ
9 9	海音	18	みおと
9 9	美砂	18	みさ
18 6	櫂帆	24	かいほ
15 9	潮音	24	しおね
7 9 9	亜津海	25	あつみ
12 13	湘瑚	25	しょうこ

川・湖

ゆっくりとした時の流れが感じられ、癒しや安らぎを与えるイメージ。優しく穏やかな子に。

イメージに合う漢字

江 P231	泉 P252	清 P270	湧 P282	澪 P300
沖	湖	汲	河	沢
洲	瀬	瀧	滝	藻

男の子の名前の例

7 4	沖斗	11	おきと
6 7	多汲	13	たくみ
3 12	大湖	15	だいご
9 7	南沖	16	なおき
3 13	大滝	16	まさたき
12 4	湧牙	16	ゆうが
7 10	沢馬	17	たくま
8 9	茉洲	17	ましゅう
6 12	江貴	18	こうき
16 2	澪二	18	れいじ
9 12	洲登	21	しゅうと
9 12	泉登	21	せんと
11 12	健湖	23	たけひろ
15 8	遼河	23	りょうが
19 5	瀧令	24	たきのり

宝石

光輝く人生を送るように、という願いを込めて。生まれ月の誕生石も参考になる(→P33～)。

イメージに合う漢字

圭 P230	玖 P234	青 P243	珀 P254	珠 P260
琉 P274	晶 P279	翠 P293	碧 P294	瑠 P294
璃 P298	琥	玉	宝	琳

男の子の名前の例

6 7	圭汰	13	けいた
5 8	玉季	13	たまき
9 4	珀斗	13	はくと
12 4	晶太	16	しょうた
11 5	琉生	16	るい
12 5	琥矢	17	こうや
8 9	青哉	17	せいや

8 8	宝波	16	ほなみ
9 7	美玖	16	みく
7 10	杏珠	17	あんじゅ
14 3	碧子	17	みどりこ
12 6	晶帆	18	あきほ
10 8	姫宝	18	きほ
6 12	圭湖	18	けいこ
13 5	瑚玉	18	こだま
3 8 7	小波玖	18	こはく
9 9	虹珀	18	こはく
4 14	比翠	18	ひすい
11 7	琉里	18	るり
12 12	琥々	24	ここ
14 11	碧唯	25	あおい
3 14 8	久瑠弥	25	くるみ
14 15 3	瑠璃子	32	るりこ

10 7	莉玖	17	りく
7 11	玖琉	18	くりゅう
12 9	琥珀	21	こはく
14 9	翠星	23	すいせい
8 5 10	青史朗	23	せいしろう
9 14	飛翠	23	ひすい
8 15	宝澄	23	ほずみ
14 10	碧十	24	あおと
15 9	璃音	24	りおん
10 15	珠輝	25	たまき
12 4 9	琳太郎	25	りんたろう
14 11	瑠惟	25	るい

女の子の名前の例

3 12	万琥	15	まこ
12 3	琳子	15	りんこ
8 8	青依	16	あおい

7 10	汲華	17	くみか
9 8	美河	17	みか
9 9	洲々	18	すず
10 8 6	華奈江	24	かなえ
16 8	澪奈	24	みおな
19 6	瀧帆	25	たきほ
19 4 8	瀬戸奈	31	せとな
19 12	藻湖	31	もこ
11 5	清未	16	きよみ
12 4	湖水	16	このみ
10 6	紗江	16	さえ
7 9	沢胡	16	さわこ
7 9	沢美	16	たくみ
12 4	湧水	16	ゆうみ
8 9	和泉	17	いずみ
7 10	沖恵	17	おきえ

19 5	瀧矢	24	たきや
19 5	藻加	24	もか
11 5 9	清史郎	25	きよしろう
19 6	瀬凪	25	せな

女の子の名前の例

9 4	泉水	13	いずみ
13 2	滝乃	15	たきの
4 12	心湖	16	きよこ

動物

伝説の動物から身近な動物まで、それぞれの独特の印象や生き方をイメージさせる名前に。

イメージに合う漢字

辰 P236　虎 P241　馬 P263　竜 P264　羚 P275

龍 P300　兎　牙　鹿　角

獅　象　豹　羊　麟

男の子の名前の例

太牙	4・4	8	たいが
角斗	7・4	11	かくと
夕馬	3・10	13	ゆうま
羊助	6・7	13	ようすけ
大象	3・12	15	たいぞう
辰知	7・8	15	たつのり
光馬	6・10	16	こうま
柚兎	9・7	16	ゆう
羚示	11・5	16	れいじ
鹿也斗	11・3・4	18	かやと
由獅	5・13	18	ゆうし
竜青	10・8	18	りゅうせい
龍司	16・5	21	たつし
影虎	15・8	23	かげとら
豹雅	10・13	23	ひょうが
楓馬	13・10	23	ふうま
獅道	13・12	25	しどう
稜象	13・12	25	りょうぞう
麟太郎	24・4・9	37	りんたろう

女の子の名前の例

兎月	7・4	11	うづき
未羊	5・6	11	みよ
羚	11	11	れい
竜子	10・3	13	りゅうこ
苗角	8・7	15	なつの
馬央	10・5	15	まお
由馬	5・10	15	ゆま
鹿乃子	11・2・3	16	かのこ
辰紀	7・9	16	たつき
実虎	8・8	16	みこ
象禾	12・5	17	しょうか
鹿帆	11・6	17	かほ
豹芽	10・8	18	ひょうが
美兎乃	9・7・2	18	みうの
香牙梨	9・4・11	24	かがり
鹿椰	11・13	24	かや
獅織	13・18	31	しおり
龍穂	16・15	31	りお
季麟	8・24	32	きり

鳥

優雅に自由に舞う様子、のびのびと高く飛ぶ様子から、美しくその子らしい人生を歩む子に。

イメージに合う漢字

羽 P230　飛 P254　隼 P260　惟 P265　雛 P302

鶴 P305　鷹 P305　凰　鷗　鴻

雀　鷲　啄　鵬　鳴

男の子の名前の例

惟	11	11	ゆい
臣羽	7・6	13	しんわ
啄也	10・3	13	たくや
凰太	11・4	15	おうた
飛臣	9・7	16	たかおみ
朱雀	6・11	17	すざく
隼杜	10・7	17	はやと
惟良	11・7	18	いら
雀臣	11・7	18	すずおみ
鴻介	17・4	21	こうすけ
飛翔	9・12	21	ひしょう
雛大	18・3	21	ひなた
鷲	23	23	しゅう
鵬成	19・6	25	ともなり
基鳴	11・14	25	もとなり

虫・魚

小さいながらも、元気に強く生きるイメージ。かわいらしさとたくましさをもつ子に。

イメージに合う漢字

帆 利 鮎 浅 魚
P233 P238 P300

蛍 鯨 昆 鯛 蝶

繭 虫 鯉 鱒

男の子の名前の例

名前	画数	総画	読み
浅斗	9 4	13	あさと
右昆	5 8	13	うこん
蛍太	11 4	15	けいた
虫哉	6 9	15	ちゅうや
利典	7 8	15	としのり
修虫	10 6	16	おさむ
蝶一	15 1	16	ちょういち

女の子の名前の例

名前	画数	総画	読み
未帆	5 6	11	みほ
浅里	9 7	16	あさり
恵虫	10 6	16	えむ
帆ノ香	6 1 9	16	ほのか
光魚	6 11	17	みお
美昆	9 8	17	みこん
鮎乃	16 2	18	あゆの
蝶子	15 3	18	ちょうこ
蛍瑚	11 13	24	けいこ
胡蝶	9 15	24	こちょう
羽都利	6 11 7	24	はとり
有鯉	6 18	24	ゆうり
帆多溜	6 6 13	25	ほたる
鱒乃	23 2	25	ますの
繭芳	18 7	25	まゆか
鯨湖	19 12	31	けいこ
優鯉	17 18	35	ゆうり
鯛麗	19 19	38	たいり
鯉々南	18 18 9	45	りりな
帆貴	6 12	18	ほだか
杜魚	7 11	18	もりお
直魚人	8 11 2	21	なおと
鯨太	19 4	23	けいた
鯛双	19 4	23	たいぞう
繭生	18 5	23	まゆう
鮎武	16 8	24	あゆむ
鯛平	19 5	24	たいへい
蛍輔	11 14	25	けいすけ
鱒弥	23 8	31	ますや
鯉太朗	18 4 10	32	りたろう
蕉鯉	15 18	33	しょうり

名前	画数	総画	読み
鳴珠	14 10	24	なるみ
未鵬	5 19	24	みほ
雛来	18 7	25	ひなこ
実鴻	8 17	25	まひろ
華鶴	10 21	31	かづ
鷲奈	23 8	31	しゅうな
美鷗	9 22	31	みおう
鷹瑚	24 13	37	たかこ
末惟	5 11	16	まい
羽菜	6 11	17	はな
隼七	10 7	17	はやな
光雀	6 11	17	みすず
飛音	9 9	18	たかね
啄弥	10 8	18	たくみ
千鶴	3 21	24	ちづる
鵬禾	19 5	24	ともか
鷗祐	22 9	31	おうすけ
鷹志	24 7	31	たかし
鷹政	24 9	33	たかまさ
陽鶴	12 21	33	ひづる

女の子の名前の例

名前	画数	総画	読み
凰心	11 4	15	おうみ
友惟	4 11	15	ゆい
雀禾	11 5	16	すずか

樹木

青葉や紅葉の様子から、元気にすくすくと育つイメージ。美しさや風情のある名前になる。

イメージに合う漢字

椛 P257	楓 P289	樹 P299	梓	樺
桔	桐	梗	杉	柊
椎	椰	椋	椿	

男の子の名前の例

9 4 柊斗 **13** しゅうと
13 椿 **13** つばき
10 5 桔平 **15** きっぺい
12 3 椎大 **15** しいた
7 8 杉明 **15** すぎあき
16 樹 **16** いつき
10 6 桐吏 **16** とうり
3 13 夕椰 **16** ゆうや
11 6 梗丞 **17** きょうすけ
13 4 楓太 **17** ふうた
12 5 椋史 **17** りょうじ
10 8 栞治 **18** かんじ
10 8 桐弥 **18** きりや
7 11 佑梓 **18** ゆうし
11 10 梓朗 **21** しろう
16 5 樹生 **21** たつき
14 9 樺風 **23** かふう
14 11 樺唯 **25** かい
9 16 海樹 **25** かいじゅ

女の子の名前の例

11 梓 **11** あずさ
10 3 桐子 **13** きりこ
8 7 実杉 **15** みすぎ
14 2 樺乃 **16** かの
3 13 小椰 **16** さや
13 3 椿子 **16** つばきこ
6 10 有桔 **16** ゆうき
10 7 桔李 **17** きり
10 7 栞里 **17** しおり
12 5 椋加 **17** りょうか
10 8 栞奈 **18** かんな
11 7 梗花 **18** きょうか
12 6 椎凪 **18** しいな
11 7 梓寿 **18** しず
16 2 樹乃 **18** じゅの
13 5 楓禾 **18** ふうか
9 15 柊穂 **24** しゅうほ
9 16 按樹 **25** あんじゅ
13 13 5 椰々禾 **31** ややか

草花

可憐で美しいイメージや、凛とした印象がある。美しさやかわいらしさから女の子に人気。

イメージに合う漢字

花 P234	芽 P240	咲 P252	草 P253	桜 P256
華 P257	菜 P267	麻 P272	葉 P283	蓮 P291
蘭 P304	萩	菖	芹	藤

男の子の名前の例

11 4 菖介 **15** しょうすけ
4 11 斗麻 **15** とうま
3 12 万萩 **15** ましゅう
8 8 空芽 **16** こうが
7 9 芹哉 **16** せりや
13 3 蓮士 **16** れんじ
9 8 風芽 **17** ふうが
6 12 光葉 **18** こうよう
9 9 草春 **18** そうしゅん
7 11 花規 **18** もとき
9 9 勇咲 **18** ゆうさく
10 9 2 華威人 **21** かいと
18 3 藤大 **21** ふじはる
10 14 桜輔 **24** おうすけ
12 12 萩翔 **24** しゅうと

果物

小さく、かわいらしい印象の名前に。実りの多い人生になるように、という願いに合う。

イメージに合う漢字

杏 P234	李 P238	果 P239	実 P242	柚 P255
桃 P263	梨 P274	苺	栗	檎
萄	杷	蜜	梅	

画数	名前	総画	読み
8 8	果林	16	かりん
9 7	虹李	16	こもも
6 10	朱桃	16	すもも
7 9	李音	16	ももね
7 10	杏華	17	きょうか
10 7	栗来	17	くりこ
7 11	杏梨	18	あんり
8 10	果桜	18	かお
7 11	花梨	18	かりん
8 7 3	杷那子	18	はなこ
8 10	実栗	18	みくり
9 9	柚香	18	ゆうか
11 13	萄瑚	24	とうこ
9 3 12	柚子葉	24	ゆずは
14 11	蜜菩	25	みつほ
15 17	凜檎	32	りんご
10 8	梅治	18	うめはる
11 7	萄吾	18	とうご
8 10	杷留	18	はる
8 10	苺流	18	まいる
8 10	実留	18	みのる
11 10	萄真	21	とうま
14 7	蜜希	21	みつき
9 12	柚達	21	ゆうと
12 11	翔梨	23	しょうり
6 17	有檎	23	ゆうご
7 16	李樹	23	りき
8 17	青檎	25	しょうご

女の子の名前の例

画数	名前	総画	読み
8	苺	8	いちご
3 10	小梅	13	こうめ
11 4	梨心	15	りみ

男の子の名前の例

画数	名前	総画	読み
7 4	杏介	11	きょうすけ
10 3	栗士	13	くりと
9 6	柚気	15	ゆずき
7 9	李音	16	りおん
8 9	果威	17	かい
7 10	杏真	17	きょうま
10 7	桃李	17	とうり

画数	名前	総画	読み
10 9 6	華耶名	25	かやな
18 7	藤伽	25	ふじか
13 12	愛葉	25	やすは
18 13	藤瑚	31	とうこ
11 11 9	菜々美	31	ななみ
19 12	蘭湖	31	らんこ
13 19	聖蘭	32	せいらん
11 11 10	野々華	32	ののか
12 5	萩禾	17	しゅうか
11 7	麻花	18	あさか
8 10	佳桜	18	かお
11 7	菖花	18	しょうか
8 10	茉桜	18	まお
8 10	実桜	18	みおう
9 9	美咲	18	みさき
13 11	蓮菜	24	れんな
13 11	蒼麻	24	そうま
18 7	藤佑	25	とうすけ
11 14 7	菜緒杜	32	なおと
19 16	蘭磨	35	らんま

女の子の名前の例

画数	名前	総画	読み
5 8	史芽	13	あやめ
9 4	草心	13	そうこ
7 9	芹香	16	せりか

四季のイメージ

春

一年の始まりや芽生えとともに、穏やかさや暖かさを感じる季節。まっさらな印象の優しい名前に。

イメージに合う漢字

生 P228 芽 P240 春 P251 菜 P267 温 P276
新 P287 皐 初 若 始

男の子の名前の例

画数	名前	総画	読み
11	皐	11	たかし
7 4	初文	11	はつや
8 5	若矢	13	わかや
9 7	春臣	16	はるおみ
5 12	生翔	17	いくと
8 9	始音	17	しおん
13 4	新心	17	しんご
12 5	温央	17	はるひろ
11 7	皐希	18	こうき
11 10	菜起	21	なおき
13 8	夢芽	21	むが
12 11	温惟	23	あつのぶ
7 16	初樹	23	はつき

女の子の名前の例

画数	名前	総画	読み
11	皐	11	こう
13	新	13	しん
9 4	春心	13	はるこ
5 8	由芽	13	ゆめ
11 4	皐月	15	さつき
8 7	始寿	15	しず
8 7	芽吹	15	めぶき
11 5	菜生	16	なお
7 9	初美	16	はつみ
8 8	若奈	16	わかな
12 6	温光	18	あつみ
7 11	花菜	18	かな
12 6	温名	18	はるな
13 11	新菜	24	にいな

夏

爽やかですがすがしい印象をもつ。明るく元気よく、エネルギーにあふれた人柄を感じさせる。

イメージに合う漢字

天 P224 七 P235 海 P248 南 P253 夏 P256
彩 P267 涼 P275 葵 P276 陽 P283 織 P302

男の子の名前の例

画数	名前	総画	読み
4 3	天万	7	てんま
7 4	七夫	11	ななお
9 4	海斗	13	かいと
10 3	夏己	13	なつき
3 12	大葵	15	だいき
12 4	陽友	16	ようすけ
11 5	涼永	16	りょうえい
10 7	夏寿	17	かず
6 12	光陽	18	こうよう
12 9	琥南	21	こなん
11 12	彩貴	23	あやき
18 5	織史	23	おりふみ
12 12	紫陽	24	しよう

女の子の名前の例

画数	名前	総画	読み
4 9	天音	13	あまね
11 4	彩心	15	あやこ
10 5	夏世	15	かよ
6 9	有海	15	ゆみ
12 4	葵日	16	あおか
7 9	七南	16	ななみ
10 7	夏七	17	なつな
12 6	葵帆	18	きほ
11 7	涼那	18	すずな
9 9	海南	18	みな
18 6	織衣	24	おりえ
12 12	陽葵	24	はるき
12 9 3	陽南子	24	ひなこ
11 11 10	涼々夏	32	すずか

秋

光り輝く空や月が美しい季節。実り豊かな作物などからも、独特な風情のある名前に。

イメージに合う漢字

夕 P222	月 P223	里 P238	実 P242	紅 P250
秋 P251	稔 P287	楓 P289	穂 P297	祭

紅心	9 4	13	べにこ
秋来	9 7	16	あきな
紅亜	9 7	16	くれあ
稔子	13 3	16	なりこ
満月	12 4	16	みづき
紅杷	9 8	17	くれは
実乃里	8 2 7	17	みのり
楓加	13 5	18	ふうか
祭里	11 7	18	まつり
秋穂	9 15	24	あきほ
穂乃果	15 2 8	25	ほのか
満稔	12 13	25	みのり
里宇斗	7 6 4	17	りうと
嘉月	14 4	18	かづき
秋亮	9 9	18	しゅうすけ
実継	8 13	21	さねつぐ
紅輔	9 14	23	こうすけ
祭登	11 12	23	さいと
岳穂	8 15	23	たけほ
楓真	13 10	23	ふうま
稔勝	13 12	25	なりかつ

女の子の名前の例

月乃	4 2	6	つきの
夕月	3 4	7	ゆづき

男の子の名前の例

夕大	3 3	6	ゆうた
実	8	8	まこと
祭矢	11 5	16	さいや
里思	7 9	16	さとし

冬

白銀の雪のように美しく、気高い印象の名前に。凛とした雰囲気とともに、生きる力強さが感じられる。

イメージに合う漢字

冬 P229	白 P229	純 P261	真 P262	雪 P270
聖 P288	凛 P298	冴	柊	静

心雪	4 11	15	こゆき
冬華	5 10	15	とうか
真白	10 5	15	ましろ
真冬	10 5	15	まふゆ
聖子	13 3	16	せいこ
柊香	9 9	18	しゅうか
純奈	10 8	18	じゅんな
雪那	11 7	18	ゆきな
凜子	15 3	18	りんこ
聖深	13 11	24	きよみ
静華	14 10	24	しずか
静藍	14 18	32	せいらん
純也	10 3	13	すみや
冬悟	5 10	15	とうご
冬真	5 10	15	とうま
雪斗	11 4	15	ゆきと
柊吾	9 7	16	しゅうご
純聖	10 13	23	じゅんせい
静哉	14 9	23	せいや
聖騎	13 18	31	としき
凜汰朗	15 7 10	32	りんたろう

女の子の名前の例

冴衣	7 6	13	さえ
聖乃	13 2	15	きよの

男の子の名前の例

一冴	1 7	8	いっさ
白士	5 3	8	はくと
冬丞	5 6	11	とうすけ
聖	13	13	きよし

色彩のイメージ

赤・桃

情熱的な印象や、温かくかわいらしい雰囲気の名前に。木々や果物、花の色からも連想できる。

イメージに合う漢字

朱 P231 百 P233 紅 P250 桃 P263 緋 P294 茜

男の子の名前の例

朱十	6 10	16	あやと
茜壱	9 7	16	せんいち
百々太	6 6 4	16	ももた
桃季	10 8	18	とうき
紅葉	9 12	21	こうよう
緋紘	14 11	25	ひづる

女の子の名前の例

朱音	6 9	15	あかね
朱南	6 9	15	しゅな
桃禾	10 5	15	ももか
朱恵	6 10	16	あかえ
紅里	9 7	16	あかり
茜里	9 7	16	あかり
百々心	6 6 4	16	ももこ
華緋	10 14	24	はるひ
緋奈乃	14 8 2	24	ひなの
穏紅	16 9	25	しずく

青・紫

冷静でクールな印象や、気品漂う高貴な雰囲気の名前に。美しく澄んだ心をもつ人柄を思わせる。

イメージに合う漢字

青 P243 紫 P279 蒼 P288 碧 P294 藍 P303 藤

男の子の名前の例

青臣	8 7	15	はるおみ
剣青	10 8	18	けんせい
碧政	14 9	23	あおまさ
蒼一朗	13 1 10	24	そういちろう
藍ノ丞	18 1 6	25	あいのすけ
想紫	13 12	25	そうし
藤里	18 7	25	とうり

女の子の名前の例

青花	8 7	15	きよか
紫子	12 3	15	さきこ
紫万	12 3	15	しま
藤圭	18 6	24	ふじか
有藍	6 18	24	ゆら
藍里	18 7	25	あいり
碧唯	14 11	25	あおい
蒼葉	13 12	25	あおば
沙藍	7 18	25	さらん

緑

自然のイメージに似た印象をもつ。穏やかでのびのびとし、優しい人柄を連想させる名前に。

イメージに合う漢字

翠 P293 黄 茶 緑

男の子の名前の例

壱茶	7 9	16	いっさ
緑大	14 3	17	のりひろ
巳緑	3 14	17	みのり
心緑	4 14	18	きよのり
翠良	14 7	21	あきら
黄雅	11 13	24	おうが

女の子の名前の例

黄帆	11 6	17	きほ
緑子	14 3	17	みどりこ
沙黄	7 11	18	さき
茶南	9 9	18	さな
美茶	9 9	18	みさ
心緑	4 14	18	みのり
緑夏	14 10	24	のりか
桧翠	10 14	24	ひすい
緑莉	14 10	24	みどり
翠梨	14 11	25	みどり

白・金・銀

純粋でキラキラと輝く印象をもつ名前に。輝かしい人生を歩んでほしいという願いを込めて。

イメージに合う漢字
白 金 銀
P229

5 6
白羽 11 しろは

10 5
真白 15 ましろ

8 8
金英 16 かなえ

12 5
湖白 17 こはく

14 4
銀水 18 かねみ

14 4
銀心 18 ぎんこ

5 19
白羅 24 きよら

14 10
銀夏 24 ぎんか

8 7
金臣 15 かねおみ

14 3
銀也 17 ぎんや

5 12
白翔 17 はくと

14 4
銀牙 18 ぎんが

5 13
白嵩 18 はくしゅう

14 7
銀良 21 ぎんろう

女の子の名前の例

5 6
白帆 11 しらほ

男の子の名前の例

8 7
金太 15 かなた

日本の伝統色をヒントに！

日本特有の自然な色合いや文化的な色彩を表している日本の伝統色。イメージのヒントにすると、和の情緒漂う名前になる。

8 8
若苗 16 わかな
若苗色（わかなえいろ／田植えのころの若い苗のような、明るい黄緑色）から。

10 7
桃花 17 ももか
桃花色（ももはないろ／桃の花びらのような淡い紅色。女性に合う色）から。

17
霞 17 かすみ
霞色（かすみいろ／白すみれの花に似た、ほんのり紫色がかった薄い灰色）から。

7 11
花菜 18 かな
菜の花色（なのはないろ／アブラナの花のような、やわらかな明るい黄色）から。

7 11 14
亜麻寧 32 あまね
亜麻色（あまいろ／亜麻をつむいだ糸の色にちなんだ、黄色がかった茶色）から。

9 14
浅緋 23 あさひ
浅緋（うすきひ／ほんのり黄色がかった赤色）から。

12 11
雄黄 23 ゆうおう
雄黄（ゆうおう／石黄という鉱物から染める、明るく鮮やかな黄色）から。

女の子の名前の例

7 4
牡丹 11 ぼたん
牡丹色（ぼたんいろ／牡丹の花びらをもとに名づけられた紫紅色）から。

6 7
色花 13 いろか
花色（はないろ／青系統の代表。強い青色）から。

6 10
朱華 16 しゅうか
朱華（はねず／黄色がかった薄い赤色。『万葉集』にも登場する歴史ある色）から。

男の子の名前の例

11
紺 11 こん
紺（こん／紫を帯びたもっとも暗い青色）から。

3 13
千歳 16 ちとせ
千歳緑（ちとせみどり／松の葉のような濃く深い緑色）から。縁起のよい色。

9 12
浅紫 21 あさし
浅紫（あさむらさき／薄い紫色。深紫よりは劣るものの、高貴な色とされた）から。

12 9
琥珀 21 こはく
琥珀色（こはくいろ／「貴石」とされる琥珀のような、透明感のある黄褐色）から。

10 6 5
真朱生 21 ましゅう
真朱（まそお／やや黒みがかった朱色）から。

趣味・芸術からイメージ

スポーツ

強い心と体、優れた技術が備わったイメージ。健康で元気がよく、爽やかな印象もある。

イメージに合う漢字

力 P221	弓 P221	伸 P236	武 P245	歩 P245
俊 P251	敏 P263	勝 P279	駈 P295	泳
剣	蹴	操	球	輪

歩巳	8 3	11	あゆみ
未剣	5 10	15	みつる
依武	8 8	16	えむ
球世	11 5	16	たまよ
勝禾	12 5	17	しょうか
伸華	7 10	17	のぶか
美泳	9 8	17	みえい
力穂	2 15	17	よしほ
操乃	16 2	18	あやの
敏実	10 8	18	さとみ
輪子	15 3	18	りんこ
栄駈	9 15	24	えいか
俊穂	9 15	24	としほ
蹴帆	19 6	25	しゅうほ
操紀	16 9	25	みさき
伸飛	7 9	16	のぶと
剣杜	10 7	17	けんと
伸悟	7 10	17	しんご
球児	11 7	18	きゅうじ
将泳	10 8	18	しょうえい
勝多	12 6	18	しょうた
球希	11 7	18	たまき
輪也	15 3	18	りんや
操汰	16 7	23	そうた
武蔵	8 15	23	むさし
砂駈	9 15	24	さく
敏太朗	10 4 10	24	びんたろう
蹴翔	19 12	31	しゅうと

女の子の名前の例

小弓	3 3	6	さゆみ

男の子の名前の例

力斗	2 4	6	りきと
武士	8 3	11	たけと
弓弦	3 8	11	ゆづる
俊太	9 4	13	しゅんた
快歩	7 8	15	かいほ
泳治	8 8	16	えいじ

アスリートの名前をヒントに！

日本や世界で活躍するアスリートの名前も参考にしよう。漢字や読み方をアレンジして、尊敬する選手の才能、技術をもつ子に。（　）内は種目。

久保田玲奈	9 8	17	くぼたれな	（格闘技）
石川佳純	8 10	18	いしかわかすみ	（卓球）
畠山愛理	13 11	24	はたけやまあいり	（新体操）
本田真凜	10 15	25	ほんだまりん	（フィギュアスケート）
宇野昌磨	8 16	24	うのしょうま	（フィギュアスケート）
松山英樹	8 16	24	まつやまひでき	（ゴルフ）

女性アスリート

八木かなえ	3 5 3	11	やぎかなえ	（重量挙げ）
浅田真央	10 5	15	あさだまお	（フィギュアスケート）

男性アスリート

錦織圭	6	6	にしこりけい	（テニス）
ダルビッシュ有	6	6	だるびっしゅゆう	（野球）
五郎丸歩	8	8	ごろうまるあゆむ	（ラグビー）
内田篤人	16 2	18	うちだあつと	（サッカー）

音楽

豊かな表現力や、優れた音感をもつイメージ。音楽のもつ明るさを備えた印象もある。

イメージに合う漢字

伶 P238	音 P248	奏 P253	唱 P269	揮 P276
琴 P277	鈴 P290	歌 P291	絃	謡
楽	響	鼓	拍	律

9 4 奏心 13 かなこ
12 3 琴子 15 ことね
16 謡 16 うた
9 7 美伶 16 みれい
6 11 池絃 17 ちづる
8 9 拍音 17 はくね
9 9 香音 18 かのん
9 9 律虹 18 りつこ
13 5 鈴禾 18 りんか
13 11 鼓都 24 こと
20 5 響乎 25 きょうこ
12 13 揮楽 25 きら
11 14 唱歌 25 しょうか
13 13 5 楽々禾 31 ららか
17 14 嶺歌 31 れいか

11 4 唱太 15 しょうた
7 8 伶弥 15 れいや
11 5 絃生 16 げんき
7 9 伶音 16 れおん
13 5 鼓生 18 こう
11 7 唱吾 18 しょうご
16 5 謡示 21 ようじ
14 9 歌音 23 かのん
20 3 響己 23 ひびき
11 12 麻琴 23 まこと
20 4 響介 24 きょうすけ
13 11 鈴都 24 すずと
13 4 7 鈴太良 24 りんたろう

女の子の名前の例

11 絃 11 いと

男の子の名前の例

9 2 奏人 11 かなと
8 3 拍也 11 はくや
9 4 律太 13 りつた
9 4 律斗 13 りつと
13 2 楽人 15 がくと
3 12 士揮 15 しき

音楽家の名前をヒントに！

好きな楽曲の作者や演奏者、指揮者など、音楽に関わる著名人にちなんだ名前も、音楽のイメージがある。

10 7 宮本笑里 17 みやもとえみり
（ヴァイオリニスト）

9 8 吉田美和 17 よしだみわ
（シンガーソングライター）

9 9 広瀬香美 18 ひろせこうみ
（シンガーソングライター）

12 9 3 加藤登紀子 24 かとうときこ
（シンガーソングライター）

8 9 吉田拓郎 17 よしだたくろう
（シンガーソングライター）

16 1 坂本龍一 17 さかもとりゅういち
（音楽プロデューサー）

女性音楽家

2 2 2 宇多田ヒカル 6 うただひかる
（シンガーソングライター）

5 8 松任谷由実 13 まつとうやゆみ
（シンガーソングライター）

男性音楽家

11 秋元康 11 あきもとやすし
（作詞家）

4 9 葉加瀬太郎 13 はかせたろう
（ヴァイオリニスト）

8 7 桜井和寿 15 さくらいかずとし
（ミュージシャン）

16 五嶋龍 16 ごとうりゅう
（ヴァイオリニスト）

芸術

発想力豊かな、のびのびしたイメージの名前になる。クリエイティブな印象もある。

イメージに合う漢字

巧 P226　美 P254　造 P262　絵 P276　創 P280
綺 P291　色　画　芸　工
刻　作　匠　図　陶

名前	画数	総画	読み
弥工	8 3	11	みく
陶乃	11 2	13	とうの
絵万	12 3	15	えま
千図世	3 7 5	15	ちとせ
色華	6 10	16	いろか
巧深	5 11	16	くみ
創心	12 4	16	そうこ
美芸	9 7	16	みき
美図	9 7	16	みと
作桜	7 10	17	さお
美画	9 8	17	みえ
造実	10 8	18	なりみ
亜紀画	7 9 8	24	あきえ
綺梨	14 11	25	きり
綺織	14 18	32	きおり
佳図	8 7	15	かず
巧真	5 10	15	たくま
作哉	7 9	16	さくや
勇作	9 7	16	ゆうさく
安芸斗	6 7 4	17	あきと
刻音	8 9	17	ときお
陶冶	11 7	18	とうや
路造	13 10	23	みちなり
美綺	9 14	23	よしき
絵夢	12 13	25	えむ
創士朗	12 3 10	25	そうじろう
優画	17 8	25	ゆうが

女の子の名前の例

名前	画数	総画	読み
匠乎	6 5	11	しょうこ
刻子	8 3	11	ときこ

男の子の名前の例

名前	画数	総画	読み
工	3	3	たくみ
色	6	6	しき
巧巳	5 3	8	たくみ
匠人	6 2	8	なるひと
匠汰	6 7	13	しょうた
造也	10 3	13	そうや

芸術家の名前をヒントに！

画家、絵本作家、マンガ家など、芸術の分野で活躍している著名人の名前にちなむと、その人のもつ芸術的な印象が刻み込まれる。

名前	画数	総画	読み	職業
さくらももこ	3 3 2	8		（漫画家）
一条ゆかり	3 3 2	8	いちじょうゆかり	（漫画家）
鴻池朋子	8 3	11	こうのいけともこ	（現代アーティスト）
北沢映月	9 4	13	きたざわえいげつ	（日本画家）
佐藤可士和	5 3 8	16	さとうかしわ	（クリエイティブディレクター）
松本零士	13 3	16	まつもとれいじ	（漫画家）

女性芸術家

名前	画数	総画	読み	職業
いわさきちひろ	3 2 2	7		（画家、絵本作家）
柴門ふみ	4 3	7	さいもんふみ	（漫画家）

男性芸術家

名前	画数	総画	読み	職業
あだち充	6	6	あだちみつる	（漫画家）
鳥山明	8	8	とりやまあきら	（漫画家）
佐藤卓	8	8	さとうたく	（グラフィックデザイナー）
竹久夢二	13 2	15	たけひさゆめじ	（日本画家）

文学

知的で落ち着いた雰囲気の名前に。ものごとに精通し、豊かな心をもった文化的な印象もある。

イメージに合う漢字

文 P225	典 P244	紀 P249	記 P257	栞 P257
章 P269	詠 P275	詞 P278	詩 P286	学
吟	語	言	綴	編

吟芽	7 8	15	ぎんが
詞万	12 3	15	しま
由記	5 10	15	ゆき
章永	11 5	16	あきえ
栞里	10 7	17	しおり
学美	8 9	17	まなみ
紀虹	9 9	18	きこ
典恵	8 10	18	のりえ
紀香	9 9	18	のりか
編美	15 9	24	あみ
詠満	12 12	24	えいみ
語莉	14 10	24	かたり
言嶺	7 17	24	ことね
綴莉	14 10	24	つづり
詩織	13 18	31	しおり
吟侍	7 8	15	ぎんじ
典宏	8 7	15	のりひろ
有栞	6 10	16	ゆうかん
綴也	14 3	17	てつや
真言	10 7	17	まこと
詠吉	12 6	18	えいきち
彩記	11 10	21	あやき
勇詞	9 12	21	ゆうし
詠梧	12 11	23	えいご
典編	8 15	23	のりあみ
健語	11 14	25	けんご
詩瑛	13 12	25	しえい

女の子の名前の例

文乃	4 2	6	ふみの
詠万	12 3	15	えま

男の子の名前の例

文也	4 3	7	ふみや
学	8	8	がく
章人	11 2	13	あきと
栞大	10 3	13	かんた
紀斗	9 4	13	のりと
文哉	4 9	13	ふみや

文学者の名前をヒントに！

歴史的な文豪や、近代の作家、小説家の名前もヒントになる。
好きな作品の登場人物をもとに名づける方法もある。

湊かなえ	3 5 3	11	みなとかなえ	（作家）
桐野夏生	10 5	15	きりのなつお	（作家）
俵万智	3 12	15	たわらまち	（歌人）
柳美里	9 7	16	ゆうみり	（作家）
大江健三郎	11 3 9	23	おおえけんざぶろう	（作家）
村上春樹	9 16	25	むらかみはるき	（作家）

女性文学者

三浦しをん	1 4 2	7	みうらしをん	（作家）
宇野千代	3 5	8	うのちよ	（作家、随筆家）

男性文学者

なかにし礼	5	5	なかにしれい	（作家）
東野圭吾	6 7	13	ひがしのけいご	（作家）
川端康成	11 6	17	かわばたやすなり	（作家）
尾崎紅葉	9 12	21	おざきこうよう	（作家）

演劇・映画

華やかで存在感のある名前や、日本の文化が香る、気品漂う雰囲気のある名前に。

イメージに合う漢字

映 P247 詞 P278 雅 P284 歌 P291 瑠 P294

舞 P297 璃 P298 優 P301 演 観

袖 魅 見 踊

7 8 見空 15 みあ
9 7 映見 16 えみ
7 9 見紀 16 みのり
14 3 踊子 17 ようこ
15 3 舞子 18 まいこ
9 15 香璃 24 かおり
12 12 詞葉 24 ことは
15 9 舞保 24 まほ
15 9 魅玲 24 みれい
17 7 優見 24 ゆうみ
11 14 悠演 25 ゆうえん
14 11 瑠望 25 るみ
18 13 観椰 31 みや
14 18 歌織 32 かおり
17 15 優魅 32 ゆうみ

5 13 永雅 18 えいが
18 3 観大 21 かんた
9 12 紀詞 21 のりふみ
15 6 魅成 21 みよし
14 7 踊佑 21 ようすけ
14 9 瑠威 23 るい
10 14 桐歌 24 とうか
17 7 優壱 24 ゆういち
17 7 優作 24 ゆうさく
15 9 璃音 24 りおん
13 18 慈観 31 じかん
16 15 頼舞 31 らいむ

女の子の名前の例

13 雅 13 みやび
10 5 袖禾 15 しゅうか

男の子の名前の例

7 6 見多 13 けんた
10 3 袖土 13 しゅうと
14 2 歌人 16 うたひと
9 8 映侍 17 えいじ
14 3 演也 17 えんや
17 優 17 すぐる

演劇人の名前をヒントに！

好きな映画監督や脚本家、俳優の名前もヒントになる。好きな作品の登場人物をもとに名づけるのもよい。

7 4 2 市川ぼたん 13 いちかわぼたん
（舞踊家）

8 9 河瀬直美 17 かわせなおみ
（映画監督）

9 8 西川美和 17 にしかわみわ
（映画監督）

12 16 3 松井須磨子 31 まついすまこ
（女性初の新劇俳優）

7 16 野田秀樹 23 のだひでき
（演出家）

12 11 野村萬斎 23 のむらまんさい
（狂言師）

女性演劇人

3 2 渡辺えり 5 わたなべえり
（劇作家、俳優）

7 木野花 7 きのはな
（演出家、俳優）

男性演劇人

8 黒澤明 8 くろさわあきら
（映画監督）

11 大島渚 11 おおしまなぎさ
（映画監督）

8 3 尾上松也 11 おのえまつや
（歌舞伎役者）

7 8 宮本亜門 15 みやもとあもん
（演出家）

こだわりからイメージ

歴史

歴史上の人物の名前をヒントにすると、その人物の雰囲気や功績を漂わせる名前になる。

男の子の名前の例

8 5
英世 13 ひでよ
日本の細菌学者、野口英世（のぐち ひでよ）より

15
毅 15 つよし
内閣総理大臣、犬養毅（いぬかい つよし）より

11 5
清正 16 きよまさ
安土桃山時代の大名、加藤清正（かとう きよまさ）より

12 4
博文 16 ひろぶみ
内閣総理大臣、伊藤博文（いとう ひろぶみ）より

10 7
晋作 17 しんさく
長州藩士、高杉晋作（たかすぎ しんさく）より

14 3
総士 17 そうじ
新撰組、沖田総司（おきた そうじ）より

9 8
政宗 17 まさむね
陸奥の戦国大名、伊達政宗（だて まさむね）より

女の子の名前の例

6
江 6 ごう
浅井長政（あざい ながまさ）の三女、江（ごう）より

3 5
千代 8 ちよ
山内一豊の妻、千代（ちよ）より

8
明 8 はる
社会運動家、平塚雷鳥（ひらつか らいてう）の本名より

5 10
市華 15 いちか
織田信長の妹、市（いち）より

9 7
虹町 16 こまち
平安時代の歌人、小野小町（おのの こまち）より

12 6
紫妃 18 しき
平安中期の作家、紫式部（むらさき しきぶ）より

14 14 7
寧々花 35 ねねか
豊臣秀吉の妻、寧々（ねね）より

神話

日本や世界の神話に登場する神や女神などの名前にちなむと、特徴的な名前になる。

男の子の名前の例

3 8
大和 11 やまと
日本の古代史上の伝説的英雄、ヤマトタケルノミコトより

11
深 11 しん
メソポタミア神話、シン（月の神）より

5 6
礼壮 11 らいお
ギリシャ神話、アストライオス（星空の神）より

5 8
玄武 13 げんぶ
中国の四神の1つ、玄武（水神）より

9 8
神夜 17 しんや
日本の神話、月読神（つくよみのかみ）より

5 12
世登 17 せと
エジプト神話、セト（嵐の神）より

8 16
青龍 24 せいりゅう
中国の四神の1つ、青龍（神獣）より

女の子の名前の例

11 7
萌良 18 ほうら
ギリシア神話、ホーラ（時間、季節の女神）より

5 8 3
世怜子 16 せれね
ギリシア神話、セレネ（月の女神）より

6 3 8
衣子奈 17 いずな
北欧神話、イズン（永遠の若さをもたらす女神）より

8 10
依真 18 いさな
日本の神話、イザナギとイザナミより

11 7
麻亜 18 まあ
エジプト神話、マアト（心理、正義、秩序の女神）より

10 11
恵琉 21 える
ウガリット神話、エール（神）より

土地・故郷

ゆかりのある土地や、故郷の名称を入れると、その場、瞬間の思い出が込められた名前になる。

男の子の名前の例

3 13
千歳 **16** ちとせ
北海道千歳市より。新千歳空港、支笏湖(しこつこ)がある

8 8
長門 **16** ながと
山口県長門市より。元乃隅稲成神社(もとのすみいなりじんじゃ)が有名

5 12
出雲 **17** いずも
島根県出雲市より。縁結びで名高い、出雲大社がある

5 12
甲斐 **17** かい
山梨県甲斐市より。武田信玄が築いた堤防の遺構が有名

10 8
十和 **18** とわ
青森県十和田市より。十和田湖、奥入瀬渓流がある

12 9
結城 **21** ゆうき
茨城県結城市より。街並みが登録有形文化財に

17 8
駿河 **25** するが
静岡県の区名。日本でもっとも深いとされる駿河湾がある

女の子の名前の例

3 8
小牧 **11** こまき
愛知県小牧市より。戦国時代、小牧・長久手の戦いの地

6 7
安芸 **13** あき
高知県安芸市より。三菱財閥の創業者、岩崎弥太郎の出身地

7 6
呉羽 **13** くれは
富山県富山平野の丘陵、呉羽丘陵より

9 6
紀伊 **15** きい
現在の和歌山県、三重県南部。森林が豊かだったことから名づけられた

6 3 7
伊万里 **16** いまり
佐賀県伊万里市、名産の伊万里焼にちなんで

10 7
恵那 **17** えな
岐阜県恵那市より。自然豊かな恵那峡が有名

数字

生まれた日などの思い入れのある数字、縁起のよい数字を入れると、特徴のある名前に。

男の子の名前の例

1 10
一真 **11** かずま

2 3 6
二千圭 **11** にちか

3 10
千莉 **13** せんり

3 10
千敏 **13** ちはや

3 10
万浬 **13** ばんり

6 7
六玖 **13** むつき

6 9
百耶 **15** ももや

9 7
哉七 **16** せな

4 13
四稜 **17** しろう

8 5 4
八矢斗 **17** はやと

7 10
佑十 **17** ゆうと

5 13
五滝 **18** ごろう

3 15
三槻 **18** みつき

8 7 6
八玖百 **21** やくも

15 9
論九 **24** りく

女の子の名前の例

3 2
千乃 **5** ちの

4 3
四万 **7** しま

5 6
五妃 **11** いつき

3 8
万夜 **11** まよ

6 5
百世 **11** ももよ

1 12
一葉 **13** かずは

4 9
四紀 **13** しき

2 11
二菜 **13** にいな

6 9
六海 **15** むつみ

7 10
七紗 **17** ななさ

8 9
八重 **17** やえ

10 8
十和 **18** とわ

9 9
美九 **18** みく

3 15
三慧 **18** みさと

11 7
望七 **18** もな

生まれた年の干支をヒントに！

生まれ年の干支にちなんだ名前も、こだわりが感じられる。干支の漢字をそのまま使うほか、「部首やつくり」に使われている字からイメージしよう。ただし鼠・戌は使えない。

酉《とり》（鳥・鶏）

男の子の名前の例

11 5
鳥矢 16 ちょうや
9 7
飛呂 16 ひろ
17
翼 17 つばさ

女の子の名前の例

4 11
太凰 15 たおう
7 9
抄飛 16 しょうひ
6 11
羽琉 17 はる

午《うま》（馬）

男の子の名前の例

9 4
勇午 13 ゆうご
15
駈 15 かける
17
駿 17 しゅん

女の子の名前の例

15
駒 15 こま
15 9
駈音 24 かのん
16 9
篤美 25 あつみ

卯《う》（兎）

男の子の名前の例

8 7
治兎 15 はると
5 11
卯郷 16 うきょう
9 14
昴瑠 23 すばる

女の子の名前の例

5 2
卯乃 7 うの
3 7 6
小兎羽 16 おとは
9 7
美兎 16 みと

子《ね》（鼠）

男の子の名前の例

3 8
子延 11 しのぶ
8 7
学杜 15 がくと
3 13
子寛 16 しかん

女の子の名前の例

3 8
子歩 11 しほ
8 3
実子 11 みこ
13 3
鈴子 16 すずこ

戌《いぬ》（犬）

男の子の名前の例

4 9
犬哉 13 けんや
7 8
状弥 15 そうや
13 4
献斗 17 けんと

女の子の名前の例

9 7
美状 16 みのり
7 10
状華 17 そうか
11 13
密献 24 みのぶ

未《ひつじ》（羊）

男の子の名前の例

6 5
羊平 11 ようへい
10 3
祥大 13 しょうた
5 8
未來 13 みらい

女の子の名前の例

6
羊 6 よう
5 8
未和 13 みわ
12 3
翔子 15 しょうこ

辰《たつ》（竜・龍）

男の子の名前の例

10 5
竜生 15 りゅうせい
7 16
辰樹 23 たつき
16 7
龍汰 23 りゅうた

女の子の名前の例

10 3
竜子 13 りゅうこ
7 9
辰美 16 たつみ
16 2
龍乃 18 たつの

丑《うし》（牛）

男の子の名前の例

4 11
丑都 15 ひろと
8 8
拓牧 16 たくぼく
8 10
牧十 18 ほくと

女の子の名前の例

6 9
牟保 15 なほ
9 8
虹牧 17 こまき
4 14
丑歌 18 ひろか

亥《い》（猪）

男の子の名前の例

6 3 4
亥久斗 13 いくと
6 9
亥哉 15 がいや
10 6
流亥 16 るい

女の子の名前の例

6 5
亥禾 11 りか
10 6
真亥 16 まい
6 18
亥織 24 いおり

申《さる》（猿）

男の子の名前の例

5
申 5 しん
5 10
申悟 15 しんご
10 7
高伸 17 たかのぶ

女の子の名前の例

10 5
恵申 15 えみ
5 10
申桜 15 みお
7 9
伸香 16 のぶか

巳《み》（蛇）

男の子の名前の例

5 3
右巳 8 うみ
8 3
拓巳 11 たくみ
3 12
巳智 15 みち

女の子の名前の例

3 3
夕巳 6 ゆうみ
3 5
巳央 8 みひろ
8 5 3
奈央巳 16 なおみ

寅《とら》（虎）

男の子の名前の例

8 7
虎伯 15 こはく
12 6
琥宇 18 こう
11 7
寅汰 18 とらた

女の子の名前の例

4 12
水琥 16 みこ
12 13
琥愛 25 こな
13 12
聖琥 25 さとこ

日本

日本の文化、歴史、花など、日本にまつわる言葉にちなむと、日本人らしい「和」の雰囲気をもつ名前になる。近年人気傾向にあり、親しみやすく呼びやすい。

男の子の名前の例

- 玄 (5) 5 げん
- 太一 (4 1) 5 たいち
- 文化 (4 4) 8 あやのり
- 赤仁 (7 4) 11 あかひと
- 京也 (8 3) 11 きょうや
- 大侍 (3 8) 11 だいじ
- 武士 (8 3) 11 たけし
- 文汰 (4 7) 11 ぶんた
- 大和 (3 8) 11 やまと
- 永侍 (5 8) 13 えいじ
- 左京 (5 8) 13 さきょう
- 正宗 (5 8) 13 まさむね
- 礼侍 (5 8) 13 れいじ
- 栄吉 (9 6) 15 えいきち
- 志門 (7 8) 15 しもん
- 周作 (8 7) 15 しゅうさく
- 清司 (11 5) 16 きよもり
- 紫木 (12 4) 16 しき
- 柚良 (9 7) 16 ゆら
- 京星 (8 9) 17 きょうせい
- 蔵人 (15 2) 17 くろうど
- 小五郎 (3 5 9) 17 こごろう
- 新介 (13 4) 17 しんすけ
- 壱斎 (7 11) 18 いっさい
- 慶士 (15 3) 18 けいじ
- 幸之助 (8 3 7) 18 こうのすけ
- 伊蔵 (6 15) 21 いぞう
- 絃馬 (11 10) 21 げんま
- 大観 (3 18) 21 たいかん
- 景盛 (12 11) 23 かげもり
- 武蔵 (8 15) 23 むさし
- 龍之丞 (16 3 6) 25 りゅうのすけ

女の子の名前の例

- 木花 (4 7) 11 このか
- 小夜 (3 8) 11 さよ
- 染乃 (9 2) 11 そめの
- 玉妃 (5 6) 11 たまき
- 百代 (6 5) 11 ももよ
- 天音 (4 9) 13 あまね
- 掬乃 (11 2) 13 きくの
- 四紀 (4 9) 13 しき
- 梓乃 (11 2) 13 しの
- 珠子 (10 3) 13 たまこ
- 日向子 (4 6 3) 13 ひなこ
- 琴子 (12 3) 15 ことこ
- 小萩 (3 12) 15 こはぎ
- 佐和 (7 8) 15 さわ
- 千景 (3 12) 15 ちかげ
- 千尋 (3 12) 15 ちひろ
- 翠乃 (14 2) 16 あきの
- 佐保 (7 9) 16 さほ
- 志津 (7 9) 16 しづ
- 結月 (12 4) 16 ゆづき
- 鞠 (17) 17 まり
- 八重 (8 9) 17 やえ
- 梗花 (11 7) 18 きょうか
- 志野 (7 11) 18 しの
- 紬芸 (11 7) 18 つむぎ
- 妃美子 (6 9 3) 18 ひみこ
- 紅保 (9 9) 18 べにほ
- 梅佳 (10 8) 18 まいか
- 亞曇 (8 16) 24 あずみ
- 衣織 (6 18) 24 いおり
- 千鶴 (3 21) 24 ちづる
- 摘華 (14 10) 24 つみか
- 舞咲 (15 9) 24 まさき
- 輝莉 (15 10) 25 かがり
- 藤緒 (18 14) 32 ふじお

和歌や四字熟語をヒントに！

好きな和歌やゆかりのある四字熟語からイメージすると、和の雰囲気が漂う情緒ある名前に。

和歌

久方《ひさかた》の光《ひかり》のどけき春《はる》の日《ひ》に しづ心《こころ》なく花《はな》の散《ち》るらむ

【訳】こんなのどかな光がさす春の日なのに、桜の花はどうして忙しく散っていくのだろう。（『古今和歌集』紀友則）

秋来《あきき》ぬと目《め》にはさやかに見《み》えねども 風《かぜ》の音《おと》にぞおどろかれぬる

【訳】秋が来たことは、はっきり目には見えないけれど、風の音で秋の訪れに気づくことができるよ。（『古今和歌集』藤原敏行）

天《あま》の原《はら》ふりさけ見《み》れば春日《かすが》なる 三笠《みかさ》の山《やま》に出《い》でし月《つき》かも

【訳】はるか天空を眺めると、月が昇っている。あれは故郷の奈良の春日にある、三笠山に昇る月と同じだろう。（『古今和歌集』安倍仲麿）

田子《たご》の浦《うら》にうち出《い》でてみれば白妙《しろたえ》の 富士《ふじ》の高嶺《たかね》に雪《ゆき》は降《ふ》りつつ

【訳】田子の浦に出て遠くを見ると、真っ白い布をかぶったように、富士の高い嶺に雪が降り積もっているなぁ。（『新古今和歌集』山部赤人）

男の子の名前の例

名前	画数	総画	読み
春日	9 4	13	はるひ
桜光	10 6	16	おうみ
秋来	9 7	16	あきら
風秋	9 9	18	ふうしゅう
三月	3 4	7	みづき
春日	9 4	13	はるひ
富士	12 3	15	とし
白浦	5 10	15	はくほ

女の子の名前の例

名前	画数	総画	読み
春花	9 7	16	はるか
桜花	10 7	17	おうか
秋音	9 9	18	あきね
秋風	9 9	18	しゅうか
天乃	4 2	6	あまの
春奈	9 8	17	はるな
富士乃	12 3 2	17	ふじの
嶺	17	17	れい

四字熟語

一《いち》期《ご》一《いち》会《え》

【意味】人と人との出会いは一生に一度きり。その瞬間を大事に、誠実に相手に接すること。

真《しん》実《じつ》一《いち》路《ろ》

【意味】どんなときも、ウソや偽りのない心をもち、何ごとにも一筋に取り組むこと。

純《じゅん》真《しん》無《む》垢《く》

【意味】清らかで、邪心や心にけがれが全くないこと。飾らず、自然のまま、ありのままの様子。

山《さん》紫《し》水《すい》明《めい》

【意味】山は日の光で紫にかすみ、水はきれいに澄む様子から、自然の景観が清浄で美しいこと。

男の子の名前の例

名前	画数	総画	読み
一期	1 12	13	いつき
会期	6 12	18	えいき
一真	1 10	11	かずま
市路	5 13	18	いちろ
純一	10 1	11	じゅんいち
真心斗	10 4 4	18	まこと
紫水	12 4	16	しすい
澄明	15 8	23	すみあき

女の子の名前の例

名前	画数	総画	読み
一会	1 6	7	いちえ
期会	12 6	18	きえ
路	13	13	みち
真実	10 8	18	まみ
純奈	10 8	18	じゅんな
真澄	10 15	25	ますみ
美水	9 4	13	みみ
水輝羽	4 15 6	25	みきは

15
潤 15 じゅん
June/ジューン/6月

7 8
李歩 15 りぶ
live/リブ/生きる

8 7
怜良 15 れいら
Layla/レイラ/人名

12 4
結友 16 ゆう
you/ユー/あなた

7 9
李音 16 りお
Leo/リーオ/獅子座

10 7
笑李 17 えみり
Emily/エミリー/人名

3 7 7
万里亜 17 まりあ
Maria/マリア/人名

10 8
恵実 18 えま
Emma/エマ/人名

11 7
悠寿 18 ゆうす
youth/ユース/青春

11 13
爽新 24 さにい
sunny/サニー/日当りがよい

11 13
麻鈴 24 まりん
marine/マリン/海の

11 13
理稜 24 りいず
reason/リーズン/道理

7 11 6
里梨衣 24 りりい
lily/リリー/ゆり

12 10 10
智恵莉 32 ちえり
cherry/チェリー/さくらんぼ

17
壕 17 ごう
go/ゴー/行く

17
燦 17 さん
sun/サン/太陽

8 7 2
波亜人 17 はあと
heart/ハート/心臓

12 6
陽色 18 ひいろ
hero/ヒーロー/英雄

18
類 18 るい
Louis/ルイス/人名

18 3
櫂士 21 かいと
kite/カイト/凧

20 3
譲士 23 じょうじ
George/ジョージ/人名

13 10
蒼流 23 そうる
soul/ソウル/魂

15 9
澄海 24 すかい
sky/スカイ/空

女の子の名前の例

6 7
衣亜 13 えあ
air/エアー/空気

8 5
芽生 13 めい
May/メイ/5月

6 9
有咲 15 ありさ
Alisa/アリサ/人名

6 9
有洲 15 ありす
Alice/アリス/人名

英語圏

英語は国際共通語として認知度が高い。英語にちなんだ名前なら、世界のどこへ行っても、覚えられやすい。活躍のきっかけになる。

男の子の名前の例

3
丈 3 じょう
Joe/ジョー/人名

5
礼 5 れい
Ray/レイ/人名

5 6
礼安 11 らいあん
Ryan/ライアン/人名

7 4
来斗 11 らいと
light/ライト/光

11 2
健人 13 けんと
Kent/ケント/人名

8 7
怜臣 15 れお
Leo/レオ/人名

8 8
英治 16 えいじ
age/エイジ/年齢

5 11
巨琉 16 おおる
all/オール/あらゆる

13 3
聖士 16 せいじ
sage/セイジ/賢人

3 13
大夢 16 たいむ
time/タイム/時

ハワイ

愛らしい響きや意味をもつハワイ語は人気の外国語。漢字に置き換えると、南国の雰囲気が漂う優しくかわいらしい名前になる。

男の子の名前の例

11
康 **11** こう
ko'o-/コオ/相手、仲間

13
蒼 **13** あお
ao/アオ/光

4 9
日呂 **13** ひろ
hilo/ヒロ/より合わせる、組む

6 7
帆玖 **13** ほく
hōkū/ホク/星

15
潤 **15** うる
ulu/ウル/成長する

10 6
真羽 **16** まう
mau/マウ/常に、不変の、続ける

6 11
成琉 **17** なる
nalu/ナル/波

13 8
路明 **21** ろあ
loa/ロア/長い、永続する

女の子の名前の例

11 2
理乃 **13** りの
lino/リノ/輝く、光る

8 7
実折 **15** まおり
maoli/マオリ/純粋の、本当の

11 5
麻叶 **16** まかな
makana/マカナ/贈り物

8 8
茉奈 **16** まな
mana/マナ/超自然的な

14 4
爾友 **18** にう
niu/ニウ/ココヤシの実

14 10
緒華 **24** おはな
'ohana/オハナ/家族、親族

17 7
嶺亜 **24** れあ
le'a/レア/喜び、楽しみ、幸福

7 17 7
亜嶺良 **31** あねら
'ānela/アネラ/守り神、天使

フランス

フランス語はやわらかく、伸びやかな響きをもつ。フランス語の単語や人名から名づけると、洗練された上品な雰囲気のある名前に。

男の子の名前の例

15
潤 **15** うるう
heureux/ウルー/幸運な

5 10
永留 **15** えいる
aile/エル/翼

7 9
李音 **16** りおん
lion/リオン/ライオン

7 9
伶音 **16** れおん
Léon/レオン/人名

11 6
琉亥 **17** るい
Louis/ルイ/人名

11 7
庵寿 **18** あんじゅ
ange/アンジュ/天使

7 18
亜藍 **25** あらん
Alain/アラン/人名

12 6 14
紫衣瑠 **32** しえる
ciel/シエル/空

女の子の名前の例

13 2
愛乃 **15** あの
anneau/アノー/輪

7 9
亜美 **16** あみ
ami/アミ/友

10 7
莉杏 **17** りあん
lien/リアン/絆

7 10
李流 **17** りる
rire/リール/笑う

8 10
依真 **18** えま
Emma/エマ/人名

8 10
芽流 **18** める
mer/メール/海

7 6 5
李衣生 **18** りいぶ
rêve/レーヴ/夢

16 9
樹玲 **25** じゅれ
jurer/ジュレ/誓う

スペイン

スペイン語は抑揚が日本語と似ているため、なじみやすく呼ばれやすい。意味だけでなく、愛らしい響きが特徴的な名前に。

男の子の名前の例

6 5
在世 **11** あるせ
arce/アルセ/楓

5 8
史門 **13** しもん
Simon/シモン/人名

9 6
玲衣 **15** れい
rey/レイ/王

7 11
亜都 **18** あど
hado/アド/運命

8 10
怜留 **18** れいる
reir/レイール/笑う

7 14
芹緒 **21** せりお
serio/セリオ/まじめな

10 11
真琉 **21** まる
mar/マール/海

13 10
蒼流 **23** そる
sol/ソル/太陽

女の子の名前の例

11 2
麻乃 **13** まの
mano/マノ/手

8 7
歩良 **15** ふら
pura/プラ/純粋な

11 5
理央 **16** りお
rio/リオ/河

6 11
有菜 **17** あな
Ana/アナ/人名

10 7
恵良 **17** えら
era/エラ/時代

10 7
紗良 **17** さら
Sara/サラ/人名

10 7
莉花 **17** りか
rica/リカ/豊かな

10 7
莉良 **17** りら
lila/リラ/ライラック

ドイツ

ドイツ語の単語は力強い響きが特徴。存在感のある名前になる。男の子なら単語から、女の子なら人名から考えると思い浮かべやすい。

男の子の名前の例

11
彗 **11** ずい
Sie/ズィー/あなた

4 7
斗吾 **11** とあ
Tor/トーァ/門

11 2
理人 **13** りひと
Licht/リヒト/光

8 8
和門 **16** あいと
Eid/アイト/宣誓

13 3
暖久 **16** だんく
Dank/ダンク/感謝

10 7
浬汰 **17** りた
Ritter/リッタァ/騎士

13 5 3
夢生士 **21** むうと
Mut/ムート/勇気

8 15
明輝 **23** あでる
Adel/アーデル/貴族

女の子の名前の例

2 6
乃衣 **8** のい
neu/ノイ/新しい

13
聖 **13** せい
See/ゼー/海、湖

3 10
万浬 **13** まり
Marie/マリー/人名

6 9
朱音 **15** しゅね
Schnee/シュネー/雪

4 11
友梨 **15** ゆり
Juli/ユーリー/7月

7 9
芦美 **16** ろみ
Romy/ロミー/人名

8 11 5
英理世 **24** えりせ
Elise/エリーゼ/人名

11 6 8
梨衣杷 **25** りいべ
Liebe/リーベ/愛

中国

日本語と共通する漢字が多く、思い浮かべやすい。漢字は同じでも意味が違うことがあるので、辞書などでよく確認すること。

男の子の名前の例

8
明 8 みん
命/ミィン/命

5 6
史宇 11 しう
树/シュウ/木

13
新 13 しん
星/シィン/星

7 8
快朋 15 かいほ
快活/クイホゥオ/快活な

15
論 15 ろん
龙/ロン/竜

12 5
結五 17 ゆい
雨/ユィ /雨

12 6
椎羽 18 しいわ
希望/シィワァン/希望

15 3
穂大 18 ほお
活/ホゥオ/生きる

女の子の名前の例

11
深 11 しん
杏/シィン/あんず

13
愛 13 あい
爱/アイ/愛

8 7
知杏 15 ちあん
蔷薇/チアンウェイ/ばら

10 6
珠百 16 しゅお
说/シュオ/話す

4 12
心葉 16 しんは
信号/シンハオ/合図

8 8
歩阿 16 ほあ
花/ホア/花

10 14
晏瑠 24 あんる
安乐/アンルァ /安らぎ

9 9 7
俐保亜 25 りほあ
茉莉花/モォリホア/ジャスミン

韓国

韓国語は響きに丸みがあるのが特徴的。単語や人名から名づければ、温かく優しい印象の名前になる。難しい意味もやわらかな音になる。

男の子の名前の例

13
詩 13 うた
웃다/ウッタ/笑う

4 13
孔夢 17 くむ
꿈/ックム/夢

9 8
南武 17 なむ
나무/ナム/木

9 8
飛武 17 ひむ
힘/ヒム/力

8 9
歩威 17 ふい
후의/フイ/こころざし

14 4
豪太 18 ごうた
걷다/ゴッタ/歩く

16 5
磨生 21 まう
마음/マウム/心

女の子の名前の例

2 6
乃妃 8 のひ
높이/ノピ/高さ

8
英 8 はな
하나/ハナ/1つ

6 7
帆良 13 ぽら
보라색/ボラセㇰ/紫

4 11
心望 15 みも
미모/ミモ/美貌

2 14
乃爾 16 のに
논의/ノニ/議論

4 13
友愛 17 うあ
우아/ウア/優雅な

9 8
美依 17 みい
미인/ミイン/美人

8 10
杷留 18 はる
하루/ハル/1日

7 18
佐藍 25 さらん
사랑/サラン/愛、恋

子どもへの願いから名づける

生まれてくる子どもの成長を思い、浮かんでくる願いを名前に込めましょう。理想に思う人物像や人生像が名前のヒントになります。

誠実でまじめな子に

女の子の名前の例

13 4
廉心 17 ゆきみ

物事のけじめをつけるという意味をもつ「廉」。何事にも誠実に向き合い、私利私欲に走らない人に。いちばん大切なのは真心だという思いも込めて。

8 10
佳倫 18 かりん

整った人間関係を表す「倫」に、美しい人の意味をもつ「佳」。節度と真心をもって人と向き合える美しい人に。

10 8
真依 18 まい

「依」は頼りにする、従うの意味。まっすぐで純真な心をよりどころにして、自分らしく人生を歩んでほしい。

12 6
道圭 18 みちか

「圭」はきちんとした様子を表す。誰にでもきちんと向き合い、人として正しい道を歩んでほしい。自分が夢中になれる道を見つけてほしいとの思いも。

8 5
実礼 13 みれい

「礼」は人が守るべき正しい行いという意味。どんなときも、正しい行動ができる人になってほしい。実り多い豊かな人生を願って。

13 2
慎乃 15 よしの

「慎」は心が充実して、すみずみまで行き届いているさまを表す。人の心を大切にして、慎み深く、こまやかな気配りのできる人に。

5 11
正菜 16 せいな

一面に咲く菜の花のように、まっすぐで温かいイメージ。素直な優しい心をもち、周囲から愛される人にと願って。

11 5
理世 16 りせ

「理」はものごとの筋目やことわりを表す。ウソをついたり、曲がったことをしたりせず、まじめに生きる人に。

男の子の名前の例

11 6
惇亘 17 あつのぶ

落ち着いた誠実さを表す「惇」と、ぐるりとめぐる意味をもつ「亘」。穏やかな人柄で、周囲の人に信頼され、また愛されるように。

15 3
諒己 18 まさき

「諒」は偽りのない明らかな真実という意味。ごまかしやウソに流されず、どんなときも誠実な態度を忘れないでほしいと願って。

13 5
義史 18 よしふみ

「義」は儒教の教えの1つで、人としての正しい筋道を表す。誠実に、まっとうな人間としての道を歩むように。

12 13
智誠 25 ちせい

知恵を意味する「智」と、「誠」を合わせて。まじめさと、物事の本質を見極める知恵をもった、賢い人になってほしいという願いから。

11 4
清允 15 きよただ

澄んだ水を表す「清」と、調和がとれて穏やかな様子を表す「允」を合わせて。純粋な心をもち、誠実に生きてほしいという願いから。

10 5
真生 15 まさお

自分にウソをついたり、ごまかしたりすることなく、まっすぐな気持ちで充実した人生を歩んでほしいと願って。

13 3
誠士 16 まさし

「誠」は言ったことを必ず成し遂げるという意味。武士の「士」を組み合わせて、凜とした力強いイメージをプラス。誠実で真心にあふれる、有言実行の人にという願いを込めて。

9 8
亮忠 17 あきただ

「亮」は明るい、明らかという意味。心の中心、つまり真心を表す「忠」と合わせて、よどみのない澄んだ心の持ち主で、人を心から大切にできる人にと願って。

探したい願いをチェック！

純粋で素直な子に

女の子の名前の例

7 9
冴香 16 さえか

「冴」は氷のように澄み渡ったさまを意味する。透き通った氷のように、純粋な心をもつ、美しい人にと願って。

11 7
清良 18 せいら

けがれのない清らかな心をもつ人になってほしい。素直な心が、最善の結果をもたらすようにと願って。

10 8
真直 18 まなお

まっすぐな気持ちで、ものごとを見ることのできる人になってほしい。自分の気持ちにも人に対しても、ウソをつかない正直な人に。

10 8
素果 18 もとか

「素」は蚕から引き出した絹の原糸を意味する。本来の性質や才能を素直に生かし、素晴らしい成果を出せる人にという願いを込めて。

11
惇 11 すなお

「惇」は穏やかな誠実さを表す。「すなお」の響きとかけて、穏やかで素直な真心のある人になってほしいと願って。

7 8
花苗 15 かなえ

かわいらしい草花のもつみずみずしさと、生命力をイメージして。いつまでも初々しい気持ちを忘れず、まっすぐに育ってほしい。

10 5
純加 15 すみか

混じりけのない、純粋でまっすぐな心の持ち主に。経験や人との出会いを重ねて、魅力あふれる人になるように。

3 12
千晶 15 ちあき

澄み切った水晶のように、純粋な心をもつ人になってほしい。また、無数の輝きを放つ魅力的な女性であるように。

男の子の名前の例

10 8
素明 18 もとあき

素直な心と、純真な明るさをあわせもち、誰とでも分け隔てなくつきあえる人になってほしいという願いから。

8 10
佳透 18 よしゆき

「佳」は、すっきりと形よく整ったさまを表す。透き通るような純粋な心とスマートな魅力を兼ね備えた人に。

10 13
素嗣 23 もとし

「嗣」はあとをつぐことを意味する。純粋な心で、さまざまなことを学び、受け継いでほしいという願いから。

9 15
柾澄 24 まさずみ

「柾」は木目のまっすぐな木材のこと。清らかですっきりと澄んだ純粋な心をもち、まっすぐに育ってほしい。

15 1
潔一 16 きよかず

「潔」は清らかでさっぱりしたさまを表す。純粋な心を忘れず、一途に自分の夢を追いかけてほしいと願って。

9 8
浄和 17 きよかず

けがれのない清らかさを表す「浄」と、和らぐ、調和するの「和」。純粋で清らかな心で、周囲を和ませる人にと願って。

11 7
清宏 18 きよひろ

澄んだ水の清らかさを表す「清」と、広くて大きいことを表す「宏」を合わせて。素直な心をもち、人をゆるすことのできる寛大な人に。

13 5
瑞生 18 みずき

「瑞」は、美しくてみずみずしいという意味。いつまでも純粋な心を忘れない人に。めでたい兆しの意味もあることから、多くの恵みが訪れることを願って。

元気で明るい子に

女の子の名前の例

8 7
育花 15 なりか

すくすくと健やかに元気に育ってほしい。華やかな大輪でなくとも、自分らしい美しい花を咲かせる人に、という願いを込めて。

8 7
芽吹 15 めぶき

つらく厳しい冬を乗り越え、健気に芽を出す草木の生命力をイメージして。元気で生命力にあふれ、春の光のような明るさをもつ人に。

11 5
萌未 16 もえみ

たとえ厳しい環境であっても、必死に芽を出す草木の生命力にあやかって。いつも明るく、ポジティブに未来へと進んでいけるように。

10 7
晄希 17 みつき

キラキラと輝くような明るさをもった人になってほしい。また、どんなときも希望を忘れず、前向きに進むことができる人に。

11 7
盛良 18 せいら

「盛」はたっぷりある、力や勢いが盛んなさまを意味する。いつも元気いっぱいで明るく、けがれのない素直な心を。

3 3
万丈 6 まひろ

すべてが健やかに丈夫に育ちますようにという願いを込めて。体だけでなく、心も健やかで、しなやかな強さと美しさをもつように。

10 3
朗子 13 あきこ

「朗」は明るくて快活、清らかさを意味する。生き生きとした活力にあふれ、明るさと素直な心をもち、皆に愛される人になってほしい。

8 5
明生 13 あきみ

1日1日を元気に明るく、自分らしく過ごしてほしいと願って。「明」には、ものを見分ける力という意味もあり、物事の本質を見極める聡明な印象に。

4 9
心春 13 みはる

暖かくて明るい春の日差しをイメージして。元気で明るく、人を和ませる温かさをもつ人に。

11 4
麻日 15 あさか

成長が早いことで知られる「麻」と、太陽の「日」を組み合わせて。健やかな成長と、太陽のような明るさをもってほしいという願いから。

男の子の名前の例

3 13
大幹 16 ひろき

空に枝葉を大きく伸ばした樹木のように、健やかに成長してほしい。大木は中心である幹がしっかりしていることから、心も丈夫な人にという願いも込めて。

9 7
柾伸 16 まさのぶ

まっすぐな木目を意味する「柾」。素直な心をもち、心も体ものびのびと健やかに育ってほしいと願って。

11 6
健光 17 けんこう

健やかにのびのびと育ってほしい。キラキラと降り注ぐ太陽の光のような明るさをもち、周囲の人を元気にするパワーをもって。

6 11
光盛 17 こうせい

キラキラした光があふれんばかりに満ちているイメージ。生き生きとした活力にあふれ、元気で明るい人に。

12 9
雄星 21 ゆうせい

いつも元気いっぱいで勇ましいイメージ。雄大な心と、夜空に美しく輝く星のような明るさを兼ね備えた人に。

6 5
竹央 11 たけお

「央」は真ん中、中央を意味する。竹が空に向かってまっすぐに伸びるように、曲がることなく、育ってほしい。竹のようにしなやかな強さも兼ね備えて。

10 3
晃大 13 こうだい

「晃」は光が四方に広がって輝くことを意味する。周囲の人の心を明るく照らすような、スケールの大きな人に。

3 1 9
丈一郎 13 じょういちろう

病気知らずの丈夫な体をもつ、元気な男の子になるように。丈（身長）もすくすく伸びるようにとの願いも込めて。

7 8
応茂 15 まさしげ

生い茂る草木の生命力をイメージ。「応」は相手からの呼びかけを、心で受け止めるという意味。周囲の愛情に応え、元気に育つように。

6 10
壮馬 16 そうま

「壮」は心身ともに充実した堂々たる男性を表す。明るく芯のしっかりした男らしい魅力をもつ人に。速く走る馬のように、元気のよいイメージも合わせて。

穏やかで優しい子に

女の子の名前の例

12 3 3
陽与子 18 ひよこ

太陽の光が当たる小高い丘をイメージした名前。穏やかで心優しく、陽だまりのような温かい人になってほしい。

9 9
祐香 18 ゆうか

「祐」は助ける、または神に助けられるという意味。女の子らしい「香」を合わせて。困っている人に手を差し伸べる優しさと強さをもつ人にと願って。

17 7
優伽 24 ゆうか

「伽」は、退屈を慰める物語、話し相手になるという意味。弱っている人に寄り添い、話し相手になるような、優しさをもつ人に。

17 8
優明 25 ゆあ

夜道を優しく照らす、月明かりをイメージした名前。さりげない優しさで、周りの人を支えることができるように。

17 14
優歌 31 ゆうか

人の心を動かす力をもつ歌。歌のように、人を慰めたり、励ましたり、優しく寄り添うことができる人に。さえずる小鳥のような、朗らかなイメージも。

6 7
安寿 13 あんじゅ

穏やかな優しい人柄で、周囲の人に安らぎと幸せを与えるような人になってほしい。それが自身のしあわせにつながることも願って。

7 3 3
佐千子 13 さちこ

「佐」は助ける、支えるの意味。見返りを求めたり、損得勘定をすることなく、自然に人を助けたり、支えたりできる人にと願って。

10 5
泰世 15 やすよ

「泰」は両手でたっぷりの水を流すさまを表し、安心感を意味する。おおらかな愛情で、人を安心させる存在に。

10 6
恭帆 16 ゆきほ

尊大にならず、卑屈にならず、誰に対しても、丁寧で慎み深い人になってほしい。帆船が風を受けてゆったりと進むような、穏やかな人生を送れるように。

9 8
美侑 17 みゆ

「侑」は人に食事をすすめる、助けるという意味。温かいものをそっと手渡すような、こまやかな優しさをもつ人に。

男の子の名前の例

17 4
優仁 21 ゆうと

やさしい、しなやか、優秀を意味する「優」と、仲間や人を大切にする心を表す「仁」。誰に対しても分け隔てなく優しく、愛情深い人になるようにと願って。

16 7
篤志 23 あつし

「篤」の意味から、誠実で義理人情に厚い、優しい人にと願って。また、自分の志を曲げることなく、一途に追い求めてほしい。

14 9
寧為 23 やすなる

「寧」はじっくりと丁寧で、落ち着いたさまを表す。穏やかで誰にでも親切、丁寧に接することができる人に。

16 8
穏治 24 やすはる

穏やか、安らかという意味の「穏」に、うまく調整する「治」を合わせて。人を助け、優しく落ちつきをもって導いていくことができる人に。

17 16
優樹 33 ゆうき

誰にでも優しくて穏やかな人になってほしい。どっしりとした大樹の陰に人々が集まるように、安定した人望の厚い人にと願って。

4 1
仁一 5 まさかず

人にとっていちばん大切なのは、友や仲間に対する思いやり、優しさだという思いを込めて。優しく愛情深い人に。

10 5
恭平 15 きょうへい

「恭」は「心＋共」で、目上の人にものをささげるときの丁寧で慎み深いさまを表す。争いごとを好まず穏やかで、いつも人の気持ちを思うことができる人に。

9 7
奏良 16 そら

ゆったりと心地よい音楽のように、穏やかな優しい人に。音楽のような、他の人を幸せにできる人になってほしいという願いから。

12 6
温行 18 はるゆき

穏やかで温かい、優しいさまを表す「温」に、行動するの「行」。温かく、穏やかな春の日差しのような人に。また、いざというときは躊躇せず、人のために行動できるように。

13 5
靖司 18 やすし

安らかな、静かなさまを意味する「靖」。誰に対しても穏やかで、どんなときでも、ものごとを落ち着いて対処できる聡明な人に。

おおらかでのびのびした子に

女の子の名前の例

11 6
悠安 17 ゆうあ

ゆったりと落ち着いていて、周りをホッと安心させるような、おおらかな人に。また、穏やかな幸福がいつまでも続くことを祈って。

12 6
遥帆 18 はるほ

風をいっぱいに受けて、ゆったりと進む帆船をイメージして。また、はるか遠くまでおそれることなく進んでいける強さと、自由な心をもつ人にと願って。

9 9
風美 18 ふみ

風のように自由で軽やかに、のびのびと生きていってほしい。また、自然を愛し、あるがままの美しさを大切にしてほしいとの思いから。

13 11
寛菜 24 かんな

黄色い菜の花が大地を埋め尽くした、穏やかな春の風景をイメージして。ゆったりとおおらかな心で、身近な幸せを大切にできる人に。

10 14
泰歌 24 やすか

おおらかな心をもち、いつもゆったりしていて、歌を口ずさんでいるような朗らかな人に。人に安らぎを与えるような、癒しの存在に。

5 8
広河 13 ひろか

おおらかで広い心をもつ人に。無数の小川が流れ込んで、大河を成すことから、さまざまなことを吸収して、器の大きな人になってほしいという願いも込めて。

9 4
洋心 13 ひろみ

果てしなく広がる海のように広い心をもち、小さなことにはこだわらない、おおらかな人に。また、思いやりがあって、愛情深い人に。

9 6
海羽 15 みう

海のような広い心をもつ、おおらかな人になってほしい。また、自由にどこまでも羽ばたき、困難も軽々と乗り越えられるように。

3 13
千寛 16 ちひろ

気持ちにゆとりがあって、おおらかな人に。また、さまざまなことを受け入れて、人間的な幅を広げてほしい。

9 8
宥空 17 ゆあ

心にゆとりをもつ、ゆるすという意味の「宥」。ゆったりとした寛大な心をもつ人になってほしい。また、澄んだ青空のような爽やかな笑顔が似合う人に。

男の子の名前の例

8 9
昊洋 17 こうよう

夏空を表す「昊」に、海を表す「洋」を合わせて。明るく高い夏の空や芒洋と広がる海のように、スケールの大きな人に。

10 8
泰知 18 たいち

「泰」はおおらかでゆったりしているという意味。周りに安らぎを与えるような存在であるとともに、知性にすぐれた聡明な人に、という願いも込めて。

5 13
由寛 18 ゆうかん

のびのびと自由で、おおらかな心をもつ人に。また、「勇敢」の響きにかけて、いざというときは自分から立ち向かっていく勇気のある人に。

13 8
寛延 21 ひろのぶ

小さなことにこだわらない寛大な心をもち、のびのびと育ってほしい。自分の可能性を信じて進んでほしい。

11 12
悠翔 23 ゆうと

のんびりとして、あくせくすることのない、おおらかな人に。羽を広げて大空を飛び回る鳥のように、のびのびと自由に生きてほしい。

8 5
空広 13 たかひろ

果てなく広がる青空のように、おおらかな広い心をもつ人に。また、空のように広がる自分の可能性を信じて、チャレンジしてほしい。

10 3
隼大 13 はやた

「隼」はハヤブサのこと。体は小さいが飛ぶのが速く、勇猛な鳥。大空を力強く飛翔するハヤブサのように、勇敢でスケールの大きな人に。

5 8
由河 13 ゆうが

自由の「由」に、「河」を合わせて。大陸を悠々と流れる大河のように、おおらかでのびのびとした人に。自分らしく自由に生きてほしい。

9 4
宥仁 13 ゆうじん

「宥」は心にゆとりをもつ、ゆるすという意味。いつもゆったりと落ち着いていて、細かいことにとらわれない、おおらかな人にと願って。

9 7
洋希 16 ひろき

果てしなく広がる海のように、広い視野と広い心をもつ人に。たくさんの希望が叶うようにという願いも込めて。

思いやりのある子に

女の子の名前の例

11 6
淳江 17 あつえ

真心があって情が深いことを意味する「淳」に、大陸をつらぬく大河を表す「江」。ゆったり堂々と流れる大河のような、尽きることのない思いやりの心を。

13 4
寛心 17 ひろこ

「寛」は気持ちにゆとりがある、ゆるすことを表す。相手の立場や気持ちを思いやって、おおらかな広い心で、ゆるすことができる人に。

9 9
思保 18 しほ

自分の気持ちと同じように、人の気持ちも尊重し、大切にすることができる人に。何よりも人の心を大切にしてほしいという願いから。

16 8
篤枝 24 あつえ

人の心の機微に敏感な、思いやりのある人になってほしい。枝が伸びるように、思いやりの心で人との輪を広げていけるように。

7 17
芙優 24 ふゆう

「芙」はハスの花を意味する。泥の中から、美しい花を咲かせるハスは、仏の慈悲の象徴ともされている。深い愛情と思いやりをもった、心の美しい人にと願って。

9 4
美心 13 よしみ

人としてもっとも大切な思いやりをもつ人になってほしい。外側だけを取り繕った美しさではなく、内側の美しさがにじみ出るように。

4 11
仁菜 15 にな

春、一面に広がった黄色い菜の花畑のイメージ。そんな温かい思いやりをもった愛情深い人にと願って。

13 2
慈乃 15 よしの

「慈」は子を育てる親の愛情を表す。多くの人に愛されて育ってほしい。また、受け取ったたっぷりの愛情を、周りの人に注ぐことができるようになってほしい。

7 9
孝美 16 たかみ

「孝」は親や祖先を心から大切にすること。親やお年寄り、周りの人を敬い、優しさと思いやりをもって接することができる人に。

12 4
温日 16 はるか

暖かい春の陽だまりをイメージして。温かい思いやりをもち、人が自然に笑顔になるような癒しの存在に。

男の子の名前の例

11 7
淳志 18 あつし

真心や愛情深さを意味する「淳」。誰にでも真心をもって向き合い、優しく包み込むような大きな思いやりのある人を志してほしい。

9 9
洋思 18 ひろし

海のように広くて深い思いやりの心をもつ人に。また、大洋のようにスケールの大きな人になってほしい。

8 13
幸慈 21 こうじ

温かく慈しむ、思いやりの心をもち、周りの人を幸せにできるような人に。また、それが自分自身のしあわせにつながることを願って。

11 10
惇晟 21 じゅんせい

穏やかで厚みのある人柄を意味する「惇」に、明るく輝くことを意味する「晟」。穏やかで温かい思いやりの心をもち、それが周囲の人を明るく照らすように。

17 7
謙佑 24 けんすけ

どんなときも敬意をもって、謙虚な気持ちで人に接することができるように。また、困っている人がいたら、自然と手を差し伸べることができる優しさをもつ人にと願って。

4 3
仁也 7 ひとなり

人に対する思いやり、愛情を表す「仁」。いつでも誰にでも、思いやりをもって向き合える、優しい人になってほしいという願いを込めて。

5 10
礼真 15 れいま

「礼」は礼儀、人が守るべき正しい行いを意味する。人に対して常に敬意と思いやりをもち、礼儀正しく真心のある人になるように。

13 3
暖士 16 はると

日に干したフカフカの布団のように、温かく人を包み込む、思いやりと優しさをもつ人に。また、武士のように、一本筋の通った人になるようにとの願いも。

10 7
恵佑 17 けいすけ

めぐみ、温かく慈しむことを意味する「恵」と、助けることを表す「佑」。人を温かく抱きしめるような思いやりをもち、困っている人を進んで助ける人に。

9 8
宥弥 17 ゆうや

ゆるす、ゆとりをもつという意味の「宥」に、広く行き渡る、久しいを表す「弥」。心にゆとりがあって、人をゆるす度量をもった器の大きな人にと願って。

友人に恵まれる子に

女の子の名前の例

10 6
真仲 16 まなか

素直で正直、まっすぐな人柄で、多くの仲間に恵まれることを願って。お互いに支え合い、助け合って成長し、真の友情を育めるように。

4 12
心結 16 みゆ

人との縁を大切にし、助け合い、支え合って、強い絆を結べる人に。心からの親友にめぐり会えることを願って。

9 8
奏和 17 そうな

友達や仲間と美しい音楽を奏でるように、人との調和を大切にする人になってほしい。

8 9
朋海 17 ともみ

肩を並べて、本音をぶつけ合える友との出会いを願って。また、海のような広い心で、人を包み込むような包容力のある人に。

16 8
篤歩 24 あつほ

まじめで人情に厚く、友達や仲間を大切にする人になってほしい。互いに切磋琢磨しながら、ゆっくりでも一歩一歩、着実に成長することを願って。

7 8
希朋 15 きほ

どんなときも希望を忘れない、前向きで明るい人に。また、肩を並べて、本音で語り合える友や仲間との出会いがあることを願って。

4 11
仁望 15 ひとみ

「仁」はもと、二人の人間が対等に相親しむことを表す。友達や仲間を愛し、愛される人に。また、「人望」の読みにかけて、人から信頼を寄せられる人に。

12 3
結万 15 ゆま

人との出会いを大切にし、人と人を結びつける存在になれるように。一生つきあえるような仲間との出会いが、数多くあってほしい。

8 8
周枝 16 ちかえ

多くの人が周囲に集まってくるような魅力あふれる人に。また、木が枝を伸ばすように、人との出会いからさまざまなことを学び、成長できるように。

6 10
仲恵 16 なかえ

「仲」は真ん中、なかだち、仲間を意味する。人生をより豊かに、幸せにするような、大切な友達や仲間との出会いを願って。

男の子の名前の例

4 12
友翔 16 ゆうと

友達の支えが自分の翼となり、自分も友達の翼となる。未来へといっしょに大きく羽ばたいていけるような友との出会いを願って。

4 7 5
友汰加 16 ゆたか

「汰」はたっぷりとあることを表す。「ゆたか」の響きを「豊」にかけ、多くの友達に囲まれた実り豊かな人生を。

12 6
湊多 18 そうた

たくさんの人や物が集まる港の「湊」に、「多」を合わせて。多くの人を引き寄せる魅力あふれる人に。また、互いに助け合って、成長できるように。

11 7
絆佑 18 はんすけ

「佑」は人を助けるという意味。家族や友達との絆を大切にし、誰かが困っていたら、手を差し伸べる優しさをもつ人にと願って。

8 13
朋義 21 ともよし

心から本音で話せる友達や仲間との出会いを願って。人とのつながりを大切にする、義理人情に厚い誠実な人に。

4 2
友力 6 ともちか

友達の力を借りることもあれば、自分が友達の力になることもある。助け合い切磋琢磨しながら、共に成長していけるように。

8 5
朋央 13 ともちか

「朋」は対等に肩を並べる友達、仲間の意味。友達や仲間と助け合い、支え合いながら、まっすぐに進んでほしい。

11 4
健友 15 けんすけ

友達と健全な関係を結べるように。よき友達や仲間に囲まれて、心も体も健やかに成長してほしいという願いから。

4 12
友喜 16 ともき

友達といっしょなら、喜びは2倍に増え、悲しみは半分に減る。そんなよき友、よき仲間に出会えることを願って。

13 3
睦之 16 ともゆき

「睦」は、たくさんの人々が仲良く集まるさまを意味する。人との縁が自然とつながって、多くの友や仲間に恵まれ、仲睦まじい日々を過ごせるように。

笑顔が似合う子に

女の子の名前の例

8 10
知笑 18 ちえ

物事の本質を見極める力を意味する「知恵」。恵を「笑」に変えて、知恵とともに、いつも微笑みをたやさない、しなやかな強さをもつ人に。

13 5
瑞永 18 みずえ

「瑞」はめでたいしるし、美しくみずみずしい様子を意味する。いつまでも、爽やかな笑顔で魅力にあふれた人に。

14 10
漣笑 24 なみえ

「漣」は小さな波が次々と連なるさま、さざなみを意味する。周りにいると思わず笑顔になってしまう、そんな明るさをもつ人に。

15 10
澄笑 25 すみえ

いつまでも清らかな澄んだ心を忘れず、優しい笑顔が似合う人に。誰にでも親切で、愛情深い人になってほしい。

15 10
歓笑 25 よしえ

「歓」は、賑やかに声を合わせて喜ぶの意味。家族や友達、仲間といっしょに楽しく笑いながら過ごせるように。そういった時間を大切にしてほしい。

10 3
笑万 13 えま

自分自身も周りの人も、いつも笑顔で過ごせるように。「万」には「絶対に、どんなことがあっても」という意味もある。どんなときも笑顔を絶やさない強い人に。

9 7
咲七 16 さきな

パッと花が咲いたような明るい笑顔が似合う人に。「七」はラッキーセブンにあやかって、幸運が訪れるように。

13 4
愛心 17 あこ

誰からも愛されるような笑顔と心をもつ人に。人を愛する心を大切に、周りの人も笑顔にできるように。

7 10
花笑 17 かえ

小さな花がパッと咲いたような、可憐な笑顔が似合う人になってほしい。周りの人をホッとさせるような笑顔と優しさをもつ人に。

10 8
笑実 18 えみ

外側だけ取り繕った笑顔ではなく、心からの本当の笑顔が似合う人になってほしい。また、実り多き充実した人生であることを願って。

男の子の名前の例

10 7
笑汰 17 しょうた

「汰」はたっぷりあるさまを表す。笑顔があふれる人生を願って。また、周囲の人も笑顔にできるように。

9 9
咲哉 18 さくや

「咲」は笑う、花が咲くという意味をもつ。パッと花が咲くような明るい笑顔と、人をひきつける魅力をもつ人に。

12 6
晴多 18 はるた

雲一つなく、すっきりと晴れ渡った青空をイメージして。青空のような爽快な笑顔が、自分自身にも周りの人にもあふれるように。

6 12
光陽 18 みつあき

太陽のような大きくて明るい笑顔が似合う人になってほしい。また、光がキラキラと輝くように、希望に満ちた人生を送ってほしい。

10 13
笑稔 23 えみとし

「稔」の意味から、自然の恵みを受けて穀物が豊かに実るように、周囲の愛情をたっぷり受けて、笑顔や喜びがあふれる人生を願って。

10 3
悦之 13 えつし

「悦」は心のしこりが取れて嬉しい、喜ばしいさまを表す。心のわだかまりがなく穏やかで、微笑みの絶えない人に。

6 9
充春 15 みちはる

「充」は中身がいっぱいになったさまを表す。ポカポカと暖かく、草花が咲き誇る生命力にあふれた春をイメージした名前。明るくて幸せな笑顔が似合う人に。

6 10
旭朗 16 あきお

東から昇る太陽を表す「旭」、朗らかな明るさを表す「朗」。朝日のような爽やかな笑顔の似合う、快活な明るい人をイメージして。

8 8
欣治 16 きんじ

「欣」は息をはずませて喜ぶさまを表す。大きく口を開けて気持ちよく笑う人に。また、豊かな感情表現ができる人にという意味も込めて。

10 7
笑壱 17 しょういち

笑顔がいちばん似合う人に。つらいときでも笑顔を忘れずに、たくましく乗り越えてほしいという思いを込めて。

人の和を重んじる子に

女の子の名前の例

8 9
和音 17 かずね

「ド・ミ・ソ」のように、高さのちがう２つ以上の音が同時に響く音を、「和音(わおん)」と呼ぶ。和音のように、さまざまな人と関わり、調和しながら、厚みのある人生を送ってほしいという願いから。

8 9
和海 17 なごみ

穏やかで、人との調和を大切にする、海のように心の広い人に。「なごみ」の響きにかけて、人の緊張をときほぐし、和ませる存在に。

8 9
和奏 17 わかな

耳に心地よい合奏のように、人と調和して、協力し合える関係がつくれるように。自分一人の音(意見)も質(能力)もしっかりもつ人になってほしい。

17 7
環希 24 たまき

「環」は輪を意味する。一人ではできないことも、人々の協力の輪が大きくなれば必ずできるようになる。そんな希望に満ちた人間関係を広げていけるように。

8 7
和花 15 わか

人生の花を咲かせるには、人とよい関係を築くことが大切だという思いから。協力することができる、穏やかで賢い人になってほしい。

8 8
歩和 16 あゆな

どんなときも調和を大事にし、愛情と信頼をもって自分の人生を歩んでほしいと願って。

1 15
一穂 16 かずほ

自分の意見も相手の意見も１つ１つ大切にし、協力できる人に。人との関わりが、稲穂が熟すように、豊かな人間性を育むことを願って。

8 8
協佳 16 きょうか

皆と心を合わせて、自分の力を精一杯出すことができる、心映えの美しい人に。また、人にも快く力を貸してもらえるように。

6 10
共恵 16 ともえ

人々といっしょに力を合わせて物事を行うことが、大きな恵みにつながる。そんな人間関係を築いてほしい。

8 8
実和 16 みわ

誠実な人柄で、周りの人との和を大切にする人になってほしい。たわわに実った果実のような、実り豊かな人生を送ってほしいと願って。

男の子の名前の例

8 13
和寛 21 かずひろ

ゆったりと穏やかで、人の和を大切にする人になってほしい。「寛」が意味するような広い心でゆるせる人に。

13 8
豊和 21 とわ

たくさんの人と話し合い、協力し合って、豊かな人間性を育んでほしい。それが実り多き豊かな人生につながることを願って。

12 11
智規 23 とものり

物事の本質をとらえる力を表す「智」と、物事の基準、きまりを意味する「規」を合わせて。人との関わりのなかで、よりよい関係をつくっていけるように。

8 16
和頼 24 かずより

本音をぶつけ合いながら、信頼できる関係をつくっていけるように。また、自分も人から信頼を寄せられるように。

6 18
共騎 24 ともき

「騎」は馬に乗ること。人馬が心を１つにして駆け抜けるように、周りの人と心を合わせていけるように。勇壮に走る馬のイメージも。

8 7
和志 15 かずし

「和」は調和してまるくまとまったさまを表す。人の意見を尊重して、協力し合う関係がつくれるように。一方で、自分の意見はしっかりもち、伝えられる人に。

8 7
協助 15 きょうすけ

「協」は多くの力を1つに合わせるという意味。多くの人と力を合わせてものごとを成し遂げる人に。また、弱き者を助け、自分も助けてもらえるように。

15 2
調人 17 のりと

「調」は全体のバランスをとる、ととのえるという意味。自分の意見も相手の意見も尊重し、冷静な判断ができる人になってほしい。

8 10
和真 18 かずま

相手の意見をよく聞いて、調和を大切にしてほしい。人に対する真心と敬意を忘れないでほしいと願って。

10 8
容和 18 ひろかず

「容」はゆるす、受け入れるという意味をもつ。人との調和を大切にし、相手の意見を聞き入れるゆとりをもった度量の大きな人に。

華やかで品のある子に

女の子の名前の例

15 3
輝子 18 きこ

キラキラとした光が四方に広がるような、華やかな魅力をもった人に。その光が周囲の人を明るく照らすように。

9 9
美紅 18 みく

「紅」はベニバナの花びらから抽出した染料で染めた鮮やかな赤色のこと。生命力にあふれた紅のような美しさと情熱を秘めた人に。

9 9
美咲 18 みさき

パッと花が咲いたような、あでやかな美しさをもつ人に。自分らしい花を咲かせてほしいという願いも込めて。

9 9
玲美 18 れみ

「玲」は、もともと金属の玉が触れ合って鳴るすずやかな音を表し、転じて、色鮮やかなさまを意味する。すずやかな品と華やかさを兼ね備えた人に。

19 6
麗圭 25 れいか

「麗」はシカの角がきれいに並んだ姿からできた文字。うるわしい、美しい、並ぶ、連なるの意味がある。すっきりと上品で、美しい人に。

11 2
彩乃 13 あやの

「彩」は美しいいろどり、ほどよく色をつけることを意味する。自分の人生を、華やかに美しくいろどってほしいとの願いから。

6 7
百花 13 ももか

たくさんの種類の花々が美しく咲き誇る「百花繚乱」をイメージして。人をひきつける、たくさんの魅力をもった人になってほしい。

3 10
夕姫 13 ゆうき

身分の高い女性、貴婦人を表す「姫」に「夕」を合わせて。穏やかな夕日のような、落ち着きと華やかさをもつ人に。

5 10
由珠 15 ゆみ

「珠」は丸い粒、丸くて美しいもの、真珠を表す。真珠のように上品で美しく、皆に愛される人になってほしい。

10 6
華江 16 はなえ

「江」は大陸を流れる大河を意味する。ゆったりと大陸を横断する大河のように、スケールの大きな華やかな魅力をもつ人にと願って。

男の子の名前の例

14 7
綺良 21 きら

「綺」は模様を織り込んだ絹織物、美しい、きらびやか、などの意味をもつ。良心の「良」を組み合わせて、華やかさをもち、心の美しさを大切にする人に。

8 13
怜雅 21 れいが

「怜」は、心が澄み切っていて賢い、いつくしむことを意味する。純粋な賢さと思いやりの心、優雅さをあわせもつ人になってほしい。

10 13
流聖 23 りゅうせい

「流星」の響きにかけて、無数の星が流れ落ちる流星群のように、人をひきつけてやまない魅力あふれる人に。「聖」には賢くて徳のすぐれた人の意味もある。

9 15
洋輝 24 ひろき

波が太陽の光を浴びてキラキラと輝くような、華やかさをもつ人に。また、海のように広くておおらかな心をあわせもつように。

12 4 9
絢太郎 25 けんたろう

「絢」は、色糸をめぐらした美しい模様、あでやかな様子を表す。色とりどりのあでやかな人生になるように。

9 4
咲太 13 しょうた

花がパッと開くように、人をひきつける魅力をもった人になってほしい。「太」の意味から、心身共に丈夫で、困難も乗り越えるたくましさをもつように。

11 4
琉斗 15 りゅうと

「琉」はつるつるした玉石を意味し、琉璃（るり）は紫がかった紺色の宝石・ラピスラズリのこと。琉璃のように上品で、夜空に輝く星のように華やかな人に。

10 6
珠羽 16 しゅう

「珠」は丸くて美しいもの、真珠を意味する。真珠のように上品で、羽のように軽やかに颯爽とふるまえる人に。

3 13
大雅 16 たいが

上品で優雅な人になってほしい。「大河」の響きにかけて、堂々とした安定感と安心感、スケールの大きな魅力を兼ね備えた人に。

9 9
恒星 18 こうせい

「恒星」とは、太陽のように、自ら発するエネルギーで光り輝く星のこと。スターのようなきらめきと、あふれるエネルギーをもって。

清らかで凜とした子に

女の子の名前の例

11 7
雪花 18 ゆきか

真っ白な雪の中に力強く咲く花をイメージした名前。清らかでおごそか、凜とした美しい女性にと願って。

11 7
琉花 18 るか

紫がかった紺色の宝石・琉璃（ラピスラズリ）をイメージして。清らかで気高く、すっきりとした魅力をもつ人に。花も実もある人生を。

15 9
澄玲 24 すみれ

「玲」は金属の玉が触れ合って鳴る音を表す。宝玉の鳴る、澄み切ったすずやかな音のように、清らかで聡明な人に。

15 9
凜香 24 りんか

氷に触れたときの身が引き締まるさまをあらわす「凜」。周囲に迎合することなく、背筋を伸ばしてすっと立っているような、凜とした魅力をもつ人に。

13 12
瑞貴 25 みずき

みずみずしいことを意味する「瑞」に、貴重なものを表す「貴」を合わせて。清らかなみずみずしい魅力をもち、周りの人を大切にする人になってほしい。

11 4
彩月 15 さつき

豊かないろどりを意味する「彩」。冬空に静かに光り輝く月のように、凜とした美しさをもつ一方で、内側には豊かな情熱を秘めた人に。

9 7
美冴 16 みさえ

「冴」はこおる、氷のように澄み渡るさまを表す。氷のように清らかな心と、澄み切った美しさをもつ人に。

7 10
芙姫 17 ふき

「芙」は、ハスの花を表す。ハスが泥水に生育しながら清らかな花を咲かせるように、どんな環境でも、自分を保つことのできる、凜とした美しい人にと願って。

6 12
多瑛 18 たえ

「瑛」は澄み切った玉の光、水晶を意味する。澄み切った水晶のように清らかで、キラキラと光が反射するような、魅力あふれる人に。

10 8
珠実 18 たまみ

美しい丸い玉、真珠を意味する「珠」。清らかで気品があり、皆に愛される人になってほしい。また、実り多き人生になることを願って。

男の子の名前の例

13 10
聖流 23 さとる

清流の清を、賢くて徳のすぐれた人を意味する「聖」に変えて。清らかで品があり、すぐれた人になるように。

11 12
淑葵 23 としき

「淑」はよい、清らかという意味。清らかで品のある人に。その葉が太陽を向くという葵のように、一途に理想を追いかけてほしい。

17 7
優冴 24 ゆうご

優秀の「優」に、氷のように澄み渡るさまを表す「冴」を合わせて。清らかで品があり、頭の回転が速い優秀な人に。

15 10
潔純 25 きよすみ

いさぎよい、清らかなさまを意味する「潔」に、純粋の「純」を合わせて。清らかで、何事にもけじめをきっぱりとつける清廉潔白な人に。

15 10
穂高 25 ほだか

穂高岳は、日本百名山に数えられる名峰の一つで、美しい高山植物が多く自生する。堂々として気高く、厳しい環境のなかでも花を咲かせる、凜とした強さをもつ人にと願って。

11 4
崇斗 15 たかと

「崇」は高くそびえる山を表し、尊ぶ、あがめるという意味をもつ。気高く凜々しい人に。また、北斗七星を構成する明るい星のような魅力あふれる人に。

12 3
貴之 15 たかゆき

「貴」は価値がある、身分が高い、大切にするという意味。気品と実力を兼ね備え、人に尊敬されるような人に。

7 8
秀典 15 ひでのり

「秀」はすらりと伸びた穂を表し、ひいでる、すぐれるという意味。典雅の「典」を合わせ、優雅ですぐれた才能をもつ人にと願って。

11 7
理玖 18 りく

「理」は物事の筋道、道理を意味する。「玖」は美しい黒い玉を意味する。漆黒の宝石のような気品と、理知的な美しさをもつ人に。

6 15
光凜 21 こうりん

「凜」は氷に触れたときの身が引き締まる、凜々しいという意味。冷静沈着で、きっぱりとした強さをもってほしい。

聡明で賢い子に

女の子の名前の例

12 6
智帆 18 ちほ

すぐれた知恵をもつ聡明な人になってほしい。その知性と勇気で困難を乗り越え、人生という大海原を渡っていけるように。

4 14
文緒 18 ふみお

文学的な感性にすぐれ、自分の言葉で気持ちを表現できる人に。それをいとぐちに、たくさんの人と関わりをもち、自分の世界を広げてほしい。

18 6
顕衣 24 あきえ

「顕」は、よく見えるようにするという意味。物事の本質をきちんと見極めることのできる、聡明で賢い人に。

12 12
智瑛 24 ちえ

知性と才能にすぐれた賢くて聡明な人になってほしい。また、「瑛」の意味する、透き通った水晶のように、キラキラと輝く人生を願って。

10 14
真聡 24 みさと

先入観なく、物事をまっすぐに見つめて本質を理解することのできる人になってほしい。真心のある優しい人にという思いも込めて。

3 12
万智 15 まち

知性にすぐれ、才能にあふれた人になってほしい。それらをもとに、自分らしい人生を切り開いていくことを願って。

5 11
未啓 16 みひろ

「啓」はもともと戸を手でひらくことを表し、ひらく、申し上げるの意味。ものごとの道理を理解する聡明さと、未来の扉を進んで開く勇気ある人に。

9 7
俐花 16 りか

「俐」は「人＋よく切れる刃物」から成り、頭がよく切れるさまを意味する。頭の回転が速く、聡明で賢い人に。「花」と合わせることで女性らしい魅力も。

8 9
英美 17 えいみ

すぐれた知恵と才能をもつ、賢い人になってほしい。その知性を、人のために役立たせるような、心の美しい人に。

15 3
慧子 18 けいこ

「慧」はさとい、賢いの意味。仏教用語の「慧心」から。上辺に惑わされることなく、物事の真理を見抜く賢い力をもつ人にと願って。

男の子の名前の例

8 10
知晃 18 ともあき

知性と才能にあふれた聡明な人になってほしい。「晃」を合わせ、人生を輝かせるとともに、周りの人も明るく照らすことができるように。

8 13
英蒔 21 えいじ

ひいでる、すぐれたという意味の「英」に、植える、種をまくの「蒔」を合わせて。賢く聡明で、周りの人に恵みの種をもたらすように。

8 13
怜嗣 21 さとし

心が澄んでいて賢いという意味の「怜」に、後をつぐの「嗣」を合わせて。物事の本質を見抜く純粋な目をもつ人に。また、先人の知恵や思いをきちんと受け継いでほしい。

14 10
聡馬 24 そうま

人の話をよく聞いて、物事の本質を理解できる賢い人に。また、足の速い馬にあやかって、行動力のある人にという願いも込めて。

9 16
俊磨 25 しゅんま

才知のすぐれた人を意味する「俊」。知恵や才能にすぐれた賢い人になってほしい。また、それらを磨き続ける努力を惜しまない人に。

8 3
学士 11 まなと

人間は一生学び続ける姿勢が大切だという思いを込めて。何事も自分の目で見て、触れて、考えることのできる人に。自分で、力強く人生を歩いてほしい。

10 3
悟大 13 ごだい

物事の本質を見極める聡明な人になってほしい。机上の学問だけでなく、さまざまなことを経験して、スケールの大きな人を目指して。

8 7
知希 15 ともき

すぐれた知性と才能をもつ、聡明な人になってほしい。それを活かし、たくさんの希望がかなえられるように。

10 6
哲成 16 あきしげ

「哲」は賢い、やり方が適切であるという意味。賢く聡明で、自分なりの考えをしっかりともつ人に。また、人間的に大きく成長することを願って。

8 10
沓悟 18 とうご

「沓」は水が流れるように話す、かさなるという意味。さとる、理解するの「悟」と合わせて。物事ののみ込みが早く、弁の立つ人に。

よく考え行動する子に

女の子の名前の例

8 10
佳倫 18 かりん

「倫」は人と人との正しい関係、筋道という意味をもつ。物事の道理をよく理解し、人として守るべき道を進むように。すっきり整った人を表す「佳」を加えて。

7 11
志惟 18 しい

心で深く考える「思惟」の思を「志」に変えて。聡明で物事を深く考える思慮深さをもつ人に。志をもって、前向きに進んでいってほしい。

15 9
慧海 24 けいみ

「慧」は心が細かく繊細に働くことを示し、さといという意味。海のような広い心でものごと全体を把握し、細かい配慮ができる人に。

12 12
智満 24 ともみ

ものごとの本質をつかむ力をもち、よく考える人になってほしい。知性の光で、周りの人を明るく照らす存在に。

14 11
聡深 25 さとみ

聡明で賢く、ものごとを深く考えることができる人になってほしい。また、「聡」から、人の話をよく聞く人に。

9 6
思帆 15 しほ

誠実で自分の考えをしっかりもった人になってほしい。帆に風を受けて進む舟のように、人の信頼に応えるような行動ができるように。

6 9
考美 15 たかみ

美しさとともに、物事を深く考える聡明な人に。自分の夢や希望をかなえるためにすべきことをよく考えて、実行する人にと願って。

10 7
悟花 17 さとか

物事をきちんと理解する力をもち、自分で判断できる人に。自分の考えにもとづいて、力強く歩いて花開く人生を送ってほしい。

11 6
理百 17 りお

理性の「理」に、「百」を合わせて。いくつもの困難が訪れようとも、筋道を立ててものごとをよく考え、正しく判断する力をもつ人に。

8 10
英真 18 えま

「英」は、すぐれている、うるわしいという意味。才知にすぐれて、真実をつかみとる聡明な人に。真心のある優しい人にという願いも。

男の子の名前の例

7 11
秀逸 18 しゅういち

「逸」には、すぐれているという意味がある。抜群の才能をもつ聡明な人に。既存の枠にとらわれず、独自のやり方で、素晴らしい成果を。

10 11
晋偲 21 しんじ

すすむという意味の「晋」に、賢いという意味をもつ「偲」を合わせて。細かいところまでよく考え、確実に歩みを進めてほしい。

16 7
諭志 23 さとし

「諭」は言葉で明らかにする、さとすという意味。しっかりした志をもって、自分の考えを周りの人にわかりやすく説明できるように。

11 12
惟覚 23 ただあき

思う、よく考えるという意味の「惟」に、さとるという意味をもつ「覚」。物事をよく考えて理解を深めようとする、思慮深い人に。

15 9
鋭思 24 えいし

鋭い観察力をもち、物事を深く分析する人になってほしい。いざというときは鋭敏に行動し、思い通りの結果を手に入れられるように。

1 10
一哲 11 かずあき

「哲」は賢い、道理が明らかという意味をもつ。焦ることなく、よく考えて一歩ずつ進む人に。また、自分の夢を一途に追いかけてほしいとの思いも込めて。

2 11
了理 13 あきまさ

了解の「了」に、道理の「理」を合わせて。聡明で頭の回転が速く、物事の道理をよく理解した上で、理性的に行動できる人に。

11 4
勘太 15 かんた

「勘」は考える、奥深く追求するという意味。何事も徹底して突き詰めようとする探求心あふれる人に。周りの人と太い絆を結んでほしい。

6 9
考軌 15 こうき

考えるの「考」に、軌跡の「軌」を合わせて。物事をさかのぼってよく吟味し、熟慮する人に。それが明るい未来につながるように。

10 8
哲拓 18 あきひら

哲学の「哲」に、開拓の「拓」を組み合わせて。賢く聡明で思慮深さと、チャレンジ精神を兼ね備えた人にと願って。

努力を惜しまない子に

女の子の名前の例

8 7
実希 15 みき

夢や希望を実現するための努力を惜しまず、まっすぐに進むことができる人に。多くの希望がかなうことを願って。

7 10
克恵 17 かつえ

どんなことでもまじめに力を尽くし、困難を克服する強さをもつ人に。それが自分にも周りの人にも多くの恵みをもたらすように。

7 10
励華 17 れいか

どんなことも懸命に取り組むまじめな人になってほしい。その努力が実を結び、いずれ大輪の花を咲かせるようにと願って。

12 6
達妃 18 たつき

自分の夢や希望に向かって、少しずつでも前向きに努力する人になってほしい。いつの日か、夢や希望が実現することを祈って。

10 8
真歩 18 まほ

夢や目標に向かって、まじめにまっすぐに努力できる人に。ゆっくりでも、着実に進むことを大切にしてほしい。

6 2
至乃 8 ゆきの

「至」は地面に矢がさったさまを表し、届く、最高の、という意味をもつ。自分なりに努力を重ねて目標を達成してほしい。それが最高の喜びになるという思いを込めて。

8 5
歩可 13 あゆか

夢や目標に向かってまっすぐに努力できる人に。一歩一歩でも着実に近づいて、それらが実現することを願って。

11 2
貫乃 13 かんの

自分で決めたことは途中であきらめずに、最後までやり通す意志の強さをもち、努力を続けられるように。つらいことも乗り越えられる、しなやかな強さももってほしい。

5 8
功実 13 なるみ

「功」は手柄、結果、努力、工夫という意味がある。目標に向かってまじめに努力し、よい結果を残せる人に。自分なりに工夫して物事を進められるように。

7 8
志実 15 しま

志をしっかりもって、それを達成するための努力を惜しまない人になってほしい。たくさんの実りが得られるようにと願って。

男の子の名前の例

12 4
達斗 16 たつと

船乗りが星を仰ぎ見ながら目的地を目指すように、夢に向かってまっすぐに努力し、達成できる人になってほしい。星空のような大きな可能性を信じて。

11 6
貫行 17 つらゆき

「貫」はひもを通した貝を示し、つらぬき通すの意味。何事も最後までやり遂げる力と、意志の強さをもつ人に。

6 12
至道 18 ゆきみち

「至」は目指すところまで届くという意味。自分の夢や目標に向かって、しっかりと歩いていけるように。至は、「このうえなく、最高の」という意味もあることから、最高にしあわせな人生を願って。

15 8
毅歩 23 たかほ

「毅」は強い、意志が強いことを意味する。強い意志をもって取り組み、一歩一歩、力強く着実に進んでいく人に。

15 10
徹朗 25 てつろう

「徹」はとおる、つらぬき通すという意味。最後まであきらめずに努力できる人に。また、朗らかで明るい人であってほしい。

7
励 7 れい

何事にも熱心に取り組み、努力することができる人に。人を励まし、励まされることで、お互いの力を発揮できるような人にと願って。

10 1
凌一 11 りょういち

「凌」はしのぐ、越えるという意味。目標に向かって一生懸命努力することができ、困難を乗り越える力をもつ人に。

6 7
成克 13 しげかつ

「克」はやりぬく、力を尽くすという意味。つらいことや苦しいことがあっても、克服する強さをもち、やがて成功を収めるように。困難を乗り越えて、成長してほしいという思いも。

7 8
完治 15 かんじ

一度、決めたことは最後までやり遂げる意志の強さをもち、目標に向かってまじめに努力する粘り強い人に。

8 7
直志 15 ただし

まっすぐなこと、素直なことを表す「直」。まっすぐに目標に向かう姿勢と、強い意志をもつ人に。人のアドバイスを聞き入れる素直さも忘れないでほしい。

リーダーシップのある子に

女の子の名前の例

8 8
明佳 16 あきか

「佳」はすっきりとしたよい人を意味する。「明」と合わせて、賢く聡明で人望に厚い、すぐれたリーダーに。

4 12
心揮 16 みき

指揮の「揮」と「心」を合わせて。相手の気持ちを忘れずに、物事全体を把握し、的確な指示を出す人に。

11 7
梁芳 18 りょうか

「梁」は木の橋、屋根を支えるはりを意味する。これらのように、なくてはならない中心的な存在に。「芳」は敬意を表すことから、尊敬されるような立派な人にとも。

12 12
統葉 24 すみは

「統」は全体を1つにまとめることを意味する。抜群の行動力とリーダーシップで、さまざまな方向を向く葉を1つにまとめあげてほしい。

14 10
総恵 24 ふさえ

すべてを1つにまとめるという「総」。人々が自然と集まるようなカリスマ性をもち、皆をまとめあげていく人に。それが人にも自分にも多くの恵みをもたらすことを願って。

5 6
司帆 11 しほ

「司」は1つのことを役目としてとりしきるという意味。責任感をもって、自分の仕事をまっとうする人に。また、帆がたくさんの風を受けて舟を進めるように、リーダーとして活躍することを願って。

1 12
一瑛 13 かずえ

澄み切った水晶のようにキラキラした魅力にあふれる、皆の中心的な存在になってほしい。また、皆を1つにまとめる力をもつ人に。

7 8
君果 15 きみか

「君」は人々に号令して円満に治める人、領地をもつ人をさす。強い意志と決断力、抜群の行動力で皆を引っ張り、成果を出すリーダーになってほしい。

8 7
治希 15 はるき

「治」は、うまく調整する、おさめる、なおすという意味。希望をかなえるために何をすればよいのかを見極め、実行する力をもつ人に。

10 5
真央 15 まひろ

真実の「真」に、中央の「央」を合わせて。明るくまっすぐな性格で人望に厚く、皆の中心的存在になるように。

男の子の名前の例

14 7
綜伸 21 そうしん

「綜」はもともと機織りの道具をさし、転じて統一するという意味をもつ。リーダーとして活躍することで、自分自身も周りの人も成長できるように。

10 11
将啓 21 まさひろ

武将の「将」に、目を開いて物事を見る「啓」を合わせて。聡明で賢く、いざというときには前に出る勇気と行動力をもつ人にと願って。

14 9
総亮 23 そうすけ

全体をまとめるという意味の「総」と、けがれがなく明らかという意味の「亮」。明るくまっすぐな人柄で人望に厚く、皆をまとめる人に。

14 11
魁理 25 かいり

「魁」は、かしら、さきがけ、すぐれているなどの意味をもつ。皆に一目置かれるカリスマ性をもち、知性と冷静な判断力で、皆を引っ張ってほしい。

9 16
洋樹 25 ひろき

海のような広い心をもつ、包容力のある人に。大樹のようにどっしりと安定感があり、人望の厚いリーダーとなることを願って。

4 3
王大 7 きみひろ

偉大な統率者を表す「王」には、徳によって天下を治めるという意味もある。大きくて広い心をもち、リーダーとしての素質にすぐれた人にと願って。

1 7
一芯 8 いっしん

芯のしっかりした頼りがいのある人に。芯を「心」や「進」の響きにかけて、みんなの心を1つにまとめて、前に進んでいくように。

12 4
偉月 16 いつき

並はずれた能力をもつ人になってほしい。また、夜空に浮かぶ月の光のように、皆をそっと導いてくれる穏やかで頼りがいのある人をイメージして。

4 12
元揮 16 げんき

元気の「元」に、指揮の「揮」を組み合わせて。明るく快活でパワフルなイメージ。そのパワーで皆のやる気を引き出して、引っ張っていくリーダーに。

12 5
統生 17 とうき

「統」は全体を1つにまとめるという意味。一人一人の個性を尊重しながら、全体を1つにまとめる力量をもって。

自分の道を進む子に

女の子の名前の例

7 11
志都 18 しづ

「都」は全部を１つにあつめるという意味をもつ。強い意志と集中力をもって、徹底的にものごとに取り組み、自分の道を究める人に。

11 7
渉花 18 しょうか

「渉」は川を一歩一歩渡るという意味。夢の実現のためなら、苦労をいとわず、努力を惜しまない人に。それが実を結び、華やかな花を咲かせるように。

10 8
真歩 18 まほ

まじめにコツコツと自分なりの努力を重ねて、夢に向かってまっすぐ歩いていく人に。正直で真心のある人に。

13 11
夢望 24 ゆめみ

前向きな努力を重ね、自分が望む夢に到達するように。また、大きな夢を抱くように。

12 13
稀意 25 きい

たぐいまれな才能に恵まれるとともに、強い意志で、自分の道を進んでいく人に。自分だけの個性を大切にしてほしいとの願いも込めて。

8 8
拓実 16 たくみ

道なき道を切り開いていく、勇敢で前向きな人に。困難を乗り越えて、夢を実現できるようにという願いも。

4 12
心開 16 みはる

才能と強い意志をもって、自分の道を切り開く人になってほしい。足跡のないところでも、おそれずに歩いていける勇敢な心をもつ人に。

9 7
律花 16 りつか

自分がやらなければならないことをよく理解し、周囲に惑わされることなく、きちんと行うことができる人に。自分らしい人生の花を咲かせることを願って。

5 12
立稀 17 たつき

たぐいまれな才能をもち、志を立てて、自分の足で進んでいく力を身につけてほしい。この世にたった一人しかいない自分の個性を大切にする人に。

11 7
貫那 18 かんな

つらぬくの「貫」に、多い、豊かなの意味をもつ「那」を合わせて。困難に負けず、自分の意志をつらぬいて、多くの夢や希望がかなえられるように。

男の子の名前の例

5 12
正道 17 まさみち

自分がこれと決めた道を、正面からまっすぐに進んでいく人に。努力を惜しまず、自分の道を究めてほしい。

12 6
達成 18 たつなり

夢や希望の「達成」を、そのまま用いて。夢や希望の実現のために、いつも前向きな努力を続けられる人に。夢や希望の実現を願って。

8 13
拓夢 21 ひろむ

「拓」は未開の地をひらくという意味。無謀だと思われるような夢でも、実現を目指して、力強く進んでほしい。前向きで、チャレンジ精神あふれる人に。

12 12
開登 24 かいと

強い意志をもって、力強く自分の道を進む人に。閉じた門は自分の手で開き、高い山は自分の足で登る。自分の力で困難を乗り越えていくたくましさを。

8 16
歩積 24 ほづみ

「積」はつむ、積み重ねるという意味。はるか遠い夢でも、一歩一歩着実に実績を積み重ねていく粘り強い人に。いつの日か夢を実現できるようにと願って。

10 3
航大 13 こうだい

大海原を悠々と進む船のように、自分でしっかりと舵をとり、自分の道を進んでほしい。海のようにスケールの大きな人にという願いも。

11 5
進示 16 しんじ

自分の可能性を信じ、決めた道を周囲の人にはっきりと示す人に。その道を、まっすぐに堂々と進んでいく、有言実行の人に。

8 8
拓尭 16 ひろたか

「尭」は高い、崇高な、という意味。自ら道を切り開いて進んでいくように。強い意志と、誰にも負けないすぐれた力をもつ人にと願って。

9 7
勇志 16 ゆうし

しっかりとした志をもって、自分で決めた道を力強く進んでいく人になってほしい。困難にも立ち向かう勇気をもち、乗り越えてほしいという願いも込めて。

6 11
向望 17 ひさみ

自分の夢や希望に向かってまっすぐに歩き続けるように。いつも太陽を向いて咲くひまわりのように、明るく元気な人にという思いも。

人のために活躍する子に

女の子の名前の例

7 10
志真 17 しま

まっすぐな心で人と接し、人との絆を大切にできる人に。人のために役立ちたいという志をもってほしい。

4 13
仁愛 17 にな

「仁愛」とは人をいつくしむこと、思いやりの心を意味する。その心をもって、人として行うべき正しいことをできる人になってほしい。

13 4
睦心 17 むつみ

「睦」は多くの人が仲良くすることを意味する。みんなが仲良く過ごせるように、一人一人の気持ちを考えて行動できる人に。

16 9
篤美 25 あつみ

まじめで人情に厚く誰にでも親切になれる人に。困っている人に寄り添って共に歩くことができる、美しい心をもつ人にと願って。

12 13
結愛 25 ゆな

人のために行動できる人になってほしい。お互いに愛情をもって、信頼で結ばれた関係を築けるように。

2 4
人心 6 ひとみ

思いやりがあって愛情深く、人のために尽くすことができる人になってほしい。人の心を大切にという思いも。

5 8
広弥 13 ひろみ

「弥」は広く端まで行き渡るという意味をもつ。人のために役に立ちたいという志をもって、広く活躍できるように。

8 7
周花 15 しゅうか

いつも周りの人のことを考えられる人に。困っている人に花を差し出し、味方になって助けてあげられるように。

13 2
義乃 15 よしの

『論語』の「義を見てせざるは勇なきなり」より。強い正義感と、人としての正しい行いをする勇気のある人に。

6 10
共恵 16 ともえ

「共」はいっしょにするという意味。人といっしょに力を合わせて物事にあたり、その恵みを共に分け合うことのできる、温かい思いやりのある人に。

男の子の名前の例

8 8
尚周 16 なおちか

志を高くするという意味の「高尚」から。高い志をもって、人のために働く人になってほしい。「尚」には尊ぶという意味もあり、周囲から尊敬される人に。

10 7
兼助 17 けんすけ

「兼」は兼ねるという意味。自分のことだけでなく、人を助けようとする優しい心や能力を兼ね備えた人に。

12 6
雄気 18 ゆうき

才知にすぐれ、パワフルで勇気のある人になってほしい。そのエネルギーを人のために生かして、人との絆を太くしっかりしたものに。

16 2
頼人 18 らいと

聡明で、自分のできることを精一杯つとめる人になってほしい。「ライト(光)」の響きにかけて、暗闇の中で皆を優しく導く明かりのような存在に。

18 3
櫂士 21 かいじ

「櫂」は舟をこぐ道具のこと。水中で動かして舟を進める櫂のように、人のために働き、社会で役立つ人に。

2 4
力仁 6 りきと

「仁」は「人＋二」から成り、二人が相親しむことを表す。ひいては思いやりの心を意味する。誰にでも思いやりの心をもち、困っている人に進んで力を貸す人に。

8 3
協大 11 かなた

大きくて広い心をもち、1つの目的のために、自分から自然と協力できる人に。器の大きな人になってほしいとの願いも込めて。

6 5
匡生 11 まさき

「匡」はただす、形をなおすという意味。正義感が強く、世の中の悪い習慣やその弊害をただして、世のため人のために役立つ人に。

9 4
活斗 13 いくと

人を導く星のように、人のために活躍できるようにという思いから。また、星のように明るく、快活でエネルギーあふれる人に。

7 6
良向 13 よしひさ

物事や社会全体をよくするために、自分の力を惜しみなく発揮できる人に。人のために役立ちたいという情熱をもってほしい。

平和を愛する子に

女の子の名前の例

8 9
和保 17 かずほ

おおらかで、人の和を大切にする人に。また、この世界を築き上げてきた先人の知恵と勇気を受け継ぎ、平和を大切にしてほしい。

11 6
悠安 17 ゆうあ

いつもゆったりとおおらかで、人を安心させるような人に。また、皆が安心して暮らせるように、それがいつまでも続くように。

14 4
静心 18 しずみ

いつも穏やかで、思いやりを忘れない人に。人の心を大切にして、誰もが穏やかに過ごせるようにという願いも。

9 16
思穏 25 しおん

穏やかながら、しっかりと自分の意志をもった芯の強い人に。周りの人を大切にして、穏やかで平和な毎日が続くことを願って。

17 8
優祈 25 ゆうき

才知にすぐれた優しい人になってほしい。また、自分だけでなく、周りの人のしあわせも大切にできる人に。

8
和 8 のどか

いつも穏やかでおっとりとした、人を和ませるような存在に。また、人々が1つにまるくまとまって、仲良く暮らせるようにと願って。

8 3
協子 11 かなこ

人と人が手を取り合い、力を合わせることの大切さを忘れないでほしいという思いを込めて。対立ではなく協力を、争いごとがなくなる日を祈って。

5 8
永和 13 えいわ

ゆったりとした人柄で、人との和を大切にする人に。皆がまるく1つにまとまった平和な世界になるよう、それが永久に続くように。

5 8
未祈 13 みき

明るく希望にあふれた未来をつくりだす知性と力をもつ人になってほしい。また、皆が穏やかに笑顔で過ごせるような未来を望んで。

6 11
安唯 17 あい

「愛」の響きにかけて、穏やかで愛情深い人にと願って。この世にただ一人しかいない自分を、一人一人の命を大切にしてほしい。

男の子の名前の例

14 4
寧允 18 やすのぶ

「寧」はやすらか、「允」はまこと、ゆるすという意味。いつも穏やかでゆったりとした人柄で、人をゆるすことのできる寛大な人に。その心が、世界中に広がることを願って。

11 7
悠吾 18 ゆうご

「悠」ははるか遠く、ゆったりとのんびりしたさまを表す。何事にも悠然とかまえ、焦ることのない器の大きな人に。また、悠久の平和を願う思いから。

16 5
穏生 21 しずき

穏やかだが、芯はしっかりした人に。争いごとを好まず、双方の意見をよく聞いて冷静な判断ができるように。

14 7
寧臣 21 やすおみ

いつも落ち着いていて、敬意をもって丁寧に接する人になってほしい。また、世の中が1つにまとまって、やすらかな日々が続くように。

10 13
泰雅 23 たいが

おおらかな心をもち、いつもゆったりと優雅な雰囲気をもつ人に。詩歌や音楽をゆったりと味わうことができる平和な世界が続くように。

8 3
和万 11 かずま

穏やかで人の和を大切にする人に。また、すべての国、すべての人々が仲良く、穏やかに暮らせるようにという願いも込めて。

5 8
平和 13 ひらかず

争いごとのない、穏やかで平和な世界を願って。誰にでも平等で、穏やかな人柄で、皆から慕われる人に。

4 11
円琉 15 みつる

琉璃のように深みのある美しい玉石をイメージして。「円」を合わせて、人の和を大切にし、世界がまるく1つにまとまることを願って。

11 5
淳生 16 あつき

「淳」から、情が深く思いやりにあふれた人になってほしい。世界中に思いやりがあふれ、争いごとがなくなるようにと願って。

5 13
平楽 18 たいら

いつも穏やかで、皆を楽しませる朗らかな人になってほしい。すべての人が衣食住に苦労することなく、穏やかに楽しく過ごせるように。

才能に恵まれた子に

女の子の名前の例

6 12
光開 18 みはる

キラキラと輝く光のような才能に恵まれ、それを開花させられるように。自分の力で人生を切り開いていく力をもつ人にという願いも。

6 18
衣織 24 いおり

長い時間をかけてあでやかな衣を織るように、じっくりと取り組み、やがて美しいものを生み出す力をもつ人に。

11 13
彩楽 24 さら

「彩」はいろどるという意味。多彩な才能に恵まれるように。人生を存分に楽しみ、周りの人も楽しませる人に。

12 13
開愛 25 はるみ

ひらく、始まるという意味の「開」に女の子らしい「愛」を合わせて。多くの愛に育てられ、生まれもった才能が花開くように。

15 10
舞華 25 まいか

舞踊や音楽など、芸術的な才能に恵まれるように。心を弾ませる、励ますという「舞」から、人を勇気づけるエネルギーをもった、華やかで強い人に。

6 2
匠乃 8 しょうの

何事もまじめにコツコツと取り組む力をもつ人になってほしい。自分なりの工夫をこらしながら、よりよいものを生み出していく人に。

3 10
才華 13 さいか

恵まれた才能を存分に発揮し、自分らしく生きていけるように。クリエイティブで華やかな人生を願って。

6 7
成花 13 せいか

形あるものをつくる才能に恵まれ、それを磨く努力を惜しまない人に。努力が実を結び、美しい花となるように。

7 9
作咲 16 ありさ

豊かな想像力と創造性で、新しいものをつくりだせる人に。パッと花が咲いたときのように、人をしあわせな気持ちにできるように。

9 7
奏良 16 そら

クリエイティブな才能にあふれる人になってほしい。心地よい音楽を奏でるように自分らしく自由に生きてほしい。

男の子の名前の例

13 3
想大 16 そうた

豊かな想像力で、これまでにないものをつくりだしてほしい。大きな夢を実現する人に、という願いも。

12 6
創至 18 そうし

創造の「創」に、目指すところに届くという意味の「至」を合わせて。豊かな想像力と創造性をもち、困難を乗り越えて、新しい価値あるものをつくってほしい。

12 12
開翔 24 かいと

多くの才能に恵まれ、それらを見事に開花できるように。大空を飛翔する鳥のように、力強く羽ばたいてほしいという願いを込めて。

17 7
優芸 24 ゆうき

音楽や絵画、演劇、舞踊など、芸術的な才能に恵まれるように。また、品があって優雅な雰囲気のある人に。

12 12
湧道 24 ゆうじ

泉から湧き出るような、才能あふれる人に。まっすぐに前を向いて、自分で決めた道を一歩一歩確実に進んでいけるようにと願って。

6 7
匠壱 13 しょういち

「匠」は手細工をする職人、技芸のすぐれた人という意味。自分なりのこだわりをもって、コツコツとものごとに取り組み、その道を究めていく人に。

5 8
巧実 13 たくみ

「巧」とは、細工や技術が上手であること。技術を身につけるための地道な努力を惜しまない人に。その努力が実を結び、大きな成果を出すことを願って。

9 6
奏多 15 かなた

音楽的で、クリエイティブな才能に恵まれるように。合奏をするように、たくさんの人と関わり合いながら、素晴らしいものを生み出すことを願って。

11 5
唯生 16 いお

誰ともちがう、自分一人だけの才能に恵まれるように。その才能を生かして、自分らしい人生を歩めるように。

3 13
才雅 16 さいが

「才」は持ち前の能力、成し遂げる力を意味する。生まれながらの才能を発揮し、大事を成し遂げられるように。また、落ち着いていて品があり、風流な趣を理解する人に。

誰からも愛される子に

女の子の名前の例

12 5
博世 17 ひろよ

穏やかで広い心をもち、誰とでも仲良くできる人に。世界中、どの国の人々とも愛し、愛される関係を築けるようにと願って。

8 10
佳恋 18 かれん

「可憐」の響きにかけて、野に咲く小さな花のように、かわいらしい人に。誰からも愛されるような、魅力的な人になってほしい。

8 10
朋華 18 ともか

人をひきつける華やかな魅力をもつ、人気者になるように。「朋」は対等に肩を並べる友達、仲間のこと。本音で語り合えるよき友にめぐり合えるように。

13 5
愛永 18 まなえ

「永」は水がどこまでも流れていくさまを表す。多くの人に愛され、多くの人を愛せるように。愛情に満ちた関係がいつまでも続くように。

13 11
愛深 24 まなみ

本音でぶつかり合うことをおそれない人になってほしい。深い愛情と信頼で結ばれた人間関係を築けるように。

4 11
心望 15 ここみ

思いやりの「心」に、人望の「望」を合わせて。思いやりがあって優しく、皆から慕われる人気者に。多くの希望がかなうことも願って。

6 9
好美 15 このみ

好感をもたれ、誰とでも仲良くできる人になってほしい。また、「木の実」の響きにかけて、充実した実り多き人生にと願って。

3 13
千愛 16 ちえ

たくさんの人にかわいがられ、愛される人になってほしい。そして、たくさんの人を愛せる、愛情豊かな優しい人に。

8 8
和佳 16 わか

穏やかな人柄で人の和を大切にし、誰とでも仲良くなれる人に。「佳」を合わせて、清らかで品のある人に、という願いも込めて。

13 4
慈心 17 しげみ

思いやりがあって、こまやかな愛情深い人になってほしい。また、周りの人からも大切に、かわいがってもらえる存在であるように。

男の子の名前の例

5 13
永慈 18 えいじ

「慈」はいつくしむ、情け深い愛情という意味。いつまでも人に愛され、また人を愛することができるようにという願いを込めて。

10 8
真和 18 しんわ

真心の「真」に、調和の「和」を合わせて。素直で思いやりのある人柄で、誰とでも仲良く、和やかな関係を築けるようにと願って。

8 13
周慈 21 しゅうじ

素直で穏やかな人柄で、自然と周りに人が集まり、皆に愛される人に。「慈」から、どんなときも、周りの人への思いやりを忘れないで。

11 13
渉愛 24 しょうあ

「渉」は関わる、関係をもつという意味。人間関係でもっとも大切なのは愛情であるという思いを込めて。

16 9
親哉 25 しんや

「親」はしたしい、近しいという意味。親切で明るく、人懐っこい性格で、誰とでも仲良くなれるようにと願って。

6 5
好生 11 こうせい

明るく素直で、老若男女を問わず、誰からも好感をもたれる人に。周りの人に愛されるとともに、周りの人を大切にできるように。

8 5
和央 13 なお

思いやりがあり、穏やかな人柄で、誰とでも仲良くなれる人に。学校や職場では、皆に愛される、中心的な存在になってほしい。

6 7
好来 13 よしき

誠実な人柄で、多くの人に好かれるように。良好な人間関係が、希望にあふれた未来につながるようにという思いを込めて。

9 6
相丞 15 そうすけ

「相思相愛」の1文字をとって。互いに思い、愛される関係がつくれるように。「丞」は助けるという意味があることから、弱き人を助け、助けてもらえる人に。

12 4
博斗 16 ひろと

「博愛」から1文字とって、広く分け隔てなく人を愛する人に。「斗」は北斗七星をイメージして、人々が仰ぎ見る星のように、愛されることを願って。

しあわせに恵まれる子に

女の子の名前の例

10 8
恵実 18 めぐみ

気力にあふれ、仕事も私生活も充実するように。物質的にも精神的にも満ち足りた、幸福な人生を送ってほしい。

10 8
倖和 18 ゆきな

人との和を大切に、穏やかで温かい幸福に包まれた人生を願って。また、思いがけない幸運にも恵まれるように。

15 9
輝美 24 きみ

キラキラとした光が広がるような、華やかなしあわせに満ちた人生を送れるように。自分自身もまた、輝く魅力あふれる人にと願って。

3 21
千鶴 24 ちづる

千年生きるといわれる、めでたい鶴にちなんで。心身共に充実した、幸福な人生を願って。また、鶴のような優美でしなやかな存在に。

14 8 3
嘉弥子 25 かやこ

「嘉」はよいこと、めでたいことを意味する。広く行き渡るという意味の「弥」を合わせ、喜びやしあわせにあふれた人生であるようにという願いを込めて。

6 7
安寿 13 あんず

安らかで充実した、幸福な人生を願って。また、その響きから、果実の「杏」のかわいらしいイメージも加えて。

5 10
叶恵 15 かなえ

自分なりの努力が実を結んで、夢や希望がかなうように。また、自分が受け取るだけでなく、周りの人に恵みをもたらすような人に。

15 2
慶乃 17 よしの

「慶」は喜び、明るくめでたいことを表す。喜ばしいこと、めでたいことにあふれた、明るい人生になるように。

12 6
喜衣 18 きい

いつも喜びを身にまとっているような、朗らかで明るくしあわせな人生になるように。周りの人にも喜びをもたらすことを願って。

8 10
幸華 18 さちか

しあわせにあふれる充実した人生を送ってほしい。また、華やかなしあわせが訪れるようにという願いを込めて。

男の子の名前の例

10 5
悦史 15 えつし

「悦」は心のしこりがなくうれしい、喜ぶことを表す。よろこびにあふれた人生(歴史)を送れるようにと願って。

8 8
青和 16 せいわ

青春の「青」に、調和の「和」を合わせて。いつまでも若々しく、心身共に充実した人に。また、人の和を大切にし、仲間に囲まれたしあわせな人生を願って。

14 4
徳斗 18 のりと

「徳」は、人として立派な行い、すぐれた人格者、恩恵という意味がある。素直でまっすぐな、道徳心のある人に。また、幸福に恵まれ、星のように輝く人生を。

8 13
幸聖 21 こうせい

「聖」は賢くて、すぐれた人格者を意味する。賢く聡明で、充実したしあわせな人生を送れるようにと願って。

13 12
愛喜 25 あいき

たっぷりの愛情と、喜びに満ちた幸福な人生を願って。また、愛情深い人になってほしいという思いを込めて。

8 3
幸己 11 こうき

己(自分)の幸運に気づき、身近なしあわせを大切にできる人に。それが家族や友人のしあわせにつながるように。

12 1
喜一 13 きいち

自分も周りの人も、ニコニコと笑顔で過ごせるような、喜びに満ちた人生を願って。また、自分なりの喜び、やりがいを見つけてほしい。

10 3
倖大 13 こうた

「倖」は思いもよらない幸運を意味する。そんな幸運が訪れるように。それをしっかりと生かし、大きな成功をつかむことを願って。

10 3
恵士 13 さとし

「恵」は恩恵、思いやりを表す。物質的にも精神的にも恵まれる幸福な人生に。武士の「士」を加えて、思いやりの心を忘れない、芯が一本通った人に。

8 7
英寿 15 えいじゅ

英雄の「英」に、めでたいことを表す「寿」を合わせて。才知にすぐれた聡明な人に。そして、この上ない幸福に恵まれることを祈って。

豊かな人生を送る子に

女の子の名前の例

8 8
実々 16 みみ

多くの実りから、一生お金に苦労することなく、衣食住が快適に整うように。心身も充実して過ごせるように。

8 9
京虹 17 けいこ

「京(けい)」は数の単位の1つで、兆の1万倍を表す。虹のように美しい実りが数えきれないほどたくさん訪れることを願って。

12 5
満永 17 みちえ

物にもお金にも苦労することなく、人にも恵まれた満ち足りた人生に、との願いを込めて。

10 8
恵実 18 けいみ

「恵」は思いやり、思いやりの気持ちで物を与えるという意味。物質的な豊かさだけでなく、人を温かく包み込むような思いやりにあふれた幸福な人生を。

3 15
千穂 18 ちほ

稲が熟して実をつけるように、数多くの実りに恵まれるように。また、稲穂が首を垂れるように、幸福におごらず、謙虚な心を忘れないでほしい。

5 8
永実 13 えいみ

水がどこまでも流れていく「永」に、中身がいっぱいに詰まった「実」を合わせて。充実した毎日が、いつまでも続くことを願って。

6 7
充希 13 みつき

仕事もプライベートも充実して、喜びにあふれた人生になるように。また、多くの希望が実現するように。

6 9
成美 15 なるみ

「成就」の1文字をとって。望んでいたことが、その通りにかなえられるように。また、人間的に大きく成長できるようにと願って。

6 10
成華 16 せいか

「成果」の果を「華」に変えて、女性らしい華やかな人生をイメージ。自分なりの努力が実を結んで、華やかな成果が得られることを願って。

12 4
裕心 16 ひろみ

「裕」は広くてゆとりがある、ものが豊かという意味。お金に困ることなく、裕福な生活ができるように。心もゆとりある安泰な人生に。

男の子の名前の例

3 15
千潤 18 ちひろ

「潤」はうるおう、うるおすという意味。物質的なうるおいだけでなく、たっぷりの愛情でうるおうように。また、自分も人の心をうるおすことができるように。

13 5
豊生 18 ほうせい

実り豊かな人生を願って。そのための努力を惜しまず、心身共に充実して、毎日を生き生きと過ごせるように。

12 6
裕多 18 ゆうた

「裕」はゆとりがあるさまを表す。それに「多」を加えて、物質的にも精神的にも、十二分の幸福であふれる人生を。

12 9
満紀 21 みつき

いつでもどんなときでも、幸福で満たされることを願って。一度きりの人生を十二分に満喫してほしい。

18 5
穣司 23 じょうじ

「穣」は穀物が豊かに実るさまを表す。まじめな努力が実を結び、よい成果を上げられるようにという願いから。

8
宝 8 たから

自分なりの宝をたくさん手に入れられるように。いちばん大切な宝は、自分自身ということを忘れないでほしいとの思いも込めて。

6 7
充志 13 あつし

前向きな志を忘れず、気力十分で、いろいろなことにチャレンジしていく人になってほしい。生き生きと活力に満ちた人生に。

10 5
恵史 15 けいし

精神的にも物質的にも、恵みの多い人生となるように。自分らしい人生(歴史)をつくってほしいとの願いも。

9 7
栄壱 16 えいいち

「栄」は花が木いっぱいに咲いたような、華やかなさま。学業や仕事で輝かしい成功を収め、いちばんの名誉を手にできるように。

5 12
功晴 17 こうせい

「功」は手柄や成し遂げた仕事という意味。努力の末に、多くの成功を成し遂げるように。気持ちよく晴れた空のように、明るく喜びに満ちた人生を願って。

先輩パパ・ママの名づけエピソード イメージ・願い編

先輩パパ・ママは、子どもの名前にどんな願いを込めているのでしょうか。「イメージ・願い」を重視した名づけのエピソードを紹介します。

パパが大好きな鉄道にちなんで

ぎんがくん

鉄道好きの夫は「愛する子どもは愛する鉄道の名前に！」と決めており、毎日とても楽しそうに鉄道の本をめくっていました。長女と同じになるように新幹線名を探していましたが難航したようで、今はない“幻の鉄道”にまでさかのぼり、やっと「ぎんが」に決めました。（ぎんがくんママ）

“笑顔が絶えないよい人生に”という願いを込めて

咲良《さら》ちゃん

“いつも笑顔でいてほしい”という願いから、夫は「笑」の字が入った名前を次々に挙げてきました。ほかにも「笑顔」「明るい」といった意味の漢字がないかと思い、自分でいろいろ調べてみることに。女の子らしい「咲」の字に「笑う」の意味があると知り、「咲良《さら》」にしました。（咲良ちゃんママ）

Part 5

使いたい漢字から名前を考える

よい漢字を選ぶ

漢字の意味・見た目で印象深い名前にする

名前の見た目の印象は、漢字で決まります。
また、姓名判断の結果も、選ぶ漢字の画数に左右されます。
漢字1字1字がもつ意味と画数に思いを込めて、
素敵な名前をつけましょう。

漢字の意味・成り立ちが名前に個性を与える

それぞれの漢字には、意味や成り立ちがあります。子どもへの思いや願いに合う意味の漢字をつけてあげてください。

ただし、漢字には広く知られている意味のほかに、別の意味をもつこともあります。同じ漢字がよい意味とよくない意味をもつことがあるので、つけたい漢字は必ず辞書で調べてみましょう。

同じ響きの名前でも、使う漢字によって全く違う印象になります。本書では、特に名づけに人気の漢字を紹介します。もっと詳しく知りたいときや、本書で紹介していない漢字を使いたいときは、辞書を活用してください。

漢字が字面の美しさや運勢を左右する

名前の書きやすさ、字面《じづら》のバランスも、選ぶ漢字に左右されます。

漢字にはへん・つくりがあります。書いたときに同じへん・つくりが重なっていたり、左右のバランスが悪かったりすると、印象があまりよくありません。漢字の組み合わせもよく考えましょう。

また、漢字の画数によって、姓名判断の結果が決まります。運勢のよい名前にするためには、吉画数になる漢字を選びましょう。もし使いたい漢字が、吉画数にならない場合は、同じ読みの別の漢字や、旧字・異体字、ひらがな・カタカナなどに置き換えて、吉画数になる字を探してみてください。

漢字から名づけるとき

【STEP1】使いたい漢字を決める

お気に入りの漢字から名づけたい人は……

よい意味の漢字を探す

たとえば「はばたく」「美しい」などの意味がある漢字が人気なように、子どもに育ってほしいイメージに合う、使いたい漢字を探します。

名づけに人気のしあわせ漢字ベスト473➡P220

印象的な見た目の名前にしたい人は……

漢字1字・3字の名前を探す

漢字１字の名前は、漢字の意味にこだわって選びます。３字の名前は、組み合わせる漢字のバランスをよく考えて選びましょう。

漢字1字のラッキー名前➡P306
漢字3字のラッキー名前➡P308

個性的な名前にしたいときは……

あて字など個性的な名前の漢字を検討する

個性的な響きや字面の名前にするには、名前の１音に１字をあてて万葉仮名風にしたり、熟語のようにあて字で読ませる名前にする方法もあります。

万葉仮名風の漢字を使った名前➡P318
あて字の名前➡P320

最後の文字から考えたい人は……

人気の止め字から考えてみる

名前の最後につく漢字は「止め字」と呼ばれます。使いたい止め字を先に決めます。名前の前半が同じでも、止め字で印象がガラッと変わります。

人気の止め字を使ったラッキー名前〈男の子編〉➡P310
人気の止め字を使ったラッキー名前〈女の子編〉➡P314

使いたい漢字が決まったら……

【STEP2】漢字の組み合わせを検討しよう

Part7 名づけに使える漢字リスト➡P385
名づけに人気のしあわせ漢字ベスト473➡P220

⬇

【STEP3】姓名判断や字面をチェック！

Part6 画数のよい名前でしあわせをプレゼント➡P329
Part1 名づけの基本ルールを知る➡P17

⬇

名前決定！

名づけに人気の しあわせ漢字 ベスト473

名前の印象は見た目によっても変わります。
名前に使える全漢字2999字の中から、
よい意味をもち、名前によく使われる人気の漢字473字をピックアップしました。

リストの見方

意味
その漢字の主な意味を紹介します。

名のり
名前にのみ使われる読みのうち、代表的なものを示しています。

音訓
音読み、訓読み、和訓（日本語として定着している読み方。例：紅葉（もみじ）など）のうち代表的なものを示しています。

漢字は、画数順、音読みの50音順で並んでいます。

ポイント
名前にどんな意味を込められるか、その漢字を使うとどんな印象の名前になるか、最近よく使われる読み、人気名前との関連など、名前に使うときのポイントを紹介します。

連想キーワード
その漢字が使われている四字熟語や慣用句、芸術作品の題名など、漢字から連想できるものを紹介します。

名前の例
その漢字を使った名前例を紹介します。主に男の子と女の子のどちらかの名前にしか使われない漢字の場合は、どちらかの名前例のみ紹介します。名前例はすべて吉画数です。

人気の漢字は★でランク分け
よい意味をもち、名前によく使われる人気漢字を、本書監修者がセレクト。その中でも、人気順に★でランク分けしています。

★★★ 人気名前によく使われる漢字

★★☆ 「音訓」「名のり」が多く、名づけの幅が広がる漢字

★☆☆ 意味や「名のり」が比較的限定的で個性的な漢字

常用漢字には「常」、人名用漢字には「人」のマークをつけています。男の子の名前に使われる漢字はロケットのマーク、女の子の名前に使われる漢字は花のマークをつけています。どちらの性別の名前にも使われる場合は両方ついています。

月 4

★★★

常

音訓 ゲツ、ガツ、ゴチ、つき、がち、つ(く)

名のり つぎ

意味 月(地球の衛星)。1か月(暦の単位)。月曜(七曜の一つ)。三日月を描いた字。

ポイント 夜空に輝く月のイメージ。美しく優しい人に成長してほしいと願って。神秘的な雰囲気は、男女両方に人気。

●連想キーワード●
【熟語】花鳥風月、日進月歩

男の子の名前の例

名前	画数	総画	読み
夕月	3・4	7	ゆづき
月斗	4・4	8	つきと
月仁	4・4	8	つきひと
月音	4・9	13	つきと
月彦	4・9	13	つきひこ
月哉	4・9	13	つきや
満月	12・4	16	まつき
月義	4・13	17	つきよし
雅月	13・4	17	まさつぎ

女の子の名前の例

名前	画数	総画	読み
月子	4・3	7	つきこ
月与	4・3	7	つきよ
沙月	7・4	11	さつき
月花	4・7	11	つきか
香月	9・4	13	かづき
月音	4・9	13	つきね
美月	9・4	13	みづき
月菜	4・11	15	つきな
月絵	4・12	16	つきえ

※漢字の情報は原則として『漢字源』（学研）をもとにしています。

一

1画 ★★★ 常

音訓 イチ、イツ、ひと、ひと(つ)

名のり おさむ、かず、かた、かつ、くに、はじめ、ひで、ひとし、まこと、まさし、もと

意味 一つ。1番目。すべて。

ポイント 一つのことを成し遂げる、リーダー格、といった頼もしいイメージの名前に。

●連想キーワード●
【熟語】一期一会

男の子の名前の例

名前	画数	総画	読み
一	1	1	はじめ
一太	1・4	5	いちた
一寿	1・7	8	かずとし
佑一	7・1	8	ゆういち
一朗	1・10	11	いちろう
一馬	1・10	11	かずま
一珠	1・10	11	かずみ
陽一	12・1	13	よういち
諒一	15・1	16	りょういち

女の子の名前の例

名前	画数	総画	読み
一乃	1・2	3	かずの
一心	1・4	5	かずみ
一未	1・5	6	かずみ
一加	1・5	6	ひとか
一花	1・7	8	いちか
一希	1・7	8	かずき
一華	1・10	11	いちか
一恵	1・10	11	かずえ
一絵	1・12	13	かずえ

人

2画 ★★☆ 常

音訓 ジン、ニン、ひと、たり、と

名のり きよ、さね、たみ、ひこ、め

意味 人。人間。人々。人の立った姿を描いた字。

ポイント 男の子の止め字に多い。「と」や「ひと」のほか、「きよ」や「じん」と読ませると個性的な印象の名前になる。

男の子の名前の例

名前	画数	総画	読み
壮人	6・2	8	たけと
照人	13・2	15	てると
誠人	13・2	15	まこと
義人	13・2	15	よしひと

女の子の名前の例

名前	画数	総画	読み
人巳	2・3	5	ひとみ
由人	5・2	7	ゆめ
人香	2・9	11	ひとか
人音	2・9	11	ひとね

乃

2画 ★★☆ 人

音訓 ダイ、ナイ、ノ

名のり いまし、おさむ

意味 すなわち。なんじ。助詞の「の」。

ポイント 女の子の止め字の定番。最近では、先頭字や中間字としても人気。名前に優しく古典的な雰囲気を添える。

男の子の名前の例

名前	画数	総画	読み
乃祐	2・9	11	だいすけ
乃瑚	2・13	15	だいご
乃吏彦	2・6・9	17	のりひこ
乃樹	2・16	18	だいき

女の子の名前の例

名前	画数	総画	読み
梨乃	11・2	13	りの
乃愛	2・13	15	のあ
乃利帆	2・7・6	15	のりほ
美乃里	9・2・7	18	みのり

力

2画 ★☆☆ 常

音訓 リョク、リキ、ちから

名のり いさお、いさむ、お、か、ちか、つとむ、よし

意味 ちから。勢い。働く。努める。

ポイント 力強く、たくましいイメージなので、男の子にぴったり。最近では、「力輝(りき)」「(りく)」なども。

男の子の名前の例

名前	画数	総画	読み
力丸	2・3	5	りきまる
力也	2・3	5	りきや
正力	5・2	7	まさちか
力向	2・6	8	いさむ
力夢	2・13	15	つとむ
識力	19・2	21	のりお

女の子の名前の例

名前	画数	総画	読み
力美	2・9	11	よしみ
力愛	2・13	15	りきな

弓

3画 ★☆☆ 常

音訓 キュウ、ク、クウ、ゆみ

名のり ゆ

意味 ゆみ。まるく反った曲線。

ポイント しなやかさと強さをあわせもつイメージ。女の子なら優しい響きの「ゆみ」、男の子なら凛々しい響きの「キュウ」の音も人気がある。

男の子の名前の例

名前	画数	総画	読み
弓人	3・2	5	ゆみひと
弓太	3・4	7	きゅうた
弓央	3・5	8	ゆみお
弓之助	3・3・7	13	ゆみのすけ

女の子の名前の例

名前	画数	総画	読み
紗弓	10・3	13	さゆみ
真弓	10・3	13	まゆみ
愛弓	13・3	16	あゆみ
弓瑚	3・13	16	ゆみこ

久

3画 ★★☆ 常

音訓 キュウ、ク、ひさ(しい)

名のり つね、なが、ひこ

意味 久しい。長い間。曲がりくねって伸びるさま。

ポイント 「悠久」などから、変わらず長く続く、といった縁起のよいイメージ。永遠の健康、若さ、美しさを願って。

男の子の名前の例

名前	画数	総画	読み
久之	3・3	6	ひさゆき
久史	3・5	8	ひさし
久慶	3・15	18	ひさよし
麻亜久	11・7・3	21	まあく

女の子の名前の例

名前	画数	総画	読み
久実	3・8	11	くみ
弥久	8・3	11	みく
久恵	3・10	13	ひさえ
璃久	15・3	18	りく

之

3画 ★★☆ 人

音訓 シ、の、これ

名のり くに、つな、のぶ、ひさ、ひで、ゆき、よし

意味 行く。足が前に出て進むさまを描いた字。

ポイント 「ゆき」と読んで、男の子の止め字によく使う。「の」と読めば女の子の名前にも。

男の子の名前の例

名前	画数	総画	読み
貴之	12・3	15	たかし
照之	13・3	16	てるゆき
雅之	13・3	16	まさゆき
慎之助	13・3・7	23	しんのすけ

女の子の名前の例

名前	画数	総画	読み
之奈	3・8	11	ゆきな
之利加	3・7・5	15	のりか
詩之	13・3	16	しの
穂之花	15・3・7	25	ほのか

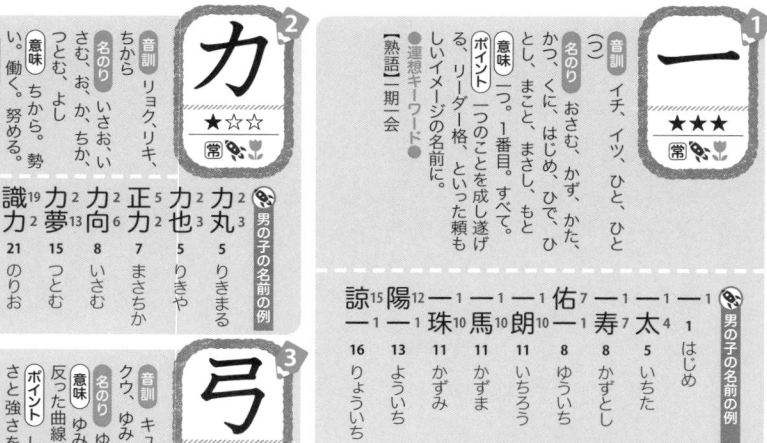

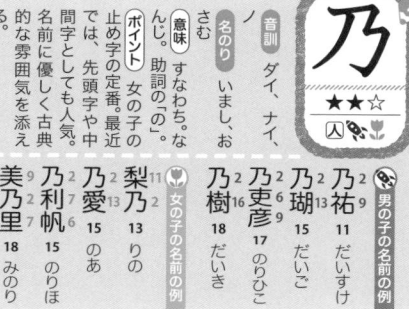

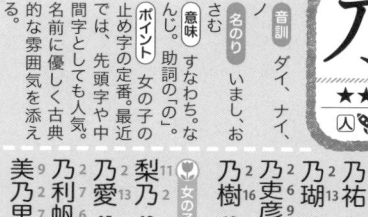

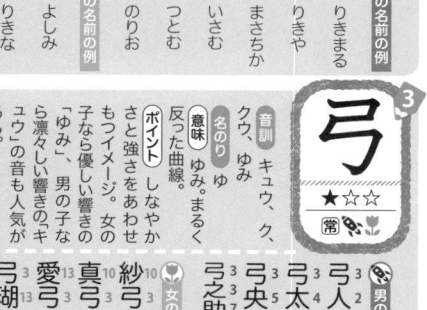

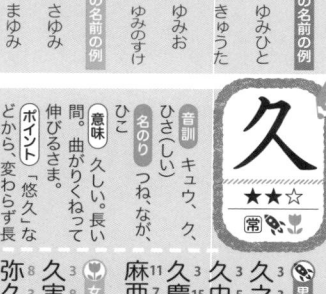

士

★★☆ 常

音訓 シ、ジ

名のり あき、お、おさむ、ただ、つかさ、と、のり、ひと、まもる

意味 男。役人。知識人。さむらい。

ポイント 男の子の名前の止め字として、よく使われる。立派な人、有能な人に育つようにと願いを込めて。

男の子の名前の例

名前	画数	総画	読み
士武	3・8	11	おさむ
士明	3・8	11	ただあき
士浩	3・10	13	あきひろ
士朗	3・10	13	しろう
剛士	10・3	13	たけし
瑛士	12・3	15	えいじ
雄士	12・3	15	ゆうじ
雅士	13・3	16	まさし
毅士	15・3	18	つよし

子

★★☆ 常

音訓 シ、ス、こ

名のり しげ、たね、つぐ、とし、ね、み、やす

意味 こ。小さい子。優れた人。

ポイント もとは王子の意味をもつが、女の子の止め字の定番に。一時減ったものの、近年、古風で女の子らしい名前として再び人気に。

男の子の名前の例

名前	画数	総画	読み
子典	3・8	11	しげのり
真子人	10・3・2	15	まこと

女の子の名前の例

名前	画数	総画	読み
祥子	10・3	13	しょうこ
由紀子	5・9・3	17	ゆきこ
舞子	15・3	18	まいこ
友梨子	4・11・3	18	ゆりこ
恵理子	10・11・3	24	えりこ
菜々子	11・11・3	25	ななこ

小

★★☆ 常

音訓 ショウ、ちい(さい)、こ、お

名のり さ、ささ

意味 小さい。幼い。少し。謙遜の意味も。

ポイント かわいらしさや若々しさが感じられるので、女の子の先頭字として人気。愛らしくて古風な雰囲気の名前になる。

男の子の名前の例

名前	画数	総画	読み
小太郎	3・4・9	16	こたろう
小十士	3・10・3	16	さとし
小佐武	3・7・8	18	おさむ
小次郎	3・6・9	18	こじろう

女の子の名前の例

名前	画数	総画	読み
小夜	3・8	11	さよ
小梅	3・10	13	こうめ
小夏	3・10	13	こなつ
小結美	3・12・9	24	さゆみ

丈

★★☆ 常

音訓 ジョウ、たけ

名のり たけ、とも、ひろ、ます

意味 長さの単位。背丈が高い。長老への尊敬を表す言葉。杖。

ポイント 「丈夫」には、成人、健康、という意味もあるので、たくましく立派に育ってほしい、という願いを込めて。

男の子の名前の例

名前	画数	総画	読み
丈士	3・3	6	たけし
丈斗	3・4	7	たけと
丈史	3・5	8	たけふみ
丈正	3・5	8	たけまさ

女の子の名前の例

名前	画数	総画	読み
丈乃	3・2	5	たけの
丈実	3・8	11	ますみ
丈華	3・10	13	ともか
丈葉	3・12	15	たけは

夕

★☆☆ 常

音訓 セキ、ジャク、ゆう

名のり ゆ

意味 日暮れ時。夜。三日月を描いた字。

ポイント 「ゆう」という優しい音が、男女ともに人気。夕焼けや三日月のイメージから、神秘的で美しい印象の名前になる。

男の子の名前の例

名前	画数	総画	読み
夕也	3・3	6	ゆうや
夕斗	3・4	7	ゆうと
夕季	3・8	11	ゆうき
夕馬	3・10	13	ゆうま

女の子の名前の例

名前	画数	総画	読み
実夕	8・3	11	みゆ
夕実	3・8	11	ゆうみ
夕華	3・10	13	ゆうか
夕貴	3・12	15	ゆうき

千

★★★ 常

音訓 セン、ち

名のり かず、ゆき

意味 千(数の単位)。数が多いこと。たびたび。

ポイント 数が多いという意味から、縁起のよい字。長寿と豊かさを願って。「千尋」など、男女ともに使える名前も多い。「ち」と読めば親しみやすく、「かず」と読めば知的な雰囲気になる。

●連想キーワード●

【熟語】千秋万歳

男の子の名前の例

名前	画数	総画	読み
三千人	3・3・2	8	みちと
和千	8・3	11	かずゆき
千紘	3・10	13	かずひろ
千馬	3・10	13	かずま
千浩	3・10	13	ゆきひろ
千暁	3・12	15	ちあき
千智	3・12	15	ちさと
千豊	3・13	16	かずとよ
千璃	3・15	18	せんり

女の子の名前の例

名前	画数	総画	読み
千佳	3・8	11	ちか
千波	3・8	11	ちなみ
実千	8・3	11	みち
千恵	3・10	13	ちえ
千晶	3・12	15	ちあき
千尋	3・12	15	ちひろ
千代美	3・5・9	17	ちよみ
実千花	8・3・7	18	みちか
千鶴	3・21	24	ちづる

大

★★☆ 常

音訓 ダイ、タイ、タ、ダ、おお(きい)

名のり お、とも、はじめ、はる、ひろ、ひろし、ふと、まさ、まさる、もと

意味 大きい。立派な様子。大変に。はなはだ。

ポイント 体格も内面も大きく健やかに成長してほしい、という願いを込めて。

男の子の名前の例

名前	画数	総画	読み
大悟	3・10	13	だいご
大貴	3・12	15	だいき
智大	12・3	15	ともひろ
雄大	12・3	15	ゆうだい
大夢	3・13	16	だいむ
大輔	3・14	17	だいすけ

女の子の名前の例

名前	画数	総画	読み
大佳	3・8	11	ひろか
大奈	3・8	11	はるな

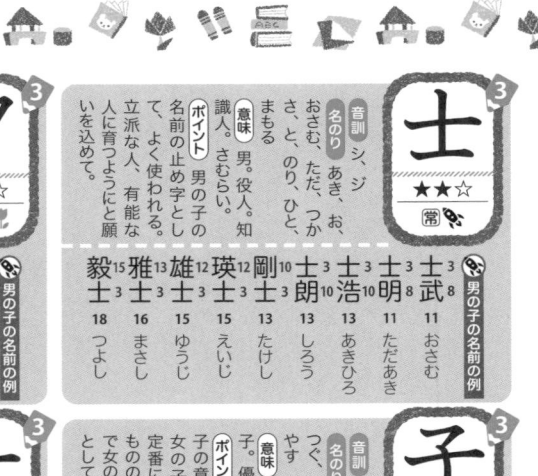

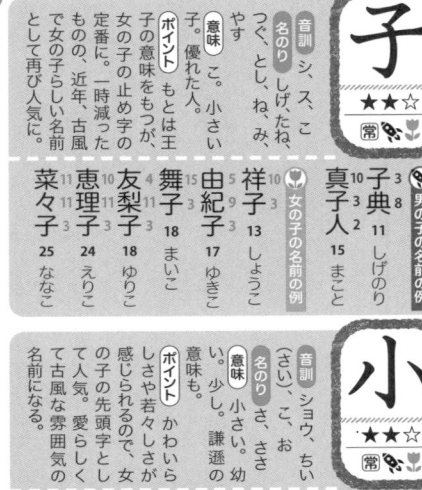

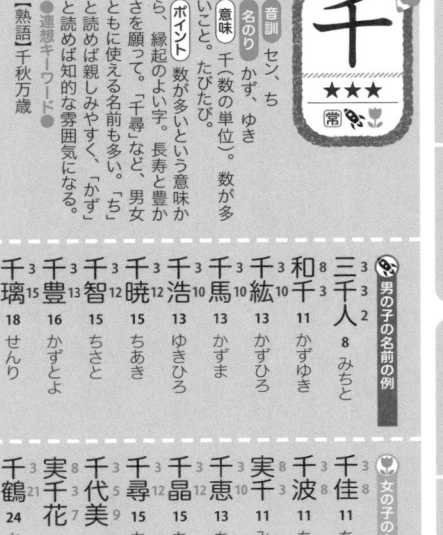

万 3

★★★ 常

音訓 マン、バン、モン、ボク、モク

名のり かず、かつ、すすむ、たか、つむ

意味 万(数の単位)。よろず。絶対に。

ポイント 長寿を象徴する縁起のよい字。「かず」と読むと知的な印象に。「ま」と読ませると、朗らかな雰囲気に。

●連想キーワード●
【歴史】万里の長城

男の子の名前の例

名前	画数	総画	読み
万生	3・5	8	かずお
冬万	5・3	8	とうま
和万	8・3	11	かずま
拓万	8・3	11	たくま
万純	3・10	13	ますみ
万尋	3・12	15	まひろ
万里央	3・7・5	15	まりお
道万	12・3	15	みちたか
万左彦	3・5・9	17	まさひこ

女の子の名前の例

名前	画数	総画	読み
万央	3・5	8	まお
万世	3・5	8	まよ
万由子	3・5・3	11	まゆこ
万亜子	3・7・3	13	まあこ
万里子	3・7・3	13	まりこ
万葉	3・12	15	かずは
万智	3・12	15	まち
万尋	3・12	15	まひろ
万由美	3・5・9	17	まゆみ

也 3

★★☆ 人

音訓 ヤ

名のり あり、これ、ただ、なり、また

意味 なり(状態を表す)。や(〜こそ、まったく、の意味)

ポイント 「や」「なり」と読んで、男の子の止め字として使うことが多い。女の子なら、「や」と読んで中間字に使うのもおすすめ。

男の子の名前の例

名前	画数	総画	読み
仁也	4・3	7	ひとなり
和也	8・3	11	かずなり
晋也	10・3	13	しんや
雄也	12・3	15	ゆうや

女の子の名前の例

名前	画数	総画	読み
阿也	8・3	11	あや
満也	12・3	15	まや
美也子	9・3・3	15	みやこ
華也子	10・3・3	16	かやこ

允 4

★★☆ 人

音訓 イン

名のり すけ、ただ、のぶ、まこと、まさ、まさし、みつ、よし

意味 まこと。許す。調和がとれる。

ポイント 男の子の先頭字として、さまざまな読み方がある。「みつ」などと読んで、女の子にも。誠実で調和のとれた印象の名前に。

男の子の名前の例

名前	画数	総画	読み
允斗	4・4	8	のぶと
昭允	9・4	13	あきただ
允彦	4・9	13	のぶひこ
允琉	4・11	15	みつる

女の子の名前の例

名前	画数	総画	読み
允花	4・7	11	のぶか
允希	4・7	11	みつき
允美	4・9	13	よしみ
允絵	4・12	16	まさえ

介 4

★★☆ 常

音訓 カイ、ケ、かい(する)

名のり あき、すけ、たすく、ゆき、よし

意味 挟む。間に入る。助ける。よろいのように硬い。

ポイント 男の子の止め字の定番。親しみやすく軽やかな印象で、現在でも人気が高い。

男の子の名前の例

名前	画数	総画	読み
祐介	9・4	13	ゆうすけ
康介	11・4	15	こうすけ
章介	11・4	15	しょうすけ
暁介	12・4	16	あきゆき
介義	4・13	17	あきよし
駿介	17・4	21	しゅんすけ

女の子の名前の例

名前	画数	総画	読み
介子	4・3	7	あきこ
美介	9・4	13	みゆき

月 4

★★★ 常

音訓 ゲツ、ガツ、ゴチ、つき、がち、つ(く)

名のり つぎ

意味 月(地球の衛星)。1か月(暦の単位)。月曜(七曜の一つ)。三日月を描いた字。

ポイント 夜空に輝く月のイメージ。美しく優しい人に成長してほしいと願って。神秘的な雰囲気は、男女両方に人気。

●連想キーワード●
【熟語】花鳥風月、日進月歩

男の子の名前の例

名前	画数	総画	読み
夕月	3・4	7	ゆづき
月斗	4・4	8	つきと
月仁	4・4	8	つきひと
月音	4・9	13	つきと
月彦	4・9	13	つきひこ
月哉	4・9	13	つきや
満月	12・4	16	まつき
月義	4・13	17	つきよし
雅月	13・4	17	まさつぎ

女の子の名前の例

名前	画数	総画	読み
月子	4・3	7	つきこ
月与	4・3	7	つきよ
沙月	7・4	11	さつき
月花	4・7	11	つきか
香月	9・4	13	かづき
月音	4・9	13	つきね
美月	9・4	13	みづき
月菜	4・11	15	つきな
月絵	4・12	16	つきえ

公 4

★★☆ 常

音訓 コウ、ク、おおやけ

名のり あきら、きみ、さと、たか、ただ、とおる、とも、なお、ひろ、まさ、ゆき

意味 おおやけ。かたよらないこと。

ポイント 広い視野をもち社会で活躍できる人になるようにと願って。

男の子の名前の例

名前	画数	総画	読み
公一	4・1	5	こういち
公介	4・4	8	こうすけ
公哉	4・9	13	きみや
公太朗	4・4・10	18	こうたろう

女の子の名前の例

名前	画数	総画	読み
公子	4・3	7	きみこ
李公	7・4	11	りく
深公	11・4	15	みく
公絵	4・12	16	きみえ

心 4
★★★ 常

音訓 シン、こころ、うら、まこと(に)

名のり きよ、ご、なか、み、むね、もと

意味 心臓。心(精神)。思いやり。心臓を描いた字。

ポイント チャーミングで新鮮な雰囲気に。「ここ」と読ませると思いやりのある人になるようにと願って。

●連想キーワード●
【芸術】心の旅路

男の子の名前の例

名前	各字の画数	総画	読み
大心	3・4	7	だいしん
天心	4・4	8	てんしん
心斗	4・4	8	まこと
心吾	4・7	11	しんご
心哉	4・9	13	しんや
尋心	12・4	16	ひろみ
心雅	4・13	17	きよまさ
心夢	4・13	17	ここむ
心路	4・13	17	こころ

女の子の名前の例

名前	各字の画数	総画	読み
心良	4・7	11	こころ
心美	4・9	13	きよみ
心音	4・9	13	みおん
心菜	4・11	15	ここな
心深	4・11	15	ここみ
陽心	12・4	16	はるみ
心結	4・12	16	みゆ
心愛	4・13	17	ここあ
心暖	4・13	17	みのん

仁 4
★★★ 常

音訓 ジン、ニ、ニン

名のり きみ、さと、しのぶ、ただし、と、ひと、ひとし、まさ、み、めぐみ、やすし、よし

意味 ひと。隣人愛や同情の気持ち。また、そのような心を備えた人物。

ポイント 思いやりのある優しい人になるように、と願って。

●連想キーワード●
【熟語】仁愛

男の子の名前の例

名前	各字の画数	総画	読み
仁一	4・1	5	まさかず
仁士	4・3	7	ただし
允仁	4・4	8	のぶよし
仁吾	4・7	11	じんご
仁志	4・7	11	ひとし
信仁	9・4	13	のぶひと
悠仁	11・4	15	ゆうじん
智仁	12・4	16	ともひと
仁太郎	4・4・9	17	じんたろう

女の子の名前の例

名前	各字の画数	総画	読み
仁乃加	4・2・5	11	にのか
仁衣子	4・6・3	13	にいこ
羽仁子	6・4・3	13	はにこ
仁美	4・9	13	ひとみ
仁菜	4・11	15	にな
仁葉	4・12	16	ひとは
仁衣奈	4・6・8	18	にいな
仁瑚良	4・13・7	24	にこら
仁奈絵	4・8・12	24	になえ

水 4
★☆☆ 常

音訓 スイ、みず、み、もい

名のり お、な、なか、みな、ゆ

意味 水。川や湖などのある場所。水星。水曜(七曜の一つ)。

ポイント 水のように清らかで、柔軟な心をもった人のイメージ。フレッシュな印象を与える。

男の子の名前の例

名前	各字の画数	総画	読み
水巳	4・3	7	みずき
水那人	4・7・2	13	みなと
陽水	12・4	16	ようすい
雅水	13・4	17	まさみ

女の子の名前の例

名前	各字の画数	総画	読み
水希	4・7	11	みずき
泉水	9・4	13	いずみ
水奈子	4・8・3	15	みなこ
水喜	4・12	16	みずき

太 4
★★☆ 常

音訓 タイ、タ、ダ、ふと(い)

名のり うず、おお、しろ、たか、と、ひろ、ます、み、もと

意味 太い。豊か。ふくれている。

ポイント 元気で力強いイメージの名前に。男の子の名前に好まれる。先頭字・止め字ともによく使われる。

男の子の名前の例

名前	各字の画数	総画	読み
太一	4・1	5	たいち
太郎	4・9	13	たろう
健太	11・4	15	けんた
悠太	11・4	15	ゆうた
陽太	12・4	16	ようた
優太	17・4	21	ゆうた

女の子の名前の例

名前	各字の画数	総画	読み
太花	4・7	11	ひろか
太凰	4・11	15	たお

天 4
★★☆ 常

音訓 テン、あめ、あま

名のり かみ、そら、たか、たかし

意味 あめ。頭上に高く広がる大空。天にいる最高の神。自然界。

ポイント スケールの大きな人になってほしい、と願って。神々しさやピュアな雰囲気の名前に。

男の子の名前の例

名前	各字の画数	総画	読み
天斗	4・4	8	あまと
天志	4・7	11	たかし
天宏	4・7	11	たかひろ
天翔	4・12	16	てんと

女の子の名前の例

名前	各字の画数	総画	読み
天子	4・3	7	たかこ
天花	4・7	11	あめか
天音	4・9	13	あまね
天美	4・9	13	そらみ

斗 4
★★☆ 常

音訓 ト、トウ、ツ、とます、ます

名のり け、はかる、はるか、ほし、ます

意味 ひしゃく。容量の単位。ひしゃくの形をした星座(北斗、南斗)。

ポイント 北斗七星を連想させ、美しく神秘的な雰囲気の名前に。

男の子の名前の例

名前	各字の画数	総画	読み
悠斗	11・4	15	ゆうと
斗志矢	4・7・5	16	としや
陽斗	12・4	16	はると
雅斗	13・4	17	まさと

女の子の名前の例

名前	各字の画数	総画	読み
斗花	4・7	11	ほしか
美斗	9・4	13	みと
斗紀子	4・9・3	16	ときこ
斗琶	4・12	16	とわ

日 4

★★★ 常

音訓 ニチ、ジツ、ひ、か

名のり あき、はる、ひる

意味 日。太陽。昼間。日々。日曜(七曜の一つ)。太陽の姿を描いた字。

ポイント お日様のように明るい人になるように、といった願いを込めて。「ひ」や「はる」の読みは朗らかな雰囲気、「か」「あき」は元気な雰囲気に。

●連想キーワード●
【熟語】日進月歩

男の子の名前の例

名前	画数	読み
日4斗4	8	はると
日4宏7	11	あきひろ
日4良7	11	あきら
日4出5人2	11	ひでと
日4彦9	13	はるひこ
陽12日4	16	はるひ
日4左5志7	16	ひさし
日4奈8太4	16	ひなた
日4向6都11	21	ひなと

女の子の名前の例

名前	画数	読み
日4方4	8	ひなた
日4向6子3	13	ひなこ
日4菜11	15	ひな
日4奈8子3	15	ひなこ
日4毬11	15	ひまり
閑12日4	16	のどか
晴12日4	16	はるひ
日4菜11乃2	17	ひなの
日4出5美9	18	ひでみ

文 4

★★☆ 常

音訓 ブン、モン、ふみ

名のり あや、いと、とも、のり、ひさ、み、や、やす、ゆき、よし

意味 あや。きれいな模様。飾る。文字。文章や手紙。

ポイント 美しく才能豊かな人になるように。知的な雰囲気だが、「ふみ」はしとやかで、「あや」は明るいイメージに。

●連想キーワード●
【熟語】文武両道

男の子の名前の例

名前	画数	読み
文4斗4	8	ふみと
文4太4	8	ぶんた
文4希7	11	あやき
志7文4	11	しもん
文4哉9	13	ふみや
惟11文4	15	ただふみ
文4雄12	16	ふみのり
雅13文4	17	まさふみ
文4彰14	18	ふみあき

女の子の名前の例

名前	画数	読み
文4乃2	6	ふみの
文4花7	11	ふみか
文4香9	13	あやか
文4音9	13	あやね
文4美9	13	あやみ
文4菜11	15	あやな
麻11文4	15	まあや
文4詠12	16	のりえ
文4絵12	16	ふみえ

巴 4

★★☆ 人

音訓 ハ、へ

名のり とも、ともえ

意味 腹ばいになる。水の渦巻き模様で、陰陽和合のしるし。

ポイント 平安時代の武者で美女といわれる「巴御前」のイメージから、男女ともに強くて美しい人になるように。

男の子の名前の例

名前	画数	読み
巴4矢5斗4	13	はやと
巴4琉11	15	はる
巴4博12	16	ともひろ
優17巴4	21	ゆうは

女の子の名前の例

名前	画数	読み
巴4花7	11	ともか
宏7巴4	11	ひろは
巴4美9	13	ともみ
巴4絵12	16	ともえ

夫 4

★☆☆ 常

音訓 フ、フウ、おっと、お

名のり あき、すけ

意味 成年の男。夫(配偶者の男)。

ポイント 立派な男性に成長するように、との願いを込めて。男の子の止め字によく使われる。優しく落ち着いた雰囲気で、頼もしい印象の名前に。

男の子の名前の例

名前	画数	読み
夫4宏7	11	あきひろ
洋9夫4	13	ひろお
麻11夫4	15	あさお
琢11夫4	15	たくお
夫4実8也3	15	ふみや
暁12夫4	16	あきお
貴12夫4	16	たかお
陽12夫4	16	はるお
雅13夫4	17	まさお

友 4

★★★ 常

音訓 ユウ、ウ、とも

名のり すけ

意味 友人。友達。仲良く助け合う。かばうように曲げた手を組み合わせた字。

ポイント よい友人や仲間に恵まれるように、との願いを込めて。優しくモダンな印象の「ゆう」や「ゆ」の読みは、男女ともに人気。

●連想キーワード●
【熟語】友愛

男の子の名前の例

名前	画数	読み
友4一1	5	ゆういち
友4斗4	8	ゆうと
友4吾7	11	ゆうご
友4哉9	13	ともや
友4麻11	15	ゆうま
友4貴12	16	ともき
友4尋12	16	ともひろ
雅13友4	17	まさとも
友4輔14	18	ゆうすけ

女の子の名前の例

名前	画数	読み
友4子3	7	ともこ
友4里7	11	ゆり
友4美9	13	ゆうみ
友4香9	13	ゆか
麻11友4	15	まゆ
友4紀9子3	16	ゆきこ
友4里7花7	18	ゆりか
友4梨11子3	18	ゆりこ
友4梨11称10	25	ゆりな

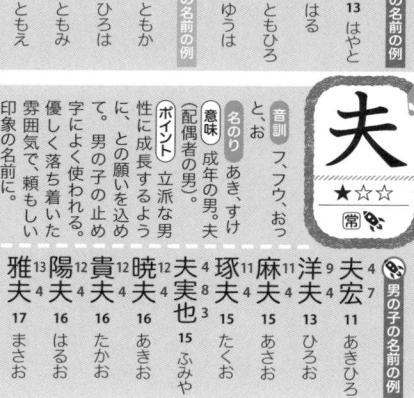

永

★★★ 常

音訓 エイ、ヨウ、なが(い)

名のり つね、とお、のぶ、のり、はるか、ひさ

意味 長い。どこまでも続く。とこしえ。水流が支流に分かれて、長くのびるさま。

ポイント 長寿を願って。また、長い間活躍し続ける人になるように。男の子は「えい」、女の子は「え」の読みがよく使われる。

●連想キーワード●

【熟語】永遠、永久

男の子の名前の例

名前	各字の画数	総画数	読み
永一	5・1	6	えいいち
永伍	5・6	11	えいご
永昌	5・8	13	ながまさ
幸永	8・5	13	ゆきのり
永敏	5・10	15	ながとし
将永	10・5	15	まさのり
永都	5・11	16	えいと
永雅	5・13	18	えいが
永太郎	5・4・9	18	えいたろう

女の子の名前の例

名前	各字の画数	総画数	読み
永子	5・3	8	えいこ
永奈	5・8	13	えいな
永実	5・8	13	えいみ
佳永	8・5	13	かえ
永莉	5・10	15	えり
永梨	5・11	16	えり
美永子	9・5・3	17	みえこ
永美莉	5・9・10	24	えみり
永理香	5・11・9	25	えりか

央

★★★ 常

音訓 オウ、エイ、ヨウ

名のり ちか、てる、なか、ひさ、ひさし、ひろ、ひろし

意味 半ば。真ん中。尽きる。声が和らぐ。色鮮やかなさま。

ポイント リーダーや人気者になるようにと願って。「お」と読ませて止め字にするのは、中性的な雰囲気で男女ともに人気。

男の子の名前の例

名前	各字の画数	総画数	読み
央二	5・2	7	おうじ
央多	5・6	11	おうた
吉央	6・5	11	よしひさ
央馬	5・10	15	おうま
祥央	10・5	15	さちお
央晃	5・10	15	てるあき
央真	5・10	15	ひろまさ
麻央	11・5	16	まお
雅央	13・5	18	まさちか

女の子の名前の例

名前	各字の画数	総画数	読み
央子	5・3	8	ちかこ
伊央	6・5	11	いお
奈央	8・5	13	なお
央実	5・8	13	ひさみ
実央	8・5	13	みお
真央	10・5	15	まお
莉央	10・5	15	りお
奈央子	8・5・3	16	なおこ
奈菜央	8・11・5	24	ななお

加

★★☆ 常

音訓 カ、ケ、くわ(える)

名のり ます、また

意味 加える。影響を与える。程度が増す。

ポイント 「か」と読んで、女の子の止め字に。組み合わせる字に勢いをつける印象。快活で社交的な雰囲気に。

男の子の名前の例

名前	各字の画数	総画数	読み
由多加	5・6・5	16	ゆたか
貴加	12・5	17	たかます
多加志	6・5・7	18	たかし
加寿哉	5・7・9	21	かずや

女の子の名前の例

名前	各字の画数	総画数	読み
加奈	5・8	13	かな
加苗	5・8	13	かなえ
彩加	11・5	16	あやか
紗也加	10・3・5	18	さやか

叶

★★☆ 人

音訓 キョウ、ギョウ、かな(える)

名のり かない、かのう、やす

意味 願いが叶う。「口」+「十」で、多くの人が声を合わせる意味。

ポイント 「かな」や「かの」と読ませるとかわいらしく、「きょう」と読むと愛嬌のある雰囲気に。

男の子の名前の例

名前	各字の画数	総画数	読み
叶人	5・2	7	かなと
叶也	5・3	8	きょうや
叶治	5・8	13	やすはる
叶瑚	5・13	18	きょうご

女の子の名前の例

名前	各字の画数	総画数	読み
叶子	5・3	8	かのこ
叶実	5・8	13	かなみ
叶恵	5・10	15	かなえ
叶夢	5・13	18	かなめ

玄

★☆☆ 常

音訓 ゲン、ケン

名のり くろ、つね、とお、はる

意味 暗い。黒。天の色。北方。奥深い微妙な道理。かぼそい。

ポイント 「玄人」という言葉から、一芸に秀でた人になるように。力強さのある「げん」の読みは、男の子に。「くろ」「はる」は女の子に。

男の子の名前の例

名前	各字の画数	総画数	読み
玄一	5・1	6	げんいち
玄多	5・6	11	げんた
寛玄	13・5	18	かんげん
玄暉	5・13	18	げんき

女の子の名前の例

名前	各字の画数	総画数	読み
玄子	5・3	8	とおこ
玄実	5・8	13	くろみ
玄佳	5・8	13	はるか
玄絵	5・12	17	くろえ

巧

★★☆ 常

音訓 コウ、キョウ、たく(み)

名のり たえ、たくみ、よし

意味 たくみ。技術が高いこと。うわべを飾る。

ポイント 技芸に優れた人になるように。「たくみ」と読むと成熟した印象に、「こう」と読むと快活な印象に。

男の子の名前の例

名前	各字の画数	総画数	読み
巧一	5・1	6	こういち
巧己	5・3	8	たくみ
巧成	5・6	11	よしなり
巧典	5・8	13	こうすけ

女の子の名前の例

名前	各字の画数	総画数	読み
巧佳	5・8	13	きょうか
巧奈	5・8	13	きょうな
巧実	5・8	13	こうみ
巧華	5・10	15	きょうか

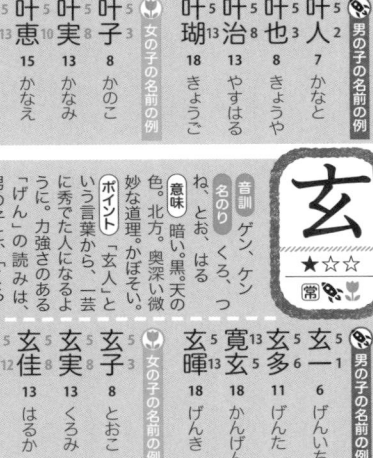

功
5 ★★☆ 常

音訓 コウ、ク、いさおし、く(う)
名のり あつ、いさ、いさお、かつ、こと、つとむ、なる、のり
意味 いさお(手柄)。功績。成し遂げた仕事。実り。
ポイント 1文字の「いさお」も人気。「こう」と読んで先頭字にも。有能な印象の名前に。

男の子の名前の例
- 功5大3　8　こうだい
- 功5多6　11　こうた
- 功5雄12　17　いさお
- 功5貴12　17　こうき

女の子の名前の例
- 功5弥8　13　くみ
- 実8功5　13　みく
- 功5仁4花7　16　くにか
- 功5絵12　17　のりえ

弘
5 ★★★ 人

音訓 コウ、グ
名のり お、ひろ、ひろし、ひろむ、みつ
意味 広い。スケールが大きい。広める。弓を張っている様子。
ポイント 広い心をもち、度量の大きい人になるように。「広」と意味や読みが共通している部分が多いので、字面の印象によって選ぶのもよい。

男の子の名前の例
- 弘5人2　7　ひろと
- 弘5士3　8　ひろし
- 明8弘5　13　あきひろ
- 弘5隆11　16　ひろたか
- 貴12弘5　17　たかひろ
- 弘5暉13　18　ひろき
- 弘5夢13　18　ひろむ
- 雅13弘5　18　まさひろ
- 義13弘5　18　よしひろ

女の子の名前の例
- 弘5子3　8　ひろこ
- 弘5佳8　13　ひろか
- 弘5実8　13　ひろみ
- 弘5季8　13　みつき
- 真10弘5　15　まひろ
- 弘5菜11　16　ひろな
- 深11弘5　16　みひろ
- 弘5絵12　17　ひろえ
- 弘5賀12　17　ひろか

広
5 ★★☆ 常

音訓 コウ、ひろ(い)
名のり お、たけ、とお、ひろ、ひろし、みつ
意味 広い。広める。面積が大きい。
ポイント 「弘」と意味や読みが共通する。柔和な「ひろ」、知的な「こう」、どちらの読みもよく使われる。

男の子の名前の例
- 広5人2　7　ひろと
- 広5己3　8　ひろみ
- 広5行6　11　ひろゆき
- 将10広5　15　まさひろ

女の子の名前の例
- 知8広5　13　ちひろ
- 広5奈8　13　ひろな
- 広5実8　13　ひろみ
- 広5葉12　17　ひろは

市
5 ★★☆ 常

音訓 シ、ジ、いち
名のり ち、なが、まち
意味 市場。売る、買う。人の集まるにぎやかな町。行政区の一つ。
ポイント 「いち」と読んで男の子の止め字に。しっかりした雰囲気。古風なイメージが、近年では新鮮な印象に。

男の子の名前の例
- 丈3市5　8　たけし
- 浩10市5　15　こういち
- 陽12市5　17　はるいち
- 雄12市5　17　ゆういち

女の子の名前の例
- 市5乃2　7　しの
- 市5衣6　11　しえ
- 市5佳8　13　いちか
- 市5歩8　13　しほ

司
5 ★★☆ 常

音訓 シ、ス
名のり おさむ、かず、つかさ、つとむ、もと、もり
意味 つかさどる。役目を担当する。役人。
ポイント よく見極める、という意味もあることから、責任感のある人になるように。「じ」と読んで男の子の止め字にも。

男の子の名前の例
- 英8司5　13　えいじ
- 司5朗10　15　しろう
- 剛10司5　15　つよし
- 司5彬11　16　かずあき

女の子の名前の例
- 司5実8　13　かずみ
- 司5歩8　13　しほ
- 司5佳8　13　もとか
- 司5紗10　15　かずさ

史
5 ★★☆ 常

音訓 シ、ふみひと
名のり ちか、ひと、ふの、ふみ、み
意味 ふびと(記録をする役目)。歴史の書。
ポイント 教養のある人になるようにと願って。凛々しさのある「し」、穏やかな「ふみ」、どちらの読みも人気。

男の子の名前の例
- 史5人2　7　ふみと
- 史5也3　8　ふみや
- 和8史5　13　かずし
- 昌8史5　13　まさふみ

女の子の名前の例
- 史5乃2　7　ふみの
- 史5佳8　13　ふみか
- 史5奈8　13　ふみな
- 瀬19史5琉11　35　せしる

矢
5 ★☆☆ 常

音訓 シ、や
名のり ただ、なお
意味 矢。まっすぐに直進することのたとえも。誓う。連ねる。
ポイント 男女ともに、止め字や中間字に使うことが多い。「や」の音から、活発で優しそうな雰囲気の名前に。

男の子の名前の例
- 卓8矢5　13　たくや
- 巴4矢5斗4　13　はやと
- 昌8矢5　13　まさや
- 斗4志7矢5　16　としや

女の子の名前の例
- 亜7矢5子3　15　あやこ
- 紗10矢5　15　さやか
- 麻11矢5　16　まや
- 実8矢5子3　16　みやこ

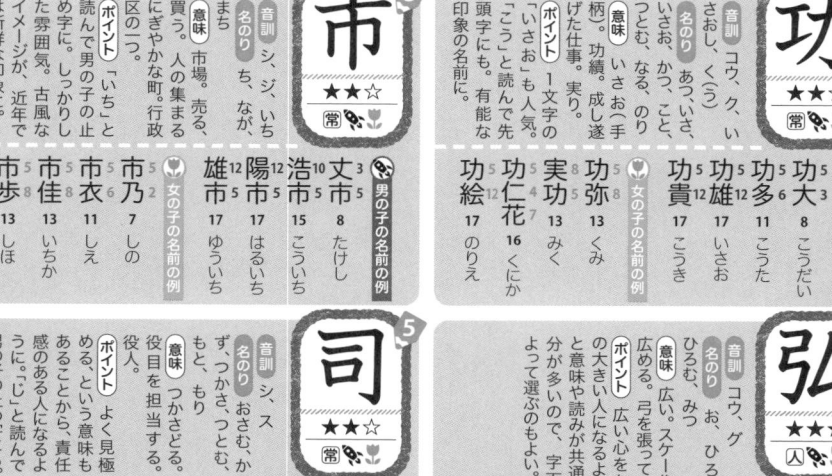

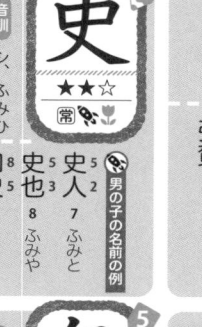

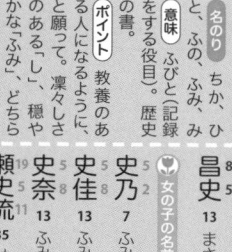

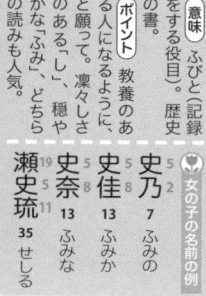

生 5

★★★ 常

音訓 セイ、ショウ、い(きる)、う(む)、は(える)、き、なま

名のり いく、お、おき、すすむ、なり、のり、ぶ、み、よ

意味 生きる。生む。生える。なま。混じりけのないさま。

ポイント 命や若さを連想させる。元気に育ちますように、との願いを込めて。生命力にあふれた印象の名前に。

男の子の名前の例

名前	画数	総画	読み
育生	8・5	13	いくお
和生	8・5	13	かずき
拓生	8・5	13	たくみ
知生	8・5	13	ともき
侑生	8・5	13	ゆうき
泰生	10・5	15	たいき
悦生	10・5	15	のぶき
将生	10・5	15	まさき
生喜	5・12	17	しょうき

女の子の名前の例

名前	画数	総画	読み
有生	6・5	11	ゆうき
生佳	5・8	13	せいか
由生子	5・5・3	13	ゆきこ
亜生子	7・5・3	15	あきこ
芙生子	7・5・3	15	ふうこ
真生	10・5	15	まき
莉生	10・5	15	りお
深生	11・5	16	みお
実生子	8・5・3	16	みきこ

世 5

★★★ 常

音訓 セイ、セ、よ

名のり つぎ、つぐ、とき、とし

意味 子が親に引き継ぐまでの約30年間(世代)。時代。人間の社会。

ポイント 「世界」から、世界で活躍できる人になるように。長寿を願って。また、男女ともに先頭字にも止め字にも使える。

●連想キーワード●

【熟語】永世

男の子の名前の例

名前	画数	総画	読み
世弥	5・8	13	せいや
卓世	8・5	13	たかつぐ
世以矢	5・5・5	15	せいや
記世	10・5	15	のりつぐ
世衣矢	5・6・5	16	せいや
麻世	11・5	16	まよ
豊世	13・5	18	ほうせい
紀世彦	9・5・9	23	きよひこ
貴世志	12・5・7	24	きよし

女の子の名前の例

名前	画数	総画	読み
万世	3・5	8	まよ
世帆	5・6	11	せほ
三千世	3・3・5	11	みちよ
明世	8・5	13	あきよ
華世	10・5	15	かよ
恭世	10・5	15	たかよ
桃世	10・5	15	ももよ
世李子	5・7・3	15	よりこ
世思乃	5・9・2	16	よしの

正 5

★★★ 常

音訓 セイ、ショウ、ただ(しい)、まさ

名のり あきら、おさ、かみ、さだ、たか、なお、のぶ、まさし

意味 正しい。まっすぐ。正す。まとも。混じりけのないさま。

ポイント 正義感の強い人になるようにと願って。読みも多く、先頭字にも止め字にも使える。1文字で「ただし」も。

男の子の名前の例

名前	画数	総画	読み
正	5	5	ただし
正人	5・2	7	まさと
長正	8・5	13	ながまさ
正典	5・8	13	まさのり
正隆	5・11	16	まさたか
正惟	5・11	16	まさただ
豊正	13・5	18	ほうせい
正樹	5・16	21	まさき
龍正	16・5	21	りゅうせい

女の子の名前の例

名前	画数	総画	読み
正子	5・3	8	まさこ
正与	5・3	8	まさよ
正佳	5・8	13	せいか
正奈	5・8	13	せいな
正弥	5・8	13	まさみ
実正	8・5	13	みせい
正菜	5・11	16	まさな
正望	5・11	16	まさみ
正瑚	5・13	18	せいこ

代 5

★★★ 常

音訓 ダイ、タイ、か(わる)、よ、しろ

名のり とし、のり、より

意味 代わる。世代が入れかわる。世代。王朝が統治する期間。代々。

ポイント 長寿や幸福な一生を願って。「よ」と読んで、女の子の止め字に使われる。男の子なら「だい」の読みが使いやすい。

男の子の名前の例

名前	画数	総画	読み
久代	3・5	8	ひさのり
明代	8・5	13	あきのり
代季	5・8	13	だいき
代弥	5・8	13	だいや
昌代	8・5	13	まさのり
代晃	5・10	15	としあき
代里斗	5・7・4	16	よりと
嗣代	13・5	18	つぐより
雅代	13・5	18	まさのり

女の子の名前の例

名前	画数	総画	読み
三千代	3・3・5	11	みちよ
佳代	8・5	13	かよ
知代	8・5	13	ともよ
祥代	10・5	15	さちよ
真代	10・5	15	まよ
桃代	10・5	15	ももよ
代枝乃	5・8・2	15	よしの
代里子	5・7・3	15	よりこ
清代	11・5	16	すみよ

冬 5

★☆☆ 常

音訓 トウ、ふゆ
名のり かず、とし
意味 冬。立冬から立春の前日までの約3か月。食物を蓄える時節。
ポイント 空気が澄んでいるように清らかなイメージ。「ふゆ」なら透明感のある雰囲気に、「とう」なら凛々しい雰囲気の名前に。

男の子の名前の例

名前	画数	総画	読み
冬紘	5・10	15	かずひろ
冬馬	5・10	15	とうま
賢冬	16・5	21	たかとし
冬樹	5・16	21	ふゆき

女の子の名前の例

名前	画数	総画	読み
冬佳	5・8	13	ふゆか
冬実	5・8	13	ふゆみ
冬望	5・11	16	ふゆみ
深冬	11・5	16	みふゆ

白 5

★★☆ 常

音訓 ハク、ビャク、しろ、しら
名のり あき、あきら、きよ、きよし、し
意味 白い。けがれのないさま。何もないさま。明らか。
ポイント まっすぐで素直に育つように。「しろ」のほかに、「きよ」や「あき」も清らかな雰囲気に。

男の子の名前の例

名前	画数	総画	読み
虎白	8・5	13	こはく
純白	10・5	15	すみあき
白寛	5・13	18	あきひろ
白詩	5・13	18	きよし

女の子の名前の例

名前	画数	総画	読み
白奈	5・8	13	あきな
真白	10・5	15	ましろ
琥白	12・5	17	こはく
白愛	5・13	18	はくあ

平 5

★★☆ 常

音訓 ヘイ、ビョウ、ヒョウ、たい(ら)、ひら、べい
名のり さね、たか、とし、なり、なる、はかる、ひとし、もち、よし
意味 たいら。でこぼこがない。水平。公平。穏やか。
ポイント 平和で穏やかな人生を送れるようにと願って。

男の子の名前の例

名前	画数	総画	読み
平二	5・2	7	へいじ
純平	10・5	15	じゅんぺい
慎平	13・5	18	しんぺい
平雅	5・13	18	ひらまさ

女の子の名前の例

名前	画数	総画	読み
平佳	5・8	13	へいか
実平	8・5	13	みひら
平華	5・10	15	ひらか
平梨	5・11	16	ひらり

未 5

★★☆ 常

音訓 ミ、ビ、いま(だ)、ま(だ)
名のり ひで
意味 ひつじ。十二支の8番目。いまだ〜せず。
ポイント 無限の可能性や明るい未来を願って。「み」の読みは愛らしく、男女ともに先頭字としても止め字としても人気。

男の子の名前の例

名前	画数	総画	読み
拓未	8・5	13	たくみ
未智	5・12	17	ひでさと
未季央	5・8・5	18	みきお
未矢都	5・5・11	21	みやと

女の子の名前の例

名前	画数	総画	読み
未空	5・8	13	みく
未紗	5・10	15	みさ
愛未	13・5	18	あいみ
紀未恵	9・5・10	24	きみえ

由 5

★★★ 常

音訓 ユ、ユウ、ユイ、よし
名のり ただ、ゆき、より
意味 〜による。由来する。そのことが生じるわけ。
ポイント 知的で教養のある人や、頼れる人になることを願って。優しげな「ゆ」「ゆう」、賢そうな「よし」、いずれの読みも男女ともに使われる。

男の子の名前の例

名前	画数	総画	読み
由人	5・2	7	よしひと
由之	5・3	8	よしゆき
由衣人	5・6・2	13	ゆいと
由延	5・8	13	よしのぶ
由登	5・12	17	ゆうと
由博	5・12	17	よしひろ
由起也	5・10・3	18	ゆきや
由軌男	5・9・7	21	ゆきお
由羽翔	5・6・12	23	ゆうと

女の子の名前の例

名前	画数	総画	読み
由依	5・8	13	ゆい
由奈	5・8	13	ゆうな
由佳	5・8	13	ゆか
由実	5・8	13	ゆみ
由真	5・10	15	ゆま
由梨	5・11	16	ゆり
由紀子	5・9・3	17	ゆきこ
由美子	5・9・3	17	ゆみこ
由莉子	5・10・3	18	ゆりこ

礼 5

★★☆ 常

音訓 レイ、ライ、うや
名のり あや、かた、のり、ひろ、まさ、みち、ゆき、よし
意味 作法、儀式。社会生活上の慣習。丁寧に応対する。謝意を表す挨拶。
ポイント 礼儀正しい人になるように。凛々しい雰囲気の「れい」のほか、「あや」「のり」などの読みも人気。

●連想キーワード●
【芸術】陰翳礼讃

男の子の名前の例

名前	画数	総画	読み
礼二	5・2	7	れいじ
礼人	5・2	7	れいと
礼大	5・3	8	まさひろ
礼士	5・3	8	れいじ
礼治	5・8	13	れいじ
礼苑	5・8	13	れおん
真礼	10・5	15	まれい
礼梧	5・11	16	れいご
礼雄	5・12	17	れお

女の子の名前の例

名前	画数	総画	読み
三礼	3・5	8	みれい
礼子	5・3	8	れいこ
礼季	5・8	13	あやき
礼奈	5・8	13	あやな
礼芽	5・8	13	あやめ
礼佳	5・8	13	れいか
礼実	5・8	13	れみ
礼華	5・10	15	あやか
礼温	5・12	17	れおん

安 6

★☆☆ 常

音訓 アン、やす(い)

名のり さだ、やす、やすし

意味 安い。安らか。静かで落ち着く。安心して。

ポイント 穏やかな人生を送ってほしいと願って。安心感・包容力のある印象。「あん」「やす」の読みが人気。「あ」と読ませることも。

男の子の名前の例

- 安人（6・2）8 やすと
- 以安（5・6）11 いあん
- 安吾（6・7）13 あんご
- 安志（6・7）13 やすし

女の子の名前の例

- 安姫（6・10）16 あき
- 安希子（6・7・3）16 あきこ
- 安莉（6・10）16 あんり
- 安葉（6・12）18 やすは

伊 6

★★☆ 人

音訓 イ

名のり いさ、おさむ、これ、ただ、よし

意味 殷《いん》の知恵者の名。かれ、かの（指示語）。伊太利（イタリア）の略。

ポイント 「い」の読みで、男女ともに先頭字によく使われる。賢くておしゃれなイメージ。

男の子の名前の例

- 伊助（6・7）13 ただすけ
- 伊政（6・9）15 これまさ
- 伊織（6・18）24 いおり
- 伊霧（6・19）25 いさむ

女の子の名前の例

- 伊央（6・5）11 いお
- 伊代（6・5）11 いよ
- 伊玖（6・7）13 いく
- 実伊子（8・6・3）17 みいこ

衣 6

★★★ 常

音訓 イ、エ、ころも、そ

名のり きぬ、みそ

意味 ころも。きぬ。肌を隠す着物。物の外側を覆い隠す。着物の衿を描いた字。

ポイント 美しい衣を連想させ、古風でいて気品ある雰囲気の名前に。女の子では、近年よく使われる漢字の一つ。「い」の読みは、止め字に多い。

●連想キーワード●

【熟語】衣食礼節

男の子の名前の例

- 衣以人（6・5・2）13 えいと
- 由衣人（5・6・2）13 ゆいと
- 亜衣人（7・6・2）15 あいと
- 衣恩（6・10）16 いおん
- 衣真（6・10）16 いしん
- 真衣人（10・6・2）18 まいと
- 衣織（6・18）24 いおり
- 可夢衣（5・13・6）24 かむい
- 貴衣吾（12・6・7）25 きいご

女の子の名前の例

- 亜衣（7・6）13 あい
- 羽衣子（6・6・3）15 ういこ
- 衣莉（6・10）16 えり
- 真衣（10・6）16 まい
- 悠衣（11・6）17 ゆい
- 哉衣子（9・6・3）18 やえこ
- 結衣（12・6）18 ゆい
- 衣織（6・18）24 いおり
- 衣津美（6・9・9）24 いつみ

羽 6

★★★ 常

音訓 ウ、は、はね、わ

名のり わね

意味 羽。鳥の羽。羽を伸ばすときの言葉。1羽（鳥やウサギを数える）。

ポイント 大きくはばたいてほしい、という願いを込めて。自由でのびやかな印象を与える。「う」や「わ」と読んで女の子の止め字として人気。

●連想キーワード●

【芸術】羽衣伝説

男の子の名前の例

- 由羽（5・6）11 ゆう
- 羽矢斗（6・5・4）15 はやと
- 由羽太（5・6・4）15 ゆうた
- 実羽人（8・6・2）16 みわと
- 羽美人（6・9・2）17 うみと
- 羽哉人（6・9・2）17 はやと
- 翔羽（12・6）18 とわ
- 由羽翔（5・6・12）23 ゆうと
- 羽弥真（6・8・10）24 はやま

女の子の名前の例

- 羽衣子（6・6・3）15 ういこ
- 羽美（6・9）15 うみ
- 砂羽（9・6）15 さわ
- 美羽（9・6）15 みう
- 羽香（6・9）15 わか
- 羽未加（6・5・5）16 うみか
- 羽留（6・10）16 はる
- 羽奈子（6・8・3）17 はなこ
- 羽津美（6・9・9）24 はつみ

旭 6

★★☆ 人

音訓 キョク、コク

名のり あき、あきら、あさ、あさひ、てる

意味 朝日。明らか。きらきらと輝いて明るい。

ポイント 力強く明るいイメージ。輝きを連想させる「あき」、さわやかな「あさ」などの読みが名前に使いやすい。

男の子の名前の例

- 旭（6）6 あさひ
- 央旭（5・6）11 ひろあき
- 正旭（5・6）11 まさてる
- 旭宏（6・7）13 あきひろ

女の子の名前の例

- 旭香（6・9）15 てるか
- 真旭（10・6）16 まあさ
- 旭絵（6・12）18 あきえ
- 旭陽（6・12）18 あさひ

圭 6

★★☆ 人

音訓 ケイ、ケ

名のり か、かど、きよ、たま、よし

意味 玉器。かど。すっきりしたさま。

ポイント 玉器は高貴な身分のしるしであることから、気高いイメージの字。気品ある人に育つことを願って。「けい」の読みが多く使われている。

男の子の名前の例

- 圭司（6・5）11 けいじ
- 圭吾（6・7）13 けいご
- 圭佑（6・7）13 けいすけ
- 圭汰（6・7）13 けいた

女の子の名前の例

- 圭音（6・9）15 けいと
- 彩圭（11・6）17 あやか
- 圭依子（6・8・3）17 けいこ
- 圭絵（6・12）18 かえ

江 ★★☆ 常

音訓 コウ、え
名のり きみ、ただ、のぶ
意味 中国の長江。大きな川。
ポイント 悠々と流れる大河のように、おおらかに育つようにと願って。女の子の止め字としてよく使われる。男の子なら先頭字にするのもおすすめ。

男の子の名前の例
- 江6助7 13 こうすけ
- 江6音9 15 えのん
- 江6衣6斗4 16 えいと
- 泰10江6 16 やすただ

女の子の名前の例
- 広5江6 11 ひろえ
- 江6美9 15 えみ
- 江6真10 16 えま
- 江6梨11花7 24 えりか

考 ★★☆ 常

音訓 コウ、かんが(える)
名のり たか、ただ、とし、なり、のり、やす、よし
意味 考える。遠くまで進む。人物などを選ぶ。高齢。亡父の意も。
ポイント 知的な印象。考える力のある人に育つように。また、長寿を願って。

男の子の名前の例
- 考6一1 7 こういち
- 考6希7 13 こうき
- 考6造10 16 こうぞう
- 優17考6 23 ひろとし

女の子の名前の例
- 考6乃2 8 たかの
- 考6代5 11 たかよ
- 考6来7 13 こうこ
- 考6絵12 18 たかえ

向 ★★☆ 常

音訓 コウ、キョウ、む(く)
名のり ひさ
意味 向く。向かう。向き。顔を向けて従う。
ポイント ある方向に進行することを示す字から、志の高い人になるように。「陽向」(ひな、ひなた)が、特に女の子に人気。

男の子の名前の例
- 向6一1 7 こういち
- 向6希7 13 こうき
- 向6助7 13 こうすけ
- 日4向6都11 21 ひなと

女の子の名前の例
- 向6来7 13 きょうこ
- 日4向6子3 13 ひなこ
- 向6美9 15 ひさみ
- 陽12向6 18 ひなた

行 ★★☆ 常

音訓 コウ、ゴウ、ギョウ、アン、い(く)、ゆ(く)、おこな(う)
名のり き、たか、のり、ひら、みち、ゆき
意味 行く。出発する。行う。
ポイント 行動力のある人になるように。「ゆき」の読みは優しい雰囲気に。

男の子の名前の例
- 行6人2 8 ゆきひと
- 行6志7 13 こうじ
- 恭10行6 16 やすゆき
- 達12行6 18 たつゆき

女の子の名前の例
- 行6花7 13 ゆきか
- 行6美9 15 いくみ
- 美9行6 15 みゆき
- 行6音9 15 ゆきね

光 ★★★ 常

音訓 コウ、ひか(る)、ひかり
名のり あきら、かね、てる、ひかる、ひろ、みつ、みつる
意味 光る。光。明るく輝く。四方に発散することから、全部尽き果てるさま。
ポイント 明るい子に育つように、輝かしい人生を歩むようにとの願いを込めて。
●連想キーワード●
【熟語】光彩陸離

男の子の名前の例
- 光6 6 ひかる
- 光6一1 7 こういち
- 光6司5 11 こうじ
- 光6助7 13 こうすけ
- 光6一1郎9 16 こういちろう
- 光6造10 16 こうぞう
- 光6真10 16 みつまさ
- 光6琉11 17 みつる
- 光6貴12 18 こうき

女の子の名前の例
- 光6代5 11 みつよ
- 光6希7 13 みつき
- 光6美9 15 てるみ
- 光6香9 15 みつか
- 光6音9 15 みつね
- 光6莉10 16 ひかり
- 光6恵10 16 みつえ
- 光6梨11 17 ひかり
- 光6菜11 17 みつな

朱 ★★☆ 常

音訓 シュ、ス、そお
名のり あか、あけ、あや
意味 茶がかった赤色。高貴な色。夏を代表する色。朱色の顔料。
ポイント 高貴な雰囲気があり、赤色のイメージから、女の子に使われる。夏生まれの子にも。

男の子の名前の例
- 朱6人2 8 あけと
- 朱6彦9 15 あけひこ
- 亜7朱6人2 15 あすと
- 朱6輝15 21 あやてる

女の子の名前の例
- 朱6里7 13 しゅり
- 朱6音9 15 あかね
- 朱6美9 15 あけみ
- 朱6菜11 17 しゅな

充 ★★☆ 常

音訓 ジュウ、シュウ、シュ、あ(てる)
名のり あつ、たかし、まこと、み、みち、みつ、みつる
意味 みちる。充てる。体が成長することを示す。
ポイント 健康や豊かさ、充実した人生を願って。満ち足りた印象を与える名前になる。

男の子の名前の例
- 充6 6 まこと
- 充6生5 11 みつき
- 充6佑7 13 しゅうすけ
- 充6琉11 17 みつる

女の子の名前の例
- 充6花7 13 みちか
- 充6希7 13 みつき
- 充6留10 16 みちる
- 充6奈8子3 17 みなこ

成 6

★★★ 常

音訓 セイ、ジョウ、な（る）

名のり あき、おさむ、しげ、しげる、なり、なる、のり、ひで、まさ、みち、みのる

意味 成る。仕上がる。成し遂げる。既成の。平和。

ポイント 成長や成功、実りある人生を願って。「せい」、「なる」「なり」の読みが人気。

●連想キーワード●

【熟語】心願成就

男の子の名前の例

名前	画数	総画	読み
成一	6・1	7	せいいち
成平	6・5	11	なりひら
正成	5・6	11	まさしげ
寿成	7・6	13	かずなり
成吾	6・7	13	せいご
成助	6・7	13	せいすけ
成佑	6・7	13	せいすけ
芳成	7・6	13	よしなり
成哉	6・9	15	せいや

女の子の名前の例

名前	画数	総画	読み
来成	7・6	13	こなり
成来	6・7	13	せいこ
成花	6・7	13	なるか
成希	6・7	13	なるき
成香	6・9	15	せいか
成美	6・9	15	なるみ
美成	9・6	15	みせい
成華	6・10	16	なるか
成菜	6・11	17	せいな

汐 6

★☆☆ 人

音訓 セキ、ジャク

名のり きよ、しお

意味 夕方のしおの干満。海の水。

ポイント 夕暮れ時の海辺を思わせる、風情ある字。ロマンチックで神秘的な印象の名前に。男の子には清々しい「きよ」、女の子には優しい「しお」の読みが人気。

男の子の名前の例

名前	画数	総画	読み
汐人	6・2	8	しおと
汐央	6・5	11	きよてる
汐真	6・10	16	きよまさ
真汐	10・6	16	ましお

女の子の名前の例

名前	画数	総画	読み
汐良	6・7	13	きよら
汐里	6・7	13	しおり
汐美	6・9	15	きよみ
汐海	6・9	15	しおみ

早 6

★☆☆ 常

音訓 ソウ、サッ、はや（い）、はよ、わさ

名のり さき、はや

意味 早い。朝早い。早くも。小さい。若い。

ポイント さわやかな雰囲気が魅力の字。颯爽とした「そう」「さ」、初々しい「はや」の読みが男女ともによく使われる。

男の子の名前の例

名前	画数	総画	読み
早二	6・2	8	そうじ
早人	6・2	8	はやと
早希人	6・7・2	15	さきと
早記	6・10	16	はやき

女の子の名前の例

名前	画数	総画	読み
早希	6・7	13	さき
早音	6・9	15	はやね
早央里	6・5・7	18	さおり
早智	6・12	18	さち

壮 6

★★☆ 常

音訓 ソウ、ショウ

名のり あき、お、たけ、たけし、まさ、もり

意味 体格も精神も充実した30～40歳の男性。堂々として勇ましい。

ポイント 元気で活気に満ちた印象の字。健康で立派な人になることを願って使いたい。

男の子の名前の例

名前	画数	総画	読み
壮	6	6	たけし
壮一	6・1	7	そういち
壮人	6・2	8	たけと
壮平	6・5	11	そうへい
壮志	6・7	13	たけし
壮真	6・10	16	そうま
壮二郎	6・2・9	17	そうじろう
健壮	11・6	17	たけあき
壮達	6・12	18	そうたつ

多 6

★★☆ 常

音訓 タ、おお（い）

名のり かず、な、まさ

意味 多い。ありがたいと思う。まさに。

ポイント たっぷりあることを示す。豊かな人生を願って。「多恵」で「恵みが多い」のように、漢字の意味を強調する使い方も。

男の子の名前の例

名前	画数	総画	読み
多一	6・1	7	たいち
荘多	9・6	15	しょうた
多佳士	6・8・3	17	たかし
優多	17・6	23	ゆうた

女の子の名前の例

名前	画数	総画	読み
多恵	6・10	16	たえ
多香子	6・9・3	18	たかこ
多真季	6・10・8	24	たまき
多華美	6・10・9	25	たかみ

地 6

★★☆ 常

音訓 チ、ジ

名のり くに、ただ、つち

意味 土。大地。地面。領土。耕地。

ポイント おおらかで地に足のついた印象の字。しっかりと伸びやかに育ってほしい、という願いを込めて。男の子の止め字によく使われる。

●連想キーワード●

【熟語】地平天成／心地光明

【芸術】瑠璃色の地球

男の子の名前の例

名前	画数	総画	読み
地平	6・5	11	ちへい
完地	7・6	13	かんじ
秀地	7・6	13	しゅうじ
地宏	6・7	13	ちひろ
咲地	9・6	15	しょうじ
星地	9・6	15	せいじ
地斗世	6・4・5	15	ちとせ
地保	6・9	15	ちほ
地晃	6・10	16	ちあき

女の子の名前の例

名前	画数	総画	読み
地世	6・5	11	ちよ
地里	6・7	13	ちさと
地海	6・9	15	ただみ
地香	6・9	15	ちか
紗地	10・6	16	さち
地紘	6・10	16	ちひろ
地里子	6・7・3	16	ちりこ
美地子	9・6・3	18	みちこ
地菜実	6・11・8	25	ちなみ

帆 6

★★★ 常

音訓 ハン、ボン、ほ

意味 風をはらんで船を進める帆や、その布。

ポイント 海のように広く深い心をもってほしい、自由に生きてほしい、という願いを込めて。海好きな両親におすすめの字。穏やかな雰囲気の「ほ」の読みで、男女ともに使われている。

●連想キーワード●

【熟語】順風満帆／【ことわざ】得手に帆をあげる

男の子の名前の例

名前	画数	総画	読み
一帆	1・6	7	かずほ
帆一	6・1	7	ほいち
帆主	6・5	11	はんす
帆久斗	6・3・4	13	ほくと
佑帆	7・6	13	ゆうほ
帆純	6・10	16	ほずみ
帆高	6・10	16	ほたか
真帆	10・6	16	まさほ
帆志斗	6・7・4	17	ほしと

女の子の名前の例

名前	画数	総画	読み
加帆	5・6	11	かほ
史帆	5・6	11	しほ
里帆	7・6	13	りほ
秋帆	9・6	15	あきほ
乃利帆	2・7・6	15	のりほ
美帆	9・6	15	みほ
志帆子	7・6・3	16	しほこ
真帆	10・6	16	まほ
帆乃香	6・2・9	17	ほのか

有 6

★★★ 常

音訓 ユウ、ウ、あ（る）

名のり すみ、とも、なお、なり、みち、もち、り

意味 ある。生じる。保つ。人や物が空間に存在する。

ポイント 恵まれた人生になることを願って。また、生まれてきてくれたことに「ありがとう」の気持ちを込めて。

●連想キーワード●

【熟語】有言実行

男の子の名前の例

名前	画数	総画	読み
有人	6・2	8	ゆうと
有礼	6・5	11	ありのり
有希	6・7	13	ゆうき
有志	6・7	13	ゆうじ
由有人	5・6・2	13	ゆうと
有祐	6・9	15	ゆうすけ
真有	10・6	16	まさなり
有一郎	6・1・9	16	ゆういちろう
有真	6・10	16	ゆうま

女の子の名前の例

名前	画数	総画	読み
有花	6・7	13	ありか
有希	6・7	13	ゆき
有里	6・7	13	ゆり
美有	9・6	15	みう
有香	6・9	15	ゆか
有沙子	6・7・3	16	あさこ
麻有	11・6	17	まゆ
有菜	6・11	17	ゆうな
結有	12・6	18	ゆう

妃 6

★☆☆ 常

音訓 ヒ、ハイ、へ

名のり き、ひめ

意味 きさき。天子の正妻。皇太子や王子の妻。女神。皇族の妻。

ポイント 気品ある女性に育つことを願って。気高い雰囲気の「き」、優しく神秘的な印象を与える「ひ」などの読みが特に人気。

女の子の名前の例

名前	画数	総画	読み
沙妃	7・6	13	さき
妃那	6・7	13	ひな
妃花	6・7	13	ひめか
真妃	10・6	16	まき
妃菜	6・11	17	ひな
妃奈子	6・8・3	17	ひなこ
絢妃	12・6	18	あやき
妃美子	6・9・3	18	きみこ
妃依菜	6・8・11	25	ひいな

亜 7

★☆☆ 常

音訓 ア、エ

名のり つぎ、つぐ

意味 次ぐ。第2位。亜細亜（アジア）の略。

ポイント 男女ともに「あ」と読むことがほとんど。明るく朗らかな音の印象の名前になる。エキゾチックな雰囲気も。先頭字にも止め字にも使われる。

男の子の名前の例

名前	画数	総画	読み
星亜	9・7	16	せいあ
亜沙斗	7・7・4	18	あさと
亜希良	7・7・7	21	あきら
亜斗夢	7・4・13	24	あとむ

女の子の名前の例

名前	画数	総画	読み
亜矢子	7・5・3	15	あやこ
亜紀	7・9	16	あき
亜美	7・9	16	あみ
亜莉沙	7・10・7	24	ありさ

百 6

★★☆ 常

音訓 ヒャク、ハク、そく、ほ

名のり お、と、はげむ、も、もも

意味 数の名（10の10倍）。たびたび。数の多いこと。

ポイント 多くのしあわせに恵まれることを願って。愛らしい「もも」の読みが人気。清らかな雰囲気の名前に。

男の子の名前の例

名前	画数	総画	読み
正百	5・6	11	ただお
百汰	6・7	13	ももた
里百	7・6	13	りと
真百	10・6	16	まお

女の子の名前の例

名前	画数	総画	読み
百世	6・5	11	ももよ
百花	6・7	13	ももか
百音	6・9	15	ももね
百華	6・10	16	ももか

伽 7

★☆☆ 人

音訓 カ、ガ、キャ、ギャ

意味 梵語のガの音を表すための字。退屈を慰める物語（おとぎばなし）。

ポイント 伽藍、伽羅など、仏教用語に使われる。お伽話を連想させることから、夢と希望に満ちたイメージの名前に。

男の子の名前の例

名前	画数	総画	読み
伽介	7・4	11	かすけ
伽文	7・4	11	かもん
伽衣	7・6	13	かい
伽士羽	7・3・6	16	かしわ

女の子の名前の例

名前	画数	総画	読み
伽奈	7・8	15	かな
春伽	9・7	16	はるか
美伽	9・7	16	みか
優伽	17・7	24	ゆうか

花

7画 ★★★ 常

音訓　カ、ケ、はな

名のり　はる、みち、もと

意味　植物の花。花のようにきれいなもの。さまざまな色や形が混じった模様。派手。

ポイント　美しさやかわいらしさを連想させ、女の子に人気。花のように美しい子になりますように、という願いを込めて。

●連想キーワード●

【熟語】花鳥風月

男の子の名前の例

名前	画数	総画	読み
花伊斗	7・6・4	17	かいと
花寿真	7・7・10	24	かずま

女の子の名前の例

名前	画数	総画	読み
花怜	7・8	15	かれん
花枝	7・8	15	はなえ
幸花	8・7	15	ゆきか
紅花	9・7	16	べにか
美花	9・7	16	みか
玲花	9・7	16	れいか
祥花	10・7	17	さちか
花恵	7・10	17	はなえ
花華	7・10	17	はるか
花清	7・11	18	かすみ
花梨	7・11	18	かりん
涼花	11・7	18	すずか
梨花	11・7	18	りんか
恵里花	10・7・7	24	えりか
優花	17・7	24	ゆうか
花織	7・18	25	かおり

希

7画 ★★★ 常

音訓　キ、ケ

名のり　まれ

意味　細かい織り目の布を表し、そのすき間がほとんどないことから、まれの意味。願う。

ポイント　希望が叶う人生を願って。「き」の音は利発な印象で、止め字として人気。「願う」の意味から「のぞみ」などの名前に使われることもある。

●連想キーワード●

【歌】希望の轍

男の子の名前の例

名前	画数	総画	読み
帆希	6・7	13	ほまれ
有希	6・7	13	ゆうき
洸希	9・7	16	こうき
政希	9・7	16	まさき
希実人	7・8・2	17	きみひと
晄希	10・7	17	こうき
悠希	11・7	18	ゆうき
亜希良	7・7・7	21	あきら
都希大	11・7・3	21	ときひろ

女の子の名前の例

名前	画数	総画	読み
安希子	6・7・3	16	あきこ
美希	9・7	16	みき
柚希	9・7	16	ゆずき
希恵	7・10	17	きえ
紗希	10・7	17	さき
真希	10・7	17	まき
彩希	11・7	18	あやき
希望	7・11	18	のぞみ
優希	17・7	24	ゆうき

玖

7画 ★☆☆ 人

音訓　キュウ、ク

名のり　き、たま、ひさ

意味　美しい黒色の石。九（数）の大字。

ポイント　美しい人や輝く人になることを願って。男女ともに、「く」の読みで使うことが多い。愛らしくて知的な雰囲気に。

男の子の名前の例

名前	画数	総画	読み
玖斗	7・4	11	ひさと
理玖	11・7	18	りく
亜玖亜	7・7・7	21	あくあ
貴玖人	12・7・2	21	きくと

女の子の名前の例

名前	画数	総画	読み
娃玖	9・7	16	あいく
玖海	7・9	16	くみ
美玖	9・7	16	みく
実玖莉	8・7・10	25	みくり

杏

7画 ★★★ 人

音訓　キョウ、ギョウ、コウ、アン

名のり　あんず

意味　あんず。おいしい実のなる木を表す。

ポイント　花が咲き、実がなるあんずから、見目麗しく役立つ人になるように。女の子に人気が高く、「あん」は愛らしく、「きょう」はキュートな印象に。

●連想キーワード●

【熟語】緇林杏壇

男の子の名前の例

名前	画数	総画	読み
杏介	7・4	11	きょうすけ
杏太	7・4	11	きょうた
伊杏	6・7	13	いあん
杏伍	7・6	13	きょうご
有杏	6・7	13	ゆあん
杏紀	7・9	16	こうき
杏悟	7・10	17	あんご
杏梧	7・11	18	きょうご
杏輔	7・14	21	きょうすけ

女の子の名前の例

名前	画数	総画	読み
杏	7	7	あんず
杏奈	7・8	15	あんな
杏和	7・8	15	あんな
杏呼	7・8	15	きょうこ
杏珠	7・10	17	あんじゅ
杏莉	7・10	17	あんり
杏華	7・10	17	きょうか
杏菜	7・11	18	あんな
杏梨	7・11	18	あんり

吾

7画 ★☆☆ 人

音訓　ゴ、グ、あ、あれ、わ

名のり　みち、わが、われ

意味　われ。わが。一人称代名詞。

ポイント　男の子の止め字の定番。先頭字にも。組み合わせる字の意味に願いを込め、「吾」で男の子らしさを示すことが多い。

男の子の名前の例

名前	画数	総画	読み
圭吾	6・7	13	けいご
有吾	6・7	13	ゆうご
京吾	8・7	15	きょうご
省吾	9・7	16	しょうご
晋吾	10・7	17	しんご
駿吾	17・7	24	しゅんご

女の子の名前の例

名前	画数	総画	読み
吾実	7・8	15	あみ
美吾	9・7	16	みわ

宏

★★☆ 人

音訓　コウ、オウ
名のり　あつ、ひろ、ひろし
意味　広い。大きい。広げる。
ポイント　家の外枠を広げることを示した字。広い心をもった人になるように。また、スケールの大きな人になるように。男女ともによく使われる。

男の子の名前の例

名前	画数	合計	読み
宏一	7・1	8	こういち
宏太	7・4	11	こうた
宏倫	7・10	17	ひろみち
宏輔	7・14	21	こうすけ

女の子の名前の例

名前	画数	合計	読み
宏衣	7・6	13	ひろえ
宏羽	7・6	13	ひろは
宏香	7・9	16	ひろか
宏美	7・9	16	ひろみ

孝

★★☆ 常

音訓　コウ、キョウ
名のり　たか、よし
意味　子が親を大切にすること。親に仕える。祖先を大切にする。
ポイント　祖先や周囲の人を大切にする子になるようにと願いを込めて。堅実で優しい印象の名前になる。「たか」の読みが人気。

男の子の名前の例

名前	画数	合計	読み
孝太	7・4	11	こうた
孝夫	7・4	11	たかお
孝行	7・6	13	たかゆき
孝明	7・8	15	たかあき

女の子の名前の例

名前	画数	合計	読み
孝名	7・6	13	たかな
孝歩	7・8	15	たかほ
孝美	7・9	16	たかみ
孝恵	7・10	17	たかえ

沙

★★★ 常

音訓　サ、シャ
名のり　いさ、す、すな
意味　砂。砂浜。細かいものを水に入れて洗い、悪いものを捨て去り、良いものを選びとる。
ポイント　海辺のイメージや、さわやかな「さ」の音から、女の子に人気。
●連想キーワード●
【熟語】沙羅双樹（仏教の聖樹）

男の子の名前の例

名前	画数	合計	読み
亜沙人	7・7・2	16	あさと
沙希人	7・7・2	16	さきと
祐沙	9・7	16	ゆうさ
沙斗志	7・4・7	18	さとし
日沙志	4・7・7	18	ひさし
衣沙武	6・7・8	21	いさむ
沙輔	7・14	21	さすけ
真沙斗	10・7・4	21	まさと
沙知彦	7・8・9	24	さちひこ

女の子の名前の例

名前	画数	合計	読み
沙妃	7・6	13	さき
沙依	7・8	15	さえ
沙夜	7・8	15	さよ
知沙	8・7	15	ちさ
沙紀	7・9	16	さき
美沙	9・7	16	みさ
亜沙子	7・7・3	17	あさこ
亜莉沙	7・10・7	24	ありさ
沙織	7・18	25	さおり

志

★★★ 常

音訓　シ、こころざし、こころざ（す）
名のり　さね、むね、もと、ゆき
意味　志す。目標の達成に心を向ける。志。目標を目指した望み。書き記す。
ポイント　目標に向けて努力する人になるように。しっかりとした印象で、男女ともに人気。
●連想キーワード●
【熟語】初志貫徹

男の子の名前の例

名前	画数	合計	読み
英志	8・7	15	えいし
尚志	8・7	15	たかし
武志	8・7	15	たけし
勇志	9・7	16	ゆうし
哲志	10・7	17	さとし
志堂	7・11	18	しどう
悠志	11・7	18	ゆうし
志親	7・16	23	もとちか
志憲	7・16	23	ゆきのり

女の子の名前の例

名前	画数	合計	読み
志衣	7・6	13	しえ
志音	7・9	16	しおん
志津	7・9	16	しづ
志保	7・9	16	しほ
志野	7・11	18	しの
志麻	7・11	18	しま
志織	7・18	25	しおり
志津香	7・9・9	25	しづか
志穂子	7・15・3	25	しほこ

七

★★★ 常

音訓　シチ、シツ、なな、なの
名のり　かず、な
意味　7つ。7。7番目。昔の時刻の名で、今の午前または午後の4時ごろ。
ポイント　"ラッキーセブン"から、幸運な人生を願って。「七夕」や「北斗七星」を連想させ、ロマンチックな雰囲気をもつ名前に。
●連想キーワード●
【熟語】七転八起

男の子の名前の例

名前	画数	合計	読み
七太	7・4	11	ななた
七空	7・8	15	かずたか
星七	9・7	16	せいな
七悟	7・10	17	しちご
七記	7・10	17	ななき
将七	10・7	17	まさかず
実七人	8・7・2	17	みなと
佳七多	8・7・6	21	かなた
七樹	7・16	23	ななき

女の子の名前の例

名前	画数	合計	読み
七夕子	7・3・3	13	なゆこ
七佳	7・8	15	ななか
七星	7・9	16	ななせ
七海	7・9	16	ななみ
七南	7・9	16	ななみ
七恵	7・10	17	ななえ
七桜	7・10	17	ななお
彩七	11・7	18	あやな
七津美	7・9・9	25	なつみ

※一～十までの漢数字は、その数字が表す意味の値を画数として考えます（くわしくはP332）。

寿 7

★★★ 常

音訓 ジュ、シュウ、ことぶき

名のり かず、す、ず、とし、なが、のぶ、ひさ、ひで、ひろし、やすし、よし

意味 長生き。長命の祝い。老人や目上の人に贈る祝い物。

ポイント 長寿や幸福な人生を願って。「す」「ず」と読ませることもある。縁起がよい名前に。

●連想キーワード●

【熟語】不老長寿

男の子の名前の例

名前	画数	合計	読み
一寿	1・7	8	かずとし
太寿	4・7	11	たいじゅ
和寿	8・7	15	かずとし
寿明	7・8	15	としあき
知寿	8・7	15	ともかず
英寿	8・7	15	ひでとし
寿音	7・9	16	としなり
寿哉	7・9	16	としや
信寿	9・7	16	のぶとし

女の子の名前の例

名前	画数	合計	読み
安寿	6・7	13	あんじゅ
朱寿	6・7	13	すず
寿実	7・8	15	としみ
寿音	7・9	16	じゅね
寿栄	7・9	16	としえ
寿美	7・9	16	ひさみ
寿笑	7・10	17	としえ
佳寿美	8・7・9	24	かすみ
寿美怜	7・9・8	24	すみれ

秀 7

★★★ 常

音訓 シュウ、シュ、ひい（でる）

名のり しげる、すえ、ひで、みつ、みのる、よし

意味 抜きんでる。秀でる。目立って優れたさま。

ポイント 稲穂がすらりと伸びることを示した字で、そこから、秀でるの意味になった。優秀な子に育つように。

男の子の名前の例

名前	画数	合計	読み
秀太	7・4	11	しゅうた
秀斗	7・4	11	ひでと
秀英	7・8	15	しゅうえい
秀明	7・8	15	ひであき
秀実	7・8	15	ひでみ
秀紀	7・9	16	ひでき
秀威	7・9	16	ひでたか
秀哲	7・10	17	ひでさと
秀輔	7・14	21	しゅうすけ

女の子の名前の例

名前	画数	合計	読み
秀佳	7・8	15	しゅうか
秀奈	7・8	15	ひでな
秀呼	7・8	15	しゅうこ
秀実	7・8	15	ひでみ
秀夜	7・8	15	ひでよ
秀香	7・9	16	しゅうか
秀美	7・9	16	ひでみ
秀華	7・10	17	ひでか
秀菜	7・11	18	しゅうな

辰 7

★☆☆ 人

音訓 シン、ジン、たつ、とき、のぶ、よし

名のり

意味 辰（十二支の5番目）。日、月、星の総称。元気よく奮い立つさま。

ポイント 辰は干支では竜にあたり、特に男の子におすすめ。力強い印象を与え、元気な子に育つようにと願って。

男の子の名前の例

名前	画数	合計	読み
辰弥	7・8	15	しんや
辰哉	7・9	16	たつや
辰郎	7・9	16	たつろう
辰悟	7・10	17	しんご
辰徳	7・14	21	たつのり
辰樹	7・16	23	たつき

女の子の名前の例

名前	画数	合計	読み
辰佳	7・8	15	よしか
辰美	7・9	16	たつみ

臣 7

★★☆ 常

音訓 シン、ジン

名のり お、おみ

意味 かしこまって仕える人のこと。臣下が君主に対して謙遜していう自称のことば。

ポイント 謙虚な姿勢を忘れず、周りと協調できる人になるようにと願って。重厚感のある印象の名前に。

男の子の名前の例

名前	画数	合計	読み
和臣	8・7	15	かずおみ
英臣	8・7	15	ひでおみ
政臣	9・7	16	まさおみ
竜臣	10・7	17	たつおみ
晃臣	10・7	17	てるおみ
祥臣	10・7	17	よしおみ

女の子の名前の例

名前	画数	合計	読み
臣華	7・10	17	しんか
真臣	10・7	17	まおみ

伸 7

★☆☆ 常

音訓 シン、の（びる）

名のり ただ、のぶ

意味 伸びる。伸ばす。申しのべる。

ポイント のびのびと育ち、信頼される人になるように。「のぶ」の読みは男女ともに使われ、「しん」の読みは男の子に人気。

男の子の名前の例

名前	画数	合計	読み
一伸	1・7	8	かずのぶ
伸次	7・6	13	しんじ
秋伸	9・7	16	あきのぶ
伸哉	7・9	16	しんや

女の子の名前の例

名前	画数	合計	読み
伸枝	7・8	15	のぶえ
伸夜	7・8	15	のぶよ
伸香	7・9	16	のぶか
美伸	9・7	16	みのぶ

汰 7

★★☆ 常

音訓 タ、タイ

意味 強い勢いで水を流すようす。不良なものを流して選別する。はなはだしいこと。

ポイント 近年、男の子の止め字として人気。姓名判断で、「太」では吉画数にならない場合に、「汰」を使うのもおすすめ。

男の子の名前の例

名前	画数	合計	読み
圭汰	6・7	13	けいた
草汰	9・7	16	そうた
風汰	9・7	16	ふうた
晃汰	10・7	17	こうた
将汰	10・7	17	しょうた
悠汰	11・7	18	ゆうた

女の子の名前の例

名前	画数	合計	読み
汰実	7・8	15	たみ
汰桜	7・10	17	たお

男 7

★☆☆ 常

音訓 ダン、ナン、おとこ

名のり お

意味 性別の男。

ポイント 男の子の名前の止め字によく使われ、名前のバリエーションも豊か。「お」の読みで使われることがほとんど。強くてたくましい、男らしい人になるようにと願って。

男の子の名前の例

昭男 16 あきお
厚男 16 あつお
勇男 16 いさお
飛男 16 たかお
宣男 16 のぶお
洋男 16 ひろお
政男 16 まさお
隆男 18 たかお
康男 18 やすお

杜 7

★★☆ 人

音訓 ト、ズ

名のり もり

意味 やまなし（バラ科ナシ属の落葉高木）。香草の名。閉ざす。神社の木が茂る森。

ポイント 神聖な森を連想させ、落ち着きと包容力のある印象の字。「と」の音で男女ともに止め字に使われることが多い。

男の子の名前の例

杜斗 11 もりと
岳杜 15 たけもり
海杜 16 かいと
祐杜 16 ゆうと

女の子の名前の例

美杜 16 みと
杜菜 18 もりな
杜音奈 24 ととな
杜奈美 24 となみ

那 7

★★★ 常

音訓 ナ、ダ

名のり とも、ふゆ、やす

意味 多い。たくさんある。ゆったりしている。疑問や反語の意味。

ポイント 優しく朗らかな印象の「な」の音を示す字として使われる。同じ読みで人気の「菜」や「奈」と差別化して個性を出したいときにも。

●連想キーワード●
【芸術】伊邪那美（日本神話の女神）

男の子の名前の例

那季 15 ともき
那弥 15 ともや
那央也 15 なおや
那洋 16 やすひろ
佳那人 17 かなと
実那人 17 みなと
那由多 18 なゆた
那穂人 24 なおと
那津彦 25 なつひこ

女の子の名前の例

友那 11 ゆうな
安那 13 あんな
茉那 15 まな
香那 16 かな
那美 16 なみ
春那 16 はるな
美那 16 みな
奈那子 18 ななこ
保那美 25 ほなみ

佑 7

★★★ 人

音訓 ユウ、ウ

名のり すけ、たすく

意味 助ける。外側からかばって助ける。

ポイント 天の助けがあるようにと願って。優しい印象の「ゆう」の読みは男女ともによく使われる。男の子なら「すけ」の読みで止め字に使うことも多い。

●連想キーワード●
【熟語】天佑神助

男の子の名前の例

友佑 11 ゆうすけ
佑太 11 ゆうた
佑次 13 ゆうじ
省佑 16 しょうすけ
恵佑 17 けいすけ
佑真 17 ゆうま
佑馬 17 ゆうま
健佑 18 けんすけ
佑都 18 ゆうと

女の子の名前の例

佑佳 15 ゆうか
佑奈 15 ゆうな
佑実 15 ゆみ
美佑 16 みゆ
佑真 17 ゆま
佑里子 17 ゆりこ
望佑 18 もゆ
佑理 18 ゆり
佑梨花 25 ゆりか

来 7

★★★ 常

音訓 ライ、く（る）、きた（る）

名のり き、こ、な、ゆき

意味 来る。こちらに近づく。来す。未来。

ポイント 子どものしあわせな未来を願って。「き」「く」の読みはかわいらしい雰囲気で、ほかの漢字とも組み合わせやすい。「らい」の読みは明るい印象に。

●連想キーワード●
【熟語】未来永劫

男の子の名前の例

来斗 11 らいと
実来 15 みらい
祐来 16 ゆうき
来紀 16 ゆきのり
来音 16 らいと
来悟 17 らいご
美来人 18 みきと
真来斗 21 まこと
真沙来 24 まさき

女の子の名前の例

心来 11 みく
来実 15 くるみ
来奈 15 らいな
咲来 16 さくら
美来 16 みく
海来 16 みらい
来南 16 らいな
来実子 18 くみこ
梨来 18 りく

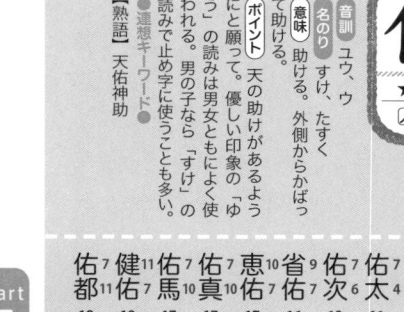

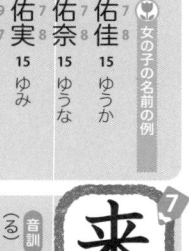

7 李

★☆☆ 人

音訓 リ

名のり もも

意味 すもも。裁判官。

ポイント 果実がなる木を表した字。みずみずしい印象を与える。実り多い人生になることを願って。凛々しく愛らしい印象の「り」の読みが人気で、男女ともによく使われる。

男の子の名前の例

有李	6・7	13	ゆうり
海李	9・7	16	かいり
桃李	10・7	17	とうり
李宮	7・10	17	りく

女の子の名前の例

珠李	10・7	17	しゅり
真李	10・7	17	まり
李恵	7・10	17	りえ
莉李	10・7	17	りり

7 利

★★☆ 常

音訓 リ、き（く）

名のり かが、かず、さと、とし、のり、まさ、みち、みのる、よし、より

意味 鋭いさま。都合よく運ぶさま。もうけ。役立つ。

ポイント 賢く誠実な印象。利発な子に育つように。「り」や「とし」の読みがよく使われる。

男の子の名前の例

英利	8・7	15	ひでとし
真利	10・7	17	まさとし
利規	7・11	18	りき
利樹	7・16	23	としき

女の子の名前の例

利奈	7・8	15	りな
江利子	6・7・3	16	えりこ
利美	7・9	16	としみ
利恵	7・10	17	りえ

7 里

★★★ 常

音訓 リ、さと

名のり のり

意味 田畑。田舎。距離の単位。妻または養子の実家。

ポイント ふるさとや山里のイメージから、素朴で温かな雰囲気の名前に。女の子の人気漢字の一つ。おおらかで温かな子に育ってほしいと願って。

男の子の名前の例

里文	7・4	11	さとふみ
里仁	7・4	11	りひと
海里	9・7	16	かいり
里思	7・9	16	さとし
勇里	9・7	16	ゆうり
将里	10・7	17	しょうり
真里	10・7	17	まさと
里希也	7・7・3	17	りきや
麻里	11・7	18	まさと

女の子の名前の例

里奈	7・8	15	りな
里香	7・9	16	りか
真里	10・7	17	まり
里桜	7・10	17	りお
里紗	7・10	17	りさ
麻里	11・7	18	まり
友里亜	4・7・7	18	ゆりあ
友里花	4・7・7	18	ゆりか
里依紗	7・8・10	25	りいさ

7 良

★★★ 常

音訓 リョウ、ロウ、よ（い）

名のり あきら、お、かず、たか、つぎ、なが、はる、ひさ、ふみ、まこと、み、よし、ら、ろう

意味 よい。質がよい。人格が優れていること。

ポイント 清らかなよい子に育つことを願って。凛々しい「りょう」の読みのほか、「ら」と読んで止め字に使うことも多い。

男の子の名前の例

良仁	7・4	11	よしひと
良文	7・4	11	よしふみ
良介	7・4	11	りょうすけ
良太	7・4	11	りょうた
良政	7・9	16	よしまさ
良祐	7・9	16	りょうすけ
悟良	10・7	17	ごろう
将良	10・7	17	まさよし
良樹	7・16	23	よしき

女の子の名前の例

早良	6・7	13	さら
良佳	7・8	15	よしか
良奈	7・8	15	りょうな
怜良	8・7	15	れいら
娃良	9・7	16	あいら
星良	9・7	16	せいら
良美	7・9	16	よしみ
良香	7・9	16	りょうか
良華	7・10	17	りょうか

7 伶

★★☆ 人

音訓 レイ、リョウ

意味 わざおぎ（音楽を奏でる人や俳優）。澄んだ音楽を奏する人。

ポイント 芸術の才能に恵まれるように願って。男女問わず使われる字で、凛とした印象に。似ている漢字に「怜」「玲」がある。

男の子の名前の例

伶介	7・4	11	りょうすけ
伶太	7・4	11	れいた
伶次	7・6	13	れいじ
伶悟	7・10	17	れいご

女の子の名前の例

伶帆	7・6	13	れいほ
伶呼	7・8	15	れいこ
美伶	9・7	16	みれい
伶菜	7・11	18	れいな

8 依

★★☆ 常

音訓 イ、エ、よ（って）

名のり より

意味 よる。頼りにする。従う。

ポイント 従順で素直な子に育つようにと願って。「い」「え」「よ」の優しい音も好まれていて、女の子に人気が高い。男の子の3文字の名前にも。

男の子の名前の例

依以人	8・5・2	15	えいと
依与吏	8・3・6	17	いより
依久真	8・3・10	21	いくま
依伊祐	8・6・9	23	えいすけ

女の子の名前の例

依子	8・3	11	よりこ
由依	5・8	13	ゆい
沙依	7・8	15	さえ
美依奈	9・8・8	25	みいな

英

8画 ★★★ 常

音訓 エイ、ヨウ

名のり あきら、あや、てる、とし、はな、ひで、ふさ、よし

意味 花。麗しい。優れている。イギリスの略。

ポイント 美しい花のように華やかな印象。優れた人に育つように。女の子なら、「はな」の読みもおすすめ。

●連想キーワード●

【熟語】英華

男の子の名前の例

英司	8 5	13	えいじ
英良	8 7	15	あきら
英吾	8 7	15	えいご
英杜	8 7	15	えいと
英寿	8 7	15	ひでとし
英明	8 8	16	ひであき
英門	8 8	16	ひでと
英太郎	8 4 9	21	えいたろう
英慧	8 15	23	ひでさと

女の子の名前の例

英花	8 7	15	えいか
英来	8 7	15	えいこ
沙英	7 8	15	さえ
英奈	8 8	16	あやな
英佳	8 8	16	ひでか
美英	9 8	17	みえ
英恋	8 10	18	えれん
英恵	8 10	18	はなえ
英利香	8 7 9	24	えりか

佳

8画 ★★★ 常

音訓 カ、カイ、ケ

名のり よし

意味 よい。すっきりと形がよい。形よく整った人。おめでたい意味もある。

ポイント 清潔感のある美しさが感じられる字。「か」「かい」「け」は利発な雰囲気に、「よし」は知的で優しい雰囲気に。

●連想キーワード●

【熟語】佳人

男の子の名前の例

正佳	5 8	13	まさよし
佳佑	8 7	15	けいすけ
佳汰	8 7	15	けいた
佳杜	8 7	15	けいと
佳希	8 7	15	よしき
佳祐	8 9	17	けいすけ
政佳	9 8	17	まさよし
佳伊太	8 6 4	18	けいた
佳純	8 10	18	よしずみ

女の子の名前の例

千佳	3 8	11	ちか
佳世	8 5	13	かよ
由佳	5 8	13	ゆか
佳奈	8 8	16	かな
佳音	8 9	17	かのん
佳恵	8 10	18	かえ
佳純	8 10	18	かすみ
恵里佳	10 7 8	25	えりか
佳奈美	8 8 9	25	かなみ

苑

8画 ★☆☆ 人

音訓 エン、オン

名のり その

意味 まるい囲いを設けて花木を植えたり、動物を飼うところ。集団。宮廷の庭園。

ポイント のどかで豊かな雰囲気の名前に。「えん」や「おん」の読みでよく使われる。女の子なら「その」の読みも人気。

男の子の名前の例

苑司	8 5	13	おんじ
苑汰	8 7	15	えんた
志苑	7 8	15	しおん
依苑	8 8	16	いおん

女の子の名前の例

苑未	8 5	13	そのみ
苑花	8 7	15	そのか
美苑	9 8	17	みおん
真苑	10 8	18	まその

旺

8画 ★☆☆ 常

音訓 オウ

名のり あきら

意味 盛ん。四方に光を放つさま。

ポイント 「旺盛」という言葉があるように、活動力が盛んで、輝く人になるようにと願って。「おう」の読みは男らしく、「あきら」の読みは明るい雰囲気に。

男の子の名前の例

旺司	8 5	13	おうじ
旺良	8 7	15	あきら
旺汰	8 7	15	おうた
旺典	8 8	16	おうすけ
旺真	8 10	18	おうま
旺雅	8 13	21	おうが

女の子の名前の例

旺花	8 7	15	おうか
美旺	9 8	17	みおう

果

8画 ★★★ 常

音訓 カ、は（たす）

名のり あきら、はた、まさる

意味 果物。木の実。結果。果たす。満たす。終わるまでやり通す。

ポイント 実りのある人生を願って。果実のイメージから女の子に人気で、フレッシュで愛らしい印象の名前に。

●連想キーワード●

【熟語】因果応報

男の子の名前の例

果	8	8	あきら
果生	8 5	13	かい
果良	8 7	15	あきら
果志	8 7	15	まさし
果良	8 7	15	まさよし
多果人	6 8 2	16	たかひと
果祐	8 9	17	かすけ
果留	8 10	18	まさる
流果	10 8	18	るか

女の子の名前の例

夕果	3 8	11	ゆうか
果代	8 5	13	かよ
果奈	8 8	16	かな
果歩	8 8	16	かほ
美果	9 8	17	みか
果純	8 10	18	かすみ
莉果	10 8	18	りか
果保里	8 9 7	24	かほり
果奈美	8 8 9	25	かなみ

芽 8

★★★ 常

音訓 ガ、ゲ、め

名のり めい

意味 芽。草木の芽。きざし。芽を出す。

ポイント 新たな始まりや生命力、発展性を感じさせる字。穏やかで愛らしい印象の「め」や「めい」は、女の子に人気。力強い「が」の音は、男の子の止め字として使うことも。

男の子の名前の例

大芽	3・8	11	たいが
芽生	8・5	13	めいき
亜芽	7・8	15	あめ
芽以人	8・5・2	15	めいと
武芽	8・8	16	むが
侑芽	8・8	16	ゆうが
芽生斗	8・5・4	17	めいと
流芽	10・8	18	りゅうが
愛芽	13・8	21	あいが

女の子の名前の例

礼芽	5・8	13	あやめ
芽生	8・5	13	めい
芽以	8・5	13	めい
芽沙	8・7	15	めいさ
芽依	8・8	16	めい
芽生子	8・5・3	16	めいこ
芽美	8・9	17	めみ
芽有莉	8・6・10	24	めあり
芽衣紗	8・6・10	24	めいさ

岳 8

★★★ 常

音訓 ガク、たけ

名のり おか、たか、たけし

意味 岳。ごつごつした山。高い山のように尊敬すべきもの。

ポイント 高い岩山のように、スケールが大きくてたくましい人になるよう願って。男の子に人気の字。「たけ」「おか」の読みは、女の子の名前にも。

●連想キーワード●

【地名】八ヶ岳／駒ヶ岳

男の子の名前の例

岳士	8・3	11	たかし
岳大	8・3	11	たけひろ
岳史	8・5	13	たけふみ
正岳	5・8	13	まさたけ
明岳	8・8	16	あきたけ
岳幸	8・8	16	たかゆき
岳門	8・8	16	たけと
岳真	8・10	18	がくま
岳豊	8・13	21	がくと

女の子の名前の例

岳子	8・3	11	たけこ
岳世	8・5	13	たけよ
岳代	8・5	13	たけよ
岳良	8・7	15	がくら
岳実	8・8	16	たけみ
実岳	8・8	16	みおか
岳香	8・9	17	たけか
岳美	8・9	17	たけみ
美岳	9・8	17	みおか

季 8

★★☆ 常

音訓 キ

名のり すえ、とき、とし、ひで、みのる

意味 3か月（四季）。年・節。すえ。季節や時代の最後。兄弟の下。

ポイント 四季の美しさや若々しさを感じられる字。男女ともに「き」の読みが人気。先頭字にも止め字にも。

男の子の名前の例

季助	8・7	15	きすけ
季世人	8・5・2	15	きよと
祐季	9・8	17	ゆうき
晃季	10・8	18	こうき

女の子の名前の例

季子	8・3	11	きこ
美季	9・8	17	みき
季恵	8・10	18	きえ
紗季	10・8	18	さき

宜 8

★★☆ 常

音訓 ギ、キ、よろ（しい）

名のり たか、なり、のぶ、のり、よし

意味 よろしい。形や程度がほどよい。

ポイント 肉を盛って形よくお供えするさまを示す字でそこから適切の意味に。調和のとれたしあわせな人生になるようにと願って。

男の子の名前の例

宜秀	8・7	15	のぶひで
良宜	7・8	15	よしのぶ
宜典	8・8	16	たかのり
享宜	8・8	16	たかよし

女の子の名前の例

宜代	8・5	13	たかよ
宜世	8・5	13	たかよ
宜香	8・9	17	のりか
宜恵	8・10	18	よしえ

京 8

★★☆ 常

音訓 キョウ、キン、ケイ、みさと

名のり あつ、おさむ、たかし、ちか、ひろし

意味 都。丘。大きくて高い。京都の略。

ポイント 京の都のイメージから、古風で優美な雰囲気の名前に。「みやこ」と読ませても。

男の子の名前の例

京助	8・7	15	きょうすけ
京吾	8・7	15	けいご
京汰	8・7	15	けいた
京典	8・8	16	きょうすけ

女の子の名前の例

京	8	8	みやこ
京子	8・3	11	きょうこ
京香	8・9	17	きょうか
京美	8・9	17	きょうみ

享 8

★★☆ 常

音訓 キョウ、コウ

名のり あきら、すすむ、たか、ゆき

意味 神や客にごちそうをしてもてなす。供え物や祈りを受け入れる。

ポイント 世のため、人のために活躍する人になるようにと願いを込めて。

男の子の名前の例

享	8	8	すすむ
享生	8・5	13	ゆきお
享治	8・8	16	こうじ
享幸	8・8	16	たかゆき

女の子の名前の例

享子	8・3	11	きょうこ
享奈	8・8	16	きょうな
実享	8・8	16	みゆき
享美	8・9	17	たかみ

空 8

★★★ 常

音訓　クウ、コウ、そら、あ(く)、から

名のり　たか

意味　空。悟りの境地。

ポイント　大空へ大きく羽ばたいてほしい、という願いを込めて。さわやかでロマンあふれるイメージ。人気の「そら」のほか、「く」の読みで使われることも。

●連想キーワード●

【熟語】天空海闊／【芸術】ショーシャンクの空に

男の子の名前の例

名前	画数	合計	読み
空也	8・3	11	くうや
未空	5・8	13	みく
空吾	8・7	15	くうご
空弥	8・8	16	くうや
空宙	8・8	16	たかひろ
空飛	8・9	17	くうと
空哉	8・9	17	くうや
空悟	8・10	18	くうご
空晄	8・10	18	たかあき

女の子の名前の例

名前	画数	合計	読み
空子	8・3	11	たかこ
空良	8・7	15	そら
空依	8・8	16	そらえ
空実	8・8	16	そらみ
空枝	8・8	16	たかえ
実空	8・8	16	みく
空美	8・9	17	そらみ
空映	8・9	17	たかえ
美空	9・8	17	みそら

幸 8

★★★ 常

音訓　コウ、ギョウ、さいわ(い)、さち、しあわ(せ)

名のり　さい、さき、たか、とみ、とも、ひで、みゆき、ゆき、よし

意味　幸い。しあわせ。天子が出かけることをいう敬語。

ポイント　男女ともに好まれる字。幸多い人生を願って。

●連想キーワード●

【熟語】幸運／【芸術】幸福な王子

男の子の名前の例

名前	画数	合計	読み
幸大	8・3	11	こうだい
幸市	8・5	13	こういち
幸司	8・5	13	こうじ
幸希	8・7	15	こうき
幸汰	8・7	15	こうた
幸則	8・9	17	ゆきのり
幸哉	8・9	17	ゆきや
幸一郎	8・1・9	18	こういちろう
幸聖	8・13	21	ゆきまさ

女の子の名前の例

名前	画数	合計	読み
幸加	8・5	13	さちか
幸花	8・7	15	ゆきか
実幸	8・8	16	みゆき
幸奈	8・8	16	ゆきな
幸実	8・8	16	ゆきみ
幸美	8・9	17	こうみ
幸恵	8・10	18	さちえ
幸華	8・10	18	さちか
紗幸	10・8	18	さゆき

虎 8

★★☆ 常

音訓　コ、ク、とら

名のり　たけ

意味　虎。荒く猛々しいもののたとえ。勇猛な。

ポイント　しなやかでたくましい子に育つように。「とら」の響きは強さの中にも愛嬌があり、「たけ」の響きは強く優しい雰囲気の名前になる。

男の子の名前の例

名前	画数	合計	読み
虎正	8・5	13	たけまさ
虎希	8・7	15	とらき
虎治	8・8	16	とらじ
祥虎	10・8	18	しょうく
虎太郎	8・4・9	21	こたろう
影虎	15・8	23	かげとら

女の子の名前の例

名前	画数	合計	読み
虎花	8・7	15	たけか
虎美	8・9	17	とらみ

采 8

★☆☆ 常

音訓　サイ

名のり　あや、うね、こと

意味　取る。選び取る。彩り。色合い。

ポイント　豊かな人生を願って。女の子には、古風で気品ある雰囲気の「あや」や「こと」の読みが人気。個性的な印象に。

男の子の名前の例

名前	画数	合計	読み
采門	8・8	16	さいもん
采紀	8・9	17	あやき
采哉	8・9	17	さいや
真采	10・8	18	まこと

女の子の名前の例

名前	画数	合計	読み
采花	8・7	15	さいか
知采	8・8	16	ちうね
采香	8・9	17	あやか
美采	9・8	17	みこと

昊 8

★☆☆ 人

音訓　コウ

名のり　ひろ、ひろし

意味　夏空。大空。明るい。

ポイント　空のように広い心をもった明るい子に育つように。「こう」の読みで男の子の先頭字によく使われる。「大空」の意味から「そら」と読ませても。

男の子の名前の例

名前	画数	合計	読み
昊大	8・3	11	こうだい
昊世	8・5	13	こうせい
昊平	8・5	13	こうへい
昊佑	8・7	15	こうすけ

女の子の名前の例

名前	画数	合計	読み
昊良	8・7	15	そら
昊依	8・8	16	そらえ
実昊	8・8	16	みひろ
美昊	9・8	17	みそら

枝 8

★☆☆ 常

音訓　シ、キ、ギ、えだ

名のり　え、しげ

意味　枝。もとになるところから分かれ出たもの。

ポイント　のびのびと育つように、才能が多方面に伸びるようにと願いを込めて。「え」の読みで女の子の止め字によく使われる。

男の子の名前の例

名前	画数	合計	読み
正枝	5・8	13	まさき
枝辰	8・7	15	しげたつ
英枝	8・8	16	えいし
枝浩	8・10	18	しげひろ

女の子の名前の例

名前	画数	合計	読み
枝李	8・7	15	えり
花枝	7・8	15	はなえ
美枝	9・8	17	みえ
枝里香	8・7・9	24	えりか

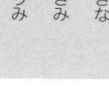

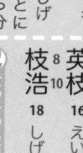

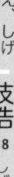

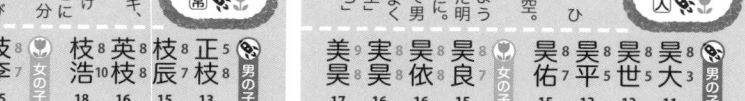

治 8

★★☆ 常

音訓 ジ、チ、おさ（める）、なお（る）

名のり さだ、つぐ、のぶ、とお、はる、よし

意味 治める。治す。調整する。

ポイント 「じ」「はる」の読みで男の子の止め字として使われることが多い。リーダーシップのある人になるように。

男の子の名前の例

名前	画数	読み
秀7治8	15	しゅうじ
幸8治8	16	こうじ
知8治8	16	ともはる
治8豊13	21	はると

女の子の名前の例

名前	画数	読み
治8子3	11	はるこ
治8奈8	16	はるな
治8香9	17	はるか
美9治8	17	みはる

実 8

★★★ 常

音訓 ジツ、み、みの（る）、さね、まめ

名のり これ、ちか、つね、なお、のり、ま、まこと、みつる

意味 草木の実。果実。実る。中身が詰まる。まこと。真心。

ポイント 実りの多い人生や、実のある人に育つように。「み」の読みは、女の子の定番。男の子なら「みのる」で1字名も。

男の子の名前の例

名前	画数	読み
実8	8	みのる
正5実8	13	まさちか
実8知8	16	さねとも
卓8実8	16	たくみ
拓8実8	16	たくみ
柾9実8	17	まさみ
浩10実8	18	ひろみ
実8留10	18	みつる
誠13実8	21	まさのり

女の子の名前の例

名前	画数	読み
実8千3	11	みち
実8夕3	11	みゆ
由5実8	13	ゆみ
和8実8	16	かずみ
実8苑8	16	みその
実8幸8	16	みゆき
実8和8	16	みわ
実8加5子3	16	みかこ
実8千3花7	18	みちか

宗 8

★★☆ 常

音訓 シュウ、ソウ、ソ

名のり かず、たかし、とき、とし、のり、ひろ、むね、もと

意味 先祖をまつるみたまや。本家。一族。中心。尊ぶ。

ポイント 男の子によく使われる。尊敬される人になるようにと願って。

男の子の名前の例

名前	画数	読み
宗8久3	11	むねひさ
宗8吾7	15	しゅうご
宗8汰7	15	しゅうた
政9宗8	17	まさむね
宗8豊13	21	しゅうと
宗8樹16	24	そうき

女の子の名前の例

名前	画数	読み
宗8子3	11	しゅうこ
宗8花7	15	のりか

周 8

★★☆ 常

音訓 シュ、シュウ、ス、まわ（り）

名のり あまね、いたる、かね、ただ、ちか、なり、のり、ひろし、まこと

意味 あまねく。すみずみまで行き届く。

ポイント スケールの大きい印象の名前に。「しゅう」の読みがよく使われる。

男の子の名前の例

名前	画数	読み
周8	8	あまね
周8平5	13	しゅうへい
正5周8	13	まさちか
周8留10	18	いたる

女の子の名前の例

名前	画数	読み
周8子3	11	しゅうこ
周8音9	17	あまね
周8香9	17	しゅうか
美9周8	17	みかね

昌 8

★★☆ 人

音訓 ショウ

名のり あき、あつ、すけ、まさ、よし

意味 明らか。輝く。盛ん。堂々としている。

ポイント 明るい子に育つことや輝く未来を願って。「あき」「まさ」「しょう」などの読みで、男女ともによく使われている。

男の子の名前の例

名前	画数	読み
昌8也3	11	まさや
昌8志7	15	まさし
昌8征8	16	まさゆき
昌8浩10	18	まさひろ

女の子の名前の例

名前	画数	読み
昌8子3	11	まさこ
昌8奈8	16	あきな
昌8香9	17	しょうか
昌8美9	17	まさみ

尚 8

★☆☆ 常

音訓 ショウ、ジョウ

名のり さね、たか、なお、なり、ひさ、まさ、よし、より

意味 なお。さらにそのうえ。尊ぶ。崇める。高い。

ポイント 上品な印象の名前に。優しさ漂う「なお」、俊敏なイメージの「しょう」などの読みが人気。

男の子の名前の例

名前	画数	読み
尚8平5	13	しょうへい
尚8志7	15	ひさし
尚8忠8	16	なおただ
尚8太4郎9	21	しょうたろう

女の子の名前の例

名前	画数	読み
尚8子3	11	なおこ
尚8奈8	16	しょうな
尚8香9	17	なおか
尚8美9	17	なおみ

昇 8

★☆☆ 常

音訓 ショウ、のぼ（る）

名のり かみ、すすむ、のり

意味 昇る。上に上がる。

ポイント 朝日のように上昇する人生を願って。明るく力強いイメージに。「のぼる」など1字名で男の子に使われることが多い。

男の子の名前の例

名前	画数	読み
昇8	8	のぼる
昇8也3	11	しょうや
昇8吾7	15	しょうご
昇8汰7	15	しょうた
昇8馬10	18	しょうま
昇8朗10	18	のりあき

女の子の名前の例

名前	画数	読み
昇8子3	11	しょうこ
美9昇8	17	みのり

8 征
★★☆ 常

音訓 セイ、ショウ

名のり まさ、もと、ゆき、ただし、

意味 行く。討つ。取り立てる。

ポイント 遠方や敵を目指してまっすぐ進む、という意味があり、勇ましいイメージ。強い子に育つように。男の子によく使われる。

男の子の名前の例
- 征8平5 13 しょうへい
- 孝7征8 15 たかまさ
- 征8幸8 16 まさゆき
- 征8浩10 18 まさひろ

女の子の名前の例
- 征8香9 17 しょうか
- 征8美9 17 まさみ
- 美9征8 17 みゆき
- 征8恵10 18 まさえ

8 青
★★☆ 常

音訓 セイ、ショウ、あお

名のり きよ、はる

意味 青い。若々しい。記録。

ポイント 澄み切った空や海を連想させ、ピュアで優しい雰囲気の名前に。また、若々しさの意味から、成長し続けることを願って。

男の子の名前の例
- 青8志7 15 きよし
- 青8冴7 15 せいご
- 青8十10 18 あおと
- 青8輝15 23 はるき

女の子の名前の例
- 青8子3 11 しょうこ
- 青8花7 15 せいか
- 青8依8 16 あおい
- 青8美9 17 きよみ

8 卓
★☆☆ 常

音訓 タク

名のり たか、たかし、とお、まこと、まさる

意味 抜きんでる。目立つ。机。

ポイント 男女ともに先頭字に使われるほか、「まこと」の読みで男の子の1字名も多い。抜きん出た才能をもつ子になるように。

男の子の名前の例
- 卓8 8 まこと
- 卓8巳3 11 たくみ
- 卓8真10 18 たくま
- 卓8朗10 18 たくろう

女の子の名前の例
- 卓8子3 11 とおこ
- 卓8実8 16 たくみ
- 卓8美9 17 たくみ
- 卓8恵10 18 たかえ

8 拓
★★☆ 常

音訓 タク

名のり ひら、ひろ

意味 未開の地を拓く。手のひらや台座に物を載せる。

ポイント フロンティア精神にあふれた人に育つように願って。未来を切り拓く力強さが感じられる名前。愛嬌のある印象の「たく」の読みが人気。

男の子の名前の例
- 拓8 8 たく
- 拓8生5 13 たくお
- 拓8哉9 17 たくや
- 拓8郎9 17 たくろう

女の子の名前の例
- 拓8子3 11 ひろこ
- 拓8実8 16 たくみ
- 拓8美9 17 たくみ
- 美9拓8 17 みひろ

8 知
★★★ 常

音訓 チ、し（る）

名のり あき、かず、さと、さとる、ちか、つぐ、とし、とも、のり

意味 知る。知らせる。物事を正しく見抜く力がある。交際して相手をよく知っている。

ポイント 知的で友人に恵まれた人になるように。

●連想キーワード●

【熟語】 温故知新

男の子の名前の例
- 知8史5 13 さとし
- 知8志7 15 かずし
- 知8寿7 15 かずとし
- 知8希7 15 ともき
- 知8宏7 15 ともひろ
- 知8和8 16 ともかず
- 知8哉9 17 ともや
- 兼10知8 18 かねつぐ
- 知8泰10 18 ともやす

女の子の名前の例
- 知8子3 11 ともこ
- 知8里7 15 ちさと
- 知8花7 15 ともか
- 実8知8 16 みち
- 知8香9 17 ちか
- 知8美9 17 ともみ
- 知8恵10 18 ちえ
- 知8紗10 18 ちさ
- 知8夏10 18 ちなつ

8 宙
★★☆ 常

音訓 チュウ、ジュウ

名のり おき、そら、ひろし、みち

意味 空。世界を覆う空間（宇宙）。時間的な広がり。

ポイント 広大な宇宙を連想させる字。広い心をもったスケールの大きな人になることを願って。男の子に使うことが多い。

男の子の名前の例
- 宙8 8 ひろし
- 宙8也3 11 ちゅうや
- 正5宙8 13 まさおき
- 宙8空8 16 みちたか

女の子の名前の例
- 未5宙8 13 みそら
- 宙8花7 15 みちか
- 宙8美9 17 そらみ
- 宙8流10 18 みちる

8 忠
★★☆ 常

音訓 チュウ

名のり あつ、あつし、きよし、ただ、ただし、つら、なり、のり

意味 真心。まじめ。君主に対して誠意を尽くす。

ポイント 誠実な人になるように。「ただ」の読みで、男の子の名前に使われることが多い。

男の子の名前の例
- 忠8 8 ただし
- 忠8大3 11 ただひろ
- 忠8也3 11 ちゅうや
- 忠8史5 13 ただふみ
- 忠8志7 15 ただし
- 昭9忠8 17 あきただ
- 忠8亮9 17 ただあき
- 忠8信9 17 ただのぶ
- 洋9忠8 17 ひろただ

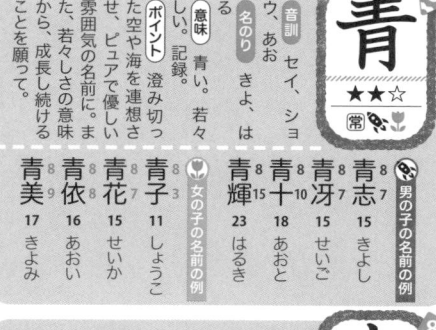

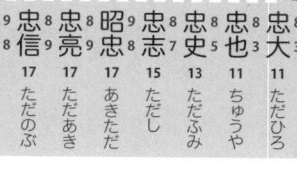

長 8

★★☆ 常

音訓　チョウ、ジョウ、なが（い）

名のり　おさ、たけ、つね、のぶ、ひさ、まさ、みち

意味　長い。いつまでも。丈。優れている。年長者。

ポイント　長寿や優れた人になることを願って。読み方が多く、名前に使いやすい。

男の子の名前の例

名前	画数	総画	読み
正長	5・8	13	まさなが
伸長	7・8	15	のぶなが
長武	8・8	16	おさむ
幸長	8・8	16	ゆきなが
晃長	10・8	18	あきなが
長樹	8・16	24	まさき

女の子の名前の例

名前	画数	総画	読み
長佳	8・8	16	のぶか
長恵	8・10	18	ながえ

直 8

★★★ 常

音訓　チョク、ジキ、ただ（ちに）、なお（す）

名のり　あたる、すぐ、ただし、ちか、なが、ね、まさ

意味　まっすぐなさま。正直。素直さ。じかに。ただちに。直す。

ポイント　素直な子に育つように、正しい道を歩むように、という願いを込めて。

●連想キーワード●
【熟語】実直

男の子の名前の例

名前	画数	総画	読み
直杜	8・7	15	なおと
直紀	8・9	17	なおき
直音	8・9	17	なおと
直政	8・9	17	なおまさ
直哉	8・9	17	なおや
直将	8・10	18	なおまさ
直太郎	8・4・9	21	なおたろう
直輝	8・15	23	なおてる
直樹	8・16	24	なおき

女の子の名前の例

名前	画数	総画	読み
直子	8・3	11	なおこ
直己	8・3	11	なおみ
直花	8・7	15	なおか
直呼	8・8	16	なおこ
奈直	8・8	16	ななお
実直	8・8	16	みなお
直香	8・9	17	なおか
直美	8・9	17	なおみ
直華	8・10	18	なおか

典 8

★★☆ 常

音訓　テン

名のり　おき、すけ、つかさ、つね、のり、ふみ、みち、もり、よし、より

意味　貴重で基本となる書物。基準となる教え。つね。

ポイント　よく学んで人の手本となるようにと願って。重厚感があり、知的で上品なイメージ。

男の子の名前の例

名前	画数	総画	読み
明典	8・8	16	あきのり
侑典	8・8	16	ゆうすけ
浩典	10・8	18	こうすけ
典義	8・13	21	のりよし

女の子の名前の例

名前	画数	総画	読み
典子	8・3	11	のりこ
典代	8・5	13	みちよ
典花	8・7	15	のりか
典香	8・9	17	ふみか

奈 8

★★★ 常

音訓　ナイ、ダイ、ナ、ダ

意味　果樹の名。いかん、いかんせん、など疑問の意味。

ポイント　女の子に人気が高い字。「な」の音が穏やかで愛らしい印象をもたらす。先頭字にも止め字にも使われる。「奈良の都」から少し古風な印象も。

男の子の名前の例

名前	画数	総画	読み
奈吾	8・7	15	だいご
奈央斗	8・5・4	17	なおと
奈夫哉	8・4・9	21	なおや
奈豊	8・13	21	なゆた
奈都夫	8・11・4	23	なつお
奈槻	8・15	23	なつき
奈緒人	8・14・2	24	なおと
奈津希	8・9・7	24	なつき
奈津吾	8・9・7	24	なつご

女の子の名前の例

名前	画数	総画	読み
奈央	8・5	13	なお
奈々	8・8	16	なな
奈津	8・9	17	なつ
奈友加	8・4・5	17	なゆか
美奈	9・8	17	みな
七奈子	7・8・3	18	ななこ
莉奈	10・8	18	りな
奈菜世	8・11・5	24	ななせ
優奈	17・8	25	ゆうな

波 8

★★★ 常

音訓　ハ、なみ

意味　波。波立つ水面。波のように傾斜して起伏するもの。波のように伝わる。

ポイント　海をイメージする字で、さわやかでロマンチックな雰囲気の名前に。「なみ」のほか、女の子には「は」の読みも人気。波に乗って順調な一生を送れるように。

●連想キーワード●
【熟語】波及、波瀾万丈

男の子の名前の例

名前	画数	総画	読み
波吾	8・7	15	なみご
波杜	8・7	15	なみと
波音	8・9	17	なみと
波哉	8・9	17	なみや
波矢斗	8・5・4	17	はやと
祐波	9・8	17	ゆうは
波多希	8・6・7	21	はたき
波瑠人	8・14・2	24	はると
波留杜	8・10・7	25	はると

女の子の名前の例

名前	画数	総画	読み
千波	3・8	11	ちなみ
七波	7・8	15	ななみ
波歩	8・8	16	なみほ
波奈	8・8	16	はな
茉波	8・8	16	まなみ
美波	9・8	17	みなみ
夏波	10・8	18	かなみ
波恵	8・10	18	なみえ
波留	8・10	18	はる

弥 8

★★★ 常

音訓 ビ、ミ、や
名のり いよ、ひさ、ひろ、みつ、やす、よし、わたる
意味 渡る。端まで届く。広く行き渡る。遠い。久しい。いよいよ。ますます。
ポイント 成長や発展を願って。「や」の読みは、男女ともに止め字としてよく使われる。

●連想キーワード●
【芸術】弥勒菩薩像

男の子の名前の例

名前（画数）	総画	読み
弥8	8	わたる
正5弥8	13	まさみ
弥8寿7	15	みつとし
和8弥8	16	かずや
俊9弥8	17	しゅんや
祐9弥8	17	ゆうや
勇9弥8	17	ゆうや
純10弥8	18	じゅんや
将10弥8	18	まさや

女の子の名前の例

名前（画数）	総画	読み
弥8世5	13	みよ
弥8生5	13	やよい
吾7弥8	15	あみ
亜7弥8	15	あや
花7弥8	15	かや
沙7弥8	15	さや
弥8依8	16	やえ
美9弥8	17	みや
万3里7弥8	18	まりや

武 8

★☆☆ 常

音訓 ブ、ム
名のり いさ、たけ、たけし、たける、ん
意味 猛々しい。勇ましい。戦争。前人の行った物事のあと。
ポイント 正義感のある強い人になるように。「たけし」や「たけ」の読みが男女ともによく使われる。

男の子の名前の例

名前（画数）	総画	読み
武8史5	13	たけふみ
武8志7	15	たけし
武8杜7	15	たけと
武8留10	18	たける
武8流10	18	たける
義13武8	21	よしたけ

女の子の名前の例

名前（画数）	総画	読み
武8子3	11	たけこ
武8美9	17	たけみ

歩 8

★★☆ 常

音訓 ホ、ブ、フ、ある（く）、あゆ（む）
名のり すすむ
意味 歩く。歩み。測る。もうけの割合。
ポイント 自分の足でしっかりと人生を歩んでいくように。「あゆ」は先頭字に、「ほ」は止め字に使うことが多い。

男の子の名前の例

名前（画数）	総画	読み
歩8武8	16	あゆむ
忠8歩8	16	ただほ
祐9歩8	17	ゆうほ
歩8積16	24	ほづみ

女の子の名前の例

名前（画数）	総画	読み
史5歩8	13	しほ
歩8実8	16	あゆみ
秋9歩8	17	あきほ
美9歩8	17	みほ

朋 8

★☆☆ 人

音訓 ホウ、ボウ
名のり とも
意味 友達。仲間。
ポイント 連ねた貝を2列に並べたさまを描き、同等のものが並ぶことを示し、そこから肩を並べた友達の意味に。よい友人や仲間に恵まれるように。「とも」の読みに使われる漢字の定番。

男の子の名前の例

名前（画数）	総画	読み
朋8也3	11	ともや
朋8希7	15	ともき
朋8孝7	15	ともたか
朋8樹16	24	ともき

女の子の名前の例

名前（画数）	総画	読み
朋8子3	11	ともこ
朋8奈8	16	ともな
朋8実8	16	ともみ
朋8恵10	18	ともえ

茉 8

★☆☆ 人

音訓 マツ、マチ、バツ
名のり ま
意味 「茉莉花」はジャスミンの花のこと。夏、白い小さな花を咲かせ、香りがよい。
ポイント ジャスミンの花のように、可憐で魅力的な子に育つように。女の子に人気が高い字。

男の子の名前の例

名前（画数）	総画	読み
夕3茉8	11	ゆうま
拓8茉8	16	たくま
朋8茉8	16	ほうま
茉8沙7人2	17	まさと

女の子の名前の例

名前（画数）	総画	読み
茉8央5	13	まお
茉8那7	15	まな
茉8波8	16	まなみ
茉8莉10	18	まり

明 8

★★★ 常

音訓 メイ、ミョウ、ミン、あか（るい）、さや（か）
名のり あき、きよし、くに、てる、とおる、とし、のり、はる、ひろ、みつ、よし
意味 明らか。明るい。はっきりさせる。曇りのない知恵。
ポイント 明るい子に育つように。文字通り、明るく朗らかな印象で男女ともに人気。

●連想キーワード●
【熟語】明鏡止水

男の子の名前の例

名前（画数）	総画	読み
明8弘5	13	あきひろ
明8史5	13	あきふみ
正5明8	13	まさあき
明8良7	15	あきら
秀7明8	15	ひであき
洋9明8	17	ひろあき
明8誉13	21	あきのり
義13明8	21	よしあき
明8憲16	24	あきのり

女の子の名前の例

名前（画数）	総画	読み
千3明8	11	ちあき
明8代5	13	あきよ
明8沙7	15	めいさ
明8奈8	16	あきな
明8歩8	16	あきほ
明8音9	17	あかね
明8日4加5	17	あすか
明8日4名6	18	あすな
明8香9里7	24	あかり

茂 8

★★☆ 常

音訓 モ、ム、ボウ、しげ（る）

名のり たか、とも、とよ、もち、もと

意味 茂る。葉が覆い茂るように栄える。才能が豊か。

ポイント 生命力を感じさせる字。健康に育つように、多才な人になるようにと願って。

男の子の名前の例

名前	画数	読み
茂	8	しげる
正茂	13	まさしげ
茂希	15	しげき
和茂	16	かずしげ

女の子の名前の例

名前	画数	読み
茂実	16	しげみ
茂枝	16	もえ
茂奈	16	もな
茂香	17	もか

門 8

★★☆ 常

音訓 モン、かど

名のり と、ひろ、ゆき

意味 門。出入り口。最初の手引き。身内。学派や宗派の仲間。

ポイント よく学んで立派に育つように。「と」は止め字に多く用いられ、「もん」は個性的な印象の名前になる。

男の子の名前の例

名前	画数	読み
門汰	15	もんた
来門	15	らいと
秋門	17	あきと
真門	18	まなと

女の子の名前の例

名前	画数	読み
来門	15	こと
美門	17	みと
門恵	18	かどえ
門乃実	18	とのみ

夜 8

★★★ 常

音訓 ヤ、よ、よる

名のり やす

意味 夜。暗い時間。

ポイント 月や星の輝く夜のイメージから、神秘的で美しい印象の名前に。ただし、暗さを連想させるので、よい意味になるように、ほかの字と組み合わせるのがおすすめ。

●連想キーワード●

【芸術】夜警（絵画）、夏の夜の夢（喜劇）

男の子の名前の例

名前	画数	読み
夜也	11	やすなり
夜史	13	やすし
夜吹	15	やぶき
朋夜	16	ともや
直夜	16	なおや
夜宙	16	やすひろ
馬夜	18	まよ
幹夜	21	みきや
夜須士	23	やすし

女の子の名前の例

名前	画数	読み
小夜	11	さよ
希夜	15	きよ
沙夜	15	さよ
佳夜	16	かよ
季夜	16	きよ
香夜	17	かよ
美夜	17	みよ
真夜	18	まや
夜詩子	24	よしこ

侑 8

★★★ 人

音訓 ユウ、ウ

名のり すすむ、ゆき

意味 勧める。相手のそばにいて食事などを勧める。助ける。

ポイント 「佑」と同様に、かばい助けるという意味がある。思いやりのある優しい人に育つようにと願って。「ゆう」や「ゆ」の読みは男女ともに人気で、名前例も多い。

男の子の名前の例

名前	画数	読み
侑也	11	ゆうや
正侑	13	まさゆき
侑希	15	ゆうき
侑汰	15	ゆうた
侑杜	15	ゆうと
侑武	16	すすむ
侑季	16	ゆうき
侑真	18	ゆうま
侑豊	21	ゆうと

女の子の名前の例

名前	画数	読み
亜侑	15	あゆ
侑奈	16	ゆうな
美侑	17	みゆ
侑香	17	ゆうか
侑美	17	ゆうみ
紗侑	18	さゆ
真侑	18	まゆ
侑里子	18	ゆりこ
侑梨名	25	ゆりな

怜 8

★★★ 人

音訓 レイ、リョウ、レン

名のり さと、とき

意味 さとい。心が澄んでいて賢い。憐れむ。

ポイント 心が澄み切ったさまを示す字で、清らかで賢い子に育つように。洗練された雰囲気の「れい」や「れ」の読みは男女ともに人気。男の子なら、「さとし」で1字名も多い。

男の子の名前の例

名前	画数	読み
怜士	11	さとし
怜央	13	れお
怜志	15	さとし
怜汰	15	りょうた
怜吾	15	れいご
怜杜	15	れいと
怜治	16	れいじ
真怜	18	まさと
怜太郎	21	りょうたろう

女の子の名前の例

名前	画数	読み
怜子	11	りょうこ
花怜	15	かれん
怜良	15	れいら
知怜	16	ちさと
実怜	16	みさと
怜奈	16	れいな
美怜	17	みれい
怜香	17	れいか
怜華	18	れんげ

8 和

★★★ 常

音訓 ワ、オ、カ、やわ（らぐ）、なご（む）

名のり あい、かず、たか、とし、とも、な、のどか、まさ、やす、やまと、より、わたる

意味 和らぎ。一緒にとけあったさま。和む。日本。

ポイント 知的な印象の「かず」が定番。和やかな印象の「わ」もよく使われる。

男の子の名前の例

名前	画数	読み
和8 也3	11	かずや
大3 和8	11	やまと
和8 史5	13	かずし
正5 和8	13	まさかず
和8 斗4 士3	15	かずとし
和8 寿7	15	かずとし
君7 和8	15	きみかず
和8 治8	16	かずはる
朋8 和8	16	ともかず

女の子の名前の例

名前	画数	読み
沙7 和8	15	さわ
日4 和8 子3	15	ひわこ
和8 花7	15	わか
和8 実8	16	かずみ
美9 和8	17	みわ
和8 奏9	17	わかな
和8 恵10	18	かずえ
和8 紗10	18	かずさ
和8 歌14 子3	25	わかこ

9 娃

★★☆ 人

音訓 アイ、エ、ワ

意味 美しい。女性の容姿がすっきりと際立ってよいさま。美人。

ポイント 美しい女性に育ちますようにと願いを込めて。「佳」と同様の意味だが、おんなへんの字なので、女の子の名前に使うのがおすすめ。

女の子の名前の例

名前	画数	読み
娃9 花7	16	あいか
娃9 玖7	16	あいく
娃9 良7	16	あいら
娃9 里7	16	あいり
花7 娃9	16	はなえ
娃9 奈8	17	あいな
娃9 香9	18	あいか
娃9 美9	18	あいみ
娃9 里7 佳8	24	えりか

9 威

★★☆ 常

音訓 イ

名のり あきら、たか、たけ、たけし、たける、つよ、つよし、とし、なり、のり

意味 相手を屈服させる力や品格があるさま。

ポイント 力強く厳かな意味があり、男の子の名前に向く。威厳がある印象の名前になる。

男の子の名前の例

名前	画数	読み
威9 文4	13	たけふみ
威9 志7	16	つよし
明8 威9	17	あきのり
威9 則9	18	たけのり
政9 威9	18	まさとし
威9 瑠14	23	たける

女の子の名前の例

名前	画数	読み
威9 花7	16	のりか
威9 奈8	17	たかな

9 郁

★★★ 人

音訓 イク

名のり あや、か、かおり、かおる、たかし、ふみ

意味 まだらであでやかなさま。盛ん。華やか。香気がかぐわしいさまを「郁々」という。

ポイント 彩色兼備の人になるようにと願って。「いく」や「ふみ」の読みは人気で、男女ともによく使われる。

男の子の名前の例

名前	画数	読み
郁9 夫4	13	いくお
郁9 汰7	16	いくた
郁9 杜7	16	いくと
郁9 良7	16	いくよし
郁9 志7	16	たかし
和8 郁9	17	かずふみ
郁9 弥8	17	ふみや
郁9 哉9	18	いくや
郁9 磨16	25	いくま

女の子の名前の例

名前	画数	読み
郁9 乃2	11	あやの
文4 郁9	13	あやか
郁9 江6	15	いくえ
亜7 郁9	16	あいく
郁9 里7	16	かおり
郁9 佳8	17	あやか
郁9 奈8	17	ふみな
郁9 音9	18	あやね
郁9 美9	18	いくみ

9 映

★★★ 常

音訓 エイ、ヨウ、うつ（る）、は（える）

名のり あき、てる、ひで、みつ

意味 映る。光の照らすところと暗い影の境目がはっきりする。映える。照らす。

ポイント 光に照らされる人生を願って。また、美しく育つように。「えい」や「え」の読みは、自然で優しい雰囲気に。

男の子の名前の例

名前	画数	読み
映9 介4	13	えいすけ
映9 太4	13	えいた
映9 吾7	16	えいご
映9 汰7	16	えいた
映9 杜7	16	ひでと
映9 尚8	17	あきひさ
映9 治8	17	えいじ
映9 明8	17	てるあき
映9 毅15	24	ひでき

女の子の名前の例

名前	画数	読み
映9 衣6	15	あきえ
沙7 映9	16	さえ
映9 里7	16	みつり
映9 茉8	17	えま
映9 香9	18	えいか
映9 美9	18	えいみ
映9 音9	18	えのん
美9 映9	18	みえ
百6 映9 美9	24	もえみ

栄 9

★★★ 常

音訓 エイ、ヨウ、さか（える）、は（える）

名のり しげ、たか、てる、とも、なが、はる、ひさ、ひで、ひろ、まさ、よし

意味 栄える。華やか。花が一面に木を覆うキリの木。

ポイント 発展して華やかな人生を送れるように、と願いを込めて。「え」を止め字にしても。

●連想キーワード●
【芸術】栄花物語

男の子の名前の例

名前	各字画数	総画	読み
元栄	4・9	13	もとはる
栄吾	9・7	16	えいご
栄作	9・7	16	えいさく
栄孝	9・7	16	はるたか
栄和	9・8	17	ともかず
昌栄	8・9	17	まさはる
栄治	9・8	17	ようじ
栄音	9・9	18	えいと
栄智	9・12	21	えいち

女の子の名前の例

名前	各字画数	総画	読み
栄乃	9・2	11	はるの
栄李	9・7	16	えり
栄来	9・7	16	ようこ
栄香	9・9	18	えいか
栄美	9・9	18	えみ
早栄子	6・9・3	18	さえこ
美栄	9・9	18	みえ
吏栄子	6・9・3	18	りえこ
栄里香	9・7・9	25	えりか

音 9

★★★ 常

音訓 オン、イン、おと、ね

名のり お、と、なり

意味 音。聞こえてくる言葉。知らせ。

ポイント 音楽の才能に恵まれるように。感性豊かなイメージ。止め字に使われることが多く、親しみやすい「おん」、愛らしい「ね」の読みが人気。

●連想キーワード●
【芸術】山の音

男の子の名前の例

名前	各字画数	総画	読み
匡音	6・9	15	まさと
希音	7・9	16	きおん
志音	7・9	16	しおん
寿音	7・9	16	としなり
音紀	9・9	18	おとき
音彦	9・9	18	おとひこ
音哉	9・9	18	おとや
勇音	9・9	18	ゆうと
磨音	16・9	25	まおと

女の子の名前の例

名前	各字画数	総画	読み
文音	4・9	13	あやね
朱音	6・9	15	あかね
花音	7・9	16	かのん
依音	8・9	17	えのん
和音	8・9	17	かずね
映音	9・9	18	えのん
音香	9・9	18	おとか
律音	9・9	18	おとね
美音	9・9	18	みおん

珂 9

★☆☆ 人

音訓 カ

意味 宝石の名前。白めのう。また、南海に生息する二枚貝（クツワ貝）。

ポイント 白めのうのように、純白でまっさらな心の持ち主になるように。白めのうには魔除けの力があるとされ、ポジティブなパワーであふれるように。

男の子の名前の例

名前	各字画数	総画	読み
珂寿	9・7	16	かず
珂門	9・8	17	かもん
珂威	9・9	18	かい
多珂士	6・9・3	18	たかし

女の子の名前の例

名前	各字画数	総画	読み
文珂	4・9	13	あやか
七珂	7・9	16	ななか
李珂	7・9	16	ももか
琉水珂	11・4・9	24	るみか

珈 9

★☆☆ 人

音訓 カ、ケ

名のり こう

意味 婦人の髪につける飾り。「珈琲」でコーヒーを表す。

ポイント 外来語の「珈琲」から、異国情緒あふれる名前に。個性的な印象を与える。女の子なら「か」で止め字に。男の子なら「こう」と読ませても。

男の子の名前の例

名前	各字画数	総画	読み
珈祐	9・9	18	こうすけ
多珈士	6・9・3	18	たかし
珈衣多	9・6・6	21	けいた
珈杜弥	9・7・8	24	かずや

女の子の名前の例

名前	各字画数	総画	読み
里珈	7・9	16	りか
珈奈	9・8	17	かな
珈南	9・9	18	かなみ
美珈	9・9	18	みか

海 9

★★★ 常

音訓 カイ、うみ

名のり あま、うな、み

意味 海。大きな湖。同種のものがたくさん集まっているところ。広く大きい。

ポイント 広い心でスケールの大きな人になるように。男の子には「かい」、女の子には「み」の読みが人気。

●連想キーワード●
【芸術】老人と海

男の子の名前の例

名前	各字画数	総画	読み
海人	9・2	11	かいと
海斗	9・4	13	かいと
海里	9・7	16	かいり
海治	9・8	17	かいじ
拓海	8・9	17	たくみ
海千矢	9・3・5	17	みちや
勇海	9・9	18	いさみ
貴海	12・9	21	たかみ
廣海	15・9	24	ひろみ

女の子の名前の例

名前	各字画数	総画	読み
海乃	9・2	11	うみの
七海	7・9	16	ななみ
海那	9・7	16	みな
海奈	9・8	17	みな
郁海	9・9	18	いくみ
海香	9・9	18	うみか
春海	9・9	18	はるみ
美海	9・9	18	みみ
廣海	15・9	24	ひろみ

界 9

★☆☆ 常

音訓 カイ、ケ

意味 境目。区切りの中の領域や社会。区切りをつけて分ける。

ポイント 「世界」という言葉から、世界で活躍できるように。視野が広い人に育つようにと願って。近年、男の子に「かい」の音が人気。

男の子の名前の例

名前	画数	総画	読み
界人	9・2	11	かいと
界斗	9・4	13	かいと
界哉	9・9	18	かいや
瑠界	14・9	23	るかい

女の子の名前の例

名前	画数	総画	読み
界亜	9・7	16	かいあ
界来	9・7	16	かいら
界奈	9・8	17	かいな
界耶	9・9	18	かいや

活 9

★☆☆ 常

音訓 カツ、ガチ

名のり いく

意味 生きる。生かす。生活。いきいきとしている。

ポイント 活発な子に育つように。また、能力を存分に活かせるように。「かつ」の読みは元気な印象、「いく」の読みはのびのびとした印象の名前に。

男の子の名前の例

名前	画数	総画	読み
活人	9・2	11	かつと
活希	9・7	16	かつき
活海	9・9	18	かつみ
活哉	9・9	18	かつや

女の子の名前の例

名前	画数	総画	読み
活乃	9・2	11	いくの
活実	9・8	17	かつみ
活音	9・9	18	いくね
活美	9・9	18	いくみ

紀 9

★★★ 常

音訓 キ、コ

名のり おさ、かず、かなめ、こと、すみ、ただ、つぐ、つな、とし、のり、はじめ、もと

意味 収める。物事のはじめ。順序よく仕事を進める。

ポイント 秩序正しく誠実な人になることを願って。利発な印象の「き」、穏やかな「のり」の読みがよく使われている。

男の子の名前の例

名前	画数	総画	読み
匡紀	6・9	15	まさのり
辰紀	7・9	16	たつのり
昂紀	8・9	17	こうき
昌紀	8・9	17	まさき
幸紀	8・9	17	ゆきのり
紀亮	9・9	18	のりあき
勇紀	9・9	18	ゆうき
翔紀	12・9	21	しょうき
紀貴	9・12	21	のりたか

女の子の名前の例

名前	画数	総画	読み
有紀	6・9	15	ゆうき
亜紀	7・9	16	あき
沙紀	7・9	16	さき
紀和	9・8	17	きわ
茉紀	8・9	17	まき
実紀	8・9	17	みのり
紀香	9・9	18	のりか
美紀	9・9	18	みき
真紀絵	10・9・12	31	まきえ

研 9

★☆☆ 常

音訓 ケン、ゲン、と(ぐ)

名のり あき、かず、きよ、よし

意味 磨く、表面を平らにする。研ぎ澄まして見る。本質を見極める。

ポイント 知的でクールな印象の名前に。物事を見極める力をもった賢い人になるようにと願って。

男の子の名前の例

名前	画数	総画	読み
研太	9・4	13	けんた
研良	9・7	16	あきら
政研	9・9	18	まさよし
研輔	9・14	23	けんすけ

女の子の名前の例

名前	画数	総画	読み
研沙	9・7	16	かずさ
研花	9・7	16	きよか
研実	9・8	17	あきみ
美研	9・9	18	みよし

建 9

★☆☆ 常

音訓 ケン、コン、た(てる)

名のり たけ、たけし、たつる、たて

意味 建てる。意見を申し立てる。しっかりして丈夫なさま。

ポイント 頼もしい人になるように。また、立派な仕事を成し遂げるように。「けん」で男の子に、「たて」で女の子に。

男の子の名前の例

名前	画数	総画	読み
建二	9・2	11	けんじ
建人	9・2	11	けんと
建次	9・6	15	けんじ
建吾	9・7	16	けんご
建志	9・7	16	たけし
政建	9・9	18	まさたけ

女の子の名前の例

名前	画数	総画	読み
建奈	9・8	17	たけな
建美	9・9	18	たてみ

彦 9

★☆☆ 人

音訓 ゲン

名のり お、さと、ひこ、ひろ、やす、よし

意味 くっきりと秀でた顔の男性。美男子。才徳の優れた男性。

ポイント 男の子の名に用いる。止め字によく使われる、古風で気品ある印象に。

男の子の名前の例

名前	画数	総画	読み
允彦	4・9	13	のぶひこ
孝彦	7・9	16	たかひこ
良彦	7・9	16	よしひこ
貴彦	12・9	21	たかひこ
道彦	12・9	21	みちひこ
紀世彦	9・5・9	23	きよひこ
龍彦	16・9	25	たつひこ
繁彦	16・9	25	しげひこ
実季彦	8・8・9	25	みきひこ

厚 9

★★☆ 常

音訓 コウ、グ、あつ(い)

名のり あつし、ひろ、ひろし

意味 厚い。厚み。丁寧。心遣いが深いさま。

ポイント 人情に厚い人に育つように。「あつ」や「ひろ」は男女ともに使われ、「こう」は男の子に多い。

男の子の名前の例

名前	画数	総画	読み
厚志	9・7	16	あつし
厚孝	9・7	16	あつたか
知厚	8・9	17	ともあつ
厚郎	9・9	18	あつろう

女の子の名前の例

名前	画数	総画	読み
厚花	9・7	16	ひろか
厚実	9・8	17	あつみ
厚奈	9・8	17	ひろな
厚美	9・9	18	あつみ

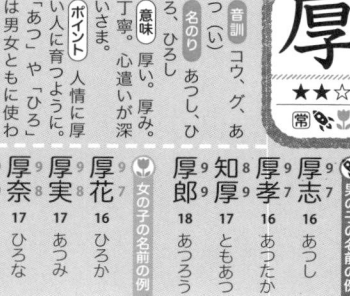

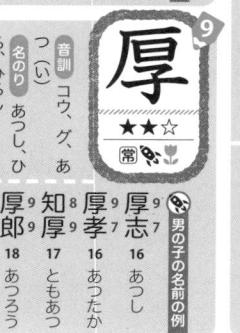

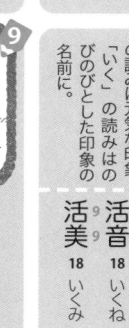

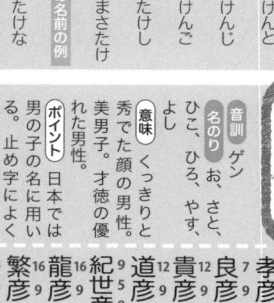

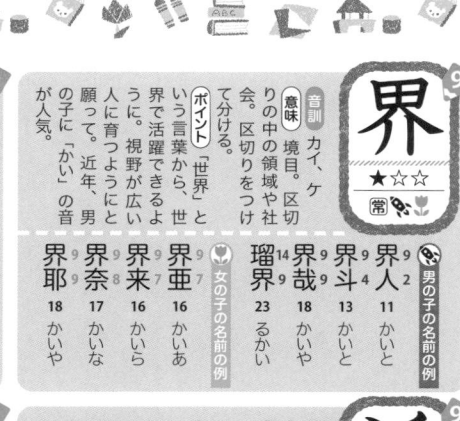

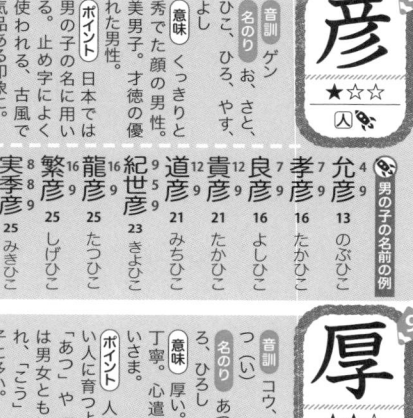

洸 9

★★★ 人

音訓 コウ、オウ

名のり たけし、ひろ、ひろし、ふかし

意味 水が広く広がるさま。はっきりしないさま。うっとりするさま。

ポイント 純粋さや美しさを感じさせる名前に。男の子には「こう」、女の子には「ひろ」の読みが人気。

男の子の名前の例

名前	画数	総画	読み
洸二	9・2	11	こうじ
洸太	9・4	13	こうた
洸希	9・7	16	こうき
洸志	9・7	16	こうし
洸佑	9・7	16	こうすけ
洸明	9・8	17	ひろあき
洸貴	9・12	21	こうき
洸司郎	9・5・9	23	こうじろう
洸輔	9・14	23	こうすけ

女の子の名前の例

名前	画数	総画	読み
洸花	9・7	16	ひろか
洸那	9・7	16	ひろな
洸佳	9・8	17	ひろか
洸奈	9・8	17	ひろな
洸実	9・8	17	ひろみ
実洸	8・9	17	みひろ
洸香	9・9	18	ひろか
洸美	9・9	18	ひろみ
美洸	9・9	18	みひろ

香 9

★★★ 常

音訓 コウ、キョウ、か、かお(る)

名のり かが、たか、よし

意味 香り。漂ってくるよいにおい。声、色、姿などがよい。

ポイント 香り立つような魅力をもった人になるように。花のような美しさや心地よさを連想させる名前に。

男の子の名前の例

名前	画数	総画	読み
香介	9・4	13	こうすけ
香次	9・6	15	こうじ
香多	9・6	15	こうた
香佑	9・7	16	こうすけ
香汰	9・7	16	こうた
香宏	9・7	16	たかひろ
香哉	9・9	18	きょうや
香貴	9・12	21	こうき
香輔	9・14	23	こうすけ

女の子の名前の例

名前	画数	総画	読み
香月	9・4	13	かづき
友香	4・9	13	ともか
有香	6・9	15	ゆか
香里	9・7	16	かおり
香那	9・7	16	かな
香苗	9・8	17	かなえ
知香	8・9	17	ちか
多香子	6・9・3	18	たかこ
香澄	9・15	24	かすみ

紅 9

★☆☆ 常

音訓 コウ、ク、グ、べに、くれない

名のり あか、いろ、くれ、もみ

意味 紅。桃色に近い赤色。派手。艶やかな花。口紅。

ポイント 艶やかな女性を連想させる。紅は縁起のよい色。男の子の名前では、男らしい字と組み合わせて。

男の子の名前の例

名前	画数	総画	読み
紅夫	9・4	13	くれお
紅太	9・4	13	こうた
紅希	9・7	16	こうき
紅輔	9・14	23	こうすけ

女の子の名前の例

名前	画数	総画	読み
紅亜	9・7	16	くれあ
紅花	9・7	16	べにか
紅音	9・9	18	あかね
美紅	9・9	18	みく

恒 9

★★☆ 常

音訓 コウ、ゴウ

名のり つね、のぶ、ひさ、わたる

意味 つね。いつも変わりなく張りつめていること。いつもそうだと考える。

ポイント 月の弦を示した字で、神秘的な雰囲気。永遠の幸せを願って。ほかの字と組み合わせやすい。

男の子の名前の例

名前	画数	総画	読み
恒介	9・4	13	こうすけ
恒寿	9・7	16	つねとし
恒治	9・8	17	こうじ
恒星	9・9	18	こうせい

女の子の名前の例

名前	画数	総画	読み
恒江	9・6	15	ひさえ
恒実	9・8	17	こうみ
恒香	9・9	18	のぶか
恒美	9・9	18	ひさみ

虹 9

★☆☆ 常

音訓 コウ、にじ

意味 虹。雨上がりなどの空にかかる七色の帯状の像。橋。乱す。

ポイント 多彩な魅力を輝かせてほしい、という願いを込めて。大きな虹のような、スケール感も魅力。「にじ」の読みを生かせば個性的な名前に。

男の子の名前の例

名前	画数	総画	読み
虹介	9・4	13	こうすけ
虹太	9・4	13	こうた
虹治	9・8	17	こうじ
虹郎	9・9	18	にじろう

女の子の名前の例

名前	画数	総画	読み
虹乃	9・2	11	にじの
七虹	7・9	16	ななこ
虹花	9・7	16	にじか
美虹	9・9	18	みこう

哉 9

★★☆ 人

音訓 サイ、セ

名のり か、かな、き、すけ、ちか、とし、や

意味 かな(感嘆)。か(疑問)。や(反語)。はじめて。

ポイント 「はじめて」の意味から、初々しく若さにあふれた印象に。「や」の読みで、男の子の止め字の定番。

男の子の名前の例

名前	画数	総画	読み
拓哉	8・9	17	たくや
朋哉	8・9	17	ともや
柾哉	9・9	18	まさや
翔哉	12・9	21	しょうや

女の子の名前の例

名前	画数	総画	読み
亜哉	7・9	16	あや
哉依	9・8	17	やえ
哉音	9・9	18	ちかね
美哉	9・9	18	みや

秋 9

★★☆ 常

音訓 シュウ、シュ、あき

名のり あきら、おさむ、とき、とし、みのる

意味 秋。大切なとき。実り。

ポイント 実りの多い人生を願って。秋生まれの子に。ぬくもりやきらめきを感じる「あき」の読みが定番。

男の子の名前の例

秋成	9・6	15	あきなり
知秋	8・9	17	ともあき
秋輔	9・14	23	しゅうすけ
龍秋	16・9	25	たつあき

女の子の名前の例

秋花	9・7	16	あきか
秋奈	9・8	17	あきな
知秋	8・9	17	ちあき
秋香	9・9	18	しゅうか

重 9

★★☆ 常

音訓 ジュウ、チョウ、え、おも（い）、かさ（ねる）

名のり あつ、かず、しげ、のぶ、ふさ

意味 重い。大切なものとして扱う。重ねる。

ポイント 落ち着きを感じる字。尊敬される人になるように。「しげ」のほか「え」の読みも人気。

男の子の名前の例

友重	4・9	13	ともしげ
重尚	9・8	17	しげひさ
重信	9・9	18	しげのぶ
重樹	9・16	25	しげき

女の子の名前の例

佳重	8・9	17	かえ
重実	9・8	17	しげみ
八重	8・9	17	やえ
重美	9・9	18	しげみ

俊 9

★★★ 常

音訓 シュン

名のり すぐる、たかし、とし、まさる、よし

意味 優れる。ひいでるさま。才知の優れた人。

ポイント 優れた才能を発揮するように。俊敏な印象の「しゅん」、賢く優しい印象の「とし」の読みがよく使われる。

男の子の名前の例

俊人	9・2	11	しゅんと
俊太	9・4	13	しゅんた
俊吾	9・7	16	しゅんご
明俊	8・9	17	あきとし
俊征	9・8	17	としまさ
征俊	8・9	17	まさとし
俊哉	9・9	18	しゅんや
俊輔	9・14	23	しゅんすけ
俊樹	9・16	25	としき

女の子の名前の例

俊衣	9・6	15	としえ
俊花	9・7	16	しゅんか
俊奈	9・8	17	しゅんな
俊枝	9・8	17	としえ
俊歩	9・8	17	としほ
俊実	9・8	17	としみ
俊香	9・9	18	しゅんか
俊重	9・9	18	としえ
俊美	9・9	18	としみ

洵 9

★★★ 人

音訓 シュン、ジュン

名のり のぶ、ひとし、まこと

意味 水がすみずみまで行き渡る。水のうずまき。まことに。

ポイント けがれなく誠実な人になることを願って。男女ともに「じゅん」の読みや、男の子なら「まこと」や「ひとし」も。

●連想キーワード●

【熟語】洵美

男の子の名前の例

洵人	9・2	11	しゅんと
洵介	9・4	13	しゅんすけ
洵太	9・4	13	しゅんた
洵斗	9・4	13	しゅんと
洵吾	9・7	16	しゅんご
明洵	8・9	17	あきのぶ
洵哉	9・9	18	しゅんや
洵彦	9・9	18	のぶひこ
洵樹	9・16	25	のぶき

女の子の名前の例

洵花	9・7	16	しゅんか
洵来	9・7	16	じゅんこ
洵那	9・7	16	じゅんな
洵奈	9・8	17	しゅんな
洵枝	9・8	17	のぶえ
洵香	9・9	18	しゅんか
洵美	9・9	18	ひとみ
洵音	9・9	18	まこと
美洵	9・9	18	みのぶ

春 9

★★★ 常

音訓 シュン、はる

名のり あずま、あつ、かず、とき、は、はじめ

意味 春。若く元気な時期。若さ。男女の慕い合う心。

ポイント 新芽や若葉、開花などを連想させ、フレッシュで生命力に満ちた名前に。朗らかな「はる」の読みが人気。

●連想キーワード●

【熟語】小春日和／【芸術】春（絵画）

男の子の名前の例

春斗	9・4	13	はると
孝春	7・9	16	たかはる
春紀	9・9	18	はるき
春彦	9・9	18	はるひこ
政春	9・9	18	まさはる
春翔	9・12	21	はると
潔春	15・9	24	きよはる
春摩	9・15	24	はるま
春樹	9・16	25	はるき

女の子の名前の例

来春	7・9	16	こはる
春花	9・7	16	はるか
春那	9・7	16	はるな
春枝	9・8	17	はるえ
春佳	9・8	17	はるか
春奈	9・8	17	はるな
実春	8・9	17	みはる
春香	9・9	18	はるか
美春	9・9	18	みはる

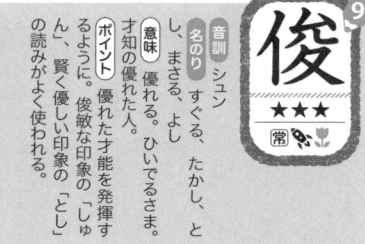

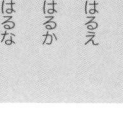

咲

★★★ 常

音訓 ショウ、さ（く）
名のり さき

意味 笑う。咲く。

ポイント もとは「笑う」を表す字。「鳥鳴き花笑ふ」という慣用句から「咲く」の意味に。そこから「えみ」と読ませることも。華やかさを感じる字。花のように美しい人に育つように、才能が開花するようにと願って。

男の子の名前の例

名前	画数	総画	読み
咲人	9・2	11	さきと
咲斗	9・4	13	さきと
咲太	9・4	13	しょうた
咲伍	9・6	15	しょうご
咲吾	9・7	16	しょうご
咲汰	9・7	16	しょうた
咲哉	9・9	18	さくや
咲磨	9・16	25	しょうま
磨咲	16・9	25	まさき

女の子の名前の例

名前	画数	総画	読み
咲江	9・6	15	さきえ
咲希	9・7	16	さき
咲良	9・7	16	さくら
咲来	9・7	16	しょうこ
咲奈	9・8	17	さきな
知咲	8・9	17	ちさき
咲美	9・9	18	えみ
美咲	9・9	18	みさき
咲穂	9・15	24	さきほ

信

★★★ 常

音訓 シン
名のり あき、こと、しげ、しの、ただ、とし、のぶ、まこと、みち

意味 まこと。言明や約束を通すこと。本当。信用する。

ポイント 誠実で信頼される人になるように。しっかりした印象の「しん」、のびやかな「のぶ」の読みが定番。

●連想キーワード●
【熟語】信愛

男の子の名前の例

名前	画数	総画	読み
信二	9・2	11	しんじ
信人	9・2	11	のぶと
信斗	9・4	13	しげと
信太	9・4	13	しんた
信夫	9・4	13	のぶお
信吾	9・7	16	しんご
信汰	9・7	16	しんた
信哉	9・9	18	しんや
信翔	9・12	21	まこと

女の子の名前の例

名前	画数	総画	読み
信乃	9・2	11	しの
信江	9・6	15	のぶえ
信帆	9・6	15	のぶほ
信花	9・7	16	のぶか
信来	9・7	16	のぶこ
信依	9・8	17	のぶえ
信夜	9・8	17	のぶよ
信香	9・9	18	のぶか
信音	9・9	18	まこと

星

★☆☆ 常

音訓 セイ、ショウ、ほし
名のり とし

意味 星。星粒のように小さいこと。星占い。

ポイント 星のように清らかな人になるように。スターのように輝けるようにと願って。男女ともにさわやかな「せい」の読みが人気。

男の子の名前の例

名前	画数	総画	読み
快星	7・9	16	かいせい
星哉	9・9	18	せいや
星葵	9・12	21	しょうき
龍星	16・9	25	りゅうせい

女の子の名前の例

名前	画数	総画	読み
星良	9・7	16	せいら
星花	9・7	16	ほしか
星奈	9・8	17	せいな
美星	9・9	18	みせい

政

★★☆ 常

音訓 セイ、ショウ、まつりごと
名のり おさ、かず、きよ、こと、ただ、ただし、なり、のぶ、のり、まさ、ゆき

意味 まつりごと。物事を正す。物事を行うときの決まり。

ポイント 正しい道を歩むように。信頼のおける印象の名前に。

男の子の名前の例

名前	画数	総画	読み
政志	9・7	16	まさし
和政	8・9	17	かずまさ
政明	9・8	17	まさあき
政治	9・8	17	まさはる

女の子の名前の例

名前	画数	総画	読み
政花	9・7	16	せいか
政希	9・7	16	まさき
政奈	9・8	17	せいな
政美	9・9	18	まさみ

泉

★★☆ 常

音訓 セン、ゼン、いずみ
名のり きよし、ずみ、み、みず、もと

意味 泉。地表に湧き出る水。穴あき銭。

ポイント 湧き出る泉のイメージから、尽きない才能や豊かさを願って。澄んだ水のように、清らかな印象も。

男の子の名前の例

名前	画数	総画	読み
泉志	9・7	16	きよし
泉希	9・7	16	もとき
泉実	9・8	17	いずみ
直泉	8・9	17	なおずみ

女の子の名前の例

名前	画数	総画	読み
成泉	6・9	15	なるみ
泉花	9・7	16	すみか
泉美	9・9	18	いずみ
泉香	9・9	18	もとか

宣

★☆☆ 常

音訓 セン
名のり のぶ、のり、ひさ、よし

意味 のべる。あまねく意向をわからせる。天子が意向をのべ知らせる。広く行き渡る。

ポイント 人に何かを伝えられるような立派な人になるように。崇高な印象の名前に。

男の子の名前の例

名前	画数	総画	読み
宣人	9・2	11	よしひと
宣尚	9・8	17	のぶひさ
宣彦	9・9	18	のぶひこ
保宣	9・9	18	やすのり

女の子の名前の例

名前	画数	総画	読み
宣江	9・6	15	ひさえ
宣伽	9・7	16	のりか
宣依	9・8	17	のぶえ
宣穂	9・15	24	のりほ

奏 9

★★★ 常

音訓 ソウ、かな（でる）

意味 勧める。品物の種類や形をそろえて、神や君主の前に差し出す。音や声をそろえて奏でる。

ポイント 調和や芸術性を連想させる字。愛らしい「かな」の読みは女の子に、さわやかな「そう」は男の子の名前に。

●連想キーワード●

【熟語】奏上

男の子の名前の例

名前	画数	総画	読み
奏二	9+2	11	そうじ
奏太	9+4	13	そうた
奏多	9+6	15	かなた
奏壱	9+7	16	そういち
奏吾	9+7	16	そうご
奏哉	9+9	18	そうや
奏稀	9+12	21	そうき
奏輔	9+14	23	そうすけ
奏磨	9+16	25	そうま

女の子の名前の例

名前	画数	総画	読み
奏心	9+4	13	かなみ
奏江	9+6	15	かなえ
奏花	9+7	16	そうか
奏来	9+7	16	そうこ
奏枝	9+8	17	かなえ
奏実	9+8	17	かなみ
和奏	8+9	17	わかな
奏美	9+9	18	かなみ
奏香	9+9	18	そうか

草 9

★★☆ 常

音訓 ソウ、くさ

名のり かや、しげ

意味 草。ぞんざいなさま。草深い田舎。下書き。物の始まり。

ポイント 素朴でたくましいイメージの名前に。「そう」は先頭字に、「くさ」「しげ」の読みは止め字に使われることが多い。

男の子の名前の例

名前	画数	総画	読み
草介	9+4	13	そうすけ
草太	9+4	13	そうた
草榛	9+14	23	しげはる
草磨	9+16	25	そうま

女の子の名前の例

名前	画数	総画	読み
草乃	9+2	11	くさの
草来	9+7	16	そうこ
草奈	9+8	17	そうな
草香	9+9	18	そうか

荘 9

★★☆ 常

音訓 ソウ、ショウ

名のり これ、たか、ただし、まさ

意味 厳か。細長い草葺きの納屋。形が整っていて勢いが盛んなこと。

ポイント 「荘厳」という言葉から、厳かで重厚な雰囲気の名前に。品格のある人に育つようにと願って。

男の子の名前の例

名前	画数	総画	読み
荘太	9+4	13	しょうた
荘吾	9+7	16	しょうご
荘哉	9+9	18	しょうや
貴荘	12+9	21	たかまさ

女の子の名前の例

名前	画数	総画	読み
荘来	9+7	16	しょうこ
荘実	9+8	17	そうみ
荘香	9+9	18	そうか
荘美	9+9	18	まさみ

則 9

★★☆ 常

音訓 ソク

名のり つね、とき、のり、みつ

意味 道理。手本。基準。手本として守り従う。すなわち。

ポイント まじめな子や、手本となる人になるように。「のり」の読みで、先頭字や止め字に使うことが多い。

男の子の名前の例

名前	画数	総画	読み
則夫	9+4	13	のりお
則次	9+6	15	のりつぐ
芳則	7+9	16	よしのり
則征	9+8	17	のりまさ

女の子の名前の例

名前	画数	総画	読み
則佳	9+8	17	のりか
則歩	9+8	17	のりほ
則香	9+9	18	のりか
美則	9+9	18	みのり

貞 9

★☆☆ 常

音訓 テイ、ジョウ、チョウ

名のり さだ、ただ、つら

意味 正しい。まっすぐ。動揺しない。占って神意を聞く。

ポイント 正義感の強い人や堂々とした人になるようにと願って。「さだ」の読みで男の子によく使われる。

男の子の名前の例

名前	画数	総画	読み
貞夫	9+4	13	さだお
貞治	9+8	17	さだはる
貞洋	9+9	18	ただひろ
貞登	9+12	21	ていと

女の子の名前の例

名前	画数	総画	読み
貞来	9+7	16	さだこ
貞花	9+7	16	ていか
貞佳	9+8	17	ただか
貞美	9+9	18	ただみ

南 9

★★★ 常

音訓 ナン、ナ、みなみ

名のり あけ、なみ、みな、よし

意味 南。日が当たり、暖気を取り込む方角。南のほうへ行く。

ポイント 太陽や南国のイメージから、明るくのびやかな子に育つように。夏生まれの子にもおすすめ。「みなみ」や「なみ」の読みが人気。

男の子の名前の例

名前	画数	総画	読み
南人	9+2	11	みなと
南太	9+4	13	みなた
南次	9+6	15	なんじ
日南人	4+9+2	15	ひなと
南多	9+6	15	みなた
南利	9+7	16	あけとし
来南	7+9	16	こなみ
良南	7+9	16	よしなみ
南洋	9+9	18	なみひろ

女の子の名前の例

名前	画数	総画	読み
沙南	7+9	16	さな
里南	7+9	16	りな
可南子	5+9+3	17	かなこ
佳南	8+9	17	かなみ
奈南	8+9	17	ななみ
実南	8+9	17	みなみ
音南	9+9	18	となみ
美南	9+9	18	みなみ
祐南	9+9	18	ゆうな

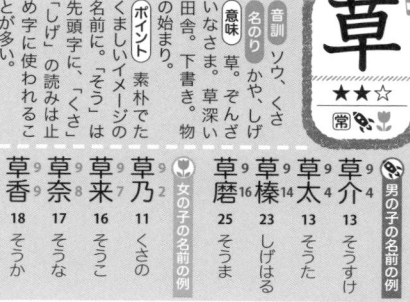

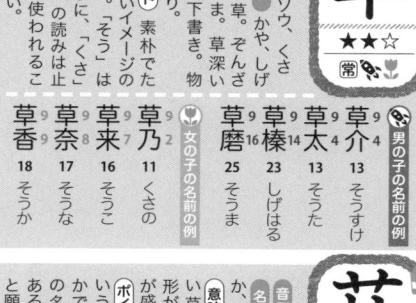

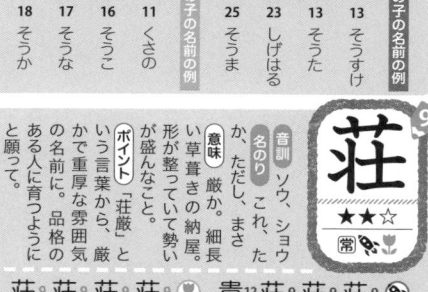

珀 9

★☆☆ 人

音訓 ハク、ヒャク

意味 「琥珀」という言葉に使われる字。琥珀とは、宝石の名で、古代の樹脂が地中で化石になったもの。

ポイント 古代から宝石として大切にされている琥珀のように、不変の美しさを願って。また、長い年月をかけて美しさや才能が磨かれていくように。

●連想キーワード●
【熟語】琥珀色（アンバー。半透明の黄色）

男の子の名前の例

名前	画数	合計	読み
珀人	9・2	11	はくと
珀天	9・4	13	はくてん
珀次	9・6	15	はくじ
珀亜	9・7	16	はくあ
珀良	9・7	16	はくら
李珀	7・9	16	りはく
珀哉	9・9	18	はくや
祐珀	9・9	18	ゆうはく
琥珀	12・9	21	こはく

女の子の名前の例

名前	画数	合計	読み
心珀	4・9	13	こはく
珀江	9・6	15	はくえ
来珀	7・9	16	こはく
珀李	9・7	16	はくり
呼珀	8・9	17	こはく
珀奈	9・8	17	はくな
珀実	9・8	17	はくみ
珀音	9・9	18	はくね
美珀	9・9	18	みはく

飛 9

★★★ 常

音訓 ヒ、と（ぶ）

名のり たか

意味 飛ぶ。飛ばす。飛び立つ。鳥が空を飛ぶように速く行く。速く伝わる。

ポイント 元気な子に育つように。また、世界に飛躍するようにと願って。

●連想キーワード●
【芸術】飛ぶ教室

男の子の名前の例

名前	画数	合計	読み
飛人	9・2	11	たかと
飛志	9・7	16	たかし
佑飛	7・9	16	ゆうと
晴飛	12・9	21	はるたか
陽飛	12・9	21	はるひ
雄飛	12・9	21	ゆうひ
飛佑我	9・7・7	23	ひゅうが
真左飛	10・5・9	24	まさと
飛勇吾	9・9・7	25	ひゅうご

女の子の名前の例

名前	画数	合計	読み
飛名	9・6	15	ひな
飛江	9・6	15	たかえ
飛来	9・7	16	たかこ
飛芽	9・8	17	ひめ
飛奈	9・8	17	ひな
飛依	9・8	17	ひより
飛那乃	9・7・2	18	ひなの
飛佳里	9・8・7	24	ひかり
飛楽莉	9・13・10	32	ひらり

美 9

★★★ 常

音訓 ビ、ミ、うつく（しい）

名のり きよし、とみ、はし、はる、ふみ、みつ、よし

意味 美しい。見た目がよい。うまい。ほめる。

ポイント 文字通り、身も心も美しい人になるように。女の子に人気の字。「み」は親しみやすく、「よし」は知的な印象に。

●連想キーワード●
【熟語】真善美

男の子の名前の例

名前	画数	合計	読み
美行	9・6	15	よしゆき
美志	9・7	16	きよし

女の子の名前の例

名前	画数	合計	読み
美羽	9・6	15	みう
七美	2・9	16	ななみ
美亜	9・7	16	みあ
美希	9・7	16	みき
美来	9・7	16	みく
直美	8・9	17	なおみ
美枝	9・8	17	みえ
美苑	9・8	17	みおん
美奈	9・8	17	みな
美波	9・8	17	みなみ
美和	9・8	17	みわ
美衣子	9・6・3	18	みいこ
美咲	9・9	18	みさき
美洋	9・9	18	みよ
美似依	9・7・8	24	みにい
佳奈美	8・8・9	25	かなみ

風 9

★☆☆ 常

音訓 フウ、フ、ホウ、かぜ、かざ

意味 風。揺れる世の中の動き。人心を動かす姿や人格。趣。

ポイント 順風満帆な人生を送れるようにと願って。そよ風のようにさわやかで自由な雰囲気の名前になる。ほんわかした「ふう」「ふ」の読みが人気。

男の子の名前の例

名前	画数	合計	読み
風吾	9・7	16	ふうご
祐風	9・9	18	ゆうほう
風渡	9・12	21	かざと
風澪	9・16	25	ふみお

女の子の名前の例

名前	画数	合計	読み
風夕子	9・3・3	15	ふゆこ
風来	9・7	16	ふうこ
風実	9・8	17	かざみ
風美	9・9	18	ふみ

保 9

★★☆ 常

音訓 ホ、ホウ、たも（つ）

名のり お、まもる、もち、もり、やす、より

意味 保つ。外から守る。責任をもって請け合う。おもりをする。

ポイント 優しく頼れる人になるように。「やす」や「ほ」の読みが定番人気。

男の子の名前の例

名前	画数	合計	読み
保人	9・2	11	やすひと
保宏	9・7	16	やすひろ
武保	8・9	17	たけもり
保柾	9・9	18	やすまさ

女の子の名前の例

名前	画数	合計	読み
保乃	9・2	11	やすの
里保	7・9	16	りほ
美保	9・9	18	みほ
輝保	15・9	24	きほ

耶 9

★☆☆ 人

音訓 ヤ

意味 か（疑問）。や（反語、感嘆）。父。「耶蘇」はイエス・キリストのこと。

ポイント 「や」の読みで中間字や止め字に。漢字の意味にかかわらず「や」の音で使われることが多く、個性的でおしゃれな印象の名前になる。

男の子の名前の例

拓耶	8 9	17	たくや
昌耶	8 9	17	まさや
祐耶	9 9	18	ゆうや
翔耶	12 9	21	しょうや

女の子の名前の例

亜耶	7 9	16	あや
沙耶	7 9	16	さや
美耶	9 9	18	みや
耶衣子	9 6 3	18	やえこ

柚 9

★★★ 人

音訓 ユ、ユウ、ゆず

意味 柚（ミカン科）。実は冬に熟して香りがよい。柚木（クマツヅラ科）。硬い木材は家具などに用いられる。

ポイント 冬生まれの女の子に人気。柚子は香り高いのに料理の味を引き立てることから、個性的でいて強調性もある子に育つように。

●連想キーワード●
【熟語】柚葉色

男の子の名前の例

柚人	9 2	11	ゆうと
柚介	9 4	13	ゆうすけ
柚太	9 4	13	ゆうた
万柚斗	3 9 4	16	まゆと
柚吾	9 7	16	ゆうご
柚郎	9 9	18	ゆずろう
正柚希	5 9 7	21	まさゆき
柚希矢	9 7 5	21	ゆきや
柚宇季	9 6 8	23	ゆうき

女の子の名前の例

万柚子	3 9 3	15	まゆこ
柚来	9 7	16	ゆうこ
柚花	9 7	16	ゆずか
柚希	9 7	16	ゆずき
柚波	9 8	17	ゆずは
柚奈	9 8	17	ゆな
柚羽子	9 6 3	18	ゆうこ
柚美	9 9	18	ゆうみ
柚香	9 9	18	ゆずか

祐 9

★★☆ 人

音訓 ユウ、ウ

名のり さち、すけ、まさ、むら、よし

意味 助ける。かばって助ける。

ポイント 神が助けてくれることを示す字で、神のご加護があるように。順調な人生を歩むことを願って。「ゆう」や「すけ」の読みがよく使われる。

男の子の名前の例

祐介	9 4	13	ゆうすけ
祐太	9 4	13	ゆうた
皓祐	12 9	21	こうすけ
翔祐	12 9	21	しょうすけ

女の子の名前の例

実祐	8 9	17	みゆう
祐奈	9 8	17	ゆうな
祐香	9 9	18	ゆうか
祐美	9 9	18	ゆみ

勇 9

★★☆ 常

音訓 ユウ、ユ、ヨウ、いさ（む）

名のり お、たけ、とし、はや

意味 勇ましい。まともに事にぶつかる気構え。心が奮い立つ。

ポイント 男の子に人気の字。勇気ある立派な人に育つように。女の子なら凛とした印象に。

男の子の名前の例

勇二	9 2	11	ゆうじ
勇太	9 4	13	ゆうた
勇斗	9 4	13	ゆうと
勇佑	9 7	16	ゆうすけ
勇武	9 8	17	いさむ
勇輝	9 15	24	ゆうき

女の子の名前の例

勇花	9 7	16	ゆうか
美勇	9 9	18	みゆ

洋 9

★★★ 常

音訓 ヨウ

名のり うみ、きよ、なみ、ひろ、ひろし、み

意味 海。世界を東西の2つに分けた1つ。外国、特に西洋。

ポイント 広い心をもった人になるように。「太平洋」など広大な海を示す言葉から、スケールが大きく包容力のある印象に。

●連想キーワード●
【熟語】前途洋々

男の子の名前の例

洋斗	9 4	13	なみと
洋太	9 4	13	ようた
辰洋	7 9	16	たつみ
洋臣	9 7	16	ひろおみ
洋志	9 7	16	ひろし
志洋	7 9	16	むねひろ
洋佑	9 7	16	ようすけ
洋亮	9 9	18	ようすけ
洋鷹	9 24	33	きよたか

女の子の名前の例

洋乃	9 2	11	ひろの
洋斗	9 4	13	みと
七洋	7 9	16	ななみ
洋来	9 7	16	ようこ
洋枝	9 8	17	なみえ
洋依	9 8	17	ひろえ
洋佳	9 8	17	ひろか
洋美	9 9	18	きよみ
洋虹	9 9	18	みこう

要 9

★★☆ 常

音訓 ヨウ、かなめ、い（る）

名のり しの、とし、もとむ、やす

意味 腰。物事を締めくくる。かなめ（要点）。求める。必要とする。

ポイント 誰からも必要とされる人になるように。リーダーとして活躍する雰囲気も。

男の子の名前の例

要人	9 2	11	かなめ
要介	9 4	13	ようすけ
要太	9 4	13	ようた
要兵	9 7	16	ようへい

女の子の名前の例

万要子	3 9 3	15	まいこ
要花	9 7	16	ようか
芽要花	8 9 7	24	めいか
世要菜	5 9 11	25	せいな

亮 9

★★☆ 人

音訓 リョウ、ロウ

名のり あき、あきら、かつ、きよし、すけ、とおる、まこと、よし

意味 明らか。明るい。「すけ」は、律令制の四等官で第二位。

ポイント 明るい子に育つように。聡明で利発な印象を与える名前に。

男の子の名前の例

名前	画数	読み
亮9丞6	15	りょうすけ
壱7亮9	16	いちろう
亮9忠8	17	あきただ
亮9使8	17	かつし

女の子の名前の例

名前	画数	読み
亮9帆6	15	あきほ
亮9花7	16	りょうか
知8亮9	17	ちあき
亮9美9	18	あきみ

玲 9

★★★ 人

音訓 レイ、リョウ

名のり あきら、たま

意味 玉の鳴る涼しい音。色が冴えて鮮やかなさま。

ポイント 玉のように輝いて美しい人に育つように。華やかで気品が漂う字。凜々しい印象の「れい」や「れ」の読みで、男女ともによく使われる。

●連想キーワード●

【熟語】玲瓏

男の子の名前の例

名前	画数	読み
玲9斗4	13	れいと
玲9成6	15	りょうせい
玲9芝6	15	れいじ
玲9克7	16	たまかつ
玲9佑7	16	りょうすけ
玲9汰7	16	りょうた
玲9並8	17	りょうへい
玲9紀9	18	たまき
玲9樹16	25	れいじゅ

女の子の名前の例

名前	画数	読み
玲9来7	16	あきらこ
玲9希7	16	たまき
玲9那7	16	れいな
玲9良7	16	れいら
呼8玲9	17	こだま
玲9果8	17	れいか
玲9奈8	17	れいな
玲9美9	18	たまみ
美9玲9	18	みれい

郎 9

★☆☆ 常

音訓 ロウ

名のり お

意味 男。男子。清らかな男子。男子を呼ぶ美称。

ポイント 「ろう」や「お」の読みで、男の子の止め字の定番。男性への美称であり、男らしく気品あるイメージに。同じ読みで似ている漢字「朗」もある。

男の子の名前の例

名前	画数	読み
吉6郎9	15	きちろう
伍6郎9	15	ごろう
吏6郎9	15	りお
七7郎9	16	かずお
茉8郎9	17	まお
俊9郎9	18	としお
晶12郎9	21	あきお
温12郎9	21	あつろう
晴12郎9	21	はるお

桜 10

★★★ 常

音訓 オウ、ヨウ、さくら

意味 樹木の桜。果実はサクランボ。桜色の。

ポイント 桜は日本を象徴する花。万人に好まれる桜のように、美しく優しい人に育つようにと願って。春生まれの子にもおすすめ。花の名だが、日本を代表する意味から男の子に使われることも。

●連想キーワード●

【熟語】桜花爛漫／【芸術】桜の園

男の子の名前の例

名前	画数	読み
桜10功5	15	ようこう
桜10平5	15	ようへい
桜10丞6	16	おうすけ
桜10汰7	17	おうた
寿7桜10	17	すおう
康11桜10	21	こうよう
桜10士3朗10	23	おうしろう
桜10爾14	24	ようじ
桜10輔14	24	ようすけ

女の子の名前の例

名前	画数	読み
桜10子3	13	さくらこ
禾5桜10	15	かおう
桜10古5	15	ようこ
桜10花7	17	ようか
桜10芭7	17	ようは
里7桜10	17	りお
桜10苺8	18	おうめ
実8桜10	18	みお
花7桜10里7	24	かおり

夏 10

★★★ 常

音訓 カ、ゲ、なつ

意味 夏。万物が盛んに生い茂るとき。盛んなさま。伝説上、中国最古の王朝の名前。

ポイント 生命力にあふれた元気な子に育つように。夏らしさがストレートに伝わる「なつ」の読みで先頭字に、はつらつとした「か」の読みで止め字に。

男の子の名前の例

名前	画数	読み
夏10生5	15	なつお
夏10広5	15	なつひろ
夏10矢5	15	なつや
夏10寿7	17	かず
夏10吾7	17	なつご
夏10門8	18	かもん
夏10基11	21	なつき
夏10崇11	21	なつたか
夏10健11	21	なつたけ

女の子の名前の例

名前	画数	読み
小3夏10	13	こなつ
夏10子3	13	なつこ
夏10江6	16	なつえ
夏10希7	17	なつき
夏10依8	18	かえ
夏10奈8	18	かな
京8夏10	18	きょうか
夏10実8	18	なつみ
瑠14夏10	24	るか

華

★★★ 常

音訓 カ、ケ、はな

名のり は、はる

意味 花。花咲く。華やか。色つやのあでやかなさま。優れたよいもの。中国人が自国のことをいうときの言葉。

ポイント 華やかな印象から、女の子の名づけに人気。優美な「はな」の読みで先頭字に。快活な「か」の読みも定番。

男の子の名前の例

華伊	10・6	16	かい
華杜	10・7	17	はると

女の子の名前の例

万華	3・10	13	かずは
小華	3・10	13	こはな
千華	3・10	13	ちか
華子	10・3	13	はなこ
華代	10・5	15	かよ
未華	5・10	15	みはる
華帆	10・6	16	かほ
充華	6・10	16	みか
有華	6・10	16	ゆうか
芹華	7・10	17	せりか
末華子	4・10・3	17	みかこ
華奈	10・8	18	かな
青華	8・10	18	せいか
華果	10・8	18	はるか
芽華	8・10	18	めいか
葉乃華	12・2・10	24	はのか

栞

★★★ 人

音訓 カン

名のり しおり

意味 しおり。山林を歩くときに道の目印にするために折った木の枝。本に挟むしおり。

ポイント 本のしおりの意味から、清楚で知的な印象の名前に。道に迷わず人生を歩んでほしい、という願いを込めて。

●連想キーワード●

【芸術】 栞のテーマ

男の子の名前の例

栞也	10・3	13	かんや
栞平	10・5	15	かんぺい
芝栞	6・10	16	しかん
有栞	6・10	16	ゆうかん
栞汰	10・7	17	かんた
栞杜	10・7	17	かんと
栞英	10・8	18	かんえい
栞治	10・8	18	かんじ
武栞	8・10	18	ぶかん

女の子の名前の例

栞子	10・3	13	かんこ
栞加	10・5	15	しおか
由栞	5・10	15	ゆか
栞帆	10・6	16	かんほ
栞里	10・7	17	しおり
栞利	10・7	17	しおり
栞李	10・7	17	しおり
栞奈	10・8	18	かんな
実栞	8・10	18	みかん

記

★★☆ 常

音訓 キ、コ、しるす(す)

名のり とし、なり、のり、ふさ、ふみ、よし

意味 記す。覚えておく。忘れないように書き留める。

ポイント 「のり」や「き」の読みが人気。まじめで知的な印象に。頼りがいのある人になるように。

男の子の名前の例

夕記	3・10	13	ゆうき
匡記	6・10	16	まさき
記基	10・11	21	としき
記奨	10・13	23	のりすけ

女の子の名前の例

記子	10・3	13	きこ
記世	10・5	15	きよ
亜記	7・10	17	あき
記花	10・7	17	よしか

姫

★☆☆ 常

音訓 キ、ひめ

意味 身分の高い人の側妾、または娘。身分の高い女性の敬称。

ポイント 高貴なイメージ。上品な人に育つようにと願って。「ひめ」はかわいらしい雰囲気に、「き」を止め字にすると美しく個性的な雰囲気に。

女の子の名前の例

姫子	10・3	13	ひめこ
姫禾	10・5	15	ひめか
由姫	5・10	15	ゆき
亜姫	7・10	17	あき
姫里	10・7	17	きり
姫花	10・7	17	ひめか
姫依	10・8	18	きい
季姫	8・10	18	きき
姫奈	10・8	18	ひめな

恭

★★★ 常

音訓 キョウ、ク、うやうや(しい)

名のり すけ、たか、ただ、ちか、のり、やす、ゆき、よし

意味 うやうやしい。かしこまっている。丁寧で慎み深い。

ポイント 謙虚で礼儀正しい人になるように。「きょう」や「やす」など読みが多く、ほかの字と組み合わせやすい。

男の子の名前の例

恭一	10・1	11	きょういち
恭平	10・5	15	きょうへい
正恭	5・10	15	ただちか
恭史	10・5	15	やすし
恭行	10・6	16	たかゆき
吏恭	6・10	16	りく
恭典	10・8	18	ゆきのり
悠恭	11・10	21	ゆうすけ
恭崇	10・11	21	よしたか

女の子の名前の例

恭子	10・3	13	きょうこ
恭世	10・5	15	たかよ
恭禾	10・5	15	のりか
恭帆	10・6	16	やすほ
希恭	7・10	17	ききょう
委恭	8・10	18	いちか
恭実	10・8	18	くみ
恭依	10・8	18	ちかよ
恭奈	10・8	18	ゆきな

恵 10

★★★ 常

音訓 ケイ、エ、めぐ（む）

名のり あや、さと、しげ、とし、めぐみ、やす、よし

意味 恵む。恵み。温かく慈しむ。思いやりの気持ちで物を与える。穏やか。

ポイント 恵まれた人生になるように。思いやりのある人に育つように。読みも多く、昔から男女ともによく使われている。

●連想キーワード●

【熟語】恵風和暢

男の子の名前の例

恵10一1	11	けいいち
恵10士3	13	さとし
恵10史5	15	けいし
恵10生5	15	しげき
恵10杜7	17	あやと
恵10佑7	17	けいすけ
恵10汰7	17	けいた
恵10典8	18	よしのり
恵10嵩13	23	やすたか

女の子の名前の例

恵10子3	13	あやこ
千3恵10	13	ちえ
恵10巳3	13	めぐみ
恵10世5	15	あやせ
恵10江6	16	としえ
恵10李7	17	えり
恵10佳8	18	けいか
恵10実8	18	さとみ
恵10果8	18	よしか

桂 10

★★☆ 人

音訓 ケイ、カイ

名のり かつ、かつら、よし

意味 木の名。中国では常緑の香木であるニッケイまたはモクセイを指し、日本では落葉高木のカツラを指す。

ポイント 樹木のように大きくしっかりと育ってほしいという願いを込めて。

男の子の名前の例

桂10之3	13	よしゆき
桂10里7	17	かいり
桂10佑7	17	けいすけ
桂10太4郎9	23	けいたろう

女の子の名前の例

桂10子3	13	よしこ
桂10衣6	16	よしえ
桂10実8	18	かつみ
桂10枝8	18	よしえ

兼 10

★☆☆ 常

音訓 ケン、か（ねる）

名のり かず、かた、とも

意味 兼ねる。合わせる。一身に引き受ける。一緒に。

ポイント 2本の稲を手で持つ姿を表した字。よき友人に恵まれるように。また、優しい人になるように。

男の子の名前の例

兼10也3	13	けんや
兼10生5	15	かずお
兼10多6	16	けんた
兼10希7	17	ともき
兼10知8	18	かずとも
兼10忠8	18	かねただ

女の子の名前の例

兼10子3	13	ともこ
兼10実8	18	ともみ

悟 10

★☆☆ 常

音訓 ゴ、グ、さと（る）

名のり のり

意味 悟る。理解する。眠りから覚めて気がつく。道理に目覚める。

ポイント 本質を見極められる聡明な人になるように。「さと」や「ご」の読みで、男の子によく使われる。

男の子の名前の例

悟10史5	15	さとし
辰7悟10	17	しんご
幸8悟10	18	ゆきのり
健11悟10	21	けんご
悠11悟10	21	ゆうご
悟10瑠14	24	さとる

女の子の名前の例

悟10花7	17	のりか
悟10実8	18	さとみ

晃 10

★★★ 人

音訓 コウ、オウ

名のり あき、あきら、きら、てる、ひかる、みつ

意味 光る。明らか。光。

ポイント 明るい子になるように。また、光り輝く人生となるように。煌々とした光をイメージさせる「こう」の読み、朗らかな「あき」の読みが多い。

●連想キーワード●

【熟語】晃耀

男の子の名前の例

晃10大3	13	こうた
晃10平5	15	こうへい
晃10生5	15	みつき
晃10良7	17	あきら
晃10佑7	17	おうすけ
晃10臣7	17	てるおみ
晃10明8	18	てるあき
彗11晃10	21	さとてる
晃10聡14	24	あきさと

女の子の名前の例

晃10子3	13	あきこ
千3晃10	13	ちあき
晃10世5	15	あきよ
晃10沙7	17	こうさ
晃10里7	17	ひかり
晃10実8	18	こうみ
晃10果8	18	てるか
実8晃10	18	みおう
晃10歩8	18	みつほ

晄 10

★★☆ 人

音訓 コウ、オウ

名のり あき、あきら、きら、てる、ひかる、みつ

意味 明るい。「晃」の異体字。

ポイント 明るい子に育ち、光り輝く人生となるように。「晃」と意味も画数も同じ。使用例が少ないので個性的な印象に。

男の子の名前の例

晄10大3	13	こうだい
晄10壱7	17	こういち
晄10於8	18	みつお
晄10豊13	23	きらと

女の子の名前の例

亜7晄10	17	あきら
晄10果8	18	てるか
晄10季8	18	みつき
晄10穂15	25	あきほ

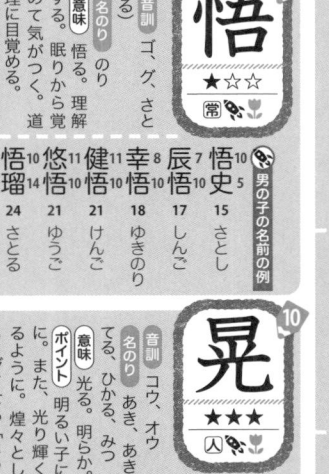

紘 10

★★☆ 人

音訓 コウ、オウ
名のり つな、ひろ、ひろし
意味 冠のひも。綱。八紘（大地に張り渡した8本の綱）。広い。
ポイント 世界や人々をつなぐ架け橋のような存在になるように。「ひろ」の読みは男女ともに「こう」は男の子に多い。

男の子の名前の例

名前	画数	読み
紘10矢5	15	こうや
紘10史5	15	ひろし
紘10百6	16	こうと
紘10典8	18	ひろのり

女の子の名前の例

名前	画数	読み
紘10子3	13	こうこ
紘10巳3	13	ひろみ
紘10依8	18	ひろえ
実8紘10	18	みつな

倖 10

★★☆ 人

音訓 コウ、ギョウ
名のり さち
意味 幸い。思いもよらなかった幸運。
ポイント たくさんの幸福に恵まれるようにと願って。「幸」と意味もほぼ同じで、「さち」と「こう」の読みも同じなので、画数を考慮して選ぶのもよい。

男の子の名前の例

名前	画数	読み
倖10大3	13	こうだい
倖10也3	13	こうや
倖10都11	21	さちと
倖10摩15	25	こうま

女の子の名前の例

名前	画数	読み
倖10子3	13	こうこ
倖10加5	15	さちか
倖10世5	15	さちよ
倖10実8	18	こうみ

航 10

★★★ 常

音訓 コウ、ゴウ
名のり かず、つら、わたる
意味 船が並んで勇ましく進む。空を海になぞらえて、空中を進むこともいう。船。
ポイント ロマンチックな雰囲気のある字。男の子に人気が高い。海を渡る大きな船のように、勇壮な人になるように。

男の子の名前の例

名前	画数	読み
航10一1	11	こういち
航10万3	13	かずま
航10巳3	13	かずみ
航10之3	13	かずゆき
航10大3	13	こうだい
航10生5	15	かずき
航10市5	15	こういち
航10司5	15	こうじ
広5航10	15	ひろかず
航10地6	16	こうじ
壱7航10	17	いっこう
航10希7	17	こうき
航10佑7	17	ごうすけ
航10汰7	17	ごうた
宏7航10	17	ひろかず
航10英8	18	こうえい

女の子の名前の例

名前	画数	読み
航10奈8	18	かずな
航10実8	18	こうみ

浩 10

★★☆ 人

音訓 コウ、ゴウ
名のり いさむ、きよし、はる、ひろ、ひろし、ゆたか
意味 水が豊かで広々としているさま。広い。大きい。豊か。
ポイント おおらかに育つように。スケールの大きな人になるよう願って。「ひろ」の読みで男女ともによく使われる。

男の子の名前の例

名前	画数	読み
浩10士3	13	ひろし
万3浩10	13	まひろ
浩10市5	15	こういち
浩10丞6	16	こうすけ
浩10助7	17	ごうすけ
浩10兎7	17	ひろと
昌8浩10	18	まさきよ
浩10夢13	23	ひろむ
浩10榛14	24	きよはる

女の子の名前の例

名前	画数	読み
千3浩10	13	ちひろ
浩10子3	13	ひろね
浩10加5	15	はるか
浩10江6	16	ひろえ
浩10果8	18	ひろか
浩10奈8	18	ひろな
茉8浩10	18	まひろ
実8浩10	18	みはる
浩10緋14	24	はるひ

高 10

★☆☆ 常

音訓 コウ、たか（い）
名のり あきら、たけ
意味 高い。位や人柄、腕前などが優れていること。声や評判がよく通る。
ポイント 優れた人になるように。「たか」の読みがよく使われ、気高く知的な雰囲気に。

男の子の名前の例

名前	画数	読み
高10広5	15	たかひろ
高10志7	17	たかし
高10杜7	17	たけと
高10季8	18	こうき

女の子の名前の例

名前	画数	読み
高10子3	13	たかこ
高10乎5	15	こうこ
高10苺8	18	こうめ
高10枝8	18	たかえ

剛 10

★★☆ 常

音訓 ゴウ、コウ
名のり かた、たか、たけ、たけし、つよ、つよし、ひさ、よし
意味 硬くて丈夫。強い。武芸や腕っぷしの強いこと。
ポイント 心身ともに強くたくましい子に育つように。男の子に向く字。「ごう」「たけ」「つよ」の読みが人気。

男の子の名前の例

名前	画数	読み
剛10史5	15	たかし
剛10司5	15	つよし
剛10行6	16	たかゆき
剛10宏7	17	たけひろ
剛10志7	17	つよし
典8剛10	18	のりたけ

女の子の名前の例

名前	画数	読み
剛10子3	13	たかこ
剛10花7	17	よしか

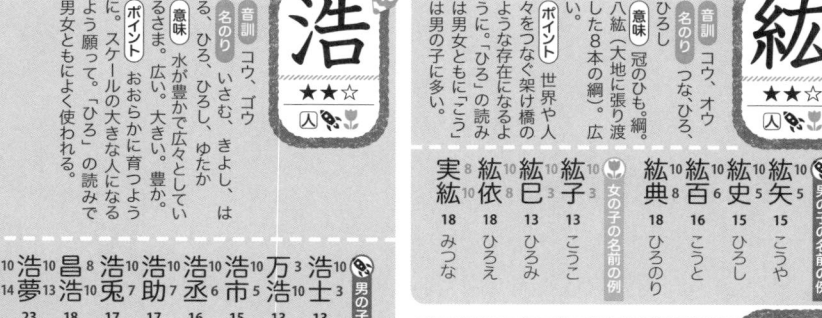

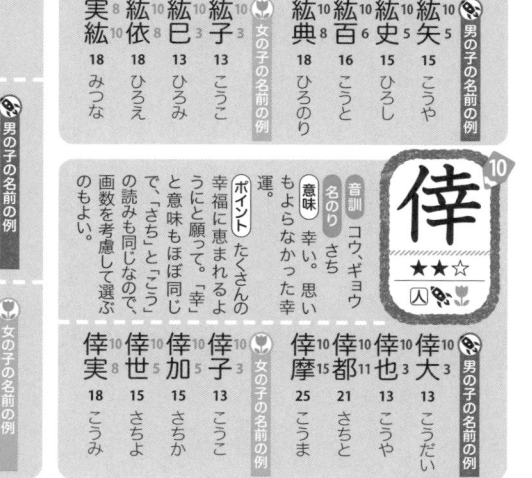

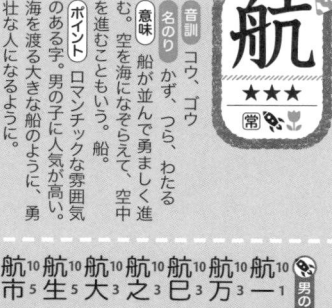

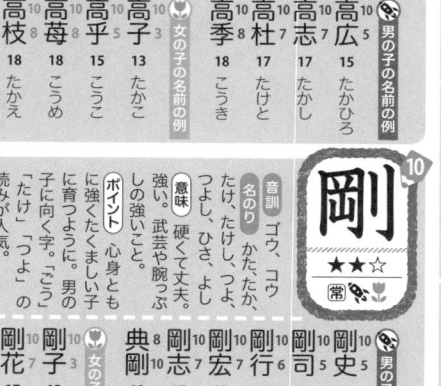

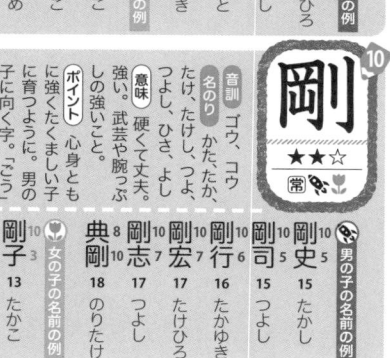

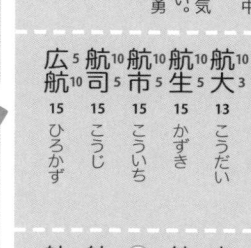

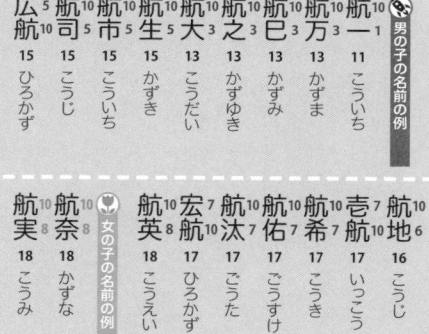

紗 10

★★★ 人

音訓 サ、シャ

名のり すず、たえ

意味 薄絹。麻や綿をほぐして、あらくすいた糸。紗（特殊な織り方で目をすかせた織物）。

ポイント 繊細で美しい印象を与える字。「さ」の読みは、先頭字にも止め字にも使われる。「すず」の読みは女の子に人気。

●連想キーワード●

【熟語】袱紗

男の子の名前の例

名前	画数	読み
紗10土3	13	すずと
紗10久3也3	16	さくや
紗10佑7	17	さすけ
紗10沖7	17	すずおき
紗10宏7	17	すずひろ
紗10和8	18	すずお
紗10治8	18	すずはる
紗10規11	21	すずのり
紗10十10琉11	31	さとる

女の子の名前の例

名前	画数	読み
紗10千3	13	さち
紗10子3	13	たえこ
巳3紗10	13	みすず
紗10由5	15	さゆ
紗10禾5	15	すずか
紗10良7	17	さら
紗10世5子3	18	さよこ
紗10歩8	18	すずほ
実8紗10	18	みさ

珠 10

★★★ 常

音訓 シュ、ス

名のり たま、み

意味 たま。真珠。美しいもののたとえ。

ポイント 真珠のような気品を連想させる。美しく育つように。「たま」は愛嬌があり、「しゅ」や「じゅ」はおしゃれな雰囲気に。

●連想キーワード●

【熟語】珠玉／【芸術】真珠の耳飾りの少女（絵画）

男の子の名前の例

名前	画数	読み
珠10也3	13	たまなり
史5珠10	15	ししゅ
珠10生5	15	たまお
珠10宇6	16	しゅう
珠10千3也3	16	みちや
児7珠10	17	こだま
珠10臣7	17	すおみ
珠10理11	21	たまみち
珠10津9夫4	23	みつお

女の子の名前の例

名前	画数	読み
珠10子3	13	たまこ
珠10希7	17	たまき
明8珠10	18	あけみ
珠10苑8	18	しゅおん
珠10奈8	18	しゅな
珠10青8	18	すはる
珠10季8	18	たまき
珠10緒14	24	みお
珠10里7奈8	25	じゅりな

修 10

★★☆ 常

音訓 シュウ、シュ、ス、おさ（める）

名のり すけ、なお、なが、なり、のぶ、のり、ひさ、まさ、みち、もと、よし

意味 修める。でこぼこを取り去ってすらりと整える。

ポイント 学芸を身につけて立派な人になるように。

男の子の名前の例

名前	画数	読み
修10也3	13	みちや
修10伍6	16	しゅうご
修10治8	18	しゅうじ
修10典8	18	なおのり

女の子の名前の例

名前	画数	読み
修10朱6	16	しゅしゅ
修10花7	17	のぶか
修10果8	18	しゅうか
修10実8	18	なおみ

峻 10

★☆☆ 人

音訓 シュン

名のり たか、たかし、ちか、とし、みち、みね

意味 高い。山が高くそびえ立つさま。険しい。性質や態度が厳しい。

ポイント 才能が秀でるように。「しゅん」の読みは、厳しい印象の字に人懐こさを加える。

男の子の名前の例

名前	画数	読み
峻10己3	13	としき
正5峻10	15	まさとし
峻10助7	17	しゅんすけ
峻10良7	17	ちから

女の子の名前の例

名前	画数	読み
峻10子3	13	ちかこ
峻10禾5	15	みねか
峻10芽8	18	たかめ
峻10杷8	18	としは

隼 10

★★★ 人

音訓 シュン、ジュン

名のり たか、とし、はや、はやと

意味 はやぶさ。飛ぶのが速くて勇敢な小形の鳥の名。

ポイント 俊敏で勇敢なイメージの名前に。鳥のように自由に生きてほしいと願って。「しゅん」「じゅん」「はや」の読みで、男の子の名前によく使われる。

男の子の名前の例

名前	画数	読み
隼10一1	11	じゅんいち
隼10大3	13	じゅんだい
隼10也3	13	じゅんや
隼10士3	13	たかし
隼10巳3	13	たかみ
千3隼10	13	ちはや
隼10之3	13	としゆき
隼10大3	13	はやた
隼10市5	15	じゅんいち
隼10史5	15	たかふみ
壮6隼10	16	そうじゅん
隼10希7	17	としき
隼10図7	17	はやと
和8隼10	18	かずとし
幸8隼10	18	ゆきたか
隼10規11	21	としのり

女の子の名前の例

名前	画数	読み
隼10子3	13	じゅんこ
隼10実8	18	はやみ

准 10

★☆☆ 常

音訓 ジュン、シュン
名のり のり

意味 平らにならすこと。なぞらえる。全体を見渡して、バランスをとる。

ポイント バランス感覚に優れた人になるようにと願って。柔軟さや協調性を思わせる。使用例が少ないので、新鮮な印象の名前に。

男の子の名前の例

名前	画数	総画	読み
准之	10・3	13	のりゆき
准礼	10・5	15	じゅんれい
准汰	10・7	17	じゅんた
准都	10・11	21	のりと

女の子の名前の例

名前	画数	総画	読み
准子	10・3	13	じゅんこ
准名	10・6	16	じゅんな
准江	10・6	16	のりえ
実准	8・10	18	みのり

純 10

★★★ 常

音訓 ジュン、シュン
名のり あつ、あや、いたる、きよし、すみ、ずみ、まこと、よし

意味 模様織りの端にはみ出た地糸。色の混じらない糸。混じりけがないさま。

ポイント 純粋な心をもった人になるように。「じゅん」の読みで先頭字に、「すみ」の読みで止め字によく使われている。

●連想キーワード●
【熟語】純真

男の子の名前の例

名前	画数	総画	読み
純大	10・3	13	しゅんた
純也	10・3	13	すみや
純示	10・5	15	じゅんじ
純杜	10・7	17	あやと
純法	10・8	18	あつのり
純和	10・8	18	よしかず
純卓	10・8	18	よしつな
純基	10・11	21	あつき
麻純	11・10	21	ますみ

女の子の名前の例

名前	画数	総画	読み
純子	10・3	13	あやこ
純加	10・5	15	あやか
純仔	10・5	15	すみこ
亜純	7・10	17	あすみ
純花	10・7	17	すみか
佳純	8・10	18	かすみ
純果	10・8	18	じゅんか
純怜	10・8	18	すみれ
実純	8・10	18	みじゅん

称 10

★☆☆ 常

音訓 ショウ
名のり な、のり、みつ、よし

意味 はかる。なりゆきをはかりにかけて考える。唱える。公に言う名前。褒め称える。

ポイント バランス感覚に優れた人や、称えられるような立派な人になるようにと願って。

男の子の名前の例

名前	画数	総画	読み
称己	10・3	13	みつき
称於	10・8	18	なお
称太朗	10・4・10	24	しょうたろう
称綱	10・14	24	よしつな

女の子の名前の例

名前	画数	総画	読み
称子	10・3	13	しょうこ
称依	10・8	18	よしえ
称瑠	10・14	24	みつる
称々禾	10・10・5	25	ななか

将 10

★★☆ 常

音訓 ショウ、ソウ
名のり すけ、すすむ、ただし、のぶ、まさ、もち、ゆき

意味 軍を率いる長。将軍となる。率いる。

ポイント 成功や、リーダーシップを感じさせる字。男の子の出世を願って。「しょう」や「まさ」の読みが人気。

男の子の名前の例

名前	画数	総画	読み
将大	10・3	13	しょうた
将矢	10・5	15	そうや
将吾	10・7	17	しょうご
将直	10・8	18	まさなお
将啓	10・11	21	しょうけい
将輝	10・15	25	まさき

女の子の名前の例

名前	画数	総画	読み
将子	10・3	13	しょうこ
将実	10・8	18	まさみ

祥 10

★★★ 常

音訓 ショウ、ゾウ
名のり あきら、さき、さち、ただ、なが、やす、よし

意味 幸い。めでたいしるし。吉凶にかかわらず神の意向や運勢が現れたもの。

ポイント しあわせな一生を願って。「しょう」「さち」「よし」の読みが多く使われている。

●連想キーワード●
【熟語】祥雲

男の子の名前の例

名前	画数	総画	読み
祥也	10・3	13	ながや
祥土	10・3	13	やすと
祥三	10・3	13	よしみ
伊祥	6・10	16	いぞう
祥匡	10・6	16	よしまさ
祥臣	10・7	17	ただおみ
祥近	10・7	17	ただちか
祥都	10・11	21	さきと
祥雷	10・13	23	しょうらい

女の子の名前の例

名前	画数	総画	読み
祥子	10・3	13	しょうこ
祥未	10・5	15	よしみ
祥江	10・6	16	さちえ
祥羽	10・6	16	やすは
祥那	10・7	17	やすな
祥佳	10・8	18	しょうか
実祥	8・10	18	みさき
祥奈	10・8	18	やすな
祥緋	10・14	24	しょうひ

秦 10

★☆☆ 人

音訓 シン、ジン
名のり はた

意味 古代中国の国名。始皇帝による中国初の統一王朝の名。もとは、生長の早い植物の意味がある。

ポイント スケールの大きなイメージの字で、すくすくと成長し、社会で成功することを願って。

男の子の名前の例

名前	画数	総画	読み
秦士	10・3	13	じんと
有秦	6・10	16	ゆうじん
秦治	10・8	18	しんじ
秦弥	10・8	18	しんや

女の子の名前の例

名前	画数	総画	読み
秦子	10・3	13	じんこ
実秦	8・10	18	みはた
秦樺	10・14	24	じんか
秦璃	10・15	25	はたり

真 10

★★★ 常

音訓 シン、ま、まな

名のり さだ、さな、さね、ただ、ちか、なお、まき、まこと、まさ、み

意味 まこと。うそや欠け目がなく充実していること。本当に。

ポイント 正直で真心のある人になるように。包容力を感じる「ま」は人気。芯の強い印象の「しん」もよく使われる。

男の子の名前の例

名前	画数	合計	読み
真生	10・5	15	なおき
真広	10・5	15	まさひろ
真央	10・5	15	まひろ
弐真	6・10	16	にちか
七真	7・10	17	かずまさ
真佑	10・7	17	なおすけ
真杜	10・7	17	まなと
真典	10・8	18	ただのり
楊真	13・10	23	ようま

女の子の名前の例

名前	画数	合計	読み
真子	10・3	13	なおこ
真禾	10・5	15	なおか
真弘	10・5	15	まひろ
真希	10・7	17	まさき
真依	10・8	18	さなえ
真実	10・8	18	まなみ
真歩	10・8	18	まほ
真波	10・8	18	みなみ
真緒	10・14	24	まお

粋 10

★☆☆ 常

音訓 スイ、いき

名のり きよ、ただ

意味 小粒できれいにそろっているさま。混じりけがないさま。野暮に対して、気が利いて風流なこと。

ポイント 文字通り、粋で洒落た印象の名前に。「すい」も「いき」も個性的な響きになる。

男の子の名前の例

名前	画数	合計	読み
粋史	10・5	15	ただふみ
正粋	5・10	15	まさきよ
粋杜	10・7	17	きよと
琉粋	11・10	21	りゅうすい

女の子の名前の例

名前	画数	合計	読み
粋禾	10・5	15	きよか
粋羽	10・6	16	すいは
妃粋	6・10	16	ひすい
粋実	10・8	18	ただみ

造 10

★☆☆ 常

音訓 ゾウ、ソウ、つくる

名のり いたる、なり

意味 造る。材料をくっつけ合わせてこしらえる。至る。

ポイント 創造力を伸ばせるように。大きな仕事を成し遂げられるように。スケールの大きさを感じさせる字。

男の子の名前の例

名前	画数	合計	読み
造也	10・3	13	なりや
辰造	7・10	17	たつなり
幸造	8・10	18	こうぞう
周造	8・10	18	しゅうぞう
健造	11・10	21	けんぞう
路造	13・10	23	みちなり

女の子の名前の例

名前	画数	合計	読み
造依	10・8	18	なりえ
造実	10・8	18	なりみ

泰 10

★★☆ 常

音訓 タイ

名のり とおる、ひろ、やす、ゆたか、よし

意味 安らか。安らぎ。奢る。はなはだ。中国の「泰山」の略。

ポイント おおらかに育つように。人生が安泰であるように。「たい」や「やす」の読みで使われることが多い。

男の子の名前の例

名前	画数	合計	読み
泰己	10・3	13	ひろき
泰光	10・6	16	やすみつ
泰治	10・8	18	たいじ
豊泰	13・10	23	とよひろ

女の子の名前の例

名前	画数	合計	読み
泰ノ	10・1	11	よしの
泰見	10・7	17	ひろみ
泰奈	10・8	18	ひろな
泰夜	10・8	18	やすよ

哲 10

★★★ 常

音訓 テツ、テチ

名のり あき、あきら、さと、さとし、さとる、のり、よし

意味 明らか。言い方ややり方が適切であること。賢い。

ポイント 賢明で才能に恵まれた人になるように。知的で着実に歩んでいく印象の名前に。

●連想キーワード●

【熟語】明哲保身

男の子の名前の例

名前	画数	合計	読み
哲士	10・3	13	さとし
哲万	10・3	13	のりかず
哲生	10・5	15	てつお
由哲	5・10	15	よしてつ
哲未	10・5	15	よしみ
哲良	10・7	17	あきら
哲汰	10・7	17	てった
哲季	10・8	18	さとき
知哲	8・10	18	ちあき

女の子の名前の例

名前	画数	合計	読み
哲子	10・3	13	さとこ
哲未	10・5	15	あきみ
哲代	10・5	15	あきよ
哲江	10・6	16	のりえ
哲那	10・7	17	あきな
来哲	7・10	17	なのり
哲波	10・8	18	てつは
実哲	8・10	18	みのり
哲果	10・8	18	よしか

展 10

★☆☆ 常

音訓 テン

名のり のぶ、ひろ

意味 のべる。平らに広げる。延ばす。開く。見てまわる。

ポイント のびやかに育つように。「隠れた才能を広げて見せる」という意味もあり、才能豊かに育つようにと願いを込めて。「のぶ」の読みが人気。

男の子の名前の例

名前	画数	合計	読み
展壮	10・6	16	のぶたけ
展図	10・7	17	ひろと
昌展	8・10	18	まさひろ
展節	10・13	23	のぶみね

女の子の名前の例

名前	画数	合計	読み
展子	10・3	13	のぶこ
展未	10・5	15	のぶみ
展奈	10・8	18	ひろな
茉展	8・10	18	まひろ

透 10
★☆☆ 常

音訓 トウ、す(く)
名のり ゆき
意味 透き通っているさま。とび抜けていること。
ポイント 透明感のある、心の美しい人のイメージ。裏表がなく、屈託のない人になるようにと願って。また、何か突出した才能を秘めた人になるように。

男の子の名前の例
- 透10佑7 17 とうすけ
- 透10杜7 17 ゆきと
- 強11透10 21 かつゆき
- 透10麻11 21 とうま

女の子の名前の例
- 透10子3 13 とうこ
- 未5透10 15 みゆき
- 透10世5 15 ゆきせ
- 透10代5 15 ゆきよ

桃 10
★★★ 常

音訓 トウ、ドウ、もも
意味 果樹の桃。春に花が咲き、夏に実が熟す。
ポイント 桃の甘さと見た目の愛らしさのイメージ、温かく母性的な「もも」の音から、女の子の名前に人気。近年は、「とう」と読んで男の子にも使われる。夏生まれの子にも。

●連想キーワード●
【熟語】桃源郷

男の子の名前の例
- 士3桃10 13 しどう
- 司5桃10 15 しとう
- 桃10左5 15 とうさ
- 桃10玄5 15 どうげん
- 桃10壱7 17 とういち
- 桃10李7 17 とうり
- 桃10甫7 17 とうすけ
- 桃10汰7 17 ももた
- 桃10梧11 21 とうご

女の子の名前の例
- 小3桃10 13 こもも
- 桃10子3 13 とうこ
- 巳3桃10 13 みとう
- 桃10禾5 15 とうか
- 桃10代5 15 ももよ
- 州6桃10 16 すもも
- 桃10花7 17 ももか
- 桃10奈8 18 ももな
- 桃10実8 18 ももみ

馬 10
★★☆ 常

音訓 バ、メ、マ、うま、ま
名のり たけし
意味 馬。将棋で角が成ったもの。
ポイント 足が速くて力強く姿も美しい馬のイメージ。りりしさを感じさせる男の子の名前にぴったり。「ま」の読みで止め字に使われることが多い。

男の子の名前の例
- 万3馬10 13 かずま
- 冬5馬10 15 とうま
- 由5馬10 15 ゆうま
- 典8馬10 18 てんま
- 明8馬10 18 はるま
- 侑8馬10 18 ゆうま

女の子の名前の例
- 英8馬10 18 えま
- 実8馬10 18 みま

敏 10
★★☆ 常

音訓 ビン、ミン
名のり あきら、さと、つとむ、とし、はや、はる、ゆき、よし
意味 さとい。神経が細ごまとよく働く。行動が速い。
ポイント 休まずに動くことを示す字。機敏で賢い子に育つように。「とし」の読みが人気。

男の子の名前の例
- 敏10久3 13 としひさ
- 敏10也3 13 ゆきなり
- 敏10広5 15 よしたけ
- 敏10周8 18 はるちか

女の子の名前の例
- 小3敏10 13 こはる
- 敏10子3 13 としこ
- 敏10代5 15 としよ
- 敏10依8 18 としえ

峰 10
★☆☆ 常

音訓 ホウ、ブ、フ、みね
名のり たか、ね
意味 みね。山の頂。とがった形に隆起したもの。刀の背。
ポイント 人生の高みを目指すように。高い山の頂のように厳しさと雄大さをあわせもった印象の名前に。

男の子の名前の例
- 峰10士3 13 たかし
- 峰10来7 17 ぶらい
- 峰10杜7 17 みねと
- 峰10聖13 23 ほうせい

女の子の名前の例
- 峰10巳3 13 ふみ
- 峰10子3 13 みねこ
- 峰10禾5 15 みねか
- 衣6峰10 16 いぶ

容 10
★★☆ 常

音訓 ヨウ、ユウ
名のり おさ、かた、なり、ひろ、まさ、もり、やす、よし
意味 入れる。中身。姿。形づくる。受け入れる。ゆとりがあるさま。
ポイント 思いやりがあり度量の大きい人になるように。包容力を感じさせる名前になる。

男の子の名前の例
- 容10也3 13 まさや
- 容10冶7 17 ようじ
- 容10和8 18 ひろかず
- 容10弥8 18 もりや

女の子の名前の例
- 容10子3 13 ようこ
- 容10羽6 16 やすは
- 容10花7 17 ゆうか
- 摩15容10 25 まひろ

莉 10
★★☆ 人

音訓 リ、ライ、レイ
意味 「茉莉花」はジャスミンの花で、夏に香りのよい小さな花を咲かせる。
ポイント 新鮮で可憐な印象。「り」の読みで人気。女の子の名前によく使われる。男の子には、力強い字と組み合わせて。

男の子の名前の例
- 莉10生5 15 りき
- 莉10園13 23 りおん

女の子の名前の例
- 莉10子3 13 りこ
- 由5莉10 15 ゆり
- 茉8莉10 18 まり
- 実8莉10 18 みらい
- 莉10奈8 18 りな
- 莉10緒14 24 りお

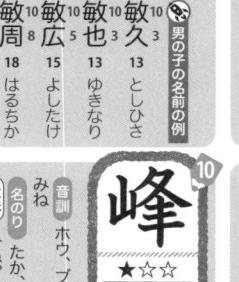

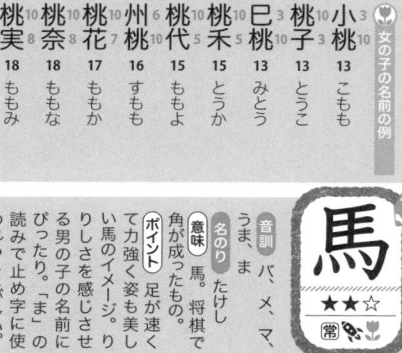

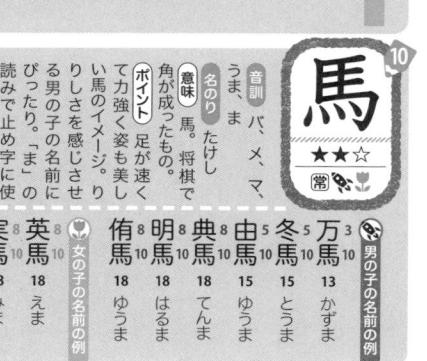

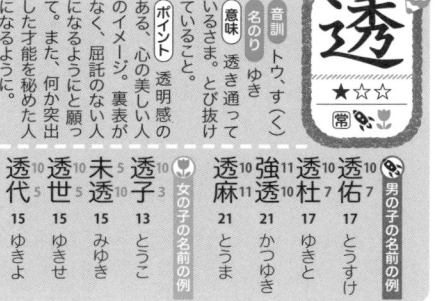

10 竜
★☆☆ 常

音訓 リュウ、リョウ、ロウ、たつ
名のり かみ、きみ、とお、とおる、めぐむ
意味 竜。伝説上の獣で、雨を降らせる。四霊の一つで、縁起がよい。
ポイント 力強く天に昇る竜のように、たくましい男の子に育つように。

男の子の名前の例
- 竜10生5 15 りゅうせい
- 竜10我7 17 りゅうが
- 竜10兵7 17 りょうへい
- 竜10聖13 23 りゅうせい

女の子の名前の例
- 竜10子3 13 きみこ
- 竜10伸7 17 とおの
- 竜10実8 18 たつみ
- 箕14竜10 24 みりゅう

10 凌
★☆☆ 人

音訓 リョウ
名のり しのぐ
意味 しのぐ。力を込めて相手の上に出る。無理をして高山や危険を越える。美しい氷。
ポイント 困難を乗り越えられる人になるように。力強さを感じる字。「りょう」の読みはさわやかなイメージ。

男の子の名前の例
- 凌10生5 15 りょうせい
- 凌10地6 16 りょうじ
- 彗11凌10 21 ずいりょう
- 凌10太4郎9 23 りょうたろう

女の子の名前の例
- 凌10世5 15 りょうせ
- 早6凌10 16 さりょう
- 実8凌10 18 みりょう
- 凌10佳8 18 りょうか

10 留
★★★ 常

音訓 リュウ、ル、と(める)
名のり たね、ひさ
意味 とどめる。とどまる。行きかけるのをとめる。とどまる。あとに残す。すばる(星座の名)。
ポイント ロマンチックな印象の「る」の読みを生かして。「とどめる、保つ」という意味から、いつまでも輝き続ける人になってほしいと願って。

男の子の名前の例
- 留10平5 15 りゅうへい
- 留10生5 15 るき
- 留10亥6 16 るい
- 留10良7 17 たねよし
- 留10図7 17 ひさと
- 留10我7 17 りゅうが
- 留10応7 17 るおう
- 留10茂8也3 21 ともや
- 留10嘉14 24 るか

女の子の名前の例
- 巳3留10 13 みりゅう
- 留10子3 13 りゅうこ
- 留10衣6 16 るい
- 留10吏6 16 るり
- 留10花7 17 るか
- 杷8留10 18 はる
- 留10奈8 18 るな
- 留10美9加5 24 るみか
- 李7留10果8 25 りるか

10 倫
★★★ 常

音訓 リン
名のり おさむ、つぐ、つね、とし、とも、のり、ひと、みち、もと
意味 たぐい。同列に並んだ仲間。人間同士の整理された関係。きちんと整った順序。
ポイント 友人に恵まれるように。涼やかな「りん」の読みがよく使われている。

男の子の名前の例
- 倫10大3 13 ともひろ
- 倫10久3 13 もとひさ
- 倫10也3 13 りんや
- 倫10矢5 15 みちや
- 倫10希7 17 としき
- 李7倫10 17 りひと
- 倫10梧11 21 りんご
- 倫10緑14 24 のりつな
- 倫10太4朗10 24 りんたろう

女の子の名前の例
- 倫10己3 13 もとこ
- 倫10子3 13 りんこ
- 倫10禾5 15 のりか
- 倫10衣6 16 ともえ
- 倫10羽6 16 みちは
- 倫10弥8 18 つぐみ
- 倫10実8 18 ともみ
- 倫10奈8 18 りんな
- 倫10鶴21 31 りんず

10 流
★☆☆ 常

音訓 リュウ、ル、なが(れる)
名のり しく、とも、はる
意味 水が流れる。分かれて広がる。一派をなす。
ポイント 「流れる水は腐らず」というように、精進を怠らない人に。さわやかな印象の「りゅう」の読みが人気。

男の子の名前の例
- 流10礼5 15 ながれ
- 流10平5 15 りゅうへい
- 流10季8 18 ともき
- 流10武8 18 はるむ

女の子の名前の例
- 万3流10 13 まる
- 流10枝8 18 はるえ
- 流10佳8 18 るか
- 流10璃15 25 るり

10 烈
★☆☆ 常

音訓 レツ、レチ
名のり たけ、つよ、やす、よし
意味 激しい。火が勢いよく燃え盛るさま。行いや精神が厳しい。立派な業績。
ポイント 情熱的な人や努力家になるように。炎のイメージから男の子に向き、読みも多い。

男の子の名前の例
- 烈10士3 13 たけと
- 烈10巳3 13 よしみ
- 烈10市5 15 たけいち
- 烈10史5 15 つよし
- 烈10典8 18 たけのり
- 烈10基11 21 よしき

女の子の名前の例
- 烈10奈8 18 やすな
- 烈10実8 18 よしみ

朗 10
★☆☆ 常

音訓 ロウ、ほが（らか）
名のり あき、あきら、お、さえ、とき
意味 朗らか。声が明るく大きい。清らかに澄んでいる。
ポイント 「ろう」や「お」の読みで、男の子の止め字の定番。男の子らしく明るく快活に育つように。

男の子の名前の例
千3朗10　13　ちあき
朗10羽6　16　ときは
朗10良7　17　あきら
丈3太4朗10　17　じょうたろう
那7朗10　17　なお
朗10和8　18　ときお

女の子の名前の例
朗10江6　16　あきえ
朗10花7　17　さえか

惟 11
★★★ 人

音訓 イ、ユイ
名のり あり、これ、ただ、たもつ、のぶ、よし
意味 思う。よく考えてみる。指示詞の「ただ」や強調の「これ」の用法もある。
ポイント 思慮深い印象に。「これ」や「ただ」の読みは男の子向きだが、近年は「い」や「ゆい」の読みがよく使われる。

男の子の名前の例
右5惟11　16　あきのぶ
惟11正5　16　これまさ
惟11光6　17　ありみつ
惟11臣7　18　ただおみ
惟11兎7　18　よしと
惟11晃10　21　これあき
恭10惟11　21　たかのぶ
敏10惟11　21　としのぶ
惟11真10　21　のぶまさ

女の子の名前の例
惟11未5　16　これみ
惟11禾5　16　のぶか
惟11加5　16　ゆいか
惟11世5　16　ゆいせ
惟11帆6　17　ありほ
惟11佐7　18　ありさ
惟11折7　18　いおり
惟11良7　18　いら
惟11那7　18　ゆいな

椛 11
★★☆ 人

名のり かば、なぎ、もみじ
意味 木の名で「なぎ（梛）」。もみじ。色の名でかば（赤みを帯びた黄色）。
ポイント 葉が花のように色づく木を表した日本製の漢字。艶やかで美しい人になるように。字面も美しく、風流な印象の名前に。

男の子の名前の例
椛11太4　15　なぎた
椛11斗4　15　なぎと
椛11矢5　16　かばや
椛11豊13　24　なぎと

女の子の名前の例
椛11心4　15　なぎこ
椛11江6　17　なぎえ
椛11沙7　18　なぎさ
椛11那7　18　なぎな

貫 11
★★☆ 常

音訓 カン、ケン、つらぬ（く）
名のり つら、とおる、ぬき、やす
意味 貫く。ひもを通していくつもつなぐ。趣旨や意味が通っている。
ポイント 意志を貫く強さがある人に育つように。「かん」の読みが男女ともによく使われる。

男の子の名前の例
貫11多6　17　かんた
貫11冶7　18　かんじ
貫11悟10　21　けんご
貫11輔14　25　かんすけ

女の子の名前の例
貫11水4　15　やすみ
未5貫11　16　みかん
貫11良7　18　つらら
貫11伸7　18　やすの

規 11
★★☆ 常

音訓 キ
名のり ただ、ちか、なり、のり、み、もと
意味 コンパス。物事の基準。正す。物事の計画を立てる。
ポイント 規範となるような立派な人になるようにと願って。「き」や「のり」の読みは、男女ともに先頭字にも止め字にもよく使われる。

男の子の名前の例
友4規11　15　ともちか
規11心4　15　もとみ
正5規11　16　まさき
規11兼10　21　のりかね

女の子の名前の例
衣6規11　17　いちか
規11江6　17　きえ
規11玖7　18　みく
箕14規11　25　みのり

基 11
★★★ 常

音訓 キ、コ、もと、もとい
名のり のり、はじむ、はじめ
意味 もとい。建物の四角い土台のこと。物事の基盤となるもの。よりどころ。もとづく。
ポイント 安定感があってしっかり者の印象。最近は、「き」「もと」の読みが人気。

●連想キーワード●
【熟語】基本

男の子の名前の例
基11広5　16　のりひろ
基11矢5　16　のりや
基11生5　16　もとき
基11史5　16　もとふみ
基11成6　17　もとなり
有6基11　17　ゆうき
浩10基11　21　こうき
高10基11　21　たかのり
基11温12　23　もとはる

女の子の名前の例
壬4基11　15　みのり
基11禾5　16　もとか
基11未5　16　もとみ
基11江6　17　のりえ
基11花7　18　こはな
見7基11　18　みのり
基11瑚13　24　もとこ
基11維14　25　きい
基11歌14　25　もとか

掬 11

★☆☆ 人

音訓 キク、すく(い)、むす(ぶ)

意味 手を丸めて水をすくう。手にとって見るほど明らかなこと。両手いっぱいの量。

ポイント 両手にあふれるほどたくさんのしあわせを願って。「きく」の読みが古風でいて新鮮な印象に。

男の子の名前の例

掬11人2	13	きくひと
掬11文4	15	きくひさ
掬11水4	15	きくみ
掬11矢5	16	きくや

女の子の名前の例

乃2掬11	13	のぎく
掬11世5	16	きくよ
乎5掬11	16	こきく
掬11江6	17	きくえ

強 11

★☆☆ 常

音訓 キョウ、ゴウ、つよ(い)、し(いる)

名のり あつ、かつ、こわ、たけ、つとむ、つよし

意味 強い。がっちりしている。努める。強いる。

ポイント 意志や体が強い子に育つようにと願って。男の子の名前に人気だが、女の子にも。

男の子の名前の例

強11斗4	15	あつと
強11太4	15	ごうた
強11司5	16	つよし
強11志7	18	たけし
強11朗10	21	しろう
強11流10	21	たける

女の子の名前の例

強11江6	17	あつえ
強11花7	18	きょうか

郷 11

★★★ 常

音訓 キョウ、ゴウ、コウ

名のり あき、さと、のり

意味 ふるさと。都市に対していなか。向くその方向に面する。昔、地方の行政区画の名。

ポイント 素朴で地に足の着いた人になるように。ふるさとを思う優しさも感じられる名前。「ごう」の読みはたくましく、「さと」の読みはのどかな印象。

●連想キーワード●
【熟語】郷愁、郷里

男の子の名前の例

郷11天4	15	さとたか
郷11平5	16	きょうへい
郷11史5	16	さとし
郷11多6	17	ごうた
郷11良7	18	あきら
郷11快7	18	ごうかい
郷11冶7	18	こうや
郷11真10	21	きょうま
郷11登12	23	のりと

女の子の名前の例

心4郷11	15	みさと
郷11世5	16	あきよ
郷11加5	16	きょうか
未5郷11	16	みのり
郷11那7	18	あきな
亜7郷11	18	あさと
郷11花7	18	さとか
郷11瑚13	24	こうこ
郷11箕14	25	さとみ

啓 11

★★★ 常

音訓 ケイ、ケ

名のり あきら、さとし、たか、のぶ、のり、はじめ、はる、ひら、ひろ、ひろむ、よし

意味 開く。夜が明ける。物事を理解させる。申す。

ポイント 閉じた戸を手で開くことを表した字。明るくて賢い人になるように。

●連想キーワード●
【熟語】承前啓後

男の子の名前の例

啓11斗4	15	はると
市5啓11	16	いっけい
啓11史5	16	けいし
啓11司5	16	たかし
啓11生5	16	はるき
啓11行6	17	たかゆき
啓11成6	17	ひらなり
啓11希7	18	ひろき
啓11晶12	23	ひろあき

女の子の名前の例

啓11乃2	13	はるの
心4啓11	15	こはる
啓11禾5	16	はるか
啓11未5	16	ひろみ
啓11凪6	17	たかな
啓11江6	17	のりえ
啓11良7	18	あきら
啓11李7	18	ひらり
啓11花7	18	ひろか

経 11

★★☆ 常

音訓 ケイ、キョウ、へ(る)

名のり おさむ、つね、のぶ、のり

意味 縦糸。常。物事の道筋。経る。管理する。

ポイント 布を織るときに通す縦糸の意味から、芯の通った人の印象。「つね」や「のぶ」の読みがよく使われる。

男の子の名前の例

経11沖7	18	つねおき
経11真10	21	きょうま
経11景12	23	のぶかげ
経11輔14	25	けいすけ

女の子の名前の例

経11加5	16	きょうか
経11瑚13	24	けいこ
経11歌14	25	のりか
箕14経11	25	みのり

渓 11

★☆☆ 常

音訓 ケイ

名のり たに

意味 谷。細くつながる谷川。

ポイント 「渓谷」や「渓流」という言葉から、厳しくもさわやかな自然美を連想させる字。飾らない美しさと強さをもった人に育つようにと願って。「けい」の読みは温かみもある。

男の子の名前の例

渓11斗4	15	けいと
渓11冴7	18	けいご
渓11志7	18	けいし
渓11助7	18	けいすけ

女の子の名前の例

渓11未5	16	けいみ
渓11凪6	17	けいな
渓11花7	18	けいか
渓11瑚13	24	けいこ

健 11

★★★ 常

音訓 ケン、ゴン、すこ（やか）、したた（か）

名のり きよ、たけ、つよし、とし、まさる、やす

意味 健やか。元気で力が強い。疲れずに物事を続ける。

ポイント 健康で元気いっぱいに育つように。男の子に人気の高い字。快活な「けん」、伸びやかな「たけ」など、読みが多い。

●連想キーワード●

【熟語】健勝

男の子の名前の例

- 健11人2　13　たけと
- 健11仁4　15　けんじ
- 健11太4　15　けんた
- 健11市5　16　けんし
- 健11史5　16　やすふみ
- 安6健11　17　さだきよ
- 健11光6　17　やすみつ
- 健11志7　18　きよし
- 健11吾7　18　けんご
- 健11治7　18　けんじ
- 健11助7　18　けんすけ
- 健11流10　21　たける
- 健11記10　21　としき
- 健11矩10　21　やすのり
- 陽12健11　23　ようけん
- 健11輔14　25　けんすけ

女の子の名前の例

- 健11未5　16　としみ
- 健11圭6　17　たけか

彩 11

★★★ 常

音訓 サイ、いろど（る）

名のり あや、いろ、たみ

意味 彩る。色を取り合わせたさま。様子。色めく。はえある事柄。

ポイント 多彩な魅力をもった美しい女の子に育つように。人気の「あや」の読みは、しとやかで愛らしい雰囲気に。

●連想キーワード●

【熟語】彩雲

男の子の名前の例

- 彩11斗4　15　あやと
- 彩11馬10　21　さいま

女の子の名前の例

- 彩11乃2　13　あやの
- 彩11心4　15　あやみ
- 彩11水4　15　いろみ
- 彩11世5　16　あやせ
- 彩11加5　16　さいか
- 彩11世5　16　たみよ
- 彩11衣6　17　あい
- 彩11帆6　17　あやほ
- 彩11羽6　17　いろは
- 杏7彩11　18　あさ
- 彩11花7　18　あやか
- 彩11来7　18　あやこ
- 彩11那7　18　あやな
- 希7彩11　18　きいろ
- 沙7彩11　18　さあや
- 彩11愛13　24　あやな

梧 11

★☆☆ 人

音訓 ゴ、グ

意味 アオギリ科の落葉高木。葉が大きく、樹皮が緑色で、材は琴や家具に用いる。

ポイント 大きく立派に育つように。「ご」の読みで男の子の止め字に。アオギリのようにさわやかなイメージの名前に。

男の子の名前の例

- 心4梧11　15　しんご
- 圭6梧11　17　けいご
- 恵10梧11　21　けいご
- 兼10梧11　21　けんご
- 梧11朗10　21　ごろう
- 堅12梧11　23　けんご

女の子の名前の例

- 市5梧11　16　いちご
- 名6梧11実8　25　なごみ

康 11

★☆☆ 常

音訓 コウ

名のり しず、しずか、みち、やす、やすし、よし

意味 健康。安らか。丈夫。

ポイント 穀物の外皮を表し、丈夫で硬いという意味。健やかに育つように。男の子は「こう」、女の子や「やす」の読みが多い。

男の子の名前の例

- 康11平5　16　こうへい
- 康11矢5　16　みちや
- 康11光6　17　やすみつ
- 康11師10　21　やすし

女の子の名前の例

- 康11乃2　13　やすの
- 康11禾5　16　やすか
- 康11衣6　17　やすえ
- 康11芭7　18　やすは

菜 11

★★★ 常

音訓 サイ、な

意味 食用とする草。植物の草のアブラナ。副食物。

ポイント 早春に黄色い花を咲かせる菜の花が連想され、ほがらかで愛らしい印象の名前に。花に関する字の中でも、親しみやすさが魅力。

●連想キーワード●

【芸術】菜の花や月は東に日は西に（与謝蕪村）

男の子の名前の例

- 菜11央5矢5　21　なおや
- 実8菜11斗4　23　みなと

女の子の名前の例

- 文4菜11　15　ふみな
- 友4菜11　15　ゆうな
- 菜11央5　16　なお
- 百6菜11　17　もな
- 花7菜11　18　かな
- 芹7菜11　18　せりな
- 那7菜11　18　なな
- 聖13菜11　24　せいな
- 新13菜11　24　にいな
- 綾14菜11　25　あやな
- 静14菜11　25　しずな
- 菜11摘14　25　なつみ
- 菜11乃2葉12　25　なのは
- 陽12菜11乃2　25　ひなの
- 菜11津9葉12　32　なつは
- 菜11々11瀬19　41　ななせ

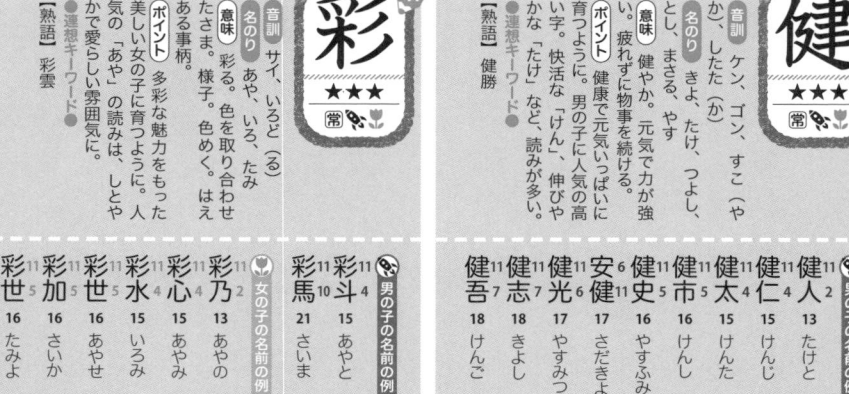

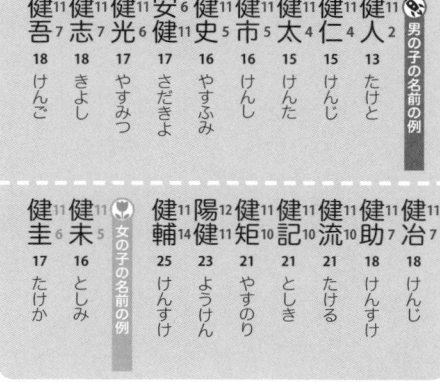

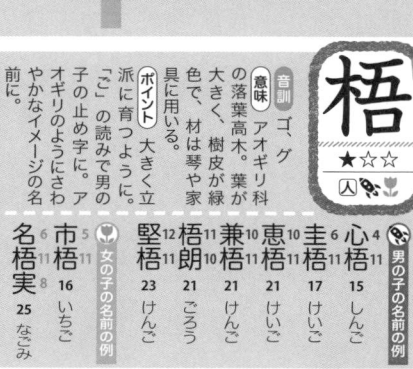

脩 11

★★★ 人

音訓 シュウ、ス、シュ
名のり おさ、おさむ、さね、すけ、なお、なが、のぶ、はる
意味 ほじし（肉を干して細長く割いたもの）。納める。長い。はるかに遠い。
ポイント 「修」にあてて、修めるの意味もあり、よく学ぶ子に育つように。「しゅう」の読みで、知的な雰囲気の名前に。

男の子の名前の例

名前	画数	読み
脩11	11	おさむ
脩11 人2	13	しゅうと
脩11 司5	16	しゅうじ
脩11 平5	16	しゅうへい
脩11 吉6	17	しゅうきち
脩11 希7	18	なおき
脩11 悟10	21	しゅうご
脩11 晟10	21	しゅうせい
脩11 馬10	21	しゅうま

女の子の名前の例

名前	画数	読み
脩11 乃2	13	はるの
脩11 羽6	17	すう
脩11 江6	17	はるえ
脩11 圭6	17	はるか
脩11 妃6	17	はるひ
脩11 花7	18	しゅうか
脩11 那7	18	はるな
脩11 愛13	24	はるえ
脩11 歌14	25	はるか

淳 11

★★★ 人

音訓 ジュン、シュン
名のり あき、あつし、きよし、ただし、とし、まこと、よし
意味 厚い。情が深い。素直。清い。大きい。
ポイント 真心のある素直な人に育つように。「じゅん」「あつ」などの読みや、「あつし」で1字名も人気。

●連想キーワード●
【熟語】淳厚

男の子の名前の例

名前	画数	読み
淳11	11	あつし
淳11 司5	16	あつし
淳11 平5	16	じゅんぺい
淳11 行6	17	あつゆき
淳11 多6	17	じゅんた
淳11 杜7	18	あつと
淳11 之3 介4	18	じゅんのすけ
淳11 朗10	21	あつろう
淳11 徳14	25	あつのり

女の子の名前の例

名前	画数	読み
淳11	11	じゅん
淳11 乃2	13	あきの
淳11 未5	16	よしみ
淳11 衣6	17	あきえ
淳11 江6	17	あつえ
淳11 帆6	17	としほ
淳11 那7	18	じゅんな
淳11 花7	18	よしか
淳11 芳7	18	よしか

淑 11

★★★ 常

音訓 シュク、ジュク
名のり きみ、きよ、すえ、すみ、とし、ひで、よ、よし
意味 しとやか。穏やかで感じがよい。女性がつつましく清らかであるさま。慕う。
ポイント 女の子の名前に。気品ある女性になるように。「とし」「よし」の読みが人気。

●連想キーワード●
【熟語】淑徳、紳士淑女

女の子の名前の例

名前	画数	読み
淑11	11	しゅく
淑11 乃2	13	よしの
淑11 心4	15	よしみ
淑11 加5	16	きよか
淑11 代5	16	としよ
淑11 未5	16	よしみ
淑11 圭6	17	すみか
淑11 衣6	17	としえ
淑11 江6	17	よしえ
淑11 妃6	17	よしき
淑11 羽6	17	よしは
淑11 良7	18	きよら
淑11 花7	18	よしか
淑11 芳7	18	よしか
淑11 那7	18	よしな
淑11 芭7	18	よしは
淑11 愛13	24	よしえ
淑11 瑚13	24	よしこ
淑11 歌14	25	きよか

渚 11

★★★ 人

音訓 ショ
名のり なぎさ
意味 河川の中に砂などが集まってできる中州。水際の地。なぎさ。
ポイント 波打ち際のロマンチックなイメージが好まれている字。おおらかで美しい人になってほしいと願って。

●連想キーワード●
【芸術】渚のアデリーヌ

男の子の名前の例

名前	画数	読み
渚11 斗4	15	なぎと
渚11 生5	16	しょう
渚11 羽6	17	しょう
渚11 良7	18	なぎら
渚11 留10	21	なぎと
渚11 朗10	21	なぎろう
智12 渚11	23	ちなぎ
渚11 有6 希7	24	しょうき
渚11 緒14	25	なぎお

女の子の名前の例

名前	画数	読み
渚11	11	なぎさ
渚11 乃2	13	なぎの
渚11 心4	15	なぎこ
渚11 江6	17	なぎえ
渚11 早6	17	なぎさ
渚11 帆6	17	なぎほ
渚11 沙7	18	なぎさ
渚11 冴7	18	なぎさ
七7 渚11	18	ななぎ

章 11

★★★ 常

音訓 ショウ

名のり あき、あきら、あや、き、たか、とし、のり、ふみ、ゆき

意味 楽曲の一区切り。一区切りの文や詩。けじめ。印や模様。明らか。目立たせる。

ポイント 音楽や文学の才能に恵まれるように。スマートで詩的な印象の名前に。

男の子の名前の例

名前	画数	読み
章(11)	11	あきら
章(11)仁(4)	15	あきと
章(11)介(4)	15	しょうすけ
章(11)匡(6)	17	あきまさ
章(11)伍(6)	17	しょうご
邦(7)章(11)	18	くにあき
恭(10)章(11)	21	たかあき
章(11)太(4)郎(9)	24	しょうたろう
雅(13)章(11)	24	まさあき

女の子の名前の例

名前	画数	読み
章(11)乃(2)	13	あきの
章(11)心(4)	15	あきみ
章(11)代(5)	16	あきよ
章(11)加(5)	16	あやか
章(11)未(5)	16	あやみ
章(11)世(5)	16	ふみよ
章(11)帆(6)	17	あきほ
章(11)羽(6)	17	ゆきは
章(11)瑚(13)	24	しょうこ

紹 11

★★☆ 常

音訓 ショウ、ジョウ

名のり あき、つぎ、つぐ

意味 糸の端と端を回してつなぐ。絶えぬように受け継ぐ。仲立ちする。

ポイント 人の縁に恵まれるように。「あき」や「しょう」の読みで男女ともに使われる。

男の子の名前の例

名前	画数	読み
紹(11)太(4)	15	しょうた
紹(11)伸(7)	18	あきのぶ
紹(11)宏(7)	18	あきひろ
紹(11)聖(13)	24	あきまさ

女の子の名前の例

名前	画数	読み
紹(11)日(4)	15	あきか
紹(11)心(4)	15	つぐみ
紹(11)江(6)	17	あきえ
紹(11)帆(6)	17	あきほ

渉 11

★★☆ 常

音訓 ショウ、ジョウ、チョウ

名のり さだ、たか、ただ、わたる

意味 水のあるところを歩いて渡る。見聞を広める。関わる。

ポイント 「交渉」の言葉から、視野が広く、人との関わりを大切にする人になるように。

男の子の名前の例

名前	画数	読み
渉(11)	11	わたる
渉(11)人(2)	13	たかと
渉(11)瑛(12)	23	しょうえい
渉(11)暉(13)	24	しょうき

女の子の名前の例

名前	画数	読み
渉(11)心(4)	15	しょうこ
渉(11)未(5)	16	たかみ
渉(11)世(5)	16	たかよ
渉(11)江(6)	17	たかえ

常 11

★★☆ 常

音訓 ジョウ、ショウ、つね、とこ

名のり つら、とき、のぶ、ひさ、ひさし

意味 いつまでも同じ姿で長く続くこと。不変の道理。つねに。とこしえに。普通の。

ポイント 長寿や長く続くしあわせを願って。堅実な印象の名前になる。

男の子の名前の例

名前	画数	読み
常(11)	11	じょう
常(11)希(7)	18	じょうき
真(10)常(11)	21	まさつね
常(11)太(4)郎(9)	24	じょうたろう

女の子の名前の例

名前	画数	読み
常(11)心(4)	15	とこみ
常(11)未(5)	16	とこみ
常(11)帆(6)	17	とこほ
常(11)江(6)	17	のぶえ

唱 11

★☆☆ 常

音訓 ショウ、とな(える)

名のり うた

意味 唱える。人の先に立って読み始める。歌う。歌。

ポイント 音楽の才能に恵まれるように。また、積極性のある子になるように。「しょう」の読みが多く、女の子は「うた」の読みも。

男の子の名前の例

名前	画数	読み
唱(11)冶(7)	18	うたや
唱(11)吾(7)	18	しょうご
唱(11)真(10)	21	しょうま
唱(11)喜(12)	23	しょうき

女の子の名前の例

名前	画数	読み
唱(11)	11	うた
唱(11)心(4)	15	うたみ
唱(11)圭(6)	17	しょうか
唱(11)瑚(13)	24	うたこ

進 11

★★★ 常

音訓 シン、すす(む)

名のり す、のぶ、みち、ゆき

意味 進む。前へ出る。高い地位やよいほうに移る。進める。人の前に差し出す。

ポイント 前向きで行動力がある人になるように。「すすむ」「しん」ともにさわやかな響き。

●連想キーワード●

【熟語】日進月歩

男の子の名前の例

名前	画数	読み
進(11)	11	すすむ
進(11)伍(6)	17	しんご
進(11)多(6)	17	しんた
進(11)佑(7)	18	しんすけ
進(11)之(3)介(4)	18	しんのすけ
進(11)一(1)郎(9)	21	しんいちろう
瑛(12)進(11)	23	えいしん
進(11)太(4)郎(9)	24	しんたろう
進(11)徳(14)	25	みちのり

女の子の名前の例

名前	画数	読み
進(11)乃(2)	13	ゆきの
進(11)心(4)	15	ゆきみ
進(11)加(5)	16	みちか
進(11)未(5)	16	ゆきみ
進(11)江(6)	17	みちえ
進(11)会(6)	17	ゆきえ
進(11)花(7)	18	みちか
進(11)那(7)	18	ゆきな
進(11)瑚(13)	24	みちこ

深 11

★☆☆ 常

音訓 シン、ふか(い)、ふ(ける)

名のり とお、み

意味 水が深い。夜が更ける。奥深い。色が濃い。

ポイント 思慮深い人になるように。深い水のような、透明感にあふれた印象も。「しん」の読みや、「み」の読みで止め字に。

男の子の名前の例

名前	画数	総画	読み
深月	11・4	15	みつき
深生	11・5	16	みお
深来	11・7	18	みく
深杜	11・7	18	みと

女の子の名前の例

名前	画数	総画	読み
深広	11・5	16	みひろ
深冬	11・5	16	みふゆ
深希	11・7	18	みき
深来	11・7	18	みらい

彗 11

★☆☆ 人

音訓 スイ、ズイ、セイ、ゼイ

意味 草の穂や竹の枝先をまとめて作ったほうき。

ポイント 彗星の意味も。かつて彗星は縁起が悪いとされていたが、現代では神秘的な美しさが注目されている。「すい」「せい」の読みは清々しい印象に。

男の子の名前の例

名前	画数	総画	読み
彗生	11・5	16	すいせい
彗吾	11・7	18	せいご
彗時	11・10	21	せいじ
彗翔	11・12	23	せいと

女の子の名前の例

名前	画数	総画	読み
彗	11	11	すい
彗花	11・7	18	せいか
彗那	11・7	18	せいな
彗良	11・7	18	せいら

崇 11

★★★ 常

音訓 スウ、シュウ、ズウ

名のり たか、たかし、たけ

意味 山が高くそびえているさま。気高い。尊ぶ。崇める。

ポイント 気高く、人々から尊敬される人になるように。「たか」や「たけ」の読みが多く、男の子には「たかし」で1字名も人気。「しゅう」の読みも新鮮。

●連想キーワード●
【熟語】崇高

男の子の名前の例

名前	画数	総画	読み
崇	11	11	たかし
崇平	11・5	16	しゅうへい
崇史	11・5	16	たかし
崇宏	11・7	18	たかひろ
崇希	11・7	18	たけき
崇悟	11・10	21	しゅうご
崇晃	11・10	21	たかあき
崇翔	11・12	23	しゅうと
崇滉	11・13	24	たかひろ

女の子の名前の例

名前	画数	総画	読み
崇乃	11・2	13	たかの
崇心	11・4	15	たかみ
崇加	11・5	16	しゅうか
崇世	11・5	16	たかよ
崇衣	11・6	17	たかえ
崇帆	11・6	17	たかほ
崇花	11・7	18	しゅうか
崇芭	11・7	18	たかは
崇瑚	11・13	24	すうこ

清 11

★★★ 常

音訓 セイ、ショウ、シン、きよ(い)、さや(か)、す(ます)

名のり すが、すみ

意味 清い。清らか。けがれなく澄み切る。清める。

ポイント 清らかな心をもった人になるように。澄み切った印象の「きよ」や、清楚なイメージの「せい」の読みが多い。

●連想キーワード●
【熟語】清廉潔白

男の子の名前の例

名前	画数	総画	読み
清	11	11	きよし
清人	11・2	13	きよひと
清正	11・5	16	きよまさ
清孝	11・7	18	きよたか
清将	11・10	21	きよまさ
清遥	11・12	23	きよはる
清晴	11・12	23	きよはる
清瑛	11・12	23	すみあき
清陽	11・12	23	すみはる

女の子の名前の例

名前	画数	総画	読み
清乃	11・2	13	きよの
清心	11・4	15	きよみ
清加	11・5	16	きよか
清未	11・5	16	さやみ
清花	11・7	18	きよか
清来	11・7	18	きよら
清良	11・7	18	きよら
清那	11・7	18	せいな
清寧	11・14	25	さやね

盛 11

★★☆ 常

音訓 セイ、ジョウ、も(る)、さか(ん)

名のり しげ、たけ、もり

意味 器に山盛りに入れたもの。力や勢いがある。

ポイント 人生の繁栄を願って。「しげ」や「もり」の読みは重厚感があり、豊かなイメージに。

男の子の名前の例

名前	画数	総画	読み
盛人	11・2	13	しげと
盛仁	11・4	15	もりひと
真盛	10・11	21	まさもり
盛椰	11・13	24	もりや

女の子の名前の例

名前	画数	総画	読み
盛乃	11・2	13	しげの
盛花	11・7	18	せいか
盛良	11・7	18	せいら
盛那	11・7	18	もりな

雪 11

★☆☆ 常

音訓 セツ、セチ、ゆき

名のり きよ、きよみ、そそぐ

意味 空から降る雪。雪のように白い。清める。

ポイント 雪のように清らかで美しい人になるように。気品ある「せつ」や、優美な「ゆき」の読みが多い。

男の子の名前の例

名前	画数	総画	読み
雪矢	11・5	16	ゆきや
雪杜	11・7	18	ゆきと
雪紘	11・10	21	ゆきひろ
雪徳	11・14	25	ゆきのり

女の子の名前の例

名前	画数	総画	読み
雪	11	11	ゆき
雪乃	11・2	13	ゆきの
雪未	11・5	16	ゆきみ
雪江	11・6	17	ゆきえ

爽 11

★★★ 常

音訓 ソウ、ショウ、さわ（やか）、さや（けし）

名のり あきら、さ

意味 さわやか。さっぱりして気持ちがよいさま。明らか。たがう。2つに割れて符合しない。

ポイント 明るくすがすがしい人になるように。スピード感のある「そう」、優しくフレッシュな印象の「さわ」などの読みが人気。

●連想キーワード●

【熟語】爽然、颯爽

男の子の名前の例

名前	画数	読み
爽11	11	あきら
爽11平5	16	そうへい
爽11矢5	16	そうや
爽11佑7	18	そうすけ
爽11汰7	18	そうた
爽11真10	21	そうま
爽11士3郎9	23	そうじろう
爽11晴12	23	そうせい
爽11嗣13	24	そうし

女の子の名前の例

名前	画数	読み
爽11乃2	13	さやの
爽11心4	15	そうこ
爽11加5	16	さわか
爽11江6	17	さえ
爽11帆6	17	さやほ
爽11花7	18	さやか
爽11那7	18	そうな
爽11愛13	24	さえ
爽11歌14	25	さやか

都 11

★★★ 常

音訓 ト、ツ、みやこ、いち

名のり くに、さと、ひろ

意味 みやこ。人々が集まる大きな町。国の中心と決めた大きな町。集める。すべて。

ポイント 活気に満ちたリーダーのイメージ。「みやこ」の読みは雅やかな印象で、「と」を止め字にすると洗練された印象に。

●連想キーワード●

【熟語】都雅

男の子の名前の例

名前	画数	読み
北5都11	16	ほくと
托6都11	17	たくと
佑7都11	18	ゆうと
哲10都11	21	あきと
祥10都11	21	さちと
敦12都11	23	あつと
結12都11	23	ゆうと
聖13都11	24	まさと
蓮13都11	24	れんと

女の子の名前の例

名前	画数	読み
都11	11	みやこ
圭6都11	17	けいと
都11麦7	18	つむぎ
杜7都11名6	24	ととな
莉10都11子3	24	りつこ
都11希7芭7	25	ときは
杜7都11花7	25	ととか
梨11都11子3	25	りつこ
豊13都11奈8	32	ととな

梛 11

★★☆ 人

音訓 ダ、ナ

名のり なぎ

意味 もとはヤナギに似た木の名。日本ではマキ科の樹木のナギのこと。

ポイント 境内などに植えられる常緑高木のナギにちなんで、まっすぐ立派に育つように。芯がありながらしなやかな人になるように。

男の子の名前の例

名前	画数	読み
梛11斗4	15	なぎと
梛11矢5	16	なぎや
梛11良7	18	なぎら
梛11留10	21	なぎる

女の子の名前の例

名前	画数	読み
梛11	11	なぎ
妃6梛11	17	ひな
花7梛11	18	かな
梛11沙7	18	なぎさ

惇 11

★☆☆ 人

音訓 トン、ジュン、シュン

名のり あつ、あつし、つとむ、とし、まこと

意味 厚い。落ち着いている。穏やかな人柄。

ポイント 誠実で心の温かい人になるように。「あつし」など、男の子に向く読みが多い。

男の子の名前の例

名前	画数	読み
惇11生5	16	あつお
惇11史5	16	あつし
惇11晟10	21	じゅんせい
惇11寛13	24	あつひろ

女の子の名前の例

名前	画数	読み
惇11心4	15	あつみ
惇11代5	16	あつよ
惇11帆6	17	あつほ
惇11名6	17	じゅんな

琢 11

★☆☆ 人

音訓 タク

名のり あや、たか、みがく

意味 玉を美しく磨く。努力して学徳や技を磨き上げる。選択する。

ポイント 努力を惜しまず自分を磨いていける人になるように。「たく」の読みは、たくましくて愛嬌もある印象。

男の子の名前の例

名前	画数	読み
琢11人2	13	たくと
琢11央5	16	たくお
琢11未5	16	たくみ
琢11矢5	16	たくや
琢11真10	21	たくま
琢11朗10	21	たくろう

女の子の名前の例

名前	画数	読み
琢11代5	16	たかよ
琢11花7	18	あやか

絆 11

★★☆ 人

音訓 バン、ハン

名のり きずな

意味 馬の足にからめてしばるひも。人と人をつなぐ義理、人情のたとえ。

ポイント 義理人情に厚く、人とのつながりを大切にする人になるようにと願って。コミュニケーション上手な子になるように。

男の子の名前の例

名前	画数	読み
絆11人2	13	はんと
絆11友4	15	はんゆう
絆11佑7	18	はんすけ
絆11慈13	24	はんじ

女の子の名前の例

名前	画数	読み
絆11	11	きずな
絆11乃2	13	はんの
絆11那7	18	はんな
絆11七7	18	はんな

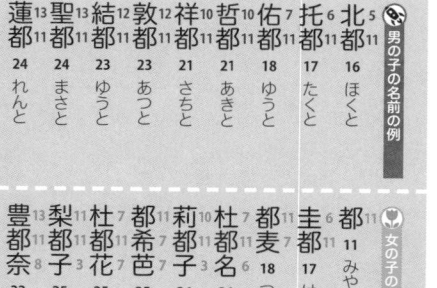

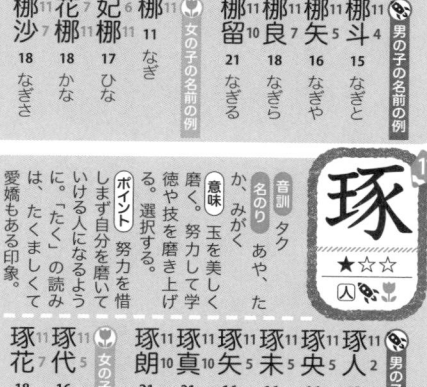

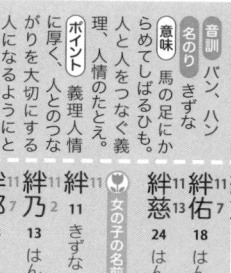

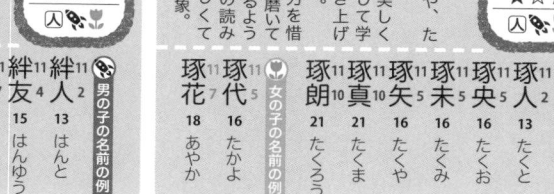

萌 11

★★★ 人

音訓 ボウ、ホウ、モウ、ミョウ、も（え）

名のり きざし、め、めぐみ、めみ、もえ、もゆ

意味 萌える。草が芽を出すこと。芽生え。きざし。

ポイント かわいらしい音と生命力を感じさせる「もえ」の読みで、特に女の子に人気が高い字。健やかに育つように願って。

男の子の名前の例

名前	画数	読み
萌11太4	15	ほうた
萌11夢13	24	めぐむ

女の子の名前の例

名前	画数	読み
萌11	11	もえ、もゆ
文4萌11	15	あやめ
萌11心4	15	もえみ
萌11友4	15	もゆ
萌11未5	16	もえみ
萌11加5	16	もか
萌11由5	16	もゆ
萌11江6	17	もえ
萌11衣6	17	もえ
萌11凪6	17	もな
萌11亜7	18	もあ
萌11花7	18	もか
萌11那7	18	もな
萌11亜7利7	25	めあり
萌11七2花7	25	もなか
真10理11萌11	32	まりも

望 11

★★★ 常

音訓 ボウ、モウ、のぞ（む）

名のり み、もち

意味 望む。遠方を見ようとすること。待ちわびる。こうあってほしいと思う。

ポイント 夢や望みが叶うように願いを込めて。「のぞみ」や「のぞむ」の読みで、男女ともに多く使われている。

●連想キーワード●

【熟語】一望千里

男の子の名前の例

名前	画数	読み
望11	11	のぞむ
望11月4	15	みつき
望11斗4	15	みと
望11矢5	16	もちや
望11成6	17	もちなり
望11来7	18	みらい
望11晃10	21	もちあき
望11晄10	21	もちてる
望11裕12	23	もちひろ

女の子の名前の例

名前	画数	読み
望11	11	のぞみ
望11心4	15	みこ
望11由5	16	みゆ
望11有6	17	みう
望11良7	18	みら
愛13望11	24	まなみ
望11鈴13	24	みすず
望11矢5美9	25	みやび
望11李7亜7	25	みりあ

麻 11

★★★ 常

音訓 マ、バ、メ、あさ、お、そ

意味 アサ科アサ属の一年草で、繊維がとれる。または、ゴマ科ゴマ属の一年草。

ポイント 麻の繊維のように、素朴で丈夫でぬくもりのある名前に。自然体なイメージで、男女ともに人気がある。

男の子の名前の例

名前	画数	読み
麻11人2	13	あさと
麻11斗4	15	あさと
麻11世5	16	まよ
立5麻11	16	りゅうま
麻11希7	18	あさき
幾12麻11	23	いくま
翔12麻11	23	しょうま
麻11幹13	24	あさき
楽13麻11	24	がくま

女の子の名前の例

名前	画数	読み
麻11未5	16	あさみ
麻11央5	16	まお
麻11妃6	17	あさひ
麻11衣6	17	まい
麻11希7	18	まき
麻11宏7	18	まひろ
麻11亜7沙7	25	まあさ
麻11綾14	25	まあや
麻11央5美9	25	まおみ

猛 11

★☆☆ 常

音訓 モウ、ミョウ

名のり たか、たけ、たけし、つよし

意味 猛々しいこと。気力や勢いが激しいさま。

ポイント 「勇猛果敢」という言葉があるように、勇ましく決断力に長けた人になるように。「たけ」の読みが男女ともに名前に使いやすい。

男の子の名前の例

名前	画数	読み
猛11人2	13	たけと
猛11文4	15	たけふみ
猛11広5	16	たけひろ
猛11志7	18	たけし
猛11留10	21	たける
猛11翔12	23	たかと

女の子の名前の例

名前	画数	読み
猛11乃2	13	たけの
猛11未5	16	たけみ

埜 11

★☆☆ 人

音訓 ヤ、ショ、ジョ、の、ぬ

名のり とお、なお、ひろ

意味 「野」の異体字。のび広がった野原。

ポイント 日常ではあまり使わない字なので、新鮮な印象の名前に。「や」や「の」で止め字によく使われる。

男の子の名前の例

名前	画数	読み
成6埜11	17	せいや
埜11希7	18	なおき
素10埜11	21	もとや
幹13埜11	24	みきや

女の子の名前の例

名前	画数	読み
未5埜11	16	みや
花7埜11	18	かの
埜11亜7	18	のあ
野11埜11香9	31	ののか

野 11

★★★ 常

音訓 ヤ、ショ、ジョ、の、ぬ

名のり とお、なお、ひろ

意味 広くのびた大地。田畑。野原。素朴でひなびている。荒っぽい。

ポイント 広い野原のように、自然体でのびのびと育つように。野生の中を生き抜く、たくましくみなぎる生命力も感じさせる名前に。

●連想キーワード●
【芸術】遠野物語（説話集）

男の子の名前の例

名前	画数	読み
心4野11	15	しんや
正5野11	16	まさや
光6野11	17	てるや
寿7野11	18	かずや
恭10野11	21	きょうや
恵10野11	21	けいや
翔12野11	23	しょうや
智12野11	23	ともや
蒼13野11	24	そうや

女の子の名前の例

名前	画数	読み
野11江6	17	のえ
野11羽6	17	のわ
志7野11	18	しの
野11亜7	18	のあ
花7野11	18	はなの
野11有6里7	24	のゆり
野11芭7良7	25	のばら
野11由5美9	25	のゆみ
野11絵12美9	32	のえみ

悠 11

★★★ 常

音訓 ユウ

名のり ちか、はるか、ひさ、ひさし

意味 遥か。遠い。細く長いさま。のんびりしている。

ポイント スケールの大きさを感じる字。落ち着いた人になることを願って。「ゆう」や「はる」と読ませて男女ともに人気。

●連想キーワード●
【熟語】悠悠自適

男の子の名前の例

名前	画数	読み
悠11人2	13	はると
悠11斗4	15	ゆうと
悠11生5	16	ゆうき
悠11司5	16	ゆうじ
悠11世5	16	ゆうせい
悠11作7	18	ゆうさく
悠11馬10	21	ゆうま
悠11雅13	24	ゆうが
悠11太4郎9	24	ゆうたろう

女の子の名前の例

名前	画数	読み
悠11	11	ゆう
悠11月4	15	ゆづき
悠11未5	16	ゆうみ
悠11亜7	18	ゆうあ
悠11花7	18	ゆうか
悠11希7	18	ゆうき
悠11那7	18	ゆうな
悠11莉10子3	24	ゆりこ
悠11歌14	25	ゆうか

唯 11

★★★ 常

音訓 ユイ、イ

名のり ただ

意味 ただ。ただ～だけ。「はい」と急いで返事すること。

ポイント この世にひとりだけのかけがえのない存在、ということを子どもに伝えられる名前。「ゆい」の読みが人気。

●連想キーワード●
【熟語】唯一無二

男の子の名前の例

名前	画数	読み
唯11人2	13	ゆいと
唯11生5	16	いお
加5唯11	16	かい
志7唯11	18	しい
唯11杜7	18	ただと
良7唯11	18	らい
唯11馬10	21	ゆいま
留10唯11	21	るい
路13唯11	24	ろい

女の子の名前の例

名前	画数	読み
友4唯11	15	ゆい
未5唯11	16	みい
由5唯11	16	ゆい
有6唯11	17	あい
唯11名6	17	いな
亜7唯11	18	あい
唯11玖7	18	いく
唯11緒14	25	いお
瑠14唯11	25	るい

理 11

★★★ 常

音訓 リ

名のり あや、おさ、おさむ、さと、すけ、ただ、ただし、とし、のり、まさ、みち

意味 宝石の模様の筋目。物事の筋道。おさめる。筋道を通すこと。

ポイント 賢くて義理人情に厚い人になるように。利発な「り」の音が人気。

男の子の名前の例

名前	画数	読み
理11	11	おさむ
理11人2	13	まさひと
理11仁4	15	りひと
理11史5	16	りひと
理11寿7	18	みちひさ
理11玖7	18	りく
理11敬12	23	みちたか
理11貴12	23	りき
理11豊13	24	りと

女の子の名前の例

名前	画数	読み
理11乃2	13	りの
理11未5	16	りみ
理11加5	16	りか
理11世5	16	りせ
理11沙7	18	りさ
理11恵10子3	24	りえこ
理11央5奈8	24	りおな
美9麻11理11	31	みまり
真10理11菜11	32	まりな

梨 11

★★★ 常

音訓 リ、なし

意味 果樹のナシ。その実。

ポイント 白い可憐な花を咲かせた後、みずみずしくて甘い実をつける梨のイメージから、女の子に人気の字。利発でチャーミングな「り」の音に、この字がよく使われている。最近では「りん」の読みも人気。

男の子の名前の例

梨希	11・7	18	りき
梨馬	11・10	21	りま

女の子の名前の例

梨乃	11・2	13	りの
天梨	4・11	15	あめり
友梨	4・11	15	ゆり
梨央	11・5	16	りお
梨世	11・5	16	りせ
友梨乃	4・11・2	17	ゆりの
梨江	11・6	17	りえ
花梨	7・11	18	かりん
梨花	11・7	18	りんか
安梨花	6・11・7	24	ありか
花梨帆	7・11・6	24	かりほ
有梨花	6・11・7	24	ゆりか
寿梨那	7・11・7	25	じゅりな
友梨恵	4・11・10	25	ゆりえ
絵梨奈	12・11・8	31	えりな
夏梨菜	10・11・11	32	かりな

陸 11

★★★ 常

音訓 リク、ロク、くにが、くぬが

名のり あつ、あつし、おか、たか、ひとし、みち、む、むつ

意味 丘。台地。一段高いところに上がる。断続して連なる。

ポイント 地に足の着いた印象を与える字。定番の「たか」のほかに、愛嬌のある「りく」や個性的な「むつ」の読みも多い。

男の子の名前の例

陸	11	11	りく
陸矢	11・5	16	たかや
陸央	11・5	16	みちひろ
陸志	11・7	18	たかし
利陸	7・11	18	としたか
陸雄	11・12	23	みちお
陸晴	11・12	23	みちはる
陸翔	11・12	23	りくと
陸勢	11・13	24	たかなり

女の子の名前の例

陸乃	11・2	13	りくの
陸心	11・4	15	むつみ
陸未	11・5	16	あつみ
陸代	11・5	16	みちよ
陸江	11・6	17	たかえ
陸圭	11・6	17	みちか
亜陸	7・11	18	あむ
陸那	11・7	18	たかな
陸瑠	11・14	25	みちる

隆 11

★☆☆ 常

音訓 リュウ、ル

名のり お、おき、しげ、たか、たかし、とき、なが、もり、ゆたか

意味 盛り上がっている。盛ん。高くする。

ポイント 人生の発展や成功を願って。「りゅう」や「たか」の読みで男の子に多く使われている。

男の子の名前の例

隆文	11・4	15	たかふみ
隆太	11・4	15	りゅうた
隆平	11・5	16	りゅうへい
隆成	11・6	17	たかなり

女の子の名前の例

隆未	11・5	16	たかみ
隆江	11・6	17	たかえ
隆衣	11・6	17	たかえ
隆那	11・7	18	もりな

琉 11

★★★ 人

音訓 リュウ、ル

意味 つるつるした玉石。「琉璃」は、紫がかった紺色の玉でラピスラズリのこと。「琉球」は、かつて現在の沖縄県にあった王国名。

ポイント 青い海や南風を連想させる「琉球」のイメージから人気の字。男の子には「りゅう」、女の子には「る」の読みがよく使われている。

●連想キーワード●

【芸術】琉歌

男の子の名前の例

琉	11	11	りゅう
琉太	11・4	15	りゅうた
琉生	11・5	16	りゅうせい
琉悟	11・10	21	りゅうご
琉夏	11・10	21	るか
琉希矢	11・7・5	23	るきや
琉雅	11・13	24	りゅうが
琉慈	11・13	24	りゅうじ
琉太郎	11・4・9	24	りゅうたろう

女の子の名前の例

琉未	11・5	16	るみ
充琉	6・11	17	みちる
琉衣	11・6	17	るい
琉花	11・7	18	るか
琉希	11・7	18	るき
琉那	11・7	18	るな
琉心子	11・4・3	18	るみこ
琉利	11・7	18	るり
琉梨香	11・11・9	31	るりか

崚 11

★☆☆ 人

音訓 リョウ

意味 丘。稜線がすじばって見える山。山の尾根の筋が浮き彫りに見えることを示す字。

ポイント 努力を続けて成功するように。タフな印象で、男の子の名前に特に向く。「りょう」の読みでさわやかなイメージの名前に。

男の子の名前の例

崚太	11・4	15	りょうた
崚司	11・5	16	りょうじ
崚世	11・5	16	りょうせい
崚平	11・5	16	りょうへい
崚馬	11・10	21	りょうま
崚雅	11・13	24	りょうが

女の子の名前の例

崚花	11・7	18	りょうか
崚来	11・7	18	りょうこ

陵 11

★☆☆ 常

音訓 リョウ、みささぎ

名のり おか、たか

意味 丘。山波の線。丘の形をした皇帝の墓。力を込めて高いところに登る。しのぐ。

ポイント 困難に打ち勝って頂上を目指すイメージの名前に。「りょう」「たか」の読みが人気。

男の子の名前の例

名前	画数	読み
陵(11)太(4)	15	りょうた
陵(11)央(5)	16	たかお
陵(11)司(5)	16	りょうじ
陵(11)佑(7)	18	りょうすけ

女の子の名前の例

名前	画数	読み
陵(11)乃(2)	13	おかの
陵(11)江(6)	17	たかえ
陵(11)帆(6)	17	たかほ
陵(11)那(7)	18	りょうな

涼 11

★★★ 常

音訓 リョウ、ロウ、すず（しい）

名のり あつ、すけ

意味 涼しい。さわやかでひんやりするさま。物寂しい。

ポイント 清涼さを感じる字で、「りょう」の音も人気なことから男女ともによく使われる。女の子には「すず」の読みが人気。さわやかな魅力あふれる人に。

男の子の名前の例

名前	画数	読み
涼(11)斗(4)	15	すずと
涼(11)太(4)	15	りょうた
涼(11)平(5)	16	りょうへい
涼(11)壱(7)	18	りょういち
涼(11)滋(12)	23	りょうじ
涼(11)雅(13)	24	りょうが
聖(13)涼(11)	24	しょうすけ
涼(11)緒(14)	25	あつお
涼(11)輔(14)	25	りょうすけ

女の子の名前の例

名前	画数	読み
涼(11)	11	すず
心(4)涼(11)	15	みすず
涼(11)加(5)	16	りょうか
涼(11)衣(6)	17	すずえ
涼(11)江(6)	17	すずえ
涼(11)名(6)	17	すずな
涼(11)花(7)	18	すずか
涼(11)七(7)	18	すずな
涼(11)那(7)	18	すずな

羚 11

★☆☆ 人

音訓 レイ、リョウ

意味 角が長く、姿のきれいなヒツジの一種。「羚羊」は、ウシ科の哺乳類。カモシカ。

ポイント 「れい」の音にあてる字として使われる。個性的な印象に。カモシカのように、凛とした美しい人になってほしいと願って。

男の子の名前の例

名前	画数	読み
羚(11)	11	れい
羚(11)史(5)	16	れいし
羚(11)登(12)	23	れいと
羚(11)雅(13)	24	れいが

女の子の名前の例

名前	画数	読み
心(4)羚(11)	15	みれい
羚(11)加(5)	16	れいか
羚(11)亜(7)	18	れいあ
羚(11)那(7)	18	れいな

瑛 12

★★★ 人

音訓 エイ、ヨウ

名のり あき、あきら、てる

意味 澄み切った玉の光。水晶などの透明な玉。

ポイント 「玉」＋「英（花のように美しい）」からなる字。心の美しい人になるように。優しげな「えい」、快活な「あきら」などの読みで、男女ともに多く使われている。

男の子の名前の例

名前	画数	読み
瑛(12)一(1)	13	えいいち
瑛(12)士(3)	15	えいじ
瑛(12)太(4)	16	えいた
瑛(12)斗(4)	16	えいと
瑛(12)司(5)	17	ようじ
瑛(12)伍(6)	18	えいご
瑛(12)多(6)	18	えいた
瑛(12)太(4)郎(9)	25	えいたろう
瑛(12)滋(12)郎(9)	33	えいじろう

女の子の名前の例

名前	画数	読み
瑛(12)子(3)	15	あきこ
瑛(12)心(4)	16	あきみ
瑛(12)凪(6)	18	あきな
瑛(12)妃(6)	18	あきひ
早(6)瑛(12)	18	さえ
瑛(12)絵(12)	24	あきえ
瑛(12)葉(12)	24	あきは
瑛(12)誉(13)	25	あきよ
聖(13)瑛(12)	25	きよえ

詠 12

★★★ 常

音訓 エイ、ヨウ、よ（む）、えい（じる）

名のり うた、かね、なが

意味 うたう。声を長く伸ばして詩歌をうたう。詩歌をつくる。よむ。

ポイント 感性豊かな人になるように。「えい」の読みは優しく知的な雰囲気、「うた」の読みはロマンチックな雰囲気に。

男の子の名前の例

名前	画数	読み
詠(12)一(1)	13	えいいち
詠(12)也(3)	15	えいや
詠(12)介(4)	16	えいすけ
詠(12)史(5)	17	えいし
詠(12)咲(9)	21	えいさく
詠(12)亮(9)	21	えいすけ
詠(12)嗣(13)	25	えいじ
詠(12)太(4)郎(9)	25	えいたろう
詠(12)豊(13)	25	えいと

女の子の名前の例

名前	画数	読み
詠(12)子(3)	15	うたこ
詠(12)心(4)	16	えいみ
詠(12)未(5)	17	えいみ
詠(12)江(6)	18	うたえ
詠(12)衣(6)	18	うたえ
詠(12)帆(6)	18	うたほ
詠(12)名(6)	18	えいな
詠(12)絵(12)	24	うたえ
詠(12)葉(12)	24	うたは

温 12

★★★ 常

音訓 オン、ウン、あたた（かい）

名のり あつ、あつし、ただし、なが、のどか、はる、まさ、やす

意味 温かい。心や顔色が穏やかで優しいさま。ぬくもり。

ポイント 心の温かい人に育つように。「あつ」や「はる」の読みが多い。「おん」の読みも新鮮。

●連想キーワード●

【熟語】温故知新、温厚篤実

男の子の名前の例

名前	画数	総画	読み
温士	12・3	15	あつし
温仁	12・4	16	あつひと
温斗	12・4	16	はると
温生	12・5	17	あつお
温郎	12・9	21	あつろう
温葵	12・12	24	あつき
温翔	12・12	24	あつと
温尋	12・12	24	あつひろ
雅温	13・12	25	まさはる

女の子の名前の例

名前	画数	総画	読み
温子	12・3	15	あつこ
温日	12・4	16	はるか
心温	4・12	16	みはる
温未	12・5	17	はるみ
温江	12・6	18	あつえ
温衣	12・6	18	はるえ
温圭	12・6	18	はるか
温帆	12・6	18	はるほ
瑚温	13・12	25	こはる

賀 12

★☆☆ 常

音訓 ガ、カ

名のり しげ、のり、よし

意味 喜ぶ。物や言葉を贈って、喜び祝福すること。担う。

ポイント おめでたい意味をもつ。喜びの多い一生となるように。快活な印象の「か」や「が」の読みが男女ともによく使われる。

男の子の名前の例

名前	画数	総画	読み
太賀	4・12	16	たいが
永賀	5・12	17	えいが
光賀	6・12	18	こうが
賀為	12・9	21	かい

女の子の名前の例

名前	画数	総画	読み
賀子	12・3	15	かこ
千賀	3・12	15	ちか
賀月	12・4	16	かづき
賀鈴	12・13	25	かりん

絵 12

★☆☆ 常

音訓 カイ、エ

意味 色模様。彩色をして描いた絵。描く。

ポイント 豊かな感性をもつ人になるように。「え」の音で先頭字や止め字に。彩りのあるしあわせな人生になることを願って。男の子なら「かい」の読みも使われる。

男の子の名前の例

名前	画数	総画	読み
絵惟	12・11	23	えい
絵惺	12・12	24	かいせい
絵夢	12・13	25	えむ
絵慈	12・13	25	かいじ

女の子の名前の例

名前	画数	総画	読み
友絵	4・12	16	ともえ
絵里加	12・7・5	24	えりか
智絵	12・12	24	ちえ
絵鈴	12・13	25	えりん

幾 12

★☆☆ 常

音訓 キ、ケ、いく

意味 いくつ、など9以下の数を示す言葉。近い。細かいきざし。願う。

ポイント 「いく」の読みで先頭字に、「き」の読みで止め字に使われることも。個性的な雰囲気の名前に。「畿」や「機」などと間違えないよう注意。

男の子の名前の例

名前	画数	総画	読み
幾斗	12・4	16	いくと
幾矢	12・5	17	いくや
幾郎	12・9	21	いくろう
悠幾	11・12	23	ゆうき

女の子の名前の例

名前	画数	総画	読み
幾未	12・5	17	いくみ
幾江	12・6	18	いくえ
幾衣	12・6	18	いくえ
幾絵	12・12	24	いくえ

葵 12

★★★ 人

音訓 キ、ギ

名のり あおい、まもる

意味 草花のアオイ。葉が太陽のほうを向くと考えられた。

ポイント 太陽に向かって咲く葵のようにすくすくと明るく育つように願って。近年、特に女の子に人気が高く、花を表す字ながら、男の子にも使われる。

●連想キーワード●

【芸術】葵の上（『源氏物語』の登場人物）

男の子の名前の例

名前	画数	総画	読み
葵一	12・1	13	きいち
葵太	12・4	16	あおた
葵斗	12・4	16	あおと
葵生	12・5	17	あおい
広葵	5・12	17	ひろき
葵多	12・6	18	あおた
葵満	12・12	24	あおま
晴葵	12・12	24	はるき
裕葵	12・12	24	ひろき

女の子の名前の例

名前	画数	総画	読み
葵子	12・3	15	きこ
万葵	3・12	15	まき
葵生	12・5	17	あおい
未葵	5・12	17	みき
由葵	5・12	17	ゆき
葵衣	12・6	18	あおい
葵帆	12・6	18	きほ
葵絵	12・12	24	きえ
美葵恵	9・12・10	31	みきえ

揮 12

★☆☆ 常

音訓 キ、ケ

意味 ふるう。手を回して合図すること。手で払いのける。筆をふるう。

ポイント 「指揮」から、リーダーシップのある人の印象。周りを引っぱっていくたのもしい人になるように。「き」の読みで、先頭字または止め字に。

男の子の名前の例

名前	画数	総画	読み
一揮	1・12	13	いっき
光揮	6・12	18	こうき
揮亮	12・9	21	きすけ
悠揮	11・12	23	ゆうき

女の子の名前の例

名前	画数	総画	読み
万揮	3・12	15	まき
未揮	5・12	17	みき
揮衣	12・6	18	きい
結揮	12・12	24	ゆうき

稀 12

★☆☆ 人

音訓 キ、ケ

名のり まれ

意味 まれ。薄い。まばらで少ない。

ポイント 穀物のまばらなことを表す字。類いまれな才能を発揮し、個性が光る子に育つようにと願って。「き」や「まれ」の読みで止め字に使われることが多い。

男の子の名前の例

名前	画数	読み
稀12 一1	13	きいち
大3 稀12	15	だいき
光6 稀12	18	こうき
翔12 稀12	24	しょうき

女の子の名前の例

名前	画数	読み
万3 稀12	15	まき
由5 稀12	17	ゆき
稀12 衣6	18	きい
早6 稀12	18	さき

喜 12

★★☆ 常

音訓 キ、コ、よろこ(ぶ)

名のり とし、のぶ、はる、ひさ、ゆき、よし

意味 喜ぶ。好む。うれしい気持ち。めでたい事柄。

ポイント 喜びの多い人生を願って。おめでたいことを表す字なので、名前によく使われる。

男の子の名前の例

名前	画数	読み
大3 喜12	15	ひろき
充6 喜12	18	みちはる
重9 喜12	21	しげのぶ
喜12 哉9	21	ゆきや

女の子の名前の例

名前	画数	読み
万3 喜12	15	まき
喜12 世5	17	きせ
未5 喜12	17	みき
結12 喜12	24	ゆうき

貴 12

★★★ 常

音訓 キ、たっと(い)、とうと(い)、あて(やか)

名のり あつ、たか、たけ、むち、よし

意味 尊い。優れている。身分が高い。大切にする。

ポイント 気高い印象。「き」や「たか」の読みで、昔からよく使われている。

●連想キーワード●

【熟語】高貴、貴人

男の子の名前の例

名前	画数	読み
大3 貴12	15	まさき
元4 貴12	16	げんき
友4 貴12	16	ともたか
貴12 成6	18	たかなり
貴12 哉9	21	たかや
理11 貴12	23	りき
翔12 貴12	24	しょうき
達12 貴12	24	たつき
瑞13 貴12	25	みずき

女の子の名前の例

名前	画数	読み
貴12 子3	15	きこ
万3 貴12	15	まき
夕3 貴12	15	ゆき
未5 貴12	17	みき
由5 貴12	17	ゆき
貴12 帆6	18	きほ
貴12 羽6	18	きわ
貴12 詠12	24	きえ
貴12 羅19	31	きら

暁 12

★★★ 常

音訓 ギョウ、キョウ、あかつき、あかとき

名のり あき、あきら、あけ、さとし、さとる、とき、とし

意味 あかつき。夜明け。明らかになる。悟る。

ポイント 明るい希望に満ちた人生を願って。賢い人になるように。「あかつき」のほかに、名前に使いやすい読みが多い。

●連想キーワード●

【熟語】暁然

男の子の名前の例

名前	画数	読み
暁12 仁4	16	あきひと
暁12 生5	17	あきお
暁12 成6	18	あきなり
暁12 俊9	21	あきとし
暁12 紀9	21	あきのり
暁12 哉9	21	あきや
暁12 啓11	23	あきひろ
暁12 雅13	25	あきまさ
暁12 暉13	25	としき

女の子の名前の例

名前	画数	読み
暁12 子3	15	あきこ
暁12 心4	16	あきこ
暁12 未5	17	あきみ
暁12 江6	18	あきえ
暁12 衣6	18	あきえ
暁12 帆6	18	あきほ
暁12 瑛12	24	あきえ
暁12 絵12	24	あきえ
暁12 葉12	24	あきは

喬 12

★☆☆ 人

音訓 キョウ、ギョウ

名のり たか、たかし、ただ、のぶ

意味 木などがすらりとして高い。おごりたかぶる。高くて先端がしなっている。

ポイント 「きょう」や「たか」の音を個性的な字で表現したい場合によく使われる。

男の子の名前の例

名前	画数	読み
喬12 士3	15	たかし
喬12 弘5	17	たかひろ
喬12 祐9	21	きょうすけ
喬12 哉9	21	きょうや

女の子の名前の例

名前	画数	読み
喬12 子3	15	きょうこ
喬12 加5	17	きょうか
喬12 帆6	18	たかほ
喬12 絵12	24	のぶえ

琴 12

★★☆ 常

音訓 キン、ゴン、こと

意味 弦楽器の琴。弦楽器の総称。

ポイント 琴の音色のように、凜とした美しい人になるように。古風でみやびやかな印象の名前に。女の子なら「こと」の読みが、男の子なら「きん」の読みが使いやすい。

男の子の名前の例

名前	画数	読み
琴12 一1	13	きんいち
琴12 太4	16	きんた
琴12 祐9	21	きんすけ
琴12 哉9	21	きんや

女の子の名前の例

名前	画数	読み
琴12 子3	15	ことこ
琴12 心4	16	ことみ
琴12 未5	17	ことみ
琴12 葉12	24	ことは

敬 12

★★☆ 常

音訓 ケイ、キョウ、うやま（う）

名のり あき、さとし、たか、とし、のり、ひろ、ゆき、よし

意味 敬う。かしこまる。つつしむ。尊敬の気持ち。

ポイント 思いやりがあって礼儀正しい印象の字。「けい」「たか」「のり」など、読みも多い。

男の子の名前の例

名前	画数	総画	読み
敬一	12・1	13	けいいち
敬友	12・4	16	けいすけ
敬則	12・9	21	たかのり
敬陽	12・12	24	たかあき

女の子の名前の例

名前	画数	総画	読み
敬子	12・3	15	けいこ
敬加	12・5	17	けいか
敬江	12・6	18	たかえ
敬絵	12・12	24	たかえ

景 12

★★☆ 常

音訓 ケイ、キョウ、エイ、ヨウ

名のり あきら、かげ、ひろ

意味 光。日光によって生じる明暗のけじめ。景色。境遇や環境。大きい。

ポイント 美しい景色、幸せな情景に恵まれるように。さわやかでスケール感のある印象の名前に。

男の子の名前の例

名前	画数	総画	読み
景一	12・1	13	けいいち
景次	12・6	18	けいじ
景望	12・11	23	ひろみ
景暉	12・13	25	ひろき

女の子の名前の例

名前	画数	総画	読み
景子	12・3	15	けいこ
千景	3・12	15	ちかげ
景加	12・5	17	けいか
景絵	12・12	24	ひろえ

結 12

★★★ 常

音訓 ケツ、ケチ、むす（ぶ）、ゆ（う）、けっ（する）

名のり かた、ひとし、ゆい

意味 結ぶ。ひもを締めてつなぐ。物事をまとめて締めくくる。植物が実をつける。

ポイント 良縁に恵まれるように。優しい響きで人気の「ゆい」や「ゆう」にあてる字として、女の子に多く使われている。

●連想キーワード●

【熟語】結実

男の子の名前の例

名前	画数	総画	読み
結一	12・1	13	ゆういち
結仁	12・4	16	ゆいと
結友	12・4	16	ゆうすけ
結生	12・5	17	ゆうき
結世	12・5	17	ゆうせい
結梧	12・11	23	ゆうご
結翔	12・12	24	ゆうと
結雅	12・13	25	ゆうが
結太郎	12・4・9	25	ゆうたろう

女の子の名前の例

名前	画数	総画	読み
結巳	12・3	15	ゆうみ
結心	12・4	16	ゆうみ
結月	12・4	16	ゆづき
結加	12・5	17	ゆいか
結衣	12・6	18	ゆい
結凪	12・6	18	ゆいな
結名	12・6	18	ゆうな
結貴	12・12	24	ゆうき
結愛	12・13	25	ゆあ

絢 12

★★★ 人

音訓 ケン

名のり あや

意味 あや。色糸をめぐらせて取り巻いた模様。美しい模様。

ポイント きらびやかな美しさが印象的な字。「あや」の読みは、優美な雰囲気に。男の子にも使いやすい「けん」の読みは、絢爛という言葉を想像させ、あでやかな印象に。

●連想キーワード●

【熟語】絢爛豪華

男の子の名前の例

名前	画数	総画	読み
絢三	12・3	15	けんぞう
絢文	12・4	16	あやふみ
絢斗	12・4	16	けんと
絢生	12・5	17	あやき
絢多	12・6	18	けんた
絢亮	12・9	21	けんすけ
絢哉	12・9	21	けんや
絢太郎	12・4・9	25	けんたろう
絢護	12・20	32	けんご

女の子の名前の例

名前	画数	総画	読み
絢子	12・3	15	あやこ
絢巳	12・3	15	あやみ
絢心	12・4	16	あやみ
絢加	12・5	17	あやか
絢未	12・5	17	あやみ
絢江	12・6	18	あやえ
絢名	12・6	18	あやな
絢詠	12・12	24	あやえ
絢葉	12・12	24	あやは

詞 12

★★★ 常

音訓 シ、ジ

名のり こと、なり、のり、ふみ

意味 言葉。単語。文章。詩文。助詞。品詞。

ポイント 文学の才能や豊かな感性に恵まれるように。洗練された印象の「し」、知的な「ふみ」、穏やかな「のり」など、読み方によってさまざまな印象をつくれる。

●連想キーワード●

【熟語】祝詞／【芸術】詞花和歌集（歌集）

男の子の名前の例

名前	画数	総画	読み
久詞	3・12	15	ひさし
光詞	6・12	18	こうじ
琢詞	11・12	23	たくじ
瑛詞	12・12	24	えいじ
結詞	12・12	24	ゆうじ
蒼詞	13・12	25	そうし
雅詞	13・12	25	まさし
聖詞	13・12	25	まさし
賢詞郎	16・12・9	37	けんじろう

女の子の名前の例

名前	画数	総画	読み
詞子	12・3	15	のりこ
詞加	12・5	17	のりか
詞衣	12・6	18	ことえ
詞帆	12・6	18	しほ
詞江	12・6	18	のりえ
詞葉	12・12	24	ことは
詞絵	12・12	24	しえ
詞衣花	12・6・7	25	しいか
詞保莉	12・9・10	31	しおり

紫 12

★☆☆ 常

音訓 シ、むらさき
名のり むら
意味 紫色。青と赤の混じった色。
ポイント 紫色は、道教などでは高貴な色として大切にされた。そのことから、気高くてみやびやかな雰囲気の名前に。「し」の読みで、男女両方の名前に幅広く使われている。

男の子の名前の例

名前	画数	総画	読み
紫大	12・3	15	しだい
紫文	12・4	16	しもん
紫亘	12・6	18	しのぶ
紫道	12・12	24	しどう

女の子の名前の例

名前	画数	総画	読み
紫万	12・3	15	しま
紫名	12・6	18	しな
紫帆	12・6	18	しほ
紫温	12・12	24	しおん

勝 12

★☆☆ 常

音訓 ショウ、か(つ)、まさ(る)
名のり かち、すぐる、のり、まさ、まさる、よし
意味 勝つ。勝る。優れる。相手の上に出ること。
ポイント 人生に勝つことを祈って。積極的で力強いイメージは、特に男の子に似合う。

男の子の名前の例

名前	画数	総画	読み
勝也	12・3	15	かつや
勝斗	12・4	16	かつと
勝俊	12・9	21	かつとし
勝則	12・9	21	かつのり

女の子の名前の例

名前	画数	総画	読み
勝子	12・3	15	まさこ
勝未	12・5	17	かつみ
勝代	12・5	17	かつよ
勝江	12・6	18	まさえ

晶 12

★★★ 常

音訓 ショウ、セイ
名のり あき、あきら、てる、まさ
意味 明らか。澄み切って輝いている。水晶の略称。
ポイント 星が3つ光るさまを描いた字。星のきらめきや水晶の透明感をイメージさせる、ロマンチックな名前に。澄み切った清い心をもつ人になるように。

男の子の名前の例

名前	画数	総画	読み
晶一	12・1	13	しょういち
晶也	12・3	15	しょうや
晶太	12・4	16	しょうた
晶平	12・5	17	しょうへい
晶伍	12・6	18	しょうご
晶祐	12・9	21	しょうすけ
晶麻	12・11	23	しょうま
晶瑛	12・12	24	しょうえい
晶太郎	12・4・9	25	しょうたろう

女の子の名前の例

名前	画数	総画	読み
晶子	12・3	15	あきこ
千晶	3・12	15	ちあき
晶心	12・4	16	しょうこ
晶江	12・6	18	あきえ
晶衣	12・6	18	あきえ
晶名	12・6	18	あきな
晶帆	12・6	18	あきほ
晶絵	12・12	24	あきえ
晶葉	12・12	24	あきは

翔 12

★★★ 人

音訓 ショウ、ゾウ、と(ぶ)
意味 駆ける。羽を大きく広げて飛び舞う。
ポイント 大きく羽ばたいてほしい、という願いを込めて。男の子に人気。「しょう」の読みは止め字に、「と」の読みは先頭字に、「かける」と読ませても。

●連想キーワード●
【芸術】翔ぶが如く（小説）

男の子の名前の例

名前	画数	総画	読み
翔一	12・1	13	しょういち
翔也	12・3	15	しょうや
大翔	3・12	15	ひろと
翔太	12・4	16	しょうた
翔平	12・5	17	しょうへい
翔吏	12・6	18	しょうり
翔琉	12・11	23	かける
翔瑛	12・12	24	しょうえい
翔貴	12・12	24	しょうき

女の子の名前の例

名前	画数	総画	読み
翔子	12・3	15	しょうこ
翔心	12・4	16	しょうこ
翔加	12・5	17	しょうか
翔未	12・5	17	とみ
翔帆	12・6	18	かけほ
翔会	12・6	18	とえ
翔羽	12・6	18	とわ
翔葉	12・12	24	かけは
翔瑚	12・13	25	しょうこ

尋 12

★★★ 常

音訓 ジン、シン、たず(ねる)、と(む)
名のり ちか、つね、のり、ひつ、ひろ、みつ
意味 尋ねる。あとをたどって捜す。長さや水深の単位。
ポイント 探求心や好奇心が旺盛な人になるように。豊かな広がりを感じる「ひろ」の読みで使われることが多い。

●連想キーワード●
【芸術】千と千尋の神隠し

男の子の名前の例

名前	画数	総画	読み
千尋	3・12	15	ちひろ
文尋	4・12	16	ふみひろ
元尋	4・12	16	もとひろ
正尋	5・12	17	まさひろ
由尋	5・12	17	よしひろ
充尋	6・12	18	みつひろ
信尋	9・12	21	のぶひろ
貴尋	12・12	24	たかひろ
智尋	12・12	24	ともひろ

女の子の名前の例

名前	画数	総画	読み
千尋	3・12	15	ちひろ
尋子	12・3	15	ひろこ
万尋	3・12	15	まひろ
尋加	12・5	17	ひろか
尋衣	12・6	18	ひろえ
尋江	12・6	18	ひろえ
尋羽	12・6	18	ひろは
尋賀	12・12	24	ひろか
尋葉	12・12	24	ひろは

惺 12

★★★ 人

音訓 セイ、ショウ

名のり あきら、さと、さとし、さとる、しずか

意味 悟る。すっきりとわかる。心が澄み切って落ち着いている。鈍ることなく、さめている。

ポイント ピュアで美しい心を忘れない人になるようにと願って。また、物事の道理をはっきりと見分ける、賢い人になるように。字のつくりが「星」なので、きらめくイメージに。「せい」「しょう」の読みでさわやかな印象。

男の子の名前の例

一惺	1・12	13	いっせい
惺也	12・3	15	せいや
惺介	12・4	16	せいすけ
惺太	12・4	16	せいた
惺司	12・5	17	せいじ
惺伍	12・6	18	せいご
惺翔	12・12	24	せいと
惺之祐	12・3・9	24	せいのすけ
惺士朗	12・3・10	25	せいしろう

女の子の名前の例

惺日	12・4	16	せいか
惺加	12・5	17	せいか
惺圭	12・6	18	せいか
惺名	12・6	18	せいな
惺凪	12・6	18	せいな
惺賀	12・12	24	せいか
惺羅	12・19	31	せいら
惺蘭	12・19	31	せいらん
惺麗	12・19	31	せいれい

湊 12

★★★ 人

音訓 ソウ、ス

名のり すすむ、み、みなと

意味 水上航路の集まってくるみなと。集まる。「奏」は供え物を集めて神前に向けて進めることを示す字。

ポイント 「集まる」の意味から、人気者になるように。また、よい友人に恵まれるように。近年、男の子に人気が高い字で、「そう」の音がさわやかな印象。

男の子の名前の例

湊一	12・1	13	そういち
湊万	12・3	15	そうま
湊介	12・4	16	そうすけ
湊太	12・4	16	そうた
湊平	12・5	17	そうへい
湊矢	12・5	17	そうや
湊伍	12・6	18	そうご
湊哉	12・9	21	そうや
湊士郎	12・3・9	24	そうじろう

女の子の名前の例

湊子	12・3	15	そうこ
湊巴	12・4	16	そうは
湊加	12・5	17	そうか
湊代	12・5	17	みなよ
湊世	12・5	17	みなよ
湊凪	12・6	18	そうな
湊名	12・6	18	そうな
湊羽	12・6	18	そうは
湊葉	12・12	24	そうは

晴 12

★★★ 常

音訓 セイ、ジョウ、は（れる）

名のり きよし、てる、なり、はる、はれ

意味 晴れる。雲が去り、空が澄む。晴れがましい。

ポイント 晴れた空のように明るい心の持ち主になるように。穏やかで明るい印象の「はる」の読みが男女ともに多い。

●連想キーワード●

【熟語】晴耕雨読

男の子の名前の例

晴一	12・1	13	はるいち
才晴	3・12	15	としはる
元晴	4・12	16	もとはる
重晴	9・12	21	しげはる
貞晴	9・12	21	さだはる
晴信	12・9	21	はるのぶ
晴彦	12・9	21	はるひこ
清晴	11・12	23	きよはる
継晴	13・12	25	つぐはる

女の子の名前の例

千晴	3・12	15	ちはる
晴子	12・3	15	はるこ
晴己	12・3	15	はれみ
晴心	12・4	16	はれみ
晴未	12・5	17	はれみ
未晴	5・12	17	みはる
晴名	12・6	18	はるな
晴凪	12・6	18	はるな
晴暖	12・13	25	はるの

創 12

★★☆ 常

音訓 ソウ、ショウ、つく（る）

名のり はじむ

意味 始める。はじめてつくり出す。傷。

ポイント 創造力豊かな人になるようにと願って。周りよりも一歩先を行き、創意工夫で時代を切り開くリーダーのイメージで。

男の子の名前の例

一創	1・12	13	いっそう
創士	12・3	15	そうし
創太	12・4	16	そうた
創哉	12・9	21	そうや

女の子の名前の例

創子	12・3	15	そうこ
創加	12・5	17	そうか
創名	12・6	18	そうな
創葉	12・12	24	そうは

達 12

★☆☆ 常

音訓 タツ、ダチ、タチ、たっ（する）

名のり いたる、さと、しげ、すすむ、ただ、と、のぶ、ひろ、みち、よし

意味 通る。通用する。理解する。ゆとりがある。出世する。

ポイント 人生の目標を達成できるように。

男の子の名前の例

達也	12・3	15	たつや
達彦	12・9	21	たつひこ
達琉	12・11	23	たつる
達貴	12・12	24	たつき

女の子の名前の例

達子	12・3	15	たつこ
達江	12・6	18	たつえ
達衣	12・6	18	たつえ
達名	12・6	18	たつな

智 12

★★★ 人

音訓 チ

名のり あきら、さと、さとし、さとる、とし、とも、のり、もと

意味 さとい。知恵や術に優れている。

ポイント 賢い子に育つように願って。「とも」「ち」「さと」などの読みで、昔から男女ともに多く使われている。

男の子の名前の例

名前	画数	総画	読み
智一	12・1	13	ともかず
智久	12・3	15	ともひさ
智大	12・3	15	ともひろ
智也	12・3	15	ともや
智広	12・5	17	ちひろ
智生	12・5	17	ともき
智行	12・6	18	ともゆき
智春	12・9	21	ともはる
智暁	12・12	24	ともあき

女の子の名前の例

名前	画数	総画	読み
智子	12・3	15	ともこ
智世	12・5	17	ともよ
智加	12・5	17	ともか
智絵	12・12	24	ちえ
智香子	12・9・3	24	ちかこ
智有里	12・6・7	25	ちあり
智歳	12・13	25	ちとせ
智恵美	12・10・9	31	ちえみ
智絵里	12・12・7	31	ちえり

朝 12

★★☆ 常

音訓 チョウ、あさ、あした

名のり さ、とき、とも、のり、はじめ

意味 朝。明日。太陽の出てくるとき。政治を行うところ。

ポイント さわやかな朝のように、希望に満ちた人生を願って。「あさ」の読みは、新鮮でエネルギッシュな雰囲気に。

男の子の名前の例

名前	画数	総画	読み
朝也	12・3	15	ともや
朝斗	12・4	16	あさと
朝成	12・6	18	ともなり
朝貴	12・12	24	あさき

女の子の名前の例

名前	画数	総画	読み
朝日	12・4	16	あさひ
朝心	12・4	16	あさみ
朝世	12・5	17	あさよ
朝陽	12・12	24	あさひ

統 12

★☆☆ 常

音訓 トウ、す(べる)

名のり おさむ、かね、すみ、つね、のり、むね、もと

意味 糸口。全体につながる糸の筋。一つにまとめる。治める。

ポイント 統率力のある人になって社会で成功するように。頼もしい雰囲気に。

男の子の名前の例

名前	画数	総画	読み
統也	12・3	15	とうや
統太	12・4	16	とうた
統平	12・5	17	とうへい
統吏	12・6	18	とうり
統麻	12・11	23	とうま
統夢	12・13	25	おさむ

女の子の名前の例

名前	画数	総画	読み
統子	12・3	15	とうこ
統加	12・5	17	のりか

登 12

★★★ 常

音訓 トウ、ト、のぼ(る)

名のり たか、ちか、とみ、とも、なり、のり、み、みのる

意味 高い位につく。穀物が実る。上にのぼる。上に乗る。

ポイント 出世や成功を連想させる字。夢が叶い、実りの多い人生になるように。「と」や「のぼる」の読みが多く使われていて、力強い印象の名前に。

男の子の名前の例

名前	画数	総画	読み
一登	1・12	13	いっと
大登	3・12	15	だいと
丈登	3・12	15	たけと
久登	3・12	15	ひさと
登太	12・4	16	とうた
広登	5・12	17	ひろと
悠登	11・12	23	ゆうと
陽登	12・12	24	はると
充登志	6・12・7	25	みつとし

女の子の名前の例

名前	画数	総画	読み
登子	12・3	15	とうこ
登世	12・5	17	とせ
登瑚	12・13	25	とうこ
登実加	12・8・5	25	とみか
登菜実	12・11・8	31	となみ
登美恵	12・9・10	31	とみえ
登美称	12・9・10	31	とみな
登実野	12・8・11	31	とみの
登美野	12・9・11	32	とみの

塔 12

★★☆ 常

音訓 トウ、あららぎ

意味 三重塔など仏骨を納めるための高い建物。高くそびえる建造物。

ポイント 仏教に限らず塔のイメージから、才能が抜きんでて高くなるように。「とう」の読みは、凛とした印象の名前になる。

男の子の名前の例

名前	画数	総画	読み
塔大	12・3	15	とうだい
塔介	12・4	16	とうすけ
塔太	12・4	16	とうた
塔司	12・5	17	とうじ

女の子の名前の例

名前	画数	総画	読み
塔子	12・3	15	とうこ
塔加	12・5	17	とうか
塔未	12・5	17	とうみ
塔名	12・6	18	とうな

道 12

★★☆ 常

音訓 ドウ、トウ、みち、じ、ち

名のり つな、つね、ね、のり、まさ、ゆき、より、わたる

意味 道。道端。人の行うべき道。基準とする方法。

ポイント 仕事や学芸の道を究め、進むべき道を見つける力をもつ人になるようにと願って。

男の子の名前の例

名前	画数	総画	読み
道斗	12・4	16	みちと
道哉	12・9	21	みちや
道隆	12・11	23	みちたか
道脩	12・11	23	みちはる

女の子の名前の例

名前	画数	総画	読み
道子	12・3	15	みちこ
道加	12・5	17	みちか
道代	12・5	17	みちよ
道帆	12・6	18	みちほ

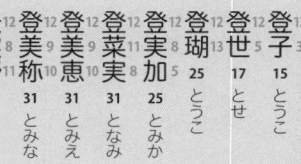

敦 12

★★☆ 人

音訓 トン、タイ、ツイ

名のり あつ、あつし、おさむ、つとむ、つる、のぶ、よい

意味 厚い。安定している。物事をあるべきところに収める。

ポイント 真心がこもっていることを「敦厚」といい、人情に厚いイメージの名前に。

男の子の名前の例

名前	画数	総画	読み
敦斗	12・4	16	あつと
敦紀	12・9	21	あつのり
敦彦	12・9	21	あつひこ
敦郎	12・9	21	あつろう

女の子の名前の例

名前	画数	総画	読み
敦子	12・3	15	あつこ
敦代	12・5	17	あつよ
敦加	12・5	17	のぶか
敦衣	12・6	18	あつえ

博 12

★★☆ 常

音訓 ハク、バク、はく（する）

名のり とおる、はか、ひろ、ひろし、ひろむ

意味 広い。広める。「博士」の略。

ポイント 広く愛する心（博愛）や、広い知識（博識）をもった人になるように。知的な印象の名前に。

男の子の名前の例

名前	画数	総画	読み
一博	1・12	13	かずひろ
博文	12・4	16	ひろふみ
博正	12・5	17	ひろまさ
智博	12・12	24	ともひろ

女の子の名前の例

名前	画数	総画	読み
博子	12・3	15	ひろこ
博加	12・5	17	ひろか
博未	12・5	17	ひろみ
博葉	12・12	24	ひろは

富 12

★★★ 常

音訓 フ、フウ、と（む）、とみ

名のり あつ、あつし、とよ、ひさ、ふく、みつる、ゆたか、よし

意味 富む。豊か。財産がたっぷりとあること。

ポイント 物心ともに豊かな生活を送れるようにと願って。「とみ」のほか、やわらかな印象の「ふう」や「ふ」の読みも人気。

男の子の名前の例

名前	画数	総画	読み
富万	12・3	15	ふうま
富介	12・4	16	ふうすけ
富太	12・4	16	ふうた
富斗	12・4	16	ふうと
富弘	12・5	17	とみひろ
富成	12・6	18	とみなり
富弥也	12・8・3	23	ふみや
富実矢	12・8・5	25	ふみや
富志貴	12・7・12	31	としき

女の子の名前の例

名前	画数	総画	読み
富子	12・3	15	ふうこ
富加	12・5	17	とみか
富江	12・6	18	とみえ
富名	12・6	18	ふうな
富美子	12・9・3	24	ふみこ
富実加	12・8・5	25	ふみか
富実菜	12・8・11	31	とみな
富美称	12・9・10	31	とみな
富美野	12・9・11	32	ふみの

満 12

★★★ 常

音訓 マン、バン、み（ちる）、み（つ）

名のり あり、ます、みち、みつ

意味 満ちる。満たす。いっぱいになった状態。

ポイント 満ち足りた人生を送れるように。親しみやすい「みつ」、包容力を感じさせる「ま」と読ませることが多い。

●連想キーワード●

【熟語】豊年満作

男の子の名前の例

名前	画数	総画	読み
満央	12・5	17	まひろ
満矢	12・5	17	みつや
咲満	9・12	21	さくま
信満	9・12	21	のぶみつ
風満	9・12	21	ふうま
満音	12・9	21	まお
彩満	11・12	23	さいま
満瑛	12・12	24	みつあき
蒼満	13・12	25	そうま

女の子の名前の例

名前	画数	総画	読み
満月	12・4	16	みづき
満世	12・5	17	まよ
満加	12・5	17	みちか
満代	12・5	17	みちよ
満妃	12・6	18	みき
満江	12・6	18	みつえ
満衣	12・6	18	みつえ
満尋	12・12	24	まひろ
満貴	12・12	24	みき

湧 12

★☆☆ 常

音訓 ユウ、わ（く）

名のり わか

意味 下から上に飛び上がるように、水が湧き出る。

ポイント エネルギッシュな印象の字で、才能にあふれた人になるようにと願って。「ゆう」は優しい雰囲気に、「わか」は新鮮な雰囲気の名前になる。

男の子の名前の例

名前	画数	総画	読み
湧一	12・1	13	ゆういち
湧大	12・3	15	ゆうだい
湧生	12・5	17	ゆうせい
湧哉	12・9	21	ゆうや

女の子の名前の例

名前	画数	総画	読み
湧子	12・3	15	ゆうこ
湧心	12・4	16	ゆうみ
湧未	12・5	17	ゆうみ
湧妃	12・6	18	ゆうき

雄 12

★★☆ 常

音訓 ユウ、ウ、ユ、お、おす

名のり かず、かた、たか、たけ、たけし、のり、よし

意味 動植物のオス。強く優れた人や物。威勢がよい。

ポイント 「ゆう」の読みは、「雄大」という言葉からスケールの大きさを感じさせる印象に。

男の子の名前の例

名前	画数	総画	読み
雄大	12・3	15	ゆうだい
雄太	12・4	16	ゆうた
雄斗	12・4	16	ゆうと
雄司	12・5	17	ゆうじ
雄平	12・5	17	ゆうへい
雄祐	12・9	21	ゆうすけ
雄哉	12・9	21	ゆうや
雄二郎	12・2・9	23	ゆうじろう
雄麻	12・11	23	ゆうま

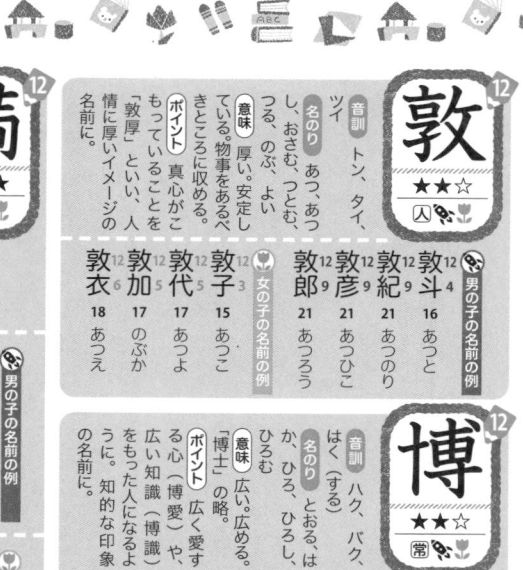

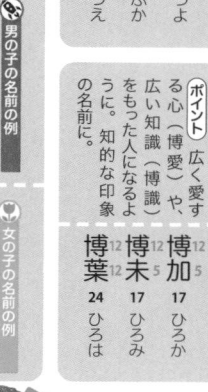

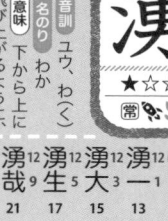

裕 12

★★★ 常

音訓 ユウ、ユ

名のり すけ、ひろ、ひろし、まさ、みち、やす、ゆたか

意味 広く、ゆとりがある。物があり余っていてゆとりがある。

ポイント 物心ともに豊かであるようにと願って。男女ともに「ゆう」や「ひろ」の読みが多く、おおらかな印象。

●連想キーワード●

【熟語】裕福

男の子の名前の例

名前	画数	総画	読み
裕斗	12・4	16	ひろと
裕史	12・5	17	ひろふみ
裕成	12・6	18	ゆうせい
俊裕	9・12	21	としひろ
宣裕	9・12	21	のぶひろ
裕則	12・9	21	ひろのり
裕亮	12・9	21	ゆうすけ
裕雅	12・13	25	ゆうが
裕太郎	12・4・9	25	ゆうたろう

女の子の名前の例

名前	画数	総画	読み
裕未	12・5	17	ひろみ
裕加	12・5	17	ゆうか
裕江	12・6	18	ひろえ
裕妃	12・6	18	ゆうき
裕絵	12・12	24	ひろえ
裕葉	12・12	24	ひろは
裕姫乃	12・10・2	24	ゆきの
裕愛	12・13	25	ゆうな
裕梨奈	12・11・8	31	ゆりな

遥 12

★★★ 人

音訓 ヨウ、はる（けし）

名のり すみ、とお、のぶ、のり、はる、はるか、みち

意味 はるか彼方にあること。長い。ゆらゆらと揺れる。

ポイント 人生をしっかりと歩んでいくように。スケールの大きさを感じさせる字だが、「よう」や「はる」の読みで親しみやすい印象の名前に。

男の子の名前の例

名前	画数	総画	読み
遥一	12・1	13	よういち
遥万	12・3	15	はるま
遥介	12・4	16	ようすけ
遥太	12・4	16	ようた
遥平	12・5	17	ようへい
遥紀	12・9	21	はるき
遥信	12・9	21	はるのぶ
遥飛	12・9	21	はるひ
遥翔	12・12	24	はると

女の子の名前の例

名前	画数	総画	読み
遥子	12・3	15	ようこ
遥心	12・4	16	はるみ
遥加	12・5	17	はるか
遥圭	12・6	18	はるか
遥凪	12・6	18	はるな
遥名	12・6	18	はるな
遥賀	12・12	24	はるか
遥愛	12・13	25	はるな
遥瑚	12・13	25	ようこ

葉 12

★★★ 常

音訓 ヨウ、ショウ、は

名のり くに、すえ、たに、のぶ、ば、よ

意味 草木の葉。花びら。薄いものを数える言葉。

ポイント 若葉のような生命力にあふれた子に育つように。穏やかでみずみずしい「よう」、優しげな「は」の読みを使って。

●連想キーワード●

【芸術】最後の一葉（小説）

男の子の名前の例

名前	画数	総画	読み
葉一	12・1	13	よういち
葉介	12・4	16	ようすけ
葉太	12・4	16	ようた
葉平	12・5	17	ようへい
葉祐	12・9	21	ようすけ
葉琉	12・11	23	はる
葉琉人	12・11・2	25	はると
葉留也	12・10・3	25	はるや
葉慈	12・13	25	ようじ

女の子の名前の例

名前	画数	総画	読み
乙葉	1・12	13	おとは
一葉	1・12	13	かずは
葉子	12・3	15	ようこ
葉月	12・4	16	はづき
仁葉	4・12	16	ひとは
好葉	6・12	18	このは
琴葉	12・12	24	ことは
照葉	13・12	25	てるは
陽葉里	12・12・7	31	ひばり

陽 12

★★★ 常

音訓 ヨウ、みなみ

名のり あき、あきら、お、おき、きよ、きよし、はる、ひ、や

意味 日の当たる丘。太陽。あたたかい。明るい。「陰陽」の積極的な側である陽。

ポイント 太陽のように明るい人になるように。日だまりのようなあたたかさを感じる「ひ」や「はる」の読みも人気。

●連想キーワード●

【熟語】陽春

男の子の名前の例

名前	画数	総画	読み
陽一	12・1	13	よういち
陽士	12・3	15	ようじ
陽太	12・4	16	ようた
陽史	12・5	17	はるひと
陽平	12・5	17	ようへい
陽向	12・6	18	ひなた
充陽	6・12	18	みちはる
陽宣	12・9	21	はるのぶ
陽翔	12・12	24	はると

女の子の名前の例

名前	画数	総画	読み
千陽	3・12	15	ちはる
陽子	12・3	15	ようこ
心陽	4・12	16	みはる
陽加	12・5	17	ようか
陽名	12・6	18	はるな
陽代里	12・5・7	24	ひより
陽暖	12・13	25	はるの
陽依菜	12・8・11	31	ひいな
真陽留	10・12・10	32	まひる

13 愛 ★★★ 常

音訓 アイ、オ、いつく(しむ)、いと(しい)、かな(しむ)、は(し)、まな

名のり あき、な、なる、のり、ひで、めぐむ、やす、よし、より

意味 愛しむ。愛でる。惜しくて切ない。かわいがる。

ポイント 愛し愛される人になるように。女の子に人気の字。

●連想キーワード●

【熟語】 和顔愛語

男の子の名前の例

愛13也3	16	あいや
愛13太4	17	あいた
愛13斗4	17	あいと
愛13河8	21	あいが
愛13武8	21	あいむ
愛13之3助7	23	あいのすけ
愛13徒10	23	まなと
愛13乃2祐9	24	あいのすけ
愛13翔12	25	あいと

女の子の名前の例

愛13	13	あい
愛13子3	16	あいこ
愛13未5	18	あみ
愛13菜11	24	あいな
愛13梛11	24	あいな
愛13梨11	24	あいり
愛13理11	24	あいり
愛13句5亜7	25	あくあ
愛13麗19	32	あいり

13 雅 ★★★ 常

音訓 ガ、ゲ、エ、ア、みやび

名のり ただ、つね、なり、のり、まさ、まさし、もと

意味 上品。都めいている。

ポイント 優雅な人になるように。華やかで古風な印象。読みも多いため、男女問わず、名づけに幅広く使える。

●連想キーワード●

【熟語】 風雅

男の子の名前の例

雅13人2	15	まさと
雅13之3	16	まさゆき
雅13夫4	17	まさお
雅13仁4	17	まさひと
雅13生5	18	まさき
雅13史5	18	まさし
明8雅13	21	あきまさ
尚8雅13	21	なおまさ
紘10雅13	23	こうが

女の子の名前の例

雅13	13	みやび
雅13子3	16	まさこ
雅13心4	17	まさこ
雅13世5	18	まさよ
雅13代5	18	まさよ
雅13菜11	24	まさな
雅13瑛12	25	まさえ
雅13絵12	25	まさえ
雅13葉12	25	まさよ

13 園 ★☆☆ 常

音訓 エン、オン、その

意味 周りを垣で囲んだ畑や庭。別荘。帝王や親王などの墓。子どもを教育・保護するための施設。

ポイント 花咲く庭園や果樹園などのイメージから、健やかに美しく育つように。穏やかな印象の「その」の読みが多い。「おん」の読みは温かみがある。

男の子の名前の例

園13大3	16	えんだい
園13也3	16	そのや
園13斗4	17	えんと
園13弥8	21	えんや
園13侑8	21	えんゆう
園13晄10	23	えんこう
園13理11	24	えんり
紫12園13	25	しおん
園13葵12	25	そのき

女の子の名前の例

園13子3	16	そのこ
園13心4	17	そのこ
未5園13	18	みその
園13望11	24	そのみ
望11園13	24	みその
園13瑛12	25	そのえ
園13絵12	25	そのえ
園13賀12	25	そのか
園13葉12	25	そのよ

13 寛 ★★★ 常

音訓 カン、くつろ(ぐ)、ゆた(か)

名のり お、おき、ちか、とお、とも、のぶ、のり、ひと、ひろ、ひろし、もと、よし

意味 広い。緩やか。くつろぐ。大目に見る。

ポイント 心の広い人になるように。穏やかな印象の字。

男の子の名前の例

寛13太4	17	かんた
寛13司5	18	かんじ
寛13市5	18	かんいち
寛13治8	21	かんじ
寛13季8	21	ひろき
寛13幸8	21	ひろゆき
寛13徒10	23	かんと
寛13貴12	25	ひろき
寛13治8朗10	31	かんじろう

女の子の名前の例

寛13子3	16	ひろこ
寛13加5	18	ひろか
寛13未5	18	ひろみ
寛13代5	18	ひろよ
寛13世5	18	ひろよ
寛13菜11	24	かんな
寛13埜11	24	ひろの
寛13瑛12	25	ひろえ
寛13絵12	25	ひろえ

勧 13
★☆☆ 常

音訓 カン、ケン、コン、すす（める）
名のり すすむ、ゆき
意味 口をそろえて勧める。よい案などに従うように力づける。
ポイント 学業をするよう勧めることを「勧学」というように、積極的なイメージの名前に。

男の子の名前の例

名前	画数	読み
勧13	13	すすむ
勧13也3	16	ゆきや
勧13介4	17	かんすけ
勧13太4	17	かんた

女の子の名前の例

名前	画数	読み
勧13乃2	15	ゆきの
勧13子3	16	ゆきこ
勧13菜11	24	かんな
勧13絵12	25	ゆきえ

幹 13
★★★ 常

音訓 カン、みき、から
名のり えだ、き、たかし、つね、つよし、とし、とも、まさ、み、もと、もとき、よし、より
意味 木の幹。物事の中心や本筋。仕事の能力。強い力。
ポイント 大樹の幹のようにしっかりとした人になるように。伸びやかな印象の「みき」、元気な「かん」の読みを生かして。

男の子の名前の例

名前	画数	読み
幹13人2	15	みきと
幹13太4	17	かんた
幹13斗4	17	みきと
幹13生5	18	みきお
幹13矢5	18	みきや
幹13治8	21	かんち
幹13弥8	21	みきや
幹13裕12	25	かんすけ
幹13晴12	25	みきはる

女の子の名前の例

名前	画数	読み
幹13乃2	15	かんの
幹13子3	16	みきこ
幹13世5	18	みきよ
幹13代5	18	みきよ
幹13埜11	24	かんの
幹13菜11	24	みきな
幹13瑛12	25	みきえ
幹13絵12	25	みきえ
幹13輝15子3	31	みきこ

暉 13
★☆☆ 人

音訓 キ
名のり あき、あきら、てる
意味 四方に広がる光。光が広がる。
ポイント 丸く輪をなして光が広がるように、輝かしい人生を願って。「輝」とほぼ同じ意味なので、姓名判断で画数が合うほうを選ぶのもよい。

男の子の名前の例

名前	画数	読み
暉13	13	あきら
大3暉13	16	だいき
暉13久3	16	てるひさ
暉13貴12	25	てるき

女の子の名前の例

名前	画数	読み
暉13乃2	15	あきの
暉13代5	18	てるよ
由5暉13	18	ゆき
暉13菜11	24	あきな

義 13
★☆☆ 常

音訓 ギ
名のり あき、しげ、たけ、ただし、つとむ、とも、のり、みち、よし、より
意味 筋道。かどめが正しい。公共のために尽くすこと。約束を通すやり方。
ポイント 義理人情に厚い人になるように。誠実な印象を与える。

男の子の名前の例

名前	画数	読み
義13也3	16	よしや
義13仁4	17	よしひと
義13明8	21	よしあき
義13純10	23	よしずみ

女の子の名前の例

名前	画数	読み
義13子3	16	よしこ
義13加5	18	のりか
義13埜11	24	よしの
義13瑛12	25	よしえ

継 13
★☆☆ 常

音訓 ケイ、ケ、つ（ぐ）、まま
名のり つぐ、ひで
意味 つぐ。切れた糸をつなぐ。あとに続ける。
ポイント 人と人をつなぐような人望が厚い人になるように。「けい」「つぐ」の読みが人気で、よく使われる。

男の子の名前の例

名前	画数	読み
継13太4	17	けいた
正5継13	18	まさつぐ
尚8継13	21	なおつぐ
継13陽12	25	つぐはる

女の子の名前の例

名前	画数	読み
継13子3	16	けいこ
継13巳3	16	つぐみ
継13心4	17	つぐみ
継13深11	24	つぐみ

瑚 13
★☆☆ 人

音訓 コ、ゴ
意味 赤色の玉石。祭器の名。珊瑚。
ポイント 装飾品の材料となる珊瑚のように、美しく希少なもののイメージ。夏の季節、南の海を思わせ、快活な印象もあわせもつ。男の子なら「ご」、女の子なら「こ」で止め字に。

男の子の名前の例

名前	画数	読み
大3瑚13	16	だいご
瑚13太4	17	こた
瑚13平5	18	ごへい
健11瑚13	24	けんご

女の子の名前の例

名前	画数	読み
千3瑚13	16	ちこ
瑚13菜11	24	こな
梨11瑚13	24	りこ
貴12瑚13	25	きこ

滉 13
★☆☆ 人

音訓 コウ、オウ
名のり ひろ、ひろし
意味 広い。海や川が広く深いこと。
ポイント 明るくて心の広い子に育つように。男の子の名前によく使われる。きらきらと個性の輝きを放つ人になるようにと願いを込めて。

男の子の名前の例

名前	画数	読み
滉13生5	18	こうせい
滉13平5	18	こうへい
高10滉13	23	たかひろ
滉13暁12	25	ひろあき

女の子の名前の例

名前	画数	読み
滉13子3	16	ひろこ
滉13心4	17	ひろみ
滉13加5	18	ひろか
滉13代5	18	ひろよ

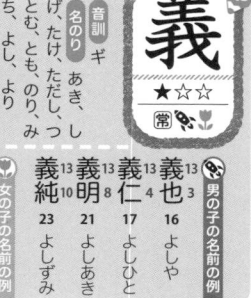

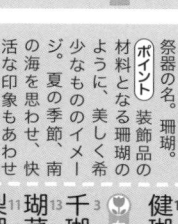

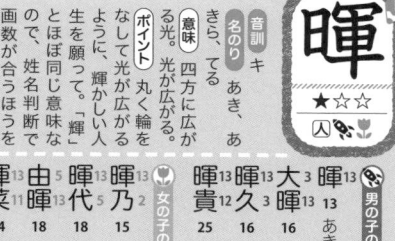

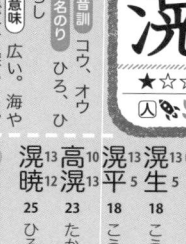

煌 13

★★★ 人

音訓 コウ、オウ、きら（めく）

名のり あき、あけ、てる

意味 輝く。明るいさま。光が大きく広がる。

ポイント 開祖を表す「皇」と「火」から成る字で、燃え盛るようにきらめく印象。光や輝きを意味する字は多いが、なかでも強くて華やかなイメージ。「あき」「こう」の読みが人気。

●連想キーワード●

【熟語】金碧輝煌／【地名】敦煌（中国の甘粛省の都市）

男の子の名前の例

名前	画数	読み
煌13	13	こう
煌13也3	16	こうや
煌13太4	17	こうた
煌13世5	18	こうせい
煌13季8	21	こうき
煌13治8	21	こうじ
煌13明8	21	てるあき
煌13一1郎9	23	こういちろう
煌13羅19	32	あきら

女の子の名前の例

名前	画数	読み
煌13乃2	15	きらの
煌13子3	16	あきこ
煌13与3	16	あきよ
煌13世5	18	あきよ
煌13代5	18	あきよ
煌13野11	24	あきの
煌13葉12	25	あきは
煌13絵12	25	てるえ
煌13羅19	32	きらら

幌 13

★☆☆ 人

音訓 コウ、ほろ

名のり あきら

意味 ほろ。覆い布や広げた幕。馬車などの日よけの幕。武士が矢を防ぐためによろいの背につけた布幕。

ポイント 器が大きくて頼れる人になるように。素朴な雰囲気も。「こう」の読みが定番。

男の子の名前の例

名前	画数	読み
幌13	13	あきら
幌13太4	17	こうた
幌13治8	21	こうじ
幌13喜12	25	こうき

女の子の名前の例

名前	画数	読み
万3幌13	16	まほろ
未5幌13	18	みほろ
深11幌13	24	みほろ
望11幌13	24	みほろ

資 13

★☆☆ 常

音訓 シ

名のり すけ、ただ、とし、もと、やす、よし、より

意味 用立てるためにそろえた品物やお金。よりどころ。持ち前の能力や体つき。

ポイント 豊かな才能に恵まれ、それを役立てていけるようにと願って。

男の子の名前の例

名前	画数	読み
大3資13	16	だいすけ
和8資13	21	かずし
淳11資13	24	あつし
創12資13	25	そうし

女の子の名前の例

名前	画数	読み
資13乃2	15	しの
資13瑛12	25	としえ
資13絵12	25	としえ
資13葉12	25	もとは

詩 13

★★★ 常

音訓 シ

名のり うた

意味 うた。感動をリズムにのせて表現したもの。漢詩。

ポイント 豊かな感性を美しい言葉で表現できる人になるように。「し」は先頭字や止め字に、「うた」は先頭字に使うことが多い。ロマンチックな雰囲気の名前に。

●連想キーワード●

【熟語】詩歌、詩聖

男の子の名前の例

名前	画数	読み
詩13文4	17	しもん
太4詩13	17	たいし
明8詩13	21	あかし
詩13季8	21	うたき
宗8詩13	21	そうし
詩13恩10	23	しおん
惇11詩13	24	あつし
啓11詩13	24	けいし
詩13道12	25	しどう

女の子の名前の例

名前	画数	読み
詩13	13	うた
詩13乃2	15	しの
詩13子3	16	うたこ
詩13心4	17	うたみ
詩13唯11	24	しい
詩13絵12	25	うたえ
詩13結12	25	しゆい
詩13織18	31	しおり
詩13恵10奈8	31	しえな

準 13

★☆☆ 常

音訓 ジュン、シュン、なぞら（う）

名のり とし、のり、ひとし

意味 水平かどうかを測る道具である水準器。物事を測る目安。基準にならう。

ポイント 手本となる立派な人になるように。名前に使いやすい読みが多い。

男の子の名前の例

名前	画数	読み
準13	13	じゅん
準13也3	16	としや
準13平5	18	しゅんぺい
準13悟10	23	しゅんご

女の子の名前の例

名前	画数	読み
準13子3	16	じゅんこ
準13加5	18	じゅんか
準13望11	24	としみ
準13絵12	25	としえ

照 13

★★☆ 常

音訓 ショウ、て（る）

名のり あき、あきら、とし、のぶ、みつ

意味 照らす。すみずみまで光がなでる。晴れる。

ポイント 思いやりがあり、周囲を明るく照らす人になるように。「しょう」や「てる」の読みで、よく使われる。

男の子の名前の例

名前	画数	読み
照13久3	16	てるひさ
照13太4	17	しょうた
照13朗10	23	てるあき
照13高10	23	てるたか

女の子の名前の例

名前	画数	読み
照13乃2	15	てるの
照13子3	16	てるこ
照13葉12	25	てるは
照13礼5亜7	25	てれあ

新 13

★★★ 常

音訓 シン、あたら(しい)、あら(た)、にい、さら

名のり あきら、すすむ、はじめ、よし、わか

意味 新しい。始まったばかり。新しい物事。

ポイント 新鮮で生命力にあふれたイメージ。「しん」は潔く、「あらた」は明るくフレッシュな印象の名前に。

男の子の名前の例

名前	画数	読み
新13	13	しん
新13也3	16	しんや
新13太4	17	あらた
新13司5	18	しんじ
新13平5	18	しんぺい
新13一1郎9	23	しんいちろう
新13悟10	23	しんご
新13真10	23	しんま
新13基11	24	あらき

女の子の名前の例

名前	画数	読み
新13乃2	15	にいの
新13子3	16	しんこ
新13菜11	24	にいな
新13梛11	24	にいな
新13埜11	24	にいの
新13野11	24	にいの
新13陽12	25	あらひ
貴12新13	25	きあら
新13葉12	25	わかば

慎 13

★★★ 常

音訓 シン、ジン、つつし(む)、つつ(ましい)、つつみ

名のり ちか、のり、まこと、みつ、よし

意味 つつしむ。念を入れる。心がすみずみまで行き届く。

ポイント 気配りのできる優しい人になるように。誠実な印象の「しん」の読みが多く使われる。

●連想キーワード●

【熟語】慎独

男の子の名前の例

名前	画数	読み
慎13	13	しん
慎13也3	16	しんや
慎13太4	17	しんた
慎13平5	18	しんぺい
慎13治8	21	しんじ
慎13一1郎9	23	しんいちろう
慎13悟10	23	しんご
慎13理11	24	しんり
崇11慎13	24	たかのり

女の子の名前の例

名前	画数	読み
慎13乃2	15	よしの
慎13子3	16	しんこ
慎13心4	17	よしみ
慎13世5	18	のりよ
慎13代5	18	のりよ
慎13埜11	24	よしの
慎13野11	24	よしの
慎13絵12	25	よしえ
慎13葵12	25	よしき

稔 13

★★☆ 人

音訓 ジン、ニン、ネン

名のり とし、なり、みのる、ゆたか

意味 実る。穀物の実が入る。長年にわたり積み重なる。

ポイント 実りの多い人生や、立派な人へと成熟していくことを願って。「みのる」のほか、「とし」の読みも多い。

男の子の名前の例

名前	画数	読み
稔13	13	みのる
稔13生5	18	としき
稔13明8	21	としあき
稔13幸8	21	としゆき

女の子の名前の例

名前	画数	読み
稔13子3	16	としこ
稔13加5	18	なりか
稔13瑛12	25	としえ
稔13絵12	25	としえ

瑞 13

★★★ 人

音訓 ズイ、スイ

名のり たま、みず

意味 領地や爵位を与えたしるしとしての宝石。めでたいこと。みずみずしい。

ポイント 美しく育ち、多くの幸せに恵まれるように。みずみずしさをイメージできる「みず」の読みが多い。「たま」と読むと愛嬌があり個性的な印象に。

男の子の名前の例

名前	画数	読み
瑞13己3	16	たまき
瑞13斗4	17	みずと
瑞13生5	18	みずき
瑞13晟10	23	すいせい
清11瑞13	24	せいずい
瑞13基11	24	みずき
瑞13雄12	25	たまお
瑞13貴12	25	みずき
瑞13騎18	31	たまき

女の子の名前の例

名前	画数	読み
瑞13乃2	15	みずの
瑞13子3	16	たまこ
瑞13生5	18	みずき
瑞13布5	18	みずほ
瑞13菜11	24	みずな
瑞13埜11	24	みずの
瑞13瑛12	25	たまえ
瑞13絵12	25	みずえ
瑞13貴12	25	みずき

嵩 13

★★☆ 人

音訓 スウ、シュウ

名のり たか、たかし、たけ

意味 山が高くそびえ立つさま。かさ(体積)。

ポイント 才能を伸ばせるようにと願いを込めて。「たか」や「たけ」の読みは、頼りがいがあって誠実な印象を与える名前になる。

男の子の名前の例

名前	画数	読み
嵩13	13	たかし
嵩13仁4	17	たかひと
嵩13馬10	23	しゅうま
嵩13翔12	25	たかと

女の子の名前の例

名前	画数	読み
嵩13子3	16	たかこ
嵩13巳3	16	たかみ
嵩13世5	18	たかよ
嵩13絵12	25	たかえ

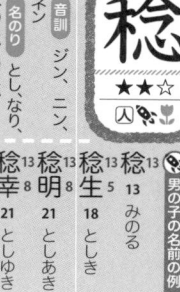

聖 13

★★★ 常

音訓 セイ、ショウ

名のり あきら、きよ、きよし、さと、さとし、さとる、たかし、とし、まさ

意味 賢くて、徳の優れた人。厳かな様子。

ポイント 美しい心をもち、賢い人に育つようにと願って。清らかでさわやかな印象の名前に。

●連想キーワード●

【ことわざ】聖人に夢なし

男の子の名前の例

聖13 介4 17 せいすけ
聖13 斗4 17 せいと
聖13 司5 18 せいじ
聖13 矢5 18 せいや
聖13 昌8 21 きよまさ
聖13 馬10 23 せいま
聖13 陽12 25 きよはる
聖13 滋12 25 せいじ
聖13 治8 朗10 31 せいじろう

女の子の名前の例

聖13 乃2 15 きよの
聖13 子3 16 せいこ
聖13 未5 18 きよみ
聖13 加5 18 せいか
聖13 菜11 24 せいな
聖13 瑛12 25 きよえ
聖13 絵12 25 きよえ
聖13 羅19 32 せいら
聖13 史5 瑠14 32 せしる

誠 13

★★★ 常

音訓 セイ、ジョウ、まこと

名のり あき、かね、さと、たか、とも、なが、なり、のぶ、のり、まさ、み、もと、よし

意味 うそのない、本当の心。ごまかしのない言葉や行動。

ポイント まじめで思いやりのある人に育つようにと願って。1字名なら潔いイメージに。

●連想キーワード●

【熟語】誠実、誠心誠意

男の子の名前の例

誠13 13 まこと
誠13 二2 15 せいじ
誠13 太4 17 せいた
誠13 悟10 23 せいご
誠13 乃2 典8 23 せいのすけ
誠13 真10 23 せいま
誠13 淳11 24 せいじゅん
誠13 詞12 25 せいじ
誠13 梧11 良7 31 せいごろう

女の子の名前の例

誠13 子3 16 せいこ
誠13 巳3 16 まさみ
誠13 世5 18 あきよ
誠13 加5 18 せいか
誠13 代5 18 まさよ
誠13 菜11 24 せいな
誠13 野11 24 せいの
誠13 瑛12 25 あきえ
誠13 蘭19 32 せいらん

勢 13

★☆☆ 常

音訓 セイ、セ、ゼイ、いきお（い）、はず（み）

名のり なり

意味 前に進む力。周りを制圧して、従わせること。様子、姿などの意味も。

ポイント 力強く前に進むパワーをもつ子になるように。男女ともに「せい」の読みが人気。

男の子の名前の例

勢13 也3 16 せいや
勢13 太4 17 せいた
勢13 治8 21 せいじ
勢13 馬10 23 せいま

女の子の名前の例

勢13 子3 16 せいこ
千3 勢13 16 ちせ
勢13 菜11 24 せいな
勢13 都11 24 せつ

蒼 13

★★★ 人

音訓 ソウ

名のり しげる

意味 草木が生い茂ること。干した青草のような、くすんだ青色。色艶がないさま。

ポイント 植物が生い茂るように、すくすくと育つように。「くすんだ」の意味は「趣がある」というニュアンスも。「あお」「あおい」と読ませることもある。

●連想キーワード●

【熟語】霖雨蒼生

男の子の名前の例

蒼13 二2 15 そうじ
蒼13 久3 16 あおぐ
蒼13 太4 17 あおた
蒼13 生5 18 あおい
蒼13 平5 18 そうへい
蒼13 矢5 18 そうや
蒼13 典8 21 そうすけ
蒼13 真10 23 あおま
蒼13 一1 郎9 23 そういちろう

女の子の名前の例

蒼13 13 あおい
蒼13 乃2 15 あおの
蒼13 子3 16 そうこ
蒼13 生5 18 あおい
蒼13 加5 18 そうか
蒼13 唯11 24 あおい
蒼13 菜11 24 そうな
蒼13 瑛12 25 あおえ
蒼13 絵12 25 あおえ

想 13

★★☆ 常

音訓 ソウ、ソ、ショウ

意味 何かを心に置いて考えること。ある対象に向かう思い。イメージをふくらませる。

ポイント 思慮深い人になってほしいという願いを込めて。人気の名前に多い「ソウ」の響きにあてるのもおすすめ。

男の子の名前の例

想13 太4 17 そうた
想13 真10 23 そうま
想13 脩11 24 そうすけ
想13 詞12 25 そうし

女の子の名前の例

想13 子3 16 そうこ
想13 加5 18 そうか
想13 菜11 24 そうな
想13 葉12 25 そよ

暖
13 ★★★ 常

音訓 ダン、ナン、ノン、あたた（かい）

名のり あつ、はる、やす

意味 ぬくぬくとしてあたたかい。ねっとりとやわらかく、汗ばむようなさま。あたためる。

ポイント あたたかい心で周囲を元気づけるような存在になることを願って。「豊かで不自由しない」という意味もある。「のん」の響きで個性的に。

●連想キーワード●
【熟語】 暖衣飽食、暖炉

男の子の名前の例

名前	画数	読み
暖13己3	16	あつき
暖13斗4	17	はると
暖13仁4	17	はるひと
暖13生5	18	あつお
暖13史5	18	あつし
暖13典8	21	あつのり
知8暖13	21	ともはる
暖13朗10	23	あつろう
敏10暖13	23	としはる

女の子の名前の例

名前	画数	読み
暖13子3	16	あつこ
千3暖13	16	ちはる
暖13日4	17	はるひ
加5暖13	18	かのん
世5暖13	18	せのん
麻11暖13	24	まのん
暖13陽12	25	はるひ
晴12暖13	25	はれの
瀬19暖13	32	せのん

楓
13 ★★★ 人

音訓 フウ、ホウ、おかつら

名のり かえで

意味 マンサク科の落葉樹。秋には美しく紅葉する。実には翼がついている。

ポイント 秋の風情を感じさせる。実に翼がついていることから、自立してはばたいてほしいという願いも。

男の子の名前の例

名前	画数	読み
楓13太4	17	ふうた
楓13斗4	17	ふうと
楓13矢5	18	ふうや
楓13河8	21	ふうが
楓13季8	21	ふうき
楓13悟10	23	ふうご
楓13真10	23	ふうま
楓13基11	24	ふうき
楓13翔12	25	ふうと

女の子の名前の例

名前	画数	読み
楓	13	かえで
楓13子3	16	ふうこ
楓13心4	17	ふうこ
楓13加5	18	ふうか
楓13生5	18	ふうみ
楓13未5	18	ふうみ
楓13菜11	24	ふうな
楓13望11	24	ふうみ
楓13賀12	25	ふうか

福
13 ★★★ 常

音訓 フク

名のり さき、さち、とし、とみ、ね、もと、よし

意味 神から恵まれた豊かさ。しあわせなこと。めでたいこと。

ポイント しあわせいっぱいの豊かな人生を歩んでほしいと願って。周りの人もしあわせに包み込む、ポジティブなイメージの名前に。「ふく」「さち」の読みで。

●連想キーワード●
【慣用句】 笑う門には福来たる

男の子の名前の例

名前	画数	読み
福13久3	16	ふくひさ
福13史5	18	ふくし
福13広5	18	ふくひろ
福13矢5	18	ふくや
福13茂8	21	ふくしげ
福13典8	21	ふくすけ
福13門8	21	ふくと
福13泰10	23	ふくやす
福13満12	25	ふくみつ

女の子の名前の例

名前	画数	読み
福13子3	16	さちこ
福13心4	17	ふくこ
福13永5	18	ふくえ
福13未5	18	ふくみ
福13代5	18	ふくよ
福13世5	18	ふくよ
福13菜11	24	さちな
福13瑛12	25	ふくえ
福13絵12	25	ふくえ

豊
13 ★★★ 常

音訓 ホウ、フ、ブ、ゆた（か）、とよ

名のり あつ、かた、と、ひろ、みのる、もり、よし

意味 たっぷりと量が多いこと。ふっくらとしたさま。作物が豊かに実ること。

ポイント 実り豊かで満ち足りた人生を歩めるように。

●連想キーワード●
【熟語】 豊年満作

男の子の名前の例

名前	画数	読み
豊	13	ゆたか
豊13巳3	16	とよみ
豊13斗4	17	よしと
豊13生5	18	とよき
豊13永5	18	とよなが
豊13和8	21	とよかず
豊13佳8	21	ゆたか
豊13紘10	23	あつひろ
豊13喜12	25	とよき

女の子の名前の例

名前	画数	読み
豊13子3	16	とよこ
豊13心4	17	とよみ
豊13望11	24	とよみ
豊13瑛12	25	とよえ
豊13絵12	25	とよえ
豊13都11花7	31	ととか
豊13美9香9	31	ふみか
豊13都11奈8	32	ととな
豊13実8菜11	32	ふみな

夢 13

★★★ 常

音訓 ム、ボウ、ゆめ

意味 夢。はかない、はっきりしないもの。実現させたい願い。

ポイント 「ゆめ」の読みは優美さを連想させる。ゆったりしつつも、着実に夢を実現させる人に。「む」の読みで止め字にするとドラマチックな印象。

男の子の名前の例

名前	画数	総画	読み
夢人	13・2	15	ゆめと
大夢	3・13	16	ひろむ
歩夢	8・13	21	あゆむ
和夢	8・13	21	なごむ
亜斗夢	7・4・13	24	あとむ
吾斗夢	7・4・13	24	あとむ
貴夢	12・13	25	たかむ
登夢	12・13	25	とむ
夢左志	13・5・7	25	むさし

女の子の名前の例

名前	画数	総画	読み
夢子	13・3	16	ゆめこ
夢日	13・4	17	ゆめか
夢心	13・4	17	ゆめこ
夢加	13・5	18	ゆめか
夢野	13・11	24	ゆめの
夢埜	13・11	24	ゆめの
夢賀	13・12	25	ゆめか
絵夢	12・13	25	えむ
麗夢	19・13	32	らいむ

瑶 13

★☆☆ 人

音訓 ヨウ

名のり たま

意味 白く美しい玉。あか抜けて輝く美しさ、華やかさをほめる言葉。

ポイント 真珠のように美しく光輝く人生を歩めるようにと願って。「瑶生（たまお）」など「たま」の読みで個性的な印象の名前に。

男の子の名前の例

名前	画数	総画	読み
瑶介	13・4	17	ようすけ
瑶太	13・4	17	ようた
瑶生	13・5	18	たまお
瑶典	13・8	21	ようすけ

女の子の名前の例

名前	画数	総画	読み
瑶乃	13・2	15	たまの
瑶子	13・3	16	ようこ
瑶心	13・4	17	ようこ
瑶加	13・5	18	ようか

蓉 13

★☆☆ 人

音訓 ヨウ、ユウ

名のり はす

意味 芙蓉（ふよう）とは蓮の花のこと。また、木の名前（木芙蓉ともいう）。

ポイント 昔から「芙蓉の顔」といって美しさを形容する言葉。「泰蓉（たいよう）」など「よう」の読みで止め字に使っても。

男の子の名前の例

名前	画数	総画	読み
蓉太	13・4	17	ようた
蓉平	13・5	18	ようへい
蓉治	13・8	21	ようじ
蓉脩	13・11	24	ようすけ

女の子の名前の例

名前	画数	総画	読み
蓉	13	13	よう
蓉子	13・3	16	ようこ
蓉心	13・4	17	ようこ
蓉加	13・5	18	ようか

稜 13

★☆☆ 人

音訓 リョウ、ロウ、そば

名のり いず、いつ、かど、たか

意味 かど。多面体の面と面が交わってできる直線。「稜威」は神霊の威光や天皇の権威の意味も。

ポイント 壮大で堂々とした様子を連想させる。「リョウ」の読みが人気。

男の子の名前の例

名前	画数	総画	読み
稜	13	13	りょう
稜平	13・5	18	りょうへい
稜晟	13・10	23	りょうせい
稜賀	13・12	25	りょうが

女の子の名前の例

名前	画数	総画	読み
稜子	13・3	16	りょうこ
稜心	13・4	17	りょうこ
稜末	13・5	18	たかみ
稜加	13・5	18	りょうか

鈴 13

★★★ 常

音訓 レイ、リン、リョウ、すず

意味 鈴。「りん」だと、鈴の鳴る音を示す。ベルの意味もある。

ポイント 「すず」も「りん」も特徴のある響き。華やかで愛らしく、女の子に特に人気。「鈴太（りんた）」など男の子の名前にも使われる。

●連想キーワード●

【芸術】私と小鳥と鈴と（詩）

男の子の名前の例

名前	画数	総画	読み
鈴太	13・4	17	りんた
鈴央	13・5	18	すずお
鈴平	13・5	18	りょうへい
鈴馬	13・10	23	すずま
鈴清	13・11	24	りんせい
鈴太良	13・4・7	24	りんたろう
鈴晴	13・12	25	すずはる
鈴賀	13・12	25	りんが
鈴翔	13・12	25	りんと

女の子の名前の例

名前	画数	総画	読み
鈴	13	13	すず
鈴子	13・3	16	りんこ
鈴心	13・4	17	すずこ
可鈴	5・13	18	かりん
鈴加	13・5	18	すずか
麻鈴	11・13	24	まりん
深鈴	11・13	24	みすず
望鈴	11・13	24	みすず
鈴賀	13・12	25	すずか

廉 13

★☆☆ 常

音訓 レン

名のり きよ、ただし、やす、ゆき

意味 かど。物事のけじめ。いさぎよい様子。

ポイント 清廉潔白なイメージ。まっすぐで素直な心をもつ人に育つように。読みは「レン」が人気。「ただし」「きよし」などの1字名にも。

男の子の名前の例

名前	画数	総画	読み
廉	13	13	れん
廉太	13・4	17	れんた
廉生	13・5	18	れんせい
廉翔	13・12	25	れんと

女の子の名前の例

名前	画数	総画	読み
廉心	13・4	17	ゆきみ
加廉	5・13	18	かれん
絵廉	12・13	25	えれん
賀廉	12・13	25	かれん

蓮 13

★★★ 人

音訓 レン、はちす

名のり はす

意味 植物のハス。夏に花が咲く。

ポイント 泥水の中から育ち美しい花を咲かせることから、周囲に染まらない清らかさを感じさせる。涼しげで洗練されたイメージの「れん」の読みが人気。

男の子の名前の例

名前	画数	読み
蓮(13)	13	れん
蓮(13)二(2)	15	れんじ
蓮(13)人(2)	15	れんと
蓮(13)太(4)	17	れんた
蓮(13)矢(5)	18	れんや
彩(11)蓮(13)	24	あれん
蓮(13)乃(2)祐(9)	24	れんのすけ
蓮(13)滋(12)	25	れんじ
蓮(13)登(12)	25	れんと

女の子の名前の例

名前	画数	読み
蓮(13)子(3)	16	れんこ
蓮(13)心(4)	17	はすみ
禾(5)蓮(13)	18	かれん
加(5)蓮(13)	18	かれん
蓮(13)可(5)	18	れんか
蓮(13)菜(11)	24	れんな
瑛(12)蓮(13)	25	えれん
絵(12)蓮(13)	25	えれん
賀(12)蓮(13)	25	かれん

維 14

★★★ 常

音訓 イ、ユイ

名のり これ、しげ、すけ、すみ、ただ、たもつ、まさ、ゆき

意味 つな。つなで引き締める。つなぐ。「これ」と次の語を示して強調する意味も。

ポイント グループのキーパーソンとなるイメージ。人とのつながりを大切にする子に。

男の子の名前の例

名前	画数	読み
維(14)人(2)	16	ゆいと
維(14)己(3)	17	いき
維(14)月(4)	18	いづき
伽(7)維(14)	21	かい
志(7)維(14)	21	しい
維(14)音(9)	23	いお
維(14)信(9)	23	これのぶ
瀬(19)維(14)	33	せい
維(14)鶴(21)	35	いづる

女の子の名前の例

名前	画数	読み
維(14)乃(2)	16	いの
心(4)維(14)	18	みい
維(14)紗(10)	24	いさ
真(10)維(14)	24	まい
維(14)菜(11)	25	いな
維(14)埜(11)	25	いの
維(14)野(11)	25	いの
望(11)維(14)	25	みい
維(14)織(18)	32	いおり

歌 14

★☆☆ 常

音訓 カ、うた

意味 うた。節をつけてうたうこと。民謡。和歌。

ポイント 音楽や文学を大切にする子になるように。「か」の読みだと、軽やかに。「うた」の読みは個性的でのびやかな印象に。歌うように楽しく生きてほしいと願って。

男の子の名前の例

名前	画数	読み
歌(14)哉(9)	23	うたや
歌(14)音(9)	23	かのん
歌(14)啓(11)	25	うたひろ
歌(14)惟(11)	25	かい

女の子の名前の例

名前	画数	読み
歌(14)乃(2)	16	かの
歌(14)恵(10)	24	かえ
歌(14)深(11)	25	うたみ
優(17)歌(14)	31	ゆうか

嘉 14

★☆☆ 人

音訓 カ、ケ

名のり ひろ、よし、よしみ

意味 よい。めでたい。よいと認めてほめること。

ポイント めでたい意味から、喜びに満ちた人生になるよう願って。男の子には「よし」、女の子には「か」の読みが人気。

男の子の名前の例

名前	画数	読み
嘉(14)人(2)	16	よしと
嘉(14)己(3)	17	よしき
嘉(14)月(4)	18	かづき
嘉(14)哉(9)	23	よしや

女の子の名前の例

名前	画数	読み
嘉(14)恵(10)	24	かえ
嘉(14)菜(11)	25	かな
深(11)嘉(14)	25	みか
望(11)嘉(14)	25	みか

綺 14

★★★ 人

音訓 キ、いろ（い）、かにはた、かんばた

名のり あや

意味 色糸でいろいろな模様を織り出した絹織物。美しく、きらびやかな様子。

ポイント あでやかで華やかな印象を与える。美しく光り輝くような人に育つように。

●連想キーワード●

【慣用句】綺羅、星の如し／【熟語】綺麗

男の子の名前の例

名前	画数	読み
綺(14)一(1)	15	きいち
綺(14)人(2)	16	あやと
大(3)綺(14)	17	だいき
綺(14)佑(7)	21	きすけ
重(9)綺(14)	23	しげき
浩(10)綺(14)	24	ひろき
真(10)綺(14)	24	まさき
悠(11)綺(14)	25	ゆうき
綺(14)羅(19)	33	きら

女の子の名前の例

名前	画数	読み
綺(14)乃(2)	16	あやの
綺(14)子(3)	17	きこ
綺(14)華(10)	24	あやか
綺(14)恵(10)	24	きえ
綺(14)紗(10)	24	きさ
綺(14)唯(11)	25	きい
綺(14)菜(11)	25	きな
深(11)綺(14)	25	みき
望(11)綺(14)	25	みき

豪 14

★☆☆ 常

音訓　ゴウ、コウ、えら（い）

名のり　かた、たけ、たけし、つよ、つよし、とし、ひで

意味　勇気がある。能力や才知が優れる。財力・権力がある。派手。

ポイント　知力や財力に恵まれ人望の厚いイメージ。「たけ」の読みが人気。

男の子の名前の例

名前	画数	読み
豪14己3	17	ごうき
豪14太4	18	ごうた
豪14志7	21	たけし
豪14洋9	23	たけひろ
豪14将10	24	たけまさ
豪14琉11	25	たける

女の子の名前の例

名前	画数	読み
豪14乃2	16	たけの
豪14子3	17	としこ

颯 14

★★★ 人

音訓　サツ、ソウ、さっ（と）

意味　風がさっと吹くさま。きびきびした動き。やせ細る。不意にさっと風が立つ様子。

ポイント　物事にこだわらず、さわやかな印象の人に。「颯爽」の熟語を連想するので、きりりとしたイメージも好感度が高い。「さつ」「そう」の繊細な響きは、男女ともに先頭字に用いられることが多い。

●連想キーワード●

【熟語】颯爽

男の子の名前の例

名前	画数	読み
颯14一1	15	そういち
颯14也3	17	そうや
颯14太4	18	そうた
颯14希7	21	さつき
颯14汰7	21	そうた
颯14一1郎9	24	そういちろう
颯14真10	24	そうま
颯14雪11	25	さつゆき
颯14治8郎9	31	そうじろう

女の子の名前の例

名前	画数	読み
颯14子3	17	そうこ
颯14心4	18	そうみ
颯14恵10	24	さつえ
颯14姫10	24	さつき
颯14記10	24	さつき
颯14華10	24	そうか
颯14夏10	24	そうか
颯14代5加5	24	そよか
颯14菜11	25	そうな

種 14

★☆☆ 常

音訓　シュ、たね

名のり　かず、くさ、しげ

意味　植物のたね。性質を区別する集団。

ポイント　命のエネルギーが凝縮されたイメージは、豊かさを連想させる。実り多き人生に。「かず」の読みが名前に使いやすい。

男の子の名前の例

名前	画数	読み
種14己3	17	しげき
種14臣7	21	かずおみ
種14杜7	21	かずと
良7種14	21	よしかず

女の子の名前の例

名前	画数	読み
種14乃2	16	かずの
千3種14	17	ちぐさ
種14恵10	24	かずえ
種14紗10	24	かずさ

緒 14

★★★ 常

音訓　ショ、チョ、ジョ、お

名のり　つぐ

意味　糸の端。物事のはじめ。あるきっかけから引き出される感情。はしがき。

ポイント　糸が引き出されるように物事が順調に運ぶ人生を。折り目正しいきちんとした人の印象も。

●連想キーワード●

【熟語】端緒、情緒、緒言、由緒

男の子の名前の例

名前	画数	読み
一1緒14	15	かずお
文4緒14	18	ふみお
志7緒14	21	しお
秀7緒14	21	ひでお
良7緒14	21	よしお
李7緒14	21	りお
緒14哉9	23	つぐや
政9緒14	23	まさお
崇11緒14	25	たかお

女の子の名前の例

名前	画数	読み
緒14心4	18	つぐみ
真10緒14	24	まお
莉10緒14	24	りお
菜11緒14	25	なお
麻11緒14	25	まお
深11緒14	25	みお
望11緒14	25	みお
理11緒14	25	りお
里7緒14菜11	32	りおな

彰 14

★★★ 常

音訓　ショウ

名のり　あき、あきら、あや、ただ、てる

意味　明らかにする。はっきりと目立つ。鮮やかな模様。

ポイント　高い人徳を備え、よい行いが人に評価される人に。「あき」の明るく快活な響きは女の子に好まれる。鮮やかな模様の意も人気の理由。

男の子の名前の例

名前	画数	読み
彰14一1	15	しょういち
彰14臣7	21	あきおみ
彰14良7	21	あきら
彰14佑7	21	しょうすけ
彰14栄9	23	しょうえい
彰14浩10	24	あきひろ
彰14理11	25	しょうり
常11彰14	25	つねあき
彰14汰7朗10	31	しょうたろう

女の子の名前の例

名前	画数	読み
彰14乃2	16	あやの
彰14子3	17	あきこ
千3彰14	17	ちあき
彰14心4	18	あきみ
彰14恵10	24	あきえ
彰14華10	24	あやか
彰14夏10	24	あやか
彰14菜11	25	あきな
彰14埜11	25	あやの

翠 14

★★☆ 人

音訓 スイ、あお(い)

名のり あき、あきら、みどり

意味 カワセミ。カワセミの羽やヒスイのようなきれいな青緑色。

ポイント 見た目の美しさだけでなく、清らかな心で人生を歩むように。清々しくさわやかな印象の名前になる。

男の子の名前の例

名前	画数	総画	読み
翠人	14・2	16	すいと
翠芭	14・7	21	すいは
飛翠	9・14	23	ひすい
翠務	14・11	25	すいむ

女の子の名前の例

名前	画数	総画	読み
翠子	14・3	17	すいこ
翠心	14・4	18	すいみ
翠惟	14・11	25	あおい
翠菜	14・11	25	すいな

綜 14

★☆☆ 人

音訓 ソウ

名のり おさ

意味 はた織りの道具。筋をまとめる。統一する。

ポイント 多くの糸を束ねて美しい布を織るように、人々の心を一つにすべる人徳のある人間になるように。「そう」の読みで先頭字におすすめ。

男の子の名前の例

名前	画数	総画	読み
綜志	14・7	21	そうし
綜汰	14・7	21	そうた
綜時	14・10	24	そうじ
綜脩	14・11	25	そうすけ

女の子の名前の例

名前	画数	総画	読み
綜子	14・3	17	そうこ
綜心	14・4	18	おさみ
綜華	14・10	24	そうか
綜菜	14・11	25	そうな

聡 14

★★★ 人

音訓 ソウ、ス、さと(し)

名のり あき、あきら、さと、ただし、とき、とし、とみ

意味 話がよく聞こえ、理解が早い。聞いてすぐわかる賢さ。

ポイント 頭脳が優れ、相手のことを理解する包容力や優しい「心」も連想させる。温かみのある人格者に。「あき」「さと」「とし」など読みが豊富。

男の子の名前の例

名前	画数	総画	読み
聡士	14・3	17	そうし
大聡	3・14	17	ひろあき
聡仁	14・4	18	あきひと
聡太	14・4	18	そうた
聡良	14・7	21	あきら
聡宏	14・7	21	としひろ
聡亮	14・9	23	そうすけ
聡一郎	14・1・9	24	そういちろう
聡瞭	14・17	31	としあき

女の子の名前の例

名前	画数	総画	読み
聡乃	14・2	16	あきの
聡子	14・3	17	そうこ
千聡	3・14	17	ちさと
心聡	4・14	18	みさと
聡恵	14・10	24	としえ
聡菜	14・11	25	あきな
聡埜	14・11	25	あきの
聡深	14・11	25	さとみ
聡望	14・11	25	さとみ

暢 14

★★☆ 人

音訓 チョウ

名のり いたる、とおる、なが、のぶ、まさ、みつ

意味 長く伸びる。のびのびとする。

ポイント のびやかさを表す。明るくのびのびとした人間に育ってほしいと願って。「のぶ」の音が男女とも名前につけやすく、おすすめ。

男の子の名前の例

名前	画数	総画	読み
寿暢	7・14	21	ひさのぶ
暢彦	14・9	23	のぶひこ
理暢	11・14	25	まさのぶ
顕暢	18・14	32	あきのぶ

女の子の名前の例

名前	画数	総画	読み
暢子	14・3	17	のぶこ
暢予	14・4	18	のぶよ
暢恵	14・10	24	のぶえ
梓暢	11・14	25	しのぶ

槙 14

★★☆ 人

音訓 テン、シン

名のり こずえ、まき

意味 マキ科の木。こずえ。倒木。葉が生い茂った木。

ポイント 「真の木」という文字と響きが、凛とした強さを感じさせる。生い茂る木のような豊かで充実した人生になるようにと願って。

男の子の名前の例

名前	画数	総画	読み
槙一	14・1	15	しんいち
槙大	14・3	17	まきだい
槙哉	14・9	23	しんや
愼護	13・20	33	しんご

女の子の名前の例

名前	画数	総画	読み
槙乃	14・2	16	まきの
槙子	14・3	17	まきこ
槙菜	14・11	25	まきな
槙埜	14・11	25	まきの

徳 14

★★★ 常

音訓 トク

名のり あきら、あつ、あり、さと、とみ、なり、のり、めぐむ、やす

意味 生まれもった人柄。人や物の本性。優れた人格。

ポイント 生まれながらに備わる「徳」の高さは、多くの親の願い。人から慕われ尊敬される立派な人になるように。

男の子の名前の例

名前	画数	総画	読み
万徳	3・14	17	かずのり
徳之	14・3	17	のりゆき
徳仁	14・4	18	なるひと
亨徳	7・14	21	あきのり
辰徳	7・14	21	たつのり
徳志	14・7	21	やすし
徳晃	14・10	24	のりあき
崇徳	11・14	25	たかのり
康徳	11・14	25	やすのり

女の子の名前の例

名前	画数	総画	読み
徳乃	14・2	16	やすの
徳子	14・3	17	のりこ
壬徳	4・14	18	みのり
徳笑	14・10	24	のりえ
徳恵	14・10	24	やすえ
徳菜	14・11	25	のりな
徳深	14・11	25	のりみ
徳望	14・11	25	のりみ
徳野	14・11	25	やすの

緋 14

★☆☆ 人

音訓　ヒ、あけ

意味　目の覚めるような赤。

ポイント　古来官位に用いられ、歴史的な奥行きも感じさせる言葉。「ひ」は男女とも人気。女の子は「あけ」「あか」の読みも。はっと目を引く鮮やかさを秘めた存在になるようにと願って。

男の子の名前の例

緋丸	14・3	17	ひまる
緋月	14・4	18	ひづき
緋良	14・7	21	ひら
緋悟	14・10	24	ひさと

女の子の名前の例

緋乃	14・2	16	あけの
緋巳	14・3	17	あけみ
緋菜	14・11	25	ひな
緋奈子	14・8・3	25	ひなこ

碧 14

★★★ 人

音訓　ヘキ、ヒャク

名のり　あお、あおい、きよし、たま、みどり

意味　緑。青。青緑色。青緑色の石。サファイア色。

ポイント　自然の生み出す美しい青緑色を表す。海が紺碧の輝きを放つように、美しく輝く人生を歩める人に。「あお」の読みで先頭字に。

●連想キーワード●

【熟語】紺碧、碧玉

男の子の名前の例

碧人	14・2	16	あおと
碧太	14・4	18	あおた
碧斗	14・4	18	あおと
碧希	14・7	21	あおき
碧玖	14・7	21	あおぐ
碧志	14・7	21	あおし
碧為	14・9	23	あおい
碧馬	14・10	24	あおま
碧惟	14・11	25	あおい

女の子の名前の例

碧巳	14・3	17	あおい
碧子	14・3	17	みどりこ
碧心	14・4	18	あおみ
碧恵	14・10	24	あおえ
碧華	14・10	24	あおか
碧姫	14・10	24	たまき
碧深	14・11	25	たまみ
碧望	14・11	25	たまみ
碧唯	14・11	25	あおい

輔 14

★☆☆ 人

音訓　ホ、フ、ブ、かまち

名のり　すけ

意味　車の添え木。補佐役。そばで助ける人。

ポイント　心強く人を助けるイメージ。「すけ」の音で男の子の止め字に使うことが多い。「ほ」の読みは女の子にも。安定感のある名に。

男の子の名前の例

大輔	3・14	17	だいすけ
佑輔	7・14	21	ゆうすけ
良輔	7・14	21	りょうすけ
俊輔	9・14	23	しゅんすけ
祥輔	10・14	24	しょうすけ
健輔	11・14	25	けんすけ

女の子の名前の例

輔子	14・3	17	すけこ
輔乃香	14・2・9	25	ほのか

瑠 14

★★★ 常

音訓　リュウ、ル

名のり　るり

意味　「瑠璃」はラピスラズリ。つややかで紫がかった宝石。仏教の七宝の一つ。

ポイント　1文字でラピスラズリの神秘的な輝きを連想させる。深い魅力と気品を備えた素敵な大人になってほしいとの願いから。「る」の読みがおすすめ。

●連想キーワード●

【熟語】瑠璃、浄瑠璃

男の子の名前の例

瑠也	14・3	17	りゅうや
瑠斗	14・4	18	りゅうと
亜瑠	7・14	21	ある
海瑠	9・14	23	かいる
奏瑠	9・14	23	かなる
瑠為	14・9	23	るい
瑠那人	14・7・2	23	るなと
瑠夏	14・10	24	るか
瑠紀哉	14・9・9	32	るきや

女の子の名前の例

瑠子	14・3	17	るこ
真瑠	10・14	24	まる
瑠華	14・10	24	るか
瑠姫	14・10	24	るき
瑠菜	14・11	25	るな
瑠望	14・11	25	るみ
瑠実子	14・8・3	25	るみこ
瑠優	14・17	31	るう
瑠莉佳	14・10・8	32	るりか

綾 14

★★★ 人

音訓　リョウ

名のり　あや

意味　模様を織り込んだ薄い絹布。織物の模様のように入り組んだもの。

ポイント　絹織物の繊細な模様のように、人生の機微を味わうことのできる人に。「あや」の読みはつねに人気が高い。「紗綾（さあや）」など止め字にも。

男の子の名前の例

綾己	14・3	17	あやき
綾大	14・3	17	りょうだい
綾仁	14・4	18	あやと
綾宏	14・7	21	あやひろ
綾汰	14・7	21	りょうた
綾彦	14・9	23	あやひこ
綾祐	14・9	23	りょうすけ
綾晟	14・10	24	りょうせい
綾真	14・10	24	りょうま

女の子の名前の例

綾乃	14・2	16	あやの
綾子	14・3	17	あやこ
綾巳	14・3	17	あやみ
綾心	14・4	18	あやみ
綾恵	14・10	24	あやえ
綾笑	14・10	24	あやえ
綾華	14・10	24	あやか
綾夏	14・10	24	あやか
綾菜	14・11	25	あやな

僚 14

★☆☆ 常

音訓 リョウ

名のり あきら、とも

意味 仲間。友達。

ポイント 気の置けない多くの仲間に恵まれて、豊かな人生を送れるように。「りょう」「とも」の音で、男女とも先頭字に。「あきら」という男の子の1字名前でも。

男の子の名前の例

名前	画数	読み
僚14 一1	15	りょういち
僚14 汰7	21	りょうた
僚14 哉9	23	ともや
僚14 時10	24	りょうじ

女の子の名前の例

名前	画数	読み
僚14 子3	17	りょうこ
僚14 恵10	24	ともえ
僚14 華10	24	りょうか
僚14 菜11	25	ともな

領 14

★☆☆ 常

音訓 リョウ、レイ

名のり おさ、さとる、むね

意味 首すじ。重要なところ。うなずく。治める。引き受ける。

ポイント 「領地」を治める責任感や意志の強さを連想させる。リーダーシップのあるイメージ。女の子には「れい」の響きが魅力的。

男の子の名前の例

名前	画数	読み
領14 元4	18	りょうげん
志7 領14	21	しりょう
領14 麻11	25	りょうま
領14 騎18	32	れいき

女の子の名前の例

名前	画数	読み
領14 乃2	16	れいの
領14 子3	17	れいこ
領14 華10	24	りょうか
領14 菜11	25	れいな

毅 15

★☆☆ 人

音訓 キ、ギ、ゲ

名のり かた、たか、しのぶ、たけ、たけし、つよ、つよし、とし、のり、はた、よし

意味 力強く立っている。決意が固い。押しが強い。

ポイント 「毅然」とした意志強固な男性になってほしいとの願いで。「き」の読みは止め字に。

男の子の名前の例

名前	画数	読み
好6 毅15	21	よしき
和8 毅15	23	かずき
幸8 毅15	23	こうき
直8 毅15	23	なおき
毅15 思9	24	たけし
毅15 将10	25	たけまさ

女の子の名前の例

名前	画数	読み
毅15 子3	18	としこ
美9 毅15	24	みのり

畿 15

★☆☆ 常

音訓 キ

名のり ちか

意味 都に近い領地。天皇の住む土地。天皇の直轄地。都。華やいだ都やその近郊を指す文字。

ポイント 「き」の読みで、男女ともに止め字によく用いられる。個性的で華やかなイメージの名前になる。

男の子の名前の例

名前	画数	読み
茂8 畿15	23	しげき
尚8 畿15	23	なおき
真10 畿15	25	まさき
優17 畿15	32	ゆうき

女の子の名前の例

名前	画数	読み
畿15 乃2	17	ちかの
畿15 子3	18	きこ
咲9 畿15	24	さき
磨16 畿15	31	まき

輝 15

★★★ 常

音訓 キ、ケ、かがや（く）

名のり あきら、てる、ひかる

意味 炎の周りが光る。明るい光が広がる。きらきら光る。華やか。派手な様子。

ポイント 地位や名誉、財力にも恵まれた、きらびやかな人生を願って。周囲を照らす明るさもあわせもつ人に。

●連想キーワード●

【熟語】光輝

男の子の名前の例

名前	画数	読み
大3 輝15	18	だいき
輝15 久3	18	てるひさ
輝15 宇6	21	てるたか
輝15 明8	23	てるあき
拓8 輝15	23	ひろき
征8 輝15	23	まさき
保9 輝15	24	やすき
輝15 記10	25	てるき
優17 輝15	32	ゆうき

女の子の名前の例

名前	画数	読み
輝15 乃2	17	てるの
輝15 保9	24	きほ
輝15 香9	24	てるか
輝15 南9	24	てるな
輝15 美9	24	てるみ
輝15 海9	24	てるみ
紗10 輝15	25	さき
輝15 礼5 彩11	31	てれあ
輝15 玲9 亜7	31	てれあ

駈 15

★★★ 人

音訓 ク、か（ける）

意味 ムチを当てて馬を速く走らせる。馬が疾走する様子。車を高速で走らせる。追い払う。追い立てる。「駆」の異体字で、意味は同じ。

ポイント 颯爽と馬が丘を駆け抜ける姿を連想させる。俊敏で聡明な人間に育つように。女の子は「く」の音で止め字にして「美駈（みく）」など。男の子は1文字で「かける」など、スピード感のある名に。

男の子の名前の例

名前	画数	読み
駈15	15	かける
大3 駈15	18	だいく
伊6 駈15	21	いく
早6 駈15	21	さく
吏6 駈15	21	りく
勇9 駈15	24	いさく
駈15 音9	24	かけと
駈15 留10	25	かける
晄10 駈15	25	こうく

女の子の名前の例

名前	画数	読み
駈15 子3	18	くこ
駈15 巳3	18	くみ
紀9 駈15	24	きく
咲9 駈15	24	さく
美9 駈15	24	みく
柚9 駈15	24	ゆく
姫10 駈15	25	きく
紗10 駈15	25	さく
莉10 駈15	25	りく

慧 15

★★★ 人

音訓 ケイ、エ

名のり あきら、さと、さとし、さとる

意味 賢い。細やかに心が働く様子。気が利く。知恵。

ポイント 賢く知的な人間に育ってほしいと願って。「けい」の読みで「慧」「慧悟」などに使われる。「え」の読みで「千慧」など止め字に使うことも多い。

●連想キーワード●

【熟語】智慧、慧眼

男の子の名前の例

名前	画数	総画	読み
慧	15	15	さとる
慧一	15・1	16	けいいち
慧士	15・3	18	けいと
慧次	15・6	21	けいじ
慧祐	15・9	24	けいすけ
慧哉	15・9	24	けいや
慧悟	15・10	25	けいご
慧多朗	15・6・10	31	けいたろう
慧護	15・20	35	けいご

女の子の名前の例

名前	画数	総画	読み
慧	15	15	けい
慧子	15・3	18	けいこ
千慧	3・15	18	ちさと
郁慧	9・15	24	いくえ
香慧	9・15	24	かえ
慧重	15・9	24	さとえ
慧華	15・10	25	けいか
慧称	15・10	25	さとな
紗慧	10・15	25	さえ

慶 15

★★★ 常

音訓 ケイ、キョウ

名のり ちか、のり、やす、よし

意味 めでたいこと。幸せ。めでたいことを祝う。明るく力強い気持ちを表す。

ポイント めでたい明るさを連想させる。信頼感のあるイメージ。力強さも感じるので、特に男の子に根強い人気。「明るく力強い人に」と願いを込めて。

●連想キーワード●

【熟語】慶弔

男の子の名前の例

名前	画数	総画	読み
慶	15	15	けい
慶人	15・2	17	よしと
慶伍	15・6	21	けいご
慶次	15・6	21	けいじ
慶多	15・6	21	けいた
慶明	15・8	23	よしあき
慶信	15・9	24	よしのぶ
将慶	10・15	25	まさよし
慶樹	15・16	31	よしき

女の子の名前の例

名前	画数	総画	読み
慶乃	15・2	17	よしの
慶子	15・3	18	けいこ
慶香	15・9	24	きょうか
慶音	15・9	24	けいと
慶重	15・9	24	やすえ
慶映	15・9	24	よしえ
慶華	15・10	25	けいか
慶称	15・10	25	やすな
慶恵	15・10	25	よしえ

潔 15

★★☆ 常

音訓 ケツ、ケチ、いさぎよ（い）

名のり きよ、きよし、ゆき、よし

意味 清らか。けじめがきちんとしている。さっぱりしている。

ポイント 「潔癖」「潔白」という語から、清々しい心で正しい行いをするようにとの願いを込めて。

男の子の名前の例

名前	画数	総画	読み
潔	15	15	きよし
潔人	15・2	17	きよと
潔光	15・6	21	きよてる
潔高	15・10	25	きよたか

女の子の名前の例

名前	画数	総画	読み
潔乃	15・2	17	ゆきの
潔恵	15・10	25	きよえ
潔華	15・10	25	きよか
潔称	15・10	25	ゆきな

諄 15

★★☆ 人

音訓 ジュン、シュン

名のり あつ、しげ、とも、のぶ、まこと

意味 落ち着いて丁寧に人をさとす。じっくりと教える。

ポイント どっしりと落ち着いた人間に。1文字で「じゅん」「あつ」「しゅん」。「とも」の読みで女の子にもおすすめ。

男の子の名前の例

名前	画数	総画	読み
諄士	15・3	18	あつし
諄也	15・3	18	じゅんや
諄則	15・9	24	あつのり
諄朗	15・10	25	あつろう

女の子の名前の例

名前	画数	総画	読み
諄子	15・3	18	あつこ
諄音	15・9	24	あつね
諄美	15・9	24	あつみ
諄恵	15・10	25	あきえ

潤 15

★★★ 常

音訓 ジュン、ニン、うるお（う）、ほと（びる）

名のり うる、さかえ、ひろ、まさる、ます、みつ

意味 水分が染み出てうるおう。しっとりとした色つや。

ポイント しっとりとうるおうイメージから、人あたりもよく魅力的な人になるようにと願って。

●連想キーワード●

【熟語】利潤、潤沢

男の子の名前の例

名前	画数	総画	読み
潤一	15・1	16	じゅんいち
潤人	15・2	17	ひろと
潤多	15・6	21	じゅんた
潤幸	15・8	23	ひろゆき
潤哉	15・9	24	じゅんや
潤紀	15・9	24	ひろき
潤一郎	15・1・9	25	じゅんいちろう
潤晃	15・10	25	ひろあき
潤之輔	15・3・14	32	じゅんのすけ

女の子の名前の例

名前	画数	総画	読み
潤	15	15	じゅん
潤乃	15・2	17	ひろの
潤子	15・3	18	じゅんこ
潤香	15・9	24	ひろか
潤音	15・9	24	ひろね
潤美	15・9	24	ひろみ
潤称	15・10	25	じゅんな
潤莉	15・10	25	じゅんり
潤恵	15・10	25	ひろえ

穂 15

★★★ 常

音訓 スイ、ズイ、ほ
名のり お、ひで、ひな、みのる
意味 穀物の茎の先にある、細く分かれて実をつける部分。槍の先。筆の先。
ポイント 人生が実り多いものとなるように願いを込めて。女の子には「真穂」「美穂」のように止め字にも多く使われる。
●連想キーワード●
【熟語】稲穂、瑞穂

男の子の名前の例

名前	画数	総画	読み
穂	15	15	みのる
穂一	15・1	16	ほいち
万穂	3・15	18	まお
茂穂	8・15	23	しげお
穂岳	15・8	23	ほたか
征穂	8・15	23	まさお
幸穂	8・15	23	ゆきお
穂高	15・10	25	ほたか
穂純	15・10	25	ほずみ

女の子の名前の例

名前	画数	総画	読み
秋穂	9・15	24	あきほ
泉穂	9・15	24	いずほ
穂香	15・9	24	ほのか
美穂	9・15	24	みほ
夏穂	10・15	25	かほ
姫穂	10・15	25	きほ
真穂	10・15	25	まほ
莉穂	10・15	25	りほ
実紀穂	8・9・15	32	みきほ

澄 15

★★☆ 常

音訓 チョウ、ジョウ、トウ、ドウ、す(む)
名のり きよ、きよし、きよみ、すみ、ずみ、すむ、とおる
意味 水中の汚れが沈んで上の水がきれいになる様子。清らかにする。
ポイント 心の清らかな人に育つようにと願って。

男の子の名前の例

名前	画数	総画	読み
澄治	15・8	23	すみはる
澄昭	15・9	24	すみあき
澄音	15・9	24	すみと
真澄	10・15	25	ますみ

女の子の名前の例

名前	画数	総画	読み
澄乃	15・2	17	すみの
澄香	15・9	24	すみか
澄玲	15・9	24	すみれ
澄華	15・10	25	すみか

徹 15

★★☆ 常

音訓 テツ、テチ、てっ(する)
名のり あきら、いたる、おさむ、とおる、ひとし、みち、ゆき
意味 突き抜ける。貫き通す。さっと抜き取る。
ポイント 「初志貫徹」という言葉があるように、信念を貫く人になるようにと願いを込めて。

男の子の名前の例

名前	画数	総画	読み
徹	15	15	とおる
徹也	15・3	18	てつや
徹郎	15・9	24	てつろう
徹朗	15・10	25	てつろう

女の子の名前の例

名前	画数	総画	読み
徹乃	15・2	17	ゆきの
徹子	15・3	18	てつこ
徹美	15・9	24	てつみ
徹恵	15・10	25	ゆきえ

範 15

★☆☆ 常

音訓 ハン、ボン
名のり すすむ、のり
意味 竹で作った枠。型。守るべき規範。手本となる型。
ポイント 人の模範となるような、きちんとした大人に育ってほしい。男女とも「のり」の読みが多い。

男の子の名前の例

名前	画数	総画	読み
範久	15・3	18	のりひさ
範明	15・8	23	のりあき
昌範	8・15	23	まさのり
保範	9・15	24	やすのり

女の子の名前の例

名前	画数	総画	読み
範子	15・3	18	のりこ
範香	15・9	24	のりか
範祢	15・9	24	のりね
範恵	15・10	25	のりえ

舞 15

★★★ 常

音訓 ブ、ム、ま(う)、まい
意味 神の恵みを求める踊り。心弾む思い。楽しい気持ち。
ポイント 軽やかに舞う姿から、女の子に人気。心を弾ませて楽しく人生を送ってほしいという思いを込めて。男の子には、「む」「ま」の読みも。「まい」の読みはキュートな印象に。
●連想キーワード●
【熟語】舞踏、舞姫

男の子の名前の例

名前	画数	総画	読み
舞人	15・2	17	まいと
伝舞	6・15	21	てんま
光舞	6・15	21	ひろむ
卓舞	8・15	23	たくま
風舞	9・15	24	かざむ
奏舞	9・15	24	かなむ
飛舞	9・15	24	とむ
舞飛	15・9	24	まいと
紘舞	10・15	25	ひろむ

女の子の名前の例

名前	画数	総画	読み
舞	15	15	まい
舞子	15・3	18	まいこ
舞香	15・9	24	まいか
舞美	15・9	24	まいみ
舞華	15・10	25	まいか
舞夏	15・10	25	まいか
舞姫	15・10	25	まき
舞祢	15・10	25	まな
舞莉	15・10	25	まり

摩 15

★☆☆ 常

音訓 マ、バ、さす(る)、す(れる)、ま(する)
名のり きよ、なず
意味 手でさする。なでる。磨く。触れ合う。
ポイント 「摩訶不思議」の言葉から、個性や才能を磨いて光り輝く人になるようにと願って。神秘的なイメージの名前に。

男の子の名前の例

名前	画数	総画	読み
有摩	6・15	21	ゆうま
拓摩	8・15	23	たくま
摩音	15・9	24	まお
修摩	10・15	25	しゅうま

女の子の名前の例

名前	画数	総画	読み
摩子	15・3	18	まこ
摩紀	15・9	24	まき
摩保	15・9	24	まほ
摩耶	15・9	24	まや

養 15 ★★☆ 常

音訓 ヨウ、やしな(う)

名のり おさ、かい、きよ、すけ、のぶ、まもる、やす、よし

意味 食物を与えて力づける。子どもを育てる。知恵を養い、力強く育てる。

ポイント 心身ともに豊かに成長して立派な人間になるように。

男の子の名前の例

名前	画数	読み
養15 一1	16	よういち
養15 大3	18	やすひろ
養15 治8	23	ようじ
養15 恭10	25	ようすけ

女の子の名前の例

名前	画数	読み
養15 香9	24	ようか
養15 南9	24	ような
養15 恵10	25	やすえ
養15 華10	25	ようか

諒 15 ★☆☆ 常

音訓 リョウ、ロウ

名のり あき、あさ、まこと、まさ

意味 明らかなこと。うそのないこと。真実。はっきりと見極める。

ポイント うそやごまかしのない人間になるように。「りょう」「ろう」の読みがよく使われる。

男の子の名前の例

名前	画数	読み
諒15 人2	17	あきと
諒15 大3	18	りょうた
諒15 至6	21	りょうし
諒15 昌8	23	あきまさ

女の子の名前の例

名前	画数	読み
諒15 乃2	17	あきの
諒15 子3	18	りょうこ
諒15 音9	24	あきね
諒15 恵10	25	あきえ

璃 15 ★☆☆ 常

音訓 リ

名のり あき

意味 宝石を表す文字。「瑠璃」はラピスラズリ。「玻璃(はり)」は水晶。

ポイント 美しさと神秘性をあわせもつ宝石のように、気高く美しい人間になってほしいと願って。「り」の読みと字面からクールな印象に。

男の子の名前の例

名前	画数	読み
璃15 一1	16	りいち
璃15 空8	23	りく
璃15 郎9	24	あきお
璃15 樹16	31	りき

女の子の名前の例

名前	画数	読み
璃15 乃2	17	りの
璃15 子3	18	りこ
真10 璃15	25	まり
璃15 華10	25	りか

凜 15 ★★★ 人

音訓 リン、おそ(れる)

意味 冷たい。氷に触れたように身が引き締まる感じ。凜々しい。きりっとしてすきがない。

ポイント 人に頼らず、自分の人生を毅然とした態度で歩んでほしいという気持ちで。颯爽としたイメージが、女の子に人気。1文字で「りん」のほか、先頭字にも止め字にも。

●連想キーワード●

【熟語】勇気凜凜

男の子の名前の例

名前	画数	読み
凜15 人2	17	りんと
凜15 也3	18	りんや
光6 凜15	21	こうりん
凜15 多6	21	りんた
祥10 凜15	25	しょうりん
凜15 晟10	25	りんせい
凜15 真10	25	りんま
凜15 樹16	31	りんじゅ
凜15 駿17	32	りんしゅん

女の子の名前の例

名前	画数	読み
凜15	15	りん
千3 凜15	18	ちりん
万3 凜15	18	まりん
凜15 子3	18	りんこ
凜15 香9	24	りんか
恵10 凜15	25	えりん
桜10 凜15	25	おうりん
珠10 凜15	25	じゅりん
優17 凜15	32	ゆうりん

遼 15 ★★★ 人

音訓 リョウ

名のり とお、はるか

意味 遥か遠いところにある様子。ずっと向こうのほうまで延々と続く様子。

ポイント 遥かに広がる大地の雄大さを感じさせ、男の子に人気。広い心をもってほしいと願って。女の子には「はる」の読みが使われる。

●連想キーワード●

【熟語】前途遼遠

男の子の名前の例

名前	画数	読み
遼15	15	はる
遼15 一1	16	りょういち
遼15 河8	23	りょうが
遼15 弦8	23	りょうげん
遼15 哉9	24	はるや
遼15 亮9	24	りょうすけ
遼15 時10	25	りょうじ
遼15 晟10	25	りょうせい
遼15 磨16	31	りょうま

女の子の名前の例

名前	画数	読み
千3 遼15	18	ちはる
遼15 子3	18	りょうこ
遼15 香9	24	はるか
遼15 海9	24	はるみ
遼15 美9	24	はるみ
遼15 恵10	25	はるえ
遼15 華10	25	はるか
遼15 姫10	25	はるき
遼15 称10	25	はるな

凛 15 ★★☆ 人

音訓 リン、おそ(れる)

意味 「凜」の異体字。意味も同じ。

ポイント 「凜」とともに女の子の名前ランキングではつねに上位を占める。近年はやや「凛」の人気が上回る。字面の好みで選んでも。よりあでやかに「凛花」の名前も。

男の子の名前の例

名前	画数	読み
凛15 士3	18	りんと
凛15 成6	21	りんせい
凛15 多6	21	りんた
凛15 莉10	25	りんり

女の子の名前の例

名前	画数	読み
凛15	15	りん
凛15 子3	18	りんこ
凛15 香9	24	りんか
真10 凛15	25	まりん

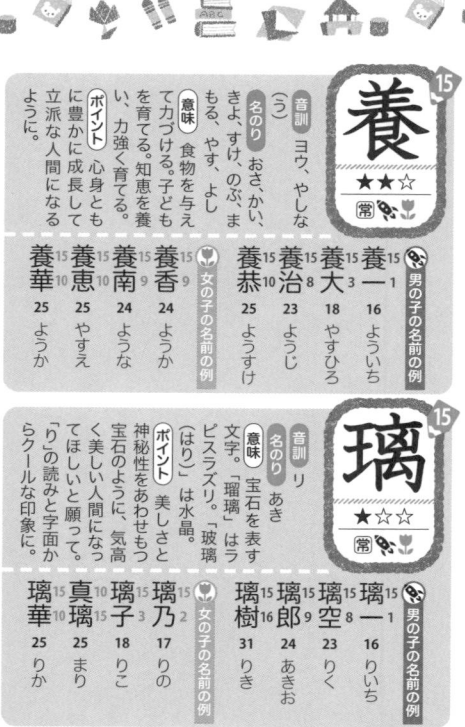

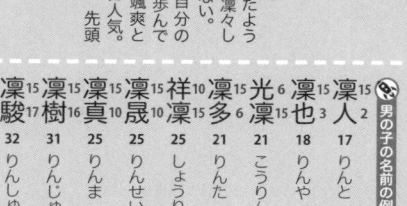

薗 16

★☆☆ 人

音訓 エン、オン、その

意味 「園」の異体字。囲いの中の畑や庭。別荘。隠居のための家。

ポイント 美しい花園や田園を連想させる。華やかさを感じさせる人に。姓名判断で、「園」では画数が合わない場合に使っても。

男の子の名前の例
- 薗16生5　21　えんせい
- 薗16杜7　23　えんと
- 志7薗16　23　しおん
- 李7薗16　23　りおん

女の子の名前の例
- 実8薗16　24　みその
- 思9薗16　25　しおん
- 薗16香9　25　そのか
- 美9薗16　25　みおん

薫 16

★★★ 常

音訓 クン、かお（る）、くゆ（らす）、た（く）

名のり かおる、くる、しく、しげ、ただ、つとむ、のぶ、ひで、ふさ、ほお、まさ、ゆき

意味 いい香り。よい匂いがたちこめる。お香を焚きしめる。残り香のように功績が長く残る。

ポイント 上品で魅力的な人になってほしいと願って。

●連想キーワード●
【熟語】薫風、薫陶

男の子の名前の例
- 薫16正5　21　のぶまさ
- 薫16史5　21　くんし
- 和8薫16　24　かずゆき
- 薫16季8　24　しげき
- 薫16治8　24　しげはる
- 薫16秋9　25　しげあき
- 薫16信9　25　しげのぶ
- 薫16哉9　25　ゆきや
- 薫16樹16　32　しげき

女の子の名前の例
- 薫16　16　かおる
- 薫16乃2　18　ゆきの
- 薫16呼8　24　かおるこ
- 薫16依8　24　ゆきえ
- 薫16枝8　24　ゆきえ
- 薫16奈8　24　ゆきな
- 薫16香9　25　ゆきか
- 薫16美9　25　ゆきみ
- 薫16穂15　31　ゆきほ

賢 16

★★☆ 常

音訓 ケン、ゲン、かしこ（い）

名のり かた、さと、さとる、ただ、とし、のり、まさ、まさる、やす

意味 才能がある。優れた知恵がある。抜け目がない。相手を敬う。

ポイント 知恵と人徳を兼ね備えた人になるように。

男の子の名前の例
- 賢16　16　まさる
- 賢16一1　17　けんいち
- 賢16佑7　23　けんすけ
- 賢16哉9　25　けんや

女の子の名前の例
- 賢16依8　24　さとえ
- 賢16実8　24　まさみ
- 賢16奈8　24　やすな
- 賢16美9　25　さとみ

樹 16

★★★ 常

音訓 ジュ、ズ、シュ

名のり いつき、き、しげ、たつ、たつき、な、みき

意味 生えている木。目隠しのためのついたて。木を植える。

ポイント 生い茂る樹木のように豊かでのびやかに育ってほしいという願いから。男の子の止め字に多い。女の子は「じゅ」の読みで先頭字に。

●連想キーワード●
【熟語】樹木

男の子の名前の例
- 樹16　16　いつき
- 一1樹16　17　いっき
- 克7樹16　23　かつき
- 秀7樹16　23　ひでき
- 李7樹16　23　りき
- 尚8樹16　24　しょうき
- 冬5樹16也3　24　ときや
- 知8樹16　24　ともき
- 直8樹16　24　なおき

女の子の名前の例
- 樹16乃2　18　じゅの
- 樹16実8　24　じゅみ
- 樹16奈8　24　みきな
- 樹16美9　25　じゅみ
- 樹16璃15　31　じゅり
- 樹16李7阿8　31　じゅりあ
- 樹16里7和8　31　じゅりあ
- 樹16利7和8　31　じゅりあ
- 樹16里7奈8　31　じゅりな

親 16

★★☆ 常

音訓 シン、おや、した（しい）、ちか（しい）

名のり いたる、なる、み、もと、より

意味 親しい。身近に接している人。父母。身内。肌身に接する。

ポイント 身近な人という意味から、親しみやすく優しいイメージの名前に。

男の子の名前の例
- 親16汰7　23　しんた
- 親16良7　23　ちから
- 親16治8　24　しんじ
- 宣9親16　25　のぶちか

女の子の名前の例
- 親16乃2　18　ちかの
- 親16奈8　24　もとな
- 親16美9　25　ちかみ
- 親16映9　25　もとえ

橙 16

★☆☆ 人

音訓 トウ、ジョウ

名のり だいだい、と

意味 ミカン科の果樹。台。椅子。

ポイント よい香りと鮮やかな黄色の果実、常緑樹のみずみずしさを連想させる。男女とも「とう」の音で先頭字に用いられる。

男の子の名前の例
- 橙16矢5　21　とうや
- 橙16我7　23　とうが
- 橙16李7　23　とうり
- 橙16磨16　32　とうま

女の子の名前の例
- 橙16乃2　18　とうの
- 橙16呼8　24　とうこ
- 橙16奈8　24　とうな
- 橙16香9　25　とうか

篤 16

★★★ 常

音訓 トク

名のり あつ、あつし、しげ、すみ

意味 人情が行き届く。一つのことに打ち込む。きまじめ。

ポイント まじめで人情味あふれる人間に育ってほしいという思いで。男女とも。「あつ」のほか、「しげ」「とく」の読みもよく使われる。

男の子の名前の例

名前	画数	読み
篤16央5	21	あつお
篤16史5	21	あつし
篤16明8	24	しげあき
篤16彦9	25	あつひこ
篤16郎9	25	あつろう
篤16紀9	25	しげき
篤16哉9	25	とくや
篤16憲16	32	あつのり
篤16磨16	32	とくま

女の子の名前の例

名前	画数	読み
篤16乃2	18	しげの
篤16枝8	24	あつえ
篤16歩8	24	あつほ
篤16依8	24	とくえ
篤16奈8	24	とくな
篤16実8	24	とくみ
篤16映9	25	あつえ
篤16海9	25	あつみ
篤16美9	25	とくみ

鮎 16

★★☆ 人

音訓 ネン、デン

名のり あゆ

意味 清流にすむ、アユ科の淡水魚。

ポイント 清流にすむみずみずしいアユのように、しなやかで美しい人になるように。「あゆ」の繊細でやわらかな響きも魅力的。男女ともに先頭字に使われることが多い。

男の子の名前の例

名前	画数	読み
鮎16汰7	23	あゆた
鮎16杜7	23	あゆと
鮎16武8	24	あゆむ
鮎16彦9	25	あゆひこ

女の子の名前の例

名前	画数	読み
鮎16佳8	24	あゆか
鮎16奈8	24	あゆな
鮎16実8	24	あゆみ
鮎16美9	25	あゆみ

龍 16

★☆☆ 人

音訓 リュウ、リョウ、ロウ、たつ

名のり かみ、きみ、とお、とおる、めぐむ

意味 大蛇に似た伝説の獣。縁起のよい動物。豪傑のたとえ。優れた人。

ポイント 才能と活力に恵まれた人物に。「りゅう」の読みが男の子に人気。

男の子の名前の例

名前	画数	読み
龍16一1	17	りゅういち
龍16平5	21	りゅうへい
龍16河8	24	りゅうが
龍16星9	25	りゅうせい

女の子の名前の例

名前	画数	読み
龍16乃2	18	たつの
龍16依8	24	たつえ
龍16佳8	24	りゅうか
龍16美9	25	たつみ

澪 16

★★☆ 人

音訓 レイ、リョウ

名のり みお

意味 水の流れの作用で細くなったさま。水路。「澪標」は水路を示す杭。

ポイント みずみずしくさわやかな印象に。男の子は「れい」、女の子は「みお」の響きが人気。男女ともに使える。

男の子の名前の例

名前	画数	読み
澪16	16	れい
澪16矢5	21	りょうや
澪16児7	23	れいじ
澪16河8	24	れいが

女の子の名前の例

名前	画数	読み
澪16	16	みお
澪16奈8	24	みおな
澪16香9	25	みおか
澪16羅19	35	れいら

霞 17

★☆☆ 人

音訓 カ、ゲ

名のり かすみ

意味 薄い雲のような細かい水滴の集まり。朝焼け。夕焼け。

ポイント 穏やかで繊細な雰囲気の人に。「か」の読みで先頭字にも止め字にも使われる。神秘的なイメージの名前になる。

男の子の名前の例

名前	画数	読み
有6霞17	23	ありか
霞17伊6	23	かい
霞17良7	24	から
瑠14霞17	31	るか

女の子の名前の例

名前	画数	読み
霞17	17	かすみ
霞17枝8	25	かえ
霞17穂15	32	かほ
藍18霞17	35	あいか

環 17

★★★ 常

音訓 カン、ゲン

名のり たま、たまき、わ

意味 輪の形をしたもの。丸く取り巻く。囲む。元に戻る。

ポイント 輪を意味することから、指輪や腕輪など美しい宝石や装飾品を連想させる。1文字で「たまき」は、男女ともに。「かん」「たま」の読みが多い。「めぐる」と読ませても。

●連想キーワード●

【熟語】環境、環状線

男の子の名前の例

名前	画数	読み
環17太4	21	かんた
環17斗4	21	かんと
環17仁4	21	げんと
環17吏6	23	かんり
環17成6	23	げんせい
環17壱7	24	かんいち
環17佑7	24	かんすけ
環17季8	25	たまき
環17熙15	32	たまき

女の子の名前の例

名前	画数	読み
環17	17	たまき
環17那7	24	かんな
環17花7	24	たまか
環17希7	24	たまき
環17奈8	25	かんな
環17枝8	25	たまえ
環17佳8	25	たまか
環17実8	25	たまみ
環17緒14	31	たまお

謙

17 ★★☆ 常

音訓 ケン

名のり あき、かた、かね、のり、ゆずる、よし

意味 つつしみ深い。控えめ。人にゆずる。満ち足りていて出しゃばらない。

ポイント 謙虚な人になるように。男の子には「けん」の響きが人気。女の子には「あき」の読みも。

男の子の名前の例

名前	総画	読み
謙17 一1	18	けんいち
謙17 介4	21	けんすけ
謙17 吾7	24	けんご
謙17 弥8	25	けんや

女の子の名前の例

名前	総画	読み
謙17 枝8	25	あきえ
謙17 奈8	25	あきな
謙17 実8	25	あきみ
謙17 緒14	31	あきお

駿

17 ★★★ 人

音訓 シュン、スン

名のり たかし、とし、はやお、はやし

意味 すらりとした足の速い馬。すばやい。立派な。高くそびえる。偉大な。

ポイント 馬の美しい姿と、見事な走りの俊敏さを表す。見た目も美しく、頭の回転が速く才知に優れた人間になるように。

●連想キーワード●

【熟語】駿馬、優駿

男の子の名前の例

名前	総画	読み
駿17	17	しゅん
駿17 一1	18	しゅんいち
匡6 駿17	23	まさとし
駿17 吾7	24	しゅんご
駿17 作7	24	しゅんさく
駿17 於8	25	はやお
駿17 輔14	31	しゅんすけ
駿17 駕15	32	しゅんが
駿17 樹16	33	としき

女の子の名前の例

名前	総画	読み
駿17 花7	24	しゅんか
駿17 那7	24	しゅんな
駿17 李7	24	しゅんり
駿17 佳8	25	しゅんか
駿17 枝8	25	としえ
駿17 実8	25	としみ
駿17 弥8	25	としみ
駿17 璃15	32	しゅんり
駿17 穂15	32	としほ

瞳

17 ★☆☆ 常

音訓 ドウ、トウ、ズウ、ひとみ

名のり あきら

意味 目の真ん中の黒い部分。瞳孔。

ポイント 美しいまなざしで人を惹きつける、魅力的な人に。男の子は「あきら」の読みも。男女ともに「とう」の音で先頭字に使われる。

男の子の名前の例

名前	総画	読み
瞳17	17	あきら
瞳17 太4	21	とうた
瞳17 吏6	23	とうり
瞳17 冶7	24	とうや

女の子の名前の例

名前	総画	読み
瞳17	17	ひとみ
瞳17 花7	24	とうか
瞳17 李7	24	とうり
瞳17 奈8	25	とうな

優

17 ★★★ 常

音訓 ユウ、ウ、やさ(しい)、すぐ(れる)、まさ（る）

名のり かつ、ひろ、まさ、まさる、ゆたか

意味 やわらかな物腰。美しく、人より優れている人。ゆったりとした様子。

ポイント 姿も才能も人より優れ、しっとりと落ち着いた雰囲気の人に。

●連想キーワード●

【熟語】優秀、優雅

男の子の名前の例

名前	総画	読み
優17 一1	18	ゆういち
優17 太4	21	ゆうた
優17 成6	23	ゆうせい
優17 志7	24	まさし
優17 宏7	24	まさひろ
優17 吾7	24	ゆうご
優17 作7	24	ゆうさく
優17 弥8	25	ゆうや
優17 樹16	33	ゆうき

女の子の名前の例

名前	総画	読み
優17	17	ゆう
優17 花7	24	ゆうか
優17 希7	24	ゆうき
優17 里7	24	ゆうり
優17 奈8	25	ゆうな
優17 実8	25	ゆうみ
優17 花7 利7	31	ゆかり
優17 里7 亜7	31	ゆりあ
優17 樹16 奈8	41	ゆきな

翼

17 ★★★ 常

音訓 ヨク、イキ、つばさ

名のり すけ、たすく

意味 一対の羽。羽でかばうように助ける。「翼翼」は傷つけられないか不安でいること。翌日。

ポイント 鳥が大空を舞うように、自由に人生を謳歌する人に。高みを目指して自分の羽で飛び立つイメージで。

●連想キーワード●

【慣用句】一翼を担う

男の子の名前の例

名前	総画	読み
翼17	17	たすく
仁4 翼17	21	じんすけ
友4 翼17	21	ゆうすけ
翼17 斗4	21	よくと
光6 翼17	23	こうすけ
有6 翼17	23	ゆうすけ
希7 翼17	24	まれすけ
幸8 翼17	25	こうすけ
嘉14 翼17	31	かすけ

女の子の名前の例

名前	総画	読み
翼17	17	つばさ
翼17 希7	24	つばき
翼17 沙7	24	つばさ
翼17 花7	24	よくか
翼17 那7	24	よくな
翼17 季8	25	つばき
翼17 芽8	25	つばめ
実8 翼17	25	みつば
翼17 綺14	31	つばき

嶺 17

★★★ 人

音訓 レイ、リョウ、ね

名のり みね

意味 山の高い頂。峰とも書く。

ポイント 気高い人格や清々しい印象の人になることを願って。「れい」の響きは、男女ともに人気がある。「天嶺（あまね）」「嶺花（れいか）」「澄嶺（きよね）」など、美しい情景を連想させる名も。

●連想キーワード●
【熟語】分水嶺、高嶺の花

男の子の名前の例

名前	画数	総画数	読み
天嶺	4・17	21	あまね
嶺介	17・4	21	りょうすけ
嶺斗	17・4	21	れいと
嶺兵	17・7	24	りょうへい
嶺汰	17・7	24	れいた
嶺冶	17・7	24	れいや
嶺於	17・8	25	ねお
嶺樹	17・16	33	れいじゅ
鷹嶺	24・17	41	たかね

女の子の名前の例

名前	画数	総画数	読み
乙嶺	1・17	18	おとね
嶺花	17・7	24	れいか
嶺良	17・7	24	れいら
嶺佳	17・8	25	れいか
嶺奈	17・8	25	れいな
彰嶺	14・17	31	あきね
綾嶺	14・17	31	あやね
嶺嘉	17・14	31	れいか
澄嶺	15・17	32	きよね

織 18

★★★ 常

音訓 ショク、シキ、お（る）

名のり おり、り

意味 布をはたで作る、はた織り。絹糸で織った布。

ポイント 細やかな模様が織り込まれたやわらかい絹織物のように、人に優しくこまやかな気遣いのできる人になってほしいと願って。

●連想キーワード●
【熟語】織姫、織女星／【芸術】織部焼（陶器）

男の子の名前の例

名前	画数	総画数	読み
生織	5・18	23	いおり
伊織	6・18	24	いおり
織吾	18・7	25	おりご
織汰	18・7	25	おりた
織杜	18・7	25	おりと
杜織	7・18	25	としき
織暉	18・13	31	おりき
織豊	18・13	31	おりと
織摩	18・15	33	おるま

女の子の名前の例

名前	画数	総画数	読み
織江	18・6	24	おりえ
織衣	18・6	24	おりえ
織帆	18・6	24	おりほ
織来	18・7	25	おりこ
織秀	18・7	25	おりほ
沙織	7・18	25	さおり
織愛	18・13	31	おりえ
織瑚	18・13	31	おりこ
詩織	13・18	31	しおり

瞬 18

★★★ 常

音訓 シュン、またた（く）、しばた（く）、まじろ（ぐ）、まばた（き）

意味 すばやくまばたきをする。目をすばやく動かす。「瞬間」は非常に短い時間。

ポイント 頭の回転の速い俊敏さを備えた人間になるように。男の子には1文字の名前で「瞬」も人気がある。

●連想キーワード●
【熟語】瞬間、瞬時

男の子の名前の例

名前	画数	総画数	読み
瞬	18	18	しゅん
瞬也	18・3	21	しゅんや
大瞬	3・18	21	だいしゅん
永瞬	5・18	23	えいしゅん
瞬平	18・5	23	しゅんぺい
瞬吾	18・7	25	しゅんご
瞬汰	18・7	25	しゅんた
瞬太郎	18・4・9	31	しゅんたろう
瞬摩	18・15	33	しゅんま

女の子の名前の例

名前	画数	総画数	読み
瞬圭	18・6	24	しゅんか
瞬名	18・6	24	しゅんな
瞬帆	18・6	24	しゅんほ
瞬花	18・7	25	しゅんか
瞬芳	18・7	25	しゅんか
瞬来	18・7	25	しゅんこ
瞬那	18・7	25	しゅんな
瞬李	18・7	25	しゅんり
瞬里	18・7	25	しゅんり

雛 18

★★★ 人

音訓 スウ、ス、ジュ、ひいな、ひよこ

名のり ひな

意味 ひよこ。子ども。小さい。愛らしい。服を着せた人形。

ポイント 雛人形のあでやかさと愛らしいイメージで、女の子には人気の字。「ひな」の優しい響きは、先頭字に多く使われる。「ひな」は、近年では男の子に人気の名前にも含まれる音。

●連想キーワード●
【熟語】雛菊、雛人形、雛段

男の子の名前の例

名前	画数	総画数	読み
雛汰	18・7	25	ひなた
雛豊	18・13	31	ひなと

女の子の名前の例

名前	画数	総画数	読み
雛	18	18	ひな
雛江	18・6	24	ひなえ
雛衣	18・6	24	ひなえ
雛圭	18・6	24	ひなか
雛妃	18・6	24	ひなき
雛羽	18・6	24	ひなは
雛帆	18・6	24	ひなほ
雛吏	18・6	24	ひなり
雛花	18・7	25	ひなか
雛希	18・7	25	ひなき
雛李	18・7	25	ひなり
雛里	18・7	25	ひなり
雛愛	18・13	31	ひなえ
雛瑚	18・13	31	ひなこ
雛歌	18・14	32	ひなか
雛鞠	18・17	35	ひなぎく

櫂 18 ★★★ 人

音訓　トウ、ジョウ
名のり　かい、かじ
意味　船をこぐために水をかく道具。オール。船を進めること。まっすぐ伸びた木の枝。
ポイント　船をこぐときに櫂をさっと水面から抜き上げることから、躍動感を感じさせる。男の子には「かい」、女の子には「とう」の読みが多く使われ、元気なイメージに。
●連想キーワード●
【熟語】櫂歌

男の子の名前の例

名前	画数	読み
櫂18士3	21	かいじ
櫂18世5	23	かいせい
由5櫂18	23	ゆかい
櫂18吏6	24	かいり
櫂18吾7	25	とうご
櫂18慎13	31	かいしん
櫂18聖13	31	かいせい
櫂18豊13	31	かいと
櫂18瑠14	32	かいる

女の子の名前の例

名前	画数	読み
櫂18圭6	24	とうか
櫂18吏6	24	とうり
櫂18那7	25	かいな
櫂18花7	25	とうか
櫂18来7	25	とうな
櫂18李7	25	とうり
櫂18里7	25	とうり
櫂18瑚13	31	とうこ
櫂18羅19	37	かいら

藍 18 ★★★ 常

音訓　ラン、あい
意味　タデ科の植物。葉から青い染料が作られる。藍色。
ポイント　弟子が師匠より優れていることを表すたとえにも用いられる語で、才能あふれる若者を連想させる。「あい」の響きやみずみずしさも伴い、明るく伸びやかな人に。
●連想キーワード●
【ことわざ】青は藍より出でて藍より青し、出藍の誉れ

男の子の名前の例

名前	画数	読み
藍18玄5	23	あいげん
藍18玖7	25	あいく
藍18吾7	25	あいご
藍18杜7	25	あいと
藍18之3介4	25	あいのすけ
藍18雅13	31	あいが
藍18豊13	31	あいと
藍18夢13	31	あいむ
藍18毅15	33	あいき

女の子の名前の例

名前	画数	読み
藍18	18	あい
藍18花7	25	あいか
藍18芳7	25	あいか
藍18那7	25	あいな
藍18良7	25	あいら
藍18李7	25	あいり
藍18里7	25	あいり
藍18瑶13	31	らんよう
藍18羅19	37	あいら

臨 18 ★☆☆ 常

音訓　リン、のぞ(む)
名のり　み
意味　高いところから見下ろす。時期やできごとに直面する。
ポイント　どんな物事に直面しても、とっさの才覚と心の強さで乗り越えられるたくましい人になるようにと願って。

男の子の名前の例

名前	画数	読み
臨18生5	23	りんき
臨18汰7	25	りんた
臨18杜7	25	りんと
臨18夢13	31	のぞむ

女の子の名前の例

名前	画数	読み
羽6臨18	24	はりん
亜7臨18	25	ありん
芳7臨18	25	かりん
臨18花7	25	りんか

類 18 ★★☆ 常

音訓　ルイ、たぐ(い)
名のり　とも、なお、なし、よし
意味　仲間。似る。似た者の集まり。おおよそ。
ポイント　「るい」の読みが個性的でおしゃれだと人気に。仲間をたくさん作って、楽しい人生を送ってほしいという思いで。

男の子の名前の例

名前	画数	読み
類18	18	るい
類18矢5	23	るいや
類18杜7	25	るいと
類18雅13	31	るいが

女の子の名前の例

名前	画数	読み
類18圭6	24	るいか
類18花7	25	るいか
類18芳7	25	るいか
類18那7	25	るいな

韻 19 ★★★ 常

音訓　イン、ウン
名のり　おと
意味　文章の音や強弱が一定のリズムになること。響き。リズムのある詩歌。
ポイント　鐘や鈴など美しい音色のあとの静寂を「余韻」というように、そこはかとなく風情を感じさせる語。人の心の琴線に触れるような言葉をつむげる人間に育つように。
●連想キーワード●
【熟語】韻文、韻律

男の子の名前の例

名前	画数	読み
韻19生5	24	いんせい
韻19司5	24	おとじ
韻19史5	24	おとふみ
韻19矢5	24	おとや
加5韻19	24	かいん
韻19貴12	31	おとたか
韻19雅13	32	いんが
韻19寛13	32	おとひろ
韻19樹16	35	おとき

女の子の名前の例

名前	画数	読み
韻19加5	24	おとか
韻19代5	24	おとよ
韻19江6	25	おとえ
韻19早6	25	おとさ
韻19名6	25	おとな
韻19羽6	25	おとは
吏6韻19	25	りいん
韻19葉12	31	おとよ
磨16韻19	35	まいん

識 19

★★★ 常

音訓 シキ、ショク

名のり さと、つね、のり

意味 区別して見分ける。知り合い。善悪を判別する。

ポイント 「識者」「博識」などの言葉から、思慮深く賢いイメージ。物事の善悪を見抜く能力があり、真の賢さを備えた人に育ってほしいという願いを込めて。「さと」「のり」の読みで女の子の名前にも。

●連想キーワード●

【熟語】 知識、識者、博識

男の子の名前の例

名前	画数	合計	読み
識人	19・2	21	のりと
識史	19・5	24	さとし
識司	19・5	24	さとし
識行	19・6	25	のりゆき
貴識	12・19	31	たかのり
識晴	19・12	31	つねはる
彰識	14・19	33	あきのり
識瑠	19・14	33	さとる
識緒	19・14	33	つねお

女の子の名前の例

名前	画数	合計	読み
識世	19・5	24	のりよ
識代	19・5	24	のりよ
未識	5・19	24	みさと
識江	19・6	25	さとえ
識衣	19・6	25	のりえ
識圭	19・6	25	のりか
識葉	19・12	31	さとは
智識	12・19	31	ちさと
識瑚	19・13	32	さとこ

蘭 19

★★★ 人

音訓 ラン、ふじばかま、らに

名のり か

意味 草花の名。よい香りのラン科の花。立派なもののたとえ。モクレン。香木。

ポイント 蘭の花のように気品ある姿と甘い香りが漂うような雰囲気で、誰からも好かれる魅力的な人に。男の子には「有蘭（あらん）」などの名も。

●連想キーワード●

【熟語】 蘭学、胡蝶蘭

男の子の名前の例

名前	画数	合計	読み
蘭斗	19・4	23	らんと
蘭生	19・5	24	かい
有蘭	6・19	25	あらん
成蘭	6・19	25	せいらん
充蘭	6・19	25	みつか
稀蘭	12・19	31	きらん
暉蘭	13・19	32	きらん
夢蘭	13・19	32	むらん
樹蘭	16・19	35	じゅか

女の子の名前の例

名前	画数	合計	読み
未蘭	5・19	24	みらん
由蘭	5・19	24	ゆか
蘭江	19・6	25	かえ
圭蘭	6・19	25	からん
吉蘭	6・19	25	きっか
妃蘭	6・19	25	きらん
絢蘭	12・19	31	あやか
結蘭	12・19	31	ゆうか
鈴蘭	13・19	32	すずらん

羅 19

★★★ 常

音訓 ラ

名のり つら

意味 あみ。あみの目のように並ぶ。薄い絹織物。

ポイント 「ら」という読みがある数少ない漢字の一つ。字面から、エキゾチックな印象になる。「ら」の読みで、男女とも止め字に使われる。「光羅（あきら）」「未羅（みら）」など。

●連想キーワード●

【熟語】 羅生門、羅針盤、我武者羅

男の子の名前の例

名前	画数	合計	読み
天羅	4・19	23	あまら
羅仁	19・4	23	らじん
央羅	5・19	24	おうら
主羅	5・19	24	かずら
羅生	19・5	24	らい
光羅	6・19	25	あきら
蒼羅	13・19	32	あおら
羅意	19・13	32	らい
羅慎	19・13	32	らしん

女の子の名前の例

名前	画数	合計	読み
加羅	5・19	24	から
民羅	5・19	24	たみら
未羅	5・19	24	みら
吏羅	6・19	25	りら
瑛羅	12・19	31	あきら
葵羅	12・19	31	きら
聖羅	13・19	32	きよら
煌羅	13・19	32	きらら
季依羅	8・8・19	35	きいら

麗 19

★★★ 常

音訓 レイ、ライ、リ、うるわ（しい）、うら（らか）

名のり あきら、かず、つぐ、よし、より

意味 すっきりと美しい。澄み切った。連なる。

ポイント 華やかさ、美しさを感じさせる。あでやかなムードを漂わせる人に。「れい」から派生して「れ」と読ませても。

●連想キーワード●

【熟語】 華麗

男の子の名前の例

名前	画数	合計	読み
麗人	19・2	21	れいと
麗太	19・4	23	れいた
麗矢	19・5	24	れいや
麗登	19・12	31	らいと
麗滋	19・12	31	れいじ
麗詞	19・12	31	れいじ
麗雅	19・13	32	れいが
麗慈	19・13	32	れいじ
麗輔	19・14	33	れいすけ

女の子の名前の例

名前	画数	合計	読み
麗加	19・5	24	れいか
麗央	19・5	24	れお
麗未	19・5	24	れみ
麗吏	19・6	25	りり
麗瑛	19・12	31	りえ
麗央那	19・5・7	31	れおな
麗楽	19・13	32	うらら
麗愛	19・13	32	れいな
麗羅	19・19	38	れいら

馨 20

★★★ 人

音訓 ケイ、キョウ
名のり か、かおり、きよ、よし

意味 いい香り。いい香りが遠くまで漂うこと。いい評判や影響が遠くまで伝わる意味にも。

ポイント 香り立つ魅力を放ち、いい評判が自然に人々に知れ渡るような、立派な人間になることを願って。

●連想キーワード●
【熟語】 馨香

男の子の名前の例

名前	画数	読み
馨20 也3	23	けいや
馨20 介4	24	けいすけ
馨20 太4	24	けいた
馨20 平5	25	きょうへい
馨20 弘5	25	きよひろ
馨20 隆11	31	きよたか
馨20 梧11	31	けいご
馨20 都11	31	けいと
馨20 滋12	32	けいじ

女の子の名前の例

名前	画数	読み
馨20 心4	24	きよみ
馨20 代5	25	かよ
馨20 菜11	31	かな
馨20 詠12	32	かえ
馨20 葉12	32	かよ
琳12 馨20	32	りんか
馨20 穂15	35	かほ
優17 馨20	37	ゆうか
馨20 織18	38	かおり

護 20

★★★ 常

音訓 ゴ、コ
名のり さね、まもる、もり

意味 中のものを外から守る。かばう。守る役目。お守り。

ポイント 大事なものが外から傷つけられないように、しっかりと守る強さを連想させる。強い信念と気丈さを備えた、頼もしい人になるように。「もり」「さね」の読みが人気。

●連想キーワード●
【熟語】 護衛、守護

男の子の名前の例

名前	画数	読み
護20 也3	23	もりや
護20 斗4	24	さねと
護20 央5	25	もりひろ
護20 規11	31	さねちか
脩11 護20	31	しゅうご
護20 康11	31	もりやす
護20 裕12	32	さねひろ
護20 博12	32	もりひろ
慶15 護20	35	けいご

女の子の名前の例

名前	画数	読み
護20 心4	24	さねみ
護20 世5	25	さねよ
護20 加5	25	もりか
護20 望11	31	さねみ
菜11 護20	31	なご
護20 彩11	31	もりさ
護20 埜11	31	もりの
護20 瑛12	32	もりえ
護20 穂15	35	さねほ

耀 20

★★★ 人

音訓 ヨウ
名のり あき、あきら、てる

意味 光が高く照り輝く様子。周囲を照らし輝かす様子を表す。右側の「翟」は、尾羽を高くかかげるキジなどの姿。

ポイント 高みで光が輝くように多くの人の心を明るく照らす、気高さと明るさを感じさせる人になるようにと願って。「あき」「あきら」の音が明るい印象。

●連想キーワード●
【熟語】 栄耀栄華、耀耀

男の子の名前の例

名前	画数	読み
耀20 仁4	24	てるひと
耀20 太4	24	ようた
耀20 央5	25	あきお
耀20 矢5	25	てるや
耀20 章11	31	てるあき
耀20 基11	31	ようき
耀20 貴12	32	てるき
耀20 寛13	33	あきひろ
耀20 治8 朗10	38	ようじろう

女の子の名前の例

名前	画数	読み
耀20 心4	24	あきみ
耀20 日4	24	ようか
耀20 未5	25	あきみ
耀20 世5	25	てるよ
耀20 加5	25	ようか
耀20 菜11	31	あきな
耀20 望11	31	てるみ
耀20 絵12	32	あきえ
耀20 瑛12	32	てるえ

鶴 21

★☆☆ 常

音訓 カク、つる
名のり ず、たず、つ

意味 水鳥。千年生きるといわれ長寿の象徴。

ポイント すらりと美しく上品なたたずまいの人に。また、長寿を願って。女の子は「千鶴」など。男の子は「かく」の音で先頭字にも。

男の子の名前の例

名前	画数	読み
鶴21 士3	24	かくじ
鶴21 太4	25	かくた
鶴21 斗4	25	かくと
鶴21 太4 朗10	35	つるたろう

女の子の名前の例

名前	画数	読み
千3 鶴21	24	ちず
鶴21 子3	24	つるこ
鶴21 恵10	31	つるえ
望11 鶴21	32	みつ

鷹 24

★☆☆ 人

音訓 ヨウ、オウ
名のり たか

意味 タカ科の猛禽類。

ポイント 堂々と風格ある人になるように。「鷹揚」という言葉が意味するように、おおらかで落ち着いた人になるようにと願って。「たか」の読みは誠実なイメージで人気。

男の子の名前の例

名前	画数	読み
鷹24 一1	25	よういち
鷹24 伸7	31	たかのぶ
鷹24 宏7	31	たかひろ
鷹24 治8	32	ようじ

女の子の名前の例

名前	画数	読み
鷹24 実8	32	たかみ
鷹24 佳8	32	ようか
鷹24 菜11	35	たかな
鷹24 望11	35	たかみ

使う漢字によって印象的な名前に

漢字1字のラッキー名前

漢字１字の名前は、その漢字のもつ音や意味が、名前の印象に直結してきます。名のりが複数ある場合は、読み方を変えてみるのも、新鮮な印象になります。

男の子の名前の例

8	治	おさむ
8	歩	あゆむ
8	周	あまね
8	明	あきら
8	昂	あきら
8	享	あきら
7	伶	れい
7	佑	ゆう、たすく
7	努	つとむ
7	忍	しのぶ
6	充	みつる
6	圭	けい
6	旭	あさひ
5	功	つとむ
5	司	つかさ
5	正	ただし
5	巧	たくみ
3	大	だい
3	丈	じょう
1	一	はじめ
11	郷	ごう
11	清	きよし
11	理	おさむ
11	庵	いおり
11	彬	あきら
11	啓	あきら
11	章	あきら
8	怜	れい
8	実	みのる
8	昌	まさ
8	宙	ひろし
8	尚	ひさし
8	昇	のぼる
8	直	なお
8	征	ただし
8	忠	ただし
8	空	そら
8	昊	こう
8	岳	がく
8	学	がく
11	涼	りょう
11	陵	りょう
11	峻	りょう
11	陸	りく
11	悠	ゆう
11	康	やすし
11	望	のぞむ
11	強	つよし
11	務	つとむ
11	猛	たける
11	健	たけし
11	崇	たかし
11	隆	たかし
11	彗	せい
11	進	すすむ
11	常	じょう
11	淳	じゅん
11	惇	じゅん
11	脩	しゅう
11	皐	さつき
15	慶	けい
15	澄	きよし
15	潔	きよし
13	廉	れん
13	蓮	れん
13	稜	りょう
13	豊	ゆたか
13	雅	まさし
13	誠	まこと
13	福	ふく
13	禎	ただし
13	慎	しん
13	舜	しゅん
13	滉	こう、あきら
13	煌	こう、あきら
13	源	げん
13	聖	きよし
13	新	あらた
13	蒼	そう
11	渉	わたる
18	類	るい
18	瞬	しゅん
18	顕	けん
18	櫂	かい
17	翼	つばさ
17	優	すぐる
17	駿	しゅん
17	謙	けん
16	樹	たつき
16	繁	しげる
16	諭	さとし
16	賢	さとし
16	薫	かおる
16	篤	あつし
15	諒	りょう
15	徹	とおる
15	毅	つよし
15	諄	じゅん
15	潤	じゅん
15	慧	けい

女の子なら

凛とした印象に

漢字１字の女の子の名前は、凛とした印象を与えます。可憐なイメージの漢字をあてると、より女の子らしい名前になります。

男の子なら

潔くシャープな印象に

漢字１字の男の子の名前は、人気名前トレンドランキング(P2～8)でも定番の人気。潔いイメージの名前になります。

女の子の名前の例

画数	漢字	読み
7	麦	むぎ
7	花	はな
7	希	のぞみ
7	妙	たえ
7	芹	せり
7	忍	しのぶ
7	更	さら
7	冴	さえ
7	芳	かおり
7	杏	あんず
6	光	ひかり
6	凪	なぎ
6	汐	しお
6	圭	けい
6	糸	いと
6	旭	あさひ
5	史	ふみ
5	礼	あや
3	弓	ゆみ
1	乙	おと
11	梓	あずさ
11	麻	あさ
8	怜	れい
8	幸	ゆき
8	芽	めい
8	和	のどか
8	波	なみ
8	直	なお
8	苗	なえ
8	朋	とも
8	空	そら
8	宙	そら
8	京	けい
8	茅	かや
8	苺	いちご
8	育	いく
8	歩	あゆみ
8	周	あまね
8	青	あおい
7	李	もも
11	毬	まり
11	蛍	ほたる
11	望	のぞみ
11	渚	なぎさ
11	梛	なぎ
11	紬	つむぎ
11	彗	せい
11	菫	すみれ
11	淑	しゅく
11	偲	しのぶ
11	脩	しゅう
11	雫	しずく
11	清	さや
11	爽	さや
11	皐	さつき
11	梢	こずえ
11	唱	うた
11	庵	いおり
11	菖	あやめ
11	彩	あや
13	蓮	れん
13	夢	ゆめ
13	睦	むつみ
13	雅	みやび
13	暖	はる
13	椿	つばき
13	鈴	すず
13	絹	きぬ
13	楓	かえで
13	詩	うた
13	蒼	あおい
13	愛	あい
11	梨	りん
11	涼	りょう
11	雪	ゆき
11	悠	ゆう
11	唯	ゆい
11	椛	もみじ
11	萌	もえ
11	都	みやこ
18	類	るい
18	藍	らん
18	繭	まゆ
18	雛	ひな
17	嶺	れい
17	優	ゆう
17	鞠	まり
17	瞳	ひとみ
17	翼	つばさ
17	環	たまき
16	澪	みお
16	蕾	つぼみ
16	薫	かおる
16	謡	うた
16	燈	あかり
15	凜	りん
15	舞	まい
15	潤	じゅん
15	慧	けい
15	慶	けい

3文字にこだわりを込める

漢字3字のラッキー名前

漢字3字の名前は、1字1字に思いを込められて、こだわりのある名前になります。くどくならないように、3字それぞれのバランスを重視するのがポイントです。

男の子の名前の例

三千人	3・3・2	8	みちと
衣以人	6・5・2	13	えいと
巴矢斗	4・5・4	13	はやと
日出斗	4・5・4	13	ひでと
日那人	4・7・2	13	ひなと
帆久斗	6・3・4	13	ほくと
水那人	4・7・2	13	みなと
由有人	5・6・2	13	ゆうと
亜衣人	7・6・2	15	あいと
一朗太	1・10・4	15	いちろうた
早希人	6・7・2	15	さきと
世以矢	5・5・5	15	せいや
地斗世	6・4・5	15	ちとせ
那友斗	7・4・4	15	なゆと
羽矢斗	6・5・4	15	はやと
夫実也	4・8・3	15	ふみや
万里央	3・7・5	15	まりお
由羽太	5・6・4	15	ゆうた
亜沙人	7・7・2	16	あさと
明日斗	8・4・4	16	あすと
加寿仁	5・7・4	16	かずひと
小十士	3・10・3	16	さとし
世衣矢	5・6・5	16	せいや
斗志矢	4・7・5	16	としや
日左志	4・5・7	16	ひさし
比左志	4・5・7	16	ひさし
日向多	4・6・6	16	ひなた
代里斗	5・7・4	16	よりと
佳生斗	8・5・4	17	かいと
多佳士	6・8・3	17	たかし
乃吏彦	2・6・9	17	のりひこ
万左彦	3・5・9	17	まさひこ
小佐武	3・7・8	18	おさむ
伽士和	7・3・8	18	かしわ
淳之介	11・3・4	18	じゅんのすけ
清之介	11・3・4	18	せいのすけ
多加志	6・5・7	18	たかし
斗紀矢	4・9・5	18	ときや
虎之佑	8・3・7	18	とらのすけ
日与理	4・3・11	18	ひより
麻左人	11・5・2	18	まさと
未季央	5・8・5	18	みきお
由起也	5・10・3	18	ゆきや
亜希良	7・7・7	21	あきら
銀ノ丞	14・1・6	21	ぎんのじょう
蔵乃介	15・2・4	21	くらのすけ
虎太郎	8・4・9	21	こたろう
達比古	12・4・5	21	たつひこ
都希大	11・7・3	21	ときひろ
日向都	4・6・11	21	ひなと
風由希	9・5・7	21	ふゆき
麻亜久	11・7・3	21	まあく
未矢都	5・5・11	21	みやと
梨季人	11・8・2	21	りきと
紀世彦	9・5・9	23	きよひこ
由羽翔	5・6・12	23	ゆうと
琉希矢	11・7・5	23	るきや
藍乃介	18・2・4	24	あいのすけ
亜斗夢	7・4・13	24	あとむ
貴世志	12・5・7	24	きよし
羽弥真	6・8・10	24	はやま
真沙希	10・7・7	24	まさき
正登志	5・12・7	24	まさとし
希唯吾	7・11・7	25	きいご

女の子なら

かわいらしい響きの名前

女の子の名前では、１つの音に１字をあてた漢字３字の名前が多くあります。かわいらしい響きの名前にぴったりです。

男の子なら

個性的な印象の字面に

漢字３字の男の子の名前は比較的少なく、個性的な印象。選ぶ漢字によって、今どきらしさも、古風な雰囲気も演出できます。

女の子の名前の例

名前（画数）	総画	読み
久3 里7 子3	13	くりこ
小3 百6 合6	15	さゆり
日4 和8 子3	15	ひわこ
多6 万3 里7	16	たまり
千3 江6 里7	16	ちえり
名6 那7 子3	16	ななこ
羽6 仁4 衣6	16	はにい
明8 日4 加5	17	あすか
香9 矢5 子3	17	かやこ
喜12 久3 乃2	17	きくの
知8 寿7 乃2	17	ちずの
由5 莉10 乃2	17	ゆりの
希7 乃2 美9	18	きのみ
来7 実8 子3	18	くみこ
千3 十10 世5	18	ちとせ
万3 里7 奈8	18	まりな
美9 衣6 子3	18	みいこ
実8 久3 利7	18	みくり
友4 里7 亜7	18	ゆりあ
留10 未5 子3	18	るみこ
絵12 里7 加5	24	えりか
加5 絵12 良7	24	かえら
花7 心4 愛13	24	かこな
香9 里7 奈8	24	かりな
想13 仁4 亜7	24	そにあ
津9 久3 詞12	24	つくし
杜7 音9 奈8	24	ととな
乃2 絵12 留10	24	のえる
穂15 乃2 花7	24	ほのか
真10 里7 亜7	24	まりあ
美9 知8 花7	24	みちか
由5 香9 莉10	24	ゆかり
由5 紀9 恵10	24	ゆきえ
由5 美9 華10	24	ゆみか
恵10 里7 佳8	25	えりか
香9 具8 夜8	25	かぐや
香9 保9 里7	25	かほり
貴12 伊6 良7	25	きいら
志7 野11 亜7	25	しのあ
星9 都11 加5	25	せとか
知8 佳8 音9	25	ちかね
照13 礼5 亜7	25	てれあ
杜7 都11 花7	25	ととか
菜11 乃2 葉12	25	なのは
陽12 菜11 乃2	25	ひなの
陽12 羽6 里7	25	ひばり
歩8 奈8 美9	25	ほなみ
茉8 亜7 紗10	25	まあさ
真10 結12 子3	25	まゆこ
友4 莉10 菜11	25	ゆりな
里7 依8 紗10	25	りいさ
玲9 央5 菜11	25	れおな
恵10 理11 紗10	31	えりさ
絵12 理11 奈8	31	えりな
詩13 恵10 奈8	31	しえな
樹16 里7 和8	31	じゅりあ
樹16 利7 奈8	31	じゅりな
瀬19 礼5 亜7	31	せれあ
豊13 美9 香9	31	とみか
登12 美9 菜11	32	とみな
野11 詠12 美9	32	のえみ
里7 緒14 菜11	32	りおな
菜11 々11 瀬19	41	ななせ
優17 樹16 奈8	41	ゆきな

使いたい止め字から名前を考える 男の子編

人気の止め字を使ったラッキー名前

名前の最後の文字は「止め字」ともいわれます。最後につけたい文字があるとき、きょうだいでそろえたいときなどにもおすすめ。人気の止め字別の名前例を紹介します。

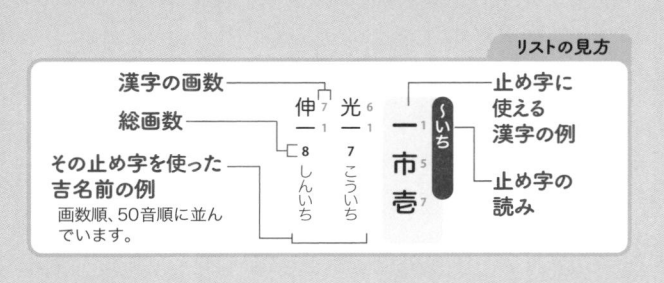

リストの見方

- 漢字の画数：伸 7／一 1、光 6／一 1
- 総画数：8、7
- その止め字を使った吉名前の例：画数順、50音順に並んでいます。（伸一 8 しんいち、光一 7 こういち）
- 止め字に使える漢字の例：一 1、市 5、壱 7
- 止め字の読み：～いち

～あき

止め字に使える漢字の例：明 8、秋 9、亮 9、暁 12、彰 14、顕 18

名前（漢字の画数）	総画数	読み
孝 7 明 8	15	たかあき
寿 7 明 8	15	としあき
秀 7 明 8	15	ひであき
英 8 明 8	16	ひであき
知 8 秋 9	17	ともあき
忠 8 亮 9	17	ただあき
知 8 亮 9	17	ちあき
紀 9 亮 9	18	のりあき
俊 9 暁 12	21	としあき
智 12 暁 12	24	ともあき
滉 13 暁 12	25	ひろあき
文 4 彰 14	18	ふみあき
正 5 顕 18	23	まさあき

～いち

止め字に使える漢字の例：一 1、市 5、壱 7

名前（漢字の画数）	総画数	読み
光 6 一 1	7	こういち
伸 7 一 1	8	しんいち
修 10 一 1	11	しゅういち
雄 12 一 1	13	ゆういち
潤 15 一 1	16	じゅんいち
浩 10 市 5	15	こういち
奏 9 壱 7	16	そういち
晄 10 壱 7	17	こういち

～おみ

止め字に使える漢字の例：臣 7

名前（漢字の画数）	総画数	読み
一 1 臣 7	8	かずおみ
和 8 臣 7	15	かずおみ
英 8 臣 7	15	ひでおみ
政 9 臣 7	16	まさおみ

～が

止め字に使える漢字の例：牙 4、我 7、芽 8、雅 13

名前（漢字の画数）	総画数	読み
大 3 牙 4	7	たいが
竜 10 我 7	17	りゅうが
飛 9 佑 7 我 7	23	ひゅうが
大 3 芽 8	11	たいが
侑 8 芽 8	16	ゆうが
大 3 雅 13	16	たいが
悠 11 雅 13	24	ゆうが

～き

止め字に使える漢字の例：生 5、希 7、紀 9、貴 12、輝 15、樹 16

名前（漢字の画数）	総画数	読み
和 8 生 5	13	かずき
知 8 生 5	13	ともき
朋 8 希 7	15	ともき
悠 11 希 7	18	ゆうき

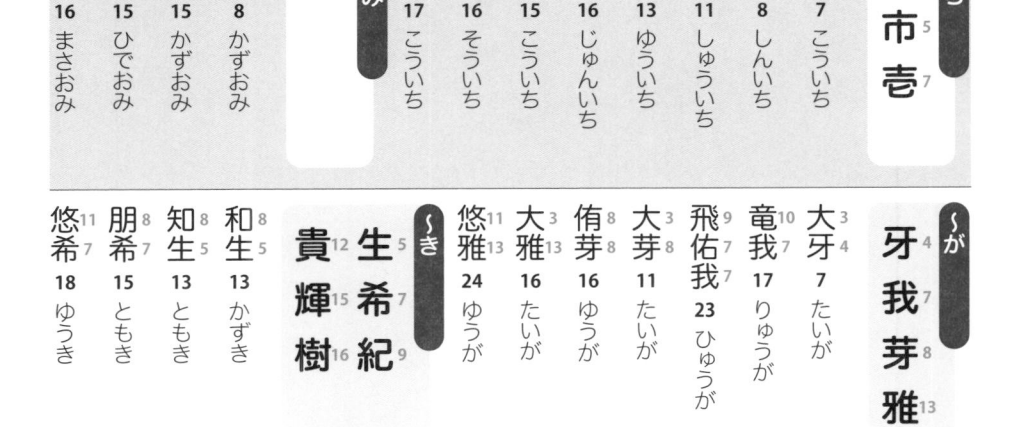

秀7 紀9 16 ひでき
勇9 紀9 18 ゆうき
大3 貴12 15 だいき
功5 貴12 17 こうき
大3 輝15 18 だいき
直8 輝15 23 なおき
将10 輝15 25 まさき
優17 輝15 32 ゆうき
良7 樹16 23 よしき
直8 樹16 24 なおき

～ご
伍6 **吾**7 **悟**10 **梧**11 **瑚**13

永5 伍6 11 えいご
修10 伍6 16 しゅうご
圭6 吾7 13 けいご
省9 吾7 16 しょうご
晋10 吾7 17 しんご
健11 吾7 18 けんご
駿17 吾7 24 しゅんご
慎13 悟10 23 しんご
誠13 悟10 23 せいご
心4 梧11 15 しんご
礼5 梧11 16 れいご
叶5 瑚13 18 きょうご
章11 瑚13 24 しょうご

～し
士3 **史**5 **司**5 **志**7 **資**13

剛10 士3 13 たけし
和8 史5 13 かずし
知8 史5 13 さとし
昌8 史5 13 まさし
剛10 司5 15 つよし
敦12 司5 17 あつし
武8 志7 15 たけし
勇9 志7 16 ゆうし
大3 資13 16 だいし
和8 資13 21 かずし

～じ
二2 **司**5 **次**6 **地**6 **治**8

礼5 二2 7 れいじ
誠13 二2 15 せいじ
幸8 司5 13 こうじ
脩11 司5 16 しゅうじ
悠11 司5 16 ゆうじ
伸7 次6 13 しんじ
秀7 地6 13 しゅうじ
星9 地6 15 せいじ
幸8 治8 16 こうじ

～すけ
介4 **助**7 **佑**7 **典**8 **祐**9 **輔**14

祐9 介4 13 ゆうすけ
康11 介4 15 こうすけ
慎13 之3 助7 23 しんのすけ
圭6 佑7 13 けいすけ
蒼13 典8 21 そうすけ
有6 祐9 15 ゆうすけ
良7 祐9 16 りょうすけ
昇8 祐9 17 しょうすけ
大3 輔14 17 だいすけ
良7 輔14 21 りょうすけ

～た
太4 **多**6 **汰**7

健11 太4 15 けんた
優17 太4 21 ゆうた
奏9 多6 15 そうた
瑛12 多6 18 えいた
圭6 汰7 13 けいた
晃10 汰7 17 こうた

～だい
大3 **代**5

航10 大3 13 こうだい
晃10 大3 13 こうだい
流10 大3 13 りゅうだい
雄12 大3 15 ゆうだい
湧12 大3 15 ゆうだい
翔12 大3 15 しょうだい

陽12大3　15　ようだい
航10代5　15　こうだい

～と

人2 斗4 杜7 都11 登12 翔12

誠13人2　15　まこと
舞15人2　17　まいと
悠11斗4　15　ゆうと
陽12斗4　16　はると
英8杜7　15　えいと
海9杜7　16　かいと
永5都11　16　えいと
佑7都11　18　ゆうと
日4向6都11　21　ひなと
大3登12　15　だいと
由5登12　17　ゆうと
羚11登12　23　れいと
大3翔12　15　ひろと
春9翔12　21　はると
信9翔12　21　まこと
彗11翔12　23　せいと
由5羽6翔12　23　ゆうと

～なり

也3 成6 哉9

和8也3　11　かずなり
秋9成6　15　あきなり
友4哉9　13　ともなり
幸8哉9　17　ゆきなり

～のぶ

允4 伸7 延8 信9 宣9

良7允4　11　よしのぶ
昭9允4　13　あきのぶ
一1伸7　8　かずのぶ
由5延8　13　よしのぶ
重9信9　18　しげのぶ
晴12信9　21　はるのぶ
保9宣9　18　やすのぶ
陽12宣9　21　はるのぶ

～はる

治8 春9 悠11 陽12 晴12

和8治8　16　かずはる
政9治8　17　まさはる
智12春9　21　ともはる
潔15春9　24　きよはる
正5悠11　16　まさはる
良7悠11　18　よしはる
清11陽12　23　きよはる
元4晴12　16　もとはる
雅13晴12　25　まさはる

～ひこ

彦9 比4 古5

允4彦9　13　のぶひこ
達12彦9　21　たつひこ
晴12彦9　21　はるひこ
辰7比4古5　16　たつひこ

～ひと

人2 仁4

正5人2　7　まさひと
壮6人2　8　たけひと
義13人2　15　よしひと
里7仁4　11　りひと
悠11仁4　15　ひさひと

～ひろ

大3 弘5 広5 宏7 浩10 紘10

諒15大3　18　まさひろ
明8弘5　13　あきひろ
貴12弘5　17　たかひろ
義13弘5　18　よしひろ
智12広5　17　ともひろ
旭6宏7　13　あきひろ
昌8浩10　18　まさひろ
彰14浩10　24　あきひろ
千3紘10　13　ちひろ
忠8紘10　18　ただひろ

～へい

平5 兵7

純10平5　15　じゅんぺい

名前	総画	読み
脩11 平5	16	しゅうへい
翔12 平5	17	しょうへい
稜13 平5	18	りょうへい
壮6 兵7	13	そうへい
嶺17 兵7	24	りょうへい

～ま
真10 馬10 麻11 摩15 磨16

名前	総画	読み
卓8 真10	18	たくま
爽11 真10	21	そうま
壮6 馬10	16	そうま
佑7 馬10	17	ゆうま
悠11 馬10	21	ゆうま
翔12 麻11	23	しょうま
雄12 麻11	23	ゆうま
拓8 摩15	23	たくま
春9 摩15	24	はるま
草9 磨16	25	そうま

～まさ
正5 昌8 政9 将10 雅13

名前	総画	読み
博12 正5	17	ひろまさ
佳8 昌8	16	よしまさ
明8 昌8	16	あきまさ
和8 政9	17	かずまさ
直8 政9	17	なおまさ
有6 将10	16	ありまさ
直8 将10	18	なおまさ
平5 雅13	18	ひらまさ

～む
武8 務11 夢13

名前	総画	読み
歩8 武8	16	あゆむ
翠14 務11	25	すいむ
力2 夢13	15	つとむ
大3 夢13	16	だいむ
弘5 夢13	18	ひろむ

～や
也3 矢5 夜8 哉9 椰13

名前	総画	読み
力2 也3	5	りきや
和8 也3	11	かずや
晋10 也3	13	しんや
陸11 矢5	16	たかや
真10 夜8	18	まや
文4 哉9	13	ふみや
友4 哉9	13	ともや
広5 椰13	18	ひろや
悠11 椰13	24	ゆうや

～ゆき
之3 行6 幸8 雪11

名前	総画	読み
由5 之3	8	よしゆき
雅13 之3	16	まさゆき
広5 行6	11	ひろゆき
征8 幸8	16	まさゆき
利7 雪11	18	としゆき
徳14 雪11	25	のりゆき

～よし
由5 好6 芳7 良7 佳8

名前	総画	読み
明8 由5	13	あきよし
教11 好6	17	かずよし
和8 芳7	15	かずよし
将10 良7	17	まさよし
正5 佳8	13	まさよし

～る
留10 流10 琉11 瑠14

名前	総画	読み
実8 留10	18	みつる
武8 流10	18	たける
健11 流10	21	たける
光6 琉11	17	みつる
快7 琉11	18	かいる
威9 瑠14	23	たける
識19 瑠14	33	さとる

～ろう
郎9 朗10

名前	総画	読み
幸8 一1 郎9	18	こういちろう
広5 太4 郎9	18	こうたろう
正5 太4 郎9	18	しょうたろう
一1 朗10	11	いちろう
司5 朗10	15	しろう

使いたい止め字から名前を考える 女の子編

人気の止め字を使ったラッキー名前

名前の最後の文字は「止め字」ともいわれます。最後につけたい文字があるとき、きょうだいでそろえたいときなどにもおすすめ。人気の止め字別の名前例を紹介します。

リストの見方

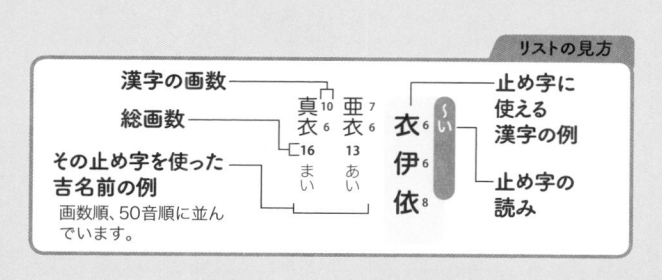

- 漢字の画数（例：真10 衣6、亜7 衣6）
- 総画数（例：16、13）
- その止め字を使った吉名前の例（例：まい、あい）　画数順、50音順に並んでいます。
- 止め字に使える漢字の例（例：衣6 伊6 依8）
- 止め字の読み（例：～い）

～あ　亜7 和8 愛13

名前（画数）	総画数	読み
美9亜7	16	みあ
萌11亜7	18	もあ
友4里7亜7	18	ゆりあ
由5和8	13	ゆあ
美9和8	17	みあ
樹16利7和8	31	じゅりあ
乃2愛13	15	のあ
心4愛13	17	ここあ
結12愛13	25	ゆあ

～い　衣6 伊6 依8

名前（画数）	総画数	読み
亜7衣6	13	あい
真10衣6	16	まい
琉11衣6	17	るい
葵12衣6	18	あおい
亜7伊6	13	あい
希7伊6	13	きい
真10伊6	16	まい
由5依8	13	ゆい
青8依8	16	あおい
芽8依8	16	めい

～え　江6 依8 枝8 恵10 絵12

名前（画数）	総画数	読み
郁9江6	15	いくえ
咲9江6	15	さきえ
沙7依8	15	さえ
花7枝8	15	はなえ
千3恵10	13	ちえ
叶5恵10	15	かなえ
七7恵10	17	ななえ
文4絵12	16	ふみえ

～お　央5 生5 緒14

名前（画数）	総画数	読み
実8央5	13	みお
莉10央5	15	りお
深11生5	16	みお
真10緒14	24	まお

～おり　織18

名前（画数）	総画数	読み
衣6織18	24	いおり
光6織18	24	みおり
花7織18	25	かおり
沙7織18	25	さおり
詩13織18	31	しおり
維14織18	32	いおり

～か

加5 花7 佳8 果8 香9 華10

名前	画数	総画	読み
一加	1・5	6	いちか
幸加	8・5	13	さちか
実加	8・5	13	みか
彩加	11・5	16	あやか
明日加	8・4・5	17	あすか
紗也加	10・3・5	18	さやか
絵里加	12・7・5	24	えりか
一花	1・7	8	いちか
美花	9・7	16	みか
友里花	4・7・7	18	ゆりか
梨花	11・7	18	りか
由佳	5・8	13	ゆか
恵里佳	10・7・8	25	えりか
夕果	3・8	11	ゆうか
美果	9・8	17	みか
玲果	9・8	17	れいか
笑果	10・8	18	えみか
純果	10・8	18	じゅんか
知香	8・9	17	ちか
百華	6・10	16	ももか

～き

来7 希7 季8 紀9 貴12 樹16

名前	画数	総画	読み
実来	8・7	15	みき
咲来	9・7	16	さき
美来	9・7	16	みき
海来	9・7	16	みき
早希	6・7	13	さき
光希	6・7	13	みつき
真希	10・7	17	まき
美季	9・8	17	みき
亜紀	7・9	16	あき
友貴	4・12	16	ゆき
実樹	8・16	24	みき
美樹	9・16	25	みき

～こ

子3 来7 瑚13

名前	画数	総画	読み
日奈子	4・8・3	15	ひなこ
奈那子	8・7・3	18	ななこ
友梨子	4・11・3	18	ゆりこ
風来	9・7	16	ふうこ
織瑚	18・13	31	おりこ

～さ

沙7 佐7 紗10

名前	画数	総画	読み
美沙	9・7	16	みさ
亜莉沙	7・10・7	24	ありさ
知佐	8・7	15	ちさ
和紗	8・10	18	かずさ
里依紗	7・8・10	25	りいさ

～すず

紗10 涼11 鈴13

名前	画数	総画	読み
小紗	3・10	13	こすず
心涼	4・11	15	みすず
衣涼	6・11	17	いすず
望鈴	11・13	24	みすず
深鈴	11・13	24	みすず
賀鈴	12・13	25	かすず

～せ

世5 星9 瀬19

名前	画数	総画	読み
百世	6・5	11	ももせ
理世	11・5	16	りせ
智世	12・5	17	ちせ
奈菜世	8・11・5	24	ななせ
七星	7・9	16	ななせ
奈々瀬	8・8・19	35	ななせ

～つき

月4

名前	画数	総画	読み
香月	9・4	13	かづき
美月	9・4	13	みつき
柚月	9・4	13	ゆづき
悠月	11・4	15	ゆづき
葉月	12・4	16	はづき
結月	12・4	16	ゆづき

～と

音9 都11

名前	画数	総画	読み
圭音	6・9	15	けいと
美音	9・9	18	みおと

衣6都11　17　いと
圭6都11　17　けいと
美9古5都11　25　みこと

～な　名6　那7　奈8　南9　菜11

飛9名6　15　ひな
准10名6　16　じゅんな
涼11名6　17　すずな
唯11名6　17　ゆいな
明8日4名6　18　あすな
羽6那7　13　はな
佳8那7　15　かな
奈8那7　15　なな
春9那7　16　はるな
純10那7　17　じゅんな
加5奈8　13　かな
史5奈8　13　ふみな
由5奈8　13　ゆな
杏7奈8　15　あんな
里7奈8　15　りな
祐9奈8　17　ゆうな
奈8南9　17　なな
日4菜11　15　ひな
文4菜11　15　ふみな

～なみ　波8　南9

千3波8　11　ちなみ
美9波8　17　みなみ
七7南9　16　ななみ
奈8南9　17　ななみ
美9南9　18　みなみ

～ね　音9　祢9

天4音9　13　あまね
朱6音9　15　あかね
周8音9　17　あまね
和8音9　17　かずね
友4祢9　13　ともね
潮15祢9　24　しおね

～の　乃2　之3　野11　埜11

文4乃2　6　ふみの
郁9乃2　11　いくの
雪11乃2　13　ゆきの
淑11乃2　13　よしの
梨11乃2　13　りの
日4菜11乃2　17　ひなの
友4梨11乃2　17　ゆりの
詩13之3　16　しの
羽6野11　17　うの
志7野11　18　しの
友4埜11　15　ともの
花7埜11　18　はなの

～はる　治8　春9　悠11　陽12　晴12

美9治8　17　みはる
来7春9　16　こはる
実8春9　17　みはる
美9春9　18　みはる
未5悠11　16　みはる
千3陽12　15　ちはる
千3晴12　15　ちはる

～ひ　比4　日4　妃6　飛9　陽12

彩11比4　15　あやひ
麻11日4　15　あさひ
朝12日4　16　あさひ
陽12日4　16　はるひ
晴12日4　16　はるひ
絢12妃6　18　あやひ
有6飛9　15　ゆうひ
旭6陽12　18　あさひ

～ほ　帆6　歩8　保9　穂15

美9帆6　15　みほ
真10帆6　16　まほ
明8歩8　16　あきほ

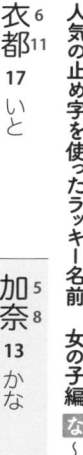

〜み　己3 未5 実8 弥8 美9 海9

史5 歩8	13	しほ
果8 歩8	16	かほ
花7 保9	16	かほ
美9 保9	18	みほ
咲9 穂15	24	さきほ
広5 己3	8	ひろみ
直8 己3	11	なおみ
萌11 未5	16	もえみ
愛13 未5	18	まなみ
広5 実8	13	ひろみ
冬5 実8	13	ふゆみ
礼5 実8	13	れみ
佑7 実8	15	ゆみ
亜7 弥8	15	あみ
空8 弥8	16	そらみ
文4 美9	13	あやみ
成6 美9	15	なるみ
亜7 美9	16	あみ
奈8 美9	17	なみ
佳8 奈8 美9	25	かなみ
心4 海9	13	ここみ
月4 海9	13	つきみ
七7 海9	16	ななみ

〜よ　与3 予4 世5 代5 夜8

月4 与3	7	つきよ
正5 与3	8	まさよ
道12 予4	16	みちよ
明8 世5	13	あきよ
佳8 世5	13	かよ
華10 世5	15	かよ
桃10 世5	15	ももよ
祥10 代5	15	さちよ
真10 代5	15	まよ
小3 夜8	11	さよ

〜ら　良7 羅19

怜8 良7	15	れいら
咲9 良7	16	さくら
星9 良7	16	せいら
晄10 良7	17	きらら
二2 子3 羅19	24	にこら
紅9 夕3 羅19	31	くゆら
煌13 羅19	32	きらら

〜り　里7 李7 利7 莉10 梨11 理11

友4 里7	11	ゆり
汐6 里7	13	しおり
真10 里7	17	まり
恵10 李7	17	えり
栞10 李7	17	しおり
珠10 李7	17	じゅり
英8 利7	15	えり
真10 利7	17	まり
優17 花7 利7	31	ゆかり
杏7 莉10	17	あんり
明8 莉10	18	あかり
恵10 末5 莉10	25	えみり
永5 梨11	16	えり
愛13 梨11	24	あいり
日4 真10 梨11	25	ひまり
佑7 理11	18	ゆり
愛13 理11	24	あいり

〜れん　怜8 恋10 連10 蓮13 廉13

花7 怜8	15	かれん
星9 怜8	17	せれん
花7 恋10	17	かれん
英8 恋10	18	えれん
世5 連10	15	せれん
花7 連10	17	かれん
英8 連10	18	えれん
加5 蓮13	18	かれん
絵12 廉13	25	えれん

いにしえの空気漂う個性的な名前に

万葉仮名風の漢字を使った名前

かつて中国から伝わった漢字の音を使って、日本語を表す「万葉仮名」が生まれました。
万葉仮名風に、1字に1音をあてた名前を紹介します。

名前におすすめの万葉仮名風の漢字

- あ　安6 吾7 阿8 英8
- い　井4 位7 委8 居8 為9 威9 偉12 謂16
- う　卯5 有6 宇6 羽6 雲12
- え　衣6 江6 依8 枝8 得11
- お　乙1 応7 於8
- か　加5 可5 河8 架9 迦9 香9 鹿11 賀12 嘉14 歌14
- き　己3 木4 伎6 企6 気6 岐7 奇8 紀9 城9 帰10 記10 基11 寄11 黄11 貴12 幾12 綺14 機16 樹16 騎18
- く　久3 区4 句5 玖7 来7 九9 倶10 鳩13
- け　介4 気6 希7 計9 家10 啓11 結12
- こ　子3 小3 古5 児7 高10
- さ　左5 沙7 佐7 紗10 差10
- し　之3 子3 四4 司5 此6 旨6 志7 施9 信9 為9 紫12 詞12 嗣13 試13 新13
- す　州6 洲9 素10 須12
- せ　世5 勢13
- そ　其8 苑8 素10 蘇19
- た　太4 他5 田5 多6
- ち　千3 至6 池6 知8 致10 智12
- つ　津9 都11
- て　天4 手4 帝9 提12 堤12
- と　刀2 土3 斗4 止4 杜7 度9 飛9 十10 都11 鳥11 常11 登12 藤18
- な　乃2 名6 那7 七7 奈8 南9 菜11
- に　二2 人2 仁4 日4 丹4 弐6 似7 爾14
- ぬ　奴5
- ね　年6 根10
- の　乃2 能10 野11
- は　巴4 羽6 波8 八8 葉12
- ひ　比4 日4 必5 氷5 妃6 飛9
- ふ　布5 府8 符11 富12
- へ　戸4 平5 辺5 俳10 経11 遍12 幣15
- ほ　火4 本5 帆6 宝8 朋8 抱8 保9 倍10 菩11 陪11 報12 番12 穂15
- ま　万3 末5 馬10 真10 麻11 満12 間12 摩15 磨16
- み　三3 水4 未5 見7 身7 実8 味8 美9 彌17
- む　牟6 六6 武8 夢13 霧19
- め　女3 綿14
- も　文4 木4 茂8 門8 望11 問11 裳14 模14
- や　也3 矢5 夜8 八8 耶9 野11 楊13 椰13
- ゆ　弓3 由5 遊12 喩12 湯12
- よ　予4 四4 用5 世5 代5 吉6 余7 夜8 容10 庸11 遥12 遙14
- ら　良7 楽13 羅19
- り　利7 里7 理11 梨11
- る　流10 留10 琉11 瑠14 類18
- れ　礼5 列6 例8 連10
- ろ　呂7 侶9 路13 楼13 露21
- わ　和8 倭10 輪15
- ゑ　恵10
- を　男7 雄12 緒14
- が　我7 賀12
- ぎ　宜8 義13 儀15
- ぐ　具8 偶11 遇12
- げ　牙4 夏10 雅13 義13
- ご　五5 呉7 吾7 後9 悟10 御12
- ざ　社7 装12 蔵15
- じ　司5 自6 児7 慈13 爾14
- ず　受8 殊10 授11
- ぜ　是9
- ぞ　存6 序7 叙9
- だ　大3 太4
- ぢ　地6 治8
- づ　豆7 図7 逗11 頭16
- で　田5 伝6
- ど　土3 度9 渡12
- ば　伐6
- び　毘9 眉9 備12
- ぶ　夫4 歩8 部11
- べ　弁5 別7 倍10 陪11
- ぼ　菩11

女の子なら

個性的で雅な印象の名前に

個性的な響きの女の子の名前に万葉仮名風の漢字をあてれば、しっとりとして雅やかな雰囲気の名前になります。2文字の名前もおすすめ。

男の子なら

和風で厳かな雰囲気に

男の子の名前を万葉仮名風にすると、たとえば平凡な響きの名前でも、厳かで個性的な魅力を放つ名前になります。

万葉仮名風の漢字を使った名前例

男の子の名前の例

阿須賀	8・12・12	32	あすか
亜瑠人	7・14・2	23	あると
井左応	4・5・7	16	いさお
威早武	9・6・8	23	いさむ
威歩伎	9・8・6	23	いぶき
加受真	5・8・10	23	かずま
加寿也	5・7・3	15	かずや
貴玖人	12・7・2	21	きくと
紀世彦	9・5・9	23	きよひこ
貴与人	12・3・2	17	きよひと
多加志	6・5・7	18	たかし
知佳良	8・8・7	23	ちから
智加良	12・5・7	24	ちから
登志夫	12・7・4	23	としお
那穂人	7・15・2	24	なおと
波矢斗	8・5・4	17	はやと
羽弥真	6・8・10	24	はやま
波留希	8・10・7	25	はるき
比左志	4・5・7	16	ひさし
日那太	4・7・4	15	ひなた
飛侶志	9・9・7	25	ひろし
緋呂人	14・7・2	23	ひろと
尋比古	12・4・5	21	ひろひこ
風由人	9・5・2	16	ふゆと
星比古	9・4・5	18	ほしひこ
真沙斗	10・7・4	21	まさと
真左彦	10・5・9	24	まさひこ
真砂文	10・9・4	23	まさふみ
実季彦	8・8・9	25	みきひこ
満比呂	12・4・7	23	みつひろ
由紀哉	5・9・9	23	ゆきや

女の子の名前の例

阿佐美	8・7・9	24	あさみ
亜矢加	7・5・5	17	あやか
亜弥香	7・8・9	24	あやか
阿弥音	8・8・9	25	あやね
亜耶乃	7・9・2	18	あやの
宇佐子	6・7・3	16	うさこ
絵里左	12・7・5	24	えりさ
華也子	10・3・3	16	かやこ
貴美華	12・9・10	31	きみか
古都実	5・11・8	24	ことみ
早智	6・12	18	さち
紗也加	10・3・5	18	さやか
沙夜	7・8	15	さよ
左和	5・8	13	さわ
詩乃	13・2	15	しの
志麻	7・11	18	しま
須実令	12・8・5	25	すみれ
多香子	6・9・3	18	たかこ
多真季	6・10・8	24	たまき
知佳乃	8・8・2	18	ちかの
千緋呂	3・14・7	24	ちひろ
名津	6・9	15	なつ
奈津希	8・9・7	24	なつき
仁千架	4・3・9	16	にちか
波瑠南	8・14・9	31	はるな
飛佳里	9・8・7	24	ひかり
妃奈子	6・8・3	17	ひなこ
比侶子	4・9・3	16	ひろこ
夜史乃	8・5・2	15	よしの
例於奈	8・8・8	24	れおな
和香奈	8・9・8	25	わかな

今どきらしい雰囲気をまとった個性輝く名前に

あて字の名前

音や意味だけで漢字をあてることを「あて字」といいます。あて字を使った新鮮なイメージの名前を紹介します。ここでは例外的な読み方をしているものもあります。

男の子の名前の例

音にあてる

亜久亜	7・3・7	17	あくあ
亜斗夢	7・4・13	24	あとむ
亜留斗	7・10・4	21	あると
以蕪木	5・15・4	24	いぶき
瑛須	12・12	24	えいす
折音	7・9	16	おりおん
義阿	13・8	21	ぎあ
湖須望	12・12・11	35	こすも
虎南	8・9	17	こなん
来呂那	7・7・7	21	ころな
蹴人	19・2	21	しゅうと
素黎有	10・15・6	31	それいゆ
拓音	8・9	17	たくと
童夢	12・13	25	どうむ
十夢	10・13	23	とむ
那衣流	7・6・10	23	ないる
野吾	11・7	18	のあ
羽亜人	6・7・2	15	はあと
日衣武	4・6・8	18	びいむ
飛雄井	9・12・4	25	ひゅうい
比勇芽	4・9・8	21	ひゅうが
飛勇摩	9・9・15	33	ひゅうま
万亜空	3・7・8	18	まあく
真伊玖	10・6・7	23	まいく
万里生	3・7・5	15	まりお
真留主	10・10・5	25	まるす
光玖	6・7	13	みっく
来都	7・11	18	らいと
礼門	5・8	13	れいもん

意味にあてる

地球	6・11	17	ああす
日出所	4・5・8	17	あずま
翼	17	17	ええる
闘志	18・7	25	がっつ
星河	9・8	17	ぎんが
王冠	4・9	13	くらうん
達成	12・6	18	ごうる
鋭敏	15・10	25	しゃあぷ
青空	8・8	16	すかい
空	8	8	すかい
星亜	9・7	16	すたあ
太陽	4・12	16	それいゆ
虎	8	8	たいが
時夢	10・13	23	たいむ
指揮	9・12	21	たくと
騎士	18・3	21	ないと
聖夜	13・8	21	のえる
英勇	8・9	17	ひいろう
希望	7・11	18	ほうぷ
北斗星	5・4・9	18	ぽうら
山岳	3・8	11	まうんと
獅子	13・3	16	らいおん
光	6	6	らいと
輝人	15・2	17	らいと
強運	11・12	23	らっきい
大陸人	3・11・2	16	らんど
真実	10・8	18	りある
音律	9・9	18	りずむ
光人	6・2	8	りひと

女の子なら
キュートな印象の漢字を使って

たとえば「綺麗」の“綺”など、かわいらしい意味の漢字や熟語をあてると、名前にエレガントで華やかな雰囲気が加わります。

男の子なら
強くかっこいい漢字を使って

あて字を使った男の子の名前には、かっこいい意味・音の漢字を使うのがおすすめ。響きを重視するのが成功の近道です。

女の子の名前の例

音にあてる

名前	画数	総画	読み
亜生朱	7・5・6	18	あいす
杏野	7・11	18	あんぬ
安珠	6・10	16	あんじゅ
衣留佳	6・10・8	24	いるか
羽羅良	6・19・7	32	うらら
衣久帆	6・3・6	15	えくぼ
衿寿	9・7	16	えりす
絵留真	12・10・10	32	えるま
綺羅々	14・19・19	52	きらら
希礼羅	7・5・19	31	きらら
公良々	4・7・7	18	くらら
久璃州	3・15・6	24	くりす
沙羅梨	7・19・11	37	さらり
樹莉安	16・10・6	32	じゅりあん
世妃亜	5・6・7	18	せぴあ
多以亜	6・5・7	18	だいあ
葉有	12・6	18	ぱある
羽衣而	6・6・6	18	はいじ
芭菜名	7・11・6	24	ばなな
妃亜乃	6・7・2	15	ぴあの
比央良	4・5・7	16	びおら
茉莉愛	8・10・13	31	まりあ
真梨望	10・11・11	32	まりも
美空璃	9・8・15	32	みくり
美良	9・7	16	みら
未留久	5・10・3	18	みるく
由良吏	5・7・6	18	ゆらり
来井夢	7・4・13	24	らいむ
瑠美依	14・9・8	31	るびい

意味にあてる

名前	画数	総画	読み
新葉	13・12	25	あおば
愛麗	13・19	32	あもれ
唱亜	11・7	18	ありあ
笑窪	10・14	24	えくぼ
七色	7・6	13	からふる
星良	9・7	16	きらら
光星	6・9	15	きらり
明留	8・10	18	くれえる
美空	9・8	17	しえる
宝石	8・5	13	じゅえる
絹	13	13	しるく
月神	4・9	13	せれね
柔和	9・8	17	そふと
桜実	10・8	18	ちぇりい
七音	7・9	16	どれみ
心愛	4・13	17	はあと
和音	8・9	17	はもに
宮寿	10・7	17	ぱれす
純亜	10・7	17	ぴゅあ
七色	7・6	13	ぷりずむ
苺	8	8	べりい
鈴	13	13	べる
詩	13	13	ぽえむ
真実	10・8	18	まこと
美海	9・9	18	まりん
光海	6・9	15	める
紐布	10・5	15	りぼん
月菜	4・11	15	るな
雨音	8・9	17	れいん

名前に使える
旧字・異体字

名前に使える漢字のうち、旧字体（以前使われていた字体）・異体字（同じ漢字として認められた異なる書体）がある主なものを紹介します。正字では姓名判断の結果が悪いときなどに検討してみましょう。

リストの見方

名づけに人気のしあわせ漢字ベスト473（→ P220）でも紹介している漢字 ── ★
画数
旧字・異体字 ── 薗★ 16　亞 9
新字・正字 ── （園）13　（亜）7
音読み ── えん　あ

あ

- 亞 8（亜 7）あ
- 爲 12（為 9）い
- 逸 12（逸 11）いつ
- 榮 14（栄 9）えい
- 衞 16（衛 16）えい
- 謁 16（謁 15）えつ
- 圓 13（円 4）えん
- 緣 15（縁 15）えん
- 薗★ 16（園 13）えん
- 應 17（応 7）おう
- 櫻 21（桜 10）おう
- 奧 13（奥 12）おう
- 橫 16（横 15）おう
- 溫 13（温 12）おん

か

- 價 15（価 8）か
- 海 10（海 9）かい
- 懷 19（懐 16）かい
- 樂 15（楽 13）がく
- 卷 8（巻 9）かん
- 寬 14（寛 13）かん
- 漢 14（漢 13）かん
- 氣 10（気 6）き
- 祈 9（祈 8）き
- 器 16（器 15）き
- 戲 17（戯 15）ぎ
- 峽 10（峡 9）きょう
- 響 22（響 20）きょう
- 堯 12（尭 8）ぎょう
- 曉 16（暁 12）ぎょう
- 勤 13（勤 12）きん
- 謹 18（謹 17）きん
- 駈 15（駆 14）く
- 勳 16（勲 15）くん
- 薰 17（薫 16）くん
- 惠 12（恵 10）けい
- 揭 12（掲 11）けい
- 鷄 21（鶏 19）けい
- 藝 18（芸 7）げい
- 擊 17（撃 15）げき
- 縣 16（県 9）けん
- 儉 15（倹 10）けん
- 劍 15（剣 10）けん
- 險 16（険 11）けん
- 圈 11（圏 12）けん
- 檢 17（検 12）けん
- 顯 23（顕 18）けん
- 驗 23（験 18）けん
- 嚴 20（厳 17）げん
- 廣 15（広 5）こう
- 恆 9（恒 9）こう
- 黃 12（黄 11）こう
- 晄 10（晃 10）こう
- 國 11（国 8）こく
- 黑 12（黒 11）こく
- 穀 15（穀 14）こく

さ

- 雜 18（雑 14）ざつ
- 祉 9（祉 8）し
- 視 12（視 11）し
- 兒 8（児 7）じ
- 濕 17（湿 12）しつ
- 實 14（実 8）じつ
- 社 8（社 7）しゃ
- 者 9（者 8）しゃ
- 壽 14（寿 7）じゅ
- 收 6（収 4）しゅう
- 從 11（従 10）じゅう
- 澁 15（渋 11）じゅう
- 縱 17（縦 16）じゅう
- 祝 10（祝 9）しゅく
- 暑 13（暑 12）しょ
- 署 14（署 13）しょ
- 緖 15（緒 14）しょ
- 諸 16（諸 15）しょ
- 渚 12（渚 11）しょ
- 敍 11（叙 9）じょ
- 將 11（将 10）しょう
- 祥 11（祥 10）しょう
- 涉 10（渉 11）しょう
- 燒 16（焼 12）しょう
- 奬 14（奨 13）しょう
- 條 11（条 7）じょう
- 狀 8（状 7）じょう

- 乘10（乗9）じょう
- 淨11（浄9）じょう
- 剩12（剰11）じょう
- 疊22（畳12）じょう
- 孃20（嬢16）じょう
- 讓24（譲20）じょう
- 釀24（醸20）じょ
- 神10（神9）しん
- 眞10（真10）しん
- 寢14（寝13）しん
- 愼13（慎13）しん
- 槇14（槙14）しん
- 盡14（尽6）じん
- 粹14（粋10）すい
- 穗17（穂15）すい
- 瀨19（瀬19）せ
- 齊14（斉8）せい
- 靜16（静14）せい

- 攝21（摂13）せつ
- 節15（節13）せつ
- 專11（専9）せん
- 纖23（繊17）せん
- 禪17（禅13）ぜん
- 祖10（祖9）そ
- 壯7（壮6）そう
- 莊10（荘9）そう
- 搜12（捜10）そう
- 巢11（巣11）そう
- 曾12（曽11）そう
- 裝13（装12）そう
- 僧14（僧13）そう
- 層15（層14）そう
- 增15（増14）ぞう
- 藏18（蔵15）ぞう
- 贈19（贈18）ぞう
- 卽9（即7）そく

た

- 帶11（帯10）たい
- 瀧19（滝13）たき
- 琢12（琢11）たく
- 單12（単9）たん
- 團14（団6）だん
- 彈15（弾12）だん
- 晝11（昼9）ちゅう
- 鑄22（鋳15）ちゅう
- 著12（著11）ちょ
- 廳25（庁5）ちょう
- 徵15（徴14）ちょう
- 聽22（聴17）ちょう
- 鎭18（鎮18）ちん
- 禎14（禎13）てい
- 轉18（転11）てん
- 傳13（伝6）でん

- 都12（都11）と
- 嶋14（島10）とう
- 燈16（灯6）とう
- 稻15（稲14）とう
- 德15（徳14）とく

な

- 禰20（祢9）ね

は

- 拜9（拝8）はい
- 盃9（杯8）はい
- 賣15（売7）ばい
- 梅11（梅10）ばい
- 髮15（髪14）はつ
- 拔8（抜7）ばつ
- 繁17（繁16）はん
- 晚11（晩12）ばん

- 祕10（秘10）ひ
- 碑13（碑14）ひ
- 賓14（賓15）ひん
- 敏11（敏10）びん
- 冨11（富12）ふ
- 福14（福13）ふく
- 拂8（払5）ふつ
- 勉9（勉10）べん
- 步7（歩8）ほ
- 峯10（峰10）ほう
- 萠11（萌11）ほう
- 墨15（墨14）ぼく
- 飜21（翻18）ほん

ま

- 每7（毎6）まい
- 萬12（万3）まん
- 默16（黙15）もく

や

- ★埜11（野11）や
- 彌17（弥8）や
- 藥18（薬16）やく
- 祐10（祐9）ゆう
- 與14（与3）よ
- 搖13（揺12）よう
- 樣15（様14）よう
- 謠17（謡16）よう
- 遙14（遥12）よう

ら

- 來8（来7）らい
- 賴16（頼16）らい
- 覽22（覧17）らん
- 欄21（欄20）らん
- ★龍16（竜10）りゅう

- 凉10（涼11）りょう
- 綠14（緑14）りょく
- ★凜15（凛15）りん
- 淚11（涙10）るい
- 壘18（塁12）るい
- 類19（類18）るい
- 禮18（礼5）れい
- 曆16（暦14）れき
- 歷16（歴14）れき
- 練15（練14）れん
- 鍊17（錬16）れん
- 郞10（郎9）ろう
- 朗11（朗10）ろう
- 廊13（廊12）ろう
- 錄16（録16）ろく

名づけに向かない漢字

法律上は名前に使える漢字の中でも、名前にふさわしくない漢字があります。名前に使うことがないように、チェックしておきましょう。

苦しみを連想させる漢字

苦	飢	餓	渇	貧	哀
困	泣	難	乏	悲	酷
恨	惨	吐	涙	害	窮
枯	失	堕	負	濫	倒

縁起の悪い漢字

忌	災	禍	死	逝	弔
喪	葬	終	墓	没	霊
遺	落	亡	棺	骨	衰
厄	幽	悼	埋	犠	故

病気、肉体を思わせる生々しい漢字

病	疾	疫	痛	痴	痘
療	疲	症	癖	痢	胃
腸	喉	胴	脇	腕	指
首	歯	臓	血	骨	肉
妊	娩	腰	尻	舌	裸
顔	唇	肌			

犯罪を連想させる漢字

犯	殺	獄	絞	刑	凶
窃	盗	罪	虐	囚	賊
銃	刃	脅	撃	逮	罰
暴	拐	嚇	欺	刺	撲
拷	詐				

その他名づけに向かない漢字

悪	陰	汚	怪	悔	壊	患	危	鬼	棄	偽	逆	朽
去	狂	虚	恐	菌	禁	愚	欠	邪	弱	臭	獣	殉
絶	憎	損	怠	恥	沈	敵	逃	討	尿	悩	敗	否
非	蛮	卑	腐	憤	便	泡	妨	魔	滅	盲	乱	虜
劣	怖	崩	閉	怖	慌	阻	裂	隷	暗	酒	鈍	毒
忘	酔	飲	漏	拙	芋	煙	殴	凹	凸	誤	寡	蚊
塊	婚	陥	妄	醜	惑	離	斥	暇	切	爆	寂	淋

使い方に注意したい漢字

漢字には、画数がわかりにくい部首や形が似ている字があります。間違えやすい漢字を避けたい場合はチェックしておきましょう。

画数を間違えやすい漢字、へん、つくり

複雑な形をしていて、画数を数えるのが難しい漢字やへん、つくりがあります。これらが含まれる漢字は正しい画数を辞書で確認しましょう。

飛 9画	癶 5画	辶 3画	乙 1画
䍃 9画	臣 7画	辶 4画	乃 2画
朔 10画	釆 7画	比 4画	叉 3画
皐 11画	采 8画	母 5画	弓 3画
雅 13画	昂 8画	瓦 5画	阝 3画

人によって画数が変わる漢字の例

複数の字体がある漢字は画数にも注意。普段使う字が運勢を左右するため、書き方によって画数が変わる字の例を見ておきましょう。

一般的な書き方	書き方が変化する場合
牙 4画	牙 5画
柴 10画	柴 9画
紫 12画	紫 11画
雅 13画	雅 12画
璃 15画	璃* 14画
熙 14画	熙 15画

*「ム」を2画で数えるか3画で数えるかで画数が変わります。

形が似ていて間違えやすい漢字

形が似ている漢字は、見間違えられたり、書き間違えられたりします。正しく書いたり伝えたりできるように、まぎらわしい漢字を知っておきましょう。

成／戌	治／冶	弥／祢	萩／荻	彗／慧	己／巳
堤／提	宣／宜	昂／昴	宗／崇	太／汰	沙／紗
椰／耶	櫂／耀／燿	佑／祐／裕	泰／秦／奏	啄／琢／逐	凜／凛／稟
柘／拓／托	希／季／李	莉／利／梨	亨／享／亭	堅／竪／賢	涼／諒／椋

意外な意味がある漢字

名前によく使われる人気漢字の中には、あまり知られていない意味をもつ漢字があります。中にはよくない意味のものもあるので注意しましょう。

意外な意味、イメージがある漢字

真	主な意味	うそがなく充実していること。	亜	主な意味	２番目。「あ」がつく名前によく使われる。
	意外な意味	変化しないこと。		意外な意味	表面に出ずに下になる。
臣	主な意味	上流貴族の姓(階級の称号)の一つ。	雅	主な意味	みやび。日本的で風流なイメージ。
	意外な意味	かしこまって君主に仕える人。		意外な意味	鳴いているカラス。
汰	主な意味	勢いよくたくさん水を流すこと。	希	主な意味	「希望」という熟語から、明るい未来を思わせる。
	意外な意味	絶対的な強い命令。		意外な意味	少ない、かすか、希少なこと。
波	主な意味	風などによって生じる水面の上下。	久	主な意味	長く時がたつ。
	意外な意味	アップダウンが激しいこと。		意外な意味	曲折して伸びる。
絆	主な意味	人と人とのつながり。	空	主な意味	空。晴れた青空を思わせるさわやかなイメージ。
	意外な意味	制限があること。		意外な意味	何もない空間。
未	主な意味	ひつじ。「未来」という言葉から、前向きな印象。	颯	主な意味	さっと風が吹く様子。きびきびした様子。
	意外な意味	「まだ～していない」の意味。		意外な意味	やせている様子。
唯	主な意味	「ただ～だけ」の意味から、特別な存在を思わせる。	七	主な意味	数字の７。「ラッキーセブン」で幸せの象徴とも。
	意外な意味	ほかにない。限定的なこと。		意外な意味	割り切れない、半端な数。
了	主な意味	はっきりとわかる。賢いイメージ。	春	主な意味	季節の春。活気に満ち、暖かで前向きなこと。
	意外な意味	物事の決着をつける。		意外な意味	男女の慕い合う心。

＊紹介したのは一例です。名前につけようと検討している漢字は必ず辞書で意味を調べましょう。

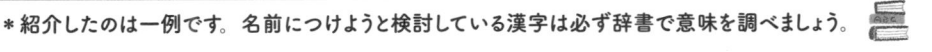

別の意味の言葉になる名前

女の子			男の子		
名前例		別の読み・意味	名前例		別の読み・意味
果菜	かな	かさい。果実の部分を食べる野菜のこと。	海馬	かいま	かいば。脳の中の、記憶をつかさどる部位。
花菜	かな	かさい。花の部分を食べる野菜のこと。	孝行	たかゆき	こうこう。親の言いつけを守り、面倒を見ること。
玉音	たまね	ぎょくおん。天皇のお言葉(音声)。	心空	みく	こころそらなり。うわのそらであること。
里子	さとこ、りこ	さとご。ほかの家に預けて育ててもらう子ども。	至誠	ゆきまさ	しせい。きわめて誠実である心。
沙弥	さや	しゃみ。出家したばかりの少年僧。	真平	しんぺい	まっぴら。拒否する気持ちを表す口語。
初花	ういか	はつはな。その季節に初めて咲く花。または初潮。	純生	じゅんき	じゅんなま。生ビールの商品名。
春歌	はるか	しゅんか。春を歌った歌。またはわいせつな歌。	心太	しんた	ところてん。テングサを原料とする食べ物。
真実	まみ	しんじつ。本当のこと。	海星	かいせい	ひとで。海にいる星の形をした生き物。
真理	まり	しんり。正しい道理のこと。	大和	やまと	「日本」の古い呼び名。主に現在の奈良県。
海月	みづき	くらげ。海に浮かぶ、かさの形をした動物。	実利	さねとし	じつり。実際の利益。
臨月	みづき	りんげつ。子どもが生まれる予定の月。	宗義	むねよし	しゅうぎ。宗教の宗派の教義。
美利	みり	びり。巨額の利益。	久次	ひさつぐ	きゅうじ。長い間昇進せず、とどまること。
花心	はなこ、はなみ	かしん。花の芯。もしくは浮気心。	空園	くおん	くうえん。荒れ果てて寂しい庭園。
空華	そらか	くうげ。煩悩によって見える妄想のこと。	真人	まさと、まこと	しんじん。真理を悟った人。
亜子	あこ	あし。長男につぐ子。次男のこと。	翔貴	しょうき	物価が上がること。
未央	みお	みおう。まだ半ばにならない。はてしない。	精光	きよみつ	せいこう。澄んだ光。すっからかんの意味も。
希代	きよ	きたい。珍しいこと。	尊大	たかひろ	そんだい。おごりたかぶる、傲慢なこと。

先輩パパ・ママの 名づけエピソード 漢字編

漢字はそれ自体が意味をもっているので、名づけの重要なポイントです。ここでは、「漢字」を重視した名づけのエピソードを紹介します。

お兄ちゃんとあわせて「太陽」に

陽加《はるか》ちゃん

子どもは2人産む予定で、きょうだい仲良く絆が深まるように、そろってひとつの言葉になるような名前にしたいと思っていました。お兄ちゃんは「太志《たいし》」、2人目は女の子が生まれたので「陽加《はるか》」と命名。2人あわせて“太陽”のように、明るく家庭を照らしてくれています。（陽加ちゃんママ）

元気で男らしいイメージを漢字に込めて

旺典《おうすけ》くん

子どもが男の子だとわかったとき、元気で男らしい意味をもつ漢字をつけたいと思いました。「元気」くんもいいけれど、ほかにないかな？　と辞書を開いて見つけた「旺《おう》」の字が気に入り「旺典《おうすけ》」に。好奇心も食欲も旺盛で、文字通り元気な男の子に育っています。（旺典くんママ）

Part 6

画数のよい名前でしあわせをプレゼント

姓名判断を活用して最高のハッピーネームに

名前は、その子に一生ついてまわるもの。
才能を伸ばし、充実した人生になるよう、
よい名前をつけてあげたいという願いは、誰もがもつものです。
この願いをかなえてくれるのが、「姓名判断」です。

姓名判断ってどういうもの？

現在の姓名判断は、古代中国の「五行《ごぎょう》思想」と「陰陽《いんよう》思想」をもとに、昭和初期に体系化されたものが基礎となっています。

膨大なデータを分析すると、「よい名前は幸福をもたらし、悪い名前は不幸を招く」ことが明らかとなっています。田口流姓名判断術（純正姓名運命学）では、膨大なデータを分析し、現代の日本社会の実情に合わせています。

姓名判断にはたくさんの流派がある

姓名判断には多くの流派がありますが、基本的な考え方は同じです。姓名を特定の法則にしたがって分類し、運を読み取ります。ある流派では吉名となっても、ほかの流派では凶名となることも。自分が納得のいく流派を選ぶとよいでしょう。

姓名判断の基本ルールを知ろう

姓名判断では、文字の画数を正しく数えることが基本となります。画数の数え方の基本ルールは、3つあります。

1つ目は、ふだん使っている字体で数えること。2つ目は部首の数え方です。流派によっては、部首のもとになった漢字の画数で数えることもありますが、田口流ではそのままの画数で数えます。そして、楷書体で数えることが、3つ目のルールです。

姓名判断の画数の数え方 基本ルール

ルール1
ふだん使っている字体で画数を数える

名前はたくさん書いたり、呼ばれたりするからこそ、人生に影響を及ぼすものです。そのため、ふだん使っている字体で画数を数えるのが原則。戸籍が「小澤」でも、ふだんは「小沢」を使っているなら、沢は７画で数えます。

知っておきたい
字体で運勢が変わる

現在使われている新字体と旧字体では、画数がかなり異なります。また、人によって書き方がちがう漢字(→P332)や異体字もあります。そのため、ある字体では凶数でも、別の字体では吉数となる場合があります。戸籍名が凶数でも、ふだんは吉数の字体を使うと、運が向いてきます。

ルール2
活字体や崩し字ではなく、楷書体で数える

「良」という字は、活字体で見ると、左側のハネが２画あるように見えるので、８画となります。しかし、楷書体では続けて書きますから、７画が正解。また、サインのような崩し字でも、正しい画数を数えることはできません。

ルール3
部首はもとの字ではなく、そのままの画数で数える

「さんずい」のもとの漢字は「水」、「りっしんべん」は「心」がもとになっています。流派によっては、部首の画数をもとの漢字の画数で数えることもありますが、この本では字体通りに数え、どちらも３画となります。

画数に注意したい部首

部首のもとの漢字の画数で数える流派もあるが、この本ではそのままの画数で数える。

さんずい	けものへん	てへん	りっしんべん	しめすへん	しんにょう
氵	犭	扌	忄	礻	辶
3画	3画	3画	3画	4画	3画

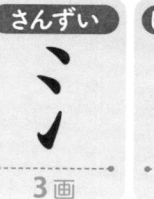

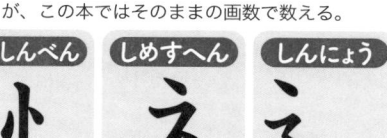

画数を数えるときの注意点

牙 5画　牙 4画

此 6画　此 5画

人によって書き方がちがう漢字もある。ふだんの書き方で画数を数える。

八木祐樹

八 8　木 4　祐 9　樹 16

漢数字は、その文字が表す数が画数となる。

佐々木もも

佐 7　々 7　木 4　も 3　も 3

同じ漢字を重ねることを示す「踊り字」はもとの字の画数で数える。

ひらがなは息継ぎのしかたで画数が決まるので、画数表で確認を。

ひらがなとカタカナは息継ぎで画数が決まる

名前には、ひらがなやカタカナも使うことができます。ただ、画数の数え方には注意が必要。息継ぎをするごとに1画と数えます。たとえば、「は」「ま」は3画と思いがちですが、最後の結びを書く前に、息継ぎをするので、4画となります。画数表で確認してください。

漢数字は数字の意味が画数になる

一から十までの漢数字は、普通に数えると、「四」は5画、「七」は2画になります。しかし、姓名判断では、その数字が表す意味の値を画数として考えます。つまり、四は4画、七は7画となります。

私たちは漢数字を書くときに無意識にその数字をイメージしています。そのため、数字の意味を重視して画数としたほうが、判断が的中するのです。百や千などの大きい数の漢数字や、壱などの文字は、文字通りに数えます。

文字を重ねる“踊り字”にも注意

「野々村」の「々」や、「すゞ子」の「ゞ」のように、繰り返しを意味する符号も、名づけに使えます。このような「踊り字」は、踊り字の前の文字に直して画数を数えます。「野々村」なら「野野村」、「すゞ子」なら「すず子」として、画数を数えてください。

また、濁点「゛」は2画、半濁点「゜」は1画として数えます。

ひらがなの画数表

わ	ら	や	ま	は	な	た	さ	か	あ
3	3	3	4	4	5	4	3	3	3
ゐ	り		み	ひ	に	ち	し	き	い
3	2		3	2	3	3	1	4	2
ゑ	る	ゆ	む	ふ	ぬ	つ	す	く	う
5	3	3	4	4	3	1	3	1	2
を	れ		め	へ	ね	て	せ	け	え
4	3		2	1	4	2	3	3	3
ん	ろ	よ	も	ほ	の	と	そ	こ	お
2	2	3	3	5	1	2	4	2	4

カタカナの画数表

ワ	ラ	ヤ	マ	ハ	ナ	タ	サ	カ	ア
2	2	2	2	2	2	3	3	2	2
ヰ	リ		ミ	ヒ	ニ	チ	シ	キ	イ
4	2		3	2	2	3	3	3	2
ヱ	ル	ユ	ム	フ	ヌ	ツ	ス	ク	ウ
3	2	2	2	1	2	3	2	2	3
ヲ	レ		メ	ヘ	ネ	テ	セ	ケ	エ
3	1		2	1	4	3	2	3	3
ン	ロ	ヨ	モ	ホ	ノ	ト	ソ	コ	オ
2	3	3	3	4	1	2	2	2	3

漢数字の画数表

十	九	八	七	六	五	四	三	二	一
10	9	8	7	6	5	4	3	2	1
					億	萬	万	千	百
					15	12	3	3	6

最高のハッピーネームの条件①

主運、初運、助運、総運の四運を吉数にする

姓名判断では、姓名を5つの運数に分けて、吉凶を判断します。
しあわせを運ぶ最高のハッピーネームの条件は2つ。
まず1つ目の条件は、祖運以外の四運が吉数であることです。

姓名は5つの運「五運」に分けられる

姓名判断の吉凶は姓名を「祖運《そうん》、主運《しゅうん》、初運《はつうん》、助運《じょうん》、総運《そううん》」の5つに分けて、判断します。下記を参考に、名前を紙に書いて五運を計算してみましょう。

祖運以外の四運が吉数であることが条件

五運には、それぞれ暗示する運勢があります。

幸運をもたらすハッピーネームは、祖運以外の四運、つまり「主運、初運、助運、総運」が吉数であることが第1条件です。四運のそれぞれの数字が吉数か凶数かは、P350～359でチェックしてみてください。

姓名の構成別・五運の出し方

五運の暗示する運勢

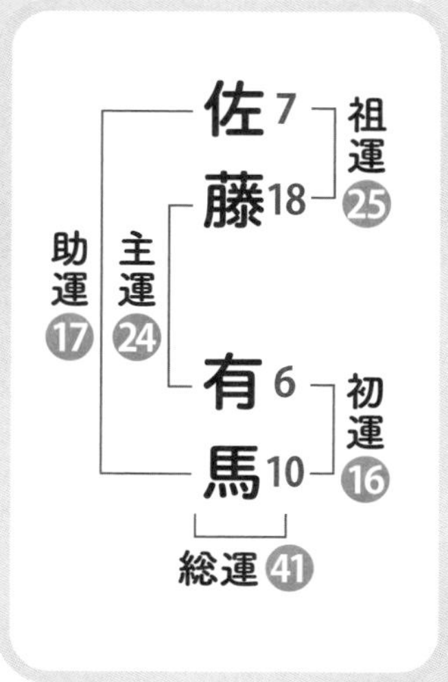

助運

対人関係を表す

総運数から主運数を引いたもの(1字姓、1字名の場合は、姓名の画数の合計)。対人関係や配偶者との関係がわかります。吉数の人は多くの友人に恵まれ、トラブルも周囲の助けで乗り切ることができるでしょう。家庭も円満です。

祖運

単独では吉凶に無関係

姓の画数の合計。単独で吉凶を判断せず、主運や初運との組み合わせで吉凶を判断します。

主運

性格と人生を表す

姓の最後の文字と名前の最初の文字の画数の合計。その人の性格と人生を表し、社会的な成功に大きな影響を及ぼします。吉数ならふだんの努力が報われ、社会的に高い評価が得られるでしょう。

初運

20歳ごろまでの運勢を表す

名前の画数の合計。生まれてから20歳ごろまでの運勢を表します。初運と主運との組み合わせによって、環境や境遇が安定しているかどうかを示します(安定運・P342)。

総運

一生の運勢を表す

姓名すべての画数の合計。一生の運勢を表します。総運が吉数なら、順風満帆で安定した人生になるでしょう。ただ、総運が吉数でも、祖運、主運、初運の組み合わせがよくなければ(→P336)、トラブルに巻き込まれやすくなります。

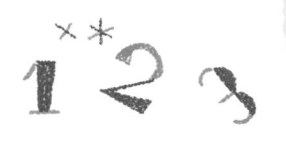

最高のハッピーネームの条件❷

祖運、主運、初運の調和でさらに運気がアップ！

最高のハッピーネームの2つ目の条件は、姓名が調和していること。
姓名が調和しているかどうかは、
祖運、主運、初運の組み合わせでわかります。

五行思想にもとづいて三運の組み合わせを見る

四運がすべて吉数であっても、姓名が調和していなければ、四運の吉数の暗示は現れません。

姓名が調和しているかどうかは、祖運、主運、初運の三運の組み合わせで判断します。その判断のもととなるのが、古代中国の「五行思想」です。宇宙のあらゆるものは、「木・火・土・金・水」の5つの気(エネルギー)から構成されているという考え方です。5つの気は、天地の間をつねに循環し、互いに影響し合って、すべての有形物を生み出すのです。

五行思想は、姓名判断だけでなく、漢方医術や手相、人相などの東洋占術の基本となっています。

五行には相生の関係と相克の関係がある

五行は、時計回りに「木→火→土→金→水」の順に並び、隣り合う五行同士は相性がよいものとされています。

たとえば、木と木をこすり合わせると、摩擦で火を生じます。火の中に木を投げ入れると、火はいっそう燃え上がるでしょう。このように、木と火は互いに助け合って、調和して働くため、相性がよいと判断します。このような関係を「相生《そうしょう》」の関係といいます。

一方、木と土は相性がよくありません。木は土に根を張り、土の養分を奪って成長するからです。このように攻撃や反発をする不調和の関係を「相剋《そうこく》」の関係といいます。

調和がとれている相生の関係

互いに助け合ってプラスに働く、調和した関係を相生の関係という。

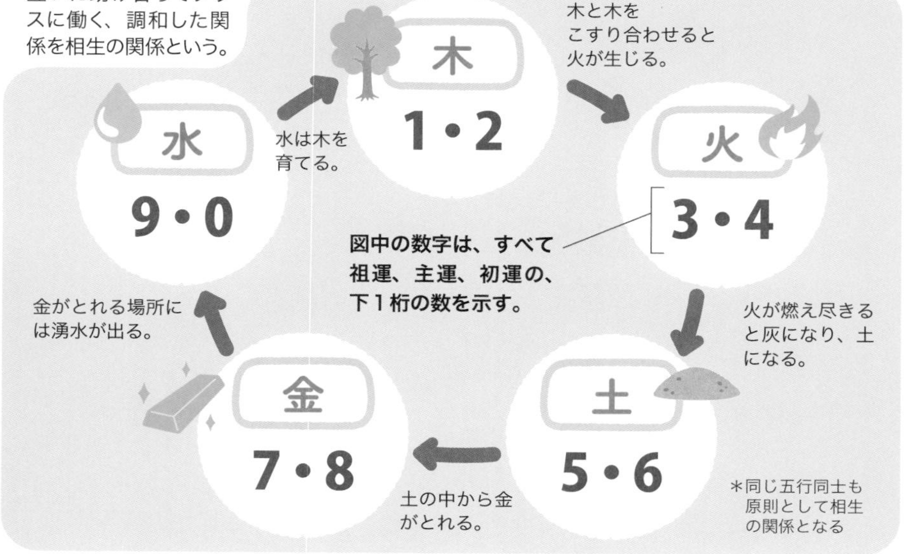

調和がとれていない相剋の関係

攻撃や反発でマイナスに働く、不調和の関係を相剋の関係という。

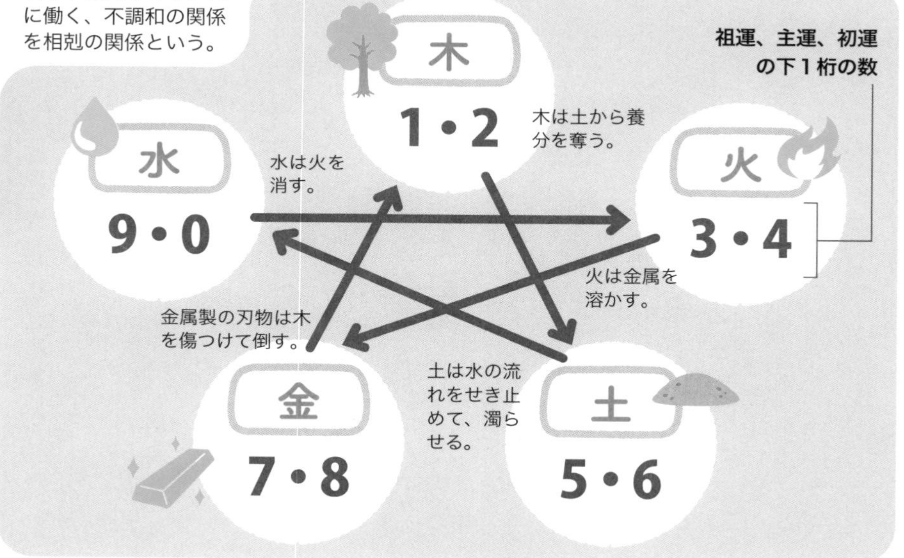

祖運・主運・初運の組み合わせをチェック！

STEP1

祖運・主運・初運それぞれの画数の下１桁をチェックする

田 5 ┐
中 4 ┘ 祖運 9

主運 17（中 4 ＋ 誠 13）

誠 13 ┐
士 3 ┘ 初運 16

祖運の下１桁は
9＝水性

主運の下１桁は
7＝金性

初運の下１桁は
6＝土性

STEP2

下１桁の数の五行を確認する

下１桁の数字	五行
1・2	木性
3・4	火性
5・6	土性
7・8	金性
9・0	水性

祖運・主運・初運の五行は
水 金 土

STEP3

祖運・主運・初運の順に五行を書き出し、早見表でチェックする

早見表から
三運吉格

三運が相生の関係にあるのが三運吉格

姓名の調和は、祖運・主運・初運の組み合わせで判断します。三運がすべて相生の関係にあるのが、「三運吉格」です。逆に相剋の関係にあるものを「三運凶格」といいます。最高のハッピーネームの2つ目の条件は、三運吉格であることです。早見表で確認を。

三運吉格・凶格早見表

ここでは、三運吉格と三運凶格の代表的なものを紹介しています。名づけでは三運吉格を目指し、三運凶格は避けてください。ここにない組み合わせは、吉凶どちらにも偏りがないものです。

木性数の姓（祖運 1・2）

三運吉格

木木木　木木火　木木土　木火木　木火火　木火土

三運凶格

《凶災》
木土水

《病難》
木土木

火性数の姓（祖運 3・4）

三運吉格

火木木　火木土　火木火　火火木　火土土　火土火　火土金

三運凶格

《凶災》
火水火
火土水

《病難》
火金火

《遭難》
火金水

《急変・短命》
火火水

土性数の姓（祖運 5・6）

三運吉格

土火木　土火土　土金土　土土火　土土金

三運凶格

《凶災》
土水土
土火水

《遭難》
土水水

金性数の姓（祖運 7・8）

三運吉格

金土火
金土土
金土金

三運凶格

《病難》
金木金
金火金

《遭難》
金土水
金金水＊1
金火水

水性数の姓（祖運 9・0）

三運吉格

水木木
水木土＊2
水金土

三運凶格

《凶災》
水火水

《急変・短命》
水火火

《遭難》
水水火

＊1 本来は相生だが、この組み合わせに限り相剋。

＊2 本来は相剋だが、この組み合わせに限り相生。

人生の成功のチャンスは？

祖運と主運の組み合わせから成功運がわかる

人生の成功のチャンスに恵まれるかどうかを示すのが成功運。
祖運と主運の組み合わせがよければ、
人生は成功や発展へと導かれるでしょう。

祖運と主運の組み合わせが成功へのカギを握る

祖運は単独では吉凶の意味をもちませんが、主運に大きな影響を与えます。その組み合わせから成功運、つまり人生の成功のチャンスを占います。

具体的には、祖運と主運のそれぞれ下1桁の数を五行に置き換えて、その組み合わせで判断します。早見表で確認してみましょう。

成功運をチェック！

STEP1

祖運と主運の画数の下1桁をチェックする

佐	7	祖運 25
藤	18	主運 24（藤＋江）
江	6	
莉	10	

祖運の下1桁は 5＝土性

主運の下1桁は 4＝火性

STEP2

下1桁の数の五行を確認する

祖運と主運の五行の組み合わせは 土 火

➡ P338参照

STEP3

祖運、主運の順に五行を書き出し、早見表でチェックする

早見表から 成功運 ○

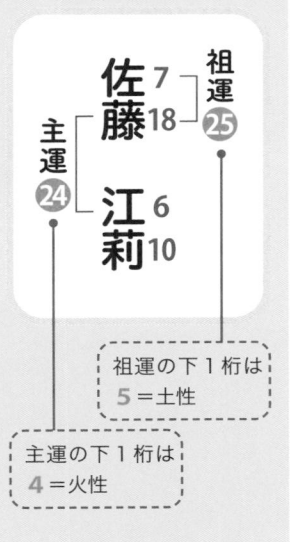

成功運早見表

祖運＼主運	木（1・2）	火（3・4）	土（5・6）	金（7・8）	水（9・0）
木（1・2）	**木木○** 木と木が助け合って茂るように、周囲の協力を得て、順調に成功をつかみます。	**木火○** 火に木を加えると、その勢いは増します。上司や先輩の協力を得て発展します。	**木土×** 木は土の養分を奪います。成功は長続きせず、次第に衰退し、不安定な人生に。	**木金△** 周囲の評価が得られず苦労しますが、努力を続ければ、認められて成功します。	**木水△** 一応の成功はできますが、健康面や家庭面ではトラブルがもとで失速します。
火（3・4）	**火木○** 太陽が木を育むように、才能を引き出してくれる人が現れて、成功します。	**火火○** たくさんのチャンスに恵まれ、周囲からの援助を受けて運勢が上昇します。	**火土○** 上司や先輩など、才能を高く評価してくれる人に恵まれて、順調に発展します。	**火金×** 才能はあっても世間に認められません。チャンスをつかめずに、挫折します。	**火水×** 一時的に成功できたとしても、その成功は長続きせず、運勢は衰えていきます。
土（5・6）	**土木×** 一見順調そうに見えても、内心は不安でいっぱい。成功への道は遠いでしょう。	**土火○** 社会に出ると、経験を積みながら成長していき、やがては成功するでしょう。	**土土○** コツコツと地道な努力を続けることで、やがては大きな成功をつかみます。	**土金○** 才能に加え、それを生かすチャンスにも恵まれ、華やかな活躍が期待できます。	**土水×** 土は水の流れをせき止めます。成功まであと一歩で邪魔が入って、挫折します。
金（7・8）	**金木×** 金属は木を切り倒し、削ります。努力をしても、目標を達成できません。	**金火×** 周囲からの協力が得られないため、頑張っても大きな成功は難しいでしょう。	**金土○** 自分の才能を信じて努力すれば、実力を発揮して、必ず成功するでしょう。	**金金○** チャンスや人材、お金が集まってきて成功します。周囲のねたみには注意を。	**金水△** 主運が29画以外の人は、一見、順調そうでも苦労が絶えない人生になりそうです。
水（9・0）	**水木○** 知識をどんどん吸収し、周囲も驚くほどのスピードで成功を手にします。	**水火×** 才能はありますが、途中でトラブルに見舞われて、挫折してしまいます。	**水土△** 突然の災難にあいやすく多難な人生。主運が吉数の人は困難を克服して成功も。	**水金○** 周囲の人の力を借りて才能を磨きます。どんな分野でも成功をつかむでしょう。	**水水×** 小川が大河となって海に注ぐように成功をおさめますが、次第に衰退します。

心身ともに穏やかに過ごせる？

主運と初運の組み合わせから 安定運がわかる

穏やかな人生か、波乱万丈の人生か——どちらがよいでしょうか。
人生の安定度を暗示するのが安定運。
主運と初運を、五行に置き換えて判断していきます。

穏やかで安定した人生か、波乱万丈の人生か

安定運は、その人の環境や経済面だけでなく、精神的にも安定しているかどうかを示します。いくら名声や富を得たとしても、心が不安定ならば、人生の満足感は得られないでしょう。

安定運は、主運と初運の下1桁の数をそれぞれ五行に置き換え、その組み合わせで判断します。

安定運をチェック！

STEP1

主運と初運の画数の下１桁をチェックする

大 3
久 3
保 9
光 6
隆 11

主運 15
初運 17

初運の下１桁は 7＝金性

主運の下１桁は 5＝土性

STEP2

下１桁の数の五行を確認する

主運と初運の五行の組み合わせは 土 金

➡ P338参照

STEP3

主運、初運の順に五行を書き出し、早見表でチェックする

早見表から 安定運 ○

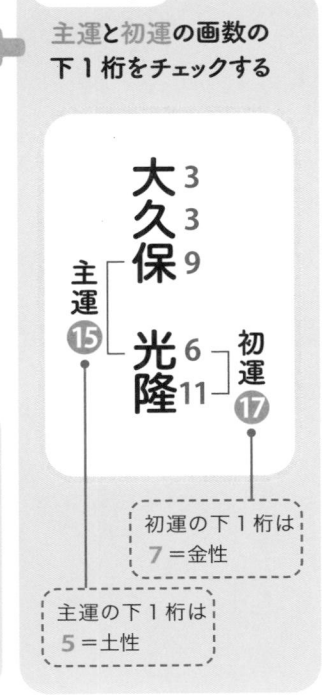

安定運早見表

主運＼初運	木(1・2)	火(3・4)	土(5・6)	金(7・8)	水(9・0)
木(1・2)	**木木○** よき理解者に恵まれ、仕事も家庭も順調に発展。心穏やかに暮らせます。	**木火○** 周囲に認められ、才能を十分に発揮することができます。勢いのある人生に。	**木土○*** 肥沃な土地で大木が育つように、物にも人にも恵まれた、安定した人生に。	**木金×** 金属の刃物は木にとって最大の敵。転職や引っ越しを繰り返し、心も不安定に。	**木水△** 水のやりすぎは木の根を腐らせます。青年期までは順調、中年期以降は苦労が。
火(3・4)	**火木○** 周囲から十分なサポートが得られ、安定した生活が続きます。家庭も円満。	**火火○** 火に火を加えると、次第に下火に。若いうちは好調。次第に落ちついてきます。	**火土○** 土を焼くと陶器になるように、周囲の人から恩恵や支援を受け、安泰な一生に。	**火金×** 対人トラブルが多く、気持ちが不安定になりがち。むなしさにとらわれます。	**火水×** 水は火を消してしまうもの。成功しても、災難など、何かにおびえる人生に。
土(5・6)	**土木×** 転職や引っ越しを繰り返して、慌ただしく落ち着かない人生となります。	**土火○** 太陽の光が降り注ぐ大地のように、恵まれた環境で不安もなく穏やかな人生に。	**土土○** 華やかさはないものの、地道な努力で発展し、安定した人生になるでしょう。	**土金○** 周囲に才能を認められ、ゆっくりですが、着実に発展し、安定します。	**土水×** 次から次へと困難に襲われます。心の休まらない不安定な人生になるでしょう。
金(7・8)	**金木×** 一見穏やかでも、心には爆弾を抱え、不安定な日々を過ごすでしょう。	**金火×** 金が火に溶かされ変化するように、転職や転居が多く浮き沈みの激しい人生に。	**金土○** 先輩や部下に恵まれて、自分の能力を存分に発揮。心も安定して順調な人生に。	**金金△** 金同士は、互いに競い合います。周囲とのトラブルが多く、波乱に満ちた人生に。	**金水△** ある日突然、思いがけない出来事が起こり、人生が変わることがあります。
水(9・0)	**水木△** 一見安定しているように見えても、困難が多く、心に落ち着きがありません。	**水火×** 水が火で蒸気になるように、突然の事故や災難で、生活が一変することも。	**水土×** 水の流れが土に邪魔されるように、思い通りにならず、悩みが絶えません。	**水金△** 一時的には安定しても、突然生活が乱れるような不安を抱える人生です。	**水水×** 成功しても自由人でありたいとの思いが強く、安定しない人生となります。

＊本来は相剋だが、この組み合わせに限り相生。

健康面や恋愛の運勢は？

健康運は祖運・主運・初運で、結婚運は助運で見る

姓名の調和や名前の運数は、健康面や恋愛にも影響します。
健康運は祖運、主運、初運の組み合わせで、
結婚運は助運で見ていきます。

三運が不調和だと健康が損なわれやすい

五行思想では、この世のすべてのものを、五行に当てはめて考えます。人間の五臓（内臓）を五行に当てはめると、木性が肝臓系統、火性が心臓系統、土性が胃腸系統、金性が肺臓系統、水性が腎臓系統となります。

祖運・主運・初運の組み合わせの中に、相剋の関係（→P336）がある場合は、健康面に注意が必要です。相剋の関係に対応する内臓が損なわれやすくなるからです。

結婚運は助運の五行と吉凶で判断する

助運（→P335）は対人関係を暗示するものです。助運の数の吉凶と五行から、恋愛や結婚相手の傾向を知ることができます。

健康運をチェック！

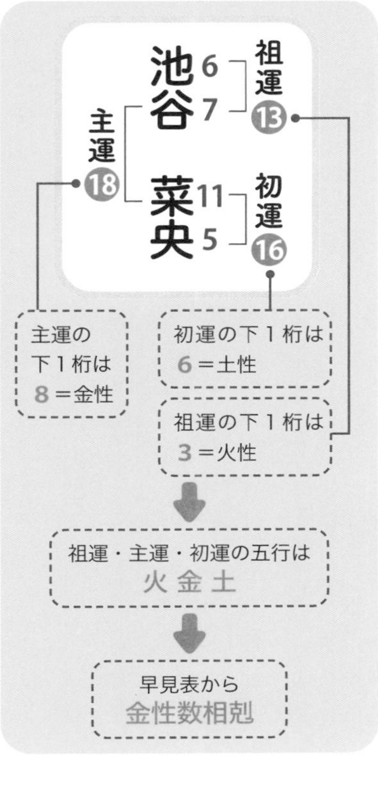

健康運早見表

三運の組み合わせ	健康運
木・金または金・木がある	**木性数相剋** 木に対応するのは、肝臓系統。木が金に剋されると肝臓系統が弱まり、疲れやすくなります。不眠や歯痛、眼病、吹き出物のほか、自律神経失調症などにも注意。
火・水または水・火がある	**火性数相剋** 火に対応するのは、心臓系統。火が水に剋された場合は心臓系統の病気に要注意。手足の冷えやむくみ、動悸、脳出血、呼吸困難、関節炎などのおそれも。
土・木または木・土がある	**土性数相剋** 土に対応するのは、胃腸系統。土が木に剋された場合は胃腸系統の調子が悪くなるおそれがあります。吐き気、胃がん、消化不良、疲労、めまい、自家中毒などに注意を。
火・金または金・火がある	**金性数相剋** 金に対応するのは、肺臓系統。祖運が金の場合は脳神経系統に、主運が金の場合は呼吸器系統に注意が必要。初運が金の場合は下半身に障害が出る可能性が。
土・水または水・土または水・水がある	**水性数相剋** 水に対応するのは、腎臓系統。水が土に(または水が水に)剋された場合は、腎臓系統の病気に注意。生殖器や耳の病気、膀胱炎、骨の病気などにかかることも。

自分の助運が吉数(→P335)なら、恋愛・結婚相手に恵まれますが、凶数だと恵まれません。この表では、それぞれの場合の恋愛・結婚相手の傾向を示します。

結婚運早見表

助運の吉凶／助運の下一桁	吉数の場合の相手の傾向	凶数の場合の相手の傾向
木(1・2)	教養豊かで穏やかな人。トラブルにも冷静に対処できます。家庭を大事にする頼もしい相手でしょう。	思いやりはありますが、ささいなことにこだわるタイプです。陰気で退屈な結婚生活になるでしょう。
火(3・4)	明るくて子ども好きな人。何かトラブルが起きても、夫婦で乗り越えていく強さをもった頼もしい人です。	見栄っ張りで飽き性な人。お金にもだらしないので、結婚生活は長続きしません。
土(5・6)	堅実で誰からも愛される人。包容力があるので、多少のわがままも優しく受け止めてくれるでしょう。	思いやりがなく、他人にずけずけとものを言うタイプ。その反面、自分は人に心を開かない、難しい人です。
金(7・8)	洗練されたセンスをもつ人。仕事はテキパキこなし、私生活も楽しみます。周囲の憧れの的の存在でしょう。	自分勝手で思いやりがない人。その上、理屈っぽくて意地っ張りなので、対人トラブルが絶えません。
水(9・0)		自分の世界に閉じこもっているタイプ。妙にプライドが高かったり、急に黙り込むなど、つかみにくい人です。

五運以外の姓名判断の要素

陰陽の組み合わせのバランスで幸運をつかむ

五運以外の要素に、陰陽の組み合わせのバランスがあります。姓名の画数の奇数を陽、偶数を陰として、そのバランスがよければしあわせをつかむことができます。

画数の奇数と偶数から陰陽のバランスを見る

ここまでは、五運の画数と五行から見た名前の吉凶の判断について説明してきました。このほかにも注意したいのが、姓名の「陰陽」のバランスです。

陰陽思想は、五行思想と同じように、古代中国の思想の一つ。この世のあらゆるものは、「明と暗」「動と静」というように、相反する陰陽の気（エネルギー）の関係でつくられるという考え方です。

姓名を構成する文字の画数のうち、奇数を陽、偶数を陰として、陰陽のバランスを判断します。組み合わせがよければしあわせな人生となりますが、悪ければ、困難や災難が続くおそれがあります。

陰陽のバランスをチェック！

小 3 ○陽
林 8 ●陰
優 17 ○陽
介 4 ●陰

しあわせをつかめる配列

2つの条件を満たしていれば陰陽の凶運は作用しない

陰陽のバランスが凶でも、ハッピーネームの2つの条件、つまり、祖運以外の四運が吉数で、祖運、主運、初運の三運が調和していれば、陰陽の凶運は作用しません。

2つの条件を満たすことを優先し、陰陽のバランスは最後に参考にすればよいでしょう。

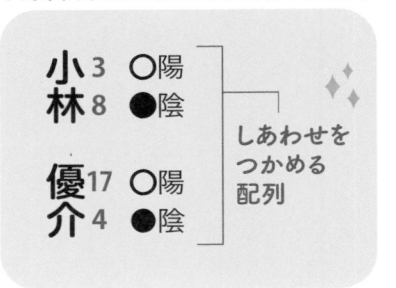

○▶陽(奇数)
●▶陰(偶数)

幸せをつかめる陰陽の配列

奇数と偶数の数や配置に偏りがないと、陰陽のバランスがよい。

2文字の姓名

- ○●
- ●○

3文字の姓名

- ○○●
- ●○○
- ○●●
- ●●○

4文字の姓名

- ○●○●
- ●○●○
- ○○●○
- ●●○●
- ○●○○
- ●○●●

5文字の姓名

- ○●●○●
- ●○○●○
- ○●○●○
- ●○●○●
- ●○●○○
- ○●○●●

6文字の姓名

- ○●○●○●
- ●○●○●○
- ○○●○●●
- ●●○●○○
- ○●○○●●
- ●○●●○○

7文字の姓名

- ○●○●○●●
- ●●○●○●○
- ○○●○●○●
- ●○●○●○○

避けたほうがよい陰陽の配列

病気・トラブルの暗示

- ○●○
- ●○●
- ○●●○
- ●○○●
- ●●○○●
- ●○○●●
- ○●●○○
- ○●●●○●
- ●○○○●○
- ○○●●○○
- ●●○○●●

陰陽どちらかがもう一方の陰陽で挟まれるなど、上記の配置は、病気やトラブルの暗示。

孤立の暗示

- ○○●●
- ●●○○
- ○○●●●
- ●●○○○

陰陽が離れている配置は、孤立の暗示。

吉凶半々の暗示

- ○○●○○●
- ●●○●●○

よいこともよくないことも両方起こる暗示。

病気・災難の暗示

- ○○○●
- ●●●○
- ○●●●●
- ●○○○○

陰陽の偏りは病気や災難の暗示。再出発の暗示もある。

短命・失敗・離婚の暗示

- ○○
- ●●
- ○○○
- ●●●
- ○○○○
- ●●●●

奇数だけ、または偶数だけだと、運気が極端で、波乱の人生に。

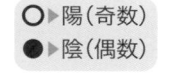

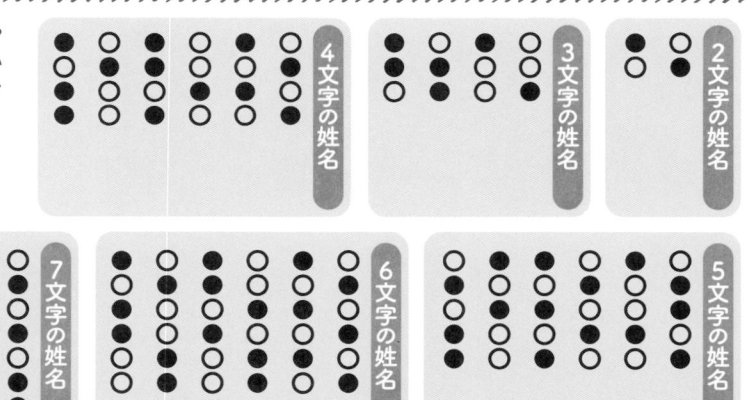

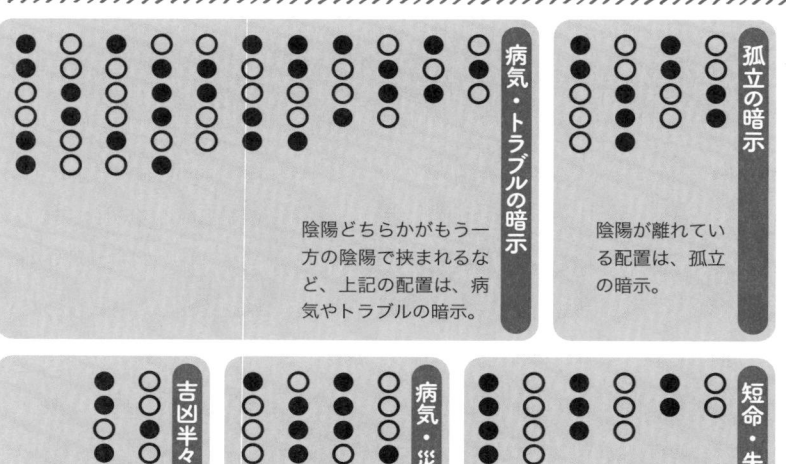

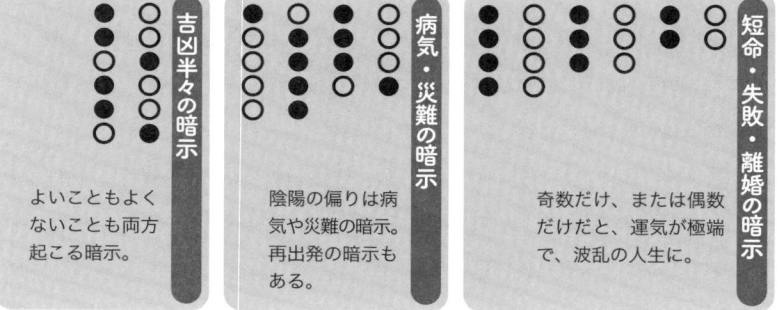

これならできる！

姓名判断を活用した最高のハッピーネームのつけ方

姓名判断にもとづく命名は難しいと思われがちですが、大丈夫。
姓の画数ごとの吉数に合わせれば、2つの条件はクリア！
最高のハッピーネームが簡単に手に入ります。

姓の画数から名前の吉数を調べれば簡単

ハッピーネームの条件は、①主運、初運、助運、総運の四運が吉数であること、②祖運、主運、初運の三運が調和していることです。

姓の画数別の名前の吉数に当てはめて考えると、ハッピーネームが簡単にできます。すでに名前の候補がある場合は、条件を満たしているかチェックしましょう。

名前の候補がない場合

STEP1 姓の画数から名前の吉数を調べる

自分の姓を構成する漢字の画数を調べる。リストから、姓の画数に対応する名前の吉数を調べる。

➡P360

STEP2 吉数の漢字を調べる

名前の吉数に合う漢字を調べる。画数別漢字リストを参考に。ひらがなやカタカナなども使える。

➡P414

STEP3 吉数の漢字を組み合わせて名前を考える

吉数の漢字を組み合わせて、名前を考える。漢字には複数の読み方をもつものも多いので、いろいろ試してみよう。

名前の候補がある場合

STEP1
候補の名前の五運を出す

好きな漢字や響き、イメージなどから候補の名前がある場合は、それぞれ画数を調べて、五運を出す。

STEP2
主運、初運、助運、総運が吉数かどうかを調べる

主運、初運、助運、総運の四運が吉数かどうかを調べる。すべて吉数なら、ハッピーネームの条件①は満たしている。

➡P350～359

陰陽の組み合わせは参考程度で

陰陽の組み合わせのバランスを調べる。ただ、ハッピーネームの条件①②を満たしていれば、陰陽のバランスが凶であっても、凶運は作用しない。参考程度に考えればよい。

➡P346

STEP3
祖運、主運、初運が調和しているかを調べる

祖運、主運、初運が調和しているかどうかを調べる。三運がすべて相生の三運吉格なら、ハッピーネームの条件②も満たしている。

➡P338

STEP4
名前の意味や響きなどをチェックする

名前の意味や響き、姓とのバランスなどをチェックする。

➡P24

GOAL

最高のハッピーネームの完成!!

【画数が導く運勢】

1～81までの画数には吉凶と意味がある

1～81*の画数には、それぞれ吉凶と意味があります。姓名判断では、1つずつの文字の画数ではなく、主運、初運、助運、総運の数で、吉凶と意味を判断していきます。

画数の吉凶は祖運以外の四運に共通

1～81までの画数の意味と吉凶は、主運、初運、助運、総運に共通します。ハッピーネームの条件は、主運、初運、助運、総運の四運が吉数であることと、三運の調和(→P336)がとれていること。まずは四運の吉凶をチェックしてみましょう。

男女で吉凶がちがう画数もある

画数の意味と吉凶は、基本的に男女共通です。ただし、なかには男女で吉凶が異なるものもあるので、注意してください。

画数の吉凶リストの見方

○＝吉数
△＝吉凶半々
×＝凶数

△は吉凶両面の意味をもち、ほかの運数との組み合わせで、意味の現れ方が異なる。たとえば、主運数が△でも、初運・助運・総運が吉数で、祖運・主運・総運の調和がとれているならば(→P336)、よい側面のみが現れてくる。

1画 ●画数

【男性○】
実行力のあるリーダーに
希望が達成でき、富と名誉、健康に恵まれます。実行力があるのでリーダー的存在になるでしょう。周囲への感謝の気持ちを忘れずに。

【女性○】
目標へ突き進む努力家
高い理想をもち、目標を実現させようとする素晴らしい努力家です。自分勝手にならず、思いやりを忘れなければ、成功するでしょう。

●画数が導く男女別の運勢

＊82画以上の場合は、その数から80を引いた数で調べる。

1画

【男性○】

実行力のあるリーダーに

希望が達成でき、富と名誉、健康に恵まれます。実行力があるのでリーダー的存在になるでしょう。周囲への感謝の気持ちを忘れずに。

【女性○】

目標へ突き進む努力家

高い理想をもち、目標を実現させようとする素晴らしい努力家です。自分勝手にならず、思いやりを忘れなければ、成功するでしょう。

2画

【男性×】

望みはかなうが、むなしい

利益に貪欲で、名誉や地位、財産など、望み通りに手に入ります。しかし、コミュニケーションがうまくいかず、虚無感を抱くことも。

【女性×】

贅沢しても心は不安定

贅沢な暮らしを手に入れることができます。しかし、何事にも消極的で依頼心が強く、猜疑心にさいなまれ、心は不安でいっぱいに。

3画

【男性○】

才知あふれるリーダー

明るく屈託のない性格で、才能と知力に恵まれます。人望が厚く、リーダー的資質も十分です。人とのつながりが、大きな財産に。

【女性○】

明るい性格で家庭円満

まれに見る幸運数。才知があり、明るい性格で、リーダー的存在として、皆に愛されます。家庭も円満で、子宝にも恵まれるでしょう。

4画

【男性×】

波乱に満ちた人生に

突如思わぬ障害にあうなど、波乱に満ちた人生を送ります。理想を追って、一獲千金を夢見やすく、現実を見失って失敗することも。

【女性×】

情緒不安定で多難

警戒心が強く、被害者意識が強い性格です。突然怒り出すなど、情緒が不安定で、交友関係でトラブルを招きがちです。

5画

【男性○】

不屈の精神の持ち主

心身ともに健康。強い意志で困難を乗り越え、繁栄と長寿を手にします。表面は穏やかですが、内に情熱と不屈の精神を秘めています。

【女性○】

人望の厚い優しい人

自ら人のために尽くすので、人の信頼を集めます。困難にもプラス思考で立ち向かう強さをもち、健康、名誉、財産にも恵まれます。

6画

【男性○】

感謝の心が幸運を呼ぶ

さっぱりした気性で親分肌。人望が厚く、金銭感覚にも優れ、起業家に向きます。家族や親族、祖先を大切にすることが、幸運のカギ。

【女性○】

家族を大切にして吉

人に尽くす優しさと、鋭い金銭感覚をもちます。家族や祖先を大切にし、周囲の意見に耳を傾ければ、裕福な一生を送れるでしょう。

7画

【男性○】

独立心旺盛な実力者

頭脳明晰で、行動力や忍耐力の持ち主。困難を乗り越えて、目的を達成できます。しかし、強引すぎると周囲の反感を買うので、注意。

【女性○】

目的を達成する努力家

目的のために最大限努力をするので、願いはかなえられます。仕事でも活躍できるでしょう。反感を買わないよう、気配りを忘れずに。

8画

【男性○】

強い意志でわが道を行く

強い意志と信念をもって、自分の道を切り開く運数。ずば抜けた行動力で、どんな環境でも成功するでしょう。軽率な行動には注意。

【女性○】

誠実に物事に取り組む

素直で社交的な性格。強い意志で、何事も誠実に粘り強く取り組むので、仕事でも高い評価を受けるでしょう。集団の和を大切にして。

9画

【男性×】

不安感が失敗のもとに

病弱、短命、逆境、破壊などの暗示。表面は穏やかでも内心は不安でいっぱいで、何をしても失敗する可能性が高いでしょう。

【女性×】

嫉妬心が孤独を生む

不安感が強く、ささいなことを深刻に悩む傾向があります。他人の幸せをねたむと、孤独で寂しい人生に。異性とのトラブルにも注意。

10画

【男性×】

破産や孤独の暗示が

気分屋で意見が変わりやすいので、信用を得にくい傾向が。財産を失ったり、孤独な生活を送ったりする事態に見舞われやすいです。

【女性×】

ひがみから孤独に陥る

ひがみっぽく、人の善意や親切を悪意にとらえてしまう傾向があり、孤独に陥ります。善意を信じ、自分から他人に溶け込んでみて。

11画

【男性○】

地道な努力で発展する

階段を一歩ずつ上がるように着実に発展し、やがて大きな成功を手に入れます。事業を立て直したり、没落した家を再建する暗示も。

【女性○】

チャンスを逃さず成功

一見おとなしそうですが、活力あふれるたくましい人。地道な努力で力を蓄え、チャンスを逃さずに成功するでしょう。結婚運も吉。

12画

【男性×】

実力不足で挫折も

虚栄心が強く、自分を客観的に見ることが苦手。能力以上の目標を立てますが、結果が伴わず、挫折することに。何事も謙虚さが大切。

【女性×】

虚栄心で多くを失う

見栄っ張りで虚栄心が強く、身の丈に合わない高望みをします。物欲が強く、借金に苦しむことも。恋愛や結婚も波乱の暗示。

13画

【男性○】

年配者の援助で発展

常識的で温厚な性格。社交性があり、年配者や有力者の援助を受けて、順調に発展するでしょう。芸能関係の道で、才能が開花します。

【女性○】

温厚な性格で慕われる

聡明で温厚な性格で、誰からも慕われるでしょう。困難なときも、周囲の人の援助で、安定した一生を送れます。謙虚さを心がけて。

14画

【男性×】

自他どちらにも厳しく孤立

几帳面で義理堅い性格。自分にも他人にも厳しく、孤立しがち。努力が実らず、苦悩します。短気を起こさず、自分の意思を伝えて。

【女性×】

人間関係で苦悩する

しっかり者の努力家。しかし、自分とはちがう価値観を認めることができず、人間関係がこじれがち。家庭不和に注意。

15画

【男性○】

誰からも愛されて大成

多芸多才で、社交性に優れています。誰からも愛されるため、周囲の協力で大きな成功を手に入れます。少し強情な面があるので注意。

【女性○】

家庭運に恵まれ幸福に

家庭運が抜群の吉数。豊かな愛情で育まれた、おおらかで優しい人柄が魅力的。癒やし的存在となり、温かい家庭を築けるでしょう。

16画

【男性○】

親分肌のリーダーに

明るい性格。物事を大局的に把握してチャンスを逃さず成功します。世話好きで親分肌なので、リーダーとして大成するでしょう。

【女性○】

成功へ導くリーダー

前向きで頑張り屋、のびのびとした性格から、リーダー的な存在に。周囲の人をまとめて、成功へと導くでしょう。結婚後は良妻賢母に。

17画

【男性○】

強い意志で目的を達成

負けず嫌いで強い意志の持ち主。積極的に行動し、必ず目的を達成する強さをもっています。年上の人とのトラブルには注意を。

【女性○】

積極的な性格が高評価

積極的で活発な性格。努力を惜しまないので、公私ともに高い評価を得ますが、強気の姿勢はトラブルのもと。控えめを心がければ円満。

18画

【男性○】

名誉と富を得て大成功

どんな困難も乗り越え、名誉と富を得る吉運数。信念を貫く強靭な精神力と、抜群の行動力の持ち主。周囲の協力があれば大成功へ。

【女性○】

皆に愛される働き者

親切で、人が嫌がる仕事も引き受けるような働き者。周囲の信頼を集め、良好な人間関係を築けます。名誉や財産にも恵まれます。

19画

【男性×】
成功するも長続きせず
才能に恵まれ、努力もします。ある時期は、天才的なひらめきと行動力で成功しますが、長続きしません。浮き沈みの激しい人生。

【女性×】
肉親との縁が薄い暗示
親との死別やきょうだいとの別離など、肉親との縁が薄い暗示。結婚後も、パートナーの裏切りや病気などで、情緒不安定に。

20画

【男性×】
意欲的だが報われない
何事も意欲的に取り組むのですが、失敗が多い傾向が。気が小さいところがあり、他人からの評価も得られません。短命の暗示も。

【女性×】
対人トラブルが多い
本来はまじめな頑張り屋ですが、自分勝手になりがち。そのため、友人や異性とのトラブルが絶えません。日頃の言動には十分注意を。

21画

【男性○】
尊敬を集める誠実な人
才能と情熱にあふれ、人のために尽くす誠実な人。若いうちは苦労しますが、のちに財と名誉を手にします。配偶者にも恵まれます。

【女性×】
仕事で高い能力を発揮
誠実な性格。職場では、才能を発揮し、着実に仕事を進めるでしょう。ただ、家庭では夫との別離などの暗示が。

22画

【男性×】
あと一歩で挫折も
無気力で病弱なタイプか、粘り強くて意欲的なタイプに分かれます。後者は若くして成果を上げますが、あと一歩の段階で挫折することも。

【女性×】
成功直前で失敗する
成功直前で失敗しがちの運数。特に、恋愛や結婚に恵まれない暗示。挙式寸前で破談になったり、結婚したとしても苦労が絶えません。

23画

【男性○】
明るい性格で順風満帆
明るく素直で、誠実な人柄。何事にもエネルギッシュに取り組み、順調に発展します。人望も厚く、1代で地位を築くでしょう。

【女性×】
仕事は成功、結婚は凶
明るく素直な性格。才能と知力にあふれ、仕事では大きな成功を手に入れるでしょう。配偶者との縁は薄く、家庭では苦労します。

24画

【男性○】
高い社交性から成功へ
頭脳明晰で才能にあふれた人。社交性が高く、人脈づくりが上手です。人との出会いから運が開けて順調に発展し、財を築くでしょう。

【女性○】
芯の強いしっかり者
一見おっとりした印象ですが、芯が強い人。機転が利き、何事も臨機応変に対処できるでしょう。周囲から信頼されて、発展します。

25画

【男性○】
勘の鋭さで問題を克服
独特の個性をもつ人で、勘が鋭く、反応の速さはピカイチ。相手の気持ちを汲み取るのも上手です。困難なときほど能力を発揮します。

【女性○】
困難なときほど力を発揮
姉御肌のしっかり者。粘り強い性格で、困難にぶつかるほど力を発揮します。家事も段取りよくこなし、明るい家庭を築くでしょう。

26画

【男性×】
才能はあるが敵が多い
素晴らしい才能と精神力を備えていますが、傲慢で人間的な温かみがなく、敵が多い人です。家族にも見放され、孤独な晩年に。

【女性×】
栄光は一時で孤立する
素晴らしい力をもっているので、周りがうらやむような成功をおさめます。しかし、それは一時的なもの。配偶者や子孫に不運の暗示。

27画

【男性×】
晩年は孤独で寂しい
自尊心の強い性格。独立独歩の道を歩き、知識と努力によって中年期まで順調。しかし、協調性に欠けるため、晩年は寂しい人生に。

【女性×】
押しの強さが嫌われる
勝ち気で、押しの強いタイプ。仕事では認められるやり手ですが、周囲からうとまれてしまうような自己主張は控えめに。

28画

【男性×】
対人トラブルに注意
他人の気持ちをうまく理解することができず、人間関係でつまずくことが多いでしょう。仕事では時に発展しますが、波乱万丈な人生。

【女性×】
強情さからトラブルに
強情でわがままな性格から、人間関係がうまく築けません。自ら歩み寄る気配りが大切です。肉親との縁が薄く、家庭のトラブルも。

29画

【男性△】
欲を出すと失敗する
知性と鋭い判断力の持ち主で、意欲的に物事を進めます。成功して財を築きますが、欲を出すと失敗します。周囲の人を大切にして。

【女性△】
競争心が強く勝ち気な人
勝ち気な性格。他人に負けたくないという気持ちが強すぎて、心が休まりません。他人と比べなければ、物事は好転するでしょう。

30画

【男性△】
失敗を糧にして努力を
よいことと悪いことが交互に訪れる吉凶半々の運数です。失敗しても悲観せず、それを糧に努力するのが幸せのカギ。晩年は幸運に。

【女性△】
幸運を待つ理想主義者
白馬に乗った王子様を待つような理想主義者。努力しないで待っているだけでは何も起こりません。自分の意志をもって努力を重ねて。

31画

【男性○】
高い志が大吉運を開花
富貴、安定、目標達成などすべて大吉運。意志が強く頭脳明晰で、素晴らしい行動力のもち主。志を高くもてば、大成功をおさめます。

【女性○】
素直な人柄で順風満帆
自分を飾らない、素直で明るい性格。旺盛なチャレンジ精神で、大成功をつかむでしょう。男女問わず好かれ、人が集まります。

32画

【男性○】
チャンスに恵まれ成功
思いがけないチャンスに恵まれ、成功します。誠実な性格から、周囲の引き立てがあるでしょう。うぬぼれずに努力を。良縁もあり。

【女性○】
自然に幸運が訪れる
必死に努力しなくても、自然と幸運が訪れる強運の持ち主。ただ、それにうぬぼれると運が逃げていきます。地道な努力を続けて。

33画

【男性○】
苦労せず望みがかなう
活動的で意欲的な性格。財産や名誉など、望んだものは、それほど苦労せず手に入れることができます。周囲の人への感謝を忘れずに。

【女性×】
強運だが家庭運は凶
困難に屈しない性格。生まれもった強運で、努力せずとも成功をつかみ取りますが、家庭運はよくありません。芸能人や宗教家には吉数。

34画

【男性×】
努力するが報われない
親切で努力家。学生時代までは順調ですが、社会に出てから苦労します。努力しても、成果が得られません。事故や病気の暗示も。

【女性×】
努力するが災難が続く
まじめに物事に取り組みますが、思うような成果を得られません。よかれと思った行動が、人を傷つけることも。病気や事故にも注意。

35画

【男性○】
緻密な仕事が得意
裏表のない性格で、責任感の強い努力家。緻密な作業をコツコツ積み重ねるのが得意です。研究者や学者、事務職などが向いています。

【女性○】
女性らしい魅力をもつ
誠実で女性らしい魅力のもち主。結婚後は良妻賢母として円満な家庭を築きますが、ボランティア活動など外にも目を向けると吉です。

36画

【男性×】
波乱の人生を送る挑戦者
好奇心旺盛で、チャレンジ精神あふれる人。積極的に挑戦しますが、最後まで責任が果たせません。浮き沈みの激しい波乱の人生。

【女性×】
お人よしが失敗を生む
おだてや誉め言葉に弱く、何か頼まれると嫌と言えない性格。安請け合いして大損することも。金銭的な保証人などの依頼には慎重に。

37画

【男性〇】
独立心旺盛な起業家

才能にあふれ、独立心旺盛な人。困難にぶち当たっても、自分の力で克服します。独立を夢見て行動し、協力者も現れて発展します。

【女性〇】
有能で仕事で大成功

頭の回転が速く、臨機応変に物事を進めます。仕事では上司から認められて、大成功するでしょう。周囲との協調を心がけて。

38画

【男性〇】
堅実な努力で前進する

やるべきことを理解し、地道な努力で一歩一歩前進する人です。若いときは苦労もありますが、やがて目的を達成ししあわせな晩年に。

【女性〇】
家庭に入ると幸せに

従順で素直な性格で、周囲の人に好かれます。外で働くより、家庭に入ったほうが活躍できます。趣味など自分の世界をもつと吉。

39画

【男性△】
年齢とともに充実する

財力や名誉、人望、長寿に恵まれます。年とともに充実し、事業者として成功するでしょう。チャレンジ精神を忘れると、転落します。

【女性×】
高い能力を仕事で発揮

才能と人間的な魅力にあふれ、抜群の行動力の持ち主。仕事では成功しますが、家庭では夫との言い争いが絶えません。

40画

【男性×】
一獲千金狙いで波乱

頭脳明晰で先見性があり、度胸も満点。うまくチャンスをとらえれば大成功しますが、一獲千金を狙って失敗することも。過信は禁物。

【女性×】
プライドの高さがあだに

頭の回転が速く才能がありますが、プライドの高さが邪魔をして実力を発揮できません。周囲への配慮に欠けると、寂しい人生に。

41画

【男性〇】
望み通りに成功する

明るい性格で社交性に優れ、誰からも愛されます。健康や才能にも恵まれ、望み通りに成功します。財産も名声も手に入るでしょう。

【女性〇】
リーダーとして活躍

明るく誰にでも親切な人。人望も厚く、リーダーとして活躍するでしょう。職場や家庭でも実力を発揮します。楽しく幸福な人生に。

42画

【男性×】
器用貧乏で中途半端に

多芸多才で好奇心旺盛なので、何でもある程度までこなすことができます。けれども、長続きせず、器用貧乏になりがちです。

【女性×】
飽き性で満たされない

気が多くて、あれこれ手を出してはやめるといったことを繰り返します。すべてが中途半端で、どこか満たされない人生を送ることに。

43画

【男性×】
人に振り回されやすい

意志が弱く、人の意見に振り回されやすい性格。頼まれ事も断れず、物事が思い通りに進みません。心臓病やけがにも注意して。

【女性×】
自己主張が難しい

他人の目を気にして自己主張がうまくできません。人から損な役回りを押しつけられるなどもしばしば。特に異性とのトラブルに注意。

44画

【男性×】
家族運や健康運が薄い

独創性にあふれた天才肌。大きなことを成し遂げる暗示がありますが、計画性に欠けると失敗します。家族運や健康運も薄い暗示です。

【女性×】
高慢な態度から孤立

頭脳明晰で豊かな才能の持ち主。しかし、うぬぼれて高慢な態度をとると、敬遠されます。家族運や健康運も薄く、寂しい人生に。

45画

【男性〇】
偉大な仕事を達成する

困難を克服し、目標を達成する力をもつ強運数。探求心旺盛で、徹底的に追求する学者肌。精進すれば時勢に乗り、大成功するでしょう。

【女性〇】
マイペースで成功する

興味のあることをマイペースに突き詰めていくと、大きな成果を上げます。結婚後は良妻賢母となり、家庭を守ります。

46画

【男性×】

成功後に災難が相次ぐ

地道な努力が実を結び、公私ともに充実。中年期までに地位と財産を手に入れますが、事故や災難が相次ぎ、破滅するおそれが。

【女性×】

中年期以降は運気が衰退

30代くらいまでは、学業や仕事、恋愛など順調に進みます。しかし、中年期以降は運気が急降下します。事故に巻き込まれる暗示も。

47画

【男性〇】

何をしても幸運に発展

知らず知らずのうちにすべてがよい方向に進むラッキーな運数。特に対人関係の運が吉で、共同事業などで発展します。家庭運も安定。

【女性〇】

周囲に愛されて成功

小さなことも面倒がらず取り組む、まじめな努力家。周囲の人に愛され、大きな幸運を手に入れるでしょう。結婚運も恵まれます。

48画

【男性〇】

補佐役として力を発揮

穏やかな性格で適切な判断ができる人。先見の明もあるので、周囲の人から尊敬されます。補佐的な役割で力を発揮するでしょう。

【女性〇】

穏やかで有能な人

頭がよく穏やかな人柄。自分の立場やなすべきことをよく理解して、職場でも家庭でも能力を発揮します。謙虚な姿勢を忘れずに。

49画

【男性×】

繁栄と衰退を繰り返す

何をやってもうまくいくときと、すべてに失敗するときの落差が激しい運数です。特に中年期以降は、火事などの災難に遭う暗示が。

【女性×】

浮き沈みの激しい人生

よいときと悪いときの落差が大きく、精神的に落ち着きません。小さなトラブルでも深刻に悩んだりします。ひとりで抱え込まないで。

50画

【男性×】

次第に運気が衰退する

若いときは何事も順調に発展し、財産も名誉も手に入れることができます。しかし、次第にツキに見放されて、すべてを失う暗示が。

【女性×】

人間不信で自暴自棄に

誰にも負けない努力家。しかし、周囲の応援が得られず、挫折してしまいがち。人を信じられず、無気力や自暴自棄になることも。

51画

【男性×】

栄光をつかむが一時的

豊かな才能に恵まれ、財産や名声を手に入れますが、一時的に終わる暗示です。年とともに不幸が重なり、晩年は不遇の人生に。

【女性×】

若いころだけ順風満帆

若いころは不自由なく、あらゆる願いがかなう、順風満帆です。しかし、徐々にうまくいかなくなり、不本意なことが続きがちです。

52画

【男性〇】

願いはすべて成就する

自分の理想はすべて実現し、目標もすべて達成できるという成功を示す幸運数。論理的で理知的、行動力も抜群。慢心にだけは注意。

【女性〇】

会話上手で周囲を魅了

明るくはっきりした性格で、楽しい会話で周囲の人を魅了します。動作も機敏。有言実行タイプなので、仕事でも大きく成功します。

53画

【男性×】

仕事は順調だが孤立

自分の実力を過大評価して、大きな夢を描きすぎます。人付き合いは上手で仕事は順調ですが、家庭では悩みが尽きず、孤立します。

【女性×】

虚栄心からトラブルに

虚栄心が強く、自分を必要以上に飾ってしまう傾向があります。実力が伴わず、特に家族や近しい人との関係に注意して。

54画

【男性×】

ツキに見放された人生

やり方は悪くないのに、何事もうまくいきません。ツキに見放され、努力しても報われない不運数。病気や孤独、事故、短命の暗示も。

【女性×】

努力が報われず不遇に

ツキに見放された不幸数。一生懸命頑張っても報われず、よかれと思ってやったことが悪い結果を招きます。短命の暗示もあり。

55画

【男性×】

1度の失敗から転落

盛運と衰運の両方をあわせもつ運数です。一時は成功をおさめますが、ちょっとつまずいた途端に転落。何をしてもうまくいきません。

【女性×】

成功にうぬぼれて孤立

意欲と忍耐力の持ち主。目標に向かって進み、成功を手にします。しかし、自己中心的になると、周囲から見放され、失敗することも。

56画

【男性×】

何事にも邪魔が入る

何か行動を起こそうとすると、必ず邪魔が入って、思い通りにいかない運数です。努力しても目標を達成するのは難しいでしょう。

【女性×】

人生の節目で報われず

一生懸命努力しても、邪魔が入ることが多く望みがかないません。受験や就職、結婚などの人生の節目で邪魔が現れるので覚悟して。

57画

【男性○】

災難を乗り越えて成功

若いころは九死に一生を得るような事故や災難に見舞われることがあります。けれども、失敗の数だけ希望をかなえ、幸せな後半生に。

【女性○】

苦労を糧にして幸福に

若いうちは小さな失敗や事故などで、苦労します。けれども、苦労を糧にする強さをもっているので、必ず成功します。結婚運も吉。

58画

【男性○】

晩年は幸運を手にする

波乱の多い人生ですが、不屈の精神で困難に立ち向かいます。その結果、ひと回りもふた回りも成長し、晩年は幸運を手に入れます。

【女性○】

苦労するが晩年は幸福

若いうちは波乱が多く不安定。多くの苦労を経験しますが、じっと耐えて努力すれば、やがては成功し、穏やかでしあわせな晩年に。

59画

【男性×】

不平不満の多い一生に

何をしても行き詰まり、希望がもてません。困難なことがあっても、自分で何とかしようという気力がなく、不平不満の多い人生に。

【女性×】

あきらめ癖から孤独に

困ったとき、自分で何とかしようという気がありません。いじけてばかりで、努力せずあきらめてしまうと、孤独な人生に。

60画

【男性×】

災難続きで希望がない

やることすべてに障害が起こり、目標を達成できない凶運数。人間関係で悩むことが多く、災難続きの人生となるかもしれません。

【女性×】

対人トラブルが続く

ずけずけとものを言うので、人を傷つけることが多く、人の心は離れていきます。人間関係のトラブルで孤立し、災難が続くでしょう。

61画

【男性○】

優れた協調性で安泰

素直で争い事を好まないまじめな性格で、人との調和を大切にします。周囲の愛情を一身に受け、苦労や困難の少ない安泰の人生に。

【女性○】

地道な努力が実を結ぶ

素直な努力家。コツコツと努力を積み重ねて、着実に成功への道を歩むでしょう。協調性に優れ、周囲の協力を得て、道を切り開きます。

62画

【男性×】

才能を生かせず終わる

才能はあるものの、チャンスがなく、日陰にひっそりと咲く花のような人生。他人に心を開けず、人間関係をうまく築けません。

【女性×】

欲深で中途半端な人生

欲が深く、あれこれ手をつけますが、すべて中途半端に。大人げない性格で、人間関係の調和をとるのに苦労するでしょう。

63画

【男性○】

人の助けで困難を克服

明るい人気者。苦境でも、必ず誰かが救いの手を差し伸べてくれる幸運数です。努力を惜しまなければ、公私ともに順調な人生に。

【女性○】

温和な性格で愛される

明るく穏やかな性格。誰にでも温和で優しいので、多くの友人に恵まれます。困難にあっても、必ず救ってくれる人が現れるでしょう。

64画

【男性×】

行動が裏目に出やすい

やることなすことすべて裏目に出ます。泥沼にはまったように、もがけばもがくほど状況は悪化。事故や大けがに気をつけて。

【女性×】

失敗続きで苦境に陥る

現実離れした願望を抱く傾向があります。そのため、何か計画を立てても欠陥が多く、失敗しがち。離婚や死別の暗示も。

65画

【男性○】

自然と幸運が訪れる

特に努力せずとも、自然と物事がうまくいく吉運数。黙っていても周囲の援助を受けて、繁栄するでしょう。仕事も家庭も安泰。

【女性○】

恵まれた環境で成功

おおらかな性格で人に好かれます。いつの間にか希望がかなう吉運数。恵まれた環境で、苦労せずに育つでしょう。財産運や健康運も吉。

66画

【男性×】

災難続きで身を滅ぼす

次々にトラブルに見舞われる不運数。盗難、病難、水難、色難などの暗示があります。つねに悩み事を抱えて、人間関係も破綻します。

【女性×】

トラブルがつきまとう

自分の意見を言うとトラブルが起こり、黙っていれば誤解を招くなど、どちらでも事態は悪化。盗難や病難、水難、色難などの暗示も。

67画

【男性○】

多才で公私ともに充実

人間的な魅力にあふれ、人に好かれます。博識多才で、人の援助にも恵まれ、幅広い分野で活躍できます。趣味の分野でも才能を発揮。

【女性○】

聡明で親切な憧れの人

聡明で誰に対しても親切な人。物知りで頭脳明晰な上、多趣味で遊び上手なので、皆の憧れの的になるでしょう。恵まれた一生に。

68画

【男性○】

科学的な素質の持ち主

論理的思考に優れており、物事を計画的に着実に進めるタイプ。科学者や研究者、発明家、技術者などとして成功するでしょう。

【女性○】

想像力豊かな芸術家

頭脳明晰な上に、想像力豊かで、ユーモアに富む人。特に、絵画や音楽など、芸術方面に進むと、才能を発揮して成功するでしょう。

69画

【男性×】

病気や事故、別離の暗示

素直で堅実な人柄ですが、生活の困窮、病気、交通事故、配偶者との死別や別離などにあいやすい暗示が。争い事や失敗を重ねます。

【女性×】

思わぬ災難に襲われる

素直で堅実な性格ですが、病気や事故、人間関係のトラブルなど災難に見舞われることが多いでしょう。精神的にも不安定に。

70画

【男性×】

不運に苦しむ凶運数

食べ物、衣服、住居など何もかもが不足した満足できない環境で、もがき苦しむ凶運数。不運が続き、状況は悪くなるばかりです。

【女性×】

生活苦に陥る暗示

衣食住すべてが不足して満足できない日々が続きそうです。さらに災難に見舞われて、不運から逃れられない人生になるでしょう。

71画

【男性○】

恵まれた上昇運で大成

上昇運に恵まれているので、知識や人脈、実力を養っていると、必ず大成する運数。大きな夢をもつほど幸運に恵まれ、発展します。

【女性○】

幸運を約束された人生

生まれながらに幸運をもっており、自然に名誉や成功、財産を築いていけるでしょう。夢を大きくもつことで、運気も上昇します。

72画

【男性×】

不安定な波乱の人生

利益を得たかと思うと損失を被るなど、浮き沈みのある不安定な運数。無計画で経済観念に乏しいため、チャンスを生かせません。

【女性×】

お金のトラブルで苦労

見栄っ張りで世間体を気にしてしまい、身の丈に合わないことで問題を起こしがち。特にローンや借金など、お金のトラブルに注意。

73画

【男性〇】

思いのままに大成功

幸福の頂点を極める吉数。理想を追求して努力を重ねれば、必ず栄冠を手にする華やかな人生。思いのままに成功の道を歩むでしょう。

【女性〇】

夫を支え楽しい家庭に

何をやっても成功し、思いのままの人生を歩むことができます。結婚をすると、夫を支えて円満な家庭を築き、幸福を得るでしょう。

74画

【男性×】

対人関係が問題の種

吉運と凶運が交互に訪れ、安定しません。才能豊かで器用なため重宝されますが、うまく人付き合いができず、トラブルになることも。

【女性×】

内気で消極的な人

器用に仕事をこなすので職場では重宝されますが、内気なため、人付き合いが苦手。時には利用されてしまうことも。

75画

【男性△】

独立の道を開くと吉

自分の置かれた状況を肯定的に受け入れ、努力をすれば幸運がつかめます。家業を継ぐより、独立独歩の道を行くほうが大成します。

【女性△】

素直な行動が幸運を呼ぶ

状況や人に流されずに、ありのままの姿で素直に行動すれば幸運が舞い込んでくるでしょう。自分の適性を生かして独立したほうが吉。

76画

【男性〇】

自然に成功へ導かれる

多くの目標や希望がかなえられ、自然に成功へと導かれる人生で、平穏な晩年です。人の悩みに親身になると、信頼を得られます。

【女性〇】

優しい人柄でしあわせに

誰に対しても優しく、周囲から信頼されるでしょう。自然と成功をつかみとり、穏やかで平和な日々を過ごすことができるでしょう。

77画

【男性〇】

心身ともに充実した人生

努力したわけでもないのに、いつの間にか精神面と物質面が充実する幸運数。中年以降のトラブルは誠心誠意尽くせば、解決できます。

【女性〇】

陶芸や彫刻の才能あり

生まれながらの幸運のもち主。目標を決めてコツコツ地道に努力を重ねると、大きく成功します。特に彫刻や陶芸で道が開けます。

78画

【男性△】

洞察力と行動力をもつ

鋭い洞察力と、積極的に挑戦する行動力の持ち主。若いころはその能力が逆に不運を招くこともありますが、晩年は幸福になります。

【女性△】

失敗を認めて成長する

洞察力と行動力をあわせもつ積極的な性格。若いうちは失敗もありますが、失敗を素直に受け止めて成長し、晩年はしあわせに。

79画

【男性×】

自己中心的で孤立する

人間的な温かみに欠け、自己中心的でトラブルが絶えません。周囲から支持されずに孤立しがち。誠実に働くことが大切です。

【女性×】

優柔不断が迷惑になる

小さなこともくよくよ悩んでしまう優柔不断な性格。人の助言に耳を傾けようとしないので、人が離れていき孤立してしまうことも。

80画

【男性×】

苦労や悩みの多い一生

必死に努力しても、苦労をいとわず働いても、成果も評価も得られずに終わり、報われない運数です。事故や病気の暗示もあります。

【女性×】

努力しても功なし

懸命に努力をしても思っているほどうまくいかず、よい成果を得ることができません。結婚しても不安定。事故や病気のおそれも。

81画

【男性〇】

一生安泰の最高運数

最高の運数。天与の幸福、多幸、名誉、富貴、繁栄、健康、長寿などを備えた大吉です。すべての希望がかない、配偶者にも恵まれます。

【女性〇】

思い通りに願いがかなう

思い通りに人生を過ごすことができる大吉数。名誉、繁栄、財産、健康、長寿などが得られます。結婚後は、笑いの絶えない家庭に。

【最高のハッピーネームを探せ！】

姓の画数別
名前の吉数と名前リスト

姓名の調和を調べるのは手間がかかります。そこで、姓の画数別に、名前の吉数の一部と名前リストを紹介しました。自分の姓の画数から名前の吉数を調べてみましょう。

最高のハッピーネームが簡単にできる

姓の画数別の名前の吉数の一部を紹介します。自分の姓の画数に合わせた名前を考えれば、主運、初運、助運、総運の四運が吉数で、祖運、主運、初運の三運の調和がとれた最高のハッピーネームができます。リストで紹介する名前例はすべて吉数です。気に入ったものがあれば参考にしてください。

リストの見方

姓の例
代表的な姓の例を示しています。自分の姓がなくても、画数が同じならＯＫです。

姓の画数
姓の画数を示しています。３字姓はＰ382～383を参照してください。

5－5

【姓の例】
生田・石田・白石
田辺・永田・平田
古田・本田

12－3

男の子の名前の例
湧《ゆう》士《と》　陽《はる》也《や》　貴《たか》也《や》　温《あつ》士《し》　暁《あき》久《ひさ》

女の子の名前の例
満《ま》弓《ゆみ》　葉《は》巳《み》　絵《え》巳《み》　瑛《えい》子《こ》　絢《あや》子《こ》

主運17・初運15・総運25

名前の画数
姓の画数に対応した名前の吉数です。吉数が２つの姓もあります。

名前の例
男女別に吉数の名前の例を示しています。自分の姓の画数以外のところに、吉数が同じ名前例がある場合もあるので、チェックして。

主運、初運、総運
五運のうち、３つの運数を示しました。一部に吉凶半々の運数もありますが、よい側面が現れるようになっています（→Ｐ350）。

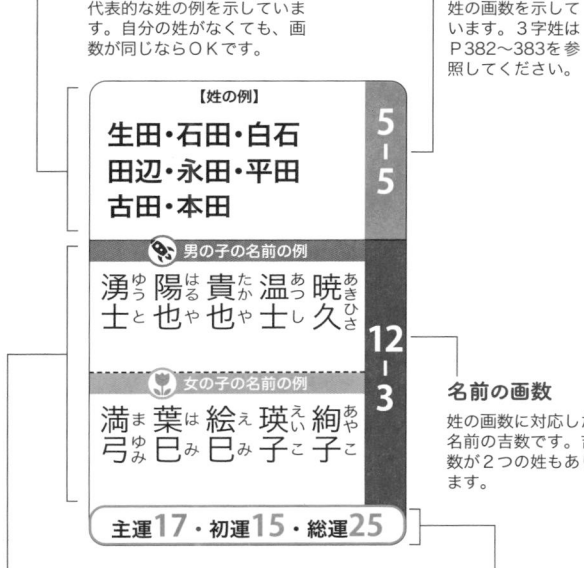

姓の画数 2-3

【姓の例】
入口・二川・力丸

姓に合う名前の吉画数 3-5

男の子の名前の例
之広《ゆきひろ》 久司《ひさし》 与矢《ともや》 丈旦《たけあき》 万生《かずき》

女の子の名前の例
夕加《ゆうか》 万由《まゆ》 久世《ひさよ》 久未《ひさみ》 千加《ちか》

主運6・初運8・総運13

姓の画数 1-19

【姓の例】
一瀬・乙瀬

姓に合う名前の吉画数 11-6

男の子の名前の例
隆丞《りゅうすけ》 悠至《ゆうし》 啓成《ひろしげ》 規充《のりみつ》 紹伍《しょうご》

女の子の名前の例
萌衣《めい》 毬名《まりな》 菜会《なえ》 彩圭《あやか》 淳江《あつえ》

主運30・初運17・総運37

姓の画数 1-11

【姓の例】
一郷・一野

姓に合う名前の吉画数 2-4

男の子の名前の例
了太《りょうた》 了介《りょうすけ》 又仁《またひと》 乃介《だいすけ》 乃公《だいこう》

女の子の名前の例
ひよの 乃仁《のにん》 乃月《のづき》 うた 了心《あきみ》

主運13・初運6・総運18

姓の画数 2-7

【姓の例】
入沢・入谷・二村
人見

姓に合う名前の吉画数 10-5

男の子の名前の例
将生《まさき》 時史《ときふみ》 隼矢《しゅんや》 紘平《こうへい》 晃央《あきお》

女の子の名前の例
桃加《ももか》 真央《まお》 倫世《ともよ》 紗代《さよ》 紗生《さき》

主運17・初運15・総運24

姓の画数 2-6

【姓の例】
入江・又吉

姓に合う名前の吉画数 10-6

男の子の名前の例
泰行《やすゆき》 紘亘《ひろのぶ》 修吉《しゅうきち》 恵伍《けいご》 晄充《あきみつ》

女の子の名前の例
流羽《るう》 珠妃《たまき》 純江《すみえ》 紗吏《さり》 栞名《かんな》

主運16・初運16・総運24

姓の画数 2-4

【姓の例】
二木・又木

姓に合う名前の吉画数 2-5

男の子の名前の例
了玄《りょうげん》 了永《りょうえい》 力矢《りきや》 了弘《あきひろ》 了央《あきお》

女の子の名前の例
ひな 乃由《のゆ》 乃央《のなか》 乃永《のえ》 了世《あきよ》

主運6・初運7・総運13

姓の画数 3-2

【姓の例】
大入・大又・小又・川人
川又・大力・三又・山入

姓に合う名前の吉画数 13

男の子の名前の例
照《てる》 蒼《そう》 慎《しん》 楽《がく》 滉《あきら》

女の子の名前の例
鈴《りん》 瑶《よう》 椿《つばき》 詩《うた》 愛《あい》

主運15・初運13・総運18

姓に合う名前の吉画数 5-3

男の子の名前の例
由久《よしひさ》 正巳《まさみ》 弘之《ひろゆき》 広大《こうだい》 叶也《きょうや》

女の子の名前の例
由万《ゆま》 弘子《ひろこ》 叶子《きょうこ》 加与《かよ》 永子《えいこ》

主運7・初運8・総運13

姓の画数 2-10

【姓の例】
入倉・刀根・二宮

姓に合う名前の吉画数 3-3

男の子の名前の例
大士《まさし》 久之《ひさし》 与也《ともや》 丈之《たけゆき》 万也《かずや》

女の子の名前の例
夕子《ゆうこ》 みゆ 三久《みく》 千与《ちよ》 小千《さち》

主運13・初運6・総運18

3-3
【姓の例】
大山・小川・小山
川上・川口・丸山
山口・山下

姓に合う名前の吉画数 13-5

男の子の名前の例
暉《あき》史《ふみ》　想《そう》司《し》　誉《たか》正《まさ》　幹《みき》生《お》　稜《りょう》矢《や》

女の子の名前の例
絹《きぬ》代《よ》　聖《きよ》未《み》　詩《し》以《い》　愛《まな》加《か》　鈴《りん》加《か》

運　主運16・初運18・総運24

3-4
【姓の例】
大内・大月・川内
土井・三木・山井
山内・山中

姓に合う名前の吉画数 12-5

男の子の名前の例
温《あつ》弘《ひろ》　智《さと》史《し》　翔《しょう》平《へい》　創《そう》司《し》　尋《ひろ》正《まさ》

女の子の名前の例
暁《あき》世《よ》　絢《あや》加《か》　琴《こと》未《み》　尋《ひろ》代《よ》　結《ゆ》以《い》

運　主運16・初運17・総運24

3-5
【姓の例】
上田・大石・小田
川田・川辺・三田
山田・山本

姓に合う名前の吉画数 11-5

男の子の名前の例
淳《あつ》央《お》　健《けん》正《せい》　基《もと》弘《ひろ》　康《やす》史《ふみ》　涼《りょう》平《へい》

女の子の名前の例
菊《きく》世《よ》　清《きよ》加《か》　菜《な》可《か》　望《み》由《ゆ》　悠《ゆう》加《か》

運　主運16・初運16・総運24

3-6
【姓の例】
大西・大竹・川合
川西・小池・小寺
小西・三宅

姓に合う名前の吉画数 11-5

男の子の名前の例
絃《げん》矢《や》　清《せい》司《じ》　崇《たか》広《ひろ》　悠《ゆう》平《へい》　淑《よし》生《き》

女の子の名前の例
惇《あつ》代《よ》　彩《あや》加《か》　菜《な》未《み》　毬《まり》加《か》　康《やす》代《よ》

運　主運17・初運16・総運25

3-7
【姓の例】
上杉・上村・大沢
大谷・小沢・小谷
川村・山村

姓に合う名前の吉画数 10-5

男の子の名前の例
晃《あき》史《ふみ》　航《こう》平《へい》　笑《しょう》司《じ》　隼《たか》弘《ひろ》　哲《てつ》生《お》

女の子の名前の例
笑《えみ》加《か》　珠《たま》世《よ》　夏《なつ》生《き》　浩《ひろ》代《よ》　莉《り》生《お》

運　主運17・初運15・総運25

3-8
【姓の例】
大坪・大沼・上岡
小岩・小林・小松

姓に合う名前の吉画数 5-8

男の子の名前の例
礼《あや》典《のり》　玄《げん》弥《や》　弘《ひろ》明《あき》　正《まさ》周《ちか》　由《よし》忠《ただ》

女の子の名前の例
加《か》歩《ほ》　弘《ひろ》実《み》　史《ふみ》佳《か》　未《み》於《お》　由《ゆ》奈《な》

運　主運13・初運13・総運24

3-9
【姓の例】
大垣・大畑・小俣
川俣・久保・小泉
小柳・土屋

姓に合う名前の吉画数 15-10

男の子の名前の例
潔《きよ》将《まさ》　慧《けい》悟《ご》　徹《てつ》朗《お》　慶《よし》晄《あき》　遼《りょう》真《ま》

女の子の名前の例
澄《すみ》華《か》　潤《ひろ》珠《み》　穂《ほ》乃《の》実《み》　舞《まい》華《か》　璃《り》莉《り》

運　主運24・初運25・総運37

3-10
【姓の例】
上原・大島・小栗
川島・川原・小島
小宮・三浦・三原

姓に合う名前の吉画数 6-12

男の子の名前の例
光《こう》陽《よう》　匡《まさ》博《ひろ》　充《みつ》暁《あき》　有《ゆう》喜《き》　行《ゆき》尋《ひろ》

女の子の名前の例
汐《きよ》絵《え》　早《さ》絵《え》　早《さ》智《ち》　光《みつ》絵《え》　有《ゆう》貴《き》

運　主運16・初運18・総運31

3-11
【姓の例】
上野・大野・小野
小菅・千野・三崎
山崎

姓に合う名前の吉画数 5-12

男の子の名前の例
永《えい》喜《き》　広《ひろ》稀《き》　史《ふみ》尊《たか》　正《まさ》暁《あき》　由《よし》陽《はる》

女の子の名前の例
広《ひろ》詠《え》　史《ふみ》絵《え》　未《み》尋《ひろ》　由《ゆ》葵《き》　由《ゆ》満《ま》

運　主運16・初運17・総運31

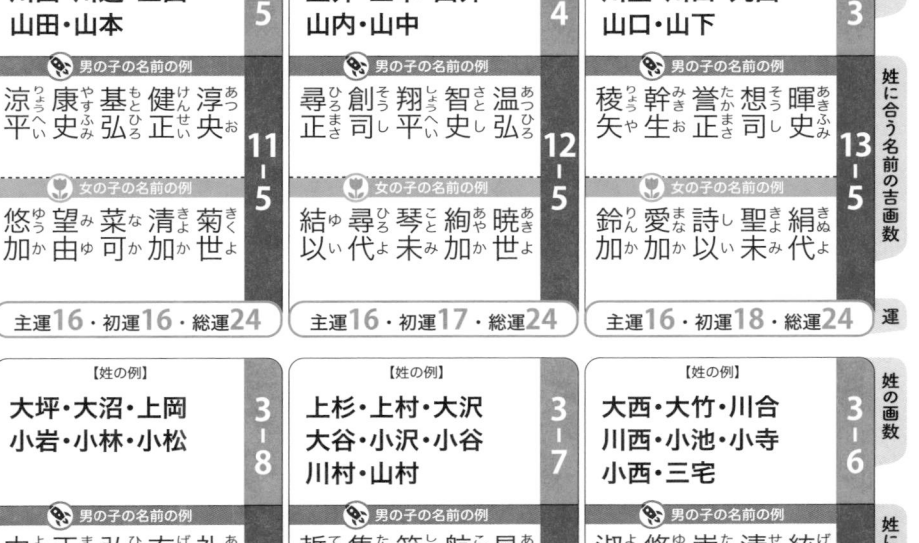

姓の画数 3-14

【姓の例】
大嶋・小暮・小嶋

姓に合う名前の吉画数 11-13

男の子の名前の例
惇寛《あつひろ》　健聖《けんせい》　清士朗《せいしろう》　基継《もとつぐ》　悠雅《ゆうが》

女の子の名前の例
菜誉《なよ》　麻由佳《まゆか》　麻鈴《まりん》　理瑚《りこ》　理愛《りな》

運：主運25・初運24・総運41

姓の画数 3-13

【姓の例】
小塩・小園・上園

姓に合う名前の吉画数 11-14

男の子の名前の例
惟彰《これあき》　進太朗《しんたろう》　隆徳《たかのり》　悠綺《ゆうき》　淑彰《よしあき》

女の子の名前の例
菜摘《なつみ》　毬歌《まりか》　悠歌《ゆうか》　理緒《りお》　梨彩子《りさこ》

運：主運24・初運25・総運41

姓の画数 3-12

【姓の例】
大塚・大森・川越
小堺・小塚・小森
千葉・山賀

姓に合う名前の吉画数 5-12

男の子の名前の例
永詞《えいし》　史晴《ふみはる》　正善《まさよし》　本喜《もとき》　礼之祐《れいのすけ》

女の子の名前の例
可瑛《かえ》　加葉《かよ》　広絵《ひろえ》　未智《みち》　未結《みゆ》

運：主運17・初運17・総運32

姓の画数 3-18

【姓の例】
大藤・工藤・山藤

姓に合う名前の吉画数 6-5

男の子の名前の例
圭司《けいし》　匠平《しょうへい》　匡矢《まさや》　充央《みつお》　光弘《みつひろ》

女の子の名前の例
伊代《いよ》　妃世《きよ》　凪加《なぎか》　百世《ももよ》　好加《よしか》

運：主運24・初運11・総運32

姓の画数 3-16

【姓の例】
大橋・小橋・土橋
丸橋・三橋

姓に合う名前の吉画数 2-14

男の子の名前の例
了徳《あきのり》　乃旗《だいき》　刀綺《とうき》　又輔《ゆうすけ》　了輔《りょうすけ》

女の子の名前の例
了緒《あきお》　乃嘉《のか》　乃里花《のりか》　乃梨子《のりこ》　二未香《ふみか》

運：主運18・初運16・総運35

姓の画数 3-15

【姓の例】
大蔵・大槻・小幡
三輪

姓に合う名前の吉画数 10-3

男の子の名前の例
恩也《おきや》　恵士《けいと》　航之《こうし》　時万《ときかず》　祥久《よしひさ》

女の子の名前の例
悦子《えつこ》　修子《しゅうこ》　華与《はなよ》　桃子《ももこ》　恭巳《やすみ》

運：主運25・初運13・総運31

姓の画数 4-5

【姓の例】
井田・井本・内田
太田・片平・中田
中平

姓に合う名前の吉画数 6-9

男の子の名前の例
旭洋《あきひろ》　有恒《ありつね》　圭哉《けいや》　壮亮《そうすけ》　匡春《まさはる》

女の子の名前の例
朱香《あやか》　匡香《きょうか》　汐美《きよみ》　早江子《さえこ》　帆南《ほなみ》

運：主運11・初運15・総運24

姓の画数 4-4

【姓の例】
井手・井戸・今井
今中・木戸・中井
水木・水元

姓に合う名前の吉画数 12-4

男の子の名前の例
瑛太《えいた》　敬斗《けいと》　翔太《しょうた》　湧介《ゆうすけ》　裕太《ゆうた》

女の子の名前の例
暁心《あきみ》　瑛心《えいみ》　智文《ちふみ》　葉月《はづき》　遥日《はるか》

運：主運16・初運16・総運24

姓の画数 4-3

【姓の例】
井上・井口・内山
片山・木下・中川
中山・水上

姓に合う名前の吉画数 3-14

男の子の名前の例
工史郎《こうしろう》　大輔《だいすけ》　丈彰《たけあき》　久誌《ひさし》　万太朗《まんたろう》

女の子の名前の例
小綺《さき》　千聡《ちさと》　万緒《まお》　夕歌《ゆうか》　夕美加《ゆみか》

運：主運6・初運17・総運24

4-6

【姓の例】
今西・中江・中西
丹羽

11-4 男の子の名前の例
淳仁《あつひと》 啓介《けいすけ》 紘太《げんた》 淑仁《よしひと》 隆元《りゅうげん》

女の子の名前の例
菜月《なつき》 菜心《なみ》 望友《みゆう》 唯心《ゆいみ》 悠心《ゆうみ》

主運17・初運15・総運25

4-7

【姓の例】
井沢・今村・内村
木村・中尾・中沢
中村・水谷

6-7 男の子の名前の例
圭汰《けいた》 壮佑《そうすけ》 匡志《まさし》 充宏《みつひろ》 有助《ゆうすけ》

女の子の名前の例
有沙《ありさ》 安那《あんな》 江里《えり》 早希《さき》 有花《ゆうか》

主運13・初運13・総運24

4-8

【姓の例】
今枝・今岡・今林
片岡・中林・中松
水沼

3-3 男の子の名前の例
万久《かずひさ》 大己《だいき》 大士《たいし》 丈才《たけとし》 与也《ともや》

女の子の名前の例
さえ 千与《ちよ》 与巳《ともみ》 万弓《まゆみ》 弓子《ゆみこ》

主運11・初運6・総運18

4-9

【姓の例】
今泉・今津・内海
木津・中垣・中城

15-9 男の子の名前の例
慧音《けいと》 輝紀《てるき》 輝信《てるのぶ》 慶昭《よしあき》 諒星《りょうせい》

女の子の名前の例
潔音《きよね》 澄香《すみか》 潤美《ひろみ》 舞美《まいみ》 璃香《りか》

主運24・初運24・総運37

4-10

【姓の例】
井原・牛島・片桐
手島・中島・中根
中原・水島

5-12 男の子の名前の例
広暁《ひろあき》 弘敬《ひろたか》 史雄《ふみお》 正喜《まさき》 由皓《よしひろ》

女の子の名前の例
加詠《かえ》 史保子《しほこ》 未葵《みき》 由香子《ゆかこ》 由貴《ゆき》

主運15・初運17・総運31

4-11

【姓の例】
天野・内野・内堀
木崎・今野・丹野
中野・水野

5-12 男の子の名前の例
永二朗《えいじろう》 広登《ひろと》 弘道《ひろみち》 弘満《ひろみつ》 正敦《まさのぶ》

女の子の名前の例
加南子《かなこ》 史葉《ふみよ》 未琴《みこと》 未結《みゆ》 由姫乃《ゆきの》

主運16・初運17・総運32

4-12

【姓の例】
井筒・木場・手塚
戸塚・中塚・中森
干場

5-11 男の子の名前の例
永梧《えいご》 弘惟《ひろのぶ》 広康《ひろやす》 正章《まさあき》 由隆《よしたか》

女の子の名前の例
加菜《かな》 広菜《ひろな》 未彩《みさ》 由望《ゆみ》 由梨《ゆり》

主運17・初運16・総運32

4-14

【姓の例】
井関・今関・木暮
手嶋・中嶋・水窪
水嶋

11-2 男の子の名前の例
啓人《けいと》 健人《けんと》 崇人《たかと》 悠人《ゆうと》 隆二《りゅうじ》

女の子の名前の例
章乃《あきの》 菊乃《きくの》 菜乃《なの》 雪乃《ゆきの》 理乃《りの》

主運25・初運13・総運31

4-16

【姓の例】
今橋・中橋

14-3 男の子の名前の例
榮大《えいだい》 魁也《かいや》 颯万《そうま》 寧久《やすひさ》 嘉之《よしゆき》

女の子の名前の例
綾巳《あやみ》 歌子《うたこ》 嘉与《かよ》 徳子《のりこ》 緑子《みどりこ》

主運30・初運17・総運37

姓の画数
姓に合う名前の吉画数
運

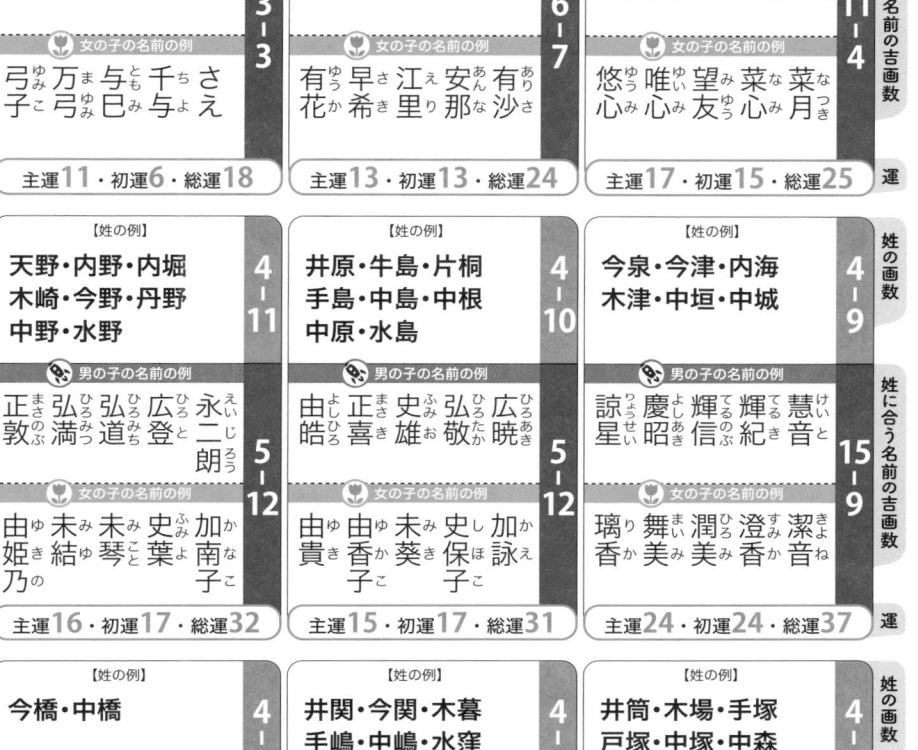

姓の画数 5-3 / 姓に合う名前の吉画数 12-12

【姓の例】
石川・市川・北川
田上・田丸・古川

男の子の名前の例
陽《はる》喜《き》　智《とも》晴《はる》　滋《しげ》晴《はる》　瑛《えい》裕《すけ》　敦《あつ》裕《ひろ》

女の子の名前の例
結《ゆ》友《う》奈《な》　満《ま》結《ゆ》　智《ち》絵《え》　絵《え》莉《り》乃《の》　暁《あき》絵《え》

運：主運15・初運24・総運32

姓の画数 5 / 姓に合う名前の吉画数 10-3

【姓の例】
叶・北・平

男の子の名前の例
凌《りょう》也《や》　紘《ひろ》久《ひさ》　剛《たけ》士《し》　隼《たか》之《ゆき》　晄《こう》大《だい》

女の子の名前の例
真《ま》子《こ》　浩《ひろ》巳《み》　桜《さくら》子《こ》　笑《えみ》子《こ》　恵《え》万《ま》

運：主運15・初運13・総運18

姓の画数 4-18 / 姓に合う名前の吉画数 6-9

【姓の例】
井藤・木藤・内藤
中藤

男の子の名前の例
吉《よし》紀《き》　充《みつ》洋《ひろ》　匡《まさ》哉《や》　匡《まさ》音《と》　旭《あき》彦《ひこ》

女の子の名前の例
百《ゆ》合《り》子《こ》　凪《なぎ》咲《さ》　早《さ》映《え》　圭《けい》香《か》　羽《う》美《み》

運：主運24・初運15・総運37

姓の画数 5-6 / 姓に合う名前の吉画数 5-8

【姓の例】
永江・永吉・広江
古池・本庄・本多

男の子の名前の例
正《まさ》典《のり》　史《ふみ》卓《たか》　弘《ひろ》季《き》　永《なが》昌《まさ》　広《こう》治《じ》

女の子の名前の例
由《ゆ》実《み》　未《み》歩《ほ》　叶《きょう》佳《か》　加《か》依《え》　礼《あや》奈《な》

運：主運11・初運13・総運24

姓の画数 5-5 / 姓に合う名前の吉画数 12-3

【姓の例】
生田・石田・白石
田辺・永田・平田
古田・本田

男の子の名前の例
湧《ゆう》士《と》　陽《はる》也《や》　貴《たか》也《や》　温《あつ》士《し》　暁《あき》久《ひさ》

女の子の名前の例
満《ま》弓《ゆみ》　葉《は》巳《み》　絵《え》巳《み》　瑛《えい》子《こ》　絢《あや》子《こ》

運：主運17・初運15・総運25

姓の画数 5-4 / 姓に合う名前の吉画数 13-3

【姓の例】
石井・石毛・田中
永井・平井・古内
本木

男の子の名前の例
幹《みき》久《ひさ》　寛《ひろ》己《き》　聖《せい》也《や》　煌《こう》大《だい》　楽《がく》士《と》

女の子の名前の例
瑶《よう》子《こ》　愛《まな》巳《み》　寛《ひろ》巳《み》　鈴《すず》与《よ》　愛《あい》子《こ》

運：主運17・初運16・総運25

姓の画数 5-9 / 姓に合う名前の吉画数 7-10

【姓の例】
石垣・石神・石津
平泉・古屋・本城

男の子の名前の例
良《よし》晄《あき》　宏《ひろ》剛《たか》　伸《のぶ》泰《やす》　辰《たつ》紘《ひろ》　秀《しゅう》悟《ご》

女の子の名前の例
里《り》華《か》　芳《よし》恵《え》　玖《く》珠《み》　希《き》恵《え》　亜《あ》姫《き》

運：主運16・初運17・総運31

姓の画数 5-8 / 姓に合う名前の吉画数 7-11

【姓の例】
石岡・五味・末松
田沼・永沼・平松
正岡

男の子の名前の例
良《よし》基《き》　佑《ゆう》梧《ご》　宏《ひろ》都《と》　伸《のぶ》康《やす》　利《とし》崇《たか》

女の子の名前の例
七《な》菜《な》　沙《さ》依《え》子《こ》　花《か》淋《りん》　杏《あん》菜《な》　亜《あ》望《み》

運：主運15・初運18・総運31

姓の画数 5-7 / 姓に合う名前の吉画数 17-8

【姓の例】
石坂・北見・北村
田村・平尾・平沢
矢沢・吉村

男の子の名前の例
嶺《れい》治《じ》　優《ゆう》季《き》　駿《しゅん》典《すけ》　謙《けん》弥《や》　瞭《あき》征《まさ》

女の子の名前の例
優《ゆ》加《か》子《こ》　鞠《まり》奈《な》　環《たま》依《え》　環《かん》奈《な》　瞭《あき》歩《ほ》

運：主運24・初運25・総運37

姓の画数 5-10

【姓の例】
石原・北島・立原
田原・永倉・平原
本宮・矢島

姓に合う名前の吉画数 8-8

男の子の名前の例
幸《こう》治《じ》　茂《しげ》幸《ゆき》　拓《たく》実《み》　英《ひで》季《き》　侑《ゆう》征《せい》

女の子の名前の例
佳《か》枝《え》　和《かず》歩《ほ》　朋《とも》奈《な》　茉《ま》季《き》　実《み》空《く》

運　主運18・初運16・総運31

姓の画数 5-11

【姓の例】
石黒・石堂・石野
北野・白鳥・永野
平野・矢野

姓に合う名前の吉画数 5-3

男の子の名前の例
永《えい》士《し》　玄《げん》也《や》　広《ひろ》之《ゆき》　史《ふみ》大《ひろ》　正《まさ》万《かず》

女の子の名前の例
加《か》子《こ》　広《ひろ》巳《み》　史《ふみ》与《よ》　正《まさ》子《こ》　礼《れい》子《こ》

運　主運16・初運8・総運24

姓の画数 5-12

【姓の例】
石塚・石森・甲斐
加賀・古賀・田淵
平賀・本間

姓に合う名前の吉画数 13-11

男の子の名前の例
慎《しん》梧《ご》　暉《てる》惟《よし》　寛《ひろ》崇《たか》　雅《まさ》章《あき》　義《よし》基《き》

女の子の名前の例
愛《あい》梨《り》　聖《せい》菜《な》　園《その》望《み》　新《にい》菜《な》　夢《ゆめ》埜《の》

運　主運25・初運24・総運41

姓の画数 5-13

【姓の例】
北園・外園・田路

姓に合う名前の吉画数 3-10

男の子の名前の例
士《し》朗《ろう》　与《とも》記《き》　久《ひさ》晃《あき》　夕《ゆう》馬《ま》　弓《ゆみ》紘《ひろ》

女の子の名前の例
万《かず》恵《え》　千《ち》恵《え》　万《ま》莉《り》　三《み》紗《さ》　夕《ゆう》姫《き》

運　主運16・初運13・総運31

姓の画数 5-14

【姓の例】
石関・北嶋・五嶋
田窪・田嶋・平嶋
矢嶋

姓に合う名前の吉画数 4-12

男の子の名前の例
公《きみ》暁《あき》　太《たい》陽《よう》　文《ふみ》雄《お》　元《もと》貴《き》　友《ゆう》晴《せい》

女の子の名前の例
仁《ひと》瑛《え》　文《ふみ》絵《え》　心《み》尋《ひろ》　友《ゆう》琳《りん》　友《ゆ》姫《き》乃《の》

運　主運18・初運16・総運35

姓の画数 5-16

【姓の例】
石橋・市橋・田頭
古舘・古橋・本橋

姓に合う名前の吉画数 8-8

男の子の名前の例
明《あき》昌《まさ》　周《しゅう》征《せい》　尚《なお》季《き》　征《まさ》弥《や》　怜《れい》治《じ》

女の子の名前の例
育《いく》実《み》　果《か》歩《ほ》　苑《その》佳《か》　朋《とも》佳《か》　奈《な》実《み》

運　主運24・初運16・総運37

姓の画数 5-18

【姓の例】
加藤・古藤・五藤

姓に合う名前の吉画数 7-8

男の子の名前の例
孝《たか》昌《まさ》　伸《のぶ》治《はる》　秀《ひで》典《のり》　宏《ひろ》幸《ゆき》　佑《ゆう》弥《や》

女の子の名前の例
亜《あ》季《き》　花《か》林《りん》　玖《く》実《み》　沙《さ》枝《え》　佑《ゆう》奈《な》

運　主運25・初運15・総運38

姓の画数 5-19

【姓の例】
加瀬・古瀬・平瀬
広瀬

姓に合う名前の吉画数 6-11

男の子の名前の例
圭《けい》梧《ご》　光《こう》一《いち》朗《ろう》　光《こう》基《き》　匡《まさ》啓《ひろ》　充《みつ》章《あき》

女の子の名前の例
有《あり》望《み》　羽《う》望《み》　江《え》菜《な》　早《さ》枝《え》子《こ》　有《ゆ》季《き》子《こ》

運　主運25・初運17・総運41

姓の画数 6

【姓の例】
芝・辻・仲

姓に合う名前の吉画数 2-5

男の子の名前の例
了《あき》央《お》　了《あき》正《まさ》　丁《あつ》央《お》　力《よし》生《き》　力《りき》矢《や》

女の子の名前の例
了《あき》未《み》　了《あき》代《よ》　ことみ　乃《の》加《か》　ひな

運　主運8・初運7・総運13

姓の画数 6-5 ／ 姓に合う名前の吉画数 6-7

【姓の例】
池田・池辺・寺本
成田・西田・安田
吉永・吉田

男の子の名前の例
有《ゆう》杜《と》　成《なる》宏《ひろ》　兆《ちょう》助《すけ》　壮《そう》志《し》　考《こう》佑《すけ》

女の子の名前の例
吏《り》杏《あん》　好《よし》芳《か》　有《ゆ》希《き》　衣《え》里《り》　朱《あや》那《な》

運：主運11・初運13・総運24

姓の画数 6-4 ／ 姓に合う名前の吉画数 3-12

【姓の例】
池内・伊丹・糸井
竹内・竹中・寺内
向井・吉井

男の子の名前の例
大《ひろ》喜《き》　久《ひさ》喜《き》　与《とも》裕《ひろ》　才《とし》晴《はる》　丈《たけ》暁《あき》

女の子の名前の例
夕《ゆ》貴《き》　久《ひさ》絵《え》　千《ち》遥《はる》　千《ち》香《か》子《こ》　小《さ》葉《よ》

運：主運7・初運15・総運25

姓の画数 6-3 ／ 姓に合う名前の吉画数 5-10

【姓の例】
池上・江川・江口
竹川・寺山・西川
早川・吉川

男の子の名前の例
礼《れい》悟《ご》　由《ゆう》真《ま》　史《ふみ》朗《お》　弘《ひろ》晃《あき》　永《えい》修《しゅう》

女の子の名前の例
由《ゆ》紗《さ》　由《ゆ》季《き》乃《の》　未《み》莉《り》　広《ひろ》恵《え》　加《か》恵《え》

運：主運8・初運15・総運24

姓の画数 6-8 ／ 姓に合う名前の吉画数 8-10

【姓の例】
伊東・寺岡・名取
吉岡・吉松

男の子の名前の例
享《ゆき》朗《お》　忠《ただ》祥《よし》　卓《たく》真《ま》　昇《しょう》馬《ま》　茂《しげ》晃《あき》

女の子の名前の例
侑《ゆう》莉《り》　実《み》紗《さ》　朋《とも》恵《え》　苑《その》華《か》　佳《か》那《な》子《こ》

運：主運16・初運18・総運32

姓の画数 6-7 ／ 姓に合う名前の吉画数 8-10

【姓の例】
池谷・仲村・西沢
西村・吉沢・吉見
吉村

男の子の名前の例
幸《ゆき》紘《ひろ》　征《まさ》晄《あき》　尚《なお》純《すみ》　宗《そう》悟《ご》　明《あき》剛《たけ》

女の子の名前の例
茉《まつ》莉《り》　歩《ほ》乃《の》佳《か》　知《ち》花《か》子《こ》　幸《さち》笑《え》　明《あけ》珠《み》

運：主運15・初運18・総運31

姓の画数 6-6 ／ 姓に合う名前の吉画数 7-18

【姓の例】
有吉・安西・寺西
仲西・安江・吉江

男の子の名前の例
良《よし》燿《てる》　佑《ゆう》騎《き》　孝《たか》顕《あき》　伸《しん》九《く》郎《ろう》　宏《こう》治《じ》朗《ろう》

女の子の名前の例
佑《ゆ》梨《り》花《か》　花《か》寿《す》望《み》　芳《か》織《おり》　花《か》織《おり》　亜《あ》紗《さ》実《み》

運：主運13・初運25・総運37

姓の画数 6-11 ／ 姓に合う名前の吉画数 6-9

【姓の例】
宇野・仲野・羽鳥

男の子の名前の例
行《ゆき》則《のり》　充《みつ》春《はる》　成《なる》哉《や》　考《こう》亮《すけ》　光《こう》軌《き》

女の子の名前の例
帆《ほ》乃《の》花《か》　多《た》美《み》　会《え》美《み》　有《う》早《さ》子《こ》　朱《あけ》海《み》

運：主運17・初運15・総運32

姓の画数 6-10 ／ 姓に合う名前の吉画数 5-10

【姓の例】
安倍・有馬・竹島
竹原・寺島・西脇
安原・吉原

男の子の名前の例
由《ゆう》馬《ま》　正《まさ》紘《ひろ》　史《ふみ》祥《よし》　弘《ひろ》将《まさ》　永《えい》剛《ごう》

女の子の名前の例
由《ゆ》真《ま》　由《ゆ》夏《か》　史《ふみ》華《か》　叶《かな》恵《え》　可《か》笑《え》

運：主運15・初運15・総運31

姓の画数 6-9 ／ 姓に合う名前の吉画数 6-11

【姓の例】
安保・有泉・江畑
仮屋・西垣・西畑
守屋・米津

男の子の名前の例
有《ゆう》紘《げん》　光《みつ》惟《よし》　匡《まさ》崇《たか》　成《せい》梧《ご》　匠《しょう》一《いち》朗《ろう》

女の子の名前の例
有《ゆう》梨《り》　帆《ほ》乃《の》香《か》　朱《しゅ》理《り》　汐《しお》梨《り》　朱《あや》菜《な》

運：主運15・初運17・総運32

姓の画数 6-12

【姓の例】
安達・江森・竹森・仲間・名越・西塚・西森・安富

姓に合う名前の吉画数 5-12

男の子の名前の例：永稀《えいき》　弘貴《ひろき》　史尋《ふみひろ》　正敬《まさたか》　由晴《よしはる》

女の子の名前の例：史満《しま》　未乃莉《みのり》　未葉《みよ》　由美子《ゆみこ》　由詠《よしえ》

運：主運17・初運17・総運35

姓の画数 6-16

【姓の例】
安積・江頭

姓に合う名前の吉画数 8-7

男の子の名前の例：和寿《かずひさ》　幸希《こうき》　尚杜《なおと》　征孝《まさたか》　侑吾《ゆうご》

女の子の名前の例：佳七《かな》　苑花《そのか》　茉未乃《まみの》　芽沙《めいさ》　怜花《れいか》

運：主運24・初運15・総運37

姓の画数 6-18

【姓の例】
安藤・伊藤・江藤

姓に合う名前の吉画数 6-5

男の子の名前の例：成正《なるまさ》　充生《みつお》　光永《みつなが》　有司《ゆうし》　吉広《よしひろ》

女の子の名前の例：朱代《あけよ》　帆加《ほのか》　安世《やすよ》　有加《ゆうか》　吏央《りお》

運：主運24・初運11・総運35

姓の画数 7

【姓の例】
沖・角・近・沢・佃・伴

姓に合う名前の吉画数 8-9

男の子の名前の例：明音《あきと》　育哉《いくや》　茂春《しげはる》　岳海《たけみ》　尚紀《なおき》

女の子の名前の例：明保《あきほ》　英美《えいみ》　佳映《かえ》　佳音《かのん》　怜香《れいか》

運：主運15・初運17・総運24

姓の画数 7-3

【姓の例】
坂口・佐川・杉山・谷川・谷口・花山・村上・村山

姓に合う名前の吉画数 14-11

男の子の名前の例：颯梧《そうご》　聡基《としき》　徳章《のりあき》　寧隆《やすたか》　嘉啓《よしひろ》

女の子の名前の例：綾望《あやみ》　綺唯《きい》　聡梨《さとり》　遙菜《はるな》　嘉埜《よしの》

運：主運17・初運25・総運35

姓の画数 7-4

【姓の例】
赤木・坂井・沢井・沢木・谷内・花井・村井・村内

姓に合う名前の吉画数 7-6

男の子の名前の例：邦匡《くにまさ》　孝丞《こうすけ》　走多《そうた》　宏成《ひろしげ》　良至《りょうじ》

女の子の名前の例：亜衣《あい》　花帆《かほ》　杏圭《きょうか》　芙羽《ふう》　李江《りえ》

運：主運11・初運13・総運24

姓の画数 7-5

【姓の例】
足立・沖田・児玉・坂本・沢田・杉本・谷本・村田

姓に合う名前の吉画数 8-17

男の子の名前の例：幸汰朗《こうたろう》　卓治郎《たくじろう》　朋瞭《ともあき》　尚優《なおひろ》　侑之輔《ゆうのすけ》

女の子の名前の例：佳穂《かほ》　朋霞《ともか》　奈見恵《なみえ》　茉優《まひろ》　弥優《みゆ》

運：主運13・初運25・総運37

姓の画数 7-6

【姓の例】
赤羽・近江・佐竹・杉江・住吉

姓に合う名前の吉画数 9-9

男の子の名前の例：秋洋《あきひろ》　活則《かつのり》　洸星《こうせい》　奏祐《そうすけ》　勇哉《ゆうや》

女の子の名前の例：郁美《いくみ》　香音《かのん》　春海《はるみ》　美紅《みく》　玲香《れいか》

運：主運15・初運18・総運31

姓の画数 7-7

【姓の例】
赤沢・尾形・里見・沢村・志村・杉村・芹沢

姓に合う名前の吉画数 9-9

男の子の名前の例：咲哉《さくや》　重春《しげはる》　柊星《しゅうせい》　俊信《としのぶ》　祐紀《ゆうき》

女の子の名前の例：香保《かほ》　咲南《さきな》　春香《はるか》　保美《やすみ》　柚紀《ゆずき》

運：主運16・初運18・総運32

姓の画数 7-8

【姓の例】
赤松・我妻・沢松
谷岡・花岡・村岡

姓に合う名前の吉画数 8-9

男の子の名前の例
旺亮《おうすけ》 周哉《しゅうや》 朋春《ともはる》 尚洋《なおひろ》 征則《まさのり》

女の子の名前の例
育美《いくみ》 苑香《そのか》 知草《ちぐさ》 朋美《ともみ》 実咲《みさき》

運：主運16・初運17・総運32

姓の画数 7-10

【姓の例】
尾高・折原・君島
坂倉・佐原・杉浦
杉原

姓に合う名前の吉画数 5-10

男の子の名前の例
玄起《げんき》 正悟《しょうご》 史晃《ふみあき》 正祥《まさよし》 礼真《れいま》

女の子の名前の例
未桜《みお》 未紗《みさ》 由姫《ゆき》 由真《ゆま》 礼華《れいか》

運：主運15・初運15・総運32

姓の画数 7-11

【姓の例】
尾崎・坂部・佐野
沢野・杉崎・杉野
谷崎

姓に合う名前の吉画数 5-8

男の子の名前の例
永周《えいしゅう》 広幸《ひろゆき》 史弥《ふみや》 正享《まさゆき》 由征《よしまさ》

女の子の名前の例
礼佳《あやか》 永実《えいみ》 広実《ひろみ》 史奈《ふみな》 由依《ゆい》

運：主運16・初運13・総運31

姓の画数 7-12

【姓の例】
赤塚・足達・志賀
杉森・谷淵・芳賀
村越

姓に合う名前の吉画数 5-11

男の子の名前の例
正梧《しょうご》 弘紹《ひろあき》 広崇《ひろたか》 史規《ふみのり》 由基《よしき》

女の子の名前の例
礼埜《あやの》 永梨《えいり》 加奈子《かなこ》 史菜《ふみな》 由惟《ゆい》

運：主運17・初運16・総運35

姓の画数 7-18

【姓の例】
近藤・佐藤・尾藤
兵藤

姓に合う名前の吉画数 6-10

男の子の名前の例
成倫《しげのり》 至朗《しろう》 充矩《みつのり》 光泰《みつやす》 好剛《よしたけ》

女の子の名前の例
江莉《えり》 江恋《えれん》 早姫《さき》 汐莉《しおり》 好華《よしか》

運：主運24・初運16・総運41

姓の画数 8

【姓の例】
東・岡・岸・所・林・牧

姓に合う名前の吉画数 8-8

男の子の名前の例
周治《しゅうじ》 知幸《ともゆき》 尚征《なおまさ》 尚弥《なおや》 享征《ゆきまさ》

女の子の名前の例
英実《えいみ》 季奈《きな》 幸奈《さちな》 芽依《めい》 和佳《わか》

運：主運16・初運16・総運24

姓の画数 8-3

【姓の例】
青山・岩下・岡山
金子・河口・岸川
松下

姓に合う名前の吉画数 8-5

男の子の名前の例
尭史《あきふみ》 育央《いくお》 幸永《こうえい》 朋生《ともき》 征司《まさし》

女の子の名前の例
佳乃子《かのこ》 祈代《きよ》 苑加《そのか》 茉央《まお》 実由《みゆ》

運：主運11・初運13・総運24

姓の画数 8-4

【姓の例】
青木・金井・河井
岸井・松井・茂木
八木

姓に合う名前の吉画数 9-16

男の子の名前の例
昭憲《あきのり》 洸醒《こうせい》 俊親《としちか》 祐樹《ゆうき》 勇磨《ゆうま》

女の子の名前の例
香央梨《かおり》 香寿美《かずみ》 美樹《みき》 美薗《みその》 海菜代《みなよ》

運：主運13・初運25・総運37

姓の画数 8-5

【姓の例】
岩田・岩本・岡田
岡本・武田・松田
松本・和田

姓に合う名前の吉画数 8-3

男の子の名前の例
育久《いくひさ》 忠士《ただし》 朋己《ともき》 征大《まさひろ》 幸也《ゆきや》

女の子の名前の例
尚巳《なおみ》 典子《のりこ》 実久《みく》 侑子《ゆうこ》 佳子《よしこ》

運：主運13・初運11・総運24

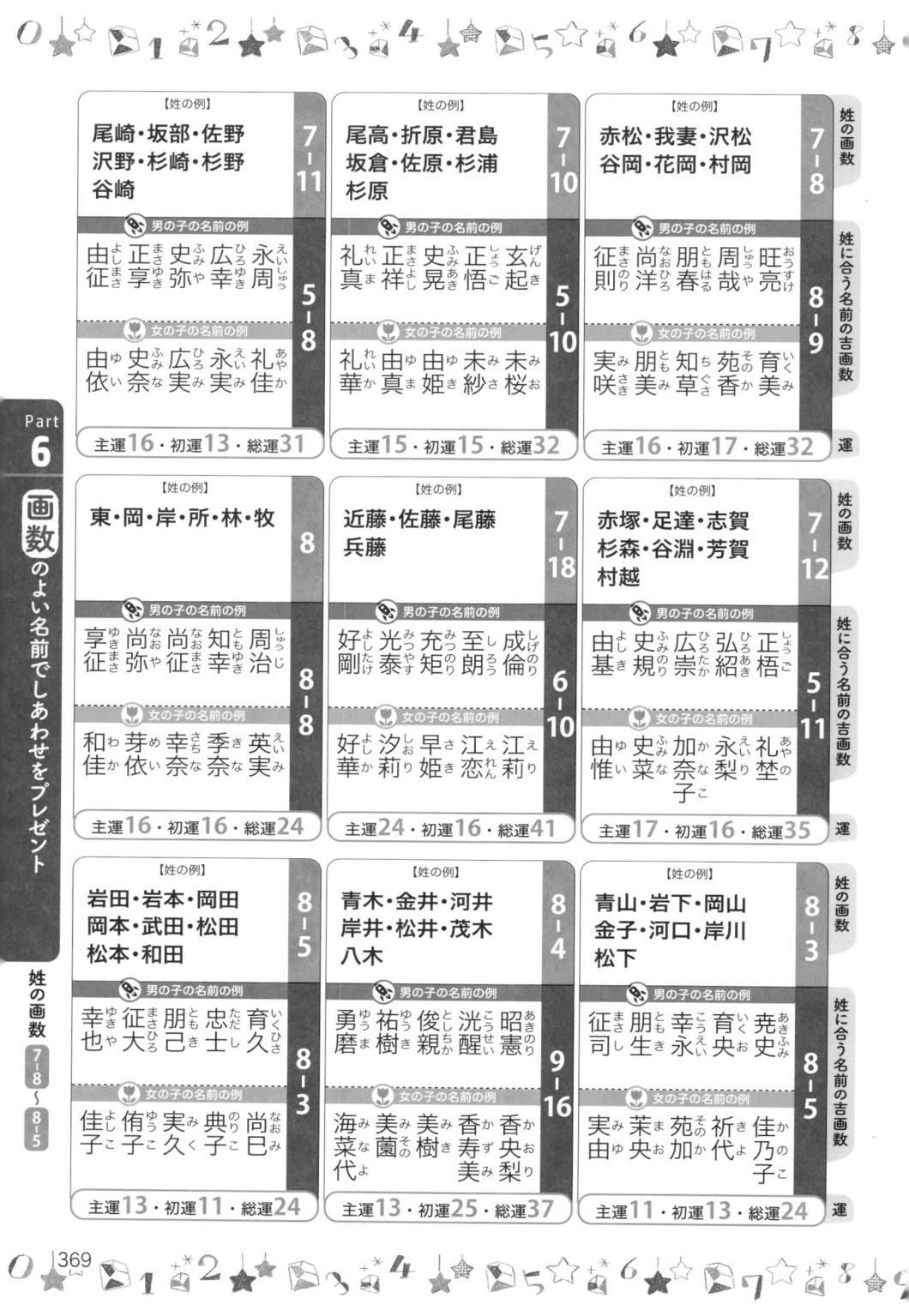

【姓の例】
岡安・直江・長江

姓の画数 8-6

姓に合う名前の吉画数 10-7

男の子の名前の例
晄《あき》良《ら》　修《しゅう》吾《ご》　哲《てつ》志《し》　敏《とし》秀《ひで》　真《まさ》宏《ひろ》

女の子の名前の例
笑《えみ》里《り》　恵《けい》花《か》　紗《さ》希《き》　姫《ひめ》那《な》　桃《もも》芳《か》

運　主運16・初運17・総運31

【姓の例】
岡村・河村・牧村
松尾・松坂・松村
若杉

姓の画数 8-7

姓に合う名前の吉画数 8-9

男の子の名前の例
明《あき》俊《とし》　岳《がく》音《と》　幸《こう》紀《き》　茂《しげ》郎《お》　怜《れい》哉《や》

女の子の名前の例
尚《なお》美《み》　奈《な》津《つ》　実《み》紅《く》　幸《ゆき》海《み》　和《わ》香《か》

運　主運15・初運17・総運32

【姓の例】
岡林・松岡・若林

姓の画数 8-8

姓に合う名前の吉画数 7-8

男の子の名前の例
邦《くに》和《かず》　作《さく》弥《や》　利《とし》幸《ゆき》　伸《のぶ》茂《しげ》　秀《ひで》昌《まさ》

女の子の名前の例
希《き》奈《な》　沙《さ》和《わ》　七《な》波《なみ》　芳《よし》実《み》　里《り》枝《え》

運　主運15・初運15・総運31

【姓の例】
金城・河津

姓の画数 8-9

姓に合う名前の吉画数 7-8

男の子の名前の例
邦《くに》征《まさ》　伸《のぶ》明《あき》　寿《ひさ》弥《や》　亨《ゆき》弥《や》　良《よし》幸《ゆき》

女の子の名前の例
亜《あ》弥《や》　花《か》歩《ほ》　芹《せり》奈《な》　七《なな》実《み》　秀《ひで》佳《か》

運　主運16・初運15・総運32

【姓の例】
岡島・金原・松浦
松原

姓の画数 8-10

姓に合う名前の吉画数 5-8

男の子の名前の例
叶《きょう》弥《や》　広《ひろ》卓《たか》　弘《ひろ》忠《ただ》　正《まさ》和《かず》　由《よし》直《なお》

女の子の名前の例
永《えい》奈《な》　史《し》歩《ほ》　広《ひろ》佳《か》　正《まさ》実《み》　未《み》和《わ》

運　主運15・初運13・総運31

【姓の例】
阿部・岩崎・岡崎
岡野・河野・河盛
岸部・服部

姓の画数 8-11

姓に合う名前の吉画数 6-10

男の子の名前の例
光《こう》将《すけ》　壮《そう》真《ま》　年《とし》朗《お》　成《なる》紘《ひろ》　有《ゆう》馬《ま》

女の子の名前の例
有《あり》紗《さ》　安《あん》莉《り》　多《た》姫《き》　百《もも》華《か》　好《よし》真《み》

運　主運17・初運16・総運35

【姓の例】
金森・武富・長塚
的場

姓の画数 8-12

姓に合う名前の吉画数 6-9

男の子の名前の例
圭《けい》亮《すけ》　亘《のぶ》彦《ひこ》　匡《まさ》洋《ひろ》　充《みつ》紀《き》　有《ゆう》哉《や》

女の子の名前の例
多《た》江《え》子《こ》　成《なる》美《み》　光《みつ》香《か》　有《ゆう》香《か》　吏《り》音《ね》

運　主運18・初運15・総運35

【姓の例】
岡嶋・松嶋

姓の画数 8-14

姓に合う名前の吉画数 10-3

男の子の名前の例
恭《きょう》士《し》　恵《けい》也《や》　航《こう》己《き》　敏《とし》之《ゆき》　真《まさ》士《と》

女の子の名前の例
紗《さ》与《よ》　珠《たま》巳《み》　時《とき》子《こ》　真《ま》巳《み》　莉《り》子《こ》

運　主運24・初運13・総運35

【姓の例】
板橋・岩橋・松橋

姓の画数 8-16

姓に合う名前の吉画数 8-3

男の子の名前の例
育《いく》也《や》　和《かず》大《ひろ》　尚《なお》久《ひさ》　英《ひで》士《と》　征《まさ》士《し》

女の子の名前の例
佳《か》与《よ》　祈《き》久《く》　苑《その》子《こ》　波《は》巳《み》　茉《ま》夕《ゆ》

運　主運24・初運11・総運35

Part 6 **画数のよい名前でしあわせをプレゼント**

姓の画数 8-18～9-9

姓の画数	【姓の例】	姓に合う名前の吉画数	男の子の名前の例	女の子の名前の例	運
9	神・栄・畑・星・南・柳	8-7	和《かず》臣《おみ》 茂《しげ》伸《のぶ》 周《しゅう》吾《ご》 幸《ゆき》宏《ひろ》 怜《れい》汰《た》	歩《あゆ》花《か》 弥《み》玖《く》 実《み》沙《さ》 弥《み》里《さと》 怜《れい》那《な》	主運17・初運15・総運24
8-19	岩瀬・河瀬・長瀬	11-7	淳《あつ》臣《おみ》 健《けん》吾《ご》 康《こう》助《すけ》 規《のり》克《かつ》 惟《よし》孝《たか》	絆《はん》那《な》 毬《まり》花《か》 萌《も》那《な》 淑《よし》芳《か》 理《り》沙《さ》	主運30・初運18・総運45
8-18	斉藤・武藤	6-9	亘《こう》亮《すけ》 旭《てる》紀《き》 汎《ひろ》音《と》 匡《まさ》軌《き》 行《ゆき》哉《や》	早《さ》紀《き》 匡《まさ》美《み》 百《もも》映《え》 有《ゆ》希《き》乃《の》 好《よし》美《み》	主運24・初運15・総運41
9-5	相田・秋本・神田・津田・畑田・前田	10-7	恵《けい》汰《た》 航《こう》壱《いち》 敏《とし》希《き》 真《まさ》臣《おみ》 祥《よし》克《かつ》	恵《え》里《り》 恭《きょう》花《か》 浩《ひろ》希《き》 真《ま》那《な》 莉《り》沙《さ》	主運15・初運17・総運31
9-4	秋元・浅井・荒井・荒木・柏木・春日・城戸・畑中	11-7	章《あき》秀《ひで》 啓《けい》志《し》 凰《こう》汰《た》 隆《たか》利《とし》 理《まさ》宏《ひろ》	彩《あや》芳《か》 菊《きく》七《な》 望《み》沙《さ》 唯《ゆい》花《か》 悠《ゆう》里《り》	主運15・初運18・総運31
9-3	秋山・香川・荒川・神山・畑山・前川・柳川	10-15	恵《けい》多《た》郎《ろう》 浩《こう》駕《が》 真《しん》次《じ》郎《ろう》 時《とき》潤《ひろ》 将《まさ》慶《よし》	恵《え》利《り》奈《な》 華《か》凛《りん》 紗《さ》輝《き》 真《ま》澄《すみ》 莉《り》穂《ほ》	主運13・初運25・総運37
9-9	秋津・神津	8-9	昊《こう》祐《すけ》 宗《そう》亮《すけ》 治《はる》音《と》 侑《ゆう》哉《や》 幸《ゆき》洋《ひろ》	歩《あゆ》美《み》 季《き》保《ほ》 弥《み》音《ね》 侑《ゆう》美《み》 怜《れい》香《か》	主運17・初運17・総運35
9-8	浅沼・神林	9-6	秋《あき》匡《まさ》 柊《しゅう》吉《きち》 星《せい》伍《ご》 祐《ゆう》成《せい》 亮《りょう》多《た》	郁《いく》江《え》 音《おと》羽《は》 香《か》帆《ほ》 咲《さき》名《な》 美《み》有《ゆ》	主運17・初運15・総運32
9-7	相沢・秋谷・神谷・相良・重村・前沢・室谷	6-9	旭《あき》哉《や》 匠《しょう》亮《すけ》 匡《まさ》則《のり》 光《みつ》春《はる》 至《よし》軌《き》	朱《あか》音《ね》 安《あん》南《な》 江《え》美《み》 成《なる》美《み》 吏《り》香《か》	主運13・初運15・総運31

9-10 / 7-9

【姓の例】 相原・神原・神宮・前原

男の子の名前の例：君彦《きみひこ》　秀星《しゅうせい》　志郎《しろう》　孝宣《たかのぶ》　佑耶《ゆうや》

女の子の名前の例：亜海《あみ》　花音《かのん》　沙映《さえ》　佑香《ゆうか》　李衣子《りいこ》

主運17・初運16・総運35

9-11 / 6-9

【姓の例】 浅野・柏崎・草野・星野

男の子の名前の例：光亮《こうすけ》　共紀《ともき》　匡彦《まさひこ》　行洋《ゆきひろ》　至哉《よしや》

女の子の名前の例：早衣子《さえこ》　成海《なるみ》　妃香《ひめか》　有美《ゆみ》　吉美《よしみ》

主運17・初運15・総運35

9-12 / 12-4

【姓の例】 相場・浅賀・風間・城間

男の子の名前の例：瑛介《えいすけ》　敬太《けいた》　晶太《しょうた》　陽斗《はると》　博斗《ひろと》

女の子の名前の例：絢心《あやみ》　喜予《きよ》　琴心《ことみ》　貴心《たかみ》　結月《ゆづき》

主運24・初運16・総運37

9-18 / 17-8

【姓の例】 後藤・首藤

男の子の名前の例：曙門《あけと》　謙昌《けんしょう》　講治《こうじ》　優征《ゆうせい》　嶺弥《れいや》

女の子の名前の例：瞭奈《あきな》　霞実《かすみ》　穂波《ほなみ》　優佳《ゆうか》　嶺実《れみ》

主運35・初運25・総運52

10 / 8-7

【姓の例】 浦・柴・島・俵・畠・原・峰

男の子の名前の例：明良《あきら》　旺汰《おうた》　幸志《こうし》　茂宏《しげひろ》　征希《まさき》

女の子の名前の例：枝利《えり》　季沙《きさ》　知沙《ちさ》　朋花《ともか》　佳花《よしか》

主運18・初運15・総運25

10-3 / 3-15

【姓の例】 郡山・高山・浜口・原口・宮下

男の子の名前の例：丈多郎《じょうたろう》　大毅《だいき》　丈輝《たけき》　久嬉《ひさき》　久慶《ひさよし》

女の子の名前の例：小嬉《さき》　千賀子《ちかこ》　千穂《ちほ》　万里奈《まりな》　夕璃《ゆうり》

主運6・初運18・総運31

10-4 / 11-6

【姓の例】 桑内・酒井・桜井・高木・夏木・浜中・宮内・桃井

男の子の名前の例：淳行《あつゆき》　爽多《そうた》　崇好《たかよし》　啓匡《ひらまさ》　康汎《やすひろ》

女の子の名前の例：菜衣《なえ》　毬衣《まりえ》　萌圭《もえか》　悠妃《ゆうき》　淑江《よしえ》

主運15・初運17・総運31

10-5 / 8-8

【姓の例】 恩田・柴田・島田・高田・浜田・原田・宮田・宮本

男の子の名前の例：弦宜《げんき》　忠昌《ただまさ》　朋幸《ともゆき》　征実《まさみ》　幸弥《ゆきや》

女の子の名前の例：果奈《かな》　知歩《ちほ》　実依《みい》　実季《みき》　怜奈《れいな》

主運13・初運16・総運31

10-7 / 9-15

【姓の例】 梅沢・桑村・島村・高杉・高村・宮坂・宮沢

男の子の名前の例：郁慶《いくよし》　栄諄《えいじゅん》　恒駕《こうが》　俊澄《としずみ》　春輝《はるき》

女の子の名前の例：珂穂《かほ》　香凜《かりん》　咲穂《さきほ》　美由姫《みゆき》　海璃《みり》

主運16・初運24・総運41

(各欄見出し：姓の画数／姓に合う名前の吉画数／運)

姓の画数 10-9

【姓の例】
倉持・剣持・財津
島津・高柳・宮城

姓に合う名前の吉画数 8-8

男の子の名前の例
佳《よし》弥《や》 侑《ゆう》治《じ》 治《はる》幸《ゆき》 幸《こう》征《せい》 昂《こう》治《じ》

女の子の名前の例
茉《ま》奈《な》 波《は》実《み》 知《ち》奈《な》 苑《その》実《み》 季《き》歩《ほ》

運：主運17・初運16・総運35

姓の画数 10-8

【姓の例】
兼松・栗林・高林・根岸・浜岡・宮岡

姓に合う名前の吉画数 7

男の子の名前の例
寿《ひさし》 佑《たすく》 芯《しん》 来《きたる》 壱《いち》

女の子の名前の例
李《もも》 花《はな》 芹《せり》 吟《うた》 杏《あん》

運：主運15・初運7・総運25

姓に合う名前の吉画数 7-6

男の子の名前の例
良《りょう》多《た》 宏《ひろ》匡《まさ》 秀《ひで》充《みつ》 孝《こう》成《せい》 邦《くに》行《ゆき》

女の子の名前の例
里《り》衣《い》 佑《ゆう》吏《り》 那《な》帆《ほ》 沙《さ》妃《き》 君《きみ》江《え》

運：主運15・初運13・総運31

姓の画数 10-12

【姓の例】
馬越・馬場・宮森

姓に合う名前の吉画数 12-3

男の子の名前の例
裕《ゆう》也《や》 智《とも》万《かず》 尊《たか》也《や》 滋《しげ》之《ゆき》 皓《こう》士《し》

女の子の名前の例
晴《はる》子《こ》 紫《し》万《ま》 琴《こと》子《こ》 喬《きょう》子《こ》 絵《え》三《み》

運：主運24・初運15・総運37

姓の画数 10-11

【姓の例】
浦野・荻野・桑野
高崎・高野・浜崎

姓に合う名前の吉画数 13-3

男の子の名前の例
靖《やす》之《ゆき》 幹《みき》士《と》 暉《てる》久《ひさ》 想《そう》士《し》 慎《しん》也《や》

女の子の名前の例
瑞《みず》己《き》 雅《まさ》子《こ》 照《てる》巳《み》 絹《きぬ》与《よ》 詩《うた》子《こ》

運：主運24・初運16・総運37

姓の画数 10-10

【姓の例】
荻原・桐島・栗原
桑原・島倉・高島
高峰・宮脇

姓に合う名前の吉画数 7-8

男の子の名前の例
良《りょう》弥《や》 亨《ゆき》尚《なお》 伸《のぶ》昌《まさ》 辰《たつ》典《のり》 孝《たか》明《あき》

女の子の名前の例
李《り》英《え》 秀《ひで》実《み》 芹《せり》果《か》 沙《さ》歩《ほ》 希《き》枝《え》

運：主運17・初運15・総運35

姓の画数 11

【姓の例】
乾・梶・菅・堀・都

姓に合う名前の吉画数 2-4

男の子の名前の例
又《ゆう》太《た》 丁《ちょう》介《すけ》 丁《あつ》友《とも》 了《あき》文《ふみ》 了《あき》斗《と》

女の子の名前の例
ひよの 乃《の》文《ふみ》 乃《の》月《づき》 乃《の》日《か》 了《あき》心《み》

運：主運13・初運6・総運17

姓の画数 10-16

【姓の例】
倉橋・高橋

姓に合う名前の吉画数 8-3

男の子の名前の例
享《ゆき》久《ひさ》 周《しゅう》也《や》 茂《しげ》己《き》 幸《こう》大《だい》 昊《こう》士《じ》

女の子の名前の例
怜《れい》子《こ》 朋《とも》巳《み》 季《き》久《く》 果《か》与《よ》 歩《あゆ》巳《み》

運：主運24・初運11・総運37

姓の画数 10-14

【姓の例】
高嶋・真嶋・宮嶋

姓に合う名前の吉画数 10-3

男の子の名前の例
泰《やす》丈《ひろ》 恭《やす》久《ひさ》 起《たつ》也《や》 修《しゅう》也《や》 晃《あき》大《ひろ》

女の子の名前の例
姫《ひめ》子《こ》 華《はな》子《こ》 純《じゅん》子《こ》 紗《さ》千《ち》 記《き》与《よ》

運：主運24・初運13・総運37

＊姓の画数11は、P374にも名前の吉画数があります。

姓の画数 11-4

【姓の例】

亀井・黒木・清水
鳥井・船戸・細井
堀内・望月

姓に合う名前の吉画数 9-7

男の子の名前の例

春秀《はるひで》　信克《のぶかつ》　俊助《しゅんすけ》　咲治《さくや》　郁杜《いくと》

女の子の名前の例

玲花《れいか》　美沙《みさ》　春那《はるな》　咲良《さくら》　映李《えいり》

運：主運13・初運16・総運31

姓の画数 11-3

【姓の例】

亀山・菊川・清川
黒川・野上・野口
細川・堀口

姓に合う名前の吉画数 12-5

男の子の名前の例

雄矢《ゆうや》　裕司《ゆうじ》　尊由《たかよし》　貴央《たかお》　晶広《あきひろ》

女の子の名前の例

結加《ゆいか》　智代《ともよ》　智可《ちか》　葵世《きよ》　詠加《えいか》

運：主運15・初運17・総運31

姓の画数 11

【姓の例】

乾・梶・菅・堀・都

姓に合う名前の吉画数 13

男の子の名前の例

幹《みき》　寛《ひろし》　想《そう》　煌《こう》　暉《あきら》

女の子の名前の例

零《れい》　夢《ゆめ》　雅《みやび》　聖《せい》　絹《きぬ》

運：主運24・初運13・総運24

姓の画数 11-7

【姓の例】

逸見・渋沢・曽我
野坂・野村・細谷

姓に合う名前の吉画数 8-5

男の子の名前の例

怜司《れいじ》　享史《ゆきふみ》　尚矢《なおや》　朋弘《ともひろ》　昂平《こうへい》

女の子の名前の例

和加《わか》　弥生《やよい》　奈乃子《なのこ》　幸代《さちよ》　佳世《かよ》

運：主運15・初運13・総運31

姓の画数 11-6

【姓の例】

菊池・菊地・鳥羽
細江・堀江

姓に合う名前の吉画数 10-5

男の子の名前の例

凌平《りょうへい》　祥正《よしまさ》　起広《たつひろ》　剛央《たけお》　晄生《あきお》

女の子の名前の例

桃代《ももよ》　真由《まゆ》　華世《はなよ》　珠未《たまみ》　恵加《あやか》

運：主運16・初運15・総運32

姓の画数 11-5

【姓の例】

麻生・黒田・笹本
堂本・梨本・野田
堀田

姓に合う名前の吉画数 3-13

男の子の名前の例

弓椰《ゆみや》　久照《ひさてる》　与睦《ともちか》　丈嗣《たけし》　大聖《だいせい》

女の子の名前の例

夕鈴《ゆうりん》　万莉子《まりこ》　久愛《ひさな》　千寛《ちひろ》　千歳《ちとせ》

運：主運8・初運16・総運32

姓の画数 11-10

【姓の例】

鹿島・清原・菅原
副島・曽根・野島

姓に合う名前の吉画数 3-13

男の子の名前の例

之嗣《ゆきじ》　久椰《ひさや》　与雅《ともまさ》　大雅《たいが》　万嗣《かずし》

女の子の名前の例

夕梨乃《ゆりの》　弓愛《ゆみな》　万暉《まき》　千瑚《ちこ》　小暉《さき》

運：主運13・初運16・総運37

姓の画数 11-9

【姓の例】

笹津・野神・野城
堀城

姓に合う名前の吉画数 9-6

男の子の名前の例

勇至《ゆうし》　信好《のぶよし》　俊成《としなり》　春丞《しゅんすけ》　洸弐《こうじ》

女の子の名前の例

柚圭《ゆずか》　美早《みさ》　思羽《しう》　紀衣《きい》　香会《かえ》

運：主運18・初運15・総運35

姓の画数 11-8

【姓の例】

黒松・野岸

姓に合う名前の吉画数 9-7

男の子の名前の例

玲吾《れいご》　信亨《のぶゆき》　俊宏《としひろ》　洸志《こうし》　栄汰《えいた》

女の子の名前の例

柚芳《ゆずか》　美希《みき》　春花《はるか》　紀玖《きく》　香那《かな》

運：主運17・初運16・総運35

姓の画数 11-16

【姓の例】
都築・船橋

姓に合う名前の吉画数 14-4

男の子の名前の例：豪太《ごうた》、綜介《そうすけ》、緒仁《つぐと》、鳳太《ほうた》、嘉文《よしふみ》

女の子の名前の例：彰予《あきよ》、綾日《あやか》、歌巴《うたは》、嘉月《かづき》、聡心《さとみ》

運：主運30・初運18・総運45

姓の画数 11-12

【姓の例】
黒須・笹森

姓に合う名前の吉画数 3-5

男の子の名前の例：万矢《かずや》、大生《だいき》、丈央《たけお》、才広《としひろ》、夕玄《ゆうげん》

女の子の名前の例：千広《ちひろ》、久代《ひさよ》、万矢《まや》、万由《まゆ》、夕加《ゆうか》

運：主運15・初運8・総運31

姓の画数 11-11

【姓の例】
清野・紺野・菅野
野崎・細野

姓に合う名前の吉画数 2-13

男の子の名前の例：了寛《あきひろ》、刀士朗《とうしろう》、又誠《ゆうせい》、力雅《りきまさ》、了太郎《りょうたろう》

女の子の名前の例：乃愛《のあ》、乃恵子《のえこ》、乃鈴《のすず》、乃莉子《のりこ》、二愛《ふたな》

運：主運13・初運15・総運37

姓の画数 12-2

【姓の例】
勝又・道又

姓に合う名前の吉画数 14-3

男の子の名前の例：彰才《あきとし》、榮士《えいと》、遙己《はるき》、寧士《やすし》、嘉久《よしひさ》

女の子の名前の例：彰巳《あきみ》、樺与《かよ》、緑子《みどりこ》、遙子《ようこ》、瑠巳《るみ》

運：主運16・初運17・総運31

姓の画数 12

【姓の例】
奥・勝・堺・堤・湊・森
渡

姓に合う名前の吉画数 12-13

男の子の名前の例：敦雅《あつまさ》、貴寛《たかひろ》、雄嗣《ゆうじ》、裕聖《ゆうせい》、湧太郎《ゆうたろう》

女の子の名前の例：葵瑚《きこ》、貴菜乃《きなの》、陽愛《はるな》、満鈴《みすず》、結衣花《ゆいか》

運：主運24・初運25・総運37

姓の画数 11-18

【姓の例】
斎藤・進藤・清藤

姓に合う名前の吉画数 12-6

男の子の名前の例：敬伍《けいご》、滋成《しげなり》、尋匡《ひろまさ》、満吉《みつよし》、喜考《よしたか》

女の子の名前の例：暁帆《あきほ》、喜会《きえ》、智帆《ちほ》、晴圭《はるか》、結羽《ゆう》

運：主運30・初運18・総運47

姓の画数 12-5

【姓の例】
飯田・植田・富田
富永・森田・森本
渡辺

姓に合う名前の吉画数 11-13

男の子の名前の例：章雅《あきまさ》、逸暉《いつき》、悠太郎《ゆうたろう》、惟照《よしてる》、隆聖《りゅうせい》

女の子の名前の例：菜詩《なうた》、菜由佳《なゆか》、麻紗子《まさこ》、麻椰《まや》、理紗子《りさこ》

運：主運16・初運24・総運41

姓の画数 12-4

【姓の例】
朝井・植木・筒井
富井・森井・森内
森元

姓に合う名前の吉画数 9-6

男の子の名前の例：昭光《あきみつ》、郁匡《いくまさ》、栄多《えいた》、信旭《のぶてる》、政行《まさゆき》

女の子の名前の例：香江《かえ》、紀帆《きほ》、咲会《さきえ》、春圭《はるか》、美羽《みう》

運：主運13・初運15・総運31

姓の画数 12-3

【姓の例】
奥山・越川・須山
富山・葉山・森川
森山・湯川

姓に合う名前の吉画数 10-6

男の子の名前の例：晃多《こうた》、時匡《ときまさ》、敏亘《としのぶ》、将行《まさゆき》、凌成《りょうせい》

女の子の名前の例：紗帆《さほ》、純名《じゅんな》、真有《まゆ》、桃江《ももえ》、莉圭《りか》

運：主運13・初運16・総運31

姓の画数 12-6

【姓の例】
植竹・落合・喜多
椎名

姓に合う名前の吉画数 10-3

男の子の名前の例
剣《けん》也《や》　浩《こう》大《だい》　恵《しげ》之《ゆき》　哲《てつ》士《し》　祥《よし》万《かず》

女の子の名前の例
姫《き》夕《ゆ》　祥《しょう》子《こ》　時《とき》与《よ》　夏《なつ》子《こ》　華《はな》巳《み》

運：主運16・初運13・総運31

姓の画数 12-7

【姓の例】
奥村・奥谷・勝見
萩谷・森谷・森村
湯沢

姓に合う名前の吉画数 10-6

男の子の名前の例
晄《あき》成《なり》　修《しゅう》弐《じ》　真《しん》多《た》　剛《たけ》光《みつ》　真《まさ》至《よし》

女の子の名前の例
桜《おう》圭《か》　華《か》帆《ほ》　姫《き》会《え》　恵《めぐ》光《み》　恭《やす》江《え》

運：主運17・初運16・総運35

姓の画数 12-8

【姓の例】
飯岡・植松・富岡
森岡

姓に合う名前の吉画数 10-5

男の子の名前の例
晄《あき》央《お》　純《じゅん》矢《や》　将《まさ》由《よし》　祥《よし》永《なが》　凌《りょう》司《じ》

女の子の名前の例
華《か》央《お》　純《すみ》加《か》　時《とき》未《み》　恭《やす》世《よ》　留《る》可《か》

運：主運18・初運15・総運35

姓の画数 12-9

【姓の例】
渥美・勝俣・結城

姓に合う名前の吉画数 4-12

男の子の名前の例
王《きみ》尋《ひろ》　太《たい》賀《が》　太《たい》登《と》　元《もと》博《ひろ》　友《ゆう》詞《じ》

女の子の名前の例
公《く》美《み》子《こ》　月《つき》絵《え》　友《とも》詠《え》　心《み》結《ゆ》　友《ゆ》美《み》子《こ》

運：主運13・初運16・総運37

姓の画数 12-10

【姓の例】
朝倉・朝原・飯島
萩原・間宮・森島

姓に合う名前の吉画数 3-12

男の子の名前の例
大《だい》登《と》　丈《たけ》満《みつ》　与《とも》晴《はる》　久《ひさ》詞《し》　弓《ゆみ》博《ひろ》

女の子の名前の例
千《ち》賀《か》　久《ひさ》瑛《え》　万《ま》結《ゆ》　弓《ゆみ》絵《え》　夕《ゆ》莉《り》乃《の》

運：主運13・初運15・総運37

姓の画数 12-11

【姓の例】
奥野・勝野・軽部
須崎・渡部

姓に合う名前の吉画数 5-19

男の子の名前の例
玄《げん》九《く》朗《ろう》　広《ひろ》鏡《あき》　史《ふみ》識《のり》　正《まさ》登《と》志《し》　由《よし》識《のり》

女の子の名前の例
加《か》菜《な》枝《え》　可《か》菜《な》実《み》　加《か》保《ほ》莉《り》　未《み》麗《り》　由《ゆ》実《み》菜《な》

運：主運16・初運24・総運47

姓の画数 12-12

【姓の例】
飯塚・須賀・塚越
富塚

姓に合う名前の吉画数 4-13

男の子の名前の例
仁《じん》太《た》郎《ろう》　太《たい》聖《せい》　友《とも》暉《き》　友《とも》寛《ひろ》　仁《ひと》嗣《し》

女の子の名前の例
友《とも》愛《な》　水《みず》暉《き》　心《み》鈴《すず》　心《み》暖《はる》　友《ゆ》莉《り》子《こ》

運：主運16・初運17・総運41

姓の画数 12-18

【姓の例】
須藤・森藤

姓に合う名前の吉画数 11-6

男の子の名前の例
康《こう》成《せい》　清《せい》弐《じ》　隆《たか》光《みつ》　理《まさ》亘《のぶ》　惟《よし》匡《まさ》

女の子の名前の例
唱《うた》圭《か》　菜《な》江《え》　啓《ひろ》江《え》　雪《ゆき》名《な》　理《り》衣《い》

運：主運29・初運17・総運47

姓の画数 12-19

【姓の例】
間瀬・渡瀬

姓に合う名前の吉画数 12-4

男の子の名前の例
皓《こう》太《た》　湊《そう》介《すけ》　貴《たか》友《とも》　尋《ひろ》斗《と》　満《みつ》夫《お》

女の子の名前の例
絢《あや》日《か》　瑛《えい》心《み》　琴《こと》巴《は》　満《ま》友《ゆう》　喜《よし》心《み》

運：主運31・初運16・総運47

13-3

【姓の例】
塩川・滝口・遠山
豊川・新山・福山
溝口

姓に合う名前の吉画数 12-3

男の子の名前の例
敦久《あつひさ》 勝之《かつゆき》 滋万《しげかず》 湊士《そうし》 智之《ともゆき》

女の子の名前の例
朝子《あさこ》 貴与《たかよ》 智巳《ともみ》 満千《みち》 結子《ゆいこ》

運：主運15・初運15・総運31

13-4

【姓の例】
新井・鈴木・滝元
照井・福井・福元

姓に合う名前の吉画数 12-12

男の子の名前の例
暁博《あきひろ》 滋敬《しげたか》 湊裕《そうすけ》 貴詞《たかし》 智喜《ともき》

女の子の名前の例
晶絵《あきえ》 絵里加《えりか》 智葉《ともは》 満尋《まひろ》 結香子《ゆかこ》

運：主運16・初運24・総運41

13-5

【姓の例】
新田・園田・滝田
滝本・豊田・福田
福永

姓に合う名前の吉画数 10-3

男の子の名前の例
朗久《あきひさ》 晄丈《あきひろ》 晋也《しんや》 紘士《ひろと》 泰大《やすひろ》

女の子の名前の例
夏与《かよ》 桂子《けいこ》 紗也《さや》 純与《すみよ》 莉与《りよ》

運：主運15・初運13・総運31

13-7

【姓の例】
塩見・新谷・鈴村
滝沢・新見・新村
福沢・福村

姓に合う名前の吉画数 11-4

男の子の名前の例
健斗《けんと》 進介《しんすけ》 康友《やすとも》 悠元《ゆうげん》 涼太《りょうた》

女の子の名前の例
彩心《あやみ》 皐月《さつき》 菜文《なふみ》 麻友《まゆ》 淑心《よしみ》

運：主運18・初運15・総運35

13-8

【姓の例】
新沼・蓮沼・福岡

姓に合う名前の吉画数 5-11

男の子の名前の例
叶務《かなむ》 広理《ひろまさ》 本基《もとき》 由啓《よしひろ》 礼梧《れいご》

女の子の名前の例
広望《ひろみ》 未唯《みい》 由紀乃《ゆきの》 由彩《ゆさ》 礼菜《れいな》

運：主運13・初運16・総運37

13-9

【姓の例】
新垣・新城・照屋
新美

姓に合う名前の吉画数 4-11

男の子の名前の例
王埜《きみや》 心梧《しんご》 太康《ひろやす》 元基《もとき》 友進《ゆうしん》

女の子の名前の例
心望《ここみ》 月埜《つきの》 仁菜《にな》 友梨《ゆり》 友麻《ゆま》

運：主運13・初運15・総運37

13-10

【姓の例】
嵯峨・塩原・新倉
豊島・福島・福原

姓に合う名前の吉画数 3-12

男の子の名前の例
万喜《かずき》 大賀《たいが》 大智《だいち》 丈雄《たけお》 久暁《ひさあき》

女の子の名前の例
小智《さち》 千晶《ちあき》 千陽《ちはる》 千尋《ちひろ》 万葉《まよう》

運：主運13・初運15・総運38

13-11

【姓の例】
塩野・園部・滝野

姓に合う名前の吉画数 4-3

男の子の名前の例
公士《こうし》 友己《ともき》 円之《のぶゆき》 文也《ふみや》 友万《ゆうま》

女の子の名前の例
月子《つきこ》 友子《ともこ》 友与《ともよ》 はる 仁巳《ひとみ》

運：主運15・初運7・総運31

13-18

【姓の例】
遠藤・新藤

姓に合う名前の吉画数 13-3

男の子の名前の例
準也《じゅんや》 蒼士《そうし》 寛万《ひろかず》 雅己《まさき》 義之《よしゆき》

女の子の名前の例
詩巳《うたみ》 聖巳《きよみ》 鈴子《すずこ》 園子《そのこ》 靖子《やすこ》

運：主運31・初運16・総運47

14（姓に合う名前の吉画数 10-21）

【姓の例】
榎・関・槙

男の子の名前の例：修《しゅう》梧《ご》朗《ろう》　祥《しょう》滋《じ》郎《ろう》　時《とき》汰《た》嘉《か》　紘《ひろ》由《ゆ》樹《き》　真《ま》紗《さ》啓《ひろ》

女の子の名前の例：恵《え》莉《り》菜《な》　華《か》須《す》美《み》　紗《さ》姫《き》菜《な》　真《ま》由《ゆ》樹《き》　莉《り》櫻《お》

主運24・初運31・総運45

14-3（姓に合う名前の吉画数 12-3）

【姓の例】
稲川・蔭山・関口
徳丸・増子・緑川

男の子の名前の例：晶《あき》也《や》　敬《たか》士《と》　陽《はる》士《と》　晴《はる》久《ひさ》　満《みつ》久《ひさ》

女の子の名前の例：敦《あつ》子《こ》　詠《えい》子《こ》　貴《たか》子《こ》　智《とも》巳《み》　尋《ひろ》巳《み》

主運15・初運15・総運32

14-4（姓に合う名前の吉画数 11-2）

【姓の例】
稲井・稲毛・緒方
熊井

男の子の名前の例：章《あき》二《つぐ》　清《きよ》人《ひと》　康《こう》二《じ》　惟《これ》了《あき》　理《り》人《ひと》

女の子の名前の例：章《あき》乃《の》　啓《けい》乃《の》　毬《まり》乃《の》　萌《もえ》乃《の》　淑《よし》乃《の》

主運15・初運13・総運31

14-5（姓に合う名前の吉画数 6-10）

【姓の例】
稲本・榎本・熊田
関本・徳田・徳本
増田

男の子の名前の例：圭《けい》悟《ご》　成《しげ》晃《あき》　匠《たく》馬《ま》　充《みつ》記《き》　吉《よし》朗《お》

女の子の名前の例：朱《あや》華《か》　衣《え》莉《り》　汐《きよ》恵《え》　早《さ》恵《え》　有《ゆ》姫《き》

主運11・初運16・総運35

14-7（姓に合う名前の吉画数 6-10）

【姓の例】
稲村・熊谷・熊沢
関谷・増沢

男の子の名前の例：成《せい》真《ま》　壮《そう》悟《ご》　匡《まさ》敏《とし》　光《みつ》朗《お》　吉《よし》紘《ひろ》

女の子の名前の例：圭《か》恵《え》　匡《きょう》華《か》　早《さ》姫《き》　多《た》恵《え》　吏《り》華《か》

主運13・初運16・総運37

14-9（姓に合う名前の吉画数 7-11）

【姓の例】
稲垣・関屋・徳重
福重

男の子の名前の例：邦《くに》章《あき》　伸《しん》梧《ご》　孝《たか》啓《ひろ》　秀《ひで》基《き》　佑《ゆう》絃《げん》

女の子の名前の例：杏《あん》梨《り》　花《か》奈《な》子《こ》　沙《さ》菜《な》　秀《ひで》望《み》　里《り》彩《さ》

主運16・初運18・総運41

14-10（姓に合う名前の吉画数 6-11）

【姓の例】
漆原・熊倉・榊原
関根・綱島・徳原

男の子の名前の例：匠《しょう》梧《ご》　成《なる》隆《たか》　匡《まさ》都《と》　充《みつ》基《き》　至《よし》啓《ひろ》

女の子の名前の例：朱《あけ》埜《の》　江《え》梨《り》　早《さ》菜《な》　妃《ひ》奈《な》子《こ》　有《ゆ》唯《い》

主運16・初運17・総運41

14-11（姓に合う名前の吉画数 6-10）

【姓の例】
綾野・熊野・槙野

男の子の名前の例：壮《そう》真《ま》　成《なる》隼《とし》　匡《まさ》晃《あき》　充《みつ》浩《ひろ》　有《ゆう》馬《ま》

女の子の名前の例：圭《か》恋《れん》　汐《きよ》夏《か》　早《さ》笑《え》　吉《よし》恵《え》　好《よし》華《か》

主運17・初運16・総運41

14-12（姓に合う名前の吉画数 5-10）

【姓の例】
稲葉・稲森・増淵

男の子の名前の例：正《しょう》真《ま》　央《てる》起《き》　広《ひろ》晄《あき》　史《ふみ》時《とき》　由《ゆう》悟《ご》

女の子の名前の例：加《か》純《すみ》　広《ひろ》夏《か》　未《み》姫《き》　未《み》珠《み》　由《ゆ》起《き》

主運17・初運15・総運41

姓の画数 15-5

【姓の例】
蔵田・蔵本・駒田
権田・潮田・樋田
横田

姓に合う名前の吉画数 12-3

男の子の名前の例
喜之《よしゆき》　雄士《ゆうし》　尋也《ひろや》　陽久《はるひさ》　翔也《しょうや》

女の子の名前の例
陽子《ようこ》　瑛巳《えいみ》　暁与《あきよ》　晶子《あきこ》　暁子《あきこ》

運：主運17・初運15・総運35

姓の画数 15-4

【姓の例】
駒井・横井・横内
横手

姓に合う名前の吉画数 13-3

男の子の名前の例
雅士《まさし》　豊久《とよひさ》　照久《てるひさ》　新也《しんや》　滉士《こうし》

女の子の名前の例
夢巳《ゆめみ》　雅与《まさよ》　暉子《てるこ》　園巳《そのみ》　蒼子《そうこ》

運：主運17・初運16・総運35

姓の画数 15-3

【姓の例】
影山・澄川・樋口
横川・横山

姓に合う名前の吉画数 3-10

男の子の名前の例
夕悟《ゆうご》　大隼《ひろたか》　久起《ひさき》　丈将《たけまさ》　万時《かずとき》

女の子の名前の例
弓華《ゆみか》　夕夏《ゆうか》　万純《ますみ》　千珠《ちず》　万紗《かずさ》

運：主運6・初運13・総運31

姓の画数 16-4

【姓の例】
薄井・橋爪・橋元

姓に合う名前の吉画数 7-8

男の子の名前の例
佑典《ゆうすけ》　宏明《ひろあき》　寿尚《ひさなお》　孝幸《たかゆき》　伸弥《しんや》

女の子の名前の例
里歩《りほ》　佑季《ゆうき》　花実《はなみ》　沙也加《さやか》　君佳《きみか》

運：主運11・初運15・総運35

姓の画数 16-3

【姓の例】
鮎川・鴨下・館山
橋口

姓に合う名前の吉画数 14-2

男の子の名前の例
嘉人《よしと》　暢了《のぶあき》　颯又《そうすけ》　魁人《かいと》　彰人《あきひと》

女の子の名前の例
瑠乃《るの》　嘉乃《よしの》　遙乃《はるの》　歌乃《うたの》　綾乃《あやの》

運：主運17・初運16・総運35

姓の画数 15-7

【姓の例】
駒形・駒沢・横尾
横村・横谷

姓に合う名前の吉画数 6-9

男の子の名前の例
至紀《よしき》　守彦《もりひこ》　光則《みつのり》　壮哉《そうや》　会音《かいと》

女の子の名前の例
吏衣子《りいこ》　有紀《ゆうき》　百香《ももか》　衣美《えみ》　朱美《あけみ》

運：主運13・初運15・総運37

姓の画数 17-5

【姓の例】
磯田・磯辺・篠田

姓に合う名前の吉画数 8-7

男の子の名前の例
侑汰《ゆうた》　治希《はるき》　周寿《ちかひさ》　享佑《きょうすけ》　明宏《あきひろ》

女の子の名前の例
侑花《ゆうか》　実里《みさと》　実花《みか》　佳那《かな》　育那《いくな》

運：主運13・初運15・総運37

姓の画数 17-3

【姓の例】
磯山・篠山

姓に合う名前の吉画数 8-7

男の子の名前の例
征臣《まさおみ》　尚近《なおちか》　昇吾《しょうご》　周佑《しゅうすけ》　弦汰《げんた》

女の子の名前の例
実玖《みく》　茉希《まき》　知里《ちさと》　知花《ちか》　明七《あきな》

運：主運11・初運15・総運35

姓の画数 16-5

【姓の例】
薄田・樫本・鴨田
繁田・薗田・橋本

姓に合う名前の吉画数 8-8

男の子の名前の例
享弥《ゆきや》　尚明《なおあき》　昇治《しょうじ》　周弥《しゅうや》　茂季《しげき》

女の子の名前の例
侑奈《ゆうな》　奈歩《なほ》　尚実《なおみ》　空実《くみ》　育実《いくみ》

運：主運13・初運16・総運37

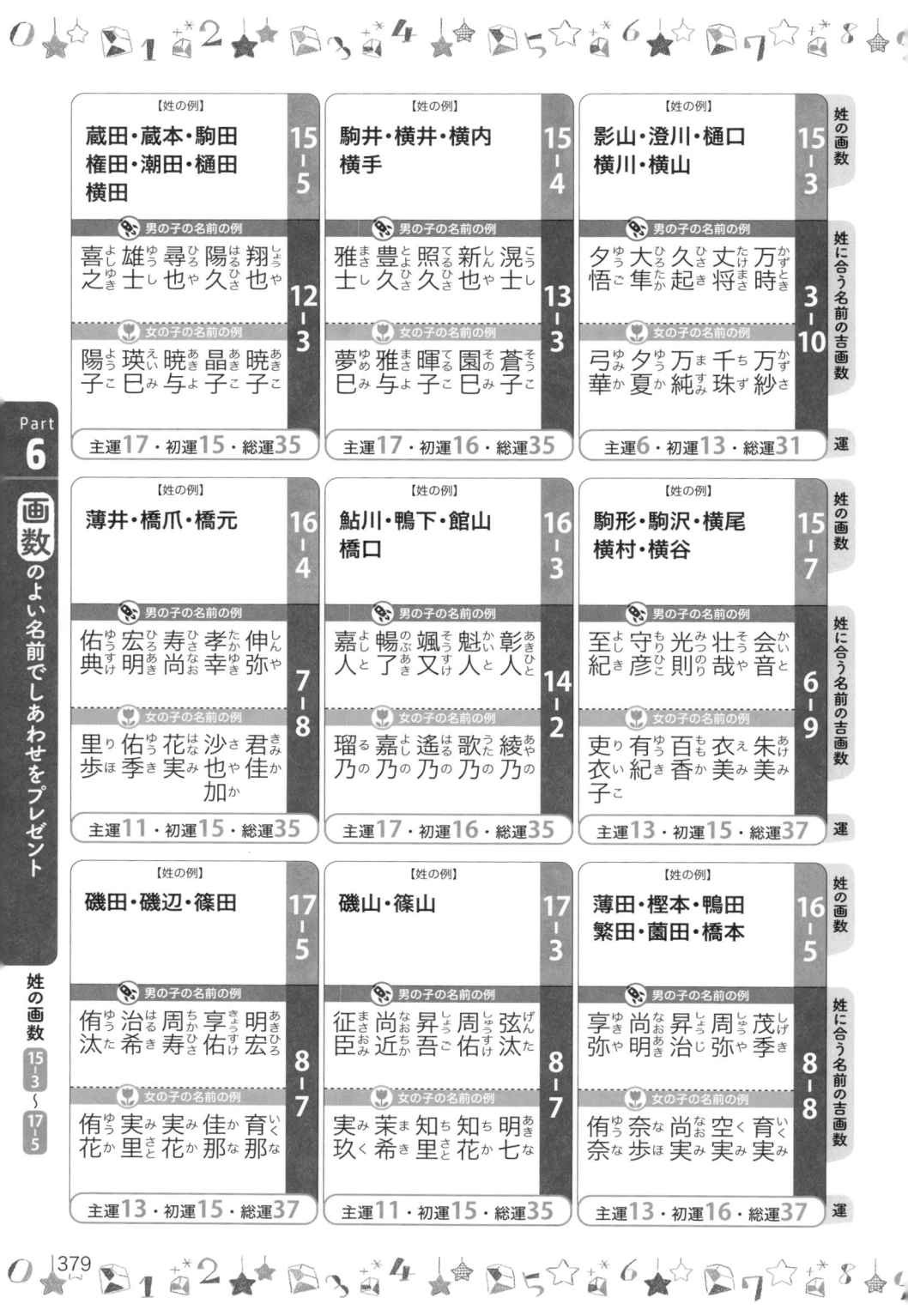

姓の画数 17-10

【姓の例】
鮫島・篠原・鍋島

姓に合う名前の吉画数 5-20

男の子の名前の例
永護《えいご》 弘耀《ひろあき》 正護《せいご》 由多嘉《ゆたか》 由耀《よしてる》

女の子の名前の例
加菜美《かなみ》 由華莉《ゆかり》 由貴奈《ゆきな》 由実絵《ゆみえ》 礼馨《れいか》

運：主運15・初運25・総運52

姓の画数 17-11

【姓の例】
磯崎・磯部・篠崎

姓に合う名前の吉画数 5-8

男の子の名前の例
功直《いさなお》 永忠《ながただ》 広和《ひろかず》 史茂《ふみしげ》 正朋《まさとも》

女の子の名前の例
加波《かなみ》 史於《しお》 弘枝《ひろえ》 未苑《みその》 由佳《ゆか》

運：主運16・初運13・総運41

姓の画数 17-18

【姓の例】
齋藤・篠藤

姓に合う名前の吉画数 6-7

男の子の名前の例
圭吾《けいご》 亘佑《こうすけ》 共希《ともき》 有汰《ゆうた》 吉宏《よしひろ》

女の子の名前の例
衣李《えり》 早里《さり》 成那《せいな》 百花《ももか》 吏沙《りさ》

運：主運24・初運13・総運48

姓の画数 18

【姓の例】
藤・藪

姓に合う名前の吉画数 7-6

男の子の名前の例
亨丞《きょうすけ》 孝光《たかみつ》 伸成《のぶなり》 宏亘《ひろのぶ》 良匡《よしまさ》

女の子の名前の例
杏吏《あんり》 希名《きな》 沙妃《さき》 花江《はなえ》 秀圭《ひでか》

運：主運25・初運13・総運31

姓の画数 18-3

【姓の例】
鵜川・藤川・藤丸
藤山

姓に合う名前の吉画数 10-6

男の子の名前の例
恭多《きょうた》 時汎《ときひろ》 紘行《ひろゆき》 真好《まさよし》 祥充《よしみつ》

女の子の名前の例
華名《かな》 紗江《さえ》 珠光《たまみ》 真妃《まき》 莉帆《りほ》

運：主運13・初運16・総運37

姓の画数 18-4

【姓の例】
藤井・藤木・藤元

姓に合う名前の吉画数 7-6

男の子の名前の例
邦好《くによし》 孝匡《たかまさ》 寿成《ひさなり》 佑至《ゆうし》 良充《よしみつ》

女の子の名前の例
亜有《あゆ》 希帆《きほ》 君江《きみえ》 宏江《ひろえ》 佑妃《ゆうき》

運：主運11・初運13・総運35

姓の画数 18-5

【姓の例】
織田・鎌田・藤代
藤田・藤永・藤本

姓に合う名前の吉画数 11-13

男の子の名前の例
啓太郎《けいたろう》 崇寛《たかひろ》 理暉《まさき》 康雅《やすまさ》 惟寛《よしひろ》

女の子の名前の例
唱愛《うたな》 望紗子《みさこ》 望由果《みゆか》 萌百花《ももか》 梨央奈《りおな》

運：主運16・初運24・総運47

姓の画数 18-7

【姓の例】
鵜沢・鎌形・藤尾・藤沢・藤谷・藤村

姓に合う名前の吉画数 6-7

男の子の名前の例
光佑《こうすけ》 匠汰《しょうた》 汎志《ひろし》 有吾《ゆうご》 吉杜《よしと》

女の子の名前の例
朱里《あかり》 匡花《きょうか》 早那《さな》 光希《みつき》 有芳《ゆうか》

運：主運13・初運13・総運38

姓に合う名前の吉画数 6

男の子の名前の例
至《いたる》 会《かい》 匡《きょう》 好《こう》 成《せい》

女の子の名前の例
圭《けい》 凪《なぎ》 羽《はね》 光《ひかり》 有《ゆう》

運：主運13・初運6・総運31

【姓の例】藤堂・藤崎・藤野
姓の画数 18-11
姓に合う名前の吉画数 6-12

男の子の名前の例：壮詞《そうし》　成敬《なるたか》　匡喜《まさき》　充陽《みつはる》　吉裕《よしひろ》

女の子の名前の例：圭絵《かえ》　妃美子《ひみこ》　充詠《みつえ》　百葉《ももよ》　有莉乃《ゆりの》

運：主運17・初運18・総運47

【姓の例】鎌倉・藤島・藤浪
藤原
姓の画数 18-10
姓に合う名前の吉画数 5-19

男の子の名前の例：永登志《ながとし》　弘譜《ひろつぐ》　広識《ひろのり》　由鏡《よしあき》　礼羅《れいら》

女の子の名前の例：加菜実《かなみ》　由貴那《ゆきな》　由磨子《ゆまこ》　由麗《ゆり》　由梨奈《ゆりな》

運：主運15・初運24・総運52

【姓の例】藤枝・藤岡・藤波
藤沼
姓の画数 18-8
姓に合う名前の吉画数 8-7

男の子の名前の例：昂佑《こうすけ》　幸汰《こうた》　卓志《たくじ》　朋希《ともき》　怜治《れいや》

女の子の名前の例：季那《きな》　典花《のりか》　弥花《みか》　実李《みり》　幸芳《ゆきか》

運：主運16・初運15・総運41

【姓の例】鏑木・瀬戸
姓の画数 19-4
姓に合う名前の吉画数 12-12

男の子の名前の例：瑛詞《えいし》　翔之祐《しょうのすけ》　晴登《はると》　尋道《ひろみち》　裕貴《ゆうき》

女の子の名前の例：琴葉《ことは》　智映子《ちえこ》　智尋《ちひろ》　陽南子《ひなこ》　結貴《ゆうき》

運：主運16・初運24・総運47

【姓の例】瀬川・瀬下
姓の画数 19-3
姓に合う名前の吉画数 10-5

男の子の名前の例：恭司《きょうじ》　竜央《たつお》　真弘《まさひろ》　泰史《やすふみ》　祥生《よしき》

女の子の名前の例：華乃子《かのこ》　桂加《けいか》　祥代《さちよ》　莉加《りか》　莉世《りよ》

運：主運13・初運15・総運37

【姓の例】藤塚・藤森
姓の画数 18-12
姓に合う名前の吉画数 5-13

男の子の名前の例：礼継《あやつぐ》　永暉《えいき》　史義《ふみよし》　正寛《まさひろ》　由誠《よしまさ》

女の子の名前の例：可鈴《かりん》　加蓮《かれん》　史誉《ふみよ》　由衣花《ゆいか》　由愛《ゆな》

運：主運17・初運18・総運48

【姓の例】鶴岡・櫻岡
姓の画数 21-8
姓に合う名前の吉画数 3-3

男の子の名前の例：万大《かずひろ》　才也《としや》　才之《としゆき》　久己《ひさき》　夕大《ゆうだい》

女の子の名前の例：小千《さち》　久与《ひさよ》　万三《まみ》　みゆ　夕子《ゆうこ》

運：主運11・初運6・総運35

【姓の例】鶴田・鶴本
姓の画数 21-5
姓に合う名前の吉画数 8-3

男の子の名前の例：卓巳《たくみ》　岳士《たけと》　征也《まさや》　侑士《ゆうじ》　幸久《ゆきひさ》

女の子の名前の例：歩子《あゆこ》　季子《きこ》　朋与《ともよ》　実千《みち》　幸巳《ゆきみ》

運：主運13・初運11・総運37

【姓の例】瀬尾・瀬谷
姓の画数 19-7
姓に合う名前の吉画数 9-6

男の子の名前の例：恒丞《こうすけ》　重亘《しげのぶ》　奏多《そうた》　俊汎《としひろ》　洋充《ひろみつ》

女の子の名前の例：香名《かな》　奏江《かなえ》　星名《せいな》　美妃《みき》　保帆《やすほ》

運：主運16・初運15・総運41

一ノ瀬

【姓の例】一ノ瀬

姓の画数：1-1-19

姓に合う名前の吉画数：12-4

男の子の名前の例：覚斗《あきと》、敦夫《あつお》、喬介《きょうすけ》、晴友《はるとも》、雄太《ゆうた》

女の子の名前の例：暁心《あきみ》、紫文《しふみ》、晴日《はるか》、満月《みつき》、結日《ゆいか》

運：主運31・初運16・総運37

二階堂

【姓の例】二階堂

姓の画数：2-12-11

姓に合う名前の吉画数：6-10

男の子の名前の例：考紘《たかひろ》、匡起《まさき》、充隼《みつとし》、光浩《みつひろ》、有悟《ゆうご》

女の子の名前の例：朱莉《あかり》、江莉《えり》、充笑《みつえ》、光姫《みつき》、百恵《ももえ》

運：主運17・初運16・総運41

山ノ内

【姓の例】山ノ内

姓の画数：3-1-4

姓に合う名前の吉画数：11-13

男の子の名前の例：紹義《あきよし》、爽太郎《そうたろう》、隆寛《たかひろ》、経継《のりつぐ》、悠聖《ゆうせい》

女の子の名前の例：菜実加《なみか》、麻由佳《まゆか》、麻由実《まゆみ》、悠梨乃《ゆりの》、梨紗子《りさこ》

運：主運15・初運24・総運32

大久保

【姓の例】大久保

姓の画数：3-3-9

姓に合う名前の吉画数：6-11

男の子の名前の例：匡一朗《きょういちろう》、考紹《たかあき》、充啓《みつひろ》、有基《ゆうき》、吉隆《よしたか》

女の子の名前の例：衣梨《えり》、多佳子《たかこ》、多望《たみ》、妃毬《ひまり》、吏彩《りさ》

運：主運15・初運17・総運32

大和田

【姓の例】大和田

姓の画数：3-8-5

姓に合う名前の吉画数：13-2

男の子の名前の例：煌二《こうじ》、慎二《しんじ》、寛人《ひろと》、雅力《まさちか》、靖人《やすひと》

女の子の名前の例：聖乃《きよの》、詩乃《しの》、暖乃《はるの》、寛乃《ひろの》、夢乃《ゆめの》

運：主運18・初運15・総運31

久保田

【姓の例】久保田

姓の画数：3-9-5

姓に合う名前の吉画数：12-6

男の子の名前の例：暁旭《あきてる》、滋充《しげみつ》、尊至《たかし》、皓行《ひろゆき》、裕成《ゆうせい》

女の子の名前の例：晶帆《あきほ》、絢圭《あやか》、瑛名《えいな》、貴江《たかえ》、結衣《ゆい》

運：主運17・初運18・総運35

小野寺

【姓の例】小野寺

姓の画数：3-11-6

姓に合う名前の吉画数：5-10

男の子の名前の例：玄航《げんこう》、司朗《しろう》、弘隼《ひろたか》、正晃《まさあき》、由将《よしまさ》

女の子の名前の例：礼紗《あやさ》、叶華《きょうか》、史恵《ふみえ》、正恵《まさえ》、由笑《よしえ》

運：主運11・初運15・総運35

五十嵐

【姓の例】五十嵐

姓の画数：5-10-12

姓に合う名前の吉画数：6-2

男の子の名前の例：匡二《きょうじ》、圭二《けいじ》、成了《なるあき》、光了《みつあき》、吉人《よしと》

女の子の名前の例：朱乃《あやの》、羽乃《うの》、妃乃《ひめの》、有乃《ゆうの》、好乃《よしの》

運：主運18・初運8・総運35

佐々木

【姓の例】佐々木

姓の画数：7-7-4

姓に合う名前の吉画数：11-2

男の子の名前の例：淳二《じゅんじ》、清二《せいじ》、隆人《たかと》、悠二《ゆうじ》、涼二《りょうじ》

女の子の名前の例：彩乃《あやの》、清乃《きよの》、康乃《やすの》、唯乃《ゆいの》、悠乃《ゆうの》

運：主運15・初運13・総運31

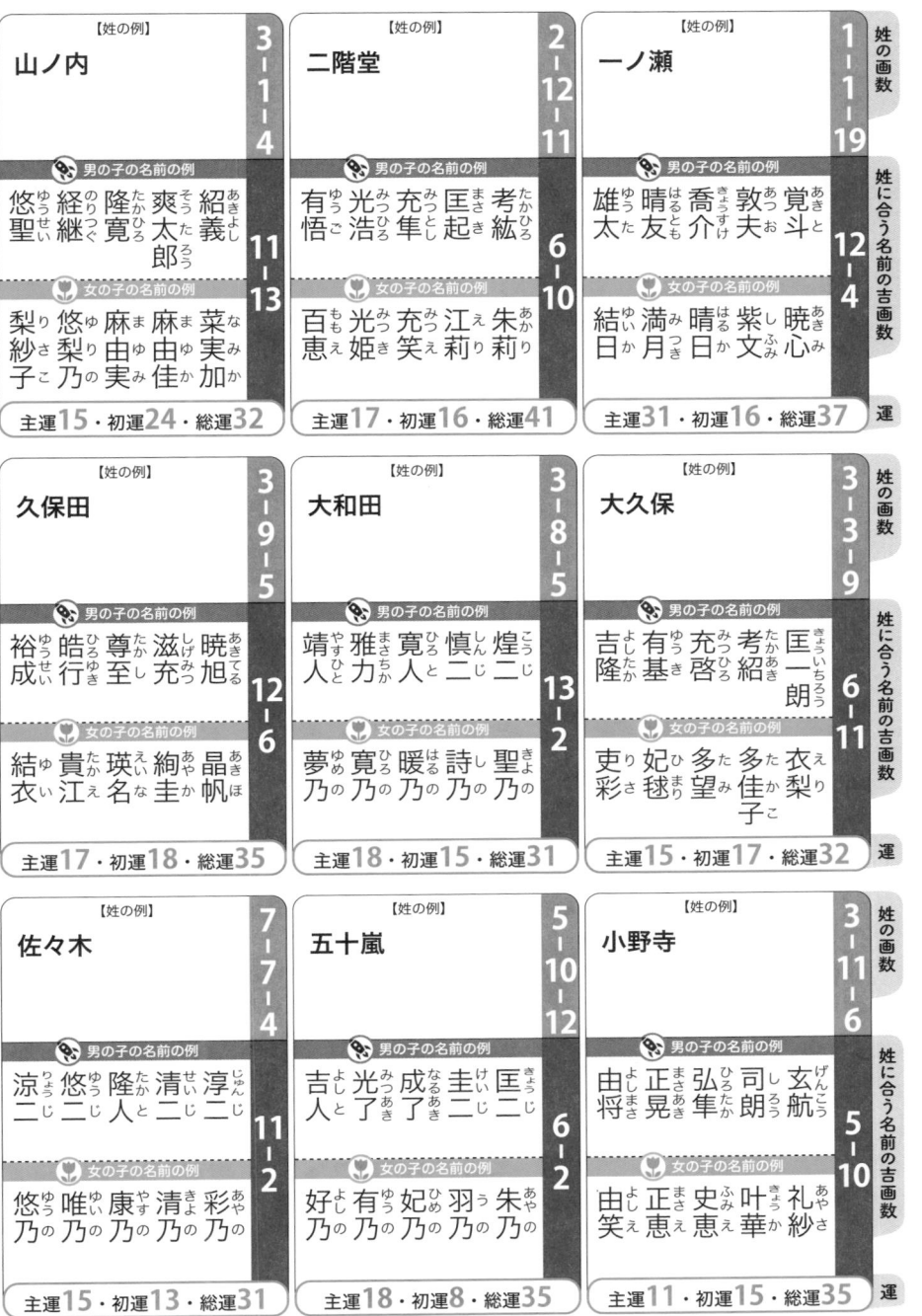

姓の画数	11-11-7
【姓の例】	野々村
4-2 男の子の名前の例	公《きみ》了《あき》　元《げん》又《ゆう》　心《しん》人《と》　仁《じん》人《と》　友《とも》又《ちか》
4-2 女の子の名前の例	文《あや》乃《の》　心《ここ》乃《の》　月《つき》乃《の》　友《とも》乃《の》　まい
運	主運11・初運6・総運35

姓の画数	8-7-3
【姓の例】	長谷川・長谷山
姓に合う名前の吉画数 3-10 男の子の名前の例	士《あき》真《ま》　万《かず》浩《ひろ》　与《とも》剛《たけ》　久《ひさ》哲《あき》　大《ひろ》峻《たか》
3-10 女の子の名前の例	千《ち》華《か》　千《ち》紗《さ》　与《とも》珠《み》　久《ひさ》恵《え》　夕《ゆう》莉《り》
運	主運6・初運13・総運31

知っておきたい 3文字名のつくり方

名前の吉画数を2文字の組み合わせで紹介してきました。3文字の名前をつくるときは、五運の出し方(→P334)をもとに、下記のような手順でつくるのがコツです。

名前の吉数が4-12の場合

ゆ友 4 ― 上の数字は1文字目の画数
き姫・の乃 12 ― 下の数字は2、3文字目の画数の合計

STEP1 吉数1文字目の漢字を決める

友 4 ― 1文字目は友を使う
○○ 12

STEP2 吉数の2文字目を2つに分ける

【ヒント❶】自分が使いたい漢字を当てはめてみる

【ヒント❷】止め字から考える ➡P310、314

【ヒント❸】響きから考える ➡P65

友 4
○ 10
乃 2 ― 止め字で乃を使う
(○＋乃＝12)

STEP3 吉数の漢字を組み合わせて名前を考える

完成!!

ゆ友 4
き姫 10
の乃 2

先輩パパ・ママの名づけエピソード 姓名判断編

子どもが順調に人生を歩めるように、名前の運勢を重視するパパ・ママもいます。「姓名判断」を重視した名づけエピソードを紹介します。

つけたい名前が凶画数。1字変えて運勢アップ

晋《しん》也《や》くん

歴史と文学が好きな私は、敬愛する高杉晋作と志賀直哉から１字ずつもらって「晋哉」という名前を考えました。しかし妻が姓名判断を見てみると、なんと凶！「哉」を「也」に変えて画数を変えると、運勢のよい名前に。私も妻も安心し、ベストな名前になりました。（晋也くんパパ）

お兄ちゃんが選んだ名前に画数のよい漢字をあてた

真《ま》実《み》ちゃん

私と主人では迷いすぎて名前を決められず、長男にゆだねることに。「まみ」がいいと言うので、画数のよい漢字をあてて「真実」にしました。画数はあまりよくないけれど“美”の漢字も捨てがたい私。ふたたび長男に聞いてみると「真実」を選んだので、この名前に決めました。（真実ちゃんママ）

Part 7

名づけに使える 漢字リスト

【気に入った響きの名前に漢字をあてるときに】

読み方で引ける名前におすすめの漢字リスト

名前に使える漢字のうち、特に名前にふさわしい漢字を、読み別に紹介します。名前にふさわしくない漢字、あまり使われない漢字は省いています。読み方は主なものをピックアップしました。辞書にはない読みでも、最近名前によく使われるものは入れています。熟語のように読ませる漢字もあるので、この限りではありません。リストにない漢字や読みを使いたい場合は、漢和辞典で調べてみましょう。

リストの見方

漢字の画数 ― 画数順に並んでいる。

読み

あ

安6 有6 亜7 吾7 亞8

阿8 彼8 空8 明8 娃9

色文字はPart5で紹介している漢字。

50音の見出し

あ

あ
安6 有6 亜7 吾7 亞8 阿8 彼8 空8 明8 娃9 愛13 雅13

あい
合6 会6 和8 相9 娃9 挨10 逢11 愛13 曖17 藍18

あお、あおい
青8 葵12 蒼13 翠14 碧14

あか
丹4 朱6 赤7 明8 紅9 茜9 緋14

あかね
茜9

あかり
灯6 明8 燈16

あき
了2 士3 介4 文4 日4 右5 旦5 白5 礼5 光6 在6 成6 旭6 西6 壮6 言7 亨7 見7 知8 招8 昌8 空8 明8 秋9 亮9 信9 映9 研9 昭9 哲10 晃10 晄10 朗10 紋10 彬11 淳11 章11 爽11 紹11 晨11 敬12 暁12 晶12 瑛12 皓12 覚12 陽12 愛13 暉13 照13 義13 誠13 煌13 察14 彰14 精14 聡14 翠14 諒15 璃15 監15 融16 瞭17 謙17 顕18 鏡19 燿20 鑑23

あきら
了2 公4 卯5 央5 正5 旦5 白5 礼5 光6 名6 在6 存6 成6 旭6 行6 亨7 吟7 良7 見7 果8 享8 知8 学8 昂8 昌8 明8 英8 旺8 亮9 信9 威9 映9 昭9 玲9 相9 省9 秋9 哲10 敏10 晃10 晟10 朗10 祥10 高10 晄10 彪11 啓11 彬11 章11 郷11 爽11 斐12 暁12 景12 晶12 智12 瑛12 皓12 陽12 惺12 聖13 新13 照13 誠13 暉13 幌13 僚14 彰14 爾14 精14 徳14 聡14 翠14 徹15 慧15 賛15 監15 確15 輝15 憲16

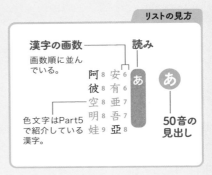

融16 叡16 瞳17 瞭17 曙17 曜18 顕18 鏡19 麗19 耀20 露21 鑑23

あく 明8 空8 握12 渥12

あけ 旦5 朱6 明8 南9 暁12 煌13 緋14 曙17

あさ 元4 旦5 旭6 浅9 麻11 滋12 朝12 諒15

あさひ 旭6

あし 足7 芦7 脚11 葦13

あした 朝12

あずさ 梓11

あずま 東8 春9

あたる 丁2 中4 方4 任6 当6 直8

あつ 丁2 功5 充6 宏7 孜7 京8 昌8 忠8 厚9 春9 重9 純10 惇11 淳11 涼11 陸11 敦12 温12 貴12 富12 農13 暖13 豊13 徳14 幹14 熱15 諄15 醇15 濃16 篤16 纂20

あつし 忠8 厚9 専9 重9 純10

惇11 淳11 陸11 富12 渥12 復12 敦12 温12 睦13 醇15 篤16

あま 天4 甘5 雨8 海9

あまね 周8 普12

あみ 畢10 網14 編15 羅19

あめ 天4 雨8

あや 文4 史5 礼5 朱6 技7 英8 采8 郁9 恵10 純10 紋10 彩11 彬11 琢11 理11 章11 彪11 斐12 絢12 順12 彰14 綾14 綺14 操16

あやめ 菖11

あゆ 似7 肖7 歩8 鮎16

あらた 改7 新13

あり 也3 生5 光6 在6 有6 作7 惟11 現11 満12 照13 徳14

あん 安6 行6 杏7 按9 案10 晏10 俺10 庵11 鞍15

い

い 已3 云4 井4 五5 以5

生5 亥6 伊6 衣6 夷6 行6 似7 位7 依8 委8 居8 威9 施9 為9 畏9 倭10 莞10 唯11 尉11 惟11 偉12 椅12 意13 葦13 維14 緯16 謂16 癒18

いえ 宅6 舎8 室9 屋9 家10 宮10 宿11 楼13 寮15 館16

いおり 庵11

いき 生5 行6 往8 粋10 域11 翼17

いく 生5 如6 行6 往8 育8 活9 郁9 幾12

いさ
功5 伊6 武8 勇9 軍9 義13 勲15

いさお
力2 功5

いさむ
力2 武8 勇9 偉12 敢12 魁14

いず
五5 出5 何7 稜13 厳17

いずみ
泉9

いそ
勤12 勲15 磯17

いたる
及3 至6 迄7 効8 周8 到8 格10 純10 造10 達12 暢14 徹15 親16

いち
一1 市5 壱7 都11 逸11 溢13

いちご
苺8

いつ
一1 乙1 五5 壱7 動11 逸11 敬12 溢13 稜13 厳17

いつき
斎11 樹16 厳17

いと
文4 糸6 系7 弦8 純10 紘11 最12 綸14

いね
禾5 稲14

いま
今4

いる
入2 居8 要9 射10 鋳15

いろ
色6 紅9 彩11 綺14

いわ
岩8 厳20

いん
允4 引4 印6 因6 音9 員10 院10 寅11 蔭14 韻19

う

う
友4 生5 右5 卯5 宇6 有6 羽6 佑7 迂7 兎7 侑8 雨8 於7 祐9 宥9 烏10 得11 優17

うた
唄10 唱11 詠12 詩13 歌14 謡16

うち
中4 内4 心4 打5 家10 奥12 裏13 管14

うね
采8 畝10

うみ
海9 洋9

うめ
梅10

うや
礼5 恭10 敬12 欽12 譲20

うら
卜2 心4 占5 兆6 浦10 麗19

うり
瓜6

うる
市5 得11 閏12 潤15

うん
雲12 温12 運12 韻19

え

え
上3 兄5 永5 江6 回6 会6 衣6 亜7 条7 画8 依8 杷8 英8 枝8 娃9 重9 映9 栄9 廻9 恵10 笑10 得11 絵12 瑛12 詠12 隈12 愛13 雅13 徳14 榎14 慧15 衛16 獲16

えい
央5 永5 曳6 英8 泳8 映9 栄9 景12 営12 瑛12 詠12 榮14 影15 鋭15 衛16 叡16

えき
亦6 役7 易8 射10 益10 訳11 駅14

えだ
支4 兄5 材7 条7 枝8 柄9 族11 幹13 標15 繁16

えつ
悦10 越12 説14 謁15 閲15

えみ
咲9 笑10

えり
衿9 襟18

えん
円4 延8 沿8 苑8 奄8 宛8 晏10 俺10 媛12 援12 焔12 園13 遠13 圓13 演14 鳶14 縁15 薗16 燕16 艶19

お

お
乙1 力2 士3 大3 小3 方4 少4 夫4 水4 央5 巨5 弘5 生5 広5 壮6 百6 臣7 男7 均7 伯7 良7 於8 阿8 旺8 和8 郎9 保9 音9 勇9 彦9 桜10 朗10 烏10 済11 麻11 隆11 魚11 陽12 雄12 愛13 意13 節13 寛13 緒14 綸14 穂15

おう
大3 太4 王4 央5 宏7 応7 欧8 旺8 洸9 逐10 桜10 晃10 紘10 黄11 凰11 奥12 滉13 煌13 襖18 鷗22 鷹24

おお
大3 太4 巨5 多6 艶19

おか
丘5 岳8 岡8 阜8 郊9 原10 陵11 陸11

おき
云4 生5 処5 気6 印6 沖7 住7 典8 居8 宙8 放8 発9 恩10 息10 致10 起10 座10 隆11 設11 御12 陽12 奥12 超12 意13 業13 置13 寛13 蓄13 熙15 興16

おさ
収4 正5 令5 吏6 伯7 易8 治8 長8 官8 政9 紀9 容10 修10 理11 脩11 統12 順12 意13 総14 綜14 領14 導15 養15

おさむ
一1 乃2 士3 収4 司5 伊6 成6 易8 治8 京8 秋9 紀9 倫10 修10 納10 耕10 宰10 経11 理11 脩11 惣12 敦12 順12 道12 統12 靖13 督13 摂13 蔵15 徹15

おし
印6 忍7 押8

おつ
乙1

おと
乙1 己3 吟7 呂7 男7 弟7 声7 呼8 音9 律9 頌13 読14 韻19 響20

おの
自6 斧8

おみ
臣7

おり
宅6 居8 圏12 機16 織18

おる
処5 宅6 折7 居8 織18

おん
苑8 音9 恩10 温12 御12 園13 遠13 薗16 穏16 闇17

か

か
力2 下3 与3 火4 日4
方4 加5 可5 禾5 圭6
瓜6 何7 伽7 花7 芳7
佳8 河8 和8 果8 金8
風9 科9 香9 郁9 哉9
珂9 珈9 迦9 耶9 夏10
家10 荷10 華10 掛11 菓11
貨11 鹿11 袈11 賀12 嘩13
嘉14 歌14 樺14 榎14 駈15
駕15 霞17 蘭19 馨20

が
牙4 瓦5 疋5 伽7 芽8
河8 画8 俄9 臥9 峨10
賀12 雅13 駕15

かい
介4 会6 合6 快7 改7
貝7 芥7 佳8 画8 海9
界9 皆9 廻9 迦9 桂10
桧10 械11 晦11 絵12 開12
階12 凱12 堺12 楷13 塊13
解13 該13 蓋13 魁14 養15
懐16 諧16 檜17 櫂18 鎧18

がい
外5 亥6 涯11 崖11 街12
凱12 蓋13 概14 鎧18

かえで
楓13

かおり、かおる
芳7 香9 郁9 薫16 馨20

かき
垣9 柿9 院10 堅12

かく
各6 此6 角7 拡8 画8
客9 革9 核10 格10 郭11
覚12 較13 隔13 塙13 閣14
摑14 確15 穫18 鶴21

がく
学8 岳8 楽13 額18

かげ
景12 蔭14 影15

かける
駆14 駈15

かし
樫16

かず
一1 二2 三3 千3 万3
円4 収4 五5 主5 司5
冬5 年6 多6 会6 件6
毎6 七7 利7 寿7 壱7
良7 応7 八8 法8 知8
枚8 和8 宗8 九9 品9
胤9 計9 研9 政9 重9
春9 紀9 十10 倭10 師10
員10 兼10 料10 起10 航10
教11 雄12 量12 順12 策12
運12 圓13 数13 種14 算14
選15 影15 憲16 積16 麗19

かた
一1 才3 方4 片4 包5
礼5 石5 交6 名6 形7
状7 声7 似7 岩8 固8
効8 命8 型9 姿9 剛10
隻10 兼10 容10 粛11 済11
陳11 教11 堅12 象12 結12
雄12 傍12 普12 硬12 犀12
豊13 像14 模14 態14 豪14
銘14 器15 潟15 標15 毅15
確15 談15 質15 賢16 鋼16
覧17 謙17 議20 鑑23

かつ
一1 万3 且5 甲5 功5
克7 和8 活9 品9 独9
括9 亮9 柿9 勉10 桂10
強11 捷11 葛12 勝12 遂12
筈12 萬12 積16 優17

かど
戸4 圭6 角7 門8 矩10
廉13 稜13 閲15

かな
夫4 叶5 門8 金8 協8
哉9 奏9 愛13

かなう、かのう
叶5 協8 和8 適14

かなめ
中4 枢8 紀9 要9 最12

かね
尺4 包5 光6 周8 宝8
易8 金8 封9 侶9 兼10
粛11 務11 詠12 統12 誠13
鉱13 鉄13 該13 説14 銅14
銀14 監15 談15 錦16 懐16
謙17 鎌18 鏡19 鐘20 鑑23

かば
椛11 樺14

かみ
上3 天4 正5 守6 昇8
省9 神9 柄9 紙10 宰10
称10 竜10 乾11 頂11 漢13
督13 龍16 頭16

かや
茅8 草9 菅11 萱12

から
柄9 唐10 幹13 漢13 韓18

かり
刈4 仮6 狩9

かる
刈4 狩9 軽12 駆14 穫18

かん
干3 甲5 刊5 甘5 缶6
完7 官8 侃8 函8 冠9
巻9 看9 竿9 柑9 栞10
莞10 勘11 紺11 貫11 菅11
堪12 敢12 間12 閑12 款12
勧13 感13 漢13 寛13 幹13
慣14 管14 関14 歓15 緩15
還16 館16 環17 簡18 観18
韓18 艦21 鑑23

がん
丸3 元4 含7 岸8 岩8
玩8 雁12 願19

き

き
己3 寸3 木4 生5 甲5
行6 机6 伎6 気6 妃6
岐7 汽7 材7 束7 芸7
希7 求7 来7 玖7 季8
東8 居8 枝8 祈8 林8
宜8 其8 杵8 紀9 城9
哉9 祇9 軌9 姫10 記10
既10 起10 基11 寄11 崎11
規11 亀11 黄11 章11 埼11
喜12 期12 棋12 超12 貴12
幾12 葵12 揮12 稀12 碁13
置13 幹13 暉13 綺14 箕14
毅15 輝15 嬉15 槻15 熙15
畿15 興16 樹16 磯17 鮮17
礎18 騎18 麒19

ぎ
示5 伎6 岐7 技7 芸7
枝8 宜8 祇9 葵12 碁13
義13 儀15 毅15 誼15 騎18
麒19 議20

きく
利7 効8 菊11 掬11 聞14
聴17 鞠17

きし
岸8

きた
北5 来7 朔10

きち
吉6 橘16

きつ
迄7 桔10

きぬ
衣6 表8 侯9 絹13

きみ
王4 公4 仁4 正5 后6
江6 君7 林8 官8 侯9
竜10 淑11 乾11 鉄13 龍16

きめ
極12

きゅう
久3 及3 弓3 丘5 玉5
求7 究7 玖7 汲7 穹8

九9 級9 笈10 宮10 球11 救11 毬11 給12 鳩13 厩14

きよ

人2 心4 玉5 白5 氷5 圭6 汐6 斉8 青8 洋9 浄9 神9 政9 研9 粋10 健11 清11 淑11 雪11 陽12 聖13 廉13 精14 静14 潔15 澄15 摩15 養15 磨16 馨20

きょう

兄5 叶5 巧5 交6 向6 匡6 共6 亨7 杏7 享8 京8 供8 況8 協8 峡9 香9 勁9 恭10 強11 教11 経11 郷11 頃11 梗11 喬12 敬12 暁12 景12 卿12 境14 慶15 憬15 蕎15 橋16 興16

頬16 警19 鏡19 競20 響20 馨20 饗22 驍22 驚22

ぎょう

叶5 仰6 行6 杏7 形7 迎7 孝7 尭8 幸8 倖10 暁12 堯12 驍22

きょく

旭6 曲6 局7 革9 極12

きよし

白5 忠8 明8 浄9 亮9 美9 泉9 浩10 純10 清11 粛11 淳11 陽12 晴12 靖13 聖13 精14 碧14 潔15 澄15

きよみ

雪11 澄15

きら

晃10 晄10 煌13

きり

桐10 霧19

きわ

極12 際14

きん

巾3 今4 斤4 君7 均7 近7 芹7 欣8 金8 林8 衿9 訓10 亀11 菫11 勤12 欽12 琴12 禽13 僅13 緊15 錦16 謹17 檎17 襟18

ぎん

吟7 言7 銀14

く

く

弓3 久3 工3 公4 区4 勾4 句5 丘5 功5 来7

伯7 究7 玖7 拘8 空8 虎8 來8 九9 紅9 恭10 宮10 庫10 矩10 貢10 倶10 救11 鳩13 駆14 駈15 駒15

ぐ

吾7 倶10 悟10 毬11 梧11

くす

楠13

くに

一1 乙1 之3 州6 地6 邦7 呉7 邑7 宋7 国8 明8 城9 洲9 晋10 郡10 域11 都11 國11 葉12 漢13

くま

乙1 阿8 隈12 熊14

くみ

与3 伍6 汲7 組11

くら

位7 府8 倉10 庫10 座10 椋12 蔵15 鞍15

くり

栗10 繰19

くれ

呉7 紅9 晩12

くろ

玄5 畔10 黒11

くん

君7 訓10 勲15 薫16

け

け

介4 化4 斗4 加5 仮6 気6 圭6 瓜6 希7 戒7 花7 佳8 茄8 界9 食9

珈9 迦9 恢9 華10 家10
桧10 袈11 掛11 晦11 稀12
堺12 揮12 継13 魁14 嘉14
榎14 輝15 駕15 檜17 徽17
繋19 懸20

げ

牙4 外5 瓦5 祈8 芽8
迦9 夏10 華10 解13 嘩13
雅13 樺14 毅15 戯15 諧16
霞17 繋19

けい

兄5 圭6 形7 系7 佳8
径8 京8 計9 奎9 契9
恵10 桂10 啓11 掲11 渓11
経11 蛍11 敬12 景12 卿12
携13 継13 慧15 慶15 憬15
稽15 憩16 警19 鏡19 鯨19

鶏19 繋19 競20 馨20 驚22

けつ

決7 担8 契9 頁9 桔10
掲11 渇11 訣11 結12 傑13
潔15 蕨15

けん

玄5 件6 見7 券8 巻9
県9 建9 研9 倹10 剣10
兼10 軒10 拳10 絃11 貫11
乾11 健11 菅11 牽11 捲11
舷11 堅12 検12 硯12 萱12
間12 絢12 喧12 勧13 献13
絹13 遣13 権15 監15 憲16
賢16 謙17 鍵17 簡18 繭18
顕18 験18 懸20

げん

元4 玄5 見7 言7 弦8

彦9 研9 県9 限9 拳10
原10 絃11 乾11 這11 現11
舷11 硯12 源13 賢16 還16
諺16 環17 厳17 験18 巌20

こ

こ

三3 己3 子3 小3 女3
戸4 心4 火4 木4 古5
巨5 乎5 仔5 児7 来7
呼8 固8 拠8 居8 虎8
弧9 虹9 紀9 個10 庫10
基11 許11 教11 袴11 喜12
湖12 雇12 琥12 瑚13 誇13
鼓13 箇14 糊15 醐16 顧21

ご

互4 午4 心4 五5 伍6

后6 冴7 吾7 呉7 娯10
悟10 梧11 湖12 棋12 御12
期12 碁13 瑚13 語14 醐16
檎17 護20

こう

口3 工3 公4 孔4 勾4
功5 句5 号5 巧5 広5
弘5 甲5 交6 亘6 仰6
光6 合6 向6 后6 好6
江6 行6 考6 杏7 亨7
告7 孝7 宏7 攻7 更7
劫7 効8 岬8 河8 幸8
昂8 享8 空8 肯8 昊8
岡8 庚8 肴8 杭8 侯9
厚9 峡9 洪9 恒9 洸9
紅9 香9 虹9 郊9 恰9
巷9 倖10 候10 晃10 格10

校10 浩10 紘10 耕10 航10
貢10 高10 晄10 剛10 桁10
康11 郷11 控11 黄11 皐11
凰11 梗11 港12 皓12 硬12
覚12 項12 溝13 滉13 較13
鉱13 督13 蓋13 幌13 煌13
綱14 豪14 構14 閤14 膏14
稿15 請15 衡16 興16 縞16
鋼16 講17 鴻17 藁17 壕17
轟21

ごう

号5 行6 仰6 合6 劫7
恒9 巷9 剛10 航10 浩10
強11 郷11 硬12 業13 豪14
壕17 轟21

こえ

吟7 声7 呼8 越12 超12

こく

口 3　石 5　扱 6　旭 6　克 7
告 7　谷 7　刻 8　国 8　黒 11
欽 12　穀 14

こころ

心 4　意 13　精 14

こずえ

表 8　梢 11　梶 11　槙 14　標 15

こと

功 5　言 7　事 8　承 8　服 8
采 8　信 9　思 9　政 9　紀 9
殊 10　訪 11　詞 12　琴 12　載 13
肇 14　語 14　説 14　勲 15　誼 15

この

好 6

これ

之 3　也 3　比 4　云 4　右 5

兄 5　只 5　以 5　伊 6　自 6
身 7　官 8　実 8　是 9　荘 9
時 10　惟 11　這 11　斯 12　維 14
諸 15　誰 15

こん

今 4　近 7　昆 8　欣 8　金 8
昏 8　建 9　衿 9　根 10　紺 11
欽 12　渾 12　勧 13　献 13　墾 16
懇 17

ごん

言 7　近 7　芹 7　欣 8　健 11
勤 12　琴 12　銀 14　権 15　厳 17

さ

さ

小 3　叉 3　左 5　早 6　作 7
佐 7　沙 7　冴 7　坐 7　些 8

咲 9　査 9　砂 9　茶 9　差 10
紗 10　爽 11　朝 12　嵯 13　裟 13
蓑 13　瑳 14　積 16

さい

才 3　西 6　材 7　斉 8　采 8
幸 8　哉 9　宰 10　差 10　栽 10
晒 10　柴 10　栖 10　彩 11　採 11
済 11　祭 11　細 11　責 11　斎 11
菜 11　砦 11　最 12　裁 12　棲 12
犀 12　歳 13　催 13　載 13　蓑 13
塞 13　際 14

さえ

冴 7　朗 10

さか

坂 7　阪 7　栄 9　祥 10　盛 11
賢 16

さき

兄 5　先 6　早 6　幸 8　肯 8
前 9　祖 9　咲 9　祥 10　崎 11
埼 11　福 13　興 16

さく

作 7　咲 9　柵 9　昨 9　索 10
朔 10　雀 11　策 12　開 12　数 13
遡 14

さくら

桜 10

ささ

小 3　笹 11　楽 13　篠 17

さだ

必 5　弁 5　正 5　自 6　存 6
会 6　安 6　決 7　判 7　究 7
完 7　治 8　制 8　定 8　貞 9
為 9　真 10　員 10　晏 10　済 11

渉 11　勘 11　補 12　覚 12　禎 13
節 13　填 13　寧 14　質 15　憲 16

さち

吉 6　幸 8　祐 9　拶 9　祥 10
葛 12　禄 12　福 13　禎 13

さつ

拶 9　颯 14　薩 17

さつき

皐 11

さと

了 2　公 4　仁 4　吏 6　利 7
里 7　邑 7　怜 8　知 8　学 8
彦 9　巷 9　俐 9　恵 10　悟 10
敏 10　哲 10　都 11　郷 11　量 12
智 12　覚 12　達 12　誠 13　聖 13
聡 14　徳 14　慧 15　熙 15　賢 16
諭 16　識 19

さとし
哲10 啓11 暁12 敬12 智12 聖13 慧15

さとる
了2 仏4 知8 学8 悟10 哲10 達12 智12 覚12 暁12 惺12 聖13 聡14 領14 慧15 賢16 諭16

さな
真10

さね
人2 収4 札5 平5 以5 守6 壱7 志7 尚8 実8 学8 城9 孫10 真10 核10 脩11 情11 期12 猶12 嗣13 實14 績17 護20

さや
明8 居8 清11 爽11 鞘16

さわ
多6 沢7 爽11

さん
三3 山3 杉7 参8 柵9 珊9 賛15 撒15 撰15 燦17 纂20 讃22

し

し
之3 士3 子3 巳3 四4 支4 氏4 仕5 司5 史5 只5 市5 矢5 示5 白5 石5 仔5 旨6 次6 糸6 自6 至6 芝6 此6 弛6 伺7 似7 志7 私7 孜7 枝8 事8 侍8 使8 始8 姉8 祉8 斉8 知8 姿9 思9 指9 施9 是9 祇9 柿9 茨9 差10 師10 紙10 砥10 強11 偲11 梓11 視11 埴11 滋12 詞12 紫12 斯12 詩13 資13 嗣13 試13 辞13 獅13 誌14 賜15 摯15 積16 諮16 璽19

じ
二2 士3 下3 仕5 市5 司5 史5 尼5 示5 地6 字6 寺6 次6 池6 自6 式6 而6 似7 児7 事8 侍8 治8 持9 柿9 時10 視11 滋12 詞12 道12 慈13 稚13 路13 蒔13 馳13 爾14 磁14 璽19

しい
椎12

しお
入2 汐6 塩13 潮15

しおり
栞10

しき
色6 式6 拭9 織18 識19

しく
布5 如6 芝6 施9 席10 流10 滋12 敷15 舗15 蕃15 薫16 薦16

しげ
子3 方4 木4 包5 兄5 卯5 以5 列6 成6 芝6 秀7 臣7 受8 林8 茂8 枝8 信9 城9 甚9 重9 為9 発9 乗9 草9 栄9 十10 恵10 柴10 挙10 従10 盛11 隆11 習11 滋12 賀12 順12 森12 達12 董12 慈13 誉13 義13 維14 種14 精14 調15 諄15 蕃15 樹16 薦16 篤16 薫16 頻17 穣18 鎮18 繁19 鑑23

しげる
成6 茂8 蒼13

しず
玄5 浄9 倭10 康11 閑12 靖13 静14 寧14 穏16 鎮18

しずか
玄5 康11 惺12 静14

しずく
雫11 滴14

じつ
日4 実8 實14

しな
色6 品9 科9 級9 姿9 差10 程12 等12 階12 標15

しの
忍7 要9 信9 篠17

しのぶ
仁4 忍7 恕10 偲11 毅15

しば
芝6 柴10

しま
州6 島10 嶋14 縞16

しむ
令5 使8 教11

しめ
示5 占5 呈7 締15

しゃ
且5 写5 沙7 社7 車7 者8 舎8 些8 卸9 砂9 柘9 射10 紗10 斜11 赦11 貰12 裟13 謝17

じゃく
夕3 汐6 雀11 惹12

しゅ
主5 守6 朱6 充6 秀7 取8 枢8 注8 狩9 柊9 修10 株10 殊10 珠10 脩11 衆12 須12 種14 需14 竪14 趣15 鋳15 諏15 撞15 輸16 樹16

じゅ
入2 寿7 受8 珠10 殊10 授11 訟11 就12 需14 竪14 儒16 樹16 濡17 雛18 鷲23

しゅう
収4 主5 州6 舟6 充6 寿7 秀7 周8 宗8 拾9 狩9 祝9 秋9 柊9 洲9 修10 袖10 執11 崇11 習11 脩11 週11 就12 萩12 衆12 集12 葺12 嵩13 酬13 蒐13 輯16 鍬17 繡19 蹴19 鷲23

じゅう
入2 廿4 充6 住7 拾9 柔9 重9 十10 従10 紐10 習11 集12 縦16

しゅく
叔8 淑11 蹴19

しゅん
旬6 巡6 迅6 俊9 春9 盾9 洵9 純10 峻10 隼10 惇11 淳11 竣12 準13 詢13 馴13 楯13 遁13 舜13 諄15 醇15 遵15 駿17 瞬18

じゅん
巡6 旬6 洵9 盾9 准10 殉10 純10 隼10 惇11 淳11 循12 順12 閏12 準13 詢13 馴13 楯13 諄15 醇15 潤15 遵15

しょ
且5 処5 疋5 初7 所8 杵8 書10 庶11 野11 埜11 渚11 暑12 煮12 疎12 疏12 署13 楚13 緒14 諸15 曙17 礎18

しょう
上3 小3 井4 升4 少4 召5 正5 生5 匠6 庄6 声7 床7 抄7 肖7 姓8 尚8 承8 招8 昌8 昇8 征8 松8 沼8 青8 乗9 削9 咲9 政9 星9 昭9 相9 省9 荘9 宵10 将10 従10 祥10 称10 笑10 哨10 秤10 商11 唱11 常11 接11 捷11 梢11 清11 渉11 章11 紹11 訟11 爽11 笙11 菖11 惺12 勝12 掌12 晶12 湯12 焦12 硝12 粧12 翔12 創12

葉12 装12 証12 詔12 象12
湘12 奨13 摂13 照13 聖13
想13 詳13 頌13 像14 彰14
精14 裳14 嘗14 摺14 槍14
箱15 衝15 賞15 憧15 蕉15
樟15 縦16 鞘16 醒16 償17
礁17 鍬17 篠17 醤18 鐘20

じょう

上3 丈3 丞6 成6 廷7
条7 状7 杖7 定8 尚8
長8 帖8 乗9 城9 浄9
茸9 晟10 挺10 渉11 剰11
常11 情11 盛11 紹11 尉11
捻11 晴12 場12 畳12 程12
誠13 靖13 静14 嘗14 縄15
澄15 請15 壌16 錠16 橙16
穰18 櫂18 讓20 釀20

しる

印6 知8 記10 訓10 識19

しろ

太4 白5 代5 城9 背9
素10

しん

心4 申5 伸7 臣7 身7
辰7 芯7 枕8 参8 侵9
信9 津9 神9 振10 晋10
浸10 真10 針10 秦10 訊10
深11 清11 紳11 進11 晨11
尋12 森12 診12 慎13 新13
槙14 榛14 賑14 槇14 審15
請15 震15 薪16 親16

じん

人2 仁4 壬4 尽6 迅6
忍7 臣7 辰7 甚9 神9
陣10 秦10 訊10 陳11 晨11
尋12 湛12 慎13 稔13

す

す

子3 寸3 主5 司5 守6
州6 朱6 寿7 走7 為9
洲9 珠10 素10 巣11 脩11
進11 清11 須12 湊12 数13
酸14 綜14 聡14 澄15 諏15
摩15 雛18

ず

図7 豆7 杜7 寿7 受8
治8 津9 殊10 途10 逗11
頌13 樹16 叢18 鶴21

すい

水4 出5 吹7 垂8 帥9
剤10 粋10 推11 率11 彗11
遂12 瑞13 翠14 穂15 誰15
錐16

ずい

彗11 遂12 随12 瑞13 穂15

すう

枢8 崇11 嵩13 数13 雛18

すえ

与3 末5 肖7 形7 君7
尾7 村7 秀7 居8 叔8
季8 淑11 陶11 梢11 淵12
堅12 葉12 殿13 像14 標15

すく

少4 好6 透10

すぐる

克7 俊9 逸11 捷11 勝12
傑13 優17

すけ

介4 允4 夫4 友4 左5
右5 丞6 佑7 佐7 助7
甫7 典8 昌8 亮9 祐9
哉9 宥9 修10 将10 恭10
涼11 脩11 理11 裕12 喬12
資13 維14 輔14 養15 翼17

すず

紗10 凉10 涼11 鈴13

すすむ

一1 二2 上3 万3 収4
生5 先6 年6 存6 丞6
亨7 享8 侑8 昇8 歩8
前9 奏9 将10 晋10 勉10
粛11 進11 勤12 湊12 達12
新13 勧13 奨13 漸14 範15
薦16 謹17

すばる

昴9

すみ

了2 有6 在6 好6 角7
住7 邑7 宜8 紀9 宣9
恭10 純10 淑11 清11 統12
遥12 誠13 精14 維14 澄15
篤16

ずみ

泉9 純10 澄15

せ

せ

世5 斉8 施9 哉9 畝10
斎11 勢13 瀬19

せい

井4 世5 生5 正5 成6
西6 声7 制8 征8 青8
斉8 城9 政9 星9 浄9
洸9 省9 晟10 栖10 清11
彗11 盛11 晶12 晴12 惺12
犀12 勢13 歳13 聖13 誠13
靖13 精14 製14 誓14 静14
齊14 請15 整16 醒16

せき

夕3 尺4 石5 汐6 赤7
析8 射10 隻10 責11 釈11
戚11 跡13 適14 関14 績17
蹟18 籍20

せつ

刹8 契9 接11 設11 雪11
摂13 節13 説14

せり

芹7

せん

千3 山3 川3 仙5 占5
先6 宣9 専9 染9 泉9
浅9 茜9 単9 扇10 閃10
旋11 船11 釧11 揃12 践13
詮13 煎13 羨13 漸14 潜15
線15 選15 遷15 撰15 薦16
還16 膳16 繊17 鮮17

ぜん

全6 泉9 前9 単9 染9
桟10 善12 然12 禅13 践13
羨13 漸14 燃16 膳16

そ

そ

且5 疋5 衣6 初7 宋7
所8 征8 宗8 祖9 素10
疏12 想13 塑13 楚13 遡14
礎18 蘇19

そう

三3 双4 壮6 庄6 扱6
早6 走7 宋7 状7 宗8
奏9 相9 草9 荘9 送9
造10 倉10 将10 祥10 挿10
桑10 笈10 巣11 曹11 窓11
爽11 曽11 創12 惣12 粧12
装12 湘12 湊12 想13 蒼13
層14 総14 綜14 聡14 颯14
遭14 漱14 操16 鞘16 燥17
霜17 贈18 叢18 繰19 藻19

ぞう

三3 双4 造10 曹11 曽11
族11 象12 像14 増14 蔵15
贈18

そえ

添11 副11

その

苑8 其8 園13 薗16

そめ

初7 染9

そら

天4 宙8 空8 昊8

そん

存6 村7 孫10 尊12 遜14

た

た

大3 太4 手4 他5 田5
多6 汰7 陀8 為9 舵11

だ

大3 太4 那7 陀8 舵11

椰11

たい

大3 太4 代5 台5 対7
汰7 待9 帯10 泰10 袋11
堆11 替12 隊12 敦12 態14
黛16 醍16 戴17 鯛19

だい

乃2 大3 内4 太4 代5
台5 弟7 奈8 能10 第11
提12 醍16 題18

たえ

才3 布5 巧5 糸6 任6
克7 妙7 係9 紗10 堪12

たか

乙1 山3 上3 万3 升4
王4 方4 公4 太4 天4
丘5 正5 平5 共6 考6
行6 宇6 孝7 良7 幸8
尭8 岳8 卓8 享8 尚8
和8 昂8 茂8 宝8 宜8
官8 学8 空8 阜8 飛9
専9 香9 栄9 垣9 威9
荘9 剛10 峻10 隼10 恭10
高10 峰10 宮10 能10 峯10
渉11 陸11 皐11 隆11 陵11
堂11 教11 理11 猛11 崇11
啓11 章11 梢11 堆11 琢11
棟12 堅12 尊12 敬12 登12
貴12 等12 喬12 雄12 萬12
誠13 節13 嵩13 稜13 誉13
鳳14 毅15 標15 賢16 橋16
顕18 鷹24

たかし

天4 充6 京8 宗8 郁9
俊9 崇11 喬12 幹13 嵩13
聖13 駿17

たき

滝13 瀧19

たく

工3 巧5 宅6 托6 択7
沢7 卓8 拓8 啄10 琢11

たくみ

巧5 匠6

たけ

丈3 広5 壮6 竹6 岳8
虎8 武8 孟8 長8 勇9
威9 建9 茸9 剛10 赳10
高10 烈10 崇11 盛11 強11
猛11 健11 彪11 雄12 偉12
貴12 献13 義13 節13 嵩13
豪14 毅15

たけし

壮6 岳8 武8 威9 建9
洸9 剛10 馬10 猛11 隆11
雄12 豪14 毅15

たすく

介4 佑7 翼17

ただ

三3 土3 士3 工3 也3
孔4 内4 允4 中4 公4
只5 正5 弁5 由5 矢5
田5 伊6 伝6 任6 考6
江6 地6 但7 即7 伸7
直8 忠8 制8 周8 九9
帝9 政9 紀9 単9 品9
貞9 度9 勅9 信9 十10
徒10 恭10 祥10 真10 粋10
宰10 唯11 惟11 渉11 規11
理11 問11 喬12 弾12 評12
款12 覚12 達12 雅13 禎13
資13 維14 彰14 肇14 質15
賢16 薫16 叡16 矯17

ただし

仁4 正5 匡6 直8 治8
忠8 征8 延8 政9 貞9
律9 荘9 将10 格10 淳11
理11 規11 温12 献13 義13
廉13 聡14 質15 憲16

たち

立5 達12 質15

たつ

立5 辰7 建9 竜10 起10
達12 裁12 植12 超12 製14
龍16 樹16

たて
干3 立5 盾9 建9 律9 楯13 竪14 縦16 館16

たに
谷7 渓11 葉12

たね
子3 任6 胤9 甚9 栽10 留10 植12 誠13 種14 鎮18

たま
丸3 玉5 圭6 玖7 玲9 珠10 球11 弾12 瑶13 瑞13 碧14 賜15 環17

たみ
人2 民5 農13 黎15

たり
人2 足7 垂8 粛11 給12 溜13

たん
丹4 坦8 耽10 湛12 歎15 箪18 灘22

だん
団6 但7 男7 段9 淡11 弾12 暖13 談15 壇16 檀17

ち

ち
千3 市5 地6 池6 弛6 治8 知8 祉8 茅8 持9 為9 致10 智12 道12 集12 植12 馳13 置13 徴14 質15 薙16

ちか
力2 寸3 凡3 及3 元4 内4 分4 比4 用5 央5 史5 次6 年6 至6 見7 判7 身7 声7 局7 似7 近7 味8 附8 実8 周8 直8 知8 参8 京8 九9 前9 哉9 発9 促9 後9 殆9 恭10 峻10 時10 真10 速10 務11 悠11 規11 這11 戚11 尋12 間12 登12 集12 慈13 慎13 新13 睦13 寛13 誓14 爾14 静14 慶15 畿15 遵15 懐16 親16 衡16 謹17

ちから
力2 税12

ちく
筑12 築16

ちゅう
丑4 中4 仲6 虫6 住7 沖7 宙8 忠8 抽8 注8 昼9 柱9 株10 紐10 紬11 塚12 厨12 註12 鋳15 駐15 寵19

ちょう
丁2 汀5 兆6 町7 杖7 長8 帖8 挑9 重9 挺10 渉11 帳11 張11 彫11 眺11 釣11 頂11 鳥11 塚12 朝12 畳12 超12 貼12 喋12 禎13 跳13 牒13 徴14 暢14 肇14 蔦14 澄15 潮15 蝶15 調15 燈16 聴17 寵19

ちょく
直8 捗10

ちん
砧10 湛12

つ

つ
津9 通10 都11 闘18 鶴21

つか
束7 柄9 塚12 策12 緑14

つかさ
工3 士3 元4 司5 主5 吏6 典8 官8 阜8 宰10 師10 曹11 寮15

つき
月4 付5 調15 槻15

つぎ
二2 月4 世5 次6 亜7 良7 連10 第11 紹11

つぐ
乙1 二2 子3 壬4 世5

次6 伝6 丞6 亜7 告7 更7 序7 承8 注8 治8 知8 受8 庚8 胤9 紀9 貢10 倫10 従10 逐10 接11 紹11 訳11 著11 族11 証12 報12 番12 頒13 嗣13 継13 続13 禎13 説14 静14 緒14 語14 調15 諾15 賓15 諭16 講17 鞠17 譜19 麗19 繋19

つじ

辻6

つた

伝6 蔦14

つち

土3 地6 椎12 槌14 壌16

つとむ

力2 工3 司5 功5 伝6 励7 努7 孜7 孟8 事8 勉10 敏10 剣10 格10 耕10 拳10 務11 強11 勤12 敦12 農13 義13 奨13 精14 魁14 勲15 薫16

つな

之3 比4 是9 紀9 紘10 道12 維14 綱14 緑14 繋19

つね

久3 凡3 方4 永5 玄5 毎6 式6 序7 似7 村7 典8 法8 長8 例8 実8 恒9 則9 秩10 倫10 矩10 素10 常11 庸11 経11 曽11 尋12 統12 道12 雅13 継13 幹13 綱14 歴14 懐16 鎮18 識19

つばき

椿13

つばさ

翼17

つみ

租10 摘14 積16 績17

つよ

威9 剛10 烈10 務11 強11 張11 健11 豪14 毅15 厳17

つよし

丁2 侃8 威9 勁9 剛10 強11 猛11 健11 堅12 敢12 幹13 豪14 毅15 競20

つる

弦8 鈞11 絃11 敦12 蔓14 鶴21

て

て

手4 勅9 豊13

てい

丁2 庁5 汀5 灯6 呈7 廷7 弟7 定8 抵8 邸8 亭9 帝9 訂9 貞9 庭10 逓10 悌10 砥10 挺10 頂11 逞11 梯11 堤12 提12 程12 禎13 艇13 鼎13 綴14 鄭15 錠16 醍16 蹄16 薙16 諦16 聴17 題18 鵜18

てき

荻10 滴14 擢17

てつ

哲10 鉄13 綴14 徹15 撤15

てる

央5 光6 旭6 明8 英8 映9 昭9 栄9 晃10 晄10 晟10 晶12 晴12 瑛12 皓12 照13 暉13 煌13 彰14 輝15 熙15 燕16 曜18 燿18 顕18 耀20

てん

天4 辿7 佃7 典8 展10 淀11 貼12 槙14 纏21

でん

伝6 佃7 鮎16

と

と

乙1 人2 刀2 土3 士3 斗4 戸4 太4 仁4 外5

年6 百6 任6 図7 杜7
兎7 表8 門8 音9 飛9
十10 徒10 留10 途10 砥10
都11 兜11 翔12 尋12 渡12
登12 富12 達12 堵12 豊13
橙16

とう

刀2 丁2 斗4 冬5 当6
灯6 任6 投7 豆7 到8
東8 宕8 沓8 挑9 洞9
甚9 県9 党10 凍10 唐10
疾10 島10 桃10 桐10 納10
能10 速10 透10 訊10 套10
問11 訪11 堂11 陶11 逗11
桶11 兜11 萄11 塔12 搭12
棟12 湯12 登12 童12 答12
勝12 堪12 筒12 等12 統12
道12 喋12 董12 稲14 読14
嶋14 澄15 踏15 憧15 樋15
撞15 橙16 瞳17 謄17 藤18
闘18 櫂18 禱19 騰20

どう

内4 同6 沓8 洞9 桃10
桐10 納10 動11 堂11 萄11
堂12 道12 働13 銅14 澄15
導15 憧15 撞15 瞳17 藤18
騰20

とうとい

尊12 貴12

とお

玄5 広5 延8 卓8 治8
迫8 柔9 十10 途10 通10
莫10 竜10 深11 野11 埜11
遥12 寛13 貌14 遙14 遼15
龍16 融16

とおる

公4 亨7 明8 亮9 泰10
通10 竜10 透10 貫11 達12
博12 疎12 暢14 澄15 徹15
龍16 融16

とき

寸3 示5 世5 兆6 旬6
迅6 言7 辰7 斉8 刻8
国8 昔8 林8 季8 宗8
怜8 其8 秋9 則9 祝9
春9 勅9 侯9 訓10 時10
朗10 候10 斎11 釈11 常11
隆11 晨11 暁12 朝12 期12
凱12 農13 睦13 解13 催13
節13 説14 聡14 鋭15 稽15
鴻17

とく

列6 更7 竺8 独9 特10
得11 釈11 督13 解13 徳14
読14 説14 篤16

とし

才3 子3 平5 世5 冬5
代5 年6 考6 迅6 寿7
利7 甫7 系7 亨7 言7
明8 知8 斉8 命8 和8
季8 英8 宗8 紀9 施9
星9 勇9 哉9 威9 要9
信9 俊9 秋9 記10 恵10
敏10 峻10 倫10 隼10 粛11
淑11 淳11 惇11 章11 理11
健11 逸11 捷11 捺11 牽11
喜12 敬12 禄12 暁12 智12
期12 順12 勤12 等12 歳13
稔13 載13 資13 準13 幹13
福13 聖13 照13 鉄13 舜13
馳13 聡14 暦14 肇14 豪14
蔵15 毅15 趣15 賢16 録16
憲16 穏16 繁16 叡16 駿17
齢17 聴17 験18 鏡19 驚22

とせ

年6 歳13

とみ

吉6 私7 幸8 宝8 実8
美9 十10 富12 禄12 登12
答12 福13 寛13 聡14 徳14
賑14

とも

丈3 大3 与3 友4 巴4
双4 公4 文4 比4 付5
以5 伍6 共6 交6 同6

有6 企6 全6 伴7 言7
呂7 作7 伯7 近7 那7
供8 朋8 幸8 和8 具8
始8 知8 奉8 例8 委8
茂8 宝8 述8 皆9 相9
栄9 侶9 流10 悌10 郡10
致10 配10 兼10 倫10 徒10
党10 倶10 偶11 曹11 張11
偏11 寅11 階12 量12 智12
登12 朝12 衆12 備12 等12
答12 幹13 誠13 禎13 睦13
群13 義13 節13 寛13 僚14
箇14 算14 雑14 賑14 寮15
輩15 諄15 興16 類18 鵬19

ともえ

巴4

とよ

仁4 茂8 晨11 富12 農13
豊13

とら

虎8

な

な

己3 水4 勿4 中4 多6
名6 凪6 字6 七7 声7
那7 来7 命8 奈8 奉8
林8 和8 苗8 南9 為9
称10 菜11 椰11 愛13 樹16

ない

乃2 内4 奈8 祢9 禰19

なお

三3 公4 収4 巨5 正5

由5 矢5 朴6 有6 如6
多6 而6 亨7 均7 君7
作7 直8 尚8 若8 治8
実8 侃8 斉8 真10 庭10
修10 通10 野11 埜11 脩11
順12 猶12 復12 植12 端14
竪14 縦16 類18

なか

心4 中4 支4 水4 収4
央5 半5 考6 仲6 件6
沖7 判7 良7 参8 班10
務11 陽12 殖12 掌12 極12
榮14 齢17 鎮18

なが

久3 元4 市5 永5 寿7
亨7 呂7 条7 良7 長8
直8 命8 延8 待9 栄9

祥10 修10 隆11 脩11 斐12
温12 詠12 遊12 誠13 暢14
増14 肇14 榮14

なぎ

凪6 椰11

なぎさ

汀5 渚11

なつ

夏10 捺11 暑12

なみ

凡3 比4 方4 因6 甫7
並8 波8 洋9 南9 浪10
漣14

なり

也3 平5 生5 令5 本5
考6 有6 成6 足7 克7
亨7 均7 図7 形7 位7

作7 体7 忠8 性8 斉8
周8 尚8 育8 往8 苗8
宜8 政9 約9 城9 威9
為9 発9 柔9 音9 記10
容10 修10 造10 済11 教11
救11 得11 規11 就12 晴12
備12 遂12 然12 登12 詞12
雅13 慈13 誠13 勢13 業13
稔13 愛13 鳴14 徳14 態14
齊14 熟15 整16 謹17 響20

なる

平5 去5 生5 功5 匠6
成6 完7 育8 為9 造10
済11 就12 遂12 愛13 農13
稔13 鳴14 徳14 親16 燕16

に

に
二2 土3 丹4 仁4 尼5
乎5 弐6 而6 児7 似7
於8 荷10 爾14

にい
新13

にち
日4

にん
人2 仁4 任6 忍7 稔13
認14 潤15

ぬ

ぬ
野11 埜11

ぬい
縫16

ね

ね
子3 宇6 直8 音9 祢9
根10 峰10 道12 福13 寧14
嶺17 禰19

ねい
寧14

ねん
年6 念8 捻11 稔13 鮎16

の

の
乃2 之3 能10 野11 埜11

のぞむ
希7 望11 臨18

のどか
和8 温12

のぶ
山3 之3 与3 引4 円4
内4 収4 允4 布5 申5
正5 弁5 永5 江6 列6
亘6 同6 存6 伝6 曳6
伸7 序7 別7 寿7 言7
更7 身7 辰7 応7 返7
延8 述8 治8 所8 房8
長8 命8 彼8 宜8 信9
叙9 宣9 恒9 政9 洵9
施9 度9 発9 展10 悦10
将10 書10 席10 修10 振10
陳11 経11 設11 庸11 移11
寅11 常11 進11 惟11 掃11
曹11 脩11 堆11 遥12 揚12
惣12 敦12 喜12 殖12 順12
備12 達12 喬12 葉12 散12
献13 頌13 誠13 照13 靖13
睦13 業13 寛13 羨13 暢14
演14 説14 総14 遙14 諄15
慮15 選15 養15 遵15 撰15
劉15 整16 薫16 薦16

のぼる
昇8 啓11 登12

のり
丁2 了2 工3 寸3 土3
士3 升4 斤4 方4 中4
父4 化4 文4 仁4 功5
生5 礼5 令5 仙5 代5
以5 永5 存6 式6 至6
舟6 曲6 考6 成6 伝6
任6 行6 芸7 告7 図7
児7 状7 利7 言7 肖7
車7 里7 応7 位7 伯7
似7 学8 実8 典8 法8
忠8 制8 周8 尭8 述8
昇8 明8 効8 知8 命8
宗8 宜8 則9 乗9 品9
威9 宣9 後9 政9 発9
祝9 祖9 背9 度9 律9
紀9 軌9 祇9 倫10 矩10
悟10 恭10 納10 陛10 師10
記10 訓10 哲10 書10 益10
修10 称10 格10 准10 能10
恕10 基11 経11 規11 剰11
郷11 険11 陳11 率11 章11
教11 啓11 略11 勘11 庸11

得11 理11 御12 程12 敬12 統12 象12 尋12 雄12 詞12 詔12 湯12 智12 勝12 朝12 期12 賀12 順12 遥12 閑12 勤12 猶12 登12 答12 営12 道12 極12 卿12 準13 節13 義13 雅13 路13 稚13 愛13 誠13 誉13 数13 載13 業13 寛13 慎13 詮13 模14 緑14 像14 徳14 遙14 製14 儀15 範15 慰15 論15 慶15 毅15 権15 調15 熙15 駕15 稽15 頼16 憲16 賢16 機16 績17 講17 謹17 謙17 騎18 識19 議20 譲20 鑑23

のん
音9 暖13

は

は
巴4 羽6 芭7 把7 八8 波8 杷8 映9 栄9 華10 葉12 琶12 播15

ば
芭7 馬10 葉12 摩15

はく
白5 伯7 拍8 珀9 柏9 博12

ばく
莫10 貌14 箔14 曝19

はじめ
一1 大3 元4 本5 吉6 初7 甫7 児7 東8 始8 孟8 叔8 斧8 祝9 祖9 春9 紀9 原10 造10 素10 朔10 基11 啓11 創12 朝12 順12 源13 新13 載13 業13 端14 肇14

はす
芙7 荷10 蓉13 蓮13

はつ
初7 八8 逸11 鉢13 閥14 髪14 肇14

はな
花7 芳7 英8 華10

はね
羽6

はや
早6 迅6 快7 勇9 敏10 隼10 速10 粛11 逸11 捷11 頓13 頻17 駿17

はやと
隼10

はる
大3 元4 日4 内4 立5 玄5 令5 全6 会6 合6 良7 花7 孟8 治8 青8 明8 始8 東8 施9 美9 昭9 春9 相9 栄9 流10 浩10 敏10 時10 華10 晏10 啓11 脩11 帳11 張11 悠11 給12 陽12 晴12 開12 喜12 遥12 温12 喧12 貼12 暖13 閣14 榛14 遙14 覇19 蘇19

はるか
斗4 永5 悠11 遥12 遙14 遼15

はん
凡3 反4 半5 氾5 帆6 伴7 判7 坂7 阪7 板8 版8 班10 畔10 般10 販11 絆11 番12 斑12 搬13 頒13 盤15 範15 播15 幡15 磐15 蕃15 繁16 藩18

ばん
万3 伴7 判7 坂7 板8 挽10 絆11 晩12 満12 番12 萬12 慢14 漫14 盤15 磐15 蕃15

ひ

ひ
比4 日4 火4 氷5 灯6 妃6 庇7 昆8 枇8 飛9

毘9 桧10 菊11 扉12 斐12
費12 陽12 琵12 緋14 檜17

び

比4 未5 尾7 弥8 枇8
美9 眉9 毘9 梶11 備12
琵12 微13 魅15

ひかり

光6 晃10 景12 電13 曜18

ひかる

玄5 光6 晃10 晄10 皓12
輝15 熙15

ひこ

人2 久3 先6 光6 位7
彦9

ひさ

上3 之3 久3 引4 文4
比4 旧5 古5 央5 仙5
永5 向6 寿7 良7 玖7
弥8 尚8 者8 長8 往8
学8 奄8 九9 契9 宣9
栄9 恒9 留10 桐10 剛10
書10 修10 能10 亀11 陳11
商11 常11 販11 悠11 冨11
喜12 富12 説14 藤18

ひさし

央5 常11 悠11

ひつ

畢10

ひで

一1 之3 未5 末5 禾5
成6 次6 寿7 求7 秀7
幸8 昆8 東8 季8 英8
映9 栄9 淑11 堪12 愛13
継13 続13 嗣13 豪14 榮14
穂15 標15 衡16 薫16

ひと

一1 人2 士3 仁4 云4
史5 仙5 民5 他5 即7
者8 侍8 客9 翁10 倫10
寛13 儒16

ひとし

一1 与3 仁4 平5 同6
旬6 伍6 均7 斉8 洵9
班10 陸11 斎11 欽12 結12
等12 準13 舜13 精14 徹15
衡16 整16

ひとみ

眸11 瞳17

ひな

穂15 雛18

ひめ

妃6 姫10

ひょう

丙5 平5 氷5 兵7 拍8
表8 柄9 俵10 豹10 票11
彪11 評12 漂14 標15 瓢17

ひら

片4 平5 行6 旬6 夷6
均7 位7 拓8 拍8 枚8
迪8 坦8 勃9 挙10 救11
啓11 数13 敷15 衡16

ひらく

披8 発9 展10 通10 開12
墾16

ひろ

口3 丈3 大3 四4 戸4
太4 公4 丑4 礼5 央5
広5 弘5 外5 先6 光6
汎6 助7 谷7 完7 宏7
拓8 門8 明8 弥8 拡8
宗8 官8 披8 坦8 洋9
郊9 祖9 洪9 洸9 彦9
栄9 厚9 洞9 宥9 勃9
浩10 紘10 泰10 容10 展10
恕10 倶10 郭11 都11 啓11
野11 混11 埜11 博12 測12
尋12 敬12 裕12 景12 普12
衆12 達12 湖12 解13 豊13
寛13 漢13 滉13 漫14 演14
嘉14 聞14 模14 碩14 緩15
潤15 勲15 熙15 播15 衛16
衡16 優17 鴻17 簡18 禮18

ひろし

大3 央5 弘5 広5 宏7

寿7 京8 周8 宙8 厚9 洸9 洋9 紘10 浩10 博12 裕12 湖12 寛13 滉13

ふ

ふ
二2 不4 双4 夫4 付5 布5 缶6 扶7 甫7 芙7 府8 歩8 附8 斧8 阜8 赴9 風9 釜10 峯10 峰10 符11 冨11 富12 普12 補12 節13 豊13 輔14 敷15 賦15 撫15 覆18 譜19

ぶ
不4 分4 生5 奉8 武8 歩8 附8 峰10 捕10 哺10 符11 部11 無12 葡12 豊13 蒲13 輔14 鳳14 舞15 撫15 蕪15 簿19 霧19

ふう
夫4 缶6 阜8 封9 風9 副11 冨11 菩11 富12 復12 楓13 覆18

ふき
吹7 蕗16

ふく
伏6 吹7 服8 副11 幅12 復12 富12 葺12 福13 複14

ふさ
方4 角7 芳7 房8 弦8 英8 重9 記10 滋12 惣12 番12 業13 総14 興16

ふた
二2 双4 両6

ふね
舟6 航10 船11 舶11 槽15

ふみ
文4 冊5 史5 良7 典8 迪8 郁9 美9 記10 書10 章11 策12 詞12 辞13 録16 簡18 籍20

ふゆ
冬5 那7 寒12

ふん
分4 粉10 紛10 雰12 焚12 頒13 噴15 奮16

ぶん
分4 文4 紋10 問11 聞14

へ

へ
巴4 戸4 辺5 妃6 芭7

べ
辺5 杷8 陪11 琶12

へい
丙5 平5 兵7 並8 併8 坪8 柄9 評12 幣15 餅15

へき
碧14 壁16

べに
紅9

へん
篇15 鞭18

べん
平5 弁5 免8 勉10 眠10 綿14 鞭18

ほ

ほ
布5 帆6 百6 甫7 伯7 秀7 歩8 保9 浦10 哺10 畝10 圃10 菩11 補12 葡12 蒲13 輔14 舗15 穂15

ぼ
牡7 姥9 莫10 菩11 簿19

ほう
方4 包5 亨7 芳7 邦7 奉8 宝8 房8 放8 朋8 法8 抱8 保9 風9 封9 胞9 倣10 俸10 峰10 浜10 砲10 紡10 豹10 峯10 培11 萌11 訪11 部11 逢11 捧11

萌11 傍12 報12 棚12 楓13
豊13 蜂13 鳳14 蓬14 褒15
縫16 膨16 鵬19

ぼう
朋8 茂8 萌11 望11 夢13
貌14

ほし
斗4 参8 星9

ほのか
側11

ほん
氾5 本5 奔8 品9 盆9
幡15 翻18

ま

ま
万3 午4 目5 未5 茉8
実8 真10 馬10 麻11 間12
隙13 増14 摩15 磨16

まい
毎6 米6 苺8 枚8 味9
梅10 媒12 舞15

まき
在6 牧8 巻9 真10 蒔13
槙14 槇14 薪16 纏21

まこと
一1 允4 心4 丹4 任6
充6 良7 実8 卓8 周8
命8 亮9 信9 洵9 真10
純10 情11 惇11 淳11 欽12
誠13 慎13 睦13 節13 精14
實14 諒15 諄15 諦16

まさ
上3 大3 元4 予4 方4
允4 公4 仁4 内4 正5
礼5 各6 壮6 当6 匡6
旬6 庄6 存6 成6 多6
全6 利7 均7 応7 求7
芸7 完7 尚8 的8 昌8
長8 征8 和8 若8 斉8
政9 祐9 栄9 相9 荘9
柾9 祇9 将10 真10 倭10
修10 格10 容10 党10 連10
晟10 逸11 済11 理11 温12
属12 晶12 順12 款12 備12
道12 裕12 勝12 萱12 雅13
絹13 幹13 誠13 聖13 督13
預13 維14 精14 綿14 端14
暢14 適14 蔵15 諒15 縁15
賢16 整16 薫16 叡16 鴨16
優17 鎮18 禮18 譲20

まさし
一1 方4 允4 正5 匡6
昌8 政9 雅13 精14

まさる
大3 甲5 多6 克7 卓8
果8 俊9 勉10 健11 捷11
勝12 最12 雅13 潤15 賢16
優17

ます
丈3 太4 斗4 加5 潤15
鱒23

まち
市5 町7 茉8 待9 街12
需14

まつ
沫8 茉8 松8

まどか
円4 団6 圓13

まな
学8 真10 眞10 愛13

まもる
士3 守6 役7 保9 葵12
養15 衛16 鎮18 護20

まゆ
眉9 繭18

まり
毬11 鞠17

まる
丸3 円4 団6 巻9 筒12
斡14

まろ
丸3 円4 団6 磨18

まん（つづき）
万3 曼11 満12 萬12 慢14 漫14 蔓14 幡15

み

み
三3 子3 巳3 心4 方4 太4 文4 仁4 水4 未5 巨5 示5 生5 申5 目5 史5 民5 光6 后6 充6 身7 臣7 見7 角7 良7 形7 位7 伺7 究7 実8 味8 弥8 並8 命8 参8 美9 洋9 海9 泉9 皆9 看9 省9 眉9 相9 益10 扇10 真10 珠10 深11 規11 視11 現11 望11 梶11 御12 湊12 満12 証12 登12 堅12 微13 幹13 誠13 爾14 像14 関14 箕14 實14 監15 質15 魅15 親16 覧17 臨18 観18 鏡19 顧21 鑑23

みお
澪16

みき
幹13 樹16

みぎわ
汀5

みさ
節13 操16

みず
水4 泉9 瑞13

みち
孔4 方4 田5 礼5 行6 充6 交6 至6 有6 成6 利7 亨7 岐7 花7 吾7 伯7 芳7 径8 迪8 典8 長8 命8 参8 例8 往8 宝8 宙8 学8 皆9 度9 信9 待9 峻10 倫10 途10 訓10 修10 通10 恕10 理11 術11 陸11 教11 務11 康11 進11 裕12 道12 惣12 満12 随12 順12 遂12 遥12 達12 極12 跡13 塗13 路13 義13 総14 碩14 遙14 導15 慶15 衝15 徹15 儒16 融16 講17 禮18 巌20

みつ
三3 円4 内4 允4 屯4 広5 弘5 充6 光6 全6 米6 巡6 即7 図7 秀7 完7 足7 明8 弥8 参8 並8 苗8 則9 美9 映9 看9 叙9 架9 十10 晃10 師10 貢10 益10 称10 晄10 密11 御12 満12 尋12 順12 備12 温12 循12 溢13 慎13 照13 舜13 圓13 填13 漫14 暢14 需14 蜜14 潤15 蓄15

みつる
光6 充6 実8 富12

みどり
碧14 緑14 翠14

みな
水4 皆9 南9 備12 慣14 講17

みなと
港12 湊12

みね
峰10 峻10 棟12 節13 嶺17 巌20

みのる
升4 年6 成6 利7 酉7 秀7 季8 実8 秋9 登12 豊13 稔13 實14 穂15 穫18 穣18

みやこ
京8 府8 都11 畿15

みやび
雅13

みょう
明8 萌11 猛11

みん

民5 明8 敏10

む

む

牟6 向6 武8 茂8 務11 陸11 夢13 舞15 霧19

むぎ

麦7

むつ

六6 陸11 睦13 輯16

むつみ

睦13

むね

心4 旨6 志7 宗8 棟12 統12 領14

め

め

人2 女3 目5 米6 芽8 雨8 命8 苺8 要9 馬10 梅10 萌11 萠11 麻11

めい

名6 芽8 命8 明8 冥10 盟13 銘14 鳴14 謎17

めぐみ

仁4 恩10 恵10 萌11 萠11 愛13 徳14

めぐる

回6 巡6 周8 廻9 般10 旋11 週11 循12 運12 斡14 還16 環17

も

も

百6 茂8 姥9 莫10 盛11 萌11 望11 藻19

もう

孟8 冒9 萌11 望11 猛11 帽12 盟13 蒙13 網14

もえ

萌11 萠11

もく

木4 目5 牧8 睦13 墨14 黙15

もち

才3 四4 勿4 用5 平5 申5 以5 会6 仰6 有6 式6 含7 住7 物8 茂8 往8 施9 持9 保9 後9 挟9 荷10 時10 将10 望11 庸11 接11 採11 須12 殖12 費12 復12 握12 試13 餅15 懐16 操16 積16

もと

一1 下3 干3 大3 与3 元4 心4 太4 収4 尤4 本5 台5 司5 民5 企6 如6 牟6 志7 求7 芳7 近7 身7 扶7 花7 甫7 固8 宗8 府8 始8 征8 東8 服8 林8 茂8 孟8 祖9 紀9 泉9 柄9 祇9 原10 素10 索10 師10 帰10 倫10 修10 根10 株10 租10 朔10 基11 許11 規11 情11 部11 智12 統12 順12 雅13 幹13 資13 源13 意13 誠13 誉13 群13 楽13 節13 寛13 福13 魂14 慕14 端14 需14 質15 輪15 親16 職18

もみじ

椛11

もも

百6 李7 桃10

もり

戸4 主5 司5 壮6 名6 守6 囲7 労7 声7 杜7 典8 命8 林8 狩9 保9 宴10 容10 執11 盛11 隆11 彬11 閑12 衆12 森12 策12 豊13 該13 関14 精14 積16 衛16 績17 謹17 護20 籍20

もん

文4 門8 紋10 問11 聞14

や

や

也3 文4 矢5 乎5 谷7
冶7 八8 夜8 弥8 命8
舎8 耶9 哉9 屋9 野11
埜11 陽12 椰13

やす

又2 子3 予4 方4 文4
処5 叶5 存6 考6 全6
安6 快7 妥7 求7 那7
抵8 夜8 易8 育8 居8
弥8 協8 和8 定8 昆8
侃8 庚8 甚9 彦9 保9
便9 柔9 要9 勉10 案10
宴10 恵10 息10 悌10 恭10
烈10 祥10 能10 益10 席10
倭10 泰10 耕10 容10 連10
済11 尉11 救11 貫11 庸11
康11 健11 術11 得11 逸11
温12 属12 順12 閑12 換12
遂12 裕12 湛12 慈13 愛13
資13 誉13 靖13 置13 暖13
虞13 鳩13 預13 廉13 楊13
綿14 静14 徳14 寧14 遜14
慰15 縁15 緩15 慶15 養15
億15 憩16 懐16 儒16 穏16
錫16 鎮18

やすし

仁4 安6 寿7

やまと

和8 倭10

ゆ

ゆ

弓3 夕3 水4 友4 由5
有6 侑8 柚9 勇9 結12
喩12 遊12 愉12 裕12 雄12
諭16 優17

ゆい

由5 唯11 惟11 結12 維14

ゆう

又2 夕3 友4 尤4 右5
由5 有6 佑7 酉7 邑7
侑8 勇9 祐9 柚9 宥9
容10 悠11 郵11 猶12 裕12
遊12 結12 雄12 湧12 釉12
楢13 蓉13 熊14 融16 優17

ゆかり

因6 縁15

ゆき

千3 之3 元4 升4 公4
介4 文4 五5 礼5 主5
由5 以5 先6 至6 如6
行6 巡6 足7 志7 判7
亨7 言7 肖7 孝7 役7
投7 来7 走7 迂7 到8
侑8 幸8 享8 放8 届8
門8 服8 征8 往8 抵8
政9 為9 促9 是9 晋10
恭10 将10 帰10 敏10 致10
時10 徐10 起10 通10 透10
章11 教11 雪11 進11 敬12
就12 随12 喜12 普12 順12
勤12 循12 超12 遂12 遊12
道12 運12 勧13 廉13 詣13
維14 適14 潔15 徹15 遵15
薫16 禮18 鵬19

ゆず

柚9

ゆずる

禅13 遜14 謙17 譲20

ゆたか

完7 浩10 泰10 隆11 冨11
裕12 最12 富12 豊13 寛13
稔13 碩14 優17 穣18

ゆみ

弓3

ゆめ

夢13

よ

よ

与3 四4 予4 世5 生5
代5 吉6 余7 夜8 依8
帯10 問11 備12 葉12 誉13
預13 節13 輿17

よう

央5 永5 用5 羊6 英8
映9 栄9 洋9 要9 勇9
容10 桜10 庸11 陶11 桶11
揚12 揺12 湯12 瑛12 詠12
葉12 景12 遥12 陽12 溶13
瑶13 蓉13 楊13 傭13 様14
踊14 榮14 遙14 影15 窯15
養15 擁16 謡16 曜18 燿18
耀20 鷹24

よし

力2 工3 之3 女3 与3
元4 孔4 中4 介4 文4
仁4 允4 礼5 兄5 平5
布5 甘5 可5 由5 召5
巧5 令5 兆6 至6 圭6
因6 旨6 吉6 考6 如6
合6 伝6 伊6 任6 好6
快7 利7 寿7 攻7 良7
身7 君7 辰7 孝7 住7
佐7 秀7 芸7 甫7 芳7
克7 祉8 治8 到8 表8
幸8 尚8 昌8 明8 典8
弥8 欣8 叔8 奉8 佳8
往8 承8 林8 若8 英8
宝8 宜8 斉8 弥8 洗9
亮9 美9 南9 是9 省9
彦9 俊9 為9 祐9 侯9
持9 柔9 香9 宣9 栄9
研9 恵10 恕10 悦10 悌10
恭10 純10 称10 烈10 剛10
特10 記10 祥10 敏10 致10
時10 能10 益10 殊10 修10
宴10 哲10 泰10 桂10 容10
候10 惟11 済11 視11 淑11
淳11 陶11 陳11 斎11 啓11
康11 彬11 逞11 冨11 雄12
禄12 善12 喜12 斐12 最12
勝12 貴12 賀12 順12 款12
欽12 備12 循12 富12 覚12
営12 達12 敬12 凱12 巽12
幹13 滝13 源13 福13 意13
慈13 愛13 寛13 舜13 誠13
誉13 新13 楽13 禎13 豊13
睦13 督13 資13 預13 禅13
義13 飾13 微13 節13 慎13
僅13 馴13 羨13 福13 読14
練14 嘉14 静14 徴14 穀14
精14 蔵15 潔15 慶15 毅15
歓15 儀15 誼15 嬉15 稽15
養15 頼16 衛16 燕16 膳16
謙17 徽17 類18 艶19 麗19
寵19 瀧19 譲20 馨20

より

方4 由5 目5 代5 以5
可5 糸6 因6 自6 利7
即7 形7 附8 尚8 典8
命8 依8 拠8 和8 若8
為9 保9 倣10 帰10 託10
時10 席10 従10 株10 移11
寄11 率11 偉12 階12 随12
賀12 順12 閑12 猶12 備12
遂12 道12 寓12 幹13 愛13
資13 義13 穀14 適14 選15
遵15 縁15 頼16 親16 聴17
職18 麗19 籍20

ら

ら

良7 来7 來8 嵐12 楽13
羅19

らい

礼5 来7 戻7 來8 莉10
萊11 徠11 雷13 黎15 蕾16
頼16 瀬19 麗19

らく

洛9 絡12 落12 楽13 酪13

らん
乱7 浪10 嵐12 覧17 濫18 藍18 蘭19 欄20

り

り
有6 吏6 亥6 利7 李7 里7 俐9 莉10 浬10 哩10 梨11 理11 陸11 裡12 履15 璃15 織18 鯉18 麗19

りき
力2

りく
六6 陸11

りつ
立5 律9 栗10 率11

りゅう
立5 柳9 留10 竜10 流10 隆11 琉11 瑠14 劉15 龍16

りょう
良7 伶7 怜8 亮9 玲9 凉10 凌10 竜10 涼11 梁11 陵11 崚11 羚11 菱11 椋12 稜13 鈴13 僚14 綾14 領14 諒15 遼15 龍16 澪16 嶺17 瞭17

りん
林8 厘9 倫10 梨11 淋11 琳12 鈴13 稟13 綸14 輪15 凜15 凛15 隣16 臨18 麟24 鱗24

る

る
児7 留10 流10 琉11 硫12 溜13 瑠14 劉15

るい
累11 塁12 類18

れ

れい
令5 礼5 伶7 冷7 励7 戻7 例8 怜8 玲9 莉10 羚11 鈴13 零13 領14 黎15 澪16 嶺17 麗19

れき
暦14 歴14

れん
怜8 恋10 連10 廉13 蓮13 煉13 練14 漣14 錬16 簾19

ろ

ろ
呂7 芦7 侶9 路13 魯15 櫓19 露21 鷺24

ろう
良7 亮9 郎9 朗10 浪10 竜10 狼10 涼11 廊12 楼13 稜13 滝13 摺14 諒15 龍16 糧18 瀧19 露21

ろく
六6 禄12 麓19

わ

わ
羽6 吾7 我7 把7 八8 和8 沫8 倭10 湧12 話13 輪15 環17

わか
少4 王4 分4 幼5 件6 若8 童12 湧12 稚13 新13

わたる
亘6 弥8 径8 和8 杭8 度9 恒9 航10 渉11 済11 移11 渡12 道12

わん
湾12 椀12 碗13

【画数のよい名前をつくりたいときに】

画数で引ける名前に おすすめの漢字リスト

名前に使える漢字のうち、特に名前にふさわしい漢字を画数別に紹介します。名前にふさわしくない漢字、あまり使われない漢字は省いています。リストにない漢字を使いたい場合は、漢和辞典で調べてみましょう。旧字体・異体字はP322、ひらがな・カタカナ・数字はP333を参照してください。

リストの見方

漢字　総画数順に並んでいます。

漢字の画数

2画 P221

丁 乃 了 二 人 入
刀 力 卜 又

紹介ページ　Part5でこの画数の漢字の紹介が始まるページ。

色文字はPart5で紹介している漢字。

1画 P221

一 乙

2画 P221

丁 乃 了 二 人 入
刀 力 卜 又

3画 P221

三 下 上 丈 万 与
之 丸 及 久 也 凡
千 叉 口 土 士 夕
大 女 子 寸 小 山
川 工 己 巳 巾 干
弓 才

4画 P223

四 丑 不 中 丹 予
云 井 互 介 今 仁
仏 元 允 公 円 内
分 刈 勾 勿 化 区
午 升 廿 収 双 反
友 壬 太 天 夫 孔
少 尤 尺 屯 巴 引
心 戸 手 支 文 斗
斤 方 日 月 木 止
比 氏 水 火 父 片
牙 王

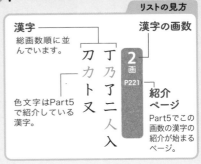

5画

P226

五丘且世丙主
乎巨以仕仔仙
代他付令兄冊
写処出刊功加
包北半占卯去
可叶句古号司
史只台召右冬
外央奴尼巧左
市布平幼広庁
弁弘必打払旧
旦札本末未正
民永氷氾汀玄
玉瓦甘生用田
甲申由疋白目
矛矢石示礼禾
立辺

6画

P230

六丞両亘亥亦
交伊仮会企仰
休伎件伍全伝
仲任伐伏光先
充兆共凪列匡
匠印各吉合后
向同名因回団
在圭地壮多夷
吏好如妃字存
安宇守宅寺当
尽州巡帆年庄
弐式弛戌成扱
托旭旨旬早曲
曳有朱机朴次
此毎気江汐池
汎灯牟瓜百竹
米糸缶羊羽考
而自至臼舟色

芝虫行衣西辻
迅

7画

P233

七亜亨位何佐
伽伺作住似伸
体但佃伴伯余
佑伶克児兎兵
冴冶冷初判利
別劫助努励労
即吟含君呉吾
告吹呈呂囲図
均坐坂壱声売

妥妙孝孜完宋
宏寿対局尾岐
希序床庇廷弟
形役応忍志快
戒我戻技抄折
択投把抜扶改
攻更肖杏材条
杉杖村束来杜
李求汽決汲沙
沖沢汰沌灸牡
状玖甫男町社
私秀究系良花

芥芹芸芯芭芙
芳芦臣見角言
谷豆貝赤走足
身車辰迂迄近
辿迎返那邑邦
酉里阪麦

8画

P238

八並事亞些京
享価佳依侃供
使侍舎併侑例
尭免其具典函
券刻刷刹制到

劾効協卓参受
取叔呼周味命
和固国垂坦坪
夜奄奈奉奔委
妻姉始姓学季
孟宛官実宜定
宗宙宕宝尚居
届岩岳岡岸岬
帖幸庚府延弦
弥往径征彼忽
忠念性怜所房
承押拡拠拘招

担拓抽抵拝拍
披抱放斧於易
旺昊昂昆昏昌
昇昔明育肴服
朋來果枝杵杭
枢松析東枕杷
杯板肯枇林枚
欧欣歩武沓泳
沿河況治沼注
波法沫采版物
牧玩画的直知
祈祉穹空竺者

英苑茄芽茎若
苺苗茅茂茉虎
表述迫迪邸金
長門阜阿陀附
雨青斉

9画

P247

九乗亭亮係俠
俄侯俊信促侵
便保俐侶冠科
削前則勅勁勃
勇南卸厚厘叙
咲品哉垣型城

契奎奏娃威姿
姥客室宣宥専
封屋峡巻巷帥
帝度建廻弧彦
後待律単思恢
恰恒按括拶挟
指拾持挑拭政
施映春昭是星
昼昴昧胤背胞
栄架柑査柿柵
柘柊柔染柱発
柄柏柾柚柳殆

段毘泉海活洪
洸洲洵津浄洗
浅洞洋洛為点
狩独珂珈珊珍
珀玲甚畏界皆
盆県看省盾相
眉冒研砂祇祝
神祐祖祢秋郎
竿紀級紅約美
耶茨茜茸草荘
茶虹衿要臥計
訂貞赴軌軍迦

送郁郊重限革
音頁風飛食香

10画

P256

十俺倶倹個候
倖修倉俳倍俵
倣俸倫倭素党
兼冥准凍凌帰
剣剛剤勉原員
哲哨啄唐唄哺
哩圃夏套姫娯
孫家宮宰宵容
宴射将展峨島

峰峻峯差師帯
席庫座庭従徐
徒恩恭恵息恕
恋悦悟悌扇挙
拳挨振捜挿捗
挺挽捕敏料既
晃晄晏晒時晋
晟書朔能朗案
桜栞格核桂桔
桁校栽柴根株
桟栖桑梅桐栗
桃桧殊殉泰浩

浸浜浦浬流涙
浪涼烏烈特狼
珠班畔畝畢留
益真眞眠矩砧
砥砲祥称秦秤
租秩秘笑笈粋
粉紗索紘紙純
納紐紛紡紋翁
耕耽致般航荷
華莞荻莫莉袖
被記訓訊託豹
貢起赳軒造速

逐通透逓途連
郡配針釜閃院
陣陛隻隼馬高
竜

11画

P265

乾偶健偲側偏
兜剰副動勘務
率啓商唱問唯
國域基埼執埴
堆培堂寅寄宿
寂密冨尉崖崎
崇崚常帳庵康

庶庸張強陳彗
彫彩彪彬得巣
悠惟惚情惇戚
掛掲掬捲採控
授捷推接掃捺
捻捧教救斜旋
族晨晦曹曽曼
脚脩望徠袈械
梓梧梗梯梢梛
桶梶梳梨梁毬
液涯渇混渓済
渋淑淳渚深渉

清淡添淀淋涼
爽牽猛猟球現
琢理琉略皐盛
眺眸砦票祭祷
移窓章笹笙第
符経絃紺細組
紹紳絆紬累羚
習粛舷舵舶船
菓菊菅菫菜菖
著萄菩萌萠莱
菱蛍術袋袴規
視許訣訟設訪

訳貨貫責販赦
転這逞逢逗逸
週進郭郷都部
郵釈野埜釧釣
閉険陶陸陪隆
陵雀雪雫頃頂
魚鳥凰鹿麻黄
黒斎亀

12画

P275

萬偉備傍堯凱
創勤勝博卿厨
塚喜喬喧善喋

喩圏堺堰堪堅
場堤堵塔報塁
奥媒媛寒寓富
尋尊就属嵐巽
幅帽幾廊弾御
循復営惹惣惺
愉扉掌援換揮
揃提搭揚揺握
敢敬散敦斐斑
斯暁晶暑景智
晴晩普最替期
朝椅棋極検植

森棲椎棟棚棒
椋椀欽殖渥温
淵湖港滋湿湘
測湊湛湯渡満
湧湾焔焚焦然
煮無犀猶瑛琴
琥琵琶琳畳番
疎疏登皓硬硯
硝硫禄稀税程
童竣筈策筑答
等筒粧絵給結
絢紫統絡翔葛

葵萱萩葺菫葉
葡落款衆街裁
装裡補裕覚詠
証詞診詔註評
象賀貴貰費貼
越超距軽運遇
達遂道遍遊遥
釉量開間閑閏
階随隊陽隈雁
集雇雄雲雰項
須順歯渾

13画

P284

傑僅催僧働傭
圓勢勧嘩嗣園
塊塩塑塙塞塗
填夢奨寛寝嵩
嵯幌幹廉微愛
意感慈想慎携
摂搬数新暖暉
楷楽業楚楯椿
楠楓楢椰楊楼
歳殿溢漢滉源
溝準漠溜滝溶

煌煉照煎牒献
獅瑚瑞瑶盟督
睦碁碗禎禅福
禽稚稔稜稟節
絹継続署置義
羨聖舜艇葦蓋
蒔蓑蒐蒼蒲蓄
蒙蓮蓉虞蜂裏
裟解該詣詩試
詳詢詮誠詫話
誉誇豊資跡践
跳路較載辞農

遁遠遣群酬酪
鉱鉄鉢鈴隙隔
雅電雷零靖頒
頓頌飾馴馳鳩
預鼎鼓

14画

P291

像僚厩嘉嘗境
増墨實察寧層
嶋彰徴徳態慕
慣慢摑摺摘斡
暮暢暦膏榮樺
榎概構榛槍槙

槇槌模様歌歴
演漱漸漕滴漂
漫漣熊爾瑳瑠
磁碩碑碧穀稲
種窪竪端箇管
算箕箔精綺維
網緒総綜綴綱
緋綿綾緑綸練
翠聞聡肇蔭蒋
蔦蔓蜜製裳複
語誌説誓読認
豪貌賑踊輔遙

遡遜遭適酵酸
銀銅銘閣関閤
閥際雑需静領
颯駅駆髪魁魂
鳶鳳鳴

15画

P295

億儀舗凜凛劉
勲器噴嬉審寮
導履幡幣弊影
徹慰慶慧慮憬
憧戯摯摩撒撰
撤撞播撫敷横

槻権樟樋標歓
歎毅潔潤潟潜
潮澄熙熟熱璃
畿監盤確磐稽
稿穂窯箱範篇
糊縁緩緊縄線
締編舞蕎蕨蕉
蔵蕃蕪蝶衝褒
誼謁諏諄諸誰
請諾誕談調諒
論賛賜質賞賓
賦趣踏輝輩輪

遵選遷遼鄭醇
鋭鋳閲震鞍餅
養駈駕駒駐黎
魅魯黙

16画

P299

儒叡薗墾壊壇
壁奮嬢憩憲懐
憐操擁整曇樫
機橘橋樹橙激
濃澪燃燕獲磨
穏積築篤緯縞
縦繁縫膳膨興
薫薪薦薙蕾蕗
融衛衡親謂諧
諺諾諦諭謡賢
蹄輸輯還醐醒
醍錦鋼錫錠錐
錬録隣鞘頬頭
頼館鮎鴨黛龍

17画

P300

償優壕嶺彌徽
厳懇戴擢曖曙
檜檎檀濡燦燥
環瓢瞳瞥瞭矯
磯礁篠績繊翼
聴藁薩螺覧謹
謙講謝謎輿鍵
鍬闇霞霜鞠頻
駿鮮鴻齢

18画

P302

叢曜櫂濫燿瞬
礎禮穫穣簡簞
糧繭織翻職襖
藤藩藍蟬襟覆
臨観贈蹟醬鎧
鎖鎮鎌闘雛額

鞭 韓 顕 題 類 騎
験 鯉 鵜 麿

19画 P303

寵 曝 櫛 櫓 瀧 瀬
璽 禰 禱 簿 簾 繋
繡 繰 羅 艶 蘇 藻
蘭 覇 警 識 譜 蹴
鏡 霧 韻 願 顛 鯨
鯛 鶏 鵬 麒 麗 麓

20画 P305

巌 懸 欄 競 籍 纂
耀 議 護 譲 醸 鐘
響 馨 騰

21画 P305

纏 艦 蠟 轟 露 顧
魔 鶴

22画

無 灘 讃 饗 驚 驍
鷗

23画

無 鑑 鱒 鷲

24画 P305

鱗 鷹 鷺 麟

記号の画数

ー 長音記号は1画

ヽ ゝ ひらがな・カタカナの繰り返し符号は1画

ヾ ゞ ひらがな・カタカナの濁音の繰り返し符号は3画

々 漢字の繰り返し符号は直前の漢字と同じ画数

なお、濁点「゛」は、ついているひらがな・カタカナに2画プラス、半濁点「゜」は、1画プラスします。

ひらがな・カタカナの画数

→P333を参照してください。

家族に、社会に、新しい名前を知らせよう

赤ちゃんが
生まれたら
その1

出生届を提出して、名前を戸籍に登録する

いつ？	赤ちゃんが生まれてから14日以内
何をする？	出生届を役所に提出し、赤ちゃんの名前を戸籍に登録する

出生届

出生証明書

【出生届を提出するときの流れ】

赤ちゃん誕生

❶ 病院・役所で届出用紙をもらう

基本的に病院でもらうか、役所でもらうことができます。役所のホームページでダウンロードできることも。A3の用紙で、右半分は医師に記入してもらう出生証明書、左半分はパパ・ママが記入する出生届になっています。双子の場合は2枚用意しましょう。

❷ 届出の期限を確認しておこう

提出期限は赤ちゃんが生まれた日を1日目と数え、14日以内です。これを過ぎても受理されますが、5万円以下の罰金を科せられる場合もあるので注意。期限までに名前が決まらない場合は、名前の欄を空白のまま提出し、後日記入する「追完」の手続きをします。

❸ 出生届を記入する

出生届は、基本的にパパ・ママが記入します。ほかの人が代理で書いてもかまいませんが、その場合は内容の誤りに十分注意して。「届出人」の欄は、世帯主が書くのが望ましいでしょう。
また、出生届の字を役所の人が読んで手続きをするので、読みやすい字で書きましょう。捺印は任意です。

注意するポイント

- 楷書《かいしょ》体ではっきり書く。
- 書き間違えたら、新しい用紙に書き直す。
- 提出直前に書き間違いに気づいたら、二重線と訂正印を押して書き直す。

記入例→P428

※制度などは変更となる可能性があります。提出前に各自治体のホームページなどでご確認ください。

赤ちゃんの誕生を戸籍に登録する大切な手続き

出生届は、赤ちゃんの誕生を戸籍に登録するための大切な届出です。出生証明書とともに、赤ちゃんが生まれてから14日以内に、忘れずに役所へ提出しましょう。

出生届と出生証明書は一枚の用紙になっています。右半分の出生証明書を、赤ちゃんが生まれた病院などで書いてもらい、左半分の出生届をパパ・ママが記入・提出します。

出生届が受理されてから1～2週間後に戸籍への登録が完了します。そのころに戸籍謄本を取り寄せてみて、赤ちゃんの名前などが正しく登録されているか、確認すると安心です。

4 提出先を確認しよう

右記のいずれの役所でもOK。ただし、出生届とともに出産一時金の手続きをする場合は、現住所の役所に提出しましょう。国際結婚の場合、パパ・ママそれぞれの国籍の役所に届出をします。日本人夫婦が海外で出産した場合は、3か月以内に日本大使館に届出をします。

出生届の提出先（いずれか）

- パパ・ママの本籍地
- パパ・ママの現住所
- 赤ちゃんが生まれた病院などの所在地
- パパ・ママの滞在先（里帰りしている場合など）

生まれてから 14日以内 手続き完了

5 必要なものを持参し、窓口に提出する

提出する人は、届出人（通常は戸籍上の世帯主）でなくてもかまいません。窓口で書類の確認を受け、間違いがあれば訂正します。窓口の営業時間内に提出できない場合、夜間窓口へ持参するか郵送して提出すると、翌営業日に審査・受理されます。

提出時に必要なもの

- **出生届、出生証明書**
  届出人が記入をして持参する。
- **届出人の印鑑**
  書類に不備があった場合、訂正印として使用する。
- **母子健康手帳**
  出生届が受理された旨が記入される。
- **国民健康保険証（加入者のみ）**
  赤ちゃんが被保険者になったことが記入される。

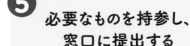

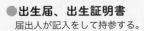

【出生届・出生証明書の記入例】

出生証明書

✎ 病院などで書いてもらう

赤ちゃんが生まれた事実を証明するための書類。病院に、出生届と一緒になった用紙が用意されています。出産に関わった医師に書いてもらいます。

入手先：病院や産院
記入者：出産に立ち会った医師など
提出先：市区町村

＊こんなことが書かれています＊

出生証明書

子の氏名	民事 優樹	男女の別	1男 2女
生まれたとき	令和元 年 5 月 4 日 午前 午後 10 時 30 分		
出生したところ及びその種別	出生したところの種別	1病院 2診療所 3助産所 4自宅 5その他	
	出生したところ	東京都港区虎ノ門 一丁目1 ~~番地~~ 番 1 号	
	(出生したところの種別1～3) 施設の名称	〇〇〇病院	
体重及び身長	体重 3,400 グラム	身長 48.1 センチメートル	
単胎・多胎の別	1単胎 2多胎（ 子中第 子）		
母の氏名	民事 花子	妊娠週数	満39週5日
この母の出産した子の数	出生子（この出生子及び出生後死亡した子を含む） 1 人 死産児（妊娠満22週以後） 胎		
1医師 2助産師 3その他	上記のとおり証明する。 令和元 年 5 月 4 日 （住所） 東京都千代田区九段南 一丁目1 ~~番地~~ 番 15 号 （氏名） 法務 康		

出生した場所

病院・自宅・助産所などの当てはまるところに〇、施設名と住所が記載される。

子の氏名など

名前が決まっていなければ空欄になる。性別、生まれた日付と時間が記載される。

赤ちゃんのようす

生まれたときの身長・体重が記載されます。また、単胎か多胎(双子や三つ子)かも記載される。

ママのようす

ママの氏名、妊娠週数、生まれた赤ちゃんの人数が記載される。

出生に立ち会った医師

出産に立ち会い、この出生証明書を書いた医師の住所と氏名が記載される。

※P428～429出典：法務省ホームページ https://www.moj.go.jp/ONLINE/FAMILYREGISTER/5-1.html

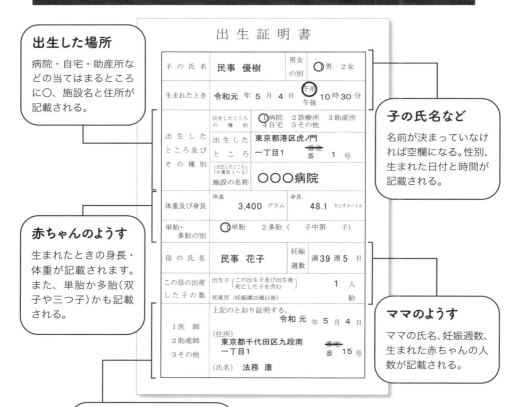

出生届

戸籍に、赤ちゃんの名前や世帯主との続き柄を登録するための書類。出生証明書と同一の用紙の、左半分が出生届になっています。基本的にパパ・ママが記入します。

自分たちで書く

入手先：病院や産院
記入者：主にパパ・ママなど
提出先：市区町村

❶提出する日付

この日付は赤ちゃんが生まれた日ではなく届出日。提出先の自治体の名前を記入する。

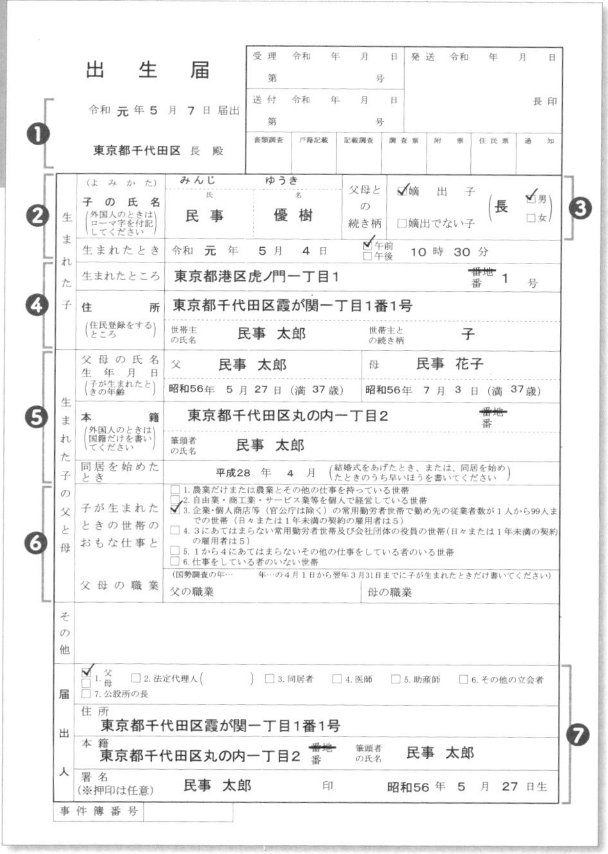

出　生　届

令和 元 年 5 月 7 日 届出
東京都千代田区 長 殿

受理 令和 年 月 日 第 号
送付 令和 年 月 日 第 号
発送 令和 年 月 日
長印
書類調査 / 戸籍記載 / 記載調査 / 調査票 / 附票 / 住民票 / 通知

生まれた子
- 子の氏名（よみかた）：みんじ ゆうき
- 子の氏名（外国人のときはローマ字を付記してください）：氏 民事　名 優樹
- 父母との続き柄：☑嫡出子　□嫡出でない子　（長　☑男　□女）
- 生まれたとき：令和 元 年 5 月 4 日　☑午前 □午後 10 時 30 分
- 生まれたところ：東京都港区虎ノ門一丁目1 番（番地は取り消し線） 1 号
- 住所（住民登録をするところ）：東京都千代田区霞が関一丁目1番1号
- 世帯主の氏名：民事 太郎　世帯主との続き柄：子

生まれた子の父と母
- 父母の氏名 生年月日（子が生まれたときの年齢）：父 民事 太郎　昭和56年 5 月 27 日（満 37 歳）／母 民事 花子　昭和56年 7 月 3 日（満 37 歳）
- 本籍（外国人のときは国籍だけを書いてください）：東京都千代田区丸の内一丁目2 番（番地は取り消し線）
- 筆頭者の氏名：民事 太郎
- 同居を始めたとき：平成28 年 4 月（結婚式をあげたとき、または、同居を始めたときのうち早いほうを書いてください）
- 子が生まれたときの世帯のおもな仕事と
  - □1. 農業だけまたは農業とその他の仕事を持っている世帯
  - □2. 自由業・商工業・サービス業等を個人で経営している世帯
  - ☑3. 企業・個人商店等（官公庁は除く）の常用勤労者世帯で勤め先の従業者数が1人から99人までの世帯（日々または1年未満の契約の雇用者は5）
  - □4. 3にあてはまらない常用勤労者世帯及び会社団体の役員の世帯（日々または1年未満の契約の雇用者は5）
  - □5. 1から4にあてはまらないその他の仕事をしている者のいる世帯
  - □6. 仕事をしている者のいない世帯
- 父母の職業（国勢調査の年… 年…の4月1日から翌年3月31日までに子が生まれたときだけ書いてください）：父の職業／母の職業

その他

届出人
- ☑1. 父　□母　□2. 法定代理人（　）　□3. 同居者　□4. 医師　□5. 助産師　□6. その他の立会者　□7. 公設所の長
- 住所：東京都千代田区霞が関一丁目1番1号
- 本籍：東京都千代田区丸の内一丁目2 番（番地は取り消し線）　筆頭者の氏名：民事 太郎
- 署名（※押印は任意）：民事 太郎 印　昭和56 年 5 月 27 日生

事件簿番号

❷赤ちゃんの名前

氏名と、その読み方を記入する。読み方は自由に決めてよい。

❸続き柄

結婚している場合は「嫡出子」、結婚していない場合は「嫡出でない子」にチェックをつける。嫡出子の場合、性別のチェックの左側の余白に、長男・長女なら「長」と記入する。

❹赤ちゃんの生まれた場所など

生まれた場所は病院を書く。住所はパパ・ママの現住所で、赤ちゃんの住民票を登録する自治体の住所を書く。

❺パパ・ママについて

パパ・ママの氏名と生年月日を記入する。生年月日は「昭和」「平成」などの元号で書く。パパ・ママの本籍地と世帯主は、戸籍謄本で確認する。

❻パパ・ママの職業

該当するところにチェックをつける。ただし、国勢調査を実施している年は「会社員」など職業の種別を記入する。

❼届出人について

届出人は、基本的に世帯主のこと。夫婦の場合、多くはパパかママが署名する。捺印は任意。提出を誰かに頼む場合も、窓口に持っていく人ではなく、届出人（パパかママ）の署名が必要。

命名書を書いて、お七夜のお祝いで名前をおひろめ

お七夜
命名書

いつ？	赤ちゃんが生まれてから約7日目
何をする？	赤ちゃんの誕生を祝い、家族に迎える儀式。祝い膳をいただき、命名式で親族に名前をおひろめする

赤ちゃんが正式に親族に迎えられる儀式

赤ちゃんが生まれて7日目には、お七夜のお祝いをします。お七夜とは、赤ちゃんを正式に家族に迎え入れるための儀式です。親族と顔合わせをし、祝い膳をいただいてお祝いします。医療が未発達だった時代に、赤ちゃんが無事に7日目を迎えられたことを祝うために始まりました。

お七夜の席では、あわせて命名式を行います。赤ちゃんの名前を書き記した命名書を、親族におひろめします。お七夜・命名式は、必ずしも生後7日目でなくてもＯＫですが、出生届を提出するまでの期間と重なるので、これまでに名前を決めておくのがおすすめです。

【お七夜から始まり、さまざまなお祝いをする】

生後7日	お七夜	**名前を決定し、正式な家族に**
生後1か月	お宮参り	**氏神様にお参りし、無病息災を願う** 赤ちゃんの誕生を氏神様に報告し、無事と成長を願います。祝い着を用意して参詣し、おはらいをしてもらいます。
生後100日	お食い初め	**一生食べ物に困らないようにと願って** 赤ちゃんにはじめて食べ物を食べさせる儀式。祝い膳を囲み、親族の年長者が食べさせるまねをします。
3月、5月	初節句	**はじめての節句で健やかな成長を祈る** 女の子なら3月の桃の節句、男の子なら5月の端午の節句を祝います。邪気をはらうとされる、ひな人形やかぶとなどの節句飾りを用意します。
生後1年	初誕生	**無事に1歳を迎えた喜びと感謝を込めて** はじめての誕生日を盛大に祝います。食べ物に困らないようにと、餅を使った儀式なども行われます。

命名書

赤ちゃんの名前を書き、親族におひろめする書。和紙に筆で書きます。基本的にパパ・ママが書きますが、命名者が別にいる場合は、その人に書いてもらったり、プロの書家に書いてもらうケースもあります。

正式

奉書紙を横に二つ折りにし、さらに縦に三つ折りにします。３等分に折り目をつけた真ん中に赤ちゃんの名前を、左側にパパ・ママの名前を書きます。

別の奉書紙を用意し、命名書を包む。お宮参りごろまで床の間や神棚に飾る。

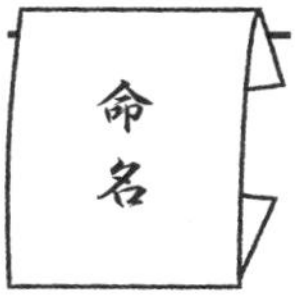

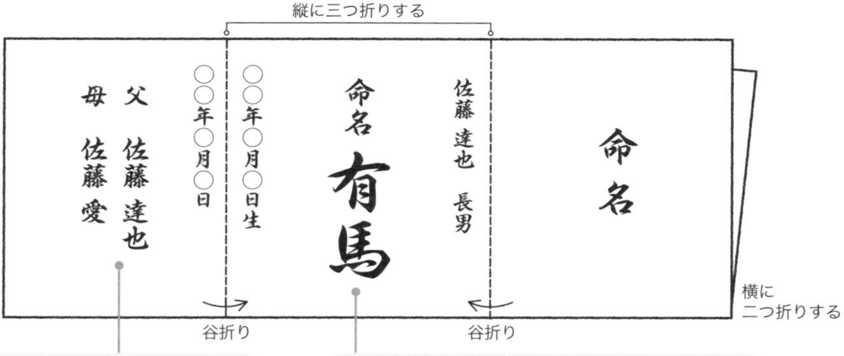

名づけ親と命名日を書く

右端にお七夜の日付、その左側にパパ・ママもしくは名づけ親の氏名を書きます。

赤ちゃんの名前と生年月日を書く

中央の上部に小さめに「命名」と書き、紙の中央に赤ちゃんの名前を大きく書きます。名前の右側には親の名前とその続き柄、左側には赤ちゃんの生年月日を書きます。

略式

半紙を用意し、中央に大きく赤ちゃんの名前を書きます。略式の場合、紙には包まず、神棚の下や柱などに貼って飾ります。

書き方はいろいろある

基本的には、中央に「命名」と、赤ちゃんの名前を大きく書く。名前の右側に親の名前とその続き柄、左側に赤ちゃんの生年月日を書く。書式によっては左右が逆だったり、パパ・ママ両方の名前を記入することもある。

かわいくデザインされた命名書も市販されています。使ってみても。

著者　田口二州（たぐち・にしゅう）

純正運命学会会長。明治学院大学経済学科卒業。姓名判断、気学（方位、家相）、易学、手相、人相などの、伝統的な東洋の運命学を修めた占術家。鑑定歴は40年以上におよぶ。研究に邁進する姿勢と的確なアドバイスが、大きな信頼を集めている。
著書・監修書は『いちばんよくわかる九星方位気学』『いちばんよくわかる人相術』『決定版　いちばんよくわかる手相』（Gakken）など800有余冊。

【連絡先】
〒214-0005　神奈川県川崎市多摩区寺尾台 1-6-12
Tel 044-966-5185

※鑑定受付は平日10時から17時まで。
（第1火・金曜、第3火・金曜は除く）
命名をご希望の方は、電話でご予約ください。

STAFF
カバー・本文デザイン…酒井一恵
カバー・本文イラスト…しぶぞー
本文イラスト…さいとうあずみ、フジサワミカ
編集協力…寺本彩、中山恵子、浅田牧子
校正…ペーパーハウス

【令和最新版】男の子 女の子 赤ちゃんのしあわせ名前大事典

2024年3月19日　第1刷発行
2024年10月11日　第3刷発行

著　者　田口　二州
発行人　土屋　徹
編集人　滝口勝弘
発行所　株式会社Gakken
〒141-8416　東京都品川区西五反田2 - 11 - 8
印刷所　大日本印刷株式会社
ＤＴＰ　グレン

●この本に関する各種お問い合わせ先

本の内容については、下記サイトのお問い合わせフォームよりお願いします。
https://www.corp-gakken.co.jp/contact/
在庫については　Tel 03-6431-1250（販売部）
不良品（落丁、乱丁）については　Tel 0570-000577
学研業務センター　〒354 - 0045 埼玉県入間郡三芳町上富279 - 1
上記以外のお問い合わせは　Tel 0570-056-710（学研グループ総合案内）

○この本は2017年に発刊された「【最新版】男の子 女の子 赤ちゃんのしあわせ名前大事典」の情報を更新し、一部再編集したものです。